元天曆本禮記集説

第一册

元 陳澔 撰

中國國家圖書館藏元天曆元年建安鄭明德宅刻本

山東人民出版社·濟南

圖書在版編目（CIP）數據

元天曆本禮記集説 /（元）陳澔撰 .— 濟南 : 山東人民出版社，2024.3
（儒典）
ISBN 978-7-209-14314-1

Ⅰ . ①元… Ⅱ . ①陳… Ⅲ . ①《禮記》- 注釋 Ⅳ . ① K892.9

中國國家版本館 CIP 數據核字（2024）第 036000 號

項目統籌：胡長青
責任編輯：張艷艷
裝幀設計：武　斌
項目完成：文化藝術編輯室

元天曆本禮記集説
〔元〕陳澔撰

主管單位　山東出版傳媒股份有限公司
出版發行　山東人民出版社
出 版 人　胡長青
社　　址　濟南市市中區舜耕路517號
郵　　編　250003
電　　話　總編室（0531）82098914
　　　　　市場部（0531）82098027
網　　址　http://www.sd-book.com.cn
印　　裝　山東華立印務有限公司
經　　銷　新華書店

規　　格　16開（160mm×240mm）
印　　張　59.25
字　　數　474千字
版　　次　2024年3月第1版
印　　次　2024年3月第1次
ISBN 978-7-209-14314-1
定　　價　142.00圓（全三册）

《儒典》選刊工作團隊

學術顧問　杜澤遜　李振聚　徐　泳

項目統籌　胡長青

責任編輯　劉　晨　劉嬌嬌　張艷艷
呂士遠　趙　菲　劉一星

前言

中國是一個文明古國、文化大國，中華文化源遠流長，博大精深。在中國歷史上影響較大的是孔子創立的儒家思想，因此整理儒家經典、注解儒家經典，爲儒家經典的現代化闡釋提供权威、典范、精粹的典籍文本，是推進中華優秀傳統文化創造性轉化、創新性發展的奠基性工作和重要任務。

中國經學史是中國學術史的核心，歷史上創造的文本方面和經解方面的輝煌成果，大量失傳了。西漢是經學的第一個興盛期，除了當時非主流的《詩經》毛傳以外，其他經師的注釋後來全部失傳了。東漢的經解衹有鄭玄、何休等少數人的著作留存下來，其餘也大都失傳了。南北朝至隋朝興盛的義疏之學，其成果僅有皇侃《論語疏》幸存於日本。五代時期精心校刻的《九經》、北宋時期國子監重刻的《九經》以及校刻的單疏本，也全部失傳。南宋國子監刻的單疏本，我國僅存《周易正義》、《爾雅疏》、《春秋公羊疏》（三十卷殘存七卷）、《春秋穀梁疏》（十二卷殘存七卷），日本保存了《尚書正義》、《毛詩正義》、《禮記正義》（七十卷殘存八卷）、《周禮疏》（日本傳抄本）、《春秋公羊疏》（日本傳抄本）、《春秋正義》（日本傳抄本）。南宋兩浙東路茶鹽司刻八行本，我國保存下來的有《周禮疏》、《禮記正義》、《春秋左傳正義》（紹興府刻）、《論語注疏解經》（二十卷殘存十卷）、《孟子注疏解經》（存臺北『故宮』），日本保存有《周易注疏》《尚書正義》（凡兩部，其中一部被清楊守敬購歸）。南宋福建刻十行本，我國僅存《春秋穀梁注疏》、《春秋左傳注疏》（六十卷，一半在大陸，一半在臺灣），日本保存有《毛詩注疏》《春秋左傳注疏》。從這些情况可以看出，經書代表性的早期注釋和早期版本國内失傳嚴重，有的僅保存在東鄰日本。

鑒於這樣的現實，一百多年來我國學術界、出版界努力搜集影印了多種珍貴版本，但是在系統性、全面性和準確性方面都還存在一定的差距。例如唐代開成石經共十二部經典，石碑在明代嘉靖年間地震中受到損害，明代萬曆初年西安府學等學校師生曾把損失的文字補刻在另外的小石上，立於唐碑之旁。近年影印出版唐石經拓本多次，都是以唐代石刻與明代補刻割裂配補的裱本爲底本。由於明代補刻采用的是唐碑的字形，這種配補本難以區分唐刻與明代補刻，不便使用，亟需單獨影印唐碑拓本。

爲把幸存於世的、具有代表性的早期經解成果以及早期經典文本收集起來，系統地影印出版，我們規劃了《儒典》編纂出版項目。

《儒典》出版後受到文化學術界廣泛關注和好評，爲了滿足廣大讀者的需求，現陸續出版平裝單行本。共收録一百十一種元典，共計三百九十七册，收録底本大體可分爲八個系列：經注本（以開成石經、宋刊本爲主。開成石經僅有經文，無注，但它是用經注本删去注文形成的）、經注附釋文本、纂圖互注本、單疏本、八行本、十行本、宋元人經注系列、明清人經注系列。

《儒典》是王志民、杜澤遜先生主編的。本次出版單行本，特請杜澤遜、李振聚、徐泳先生幫助酌定選目。特此説明。

二〇二四年二月二十八日

目録

第三册

禮記卷第一

後學東匯澤陳澔集說

曲禮上第一

經曰曲禮三千言節目之委曲其多如是此此即古禮經之篇名後人以編簡多故分為上下○張子曰物我兩盡自曲禮入

曲禮曰毋不敬儼若思安定辭安民哉毋禁止辭○朱子曰首章言君子脩身其要在此三者而其效足以安民乃禮之本故以冠篇○范氏曰經禮三百曲禮三千可以一言蔽之曰毋不敬○程子曰心定者其言安以舒不定者其辭輕以疾○劉氏曰篇首三句如曾子所謂君子所貴乎道者三而籩豆之事則有司存之意蓋先立乎其大者也毋不敬則動容貌斯遠暴慢矣儼若思則正顏色斯近信矣安定辭則出辭氣斯遠鄙倍矣三者脩身之要為政之本此君子脩己以敬而其效至於安人安百姓也

敖去聲不可長貞兩反欲不可從縱志不可滿樂洛不可極朱子曰此篇雜取諸書精要之語集以成篇雖大意相似而文不連屬如首章四句乃曲禮古經之言敖

不可長以下四句不知何書語又自爲一節皆禁戒之辭○應氏曰敬之反爲褻情之動爲欲志滿則溢樂極則反

賢者狎而敬之畏而愛之愛而知其惡憎而知其善積而能散安安而能遷朱子曰此言賢者於其所狎能敬之於其所畏能愛之於其所愛能知其惡於其所憎能知其善雖積財而能散施雖安安而能徙義可以爲法與上下文禁戒之辭不同○應氏曰安安安者隨所安而安也安安者仁之順遷者義之決

臨財毋苟得臨難去聲毋苟免很胡懇反毋求勝分去聲毋求多毋苟得見利思義也毋苟免守死善道也很毋求勝忿思難也分毋求多不患寡而患不均也況求勝者未必能勝求多者未必能多徒爲失己也

疑事毋質直而勿有朱子曰兩句連說爲是疑事毋質即少儀所謂毋身質言語也直而勿有謂陳我所見聽彼決擇不可據而有之專務強辨不然則是以身質言語矣

若夫扶坐如尸立如齊齋○疏曰尸居神位坐必矜莊坐法必當如尸之坐人之倚立多慢不恭雖不齊亦當如祭前之齊○朱子曰劉原父云此乃大戴禮曾子事父母篇之辭曰孝子惟巧變故父母安之若夫坐如尸立如齊弗訊

不言言必齊色此成人之善者也未得爲人子之道也此篇蓋取彼文而若夫二字去於刪去鄭氏不知其然
乃謂此二句爲丈夫之事誤矣禮從宜使去聲從俗○鄭氏曰事不可常也呂氏曰敬者禮之
常禮時爲大時者禮之變體常盡變則達之天下周旋無窮○應氏曰大而百王百世質文損益之時小而一旋
事一物泛應酬酢之節又曰五方皆有性千里不同風所以入國而必問俗也夫禮者所以定
親疏決嫌疑別同異明是非也疏曰五服之內大功以上服麤者爲親小功以
下服精者爲疏若妾爲女君則女君爲妾若服之則太重降之則有舅姑爲婦之嫌故全不服是決嫌也孔子
之喪門人疑所服子貢請若喪父而無服是決疑也本同今異姑姊妹是也本異今同世母叔母及子婦是也
得禮爲是失禮爲非若主人未小斂子游裼裘而弔得禮是也曾子襲裘而弔失禮非也禮不妄說
悅人不辭費求以悅人已失本心之正況妄乎不妄悅人則知禮矣躁人之辭多君子之辭達意
則止言者煩聽者必厭禮不踰節不侵侮不好去聲狎踰節則招辱侵侮則忘讓
好狎則忘敬三者皆叛禮之事不如是則有以持其莊敬純實之誠而不陷於恥辱矣脩身踐言謂

之善行去聲行脩言道禮之質也人之所以爲人言行而己忠信之人可以學禮
故曰禮之質也。鄭氏曰言道言合於道也禮聞取於人不聞取人禮聞來
學不聞往教朱子曰此與孟子治人治於人食人食於人語意相類取於人者爲人所取法也取
人者人不來而我引取之也來學往教即其事也道德仁義非禮不成道猶路也事物
當然之理人所共由故謂之道行道而有得於身故謂之德仁者心之德愛之理義者心之制事之宜四者皆
由禮而入以禮而成蓋禮以敬爲本敬者德之聚也教訓正俗非禮不備立教於上示訓
於下皆所以正民俗然非齊之以禮則或有教訓所不及者故非禮不備分爭辨訟非禮不
決朱氏曰爭見於事而有曲直分爭則曲直不相交訟形於言而有是非辨訟則是非不相敵禮所以正曲
直明是非故此二者非禮則不能決君臣上下父子兄弟非禮不定一主於義
一主於恩恩義非禮則不能定宦學事師非禮不親宦仕也仕與學皆有師事師所以明
道也而非禮則不相親愛班朝治軍涖官行法非禮威嚴不行班朝廷上

下之位治軍旅左右之局分職以治官謹守以行法則人不敢犯嚴則人不敢違四者非禮則威嚴不行

禱祠祭祀供給鬼神非禮不誠不莊禱以求爲意祠以文爲主祭以養爲事祀以安爲道四者皆以供給鬼神誠出於心莊形於貌四者非禮則不誠不莊○今按供給者謂奉薦牲幣器皿之類也

是以君子恭敬撙節退讓以明禮是以承上文而言撙裁抑也禮主其減

鸚鵡能言不離飛鳥鵡音武猩猩能言不離禽獸離去聲猩音生今人而無禮雖能言不亦禽獸之心乎夫惟禽獸無禮故父子聚麀麀音憂○鸚鵡鳥之慧者隴蜀嶺南皆有之猩猩人面豕身出交趾封谿等處禽者鳥獸之總名鳥不可曰獸獸亦可曰禽故鸚鵡不曰獸而猩猩則通曰禽也聚猶共也獸之牝者曰麀

是故聖人作句爲禮以教人使人以有禮知自別於禽獸朱子曰聖人作絕句

太上貴德其次務施報禮尚往來往而不來非禮也來而不往亦非禮也太上帝皇之世但貴其德足以及人不貴其報其次三王

之出禮至二十而備故以施報爲尚人有禮則安無禮則危故曰禮者不可不學也禮者安危之所係自天子至於庶人未有無禮而安者也夫禮者自卑而尊人雖負販方萬反者必有尊也而況富貴乎負者事於力販者事於利雖卑賤不可以無禮也富貴而知好禮則不驕不淫貧賤而知好禮則志不懾之涉反。馬氏曰富貴之所以驕淫貧賤之所以懾怯以內無素定之分而與物爲輕重也好禮則有得於內而在外者莫能奪矣人生十年曰幼學二十曰弱冠去聲三十曰壯有室四十曰強而仕五十曰艾服官政六十曰耆指使七十曰老而傳八十九十曰耄七年曰悼悼與耄雖有罪不加刑焉百年曰期頤朱子曰十年曰幼爲句絕學字自爲一句下至百年曰期皆然。呂氏曰五十曰艾髮之蒼白者如艾之色也古者四十始命之仕五十始命之服官政仕者爲士以事人治官府之小事也服官政者爲大夫以長人與聞邦國之大事者也才可用

則使之仕德成乃命之爲大夫也耆者稽久之稱不自用
力惟以指意使令人也以曰指使傳謂傳家事於子也耄
惛忘也悼憐愛也耄曰老而知已衰悼者幼而知未及
雖或有罪情不出於以故不加刑人壽以百年爲期故
[illegible]則飲食居處動作無不待於養故曰頤大夫七十而致事致還其職事於君也若不
得謝則必賜之几杖不得謝謂君不許其致事也如辭謝代謝亦皆卻而退去之義几所
以馮杖所以倚賜之使自安適也行役以婦人適四方乘安車疏曰婦人能養
人故許自隨古者四馬之車立乘安車者一馬小車坐乘也自稱曰老夫於其國則
稱名呂氏曰老夫長老者之稱己國稱名者父母之邦不敢以尊者自居也越國而問焉
必告之以其制應氏曰一國有賢衆國所仰故越國而來問文獻不足則言禮無證故必告之
以其制言舉國之故事以答之也謀於長者必操几杖以從之長者問
不辭讓而對非禮也謀於長者謂往就長者而謀議所爲也長者之前當執謙虛不辭
非事長之禮○應氏曰操几杖以從非謂長者所無也就子弟之役其禮然耳凡爲人子之禮

冬溫而夏清七性反昏定而晨省在醜夷不爭溫以禦其寒清以致
其涼定其衽席省其安否醜同類也夷平等也一朝之忿忘其身則害及其親故在羣衆儕輩之中壹於遜讓
夫爲人子者三賜不及車馬故州閭鄉黨稱其孝也兄
弟親戚稱其慈也僚友稱其弟也執友稱其仁也交遊
稱其信也言爲人子謂父在時也古之仕者一命而受爵再命而受衣服三命而受車馬有車馬則
尊貴之體貌備矣今但受三賜之命而不與車馬同受故言不及車馬也君之有賜所以禮其臣子之不受不
敢並於親也二十五家爲閭四閭爲族五百家爲黨二千五百家爲州一萬二千五百家爲鄉孝之所該者大
故其稱最實曰慈曰弟曰仁曰信皆孝之事也僚友官同者執友志同者同師之友其執志同故曰執友交遊
則泛言遠近之往來者見父之執不謂之進不敢進不謂之退不
敢退不問不敢對此孝子之行也行去聲父之執父同志之友也謂之命之禮
敬之同於父夫爲人子者出必告梏反必面所遊必有常所

習必有業（出則告違反則告歸又以自外來欲省顔色故言面遊有常身不他往也習有業心不他務也）恆言不稱老（[illegible]言也常言語之間也自以老稱則尊同於父母而父母爲過於老矣古人所以斑衣[illegible]戲皆以此安父母之心也）年長以倍則父事之十年以長則兄事之五年以長則肩隨之（肩隨並行而差退也此說言長少之序非謂親者）羣居五人則長者必異席（古者地敷橫席而容四人長者居席端若五人會則長者一人異席也）爲人子者居不主奧坐不中席行不中道立不中門（室西南隅爲奧主與中席皆尊者之道也行道則或左或右立門則避棖闑之中皆不敢迹尊者之所行也古者男女異路路各有中門中央有闑闑之兩旁有棖也）食（嗣）饗（鄉）不爲槩（食饗如奉親延客及祭祀之類皆是不爲槩量順親之心而不敢自爲限節也）祭祀不爲尸（呂氏曰尸取主人之子行之而已若主人之子是使父北面而事之人子所不安故不爲也）聽於無聲視於無形（先意承志也○䟽曰雖聽而不聞父母之聲雖視而不見父母之形然常於心想像以見形聞聲謂父母將有

教孝己以

不登高不臨深不苟訾（音紫）不苟笑孝子不服闇（音暗）不登危懼辱親也（疏曰不服闇者不行事於暗中一則為卒有非常二則生物嫌故孝子戒之○呂氏曰苟訾近於讒苟笑近於諂服闇者欺人所不見登危者行險以徼幸是忘親也非特忘之又令之辱且殆加之皆辱道也）

父母存不許友以死不有私財（不許友以死謂不爲孝古義德也親在而以身許人是有忘親之心以殺爲而以財專己是有離親之志）

為人子者父母存冠衣不純素（純音準○疏曰冠純冠飾也衣純[illegible]領緣也）孤子當室冠衣不純采（呂氏曰當室謂爲父後者問喪曰童子不緦唯當室緦亦指爲父後者所謂不純采者雖除喪猶素也惟當室者行之非當室者不然也）

幼子常視毋誑（誑舉況反○視音示同常示之以不可欺誑所以習其誠）

童子不衣（去聲）裘裳立必正方不傾聽（呂氏曰裘裳之飾非童子所宜童子所便立必正所向之方一東或西或南或北不偏有所向士相見禮云凡燕見於君必辨君之南面若不得則正方不疑君疑謂邪向之也）

長者與之提攜則兩手

奉上声長者之手負劍辟咡詔之則掩口而對劉氏曰長

者或攜童子背後而俯首與之語則童子如負長者之劍然或挾童子於脅下則如帶劍然蓋長者俯與童

子語有負劍之狀非真負劍也辟偏也咡口旁詔告語也掩口而對謂童子當以手障口氣而應對不敢使氣

觸長者也從去声於先生不越路而與人言遭先生於道趨而

進正立拱手先生與之言則對不與之言則趨而退呂氏

曰先生者父兄之稱有德齒可為人師者猶父兄也故稱先生以師為父兄則學者自比於子弟故稱弟子

從去声長者而上上声丘陵則必鄉去声長者所視登城不指

城上不呼去声[illegible]高而有向背者為丘平而人可陵者為陵鄉長者所視恐有問則即所見以對

[illegible]有所指則惑見者有所呼則駭[illegible]王氏曰先生年德俱高又能教道人者長

[illegible]將適舍求毋固戴氏曰就館者誠不能無求於主人然執平日之所欲而

[illegible]義將上堂聲必揚戶外有二屨言聞去声則入

言不聞則不入上堂升主人之堂也揚其聲者使內人知之也古人脫屨在戶外客雖衆脫屨
於戶內者惟長者一人言有二屨則并戶內一屨為三人矣三以而所言不聞恐外必是密謀故不入也將
入戶視必下入戶奉扃吉匕視瞻毋回戶開亦開戶闔亦
闔有後入者闔而勿遂入戶入主人之戶也視下不舉目也扃為門關木也入戶之時兩
手當心如奉扃然雖視瞻而不為迴轉嫌於干人之私道開闔皆如前不違主人之意也遂闔之盡也嫌於拒
從後者故勿遂毋踐屨毋踖席亦摳苦侯反衣趨隅必慎唯上声諾
傍下同旨罝下同屨足踐屨謂後來者不可躡先入者所脫之屨也踖猶躐也下蓧同升席不由前為躐席昇
登之當由前也摳提也摳衣與論語攝齊同欲便於坐說摳之趨隅由席角而升坐也唯諾皆應辭既坐定又
當謹言應對也大夫士出入君門由闑魚列反右不踐閾闑門橛也當門
之中[illegible]限為右主人入門而右客入門而左大來上由右者以臣從君不敢以賓禮主也凡與客入
者每門讓於客客至於寢門則主人請入為席然後出

迎客固辭主人肅客而入讓於客欲客先入也爲道前也。疏曰天子五門諸侯三門大夫二門禮有三辭初曰禮辭再曰固辭三曰終辭。呂氏曰肅客者俯手以揖之所謂肅拜也主人入門而右客入門而左主人就東階客就西階客若降等則就主人之階主人固辭然後客復就西階入右所以趨東階入左所以趨西階降等者其等列卑於主人也主人以固辭者不敢當客之尊己也主人與客讓登主人先登客從之拾涉級聚足連步以上上声上於東階則先右足上於西階則先左足讓登欲客先升也客不敢當故主人先而客繼之拾級涉階之級也聚足後足與前足相合也連步步步相繼也先右先左各順入門之左右也帷薄之外不趨堂上不趨執玉不趨堂上接武堂下布武室中不翔疏曰帷幔也薄簾也接武足迹相接也。陳氏曰文者上之道武者下之道故足在體之下曰武卷在冠之下亦曰武執玉不趨不敢趨也室中不翔不可翔也行而張拱曰翔。朱氏曰帷薄之外無

人不必趨以示敬堂上地迫室宇趨尤迫故不趨不翔也並坐不橫肱授立不跪授
坐不立橫肱則妨並坐者不跪不立皆謂不便於受者凡為去声長者糞之禮必
加帚之手反於箕上以袂拘溝又如字而退其塵不及長者以
箕自鄉去声而扱吸之糞除穢也少儀云埽席前曰拚義與糞同呂氏讀扱為插音煞凡氣
出入噓則散吸則聚今以收斂為義則吸音為是○曰初持箕往時帚置箕上兩手舉箕當掃時一手捉
帚一手衣袂以拘障於帚前且掃且遷故云拘而扱斂取也以箕自向斂取糞穢不以箕向尊者奉
席如橋如字衡如橋之高如衡之平乃奉席之儀也請席何鄉請衽何趾
坐席則問面向何方設臥席則問足向何方○疏坐為陽面亦陽也臥為陰足亦陰也故所請不同席
南鄉北鄉以西方為上東鄉西鄉以南方為上朱子曰東向南
向之席皆尚右西向北向之席皆尚左也若非飲食之客則布席席間函丈
飲食之客則是講說之客也○疏曰古者飲食燕享賓位在室外牖前列席南向不相對相對者惟講說

之客席之制三尺三寸三分寸之一則兩席并中間空地共一丈也主人跪正席客跪撫席而辭客徹重平声席主人固辭客踐席乃坐跪而正席敬客也撫以手按止之也客不敢居重席故欲徹之主人固辭則止客踐席將坐主人乃坐也主人不問客不先舉席坐既定主人以客自外至當先有所問客乃答之客不當先舉言也將即席容毋作兩手摳衣去齊咨尺衣毋撥半末反足毋蹶。劉氏曰將就席須詳緩而謹容儀毋使有失而可愧怍也仍以兩手摳揭衣之兩旁使下齊離地一尺而坐以便起居免有蹶躓失容也坐後更須整疊前面衣衽毋使撥開又古人以膝坐久則膝不安而易以蹶動坐而足動亦為失容故戒以毋動也管寧坐席歲久推兩膝著處穿是足不動故然耳先生書策琴瑟在前坐而遷之戒勿越疏曰坐亦跪也弟子將行若遇師諸物或當已前則跪而遷移之戒躐不得踰越虛坐盡子忍反後食坐盡前坐必安執爾顏長者不及毋儳仕鑑反言古者席地而俎豆在其前盡後謙也盡前恐汙席也儳暫也亦參錯不齊之貌長者言事未竟未及其他少者不可與雜他事爲言亂錯雜長者之說正爾容聽必恭毋勦初交說毋雷同必則古昔稱先王上言執爾顏謂顏色無或變異也言正爾容則正其一身之容貌也聽必恭亦謂聽長者之言勦說取他人之說以爲己說謂之勦說聞人之言而附和之謂之雷同如雷之發聲而物同應之也必法則古昔稱述先王乃爲善耳侍坐於先生先生問焉終則對問終而後對欲盡聞所問之旨且不敢雜亂尊者之言也請業則起請益則起請業者求當習之事請益者再問未盡之蘊起所以致敬也父召無諾先生召無諾唯而起父以恩師以道故所敬同呂氏曰諾者許而未行也。侍坐於所尊敬無餘席見同等不起所尊敬謂先生長者及有德有位之人也無餘席謂己之席與尊者之席相近則坐於其端不使有空餘處近則應對審也同等之人與己無尊卑故不爲之起燭至起食至起上客起燭至而起以時之變也食至而起以禮之行也上客至而起以其非同等也燭不見現跋鉢○跋本也古者未有蠟燭以火炬照夜易盡則藏其所餘之饌本恐客見之以夜久欲辭退也尊客之前不叱狗方氏曰不以至賤駭尊者之聽讓食不唾吐臥反○嫌於鄙惡主人之饌也侍坐於君子君子欠伸撰須兖反杖屨視日蚤莫侍坐者請出矣氣乏則欠體疲則伸撰猶持也此四者皆厭倦之容恐妨君子就安故請退侍坐於君子君子問更端則起而對呂氏曰問更端則起而對者因事有所變而起敬也侍坐於君子若有告者曰少間閒願有復也則左右屏內而待居左則屏於左居右則屏於右○鄭氏曰復白也言欲須少空閒有所白也屏猶退也○呂氏曰屏而待不敢干其私也毋側聽毋噭叫應毋淫視毋怠荒上言聽必恭側耳以聽非恭也應答之声宜和平高急者悖戾之所發也淫視流動邪眄也怠荒謂容止縱慢遊毋倨據立毋跛彼義反坐毋箕寢毋伏遊行也倨傲慢也立當兩足整齊不可偏任一足箕謂兩展其足狀如箕舌也伏覆也斂髮毋髢替○疏曰髢髲也毋垂如髲也古人重髮以纚韜之不使垂冠毋免勞毋袒暑毋

褰裳喪有喪冠吉有吉冠非當免之時不可免有袒而露其裼衣者有袒而割牲者因勞事而袒則爲褻褰揭也涉淺而揭則可暑而揭其裳亦爲褻侍坐於長者屨不上於堂解屨不敢當階侍長者之坐於堂故不敢以屨升若長者在室則屨得上堂而不得入室戶外有二屨是也解脫也屨有綦繫解而脫之不敢當階爲妨後升者就屨跪而舉之屏丙於側疏曰此侍者或獨暫退時取屨法也就猶著也初升時解置階側今下著之往階側跪舉取之故云就屨跪而舉之也屏於側者屏退之不當階也鄉長者而屨跪而遷屨俯而納屨疏曰此明少者禮畢退去爲長者所送則於階側跪取屨稍移之面向長者而著之遷徙也就階側跪取稍移近前也俯而納者既取因俯身向長者乃納足著之不跪者跪則足向後不便故俯也雖不近跪亦坐左納右坐右納左離平聲坐離立毋往參焉離立者不出中間方氏曰兩相離之謂離三相成之謂參○應氏曰出其中間則立者必嚴而不成列矣故君子謹之男女不雜坐不同椸移枷架不同巾櫛不親授內則註云植者曰楎橫者曰椸枷與架同置衣

服之具也巾以拭潔櫛以理髮此四者皆所以遠私褻之嫌嫂叔不通問諸母不漱
平声裳不通問無問遺之往來也諸母父妾之有子者漱浣也裳賤服不使漱裳亦敬父之道也外言
不入於梱內言不出於梱梱門限也內外有限故男不言內女不言外女子
許嫁纓非有大故不入其門許嫁則繫以纓示有所繫屬纓此與幼時所佩香纓不
同大故大事也姑姊妹女子子已嫁而反兄弟弗與同席而坐
弗與同器而食女子子重言子者別於男子也專言兄弟者遠同等之嫌父子不同
席尊卑之等異也男女非有行媒不相知名非受幣不交不親
行媒謂媒氏之往來也名謂男女之名也受幣然後親交之禮分定故日月以告君齊戒
以告鬼神為酒食以召鄉黨僚友以厚其別彼列反也日月
娶婦之期也媒氏書之以告于君厚其別者重慎男女之倫也取去声妻不取同姓鄭氏曰為
其近禽獸故買妾不知其姓則卜之卜其吉凶寡婦之子非有見

況焉弗與爲友 有見才能卓異也若非有好德之實則難以避好色之嫌故取友者謹之

賀取妻者曰某子使某聞子有客使某羞 呂氏曰賀者以物遺人而有所慶也若代以爲先祖後人子之所不得已故不用樂且不賀也然爲酒食以召鄉黨僚友則遺問不可廢也故其辭曰聞子有客使某羞舍曰昏禮而謂之有客則所以羞者佐其供具之費而已非賀也作記者因俗之名稱賀

貧者不以貨財爲禮老者不以筋力爲禮 應氏曰無財不可以爲悅而財非貧者之所能辦非強有力者不足以行禮而強有力非老者之所能勉

名子者不以國不以日月不以隱疾不以山川 常語易及則避諱爲難故名子者不之用

男女異長 各爲伯仲示不相干雜之義也

男子二十冠而字 冠而字之敬其名也

父前子名君前臣名 呂氏曰事父者家無二尊雖母不敢以抗之故無長幼皆名不敢致私敬於其長也事君者國無二尊雖父不可以抗之故無貴賤尊卑皆名不敢致私敬於其所尊貴也春秋鄢陵之戰欒書欲載晉侯其子鍼曰書退此君前臣名雖父亦不敢抗也

女子許嫁笄而字

許嫁則十五而笄未許嫁則二十而笄亦成人之道也故字之

凡進食之禮左殽右胾側吏反食嗣居人之左羹居人之右膾炙析處外醯醬處內葱渫齊處末酒漿處右以脯脩置者左朐劬右末

肉帶骨曰殽純肉切曰胾骨剛故左肉柔故右飯左羹右分燥濕也膾炙異饌故在殽胾之外醯醬食之主故在殽胾之內葱渫烝葱亦菹類加豆故處末酒漿或酒或漿也處羹之右若兼設則左酒右漿○疏曰脯訓始始作即成也脩亦脯脩訓治治之乃成薄析曰脯捶而施薑桂曰腶脩朐謂中屈也左朐朐置左也脯脩處酒左以燥爲陽也○呂氏曰其末在右便於食也食脯脩者先末

客若降等執食興辭主人興辭於客然後客坐

降等謂爵齒卑於主人也不敢當主賓之禮故食至則執之以起而致辭於主人主人見客起辭故亦起而致辭於客客乃復就其坐也

主人延客祭祭食祭所先進殽之序徧祭之

古人不忘本每食必每品出少許置於豆間之地以報先代始爲飲食之人謂之祭延導之也祭食之禮主人所先進者則先祭之後進者後祭各以殽之次序而祭之

徧也○朱子曰古人祭酒於地祭食於豆間有板盛之卒食徹去三飯聲上主人延客食
胾然後辯徧殽疏曰三飯謂三食也禮食三飧而告飽須勸乃更食三飯竟而主人乃導客食
胾也公食大夫禮云賓三飯以湆醬鄭云每飯歠湆以殽擩醬食正饌也所以至三飯後乃食胾者以胾為加
故三飧前未食食胾之後乃可徧食殽也主人未辯客不虛口疏曰虛口謂食竟而飲酒
盪口使清絜及安食也用漿曰漱以絜清為義用酒曰酳酳訓演演養其氣也待食於長者主
人親饋則拜而食主人不親饋則不拜而食饋進饌也○方氏曰
凡以稱禮之施而已共食不飽共飯不澤手呂氏曰共食者所食非一品共飯者止飯
而已共食而求飽非讓道也不澤手者古之飯者以手與人共飯摩手而有汗澤人將惡之而難言毋摶
旋丸反飯去聲毋放飯上聲毋流歠毋摶者疏云若取飯作摶則易得多是欲爭飽也○
朱氏曰放謂食之放肆而無所節也流謂飲之疏行而不知止也毋吒陟嫁反食毋齧骨
毋反魚肉毋投與狗骨毋固獲吒食謂當食而叱咤[illegible]謂[illegible]

恐似於氣之怒也毋齧嫌其聲之聞也毋反魚肉不以所餘反於器鄭云謂已歷口人所穢也毋投與狗骨不敢賤主人之物也求之堅曰固得之熱曰獲固獲謂必欲取之也毋揚飯去聲飯上聲黍毋以箸箸〇揚謂以手散其熱氣嫌於欲食之急也毋以箸貴其匕之便也毋嚃荅羹毋絮勑據反羹毋刺七迹反齒毋歠醢客絮羹主人辭不能亨烹客歠醢主人辭以窶其羽反〇羹之有菜宜用梜不宜以口嚃啜食之也絮就器中調和也口容止不宜以物刺於齒醢宜鹹歠之以其味淡也客或有絮羹者則主人以不能烹飪為辭客或有歠醢者則主人以貧窶乏味為辭濡肉齒決乾肉不齒決毋嘬楚怪反炙秭〇濡肉設醢之類乾肉脯脩之類決斷也不齒決則當治之以手也〇蹠曰火灼曰炙若食炙不一舉而併食併食之曰嘬是貪食也卒食客自前跪撤飯去聲齊牋西反以授相去聲者主人興辭於客然後客坐自從也齊醬屬也飯齊皆主人所親設故客欲親徹此亦謂降等之客耳敵者亦不親徹也侍飲於長者酒進則起拜受於尊所長

者辭少者反席而飲長者舉未釂子妙反少者不敢飲尊所
置尊之所也飲盡爵曰釂。呂氏曰古之飲酒貴賤長幼無不及鄉飲之禮堂下之賓樂工及笙無不與獻特
牲請食禮賓兄弟子公有司私臣無不與獻其獻也皆士人親酌授之此侍飲者亦長者親酌授之所以有
拜受于尊所之節也唯燕禮以宰夫為獻主故君不親酌鄉飲射饋食禮皆尊于房戶之間賓主共之也燕禮
大射皆尊于兩楹之西尊面向君君專之也燕禮[illegible]設禮皆不云拜受於尊所以禮與侍飲異也長者
賜少者賤者不敢辭辭而後受賓主平交之禮非少賤事尊貴之道賜果於君
前其有核者懷其核敬君賜故不敢棄核御食於君君賜餘器之
溉者不寫其餘皆寫御食於君者君食而臣為之勸侑也君以食之餘者賜之若陶器或
未器可以洗滌者即食之或其器是萑竹所織不[illegible]溉者則傳寫於他器而食之不欲口澤之瀆也餕
餘不祭父不祭子夫不祭妻尸餕鬼神之餘臣餕君之餘賤餕貴之餘下餕
上之[illegible]皆餕也[illegible]祭[illegible]尊成於尸而所得餕之餘[illegible]則不[illegible]之[illegible]貴先[illegible]之之尊亦不以祭其子

夫之尊亦不以祭其妻以食餘之物褻也一說出祭是每食必祭之祭食人之餘及子進饌於父妻進饌於夫皆不祭而食蓋敬主人之饌故祭而後食食人之餘而祭則褻施於卑者則非尊者之道御同於長者雖貳不辭偶坐不辭御侍也貳益物也侍食者雖備殽饌之重而不辭其多者以此饌本爲長者設曰偶者配偶之義因其有賓而已亦偶配於坐亦以此席不專爲己設故不辭也羹之有菜者用梜頰其無菜者不用梜梜箸也無菜者汁爲而已直歠之可也爲去聲天子削瓜者副普逼反之巾以絺抽遲反爲國君者華之巾以綌隙爲大夫累方果反之士疐帝之庶人齕恨沒反之疏曰削刋也副析也絺細葛也刋其皮而析爲四解又橫解而以細葛爲巾覆之而進也華半破也綌麤葛也諸侯禮降故破而不四析亦橫斷之用麤葛巾覆之而進也尒雅瓜曰華之郭璞云食啖治擇之名累倮也不巾覆也疐謂脫花處疐之者去疐而已齕齧也齕之不橫斷也此等級不同非謂平常之日當是公庭禮會之時○劉氏曰大夫以上皆曰爲者有司爲之也士庶人不曰爲者自爲之也○方氏曰巾以絺綌者當暑以涼爲貴也

父母有疾冠者不櫛行不翔言不惰徒禾反琴瑟不御食肉不至變味飲酒不至變貌笑不至矧失忍反怒不至詈力智反疾止復故此言養父母疾之禮不櫛不為飾也不翔不為容也不惰不及他事也䟽謂惰訛不正之言琴瑟不御以無樂意也猶可食肉但不至厭飫而口味變耳猶可飲酒但不至醺酣而顏色變耳齒本曰矧笑而見矧是大笑也怒罵曰詈怒而至詈是甚怒也皆為忘憂故戒之復故復常也有憂者側席而坐有喪者專席而坐有憂謂親疾或他禍患側獨也獨坐一席不設待賓之席為有憂也一說側席謂偏設之変於正席也亦通專單也貴之席各有重數居喪則否以此[illegible]專席不與人共水潦降不獻魚鼈水潦魚鼈易得不足貴故不獻獻鳥者佛符勿反其首畜許六反鳥者則勿佛也佛謂捩轉其首恐其喙之害人也畜者不然順其性也獻車馬者執策綏策馬撾曰策綏是上車之繩車馬不可上於堂但執策綏呈之則知有車馬也獻甲者執冑獻杖者執末甲鎧也冑兜鍪也末小小者易舉

[illegible]杖末拄[illegible]以自向獻民虜者操右袂民虜征伐所俘獲之以口也持

[illegible]右[illegible]防異心獻粟者執右契獻米者操量鼓[illegible]一二契者兩書札同而

[illegible]之右者先書為尊鼓量器名也米云量則要亦量粟[illegible]事亦書但米可御食為總故言量要可以諸為

[illegible]云書書[illegible]為[illegible]獻孰食者操醬齊[illegible]西反○疏曰醬齊為食之主執[illegible]來則食可

[illegible]引見於醬以[illegible]膾之類獻田宅者操書致書致謂詳書其多寡之數而致之於人也

[illegible]氏曰古者田宅皆屬於公非民所得而有而此云[illegible]若或上所賜予可為己有若采地之屬故可獻歟

凡遺去聲人弓者張弓尚筋弛弓尚角右手執簫左手承

弣撫尊卑垂帨稅若主人拜則客還旋辟闢辟避拜弓之

[illegible]角內而筋外尚使之在上也皆取其勢之順也簫梢[illegible]疏云剡之差斜似簫故名弣中央把處也帨佩巾

[illegible]客主尊卑相等則授受之際弓稍磬折而見其帨之[illegible]此時弓尚在客手故不答主人之拜而少逡巡

[illegible]以避之辟開也謂離其所立之處○[illegible]氏曰下於上曰獻上於下曰賜敵者曰遺主人自受

由客之左接下承弣鄉去聲與客並然後受自受者以敵客不當使人
受也由從也從客左邊而受則客在右矣於是主人卻左手以接客之下而承其弣又覆右手以捉弓之下頭
而受之此時賓主客並立而俱向南也○方氏曰賓主尊等則授受異向此賓主敵故鄉與客並也進劍
者左首疏曰進亦遺也首劍拊環也客在右主人在左劍首為尊以尊處與主人也假令對授則亦左
首是人尊左亦尊之宜也進戈者前其鐏在困反後其刃疏曰戈鉤孑戟也刃當頭
[illegible]鐏在尾而鋭不以刃授敵也進矛戟者前其鐓隊○疏曰矛如鋌而三廉戟今之戟
鐓為矛戟柄尾平底以平向人敬也亦應並授不云左右而云前後者互文也若相對則前後也若並授則
左右也進几杖者拂之拭去塵也效馬效羊者右牽之效陳獻也以右
手牽之為便效犬者左牽之以右手防其齧噬執禽者左首禽鳥也首尊主
人在左故横捧之以首授主人飾羔鴈者以繢會○飾覆之也畫布為雲氣以覆羔與鴈為相
[illegible]受珠玉者以掬謂以兩手共承之也受弓劒者以袂謂以衣袂承授

之不露手也飲玉爵者弗揮謂不可振去餘瀝恐失墜凡以弓劒苞苴簞笥問人者操以受命如使去聲之容苞者苞裹魚肉之屬苴者以草藉器而貯物也簞圓笥方皆竹器問遺之也使者受命之時操持諸物即習其威儀進退如至彼國之儀容也凡爲君使者已受命君言不宿於家受命即行君言至則主人出拜君言之辱使者歸則必拜送于門外至則拜命歸則拜送皆敬君也若使人於君所則必朝服而命之使者反則必下堂而受命呂氏曰使人於君所不下堂反則下堂迎命者始以己命往終以君命歸故使者反而後致其敬往則否也博聞強識而讓敦善行去聲而不怠謂之君子博文強識而讓所謂有若無實若虛者敦善行而不怠所謂孳孳爲善者皆君子之道也○陳氏曰聞識自外入善行由中出自外入者易實故勉之以虛由中出者易倦故濟之以勸君子不盡人之歡不竭人之忠以全交也呂氏曰盡人之歡竭人之忠皆責人厚者也責人厚而莫之應此交所以

難全也歡謂好於我也忠謂盡心於我也好於我者望

之不深盡心於我者不要其必致則不至於難繼也

禮曰君子抱孫不抱子此言孫可以爲王父尸子不可以爲父尸爲君尸者大夫士見之則下之君知所以爲尸者則自下之尸必式乘必以几

疏曰祭天地社稷山川四方百物及七祀之屬皆有尸外神不問同姓異姓但卜之吉則可爲尸祭殤國之社稷則士師爲尸惟祭殤無尸○呂氏曰抱孫不抱子古禮經語也曾子問曰孫幼則使人抱之抱孫之爲言生於孫幼且明尸必以孫以昭穆之同也古之祭祀必有尸尸神象也主人之事尸以子事父也尸必筮求諸神而不敢專也在散齊之日或道遇之故有爲尸下之禮大夫士言見君言知若蓋君或不能盡識有以告則下下之致其敬也尸不下君而式之者廟門之外尸尊未全不敢亢禮而答之故式之而已亢禮而答則下之矣如在廟中主人拜無不答也尸若車中以式爲敬式車前橫木也馮之以禮人首必小俛以是爲敬式觀馬尾俯首之節也几尊者所馮以養尸故尸之乘車用之

齊側階反者不樂不弔

呂氏曰古之於敬事者必齊齊者致精明之德也樂則散

哀則動皆有害於齊也不樂不哭者全其齊之志也居喪之禮毀瘠不形視聽不衰升降不由阼階出入不當門隧門隧門之中道也。疏曰居喪許羸瘦不許骨露見骨爲形之主故謂骨爲形。呂氏曰先王制禮毀不滅性毀瘠形視聽衰幾於滅性送死之大事且將發而奠之行則遣奠大焉不由阼階不當門隧執人子之禮而未忍發也居喪之禮頭有創平瘡則沐身有瘍羊則浴有疾則飲酒食肉疾止復初不勝升喪乃比於不慈不孝沐浴與飲酒食肉以權制者也然疾止則復初。朱氏曰下不足以傳後故比於不慈上不足以奉先故比於不孝五十不致毀六十不毀七十唯衰催麻在身飲酒食肉處上於內五十始衰故不極毀六十則又衰矣故不可毀七十之年去死不遠略其居喪之禮者所以全其殤盡之期也生與來日死與往日與猶數也成服杖生者之事也數死之明日爲三日殮殯死者之事也從死日數之爲三日是三日成服杖乃死之第四日也知生者弔知死者傷知生而不知死弔而不傷知死而不知生傷而不弔方氏曰不知生而弔之則其弔也近於諂不知死而傷之則其傷也近於偽○應氏曰弔者禮之恤乎外傷者情之痛於中弔喪弗能賻附不問其所費問疾弗能遺去聲不問其所欲見人弗能館不問其所舍以貨財助喪事曰賻此三事不能則皆不問者以徒問為可愧也賜人者不曰來取與人者不問其所欲賜者君子與者小人○朱氏曰君子有守必將之以禮故不曰來取小人無厭必節之以禮故不問其所欲適墓不登壟助葬必執紼壟墳堆也登之為不敬紼引棺索就之致力也臨喪不笑以哀為主揖人必違其位出位而揖禮以變為敬也望柩不歌入臨不翔當食不歎不歌與不笑義同臨哭也不翔不為容也唯食忘憂非歎所也鄰有喪舂不相去聲○五家為鄰相者以音聲相勸相蓋舂人歌以助舂也里有殯不巷歌適墓不歌哭日不歌二十五家為里巷歌歌於巷也送喪不由徑送葬不辟避塗潦臨喪則必

有哀色執紼不笑不由徑不苟取其速也不避泥潦嫌於憚勞也臨樂不歎亦[illegible]
非歎所也介冑則有不可犯之色故君子戒慎不失色於人
此章自眉人必違其位當食不歎臨樂不嘆介冑則有不可犯之色四句之外皆是凶事之礼節記者詳之如
此每事戒慎則無失礼之愧不但不可失介冑之色而已國君撫式大夫下之大夫
撫式士下之禮不下庶人君與大夫或同途而出君過宗廟而式則大夫下車士於
大夫猶人大於君也庶人卑賤且貧富不同故經不言庶人之禮古之制禮者皆自士而始也先儒云其有事
則假士禮而行之一說此爲相遇於途君撫式以禮大夫則大夫下車大夫撫式以禮士則士下車庶人則否
故云禮不下庶人也刑不上大夫大夫或有罪以八議定之議所不赦則受刑周官掌囚凡有爵
者與王之同族奉而適甸師氏以待刑殺而此云不上大夫者言不制大夫之刑猶不制庶人之禮也刑
人不在君側人君當近有德者又以慮其怨恨而爲變也閽弑餘祭刑人在側之禍也兵車
不式武車綏而追反旌德車結旌䟽曰兵車革路也尚武猛無推讓故不式武車

亦革路也取其建戈刃即云兵車取其威猛即云武車也旌車上旌旛也尚威武故舒散若垂緌然玉金象木
四路不用兵故曰德車德美在内不尚赫奕故纏結其旌於竿也史載筆士載言疏曰不言
簡牘而曰筆者筆是書之主則餘載可知言謂盟會之辭舊事也○方氏曰史國史也載筆將以書未然之事
載言欲以聞已然之事前有水則載戴青旌疏曰王行宜警備故前有變異則率類示
之青旌者青雀也是水鳥前有塵埃則載鳴鳶鳶鴟也鳴則風生風生則塵埃起前
有車騎則載飛鴻鴻鴈也鴈飛有行列與車騎相似前有士師則載虎
皮虎威猛亦士師之象士師非所當警備者而亦舉類以示衆或者禁止暴横之意歟前有摯獸
則載貔貅摯獸虎狼之屬貔貅亦有威猛舉此使衆知爲備但不知爲載其皮爲畫其形耳行
前朱鳥而後玄武左青龍而右白虎招搖在上急繕如字
其怒行軍旅之出也朱鳥玄武青龍白虎四方宿名也以爲旗章其旒數皆放之龍旗則九旒雀則七旒
虎則六旒龜蛇則四旒也招搖北斗七星也居四方宿之中軍行法之作此舉之於上以指正四方使戎陣[illegible]

肅也舊讀繕爲勁勁今從呂氏說讀如字貝怒士卒之怒也。呂氏曰急迫之也繕言作而致其怒先儒以繕爲勁不必改也

進退有度左右有局各司其局

疏曰進退有度者教誓云不愆于六步七步乃止齊焉四伐五伐乃止齊焉擊一刺爲一伐少者四伐多者五伐又當止而齊正行列也左右有局者局部分也軍之左右各有部分不相濫也各司其局者軍行須監領也

父之讎弗與共戴天兄弟之讎不反兵交遊之讎不同國

不反兵謂常以殺之之兵器自隨也。呂氏曰殺人者死古今之達刑也殺之而義則無罪故令勿讎調人之職是也殺而不義則殺者當死宜告于有司而殺之士師之職是也二者皆無事乎復讎也然復讎之文雜見于經傳考其所以必其人勢盛緩則不能執故遇則殺之不暇告有司也父者子之天不能復父讎仰無以視乎皇天矣報之之意誓不與讎俱生此所以弗共戴天也

四郊多壘此卿大夫之辱也地廣大荒而不治此亦士之辱也

四郊者王城之外四面近郊五十里遠郊百里侯國亦名有四郊里數則各隨其地之廣狹而爲遠近也壘者屯軍之壁卿大夫不能謀國數見侵伐故多壘土廣人稀

荒穢不理此二者固皆卿大夫之責士卑不與謀國而但里之事則其職也故言亦士之辱臨喪不惰祭服敝則焚之祭器敝則埋之龜策敝則埋之牲死則埋之呂氏曰人所用則焚之焚之陽也鬼神所用則埋之埋之陰也凡祭於公者必自徹其俎疏曰此謂士助君祭也若大夫以上則君使人歸其俎若大夫以下自祭其廟則使人歸賓俎○呂氏曰熲臣子之敬毋敢視賓客故自徹其俎以出也卒哭乃諱禮不諱嫌名二名不偏諱葬而虞虞而卒哭凡卒哭之前猶用事生之禮故卒哭乃諱其名嫌名音同者不偏諱謂可單言逮事父母則諱王父母不逮事父母則不諱王父母逮及也庶人父母早死不聞父之諱其祖故亦不諱其祖有廟以事祖者則不然也君所無私諱大夫之所有公諱私諱不避於公朝大夫則諱其先君也詩書不諱臨文不諱不因避諱而易詩書之文改行事之語蓋恐有惑於學者有誤於承用也廟中不諱廟中之諱以甲避尊而有事於高祖則不諱曾祖以下也夫人之諱雖質君之前

臣不諱也婦諱不出門大功小功不諱質猶對也夫人之諱與婦之諱皆謂其家先世門者其所居之宮門也大功以下恩輕服殺故亦不諱入竟而問禁入國而問俗入門而問諱馬氏曰問禁慮得罪於君也問俗慮得罪於衆也問諱慮得罪於主人也外事以剛日內事以柔日甲丙戊庚壬為剛乙丁己辛癸為柔先儒以外事為治兵巡狩朝聘盟會之類皆外事也內事如宗廟之祭冠昏之禮皆是凡卜筮日旬之外曰遠某日旬之內曰近某日喪事先遠日吉事先近日疏曰今月下旬筮來月上旬是旬之外日也主人告筮者云欲用遠某日此大夫禮士賤職褻時至事暇可以祭則於旬初即筮旬內之日主人告筮者云用近某日天子諸侯有雜祭或用旬內或用旬外其辭皆與此同喪事謂葬與二祥是奪哀之義非孝子所欲但不獲已故先從遠日而起示不宜急微伸孝心也吉事謂祭祀冠昏之屬少牢云若不吉則及遠日是先近日也曰為去聲日假爾泰龜有常假爾泰筮有常卜筮不過三卜筮不相襲曰命辭也為字去聲讀為

卜言日故曰爲日卜則命龜曰爲日假尒泰龜有常筮則命蓍曰爲日假尒泰筮有常假因也託也泰者尊上之辭有常言其吉凶常可憑信也此命蓍龜之辭不過三者一不吉至再至三三終不吉則止而不行襲因也卜不吉則止不可因而更筮筮不吉則止不可因而更卜也龜爲卜筴爲筮卜筮者先聖王之所以使民信時日敬鬼神畏法令也所以使民決嫌疑定猶與去聲也故曰疑而筮之則弗非也日而行事則必踐如字之筴蓍也舊說讀踐爲善文義甚迂疏引王氏說踐履也必履而行之當讀如字○疏曰說文猶獸名與亦獸名二物皆進退多疑人之多疑惑者似之故謂之猶與○吕氏曰凡常事卜不吉則不筮筮不吉則不卜獻公卜納驪姬不吉公曰筮之此相襲也若大事則先筮而後卜洪範有龜從筮從或龜從筮逆龜筮並用也晉卜納襄王得黃帝戰阪泉之兆又筮之遇大有之睽亦龜筮並用也故知不相襲若非大事也信時日者卜筮所用之不敢改也敬鬼神者人謀非不足而猶求於鬼神知有所尊而不敢必也畏法令者人君法令有疑者決之卜筮則君且不敢專況下民毋嫌疑者物有二而相似也猶與者事有二而不

決也如建都邑某地可都某地亦可都此嫌疑也如戰或曰可戰或曰不可戰此猶與也卜筮以決之定之此先聖王以神道設教也有疑而筮既筮而不信諏日而卜既卜而弗踐是爲不誠不誠之人不能得之於人況可得於鬼神乎君車將駕則僕執策立於馬前此下言乘車之禮策馬杖也僕者執之立於馬前所以防奔逸也已駕僕展軨零效駕已駕駕馬畢也軨車之轄頭車行由轄僕者展視軨編即入而效白於君言車駕竟奮衣由右上上聲取貳綏跪乘疏曰僕先出就車於車後自振其衣以去塵從右邊升上必從右者君位在左避君空位也貳副也綏登車索也此綏擬君之升副綏擬僕右之升僕先試車時君猶未出未敢依常而立所以跪而乘之以爲敬執策分轡驅之五步而立疏曰轡馭馬索也車一轅而四馬駕之中央兩馬夾轅者名服馬兩邊名騑馬亦曰驂馬詩云兩服上襄兩驂鴈行鴈行者言與中服相次序也每一馬有兩轡四馬八轡以驂馬內轡繫於軾前其驂馬外轡并兩服馬各二轡六轡在手右手執杖以三轡置空手中以三轡置杖手中故云執策分轡也驅之者試驅行之也五步而立者跪而驅馬以行五步即止而倚立以待君出君出就

車則僕并轡授綏左右攘辟避。疏曰君出就車則僕并六轡及策置一手中以
一手取正綏授於君令登車於是左右侍駕陪位諸臣見車欲進行皆遷卻以避車使不妨車之行也車
驅而騶驟至于大門君撫僕之手而顧命車右就車門
閭溝渠必步疏曰車上君在左僕人中央勇士在右既至大門恐有非常故回命車右上車至門
閭溝渠而必下車者一則君子不誣十室過門閭必式君式則臣當下也二則溝渠險阻恐有傾覆亦須下扶
持之也僕不下者車行由僕僕下則車無御故不下也凡僕人之禮必授人綏若
僕者降等則受不然則否凡為車之僕者必以正綏授人不但臣於君為然也若僕
之等級卑下如士於大夫之類則授綏之時直受之而已無辭讓也非降等者則不受若僕者降
等則撫僕之手不然則自下拘溝之降等者雖當受其綏然猶撫止其手
如不欲其親授然然後受之亦謙讓之道也不降等者已雖不欲受而彼必授則卻手從僕之手下而自納取
之也客車不入大門婦人不立乘犬馬不上於堂馬氏曰客車不

入人門所以敬主人出大門迎之所以敬客故覲禮偏駕不入王門公食大夫礼賓乘車在大門外西方君諸侯不以客禮見王則墨車龍旂以入大門故覲禮墨車龍旂以朝婦人乘安車故不立乘犬馬充庭實故不上堂以犬馬獻人則執紲靮而已以馬合幣則達圭而已奉馬而覲則設入而已皆不上堂之謂也故

君子式黃髮下卿位入國不馳入里必式式黃髮敬老也下卿位敬大臣也禮君出則過卿位而登車入則未到卿位而下車入國不馳恐車馬驚擾人也十室猶有忠信二十五家之中豈無可敬之人故入里門必式所謂不誣十室也。鄭氏曰發向言故明此衆篇雜辭也君命

召雖賤人大夫士必自御迓之御讀爲迓迎也自迎之所以敬君命介者

不拜爲去声其拜而蓌子卧反拜介甲也。朱子曰蓌猶言有所枝拄不利屈伸也

祥車曠左乘君之乘去声車不敢曠左左必式疏曰祥猶吉也吉車謂生時所乘葬時用爲魂車車上貴左僕在右空左以擬神也王者五路玉金象木革王自乘一餘四從行臣乘此車不敢空左空左則似祥車凶也左必式者不敢自安故恆憑式乘車君皆在左若兵戎革路則君在中

僕御婦人則進左手後右手疏曰僕在中婦人在左進左手持轡使身微相背遠嫌也御國君則進右手後左手而俯疏曰御君者禮以相向爲敬故進右手既御不得常式故但俯俛而爲敬國君不乘奇居宜反車車上不廣欬開代反不妄指奇車奇邪不正之車也。方氏曰不廣欬者慮聲容之駭人聽不妄指者慮手容之駭人視也

立視五巂攜式視馬尾顧不過轂立謂立於車上也。疏曰巂規也車輪一周爲一規乘車之輪高六尺六寸徑一圍三得一丈九尺八寸五規爲九十九尺六尺爲步總爲十六步半在車上所視則前十六步半也馬引車其尾近車闌車上憑式下頭時不得遠矚但瞻視馬尾轂車轂也若轉頭不得過轂論語云車中不内顧是也

國中以策彗遂卹蘇沒反勿沒驅塵不出軌疏曰入國不馳故不用鞭策但取竹帶葉者爲杖形如埽帚故云策彗微近馬躰搔摩之卹勿搔摩也軌車轍也行緩故塵埃不飛揚出軌外也。朱子曰策彗疑謂策之彗若今鞭末韋帶耳

國君下齊側階反牛式宗廟大夫士下公門式路馬下謂下車也疏引熊氏說

此文誤當云國君下宗廟式齊牛乘路馬必朝服載鞭策不敢授綏左必式此言人臣習儀之節路馬君駕路車之馬也既衣朝服又鞭策則但載之而不用所以敬也君升車則僕者授綏今臣以習儀而居左則自敬以行不敢使車右以綏授已也左必式者既在尊位當式以示敬步路馬必中道以足蹙蹴路馬芻有誅齒路馬有誅步謂行步而調習之也必當路之中若以邊側卑褻不敬或傾跌也蹙踐與蹴同芻草也齒評量年數也誅罰也○馬氏曰祭馬之力必以年欲馬之年必以齒凡此戒其慢君物也先王制禮圖難於其易爲大於其細凡以止邪於未形而已耳

曲禮下第二

凡奉上声者當心提者當帶疏曰物有宜奉持者有宜提挈者奉者仰手當心提者垂臂當帶深衣之帶也古人常服深衣執天子之器則上上声衡國君則平衡大夫則綏讀曰妥之士則提之疏曰上高也衡平也平正當心天子器不宜下故臣

爲摯奉皆高於心諸侯降於天子故臣爲奉持器與心平大夫降於諸侯故其臣奉器下於心綏下也士提之則又在綏下凡執主器執輕如不克執主器操幣圭璧則尚左手行不舉足車輪曳踵大夫稱主此則通上下貴賤言之如不克似不能勝此聘禮曰上介執玉如重尚左手謂左手在上左陽尊也踵腳後也執器而行但起其前而曳引其踵如車輪之運於地故曰車輪曳踵○方氏曰左手不如右强尚左手所以爲容下右手所以致力立則磬折垂佩主佩倚則臣佩垂主佩垂則臣佩委僂折如磬之背而玉佩從兩邊懸垂此立容之常然臣之於君尊卑殊等則當視其高下之節而倍致其恭敬之容可也微俛則倚於身小俛則垂大俛則委於地皆於佩見其節執玉其有藉者則裼錫無藉者則襲古人之衣近躰有袍襗之屬其外有裘夏月則衣葛或裘或葛其上皆有裼衣裼衣上有襲衣襲衣之上有常著之服則皮弁服及深衣之屬是也掩而不開謂之襲若開而見出其裼衣則謂之裼也○凡聘禮註云曲禮云執玉其有藉者則裼無藉者則襲所謂無藉謂圭璋特達不加束帛當執圭璋之時其人則襲也有藉者[illegible]

璧琮加於束帛之上當執璧琮時人則裼也曲禮所云專主圭璋特而襲璧琮加束帛而裼一條言之先儒乃以執圭而垂繅爲有藉執圭而屈繅爲無藉此則不然竊詳經文裼襲是一事垂繅屈繅又别是一事不容溷合爲一說

國君不名卿老世婦大夫不名世臣姪迭娣士不名家相去聲長妾不名不以名呼之也。疏曰上卿貴故曰卿老世婦兩媵也次於夫人而貴於諸妾也世臣父在時老臣也姪是妻之兄女娣是妻之妹從妻來爲妾也大夫不世爵此有世臣者子賢襲父爵也家相助知家事者長妾妾之有子者

君大夫之子不敢自稱曰余小子大夫士之子不敢自稱曰嗣子某不敢與世子同名列國之君與天子之太夫其子皆不敢自稱余小子避嗣天子之稱也列國之大夫與士之子不敢自稱嗣子某避嗣諸侯之稱也。呂氏曰世子君之適子也諸臣之子不敢與之同名亦避君也君名之在世子之前則世子爲君亦不避穀梁傳曰衛齊惡衛侯惡何爲君臣同名也君子不奪人名不奪人親之所名君湜

士射不能則辭以疾言曰某有負薪之憂呂氏曰射者男子之所有

事不能可以疾辭不可以不能辭也負薪賤役士之所親事若疾則不能矣故曰負薪之憂也

侍於君子不顧望而對非禮也呂氏曰顧望而後對者不敢先他人而言也○應氏曰有察言觀色之意

君子行禮不求變俗祭祀之禮居喪之服哭泣之位皆如其國之故謹脩其法而審行之言卿大夫士有徙居他國者行禮之事不可變其故國之俗皆當謹脩其典法而審慎以行之

去國三世爵祿有列於朝出入有詔於國若兄弟宗族猶存則反告於宗後去國三世爵祿無列於朝出入無詔於國唯興之日從新國之法去本國雖已三世而舊君猶仕其族人於朝以承祖祀此人往來出入他國仍詔告於本國之君其宗族兄弟猶存則必有宗子凡冠娶妻必告死必赴不忘親也若去國三世朝無仕宦之列出入與舊君不相聞其時已久其義已絕可以改其國之故矣然猶必待興起而爲卿大夫乃從新國之法厚之至也

君子已孤不更平聲名名若始生三月之時父所命也父沒而改之孝子所不忍也

已孤

暴貴不爲去聲父作謚文王雖爲西伯不爲古公公季作謚周公成文武之德亦不敢加太王王季以謚也。呂氏曰父爲士子爲天子諸侯則祭以天子諸侯其尸服以士服是可以己之祿養其親不敢以己之爵加其親也父之爵卑不當謚而以己爵當謚而作之是以己爵加其父欲尊而反卑之非所以敬其親也

居喪未葬讀喪禮既葬讀祭禮喪復常讀樂章居喪不言樂祭事不言凶公庭不言婦女復常除服之後也樂章弦歌之詩也。呂氏曰讀是書非肄業也當是時不知是事不以禮事其親者也吉凶之事不相干哀樂之情不可以貳故喪凶事也不言樂祭吉事也不言凶公私之事不可相干私事不可言於公庭故公庭不言婦女

振書端書於君前有誅倒筴側龜於君前有誅人臣以職分內事事君每事當謹之於素文書簿領已至君前乃始振拂其塵埃而端整之卜筮之官龜筴其所奉以周旋者於君前而有顛倒反側之狀此皆不敬其職業而慢上者故皆有罰

龜筴几杖席蓋重平聲素袗軫絺綌不入公門龜筴所以問吉凶嫌豫謀也几杖所以優高年嫌自尊也席所以坐

卧蓋所以蔽日與雨絺綌所以凉躰袗單也單則見躰而褻此三者妟安之具也重素衣裳皆素也以非吉服故亦不可以入公門

苞白表反屨扱揷衽厭於涉反冠不入公門苞讀為藨以藨蒯之草為齊衰喪屨也扱衽以深衣前衽扱之於帶也蓋親初死時孝子以號踊履踐為妨故扱之也厭冠喪冠也吉冠有纚有梁喪冠無之故厭帖然也此皆凶服故不可以入公門

書方衰催凶器不以告不入公門方板也書方者條錄送死物件於方板之上也衰五服之衰也凶器若棺槨䘙翣明器之屬不以告不入公門謂告則可入者蓋臣妾有死於宮中者君亦許其殯而成喪然必先告乃得將入也

公事不私議馬氏曰季孫使冉有訪田賦於仲尼仲尼不對而私於冉有何也季氏用田賦非孔子所能止其私於冉有豈得已哉

君子將營宮室宗廟為先廄庫為次居室為後君子有位者也宗廟所以奉先故先營之廄以養馬庫以藏物欲其不乏用也故次之居室則安身而已故又次之

凡家造祭器為先犧賦為次養去聲器為後犧賦亦以造言者犧周官牛人共其牛牲之互與盆簝之類鄭註互若今屠家縣肉格盆以盛血簝受

肉龍也。疏曰家造謂大夫始造家事也諸侯大夫少牢此言犧牛也天子之大夫祭祀賦斂邑民供出牲牢故曰犧賦無田祿者不設祭器有田祿者先爲祭服君子雖貧不粥音育祭器雖寒不衣去聲祭服爲宮室不斬於丘木呂氏曰祭器可假服不可假也丘木所以庇宅兆爲宮室而斬之是慢其先而濟吾私也大夫士去國祭器不踰竟境大夫寓祭器於大夫士寓祭器於士呂氏曰臣之所以有宗廟祭器以事其先者君之祿也今去位矣乃挈器以行是竊君之祿以辱其先此祭器所以不踰竟也寓寄於爵等之同者使之可用也。○馬氏曰微子抱祭器而之周何也君子爲己不重爲人不輕抱君之祭器可也抱己之祭器不可也大夫士去國踰竟爲壇善位鄉去聲國而哭素衣素裳素冠徹緣去聲鞮低屨素幦莫歷反乘髦馬不蚤爪鬋翦不祭食不說如字人以無罪婦人不當御三月而復服壇位除地而爲位也鄉國向其本國也徹緣去中衣之采緣而純素也鞮屨革屨也周禮註云四夷舞者所非素簚素白狗皮也簚車覆闌也既夕禮云主人乘惡車白狗幦是也髦馬不鬄剔馬之髦鬣以爲飾也蚤治手足爪也鬋剔治鬚髮也祭食食盛饌則祭先代爲食之人也不說人以無罪者已雖遭放逐而出不自以無罪解說於人過則稱己也御侍御嬪媵也凡此皆爲去父母之邦捐親戚去墳墓失祿位亦一家之變故也故以凶喪之禮自處三月爲一時天氣小變故必待三月而後復其吉服也

大夫士見現於國君君若勞去聲之則還旋辟闢再拜稽首此言大夫士出聘他國見於主君君若問勞其道路之勤苦則旋轉退避乃再拜稽首也君若迎拜則還辟不敢答拜聘賓初至主國大門外主君迎而拜之賓則退卻不敢答拜而抗賓主之禮也

大夫士相見雖貴賤不敵主人敬客則先拜客客敬主人則先拜主人敬而先拜謂大夫士聘於他國而見其卿大夫士也同國則否凡非弔喪非見現國君無不答拜者弔喪而不答主人之拜者以爲助執喪事之凡役而來非行賓主之禮也故士喪禮有賓則拜之賓不答拜也士見本國之君尊卑懸絕故君不答拜此二者之外

無不答拜也大夫見於國君國君拜其辱士見於大夫大夫
拜其辱同國始相見主人拜其辱君拜大夫之辱大夫拜士之辱皆謂初為
大夫初為士而來見也此後朝見則有常禮矣士相見禮士見國君君答拜者亦以其初為士而敬之也主人
拜辱拜其先施也此謂爵相等者言同國則異國亦當然矣君於士不答拜也非其
臣則答拜之大夫於其臣雖賤必答拜之君於士雖不答拜然不以
施之他國之士者以其非己之臣也大夫答賤臣之拜避國君之躬也男女相答拜也男女
嫌疑之避亦多端矣然拜而相答所以為禮豈以行禮為嫌哉故記者明言之國君春田不圍
澤大夫不掩羣士不取麛迷卵春田蒐獮也澤廣故曰圍羣聚故曰掩麛鹿子
凡獸子亦通名之麛卵微故曰取君大夫士位有等降故所取各有限制此與王制文異○方氏曰用大者取
愈廣其位卑者禁愈嚴歲凶年穀不登君膳不祭肺馬不食穀馳道
不除祭事不縣玄大夫不食粱士飲酒不樂膳者美食之名肺為

氣云周人所重故食必先祭肺言不祭肺示不殺牲爲盛饌也馳道人君驅馳車馬之路不除不埽除也祭必有鍾磬之縣今不縣言不作樂也大夫食黍稷以粱爲加公食大夫禮設正饌之後乃設稻粱所謂加也自君至士各舉一事尊者舉其大者卑者舉其小者其實互相通耳

君無故玉不去身大夫無故不徹縣玄士無故不徹琴瑟故謂災患喪疾之類

士有獻於國君他日君問之曰安取彼再拜稽首而后對安取彼猶言何所得彼物也

大夫私行出疆必請反必有獻士私行出疆必請反必告君勞去聲之則拜問其行拜而后對大夫士以私事出疆必請於君其反也大夫有獻而士不獻不以卑者之物瀆尊也故但告還而已勞之者慰勞其道路之勞苦問其行者詢其游歷之所至也先拜後答急謝見問之寵也

國君去其國止之曰奈何去社稷也大夫曰奈何去宗廟也士曰奈何去墳墓也國君死社稷大夫死衆士死制死社稷謂國亡與亡也死衆謂討罪禦敵敗則死之也死制受命於君難毋苟免也○方氏曰國君

曰死社稷而大夫士不曰死宗廟墳墓何也蓋以其去者有乎私情死其事者止乎公義也。趙氏曰社所以祭五土之神稷所以祭五穀之神稷非土無以生土非稷無以見生生之效故祭社必及稷以其同功均利以養人故也周禮大司徒設社稷之壝壝者累土以為高也不屋而壇社壇在東稷壇在西君天下曰天子朝諸侯分職授政任功曰予一人天子者君臨天下之總稱臣民通得稱之予人則所自稱也踐阼臨祭祀內事曰孝王某外事曰嗣王某踐猶履也阼主階也履主階而行事故曰踐阼也宗廟之事為內郊社之事為外祝辭稱孝王某者事親之辭嗣王某者事神之辭也臨諸侯畛之忍反於鬼神曰有天王某甫天子巡狩而至諸侯之國必使祝史致鬼神當祭者之祭以不親往故祝辭稱字曰某甫甫者丈夫之美稱也。呂氏曰畛猶畛畛之相接然與交際之際同義。方氏曰望秩之禮必於野外故以畛言之畛田間道也祭於畛而謂之畛猶祭於郊而謂之郊也天子適諸侯非其常蓋有時矣故於是特言有焉崩曰天王崩復曰天子復矣告喪曰天王登假遐措之廟立之主曰帝自上墜下曰崩亦壞敗之稱王者卒則史書於策曰天王崩復者人死則形神離古人持死者之衣升屋北面招呼死者之魂令還復體魄冀其再生也故謂之復天子復者升屋招呼之辭臣子不可名君故呼曰天子復也疏云以例言之則王后死亦呼王后復也告喪赴告侯國也呂氏讀假爲格音引王假有廟與來假來享言其精神升至于天愚謂遐乃遠邈之義登遐言其所升高遠猶漢書稱大行行乃循行之行去聲以其往而不反故曰大行也措置也立之主者始死則鑿木爲重以依神既虞而埋之乃作主以依神也。呂氏曰考之禮經未有以帝名者史記夏殷之王皆以帝名疑殷人祔廟稱帝遷措世本當有所考至周有謚始不名帝歟

天子未除喪曰予小子生名之死亦名之鄭氏曰生名之曰小子王死亦曰小子王也晉有小子侯是僭號也。呂氏曰春秋書王子猛卒不言小子者臣下之稱與史策之辭異也

天子有后有夫人有世婦有嬪有妻有妾三夫人九嬪二十七世婦八十一御妻自后而下皆三因而增其數妾之數未聞

天子建天官先六大泰

曰大宰大宗大史大祝大士大卜典司六典此六大者天官之屬

也以其所掌異於他職故曰充天子之五官曰司徒司馬司空司士司
寇典司五衆此五官與天官列而爲六五衆者五官屬吏之羣衆也天子之六府
曰司土司木司水司草司器司貨典司六職府者藏物之所此府主藏六
物之稅天子之六工曰土工金工石工木工獸工草工
典制六材此六材者六工之所用也故不曰典司而曰典制也已上四條舊說皆爲殷制其實無所考
證皆懸說耳五官致貢曰享呂氏曰歲終則司徒以下五官各致其功獻于王故謂之享貢
功也享獻也五官之長曰伯是職方其擯於天子也曰天子
之吏天子同姓謂之伯父異姓謂之伯舅自稱於諸侯
曰天子之老於外曰公於其國曰君司徒以下五官之長者天子之三公
也伯者長大之名三公無異職即六卿中三人兼之任左右之職謂之相功論而作伯則分主畿外諸侯如公
羊云自陝而東者周公主之自陝而西者召公主之是也是職方者言二伯於是職主其所治之方也天子之

吏擯者之辭也此亦若是天子同姓則天子稱之爲伯父若異姓則稱爲伯舅皆親之之辭也此伯皆有采地在天子畿內自稱於私土采地之外則曰公自稱於采地之內則曰君也

九州之長入天子之國曰牧天子同姓謂之叔父異姓謂之叔舅於外曰侯於其國曰君

天下九州天子於每州之中擇諸侯之賢者一人加之一命使主一州內之列國取牧養下民之義故曰牧叔父叔舅降於伯父伯舅也自稱於所封國之外則曰侯若與國內臣民言則自稱曰君也

其在東夷北狄西戎南蠻雖大曰子於內自稱曰不穀於外自稱曰王老

九州之外不過子男之國天子亦選賢以爲牧但以卑且遠故不以牧稱亦不稱父舅朝見之時擯辭惟曰子雖或有功益地至侯伯之數其爵亦不過子故云雖大曰子也如楚在春秋雖大國而其爵則稱子也穀善也於內與其臣民言也外謂夷狄之境也自稱王老言天子之老臣也

庶方小侯入天子之國曰某人於外曰子自稱曰孤

四夷之君其來荒遠故以庶方名之庶衆也某人若牟人介人之類○疏曰於外曰子者此君在其本國外四

（夷之中自稱依其本爵若男亦稱男也若自與臣民言則稱孤孤者特立無德之稱也）天子當依（上聲）而立諸侯北面而見（現）天子曰覲天子當宁（珍呂反）而立諸公東面諸侯西面曰朝（鄭氏曰春朝受摯於朝受享於廟秋覲一受之於廟朝者位於內朝而序進覲者位於廟門外而序入。疏曰依狀如屏風以絳為質高八尺東西當戶牖之間繡為斧文亦曰斧依天子見諸侯則依而立負之而南面以對諸侯也宁者尒雅云門屏之間謂之宁人君視朝所宁立處蓋以待諸侯之至故云當宁而立也諸侯春見曰朝秋見曰覲又曰凡天子三朝一在路門內謂之燕朝大僕掌之二是路門外之朝謂之治朝司士掌之其三是臯門之內庫門之外謂之外朝朝士掌之諸侯亦有此三朝）諸侯未及期相見曰遇相見於郤（隙）地曰會（未及期在期日之前也郤地閑隙之地也下言相見及期日也遇有遇禮會有會禮）諸侯使大夫問於諸侯曰聘（比年小聘三年大聘聘大夫往大聘則卿往）約信曰誓涖牲曰盟（約信者以言語相要約為信也用誓禮涖臨也春秋所書遇會盟聘皆有之惟無誓耳疏云盟之為

法先鑿地為方坎殺牲於坎上割牲左耳盛以珠盤又取血盛以玉敦用血為盟書成乃歃血而讀書置牲坎中加書於上而埋之謂之載書也

諸侯見天子曰臣某侯某其與民言自稱曰寡人其在凶服曰適(丁歷反)子孤(臣某侯某如云臣齊侯小白臣晉侯重耳之類擯者告天子之辭也凡自稱皆曰寡人不獨與民言也此略言之耳適子孤亦擯者告賓之辭也)臨祭祀内事曰孝子某侯某外事曰曾孫某侯某死曰薨復曰某甫復矣(内外事見前章曾孫猶晉平公禱河而稱曾臣彪之類天子德厚流光故外事稱嗣王某諸侯不敢言繼嗣推始封之君而祖之故稱曾孫也薨之為言瞢也幽晦之義本國史書之辭復稱字臣不名君也)既葬見天子曰類見言謚曰類(呂氏曰繼先君之德乃得受國而見天子故曰類見謚先君之善而請謚於天子故亦曰類)

諸侯使人使(去聲)於諸侯使者自稱曰寡君之老(寡君之老惟上大夫可稱見玉藻)

天子穆穆諸侯皇皇大夫濟濟(上聲)士蹌蹌(七羊反)庶人僬僬(子妙反)。

呂氏曰穆穆幽深和敬之貌皇皇壯盛顯明之貌濟濟脩飾齊一之貌蹌蹌翔舉舒揚之貌庶人見乎君不爲容進退趨走僬僬無所考大抵趨走促數不爲容之貌也

天子之妃曰后諸侯曰夫人大夫曰孺人士曰婦人庶人曰妻鄭氏曰妃配也后之言後也夫之言扶孺之言屬婦之言服妻之言齊

公侯有夫人有世婦有妻有妾夫人自稱於天子曰老婦畿內諸侯之妻因助祭於王后或因獻繭之屬故得以見天子。陳氏曰不以老稱不足以任其事不以婦稱非所以能事人故稱老婦。應氏曰年高者固可稱老婦其始嫁者宜如何稱則亦曰婦而配之以卑小之名耳

自稱於諸侯曰寡小君䟽曰此諸侯謂他國君也古者諸侯相饗夫人亦出故得自稱也防記云陽侯殺繆侯而竊其夫人故大饗廢夫人之禮君之妻曰小君而云寡者亦從君爲謙也

自稱於其君曰小童自世婦以下自稱曰婢子小童未成人之稱婢之言卑也

子於父母則自名也自稱其名

列國之大夫入天子之國曰某士自稱曰陪臣某於外

曰子，於其國曰寡君之老，使者自稱曰某。

某士擯者稱其人曰某國之士也。晉韓起聘于周，擯者曰晉士起。蓋列國卿大夫其命數與天子之士等也。陪，重也。諸侯爲天子之臣，己又爲諸侯之臣也。於外曰子者，亦擯者辭。在他國則擯者稱其姓而曰子。春秋閔二年齊高子來盟，高傒也。於其國曰寡君之老，謂在己國與人語則以此自稱也。使者自稱曰某，某名也。若爲使在他國與彼君語則稱名也。

天子不言出，諸侯不生名，君子不親惡，諸侯失地名，滅同姓名。

號曰君子，不親惡者，謂孔子書經見天子大惡書出以絕之，諸侯大惡書名以絕之，君子不親此惡，故書出名以絕之也。○呂氏曰：賢者貴者皆謂之君子。天子無外，安得而言出。然而言出者，德不足以君天下而位號存焉耳。諸侯不生名，惟死而告終然後名之。然有生名者，德不足以名君子而位號存焉耳。然故天子不言出，諸侯不生名，皆謂君子不親惡故也。○陳氏曰：言出所以外之，生名所以賤之。春秋書天王出居于鄭，譏之也。書以蔡侯獻舞歸，以其失地也。書衛侯燬滅邢，以其滅同姓也。夫天子之言出，諸侯之生名，皆有大惡在所棄焉，君子所以不親也。然春秋書天王居於某地者二，而不言出；諸侯失地而名者十五，滅同姓者三而有不生名者莫非出居而事有異同莫非失地滅同姓而罪有輕重故也蓋諸侯義莫大於保國仁莫大於親親不能保國而至於失地不能親親而至於滅同姓其名之也宜矣**爲人臣之禮不顯諫三諫而不聽則逃之**陳氏曰孔子之於魯百里奚之於秦未嘗諫而去龍逄之於夏比干之於殷則死於諫而不去何也蓋事有輕重勢有可否君子以禮爲守以義爲行迹雖不同其趨一也**子之事親也三諫而不聽則號**平聲**泣而隨之**呂氏曰君臣義合也父子天合也君臣其合也與其父子同其不合也去之與父子異也**君有疾飲藥臣先嘗之親有疾飲藥子先嘗之醫不三世不服其藥**呂氏曰醫三世治人多用物熟矣功已試而無疑然後服之亦謹疾之道也**儗人必於其倫**疏曰不得以貴比賤爲不敬也。方氏曰禹稷顏回時不同矣孔子俱以爲賢儗之以道也夷惠伊尹迹不同矣孟子俱以爲聖儗之以心也子夏以有若似孔子徒儗之以貌而已不知聖賢之德不倫也公孫丑以管仲比孟子徒儗以位而已不知王霸之道不倫也**問天子之年對曰聞之始服衣若干**

尺矣若如也未定之辭數始於一而成於十千字從一從十故言若干謂或如一或如十凡數之未定者皆可言頭註食貨志云千箇也謂當如此箇數意亦近之問國君之年長曰能從宗廟社稷之事矣幼曰未能從宗廟社稷之事也爲國以禮而禮莫重於祭宗廟社稷事無有先於此者能則知其長未能則知其幼問大夫之子長曰能御矣幼曰未能御也古者五十命爲大夫故不問其年而問其子之長幼御謂御車也御者六藝之一幼則未能○疏曰御謂主事也官有世功子學父業故有御事之因問士之子長曰能典謁矣幼曰未能典謁也謁請也典謂者主賓客告請之事士賤無臣下自典告也問庶人之子長曰能負薪矣幼曰未能負薪也負薪者庶人力役之事長則能問國君之富數地以對山澤之所出數地擧其土地之廣狹如百里七十里五十里各言之也山澤所出如魚鹽蜃蛤金玉錫石之類也問大夫之富曰有宰食力祭器衣服不假宰邑宰也有宰則有采地矣食力謂食下

民賦稅之力衣服祭服也問士之富以車數對上士三命得賜車馬故問士富則以車數對也問庶人之富數上聲畜許又反以對庶人受田有定制惟畜牧之多寡在乎人故數畜以對也天子祭天地祭四方祭山川祭五祀歲徧諸侯方祀祭山川祭五祀歲徧大夫祭五祀歲徧士祭其先呂氏曰此章汎論祭祀之法冬日至祭天夏日至祭地四時各祭其方以迎氣又各望祭其方之山川五祀則春祭户夏祭竈季夏祭中霤秋祭門冬祭行此所謂歲徧諸侯有國國必有方祭其所居之方而已非所居之方及山川不在境内者皆不得祭故曰方祀祭法天子立七祀加以司命泰厲諸侯五祀有司命公厲而無户竈大夫三祀有族厲而無中霤户竈士二祀則門行而已是法考於經皆不合曾子問天子未殯五祀之祭不行士喪禮禱于五祀則自天子至士皆祭五祀祭法言涉怪妄不經至于所称廟制亦不與諸經合凡祭有其廢之莫敢舉也有其舉之莫敢廢也非其所祭而祭之名曰淫祀淫祀無福呂氏曰廢之莫敢舉如已毀之宗廟變置之社稷不可復

祀也舉之莫敢廢如已脩之壇墠而輒毀已正之昭穆
而輒變也非所祭而祭之如法不得祭與不當祭而祭
之者也曾立武宮立煬宮舉其廢也躋僖公廢其舉也
曾之郊禘與祀文王祀爰居祭所不當祭也淫過也以
過事神神弗享也故無福。方氏曰可廢而廢可舉而
舉者存乎義因所廢而莫敢舉因所舉而莫敢廢者存
乎禮蓋禮有經義有權也天子以犧牛諸侯以肥牛大夫以索牛士
以羊豕毛色純而不雜曰犧養於滌者曰肥求得而用之曰索。疏曰此謂天子大夫士也若諸侯大
夫即用少牢士則用特牲其喪祭則大夫亦得用牛士
亦用羊豕故雜記云上大夫之虞也少牢卒哭成事祔
皆太牢下大夫之虞也特牲卒哭成事祔皆少牢是也支子不祭祭必告于宗子
疏曰支子庶子也祖禰廟在適子之家庶子賤不敢輒
祭若宗子有疾不堪當祭則庶子代攝可也猶必告于
宗子然後祭。呂氏曰別子爲祖繼別爲宗百世不遷
者大宗也繼禰繼祖繼曾祖繼高祖五世則遷者小宗
也宗子上繼祖禰族人兄弟皆宗之冠娶妻必告死必
赴況於祭乎所宗乎宗子者皆支子也支子不敢祭也
如諸侯不敢祖天子大夫不敢祖諸侯尊者之祭非卑
者所敢尸也故宗子爲士庶子爲大夫以上牲祭於宗

子之家祝曰孝子某爲介子某薦其常事則介子雖貴
可以用其祿而不敢專其事也宗子去在他國則支子
攝主以祭其禮有殺凡祭宗廟之禮牛曰一元大武十以下凡二一物元頭
也武足迹也牛肥則迹大豕曰剛鬣豕肥則鬣剛豚曰腯突肥腯者充滿之貌羊
曰柔毛羊肥則毛細而柔弱雞曰翰音翰長也雞肥則其鳴聲長犬曰羹獻犬肥
則可爲羹以獻凡煮肉皆謂之羹特牲禮云羹飪潁考叔曰未嘗君之羹是也雉曰疏踈趾雉肥
則兩足開張故曰疏趾兔曰明視兔肥則目開而視明故曰明視脯曰尹祭尹正也脯
欲割方正槁考魚曰商祭槁乾也商度也商度其燥濕之宜鮮仙魚曰脡
挺祭脡直也魚之鮮者不餒敗則挺然而直水曰清滌水玄酒也水可滌濯故曰清滌酒
曰清酌古之酒醴皆有清有糟未沛者爲糟既沛者爲清也黍曰薌香合黍熟則黏聚不
散其氣香故曰薌合粱曰薌萁基粱穀之強者其莖葉亦香故曰薌萁稷曰明粢
咨○稷粟也明則足以交神○祭祀之飯謂之粢盛稻曰嘉蔬蔬與疏同立苗疏則茂盛嘉嘉美也

韭曰豐本其根本豐盛也鹽曰鹹鹺才何反。鹹鹺味之厚也玉曰嘉玉
無瑕之玉[illegible]幣曰量幣廣狹長短之度也。疏曰此等諸號若一祭並有則舉其大者或惟有
犬錯雉有魚豕則各舉其號故經備載其名天子死曰崩諸侯曰薨大夫曰
卒士曰不祿庶人曰死在牀曰尸在棺曰柩羽鳥曰降
如字四足曰漬自死寇曰兵疏曰卒終竟也士祿以代耕不祿不終其祿也死者澌也
消盡無餘之謂尸陳也古人病困氣未絕之時下置在地氣絕之後更還牀上所以如此者凡人初生在地病
將死故下復其初生冀得脫死重生也若其不生復反本牀既未殯斂陳列在牀故曰尸也○呂氏曰柩久也
比化者無使土親膚故在棺欲其久也羽鳥飛翔之物降而下則死矣獸能動之物腐敗則死矣漬謂其躰腐
敗漸漬也兵者死於寇難之稱也祭王父曰皇祖考王母曰皇祖妣父
曰皇考母曰皇妣夫曰皇辟璧。曰皇曰王皆以君之稱尊之也考成也妣媲也辟法
也妻所法式也爲之宗廟以鬼享之不得不異其稱謂也生曰父曰母曰妻死曰考

曰妣曰嬪壽考曰卒短折之設反曰不禄嬪者婦人之美稱嬪猶賓也夫所賓敬也短折夭横而死也此言卒與不禄與上文大夫士之稱同者彼以位之尊卑言此以數之脩短言也又按呂氏説死寇曰兵之下當以此一句承之葢錯簡也。謝氏曰易曰有子考無咎又曰意承考也又書言事厥考厥長之類皆非死而後稱葢古者通稱後世乃異之目天子視不上於袷劫不下於帶國君綏妥視大夫衡視士視五步天子視謂視天子也袷朝服祭服之曲領也綏頽下之貌視國君者目不得平看於面當視其面之下袷之上也衡平也大夫之臣視大夫平看其面也士視五步若士之屬吏視士亦不得高面下帶而得旁視左右五步之間也凡視上於面則敖傲下於帶則憂傾則姦呂氏曰上於面者其氣驕知其不能以下人矣下於帶者其神奪知其憂在乎心矣視流則容側必有不正之心存乎胷中矣此君子之所以愼也君命大夫與士肄異在官言官在府言府在庫言庫在朝言朝人君有命令則大夫士相與肄習之其事或在官或在府或在庫或在朝隨其所在而謀議之官者

職守司存之總名府庫畜貨器藏財之異號朝則君臣會見之公庭也

朝言不及犬馬犬馬褻瀆不當言之於朝

輟朝而顧不有異事必有異慮故輟朝而顧君子謂之固朝儀當肅不宜爲左右之顧異猶他也敬以不存則形諸外此所以知其有他事他慮也固謂鄙野不達於禮也

在朝言禮問禮對以禮朝廷之上凡所當言者皆禮也一問一對必稽於禮孔子在宗廟朝廷便便言唯謹爾盡此道也

大饗不問卜不饒富呂氏曰冬至祀天夏至祭地日月素定故不問卜至敬不壇埽地而祭牲用犢器用陶匏席用藁秸視天下之物無以稱其德以少爲貴焉故不饒富

凡摯天子鬯諸侯圭卿羔大夫鴈士雉庶人之摯匹木童子委摯而退野外軍中無摯以纓拾矢可也摯與贄同執物以爲相見之禮也鬯釀秬黍爲酒曰鬯和以鬱金之草則曰鬱鬯不以鬱和則直謂之鬯言其芬香條暢於上下也天子無客禮而言摯者用以禮見於神而已圭命圭也公桓圭侯信圭伯躬圭子穀璧男蒲璧此不言璧略也羔取其羣而不失類且絜素也鴈取其知時且飛有行列也

六八

雉取其性之耿介且文飾也匹讀爲鶩野鴨曰鳬家鴨曰鶩不能飛騰如庶人之終守耕稼也童子不敢與成人爲禮或見師友而執贄則奠委于地而自退避之也纓馬之繁纓即馬鞅也拾射韝也矢箭也或野外或軍中隨所有用之也 婦人之摯椇榛脯脩棗栗 椇形似珊瑚味甜矣一名石李榛似栗而小脯即今之脯也脩用肉腶治加薑桂鍛之脯形方正脩形稍長并棗栗六物婦初見舅姑以此爲摯也左傳女摯不過榛栗棗脩以告虔也 納女於天子曰備百姓於國君曰備酒漿於大夫曰備埽去声灑 所買反○呂氏曰不敢以伉儷自期願備妾媵之數而已皆自卑之辭也

禮記卷第一

天曆戊辰建安

鄭明德宅新刊

禮記卷第二

後學東匯澤陳　澔　集說

檀弓上第三

劉氏曰檀弓篇首言子游及篇内多言之疑是其門人所記

公儀仲子之喪檀弓免焉問仲子舍其孫而立其子檀弓曰何居姬我未之前聞也趨而就子服伯子於門右公儀氏仲子字魯之同姓也檀弓魯人之知禮者袒免本五世之服而朋友之死於他邦而無主者亦爲之免其制以布廣一寸從項中而前交於額又郤向後而繞於髻也適子死立適孫爲後禮也弓以仲子舍孫而立庶子故爲過禮之免以弔而譏之何居怪之之辭猶言何故也此時未小斂主人未居阼階下猶在西階下受弔故弔畢而就子服伯子於門右而問之也曰仲子舍其孫而立其子何也伯子曰仲子亦猶行古之道也昔者文王舍伯邑考而立武王微子舍其孫腯徒本反而立衍也夫仲子亦猶

行古之道也。子游問諸孔子，孔子曰：否，立孫。曰弓之問也猶尚也亦猶擬議未定之辭伯邑考文王長子微子舍孫立衍或是殷禮文王之立武王先儒以為權或亦以為遵殷制皆未可知否則以德不以長亦如太王傳位季歷之意歟。應氏曰檀弓默而不復言子游疑而復求正非夫子明辨以示之孰知舍孫立子之為非乎

事親有隱而無犯，左右就養去聲無方，服勤至死，致喪三年。事君有犯而無隱，左右就養有方，服勤至死，方喪三年。事師無犯無隱，左右就養無方，服勤至死，心喪三年。饒氏曰左右音佐佑非也左右即是方養不止飲食之養言或左或右無一定之方子之於親不分職守事事皆當理會無可推托事師如事父故皆無方有方言左不得越右右不得越左有一定之方臣之事君當各盡職守故曰有方。朱氏曰親者仁之所在故有隱而無犯君者義之所在故有犯而無隱師者道之所在故無犯無隱也。劉氏曰隱皆以諫言父子主恩犯則爲責善而傷恩故幾諫而不可犯顏君臣主義隱則是畏威阿容不害義故匡救其惡勿欺也而犯之師生處恩義之間而

師者道之所在，諫必不見拒，不必犯也。過則當疑問，不必隱也。隱非掩惡之謂，若掩惡而不可揚於人，則三者皆當然也。惟秉史筆者不在此限。就養，近就而奉養之也。致喪，極其哀毀之節也。方喪，以義並恩也。心喪，身無衰麻之服而心有哀戚之情，所謂若喪父而無服也。

季武子成寢，杜氏之葬才浪反在西階之下，請合葬焉，許之。入宮而不敢哭。武子曰：「合葬非古也，自周公以來未之有改也。吾許其大而不許其細，何居？姬命之哭。」

劉氏曰：成寢而夷人之墓，不仁也；不改葬而又請合葬焉，亦非孝也；許其合而又命之哭焉，矯偽以文過也。且寢者所以安其家，乃處其家於人之家上，於汝安乎？墓者所以安其先，乃處其先於人之階下，其能安乎？皆不近人情，非禮明矣。

子上之母死而不喪。門人問諸子思曰：「昔者子之先君子喪出母乎？」曰：「然。」「子之不使白也喪之，何也？」子思曰：「昔者吾先君子無所失道，道隆則從而隆，道污則從而污。伋則安能？為伋也妻者是爲白也母不爲伋也妻者是不爲白也母故孔氏之不喪出母自子思始也子上之母子思出妻也禮爲出母齊衰杖期而爲父後者無服心喪而已伯魚子上皆爲父後禮當不服者而伯魚乃期而猶哭夫子聞之曰甚而後除之此賢者過之之事也子思不使白喪出母正欲用禮耳而門人以先君子之事爲問則子思難乎言伯魚之過禮也故以聖人無所失道爲對謂聖人之聽伯魚喪出母者以道揆禮而爲之隆殺也惟聖人能於道之所當加隆者則從而隆之於道之所當降殺者則從而殺之汚猶殺也是於先王之禮有所斟酌而隨時隆殺以從於中道也我則安能如是哉但爲我妻則白當爲母服今既不爲我妻則白爲父後而不當服矣子思是欲守常禮而不欲使如伯魚之加隆也

孔子曰拜而后稽顙頽乎其順也稽顙而后拜頎懇乎其至也三年之喪吾從其至者此言喪拜之次序也拜拜賓也稽顙者以頭觸地哀痛之至也拜以禮賓稽顙以自致謂之順者以其先加敬於人而后盡哀於己爲得其序也頎者惻隱之發也謂之至者以其哀常在於親而敬暫施於人爲極自盡之道也夫子從其至者

亦與其易也寧戚之意○朱子曰拜而后稽顙先以兩手伏地如常然後引首向前扣地也稽顙而后拜者開兩手而先以首扣地卻交手如常也孔子既得合葬於防曰吾聞之古也墓而不墳今丘也東西南北之人也不可以弗識志也於是封之崇四尺孔子父墓在防故奉母喪以合葬墓塋域也封土為壟曰墳東西南北之人言其居遊無定居也識記也為壟所以為記識一則恐人不知而誤犯一則恐己或忘而難尋故封之高四尺也孔子先反門人後雨甚句至句孔子問焉曰爾來何遲也曰防墓崩孔子不應三去聲孔子泫胡犬反然流涕曰吾聞之古不脩墓雨甚而墓崩門人脩築而後反孔子流涕者自傷其不能謹之於封築之時以致崩也且言古人所以不脩墓者敬謹之至無事於脩也孔子哭子路於中庭有人弔者而夫子拜之既哭進使者而問故使者曰醢之矣遂命覆芳服反醢子路死於孔悝之難遂為衛人所醢孔子哭之中庭師友之禮也聞使者

之言而費弃家臨蓋痛子路之禍而不忍食其似也。朱子曰子路仕衛之失前輩論之多矣然子路却是見不到此知其非義而苟爲也

曾子曰朋友之墓有宿草而不哭焉草根陳宿是朝年之外可無哭矣

子思曰喪三日而殯凡附於身者必誠必信勿之有悔焉耳矣三月而葬凡附於棺者必誠必信勿之有悔焉耳矣附於身者襲斂衣衾之具附於棺者明器用器之屬也。方氏曰必誠謂於死者無所欺必信謂於生者無所疑

喪三年以爲極句亡則弗之忘矣故君子有終身之憂而無一朝之患故忌日不樂喪莫重於三年既葬曰亡中庸曰事亡如事存雖已葬而不忘其親所以爲終身之憂而忌日不樂也祭義曰君子有終身之喪忌日之謂也家宅崩毀出於不意所謂一朝之患惟其必誠必信故無一朝之患也或曰殯葬皆一時事於此一時而不謹則有悔惟其誠信故無此一時不謹之患

孔子少孤不知其墓殯於五父上聲之衢人之見之者皆以爲葬也其慎讀爲引也

聲也蓋殯也問於聊鄹曼萬父甫之母然後得合葬於防

不知其墓者不知父墓所在也殯於五父之衢者殯母喪也禮無殯於外者今乃在衢先儒謂欲致人疑問或有知者告之也人見柩行於路皆以為葬然以引觀之殯引飾棺以輤葬引飾棺以披此則殯引耳讀家語孔子生三歲而叔梁紇死是少孤也然顏氏之死夫子成立久矣聖人人倫之至豈有終母之世不尋求父葬之地至母殯而猶不知父墓乎且母死而殯於衢路必無室廬而死於道路者不得已之為耳聖人禮法之宗主而忍為之乎馬遷為野合之誣謂顏氏諱而不告鄭註因之以滋後世之惑且如堯舜瞽瞍之事出俗不勝異論非孟子辟而闢之後世謂何此經雜出諸子所記其間不可據以為實者多矣孟子曰主癰疽與侍人瘠環何以為孔子愚亦謂終身不知父墓何以為孔子乎其不然審矣此非細故不得不辨

鄰有喪舂不相里有殯不巷歌

說見曲禮

喪冠不緌

冠必有笄以貫之以紘繫笄以順頤而下結之曰纓垂其餘於前者謂之緌喪冠不緌蓋去飾也

有虞氏瓦棺夏后氏堲稷周殷人棺槨周人牆置翣

瓦棺始不衣薪也堲周或謂之土周堲者火之餘燼

蓋冶土爲甎而四周於棺之坎也殷世始爲棺椁周人又爲飾椑之具蓋弥文矣牆柳衣也柳者聚也諸飾之所聚也以此障柩猶垣牆之障家故謂之牆翣如扇之狀有畫爲黼者有畫爲黻者有畫雲氣者多寡之數隨貴賤之等周人以殷人之棺椁葬長殤以夏后氏之堲周葬中殤下殤以有虞氏之瓦棺葬無服之殤十六至十九爲長殤十二至十五爲中殤八歲至十一爲下殤七歲以下爲無服之殤生未三月不爲殤夏后氏尚黑大事斂用昏戎事乘驪牲用玄殷人尚白大事斂用日中戎事乘翰牲用白周人尚赤大事斂用日出戎事乘騵元牲用騂禹以治水之功得天下故尚水之色湯以征伐得天下故尚金之色周之尚赤取火之勝金也大事喪事也驪黑色翰白色易曰白馬翰如騵赤馬而黑鬣尾也穆公之母卒使人問於曾子曰如之何對曰申也聞諸申之父曰哭泣之哀齊咨斬之情饘旃粥之食自天子達布幕衛也縿消幕

魯也 穆公魯君申參之子也厚曰饘稀曰粥幕所以覆於殯棺之上衛以布爲幕諸侯之禮也魯以綃爲幕蓋僭天子之禮矣

晉獻公將殺其世子申生公子重 平聲 耳謂之曰子蓋 盍 言子之志於公乎世子曰不可君安驪姬是我傷公之心也 此事詳見左傳重耳申生異母弟即文公也蓋何不也明其譖則姬必誅是使君失所安而傷其心也 曰然則蓋行乎世子曰不可君謂我欲弒君也天下豈有無父之國哉吾何行如之 重耳又勸其奔他國而申生不從也何行如之言行將何往也 使人辭於狐突曰申生有罪不念伯氏之言也以至于死申生不敢愛其死雖然吾君老矣子少國家多難 去聲 伯氏不出而圖吾君伯氏苟出而圖吾君申生受賜而死再拜稽首乃卒是以爲恭世子也 狐突申生之傅辭猶將去而告違蓋與之永訣也申生自經而死陷父於不義不得爲孝但得謚恭而已○疏

曰註云伯氏狐突別氏者狐是揔氏伯仲是兄弟之字字伯者謂之伯氏字仲者謂之仲氏故傳云叔氏其忘諸乎又此下文云叔氏專以禮許人是一人之身字則別爲氏也魯人有朝祥而莫暮歌者子路笑之夫子曰由爾責於人終無已夫三年之喪亦已久矣夫子路出夫子曰又多乎哉踰月則其善也朝祥日行祥祭之禮也朝祥暮歌固爲非禮特以禮教衰廢之時而此人獨能行三年之喪故夫子抑子路之笑然終非正禮恐學者致疑故俟子路出乃正言之其意若曰名爲三年之喪實則二十五月今已至二十四月矣此去可歌之日又豈多有日月乎哉但更踰月而歌則爲善矣蓋聖人於此雖不責之以備禮亦未嘗許之以變禮也魯莊公及宋人戰于乘去聲丘縣玄賁奔父御卜國爲右馬驚敗績公隊墜佐車授綏公曰末之卜也縣賁父曰他日不敗績而今敗績是無勇也遂死之圉人浴馬有流矢在白肉公曰非其罪也遂誄之士之有

誄自此始也乘丘魯地戰在莊公十年縣卜皆氏也凡車右以勇力者爲之大崩曰敗績公墜車而佐車授之綏以登是登佐車也佐車副車也綏以升車之索也末之卜者言卜國微末無勇也二人遂赴鬬而死圉人掌馬者及浴馬乃見流矢中馬股間之言則知非二子之罪矣士無爵則死無謚殷大夫以上爲爵士誄周爵則不惡謚非公以義也遂誄其赴敵之功以爲謚焉○乃以誄之爲義違善之實而不欲飾虛也謚則因誄之言而別之有誄則有謚矣曾子寢疾病樂正子春坐於牀下曾元曾申坐於足童子隅坐而執燭病者疾之甚也子春曾子弟子元與申曾子子也童子曰華而睆呼板反大夫之簀責與子春曰止曾子聞之瞿矍然曰呼吁曰華而睆大夫之簀與曾子曰然斯季孫之賜也我未之能易也元起易簀曾元曰夫子之病革亟矣不可以變幸而至於旦請敬易之曾子曰爾之愛我也不如彼君子之愛人也以德細人之

愛人也以姑息吾何求哉吾得正而斃焉斯已矣舉扶
而易之反席未安而沒華若畫飾之美好睆若節目之平瑩簀簟也止使童子勿言也
瞿然如有所驚也呼若嘆而嘘氣之聲曰童子甫言也華飾也變動也彼謂童子也童子知禮以為曾子未嘗
為大夫豈可卧大夫之簀曾子識其意故然之且言此魯大夫季孫之賜因於是必欲易之易之而沒可謂斃
於正矣○朱子曰易簀結纓未須論優劣但看古人謹於禮法不以死生之變易其所守如此便使人有行一
不義殺一不辜而得天下不為之心此是緊要處又曰季孫之賜曾子之受皆為非禮或者因仍習俗嘗有是
事而未能正耳但及其疾病不可以變之時一聞人言而必舉扶以易之則非大賢不能矣此事切要處正在
此毫釐頃刻之間始死充充如有窮既殯瞿瞿夔如有求而弗
得既葬皇皇如有望而弗至練而慨然祥而廓然疏曰事盡
理屈為窮親始死孝子匍匐而哭之心形充屈如急行道極無所復去窮急之容也瞿瞿眼目速瞻之皃如有
所失而求覓之不得然也皇皇猶栖栖也親歸草土孝子心無所依託如有望彼來而彼不至也至小祥但

歎日月若馳之速也至大祥則情意寥廓不樂而已。方氏曰下篇述顏丁之居喪則言皇皇於始死言慨焉於既葬問喪則言皇皇於反哭所言不同者蓋君子有終身之喪思親之心豈有隆殺哉先王制禮略爲之節而已故其所言不必同

邾婁（閭）復之以矢蓋自戰於升陘（刑）始也

魯僖公二十二年與邾人戰于升陘魯師雖勝而死傷者多軍中無衣復者用矢釋云邾人呼邾聲曰婁故曰邾婁夫以盡愛之道禱祠之心孝子不能自已冀其復生也疾而死行之可也兵刃之下肝腦塗地豈有再生之理復之用矢不亦誣乎

魯婦人之髽（莊華反）而弔也自敗於臺狐鮐（苔）始也

吉時以纚韜髮凶則去纚而露其髻故謂之髽臺狐鮐之戰在魯襄公四年蓋爲邾人所敗也髽不以弔時家家有喪故髽而相弔也。方氏曰矢所以施於射非所以施於復髽所以施於喪非所以施於弔因之而弗改則非矣

南宮縚（叨）之妻之姑之喪夫子誨之髽曰爾毋從從（揔）爾毋扈扈（戶）爾蓋榛以爲笄長（仗）尺而總八寸

縚妻夫子兄女也姑死夫子教之爲髽從從高也扈扈廣也言尔髽不可太高不可太廣

又殺以笄總之法笄即簪也吉笄尺二寸喪笄一尺斬衰之笄用箭箭之小者也婦爲舅姑皆齊衰不杖期當用榛木爲笄也束髮謂之總以布爲之旣束其本末而總之餘者垂於髻後其長八寸也

孟獻子禫（大感反）縣（玄）而不樂比（畀）御而不入夫子曰獻子加於人一等矣（孟獻子魯大夫仲孫蔑也禫祭名禫者澹澹然平安之意大祥後間一月而禫故云中月而禫或云祥月之中者非小記云中一以上而祔亦謂間一世也禮大夫判縣縣而不樂者但縣之而不作也比御而不入者雖比次婦人之當御者而猶不復寢也一說比及也親喪外除故夫子美之）

孔子旣祥五日彈琴而不成聲十日而成笙歌有子蓋旣祥而絲屨組纓（有子孔子弟子有若也禮旣祥白屨無絇縞冠素紕組之文五寀今方祥即以絲爲屨之飾以組爲冠之纓服之吉者也此二者皆譏其變吉之速然蓋者疑辭[illegible]記者亦是得於傳聞故疑其辭也記孔子之事者以其餘哀未忘也）

死而不弔者三畏厭（壓）溺（方氏曰戰陳無勇非孝也其有畏而死者乎君子不立巖牆之下其有厭而死者乎孝子舟而不游其有溺而死者乎三者皆非正命故

先王制禮在所不弔。應氏曰情之厚者豈容不弔但其辭未易致耳若爲國而死於負亦無不弔之理若齊莊公於杞梁之妻未嘗不弔也。愚聞先儒言明理可以治懼見理不明若畏懼而不知所出多自經於溝瀆此負爲死於畏矣以難專指戰陳無勇也或謂鬭很亡命曰畏

子路有姊之喪可以除之矣而弗除也孔子曰何弗除也子路曰吾寡兄弟而弗忍也孔子曰先王制禮行道之人皆弗忍也子路聞之遂除之（行道之人皆有不忍於親之心然而遂除之者以先王之制不敢違也）

太公封於營丘比（毗）及五世皆反葬於周君子曰樂（岳）樂（洛）其所自生禮不忘其本古之人有言曰狐死正丘首（去聲）仁也（太公雖封於齊而留周爲太師故死而遂葬於周子孫不敢忘其本故亦自齊而反葬於周以從先人之兆五世親盡而後止也樂生而敦本禮樂之道也生而樂於此豈同死而倍於此哉狐雖微獸丘其所窟藏之地是亦生而樂於此矣故及死而猶正其首以向丘不忘其本也倍本忘初非仁者之用心故以仁目之。疏

曰周公封魯其子孫不反葬於周者以有次子在周世守其采地春秋周公是也伯魚之母死期（音基）而猶哭夫子聞之曰誰與（平聲）哭者門人曰鯉也夫子曰嘻（希）其甚也伯魚聞之遂除之伯魚之母出而死父在為母期而有禫出母則無禮伯魚乃夫子為後之子則於禮無服期可無哭矣猶哭夫子所以歎其甚舜葬於蒼梧之野蓋三妃未之從也季武子曰周公蓋祔天子以四海為家南巡而崩故遂葬蒼梧之野疏云舜長妃娥皇無子次妃女英生商均次妃癸比生二女宵明燭光三妃後皆不從舜之葬此記者言合葬之事古人未有因引季武子之言謂自周公以來始祔葬此書陟方乃死蔡氏曰史記舜崩於蒼梧之野孟子言卒於鳴條未知孰是今零陵九疑有舜冢云曾子之喪浴於爨室士喪禮浴於適室無浴爨室之文舊說曾子以曾元辭易簀矯之以謙儉然反席未安而沒未必有言及此使果曾子之命忍人子者亦當忍從非禮而賤其親乎此無據以臆說斷之當闕之以俟知者大功廢業或曰大功誦可也業者身所習如學舞學射學琴瑟之類廢之者恐其忘哀也誦

者曰所習稍暫爲之亦可然稱或曰亦未定之辭也

子張病召申祥而語去聲之曰君子曰終小人曰死吾今日其庶幾乎申祥子張子也終者對始而言死則澌盡無餘之謂也君子行成德立有始有卒故曰終小人與羣物同朽腐故曰死沒世而名不稱爲是也子張至此亦自信其近於君子也

曾子曰始死之奠其餘閣也與始死以脯醢醴酒就尸牀而奠于尸東當死者之肩使神有所依也閣所以庋置飲食蓋以生時庋閣上所餘脯醢爲奠也

曾子曰小功不爲位也者是委巷之禮也子思之哭嫂也爲位婦人倡踊申祥之哭言思也亦然委曲也曲巷猶言陋巷謂民居於陋巷不見禮儀而鄙朴無節文故譏小功不爲位是曲巷中之禮也言思子游之子申祥妻之昆弟也○馬氏曰凡哭必爲位者所以敍親疏恩紀之差嫂叔疑於無服而不爲位故曰無服而爲位者惟嫂叔蓋無服者所以遠男女近以之嫌而爲位者所以篤兄弟內喪之親子思哭嫂爲位婦人倡踊以婦人有相爲娣姒之義而不敢以己之無服先之也至於申祥之哭言思亦如子思蓋非禮矣妻之昆弟外喪也而既無服

則不得為哭位之主矣記曰妻之昆弟為父後者死哭之適室子為主袒免哭踊夫入門右由是言之哭妻之昆弟以子為主哭於叔嫂之喪也以子為主則婦人不當倡踊矣古者冠縮縫今也衡橫縫故喪冠之反吉非古也疏曰縮直也殷尚質吉凶冠皆直縫直縫者辟積襵少故一一前後直縫之衡橫也周尚文冠多辟積不一一直縫但多作襵而并橫縫之若喪冠質猶疏辟而直縫是與吉冠相反時人因言古喪冠與吉冠反故記者釋之云非古也此是周世如此耳古則吉凶冠同直縫也曾子謂子思曰伋吾執親之喪也水漿不入於口者七日子思曰先王之制禮也過之者俯而就之不至焉者跂棄而及之故君子之執親之喪也水漿不入於口者三日杖而后能起三日中制也七日則幾於滅性矣有扶而起者有杖而起者有面垢而已者曾子曰小功不稅他外反則是遠兄弟終無服也而可乎稅者日月已過始聞其死追而為之服也大功以上則然小功輕故不稅曾子據禮而言謂若是小

功之服不稅則再從兄弟之死在遠地者聞之恒後時則終無服矣其可乎○疏曰此據正服小功也小記曰降而在緦小功者則稅之其餘則否

伯高之喪孔氏之使者未至冉子攝束帛乘去聲馬而將之孔子曰異哉徒使我不誠於伯高

攝貸也十个爲束每束五兩蓋以四十尺帛從兩頭各卷至中則每卷二丈爲一个束帛是十个二丈今之五匹也乘馬四馬也誠實也伯高不知何人意必與孔子厚者冉子知以財而行禮不知聖人之心則于其誠不于其物也雖若自責之言而實則深責冉子矣

伯高死於衛赴於孔子孔子曰吾惡烏乎哭諸兄弟吾哭諸廟父之友吾哭諸廟門之外師吾哭諸寢朋友吾哭諸寢門之外所知吾哭諸野於野則已疏於寢則已重夫由賜也見我吾哭諸賜氏遂命子貢爲之主曰爲去聲爾哭也來者句拜之知伯高而來者勿拜也

告死曰赴與訃同已太也○馬氏曰兄弟出於祖而內所親者故哭之廟父之友

繼於父而外所親者故哭之廟門外師以成己之德而其親視父故哭諸寢友以輔己之仁而其親視兄弟故哭諸寢門之外至於所知又非朋友之比有相趨者有相揖者有相問者有相見者皆泛交之者也孔子哭伯高以野爲太疏而以子貢爲主君子行禮其審詳於哭泣之位如此者是其所以表微者歟○方氏曰伯高之於孔子非特所知而已由子貢而見故哭於子貢之家且使之爲主以明恩之有所由也爲子貢而來則弔生之禮在子貢如伯高而來則傷死之禮在伯高或拜或不拜皆以稱其情耳故夫子誨之如此○石梁王氏曰爲尒哭也來者一句

曾子曰喪有疾食肉飲酒必有草木之滋焉以爲薑桂之謂也喪有疾居喪而遇疾也以其不嗜故加草木之味以爲薑桂之謂一向乃記者釋草木之滋亦或曾子稱禮書之言而自釋之歟

子夏喪平聲其子而喪去聲其明曾子弔之曰吾聞之也朋友喪明則哭之曾子哭子夏亦哭曰天乎予之無罪也曾子怒曰商女汝何無罪也吾與女事夫子於洙泗之閒退而老於西河之上使

西河之民疑女於夫子爾罪一也喪平聲爾親使民未有聞焉爾罪二也喪爾子喪爾明爾罪三也而曰爾何無罪與平聲子夏投其杖而拜曰吾過矣吾過矣吾離去聲羣而索悉各反居亦已久矣以哭子故喪明也洙泗魯二水名西河子夏所居索散也久不親友故有罪而不自知。張子曰子夏喪明必是親喪之時尚強壯其子之喪氣衰故喪明然而曾子之責安得辭也疑女於夫子者子夏不推尊夫子使人疑夫子無以異於子夏非如曾子推尊夫子使人知尊聖人也。方氏曰子夏不尊於師而尊於已不隆於親而隆於子猶以爲無罪此曾子所以怒之也然君子以友輔仁子夏之至於三罪者亦由離朋友之羣而散居之久耳以離羣故散居也

夫晝居於內問其疾可也夜居於外弔之可也是故君子非有大故不宿於外非致齊齋也非疾也不晝夜居於內內者正寢之中外謂中門外也晝而居內似有疾夜而居外似有喪。應氏曰致齊居內非在房闥之中蓋亦端居深處於窔奧之

高子皐之執親之喪也泣血三年未嘗見現齒君子以爲難子皐名柴孔子弟子○疏曰人涕淚必因悲聲而出血出則不由聲也子皐悲無聲其涕亦出如血之出故云泣血人大笑則露齒本中笑則露齒微笑則不見齒衰與其不當去聲物也寧無衰齊衰不以邊坐大功不以服勤疏曰物謂升縷及法制長短幅數也邊坐偏倚也喪服宜敬坐起必正不可著衰而偏倚也齊衰輕既不倚斬重不言可知大功雖輕亦不可著衰服而爲勤勞之事也○馬氏曰衰不當物則亂先王之制而後世疑其傳無衰則禮雖不行而其制度存于一猶可以識之故曰與其不當物也寧無衰孔子之衛遇舊館人之喪入而哭之哀出使子貢說脫驂參而賻之子貢曰於門人之喪未有所說驂說驂於舊館無乃已重乎夫子曰予鄉去聲者入而哭之遇於一哀而出涕予惡夫涕之無從也小子行之舊館人舊時舍館之主人也驂駕車者中兩馬爲服馬兩旁各一馬爲驂馬遇一哀而出涕

情亦厚矣情厚者禮不可薄故解驂馬以爲之賻凡以稱情而已客行無他財貨故也惡夫涕之無從者從自也今若不賻則是於死者無故舊之情而此涕爲無自而出矣惡其如此所以必當行賻禮也舊說孔子遇主人一哀而出涕謂主人見孔子來而哀甚以厚恩待孔子故孔子爲之賻然上文既云入而哭之哀則又何必汙其說而以爲遇主人之哀乎

孔子在衛有送葬者而夫子觀之曰善哉爲喪乎足以爲法矣小子識志之子貢曰夫子何善爾也曰其往也如慕其反也如疑子貢曰豈若速反而虞乎子曰小子識之我未之能行也往如慕反如疑此孝子不死其親之至情也子貢以爲如疑則反遲不若速反而行虞祭之禮是知其禮之常而不察其情之至矣夫子申言小子識之且曰我未之能行則此豈易言哉

顏淵之喪饋祥肉孔子出受之入彈琴而后食之彈琴而後食者蓋以和平之聲散感傷之情也

孔子與門人立拱而尚右二三子亦皆尚右孔子曰二三子之嗜學

也我則有姊之喪故也二三子皆尚左（吉事尚左陽也凶事尚右陰也）（此蓋拱立而右手在上也）孔子蚤作負手曳杖消搖於門歌曰泰山其頹乎梁木其壞乎哲人其萎乎既歌而入當户而坐子貢聞之曰泰山其頹則吾將安仰梁木其壞哲人其萎則吾將安放（放上聲）夫子殆將病也遂趨而入（作起也負手曳杖反手卻後以曳其杖也消搖寬縱自適之皃泰山爲衆山所仰梁木亦衆木所仰而放者猶哲人爲衆人所仰望而放效也）夫子曰賜爾來何遲也夏后氏殯於東階之上則猶在阼也殷人殯於兩楹之間則與賓主夾之也周人殯於西階之上則猶賓之也而丘也殷人也予疇昔之夜夢坐奠於兩楹之間夫明王不興而天下其孰能宗予予殆將死也蓋寢疾七日而沒（猶在阼猶賓之者蓋子不忍死其親殯之

於此示猶在阼階以為主猶在西階以為賓客也在兩楹間則是主與賓夾之故言與而不言猶也孔子其先宋人成湯之後故自謂殷人疇發語之辭昔之夜猶言昨夜也夢坐於兩楹之間而見饋奠之事知是凶徵者以殷禮殯在兩楹閒孔子以殷人而享殷禮故知將死也又自解夢奠之占云今日明王不作天下誰能尊己而使南面坐于尊位以此必殯之兆也自今觀之萬世王祀亦其應矣

孔子之喪門人疑所服子貢曰昔者夫子之喪顏淵若喪子而無服喪子路亦然請喪夫子若喪父而無服以後章二三子絰而出言之此所謂無服義謂弔服加麻也疏云士弔服疑衰麻謂環絰也五服絰皆兩股惟環絰一股後章從母之夫疏云凡弔服不得稱服○方氏曰若喪父而無服所謂心喪也

孔子之喪公西赤為志焉飾棺牆置翣設披彼義反周也設崇殷也綢叨練設旐直小反夏也公西氏赤名字子華孔子弟子也○疏曰孔子之喪公西赤以飾棺榮夫子故為盛禮備三王之制以章明志識焉於是以素為褚褚外加牆車邊置翣恐柩車傾虧而以繩左右維持之此皆周之制也其送葬乘車

所建旌旗刻繒爲崇牙之飾此則殷制又綢盛旌旗之竿以素錦於杠首設長尋之旐此則夏禮也○詩虡業維縱疏云懸鍾磬之處以采色爲大牙其狀隆然謂之崇牙練素錦也綢布廣終幅長八尺旐之制也子張之喪公明儀爲志焉褚幕丹質蟻結于四隅殷士也疏曰褚者覆棺之物若大夫以上其形似幄士則無褚公明儀尊其師故特爲褚不得爲幄但似幕形故云褚幕以丹質之布而爲之也又於褚之四角畫蚍蜉之子形交結往來故云蟻結于四隅此殷禮士葬飾也子夏問於孔子曰居父母之仇如之何夫子曰寢苫詩占反枕去聲干不仕弗與共天下也遇諸市朝不反兵而鬬不反兵者不反而求兵言恒以兵器自隨曰請問居昆弟之仇如之何曰仕弗與共國銜君命而使去聲雖遇之不鬬曰請問居從去聲父昆弟之仇如之何曰不爲魁主人能則執兵而陪其後疏曰朝在公門之內閽人掌中門之禁兵器但不得入中門耳其大詢衆庶在皐門之內則得入也設朝或在

野外或在縣鄙鄉遂但有公事之處皆謂之朝兵者亦謂佩刀以上不必要是矛戟也○方氏曰市朝猶不反兵則無所往而不執兵矣曲禮云兄弟之讎不反兵此言遇之不鬭者彼據不仕者言之耳孔子之喪二三子皆絰而出羣居則絰出則否弔服加麻者出則變之今出外而不免絰所以隆師也羣者諸弟子相為朋友之服也儀禮註云朋友雖無親有同道之恩相為服緦之絰帶亦弔服也豉出則免之易異墓非古也疏曰易謂芟治草木不使荒穢古者殷以前墓而不墳不易治也子路曰吾聞諸夫子喪禮與其哀不足而禮有餘也不若禮不足而哀有餘也祭禮與其敬不足而禮有餘也不若禮不足而敬有餘也有其禮而無其財則禮或有所不足哀敬則可自盡也此夫子反本之論亦寧儉寧戚之意曾子弔於負夏主人既祖填奠池徹推柩而反之降婦人而后行禮從去聲者曰禮與曾子曰夫祖者且也且胡為其不可以反宿也劉氏曰負夏衛

皆地也葬之前一日曾子往弔時主人已祖奠而婦人降在兩階之間矣曾子至主人榮之遂徹奠推柩而反向内以受弔示死者將出行遇賓至而爲之暫反也亦事死如事生之意然非禮矣柩既反則婦人復升堂以避柩至明日乃復還柩向外降婦人於階間而後行遣奠之禮故從者見柩初已還而復推反之婦人已降而又升堂皆非禮故問之而曾子答之云祖者且也是且遷柩爲將行之始未是實行又何爲不可復反越宿至明日乃還柩遣奠而遂行乎疏謂其見主人榮己不欲指其錯失而紿説答從者也以衆人之心窺大賢也事之有無不可知其義亦難強解或記者有遺誤也所以徹奠者奠在柩西欲推柩反之故必先徹而後可旋轉也婦人降階間亦以奠在車西故立車後今柩反故亦升避也

從者又問諸子游曰禮與子游曰飯上聲於牖下小斂於户内大斂於阼殯於客位祖於庭葬於墓所以即遠也故喪事有進而無退曾子聞之曰多矣乎予出祖者從者疑曾子之言故又請問於子游也飯於牖下者尸沐浴之後以米及貝實尸之口中也時尸在西室牖下南首也士喪禮小斂衣十九稱大斂三十稱斂者包

裹斂藏之也小斂在户之内大斂出在東階未忍離其
爲主之位也主人奉尸斂于棺則在西階矣掘肂於西
階之上肂陳也謂陳尸於坎也置棺于肂中而塗之謂
之殯及啓而將葬則設祖奠於祖廟之中庭而後行自
牖下而户内而阼而客位而庭而墓皆一節遠於一節
此謂有進而往無退而還也豈可推柩而反之乎多矣
乎予出祖者多猶勝也曾子聞之方悟己說之非
乃言子游所說出祖之事勝於我之所說出祖也曾子
襲裘而弔子游裼裘而弔曾子指子游而示人曰夫扶
夫也爲習於禮者如之何其裼裘而弔也主人既小斂
袒括髮子游趨而出襲裘帶絰而入曾子曰我過矣我
過矣夫夫是也疏曰凡弔喪之禮主人未變服之前弔者吉服吉服者羔裘玄冠緇衣素裳又
袒去上服以露裼衣此裼裘而弔是也主人既變服之後弔者雖著朝服而加武以絰武吉冠之卷也又掩其
上服若是朋友又加帶此襲裘帶絰而入是也。方氏曰曾子徒知喪事爲凶而不知始死之時尚從吉此所
以始非子游而終善之也子夏既除喪而見現予聲上之琴和聲去之而

不和彈之而不成聲作而曰哀未忘也先王制禮而弗敢過也子張既除喪而見子之琴和之而和彈之而成聲作而曰先王制禮不敢不至焉均爲除喪而琴有和不和之異者蓋子夏是過之者俯而就之出於勉強故餘哀未忘而不能成聲子張是不至者跂而及之故哀已盡而能成聲也

司寇惠子之喪子游爲去聲之麻衰牡麻絰文子辭曰子辱與彌牟之弟游又辱爲之服敢辭子游曰禮也惠子衞將軍文子彌牟之弟惠子廢適子虎而立庶子故子游特爲非禮之服以譏之亦檀弓免公儀仲子之意也麻衰以吉服之布爲衰也牡麻絰以雄麻爲絰也麻衰乃吉服十五升之布輕於弔服弔服之絰一股而環之今用牡麻絞絰與齊衰絰同矣鄭註云重服指絰而言也文子初言辱爲之服敢辭者辭其服也文子退反哭子游趨而就諸臣之位文子又辭曰子辱與彌牟之弟游又辱爲之服又辱臨其喪敢辭子游曰固以請

文子退扶適的子南面而立曰子辱與彌牟之弟游又
辱爲之服又辱臨其喪虎也敢不復位子游趨而就客
位文言敢辭者辭其立於臣位也此時尚未諭子游之意故以子游言問以請則文子讚其幾矣於是扶適子
正喪主之位焉而子游之志達矣趨就客位禮之正也入踰門大夫之賓位在門東近北家臣之位亦在門東而
南近門皆北向並將軍文子之喪既除喪而后越人來弔主人
深衣練冠待于廟垂涕洟子游觀之曰將軍文氏之子
其庶幾乎亡於禮者之禮也其動也中去聲○將軍文子即彌牟也主
人文子之子也禮無弔人於除喪之後者亦無除喪後受人之弔者深衣吉凶同以縞用小祥練服之冠不纓
吉亦不純凶朝者神主之所在待而不迎受弔之禮也不哭而垂涕哭之時已過而哀之情未忘也庶幾近礼
子游善其變禮之變故曰文氏之子其近於禮乎雖無誠禮而變之禮其舉動皆中節矣○疏曰深衣即問傳
所言麻衣也制如深衣緣之以布曰麻衣緣之以素曰長衣緣之以采曰深衣練冠者祭前之冠若祥祭則縞

冠以始死至練祥來弔是有文之禮祥後來弔是無文之禮言文氏之子庶幾堪行乎無於禮文之禮也動舉也中當於禮之變節也。**幼名冠字五十以伯仲死謚周道也**疏曰凡此之事皆周道也又殷以上有生號仍為死後之稱更無別謚堯舜禹湯之例是也周則死後別立謚。朱子曰儀禮賈公彥疏云少時便稱伯某甫至五十乃去某甫而專稱伯仲此說為是。如今人於尊者不敢字之而曰幾丈之類**絰也者實也**曰麻在首在要皆曰絰分言之則首曰絰要曰帶絰之言實明孝子有忠實之心也首絰象緇布冠之缺項要絰象大帶又有絞帶象革帶齊衰以下用布。朱子曰首絰大一搤是搹指與第二指一圍要絰較小絞帶又小於要絰要絰象大帶兩頭長垂下絞帶象革帶一頭有彄子以一頭串於中而東之**掘中霤而浴毀竈以綴**拙**足**疏曰中霤室中也死而掘室中之地作坎以牀架坎上尸於牀下浴令浴汁入坎也死人冷強足辟戾不可著屨故用毀竈之甓連綴死人足令直可著屨也**及葬毀宗躐行出于大門殷道也學者行之**疏曰毀宗毀廟也殷人殯於廟至葬柩出毀廟門西邊牆而出于大門行神之位在廟門西外當所毀宗之外生時出行則爲壇幣告行神告竟車躐行壇上而出使道中安穩如在壇今向毀宗廟出仍得躐行此壇如生時之出也學於孔子者行之殷禮也子柳之母死子碩請具子柳曰何以哉子碩曰請粥育庶弟之母子柳曰如之何其粥人之母以葬其母也不可既葬子碩欲以賻布之餘具祭器子柳曰不可吾聞之也君子不家於喪請班諸兄弟之貧者子柳魯叔仲皮之子子碩之兄也具謂喪事合用之器物也何以哉言何以爲用乎謂無具財也鄭云粥謂嫁之也妾賤取之曰買布錢也不家於喪惡因死者而爲利也班猶分也不粥庶弟之母者義也班兄弟之貧者仁也夫欲粥庶母以治葬則急於財可知矣而不家於喪之言確然不易古人之安貧守禮蓋如此君子曰謀人之軍師敗則死之謀人之邦邑危則亡之應氏曰衆死而義不忍獨生焉得不死國危而身不可獨存焉得而不亡公叔文子升於瑕丘蘧伯玉從去聲文子曰樂哉斯丘也死則我欲葬焉蘧

伯玉曰吾子樂之則瑗于眷反請前二子皆衛大夫文子名拔伯玉名瑗。劉氏曰伯玉之請前蓋從行於文子之後及聞文子之言而懸其將欲奪人之地自爲身後計遂譏之曰吾子樂此則我請前行以去子矣亦不欲與聞其事也可謂長於風喻者矣弁人有其母死而孺子泣者孔子曰哀則哀矣而難爲繼也夫禮爲可傳也爲可繼也故哭踊有節弁地名孺子泣者其聲若孺子無長短高下之節也聖人制禮期於使人可傳可繼故哭踊皆有其節君無節則不可傳而繼矣叔孫武叔之母死既小斂舉者出句尸出戶句袒句且投其冠括髮子游曰知禮禮始死將斬衰者笄纚將齊衰者素冠小斂畢而徹帷主人括髮袒于房婦人髽于室舉者出舉尸以出也括髮當在斂之後尸出堂之前主人爲將奉尸故袒而括髮目今武叔待尸出戶然後袒而法冠括髮失禮節矣故註以子游知禮之言爲喻之也。馬氏曰經文所戶出戶上戶字乃尸字之訛也鄭註云尸出戶乃變服義甚明然註文尸亦謂爲戶遂解不通扶君卜僕人師扶右射人師扶左君甍以是舉君疾時漢人之長扶其右躰射人之長扶其左躰此二人皆平日贊正服位之人故君歿歲遇遷尸則仍用此人也方氏釋師爲衆凡以上人爲上旅之人從去聲母之夫舅之妻二夫扶人相爲去聲服君子未之言也或曰同爨緦從母母之姊妹舅母之兄弟從母夫於舅妻無服所以禮經不載故曰君子未之言時偶有甥至外家見此二人相依同居若有喪而無文可據於是或人爲同爨緦之說以處之此亦原其情之不可已而極禮之變焉耳。或問從母之夫舅之妻皆無服何也朱子曰先王制禮父族四故由父而上爲族曾祖父緦麻姑之子姊妹之子子女子子之子皆由父而推之也母族三母之父母之母母之兄弟恩止於舅故從母之夫舅之妻皆不爲服推不去故也妻族二妻之父妻之母不看似乎雜亂無紀子細看則皆有義存焉喪事欲其縱縱總爾吉事欲其折折提爾故喪事雖遽其據反不陵節吉事雖止不怠故騷騷爾則野鼎鼎爾則小人君子蓋猶猶爾縱縱給於趨事之皃折折從容中禮之皃喪事雖急遽亦不可陵躐其節次吉事雖有立而待事之時而不可失於怠惰若騷騷而太疾則鄙野矣鼎鼎而太緩則小人之為矣猶猶而得緩急之中君子行禮之道也喪具君子恥具一日二日而可為也者君子弗為也喪具棺衣之屬君子恥於早為之而畢具者嫌不以久生期其親也然六十歲制七十時制八十月制九十日脩蓋慮夫倉卒之變也一日二日可辦之物則君子不豫為之所謂絞紟衾冒死而后制者也喪服兄弟之子猶子也蓋引而進之也嫂叔之無服也蓋推而遠去聲之也姑姊妹之薄也蓋有受我而厚之者也方氏曰兄弟之子雖異出也然在恩為可親故引而進之與子同服嫂叔之分雖同居也然在義為可嫌故推而遠之不相為服姑姊妹在室與兄弟姪皆不杖期出適則皆降服大功而從輕者蓋有受我者服為之重故也言其夫受之而服為之杖期以厚之故於本宗相為皆降一等也食於有喪者之側未嘗飽也應氏曰食字上疑脫孔子字曾子與客立於門側其徒趨而出曾子曰爾將何之曰吾父死將出哭於巷曰反哭

於爾次曾子北面而弔焉貝，游門弟子也。次，其人所寓之館舍也。士喪禮主人西面，賓在門東北面，此曾子所以北面而弔之也。孔子曰之死而致死之不仁而不可為也之死而致生之不知去聲而不可為也是故竹不成用瓦不成味沬木不成斲琴瑟張而不平竽笙備而不和有鍾磬而無簨簴筍巨其曰明器神明之也劉氏曰之往也之死謂以禮往送於死者也往於死者而極以死者之禮待之是無愛親之心為不仁故不可行也往於死者而極以生者之禮待之是無燭理之明為不知故不可行也此所以先王為明器以送死者竹器則無縢緣而不成其用瓦器則麤質而不成其黑光之沫木器則樸而不成其雕斲之文琴瑟則雖張絃而不平不可彈也竽笙雖備具而不和不可吹也雖有鍾磬而無懸挂之簨簴不可擊也凡此皆不致死亦不致生而以有知無知之間待死者故備物而不可用也備物則不致死不可用則亦不致生其謂之明器者蓋以神明之道待之也

有子問於曾子曰問聞喪去聲於夫子乎曰聞之

矣喪欲速貧死欲速朽有子曰是非君子之言也曾子曰參也聞諸夫子也有子又曰是非君子之言也曾子曰參也與子游聞之有子曰然然則夫子有為(去聲)言之也曾子以斯言告於子游子游曰甚哉有子之言似夫子也昔者夫子居於宋見桓司馬自為石槨三年而不成夫子曰若是其靡也死不如速朽之愈也死之欲速朽為(去聲)桓司馬言之也(仕而失位曰喪桓司馬則桓魋靡侈也)南宮敬叔反必載寶而朝夫子曰若是其貨也喪不如速貧之愈也喪之欲速貧為敬叔言之也(敬叔魯大夫孟僖子之子仲孫閱也嘗失位去魯後得反載寶而朝欲行賂以求復位也)曾子以子游之言告於有子有子曰然吾固曰非夫子之言也曾子曰子何以知之有子

曰夫子制於中都四寸之棺五寸之椁以斯知不欲速朽也昔者夫子失魯司寇將之荆蓋先之以子夏又申之以冉有以斯知不欲速貧也（定公九年孔子爲中都宰制棺椁之法制於四寸五寸厚薄之度將適楚而先使二子繼往者蓋欲觀楚之可仕與否而謀其可處之位歟）陳莊子死赴於魯魯人欲勿哭繆（穆）公召縣（玄）子而問焉縣子曰古之大夫束脩之問不出竟（境）雖欲哭之安得而哭之（大夫赴於他國之君曰君之外臣寡大夫某死莊子齊大夫名伯齊強魯弱不容略其赴縣子名知禮故召問之脩脯也十脡爲束問遺也爲人臣者無外交不敢貳君也故雖束脩微禮亦不以出竟）今之大夫交政於中國雖欲勿哭焉得而弗哭且臣聞之哭有二道有愛而哭之有畏而哭之公曰然然則如之何而可縣子曰請哭諸異姓之廟於是與哭諸縣氏（交政於中國言）

當時君弱臣強大夫專盟會之事以與國君相交接也
此衰禮之由也發之哭出於不能已畏之哭出於不得
已哭伯高於賜代義之所在也
哭莊子於縣代勢之所迫也 仲憲言於曾子曰夏后
氏用明器示民無知也殷人用祭器示民有知也周人
兼用之示民疑也曾子曰其不然乎其不然乎夫明器
鬼器也祭器人器也夫古之人胡爲而死其親乎 仲憲孔子
弟子原憲也示民無知若使民知死者之無知也爲其
無知故以不用之器送之爲其有知故以祭器之可
用者送之疑者不以爲有知亦不以爲無知也然周禮
惟大夫以上得兼用二器士惟用鬼器也曾子以其言
非乃曰其不然乎再言之者甚不然之也蓋明器祭器
固是人鬼之不同夏殷所用不同者各是時王之制文
質之變耳非謂有知無知也若如憲言則夏后氏何爲
而忍以無知待其親乎。石梁王氏曰三代送葬之具
質文相異故所用不同其意不在於無知有知及示民
疑也仲憲之言皆非曾子非之未獨譏其談夏后明器
蓋辛其失之甚者也 公叔木式榍反 有同母異父之昆弟死問於子

游子游曰其大功乎狄儀有同母異父之昆弟死問於子夏子夏曰我未之前聞也魯人則爲之齊衰狄儀行齊衰今之齊衰狄儀之問也公叔木衛公叔文子之子同父母之兄弟期則此同母而異父者當降而爲大功也禮經無文故子游以疑辞合之魯人齊衰三月之服行之久矣故子夏舉以荅狄儀而記者云因狄儀此問而今皆行之也此記二子言禮之不同○鄭氏曰大功是

子思之母死於衛柳若謂子思曰子聖人之後也四方於子乎觀禮子蓋慎諸子思曰吾何慎哉吾聞之有其禮無其財君子弗行也有其禮有其財無其時君子弗行也吾何慎哉柳若衛人伯魚卒其妻嫁於衛有其禮謂礼所得爲者然無財則不可爲禮時爲大有禮有財而時不可爲則亦不得爲之也

縣子瑣曰吾聞之古者不降上下各以其親滕伯文爲去聲孟虎齊衰其叔父也爲孟皮齊衰其叔

父也滕子名頊。疏曰古者殷時也周禮以貴降賤以
適降庶惟不降正目而殺世以上雖貴不降賤也以
上下各以其親不降之事也上謂旁親族曾祖從祖及
伯叔之班下謂從子從孫之流彼雖賤不以己尊降之
猶各隨本屬之親輕重而服之故云上下各以其親滕
國之伯名文爲孟虎著齊衰之服者虎是文之叔父也
又爲孟皮著齊衰之服者文是皮之叔父也言
滕伯上爲叔父下爲兄弟之子皆著齊衰也后木曰
喪吾聞諸縣子曰夫喪不可不深長思也買棺外內易
異我死則亦然后木魯孝公子惠伯鞏之後。馮氏曰此條重在不可不深長思一句買棺之
時外內皆要精好此是孝子當爲之事非是父母
豫所屬託而曰我死則亦然記禮者譏失言也曾子
曰尸未設飾故帷堂小斂而徹帷仲梁子曰夫婦方亂
故帷堂小斂而徹帷始死去死衣用斂衾覆之以俟浴
既復之後楔齒綴足畢具脯醢之
奠事雖小定然尸猶未襲斂也故曰未設飾於是設帷
於堂者不欲人褻之也故小斂畢乃徹帷仲梁子謂夫
婦方亂者以哭位未定也二子各言禮意鄭云斂者
動搖尸帷堂爲人褻之言方亂非也仲梁子魯人

斂之奠子游曰於東方曾子曰於西方斂斯席矣小斂之奠在西方魯禮之末失也疏曰儀禮小斂之奠設於東方奠又無席魯之衰末奠於西方而又有席曾子見時如此將以爲禮故云小斂於西方斯此也其斂之時於此席上而設奠矣故記者正之云小斂之奠所以在西方是魯人行禮末世失其義也○今按儀禮布席于戶內注云有司布斂席也在小斂之前及徹大斂衣奠則云奠席在饌北斂席在其東注云大斂奠而有席彌神之也據此則小斂奠無席縣子曰綌去逆反衰繐歲裳非古也方氏曰葛之麤而郤者謂之綌布之細而疎者謂之繐五服一以麻各有升數若以綌爲裳以繐爲衰則取其輕涼而已非古制也子蒲卒哭者呼滅子臯曰若是野哉哭者改之滅子蒲之名也復則呼名哭豈可呼名也野哉言其鄙野而不達於禮也子臯孔子弟子高柴杜橋之母之喪宮中無相去聲以爲沽古也疏曰沽麤略也孝子喪親悲迷不復自知禮節事儀皆須人相導而杜橋家母死宮中不立相侍故時人謂其於禮爲麤略也夫子曰始死羔裘玄冠者易

之而已蓋裘玄冠夫子不以弔疏曰養疾者朝服羔裘玄冠即朝服也始死則去朝服著深衣時有不易者又有小斂後羔裘弔者記者因引孔子行禮之事言之子游問喪具夫子曰稱去聲家之有亡如字子游曰有無惡烏乎齊去聲夫子曰有毋過禮苟亡矣斂首足形還旋葬縣玄棺而封窆之人豈有非之者哉喪具送終之儀物也惡乎齊言何以爲厚薄之劑量也毋過禮不可以富而踰禮厚葬也還葬謂斂畢即葬不殯而待月日之期也縣棺而封謂以手懸繩而下之不設碑繂也人不非之者以無財則不可備禮也司士賁奔告於子游曰請襲於牀子游曰諾縣子聞之曰汰哉叔氏專以禮許人賁司士之名也禮始死廢牀而置尸於地及復而不生則尸復登牀襲者斂之以衣也沐浴之後商祝襲祭服褖衣蓋布於牀上也飯含之後遷尸於襲上而衣之襲於牀者禮也後世禮失而襲於地則褻矣司士知禮而請於子游子游不稱禮而荅之以諾所以起縣子之譏也汰矜大也言凡有諮問禮事者當據禮荅之子游專輒許諾則如禮自己

檀弓

出矣是自矜大庇叔氏子游字宋襄公葬其夫人醯醢百甕曾子曰既曰明器矣而又實之夏禮專用明器而實其半虛其半殷人全用祭器亦實其半周人兼用二器則實人器而虛鬼器孟獻子之喪司徒旅歸四布夫子曰可也疏曰送終既畢賻布有餘其家臣司徒承主人之意使旅下士歸還四方賻主人之家布時人皆貪而獻子家獨能如此故夫子曰可也善其能廉左傳叔孫氏之司馬鬷戾是家臣亦有司徒司馬也讀賵曾子曰非古也是再告也車馬曰賵賵所以助主人之送葬也既受則書其人名與其物於方板葬特柩將行主人之史請讀此方板所書之賵蓋從柩東當前東西面而讀之古者奠之而不讀周則既奠而又讀焉故曾子以爲再告也成子高寢疾慶遺去聲入請曰子之病革亟矣如至乎大病則如之何成子高齊大夫國伯高父謚成也遺慶封之族革與亟同急也大病死也諱之之辭子高曰吾聞之也生有益於人死不害於人吾縱生無益於人吾可以死害於人乎哉我死

則擇不食之地而葬我焉不食之地謂不耕墾之土子夏問諸夫子曰居君之母與妻之喪居處言語飲食衎苦旦反爾君母君妻雖皆小君皆服齊衰不杖期然恩義則淺矣故居其喪則自處如此衎爾和適之皃此章以文勢推之喪下當有如之何夫子曰字舊說謂記者之略亦或闕文歟又否則問當作聞賓客至無所館夫子曰生於我乎館死於我乎殯生既館之死則當殯。應氏曰朋友以義合謂之賓客者以其自遠方而來也國子高曰葬也者藏也藏也者欲人之弗得見也是故衣足以飾身棺周於衣椁周於棺土周於椁反壤樹之哉國子高即成子高也。疏曰子高之意人死可惡故備飾以衣衾棺椁欲其深邃不使人知今乃反更封壤爲[illegible]而種樹以標之哉國子意在於儉非周[illegible]孔子之喪有自燕平聲來觀者舍於子夏氏子夏曰聖人之葬人與平聲人之葬聖人也子何觀焉昔延陵季子之葬其子夫子尚觀之今孔子之葬燕人來觀亦其宜也然子夏之意以爲聖人葬人則事皆合禮人之葬聖人則未必皆合於禮也故語之曰子以爲聖人之葬人乎乃人之葬聖人也又何觀焉蓋謙辭也昔者夫子言之曰吾見封之若堂者矣見若坊防者矣見若覆芳服反夏屋者矣見若斧者矣從若斧者焉馬鬣封之謂也今一日而三斬板而已封尚行夫子之志乎哉此言封土有此四者之形封築土爲墳也若堂者如堂之基四方而高也坊堤也若坊者上平旁殺而南北長也若覆夏屋者旁廣而卑也若斧者上狹如刃皦之上三者皆用功力多而難成此則儉而易就故俗謂之馬鬣封馬鬣鬣之上其肉薄封形似之也今一日者謂今築孔子之墳不假多時一日之間三次斬板即封畢而已止矣其法側板於坎之兩旁而用繩以約板乃內土於內而築之土與板平則斬斷約板之繩而升此板於所築土之上又實土於其中而築之如此者三而墳成矣故云三斬板而已封也尚庶幾也乎哉疑辭亦謙不敢質言也婦人不葛帶禮婦人之帶牡麻結本卒哭丈夫去麻帶服葛帶而首經不變婦人以葛爲首經以易去首之麻經而麻帶不變所謂不葛帶

也既練則男子除絰婦人除帶婦人輕首重要故也然此謂婦人居齊斬之服者如此若大功以下輕者至卒哭則並變爲葛與男子同**有薦新如朔奠**朔奠若月朔之奠也未葬之時大夫以上朔望皆有奠士則朔而已如得時新之味或五穀新熟而薦之則其禮亦如朔奠之儀也**既葬各以其服除**三月而葬葬而虞虞而卒哭親重而當變麻衰者變之其當除者即自除之不俟主人卒哭之變也**池視重**平聲**霤**疏曰池者柳車之池也重霤者屋之承霤也以木爲之承於屋簷水霤入此木中又從木中而霤於地故云重霤也天子之屋四注四面皆有重霤諸侯四注而重霤去後大夫惟前後二士惟一在前生時屋有重霤故死時柳車亦象宮室而設池於車覆鼈甲之下牆帷之上蓋織竹爲之形如籠衣以青布以承鼈甲名之曰池以象重霤也方面之數各視生時重霤**君即位而爲椑**僻**歲一漆之藏焉**疏曰君諸侯也人君無論少長體尊物備即位即造爲親尸之棺蓋杝椑也漆之堅強甓甓然故名椑每年一漆示如未成也藏焉者其中不欲空虛如急有待故藏物於中一說不欲令人見故藏之**復楔**胥**齒綴**拙**足飯**上聲**設飾帷堂並作**始死招魂之後用角柶拄尸之齒令

閉得飯含時不閉又用燕几拘綴尸之兩足令直使著屨時不辟戾也飯者實米與貝于尸口中也設飾尸襲斂也帷堂堂上設帷也作起爲也復至帷堂六事一時並起故云並作也儀禮亦總見一圖

父兄命赴者疏曰生時與他人有恩識者今死則其家宜使人往相赴告士喪禮孝子自命赴者若大夫以上則父兄命之也

君復於小寢大寢小祖大祖庫門四郊天子之郭門曰皐門明堂位言魯之庫門則天子皐門是庫門者郭門也。疏曰君王侯也前曰廟後曰寢室有東西廂曰廟無東西廂有室曰寢小寢者高祖以下寢也王侯同大寢天子始祖之寢諸侯太祖之寢也小祖者高祖以下廟也王侯同大祖者天子始祖之廟諸侯太祖之廟也○馬氏曰寢所居處之地祖有所事之地門所出入之地郊所嘗至之地君復必於此者蓋魂氣之往亦未離生時熟習之地也觀此則死生之說可知矣○今按馬氏以小寢大寢爲燕寢正寢與舊說異

喪不剝奠也與平聲**祭肉也與**剝者不巾覆也脯醢之奠不惡塵埃故可無巾覆凡覆之者必其有祭肉者也

既殯旬而布材與明器材爲椁之木也布者分列而暴乾之也殯後旬日即治此事禮載存于殯門外註云明器之材此云材與

明器者盡十一者之材皆乾之也。

朝奠日出，夕奠逮日。逮日，及日之未落也。○方氏曰：朝奠以象朝時之食，夕奠以象夕時之食。孝子事死如事生也。

父母之喪，哭無時，使必知其反也。未殯，哭不絕聲；殯後雖有朝夕哭之時，然廬中思憶則哭；小祥後哀至則哭：此皆哭無時也。使者受君之任使也。小祥之後，君有事使之，不得不行，然反必祭告禰親之神靈，知其已反。亦出必告、反必面之義也。

練，練衣黃裏，縓七絹反緣，去聲。○疏曰：練，小祥也。小祥而著練冠、練中衣，故曰練也。練衣者，以練為中衣。黃裏者，黃為中衣裏也。正服不可變，中衣非正服，但承衰而已。縓，淺絳色。緣，謂中衣領及衰之緣也。

葛要平聲絰，繩屨無絇。小祥，男子去首之麻絰，惟餘要葛也，故曰葛要絰。繩屨者，父母初喪菅屨，卒哭受齊衰蒯藨屨，小祥受大功繩麻屨也。無絇，謂無屨頭飾也。○朱子曰：菅屨、疏屨，今不可考。今略以輕重推之，斬衰用今草鞋，齊衰用麻鞋可也。麻鞋，今卒伍所著者。

角瑱，吐練反。○瑱，充耳也。吉時，君、大夫、士皆有之，所以掩於耳。君用玉為之。初喪去飾，故無瑱；小祥後微飾，故用角為之也。

鹿裘衡，橫。長袪，袪裼之可也。疏曰：冬時吉凶衣裏皆有裘。吉則貴賤有異，喪則同用鹿皮為之小祥之前裘狹而短袂又無袪小祥稍飾則更易作橫廣大者又長之又設其袪也裼者裘上之衣吉時皆有喪後凶質未有裼衣小祥後漸向吉故加裼可也按如此文明小祥時外有衰衰內有練中衣中衣內有裼衣裼衣內有鹿裘鹿裘內自有常著襦衣今按袪者袖口也此所謂袪則是以他物爲袖口之緣飾袪以爲飾故裼之同也**有殯聞遠兄弟之喪雖緦必往非兄弟雖鄰不往**三年之喪在殯不得出弔然於兄弟則恩義存焉故雖緦服兄弟之異居而遠者亦當往哭其喪若非兄弟則雖近不往**所識其兄弟不同居者皆弔**馮氏曰上二句既主生者出弔往哭爲義則下一句文意當同所識當爲句若所知之謂也死者既吾之所知識則其兄弟雖與死者不同居我皆當弔之所以成往來之情義也**天子之棺四重**平聲**水兕**似**革棺被之其厚三寸杝**移**棺一梓棺二四者皆周**水牛兕牛之革耐濕故以爲親身之棺二革合被爲一重杝木亦耐濕故次於革即前章所謂椑也梓木棺二一爲屬一爲大棺杝棺之外有屬棺屬棺之外又有大棺四者皆周言四重之棺上下四方悉周帀也唯椑不周下有茵上有抗席故也**棺束**

縮二衡〔横〕三衽每束一古者棺不用釘惟以皮條直束之二道横束之三道衽形如今之銀則子兩端大而中小漢時呼爲小要不言何物爲之其亦木乎衣之縫合處曰衽以小要連合棺與蓋之際故亦名衽先鑿木置衽然後束以皮每束處必用一衽故云衽每束一也柏椁以端長〔去声〕六尺天子以柏木爲椁端猶頭也用柏木之頭爲之其長六尺天子之哭諸侯也爵弁絰紂〔緇〕衣諸侯薨而赴於天子天子哭之爵弁紂衣本士之祭服爵弁弁之色如爵也紂衣緇衣也○鄭氏曰絰衍字也周禮王弔諸侯弁絰緦衰○疏曰天子至尊不見尸柩不弔服此遥哭之故不服緦衰而服爵弁紂衣也或曰使有司哭之鄭氏曰非也哀戚之事不可虚爲〔去声〕之不以樂食疏曰此是記者之言非或人之説也天子之殯也菆〔才官反〕塗龍輴〔音春〕以椁加斧于椁上畢塗屋天子之禮也疏曰菆叢也菆塗謂用木叢棺而四面塗之也龍輴殯時用輴車載柩而畫轅爲龍也以椁者此叢木象椁之形也黼翣覆棺之衣爲斧文先菆四面爲椁使上與棺齊而上猶開以此棺衣從椁上入覆於棺也云加斧于椁上也畢盡也斧覆既竟又

四注爲屋以覆於上而下四面盡塗之也。今按菆
塗龍輴是輴車亦在殯中非脫去輴車而殯椁也唯
天子之喪有別彼列反姓而哭諸侯朝覲天子爵同則其位同今喪禮則分別同姓
異姓庶姓使各相從而爲位以哭也魯哀公誄孔丘曰天不遺耆老莫相
去声予位焉嗚呼哀哉尼父作謚者先列其生之實行謂之誄大聖之行豈容盡列但
言天不留此老成而無有佐我之位者以寓其傷悼之意而已耳稱孔丘者君臣之辭此與左傳之言不同。
鄭氏曰尼父因其字以爲之謚也國亡大縣邑公卿大夫士皆厭于葉反
冠哭於大泰廟三日句君不舉或曰君舉而哭於后土
厭冠喪冠也說見曲禮盛饌而以樂侑食曰舉后土社也。應氏曰哭於太廟者傷祖宗基業之虧損哭於后
土者傷土地封疆之朘削也不舉自貶損也曰君舉者非也孔子惡野哭者所知吾哭諸野
夫子嘗言之矣蓋哭其所知必設位而帷之以成禮此所惡者或郊野之際道路之間哭非其地又且倉卒行
之使人疑駭故惡之也方氏說哭者呼滅子臯曰野哉孔子惡者以此恐未然未仕者不敢稅

人如稅人則以父兄之命稅人以物遺人也未仕者身未尊顯故內則不可專家財外則不可私恩惠也或有情義之所不得已而不當遺者則稱尊者之命而行之士備入而后朝夕踊國君之喪諸臣有朝夕哭踊之禮哭雖依次居位踊必相視爲節不容有先後也士卑其入恒後士皆入則無不在者矣故畢士入入則爲畢而後踊焉祥而縞是月禫徙月樂疏曰祥大祥也縞謂縞冠大祥日著之。馬氏曰祥禫之制施於三年之喪則其月同施於期之喪則其月異雜記曰十一月而練十三月而祥十五月而禫此期之喪也父在爲母有所屈三年所以爲極而至於二十五月者其禮不可過以三年之愛而斷於期者其情猶可伸在禫月而樂者聽於人也在徙月而樂者作於己也君於士有賜帟亦。帟幕之小者置之殯上以承塵也大夫以上則有司供之士卑又不得自爲故君於士之殯以帟賜之也

禮記卷第二

禮記卷第三

後學東匯澤陳澔集說

檀弓下第四

君之適長殤車三乘，公之庶長殤車一乘，大夫之適長殤車一乘此言送殤遣車之禮君謂國君亦或有地大夫適得稱君也公專言五等諸侯也十六至十九爲長殤葬此殤時柩朝廟畢將行設遣奠以奠之牲體分折包裹用此車載之以遣送死者故名遣車車制甚小以置之槨內四隅不容大爲之也禮中殤從上君適長三乘則中亦三乘下則一乘也公庶長一乘則中亦一乘下則無也大夫適長一乘則中亦一乘下殤及庶殤並無也。

公之喪，諸達官之長杖方氏曰受命於君者其名達於上故謂之達官若府史而下皆長官自辟除則不可謂之達矣受命於君者其恩厚故公之喪惟達官之長杖今按凡官皆有長貳此以長言則不及貳也。

君於大夫將葬，弔於宮，及出，命引之，三步則止，如是者三，君退句朝亦如之哀次亦如之弔於宮於其殯宮也出柩已行也孝子攀號不忍君命引之奪其情也引者三步即止君又命引之如是者三柩車遂行吾即退去君來時不必恒在殯宮或當柩朝之時亦如之或已出大門至平日待賓客次舍之處孝子哀而暫停柩車則亦如之五十無車者不越疆而弔人始衰之年不可以筋力爲禮也季武子寢疾蟜矯固不說説齊衰而入見曰斯道也將亡矣士唯公門說齊衰武子曰不亦善乎君子表微及其喪也曾點倚其門而歌季武子魯大夫季孫夙也蟜固人姓名點字晳曾子父也武子寢疾之時蟜固適有齊衰之服遂衣凶服而問疾且曰大夫之門不當釋凶服惟君門乃說耳此禮將亡我之凶服以來欲以救此將亡之禮也武子善之言失禮之顯著者人皆可知若夫禮之纖細者惟君子乃能表明之也武子執政人所尊畏固之爲此欲以易時人之觀聽隨禮而行武子雖憯不得而異之也若倚門而歌則非禮矣其亦狂之一端歟記者蓋善蟜固之存禮譏曾點之廢禮也大夫弔當事而至則辭焉弔於人是日不樂

婦人不越疆而弔人行弔之日不飲酒食肉焉大夫弔於士也大夫雖尊然當主人有小斂大斂或殯之事而至則殯者以其事告之辭猶告也若非當事之時則孝子下堂迎之婦人無外事故不越疆而弔是日不樂不飲酒食肉皆爲餘哀未忘也弔於葬者必執引去聲若從柩及壙上聲皆執紼引引柩車之索也紼引柩索也○鄭氏曰示助之以力○疏曰弔葬本爲助執事故以相助引柩車凡執引用人貴賤有數數足則餘人皆散行從柩至下棺窆時則不限人數皆悉執紼也引者長遠之名故在車車行遠也紼是發舉之義故在棺棺惰擬舉不長遠也喪公弔之必有拜者雖朋友州里舍人可也弔曰寡君承事主人曰臨如字○此謂國君弔其諸臣之喪弔後主人當親往拜謝喪家若無主後必使以次疏親往拜若又無疏親則死者之朋友及同州同里及喪家典舍之人往拜亦可也寡君承事言來承助喪事此君語擯者傳命以入之辭主人曰臨者謝辱臨之重也君遇柩於路必使人弔之黃尚書宮受弔不如杞梁之妻知禮而此言弔於路何也蓋有爵者之喪當以禮弔此謂臣民之微賤者耳礼

不下庶人也言必使人弔者是況言衆人之喪也大夫之喪庶子不受弔大夫之喪適子爲主拜賓或以他故不在則庶子不敢受弔不敢以卑賤爲有爵者之喪主也妻之昆弟爲父後者死哭之適室子爲主袒免問哭踊夫入門右使人立於門外告來者狎則入哭父在哭於妻之室非爲父後者哭諸異室此聞妻兄弟之喪而未往弔時禮也父在己之父也爲父後妻之父也門外之人以來弔者告若是交游習狎之人則徑入哭之精義然也○疏曰女子子適人者爲昆弟之爲父後者不降以其正故也故姊妹之夫爲之哭於適室之中庭子爲主者甥服舅緦故命己子爲主受弔拜賓也袒免哭踊者冠尊不居肉袒之上必先去冠而加免故凡哭哀則踊踊必先袒袒必先免故袒免哭踊也夫入門右者謂此子之父即哭妻兄弟者有殯聞遠兄弟之喪哭于側室無側室哭于門內之右同國則往哭之側室若燕寢之旁室也門內大門之內也上篇言有殯聞遠兄弟之喪雖緦必往其亦謂同國故○方氏曰哭于側室欲其遠殯宮也于門內之右者不居主

位示爲之變也同○則往者以其不遠也子張死曾子有母之喪齊衰而往哭之或曰齊衰不以弔曾子曰我弔也與平聲哉以喪母之服而哭人朋友之喪踰禮已甚故或人止之而曾子之意則曰我於子張之死豈當常禮之弔而已哉今詳此意但以友義隆厚不容不往哭之又不可釋服而往但往哭而不行弔禮耳故曰我弔也與哉○劉氏曰曾子嘗問三年之喪弔乎夫子曰三年之喪練不羣立不旅行君子禮以飾情三年之喪而弔哭不亦虛乎斷此矣而又以母喪弔友必不然也凡經中言曾子失禮之事不可盡信此亦可見有若之喪悼公弔焉子游擯由左悼公魯君哀公之子擯贊相禮事也立者尊右子游由公之左則公在右爲尊矣少儀云詔辭自右者謂傳君之詔命則詔命爲尊故傳者居右時相喪禮者亦多由右故子游正之也齊穀告王姬之喪魯莊公爲之大功或曰由魯嫁故爲之服姊妹之服或曰外祖母也故爲之服穀讀爲告齊襄公夫人王姬卒在魯莊之二年赴告於魯其初由魯而嫁故魯君爲之服也嫁姊妹大功之服禮也或人既不知此王姬乃莊公舅

之妻而以爲外祖母又不知外祖母服小功而必大功爲外祖母之服其亦妄矣○鄭氏曰春秋周女由魯嫁卒則服之如内女服姊妹是也天子爲之無服嫁於王者之後乃服之

晉獻公之喪秦穆公使人弔公子重耳且曰寡人聞之亡國恒於斯得國恒於斯雖吾子儼然在憂服之中喪去聲亦不可久也時亦不可失也孺子其圖之獻公薨時重耳避難在狄故穆公使人往弔之弔爲正禮故以且曰起下辭寡人聞之若此使者傳穆公之言也恒於斯言常在此死生交代之際也儼然端靜持守之皃喪失位也喪不可久時不可失者勉其奔喪反國以謀襲位故言孺子其圖之也此時秦已有納之之志矣以告舅犯舅犯曰孺子其辭焉喪去聲人無寶仁親以爲寶父死之謂何又因以爲利而天下其孰能說如字之孺子其辭焉舅犯重耳舅狐偃字子犯也公子既聞使者之言入以告之子犯犯言當辭而不受可也失位去國之人無以爲寶惟仁愛思親乃其寶也父死謂是何事正是凶禍大事豈可又因此凶禍以爲反國

之利而天下之人孰能解説我爲無罪乎此所以不當受其相勉反國之命也公子重耳對客曰君惠弔亡臣重耳身喪父死不得與去聲於哭泣之哀以爲君憂父死之謂何或敢有他志以辱君義稽顙而不拜哭而起起而不私公子既聞子犯之言乃出而答客惠弔亡臣重耳謝其來弔也不得與哭泣之哀言出亡在外不得居喪次也以爲君憂者致君憂慮我也他志謂求入之志辱君義者辱君惠弔之義也不私不不與使者私言也子顯去聲以致命於穆公穆公曰仁夫公子重耳夫稽顙而不拜則未爲後也故不成拜哭而起則愛父也起而不私則遠去聲利也鄭註用國語知使者爲公子縶字子縶故讀顯爲縶也喪禮先稽顙後拜謂之成拜爲後者成拜所以謝弔禮之重公公子以未爲後故不成拜也愛父猶言哀痛其父也不私與使者言是無反國之意是遠利也愛父遠利皆仁者之事故稱之曰仁夫公子重耳帷殯非古也自敬姜之哭穆伯始也禮朝夕哭殯之時必褰開

其惟敬姜哭其夫穆伯之殯乃以避嫌而不復褰帷自此以後人皆效之故記者云非古也穆伯魯大夫季悼子之子公甫靖也

喪禮哀戚之至也節哀順變也君子念始之者也孝子之哀發於天性之極至豈可止遏聖人制禮以節其哀蓋順以變之也言順孝子之哀情以漸變之而輕減也始猶生也生我者父母也殺之而減性是不念生我者矣復盡愛之道也有禱祠之心焉望反諸幽求諸鬼神之道也北面求諸幽之義也行禱五祀而不能同其生又為之復是盡其愛親之道而禱祠之心猶未忘於復之時也望反諸幽望其自幽而反也鬼神處幽暗北乃幽陰之方故求諸鬼神之幽者必向北也拜稽顙哀戚之至隱也稽顙隱之甚也隱痛也稽顙者以頭觸地無復禮容就拜與稽顙言之皆為至痛一而稽顙則尤哀痛之甚者也飯上聲用米貝弗忍虛也不以食道用美焉爾實米與貝于死者口中不忍其口之虛也此不是用飲食之道但用此美潔之物以實之焉爾銘明旌也以死者為不可別已故以其旗識式志反之愛之

斯錄之矣敬之斯盡其道焉耳士喪禮銘曰某氏某之柩初置于簷下西階上又為重鬲則置於重殯而卒塗始樹於肂坎之東疏云士長三尺大夫五尺諸侯七尺天子九尺君不命之士則以緇長半幅䞓末長終幅廣三寸半幅一尺也終幅二尺也是總長三尺夫愛之而錄其名敬之而盡其道曰愛曰敬非虛文也重平聲主道也殷主綴拙重焉周主重徹焉禮註六十重木長三尺始死作重以依神雖非主而有主之道故曰主道也殷禮始殯將置重于殯廟之庭暨成虞主則綴此重而懸於新死者所殯之廟周人虞而作主則徹重而埋之也奠以素器以生者有哀素之心也唯祭祀之禮主人自盡焉爾豈知神之所饗亦以主人有齊齋敬之心也鄭氏曰哀素言哀痛無飾也凡物無飾曰素哀則以素敬則以飾禮由人心而已○方氏曰士喪禮有素組士虞禮有素几皆其哀而不文故也喪葬凶禮故自是至於祭祀之吉禮則必自盡以致其文焉故曰唯祭祀之禮主人自盡焉爾然主人之自盡亦豈知神之所享必在於此乎且以表其心而已耳辟婢亦反踊哀之至也有筭為之節

文也疏曰撫心為辟跳躍為踊是哀痛之至極若不裁限恐傷其性故有筭以為之準節每一踊三跳三踊九跳為一節士三日有三次踊大夫四日五踊諸侯六日七踊天子八日九踊故云為之節文也袒括髮變也慍哀之變也去上聲飾去美也袒括髮去飾之甚也有所袒有所襲哀之節也疏曰袒衣括髮形貌之變也悲哀慍恚哀情之變也去其尋常吉時之服飾是去其華美也去飾雖多端惟袒袒而括髮又去飾之中最甚者也理應常袒何以有袒時有襲時蓋哀甚則袒哀輕則襲哀之限節也弁絰葛而葬與神交之道也有敬心焉周人弁而葬殷人冔火羽反而葬居喪時冠服皆純凶至葬而吾親託躰地中則當以禮敬之心接於山川之神也於是以緇素為弁如爵弁而制以葛為環絰在首以送葬不敢以純凶之服交神者示敬也故曰有敬心焉歠主人主婦室老為其病也君命食嗣之也疏曰親喪歠粥之時主人亡者之子主婦亡者之妻無則主人之妻也室老家之長相此三人並是大夫之家貴者為其歠粥病困之故君必命之食疏歠也若士喪君不命也喪大記言主婦食

疏食謂既殯之後此主婦歠者謂未殯前反哭升堂反諸其所作也主婦入
于室反諸其所養也去聲此堂與室皆謂廟中也卒窆而歸乃反哭於祖廟其二廟者則
先祖後禰所作者平生祭祀冠昏所行礼之處也所養者所饋食供養之處也反哭之弔也哀
之至也反而亡焉失之矣於是爲甚賓之弔者升自西階曰如之何主人
拜稽顙當此之時亡矣失矣不可復見吾親矣哀痛於是爲甚也賓弔而出主人送于門外遂適殯宮即先
時所殯正寢之堂也殷既封窆而弔周反哭而弔孔子曰殷已慤
殼吾從周殷之禮窆畢賓就墓所弔主人周禮則俟主人反哭而後弔孔子謂殷禮太質慤者盖親
之在土固爲可哀不若求親於平生居止之所而不得其哀爲尤甚也故弔於墓者不如弔於家者之情文爲
兼盡故欲從周也葬於北方北首三代之達禮也之幽之故也
北方國之北也殯猶南首未忍以鬼神待其親也葬則終死事矣故葬而北首三代通用此禮也南方昭明北
方幽暗之幽釋所以北首之義既封主人贈而祝宿虞尸柩行至城門公使宰夫贈

玄纁束既窆之則用此玄纁贈死者於墓之野此時祝先歸而肅虞祭之尸矣宿讀爲肅進也虞猶安也葬畢迎精而反日中祭之於殯宫以安之也男則男子爲尸女則女子爲尸尸之爲言主也不見親之形容心無所係故立尸而使之著死者之服所以使孝子之心主於此也禫祭以前男女異尸異几祭於廟則無女尸而几亦同矣少牢禮云某妃配某男女共尸

既反哭主人與有司視虞牲有司以几筵舍釋奠於墓左反日中而虞士之禮虞牲特豕几所以依神筵坐神之席也席敷陳曰筵孝子先反而視牲別令有司釋奠以禮坐神爲親之託軆於此也舍讀爲釋奠者置也釋置此祭饌也墓道向南以東爲左待此有司之反即於日中時虞祭也

葬日虞弗忍一日離去聲也鄭氏曰弗忍其無所歸

是日也以虞易奠卒哭曰成事始死小斂大斂朝夕朔月朝祖賵遣之類皆喪奠也此日以虞祭代去喪奠故曰以虞易奠也卒哭曰成事者蓋祝辭曰哀薦成事也祭以吉爲成卒哭之祭乃吉祭故也

是日也以吉祭易喪祭明日祔于祖父吉祭卒哭之祭也喪祭虞祭也卒哭在虞之後故云以吉祭易喪祭也祔之爲言附也祔

祭者告其祖父以當遷他廟而告新死者以當入此廟也禮云明日以其班祔明日者卒哭之次日也卒哭[illegible]告于新主曰哀子某來日隮祔爾于爾皇祖某甫及時廟奉新主入祖之廟而并告之曰適爾皇祖某甫以隮祔爾孫某甫孫必祔祖者昭穆之位同所謂以其班也畢事虞主復于寢三年喪畢遇四時之吉祭而後奉新主入廟也虞祭間一日而卒哭與祔則不間日其變[illegible]而之吉祭也比畀至於祔必於是日也接不忍一日未有所歸也上文所言皆據正禮此言變者以其變易常禮也所以有變者以有他故未及葬期而即葬也據士禮速葬速虞之後卒哭之前其日尚縣不可無祭之往也虞往往至吉祭其禮如何曰虞後比至於祔遇剛日而連接其祭若丁日葬則己日再虞後虞改用剛日則庚日三虞也此後遇剛日則祭至祔而後止此孝子不忍使其親一日無所依歸也殷練而祔周卒哭而祔孔子善殷孝經曰為之宗廟以鬼享之孔子善殷之祔者以不急於鬼其親也君臨臣喪以巫祝桃茢執戈惡之也所以異於生也喪有死之道焉先王之所難去聲言也桃性辟惡鬼神畏之王莽惡高

廟神靈以桃茢湯沐其璧茢苕帚也所以除穢巫覡桃祝執茢小臣執戈蓋為其有凶邪之氣可惡故以此三物辟祓之也臨生者則惟執戈而已今加以桃茢故曰異於生也君使臣以禮死而惡之豈禮也哉然人死斯惡之矣故喪禮實有惡死之道焉先王之所不忍言也喪之朝也順死者之孝心也其哀離去聲其室也故至於祖考之廟而后行殷朝而殯於祖周朝而遂葬子之事親出必告反必面今將葬而奉柩以朝祖因為順死者之孝心然求之死者之心亦必自哀其違離寢處之居而永弃泉壤之下亦欲至祖考之廟而訣別也殷尚質敬鬼神而遠之故大斂之後即奉柩朝祖而遂殯於廟周人則殯於寢及葬則朝廟也孔子謂為明器者知喪道矣備物而不可用也此孔子善夏之用明器從葬哀哉死者而用生者之器也不殆於用殉乎哉此孔子非殷人用祭器從葬以人從死曰殉殆幾也用其器則近於用人其曰明器神明之也塗車芻靈自古有之明器之道也孔子謂為芻靈者善謂為俑者不

仁不殆於用人乎哉謂之明器者是以神明之道待之也塗車以泥爲車也束草爲人形以爲死者之從衛謂之芻靈略似人形而已亦明器之類也中古爲木偶人謂之俑則有面目機發而太似人矣故孔子惡其不仁知末流必有以人殉葬者。趙氏曰以木人送葬設機而能踴跳故名之曰俑穆公問於子思曰爲去聲舊君反服古與平聲子思曰古之君子進人以禮退人以禮故有舊君反服之禮也今之君子進人若將加諸膝退人若將隊隊上諸淵毋爲戎首不亦善乎又何反服之禮之有穆公魯君哀公之曾孫爲舊君服見儀禮齊衰章孟子言三有禮則爲之服寇讎何服之有與此章意似隊諸淵言置之死地也戎首爲寇亂之首也悼公之喪季昭子問於孟敬子曰爲君何食敬子曰食粥天下之達禮也悼公魯哀公之子昭子康子之曾孫名强敬子武伯之子名捷吾三臣者之不能居公室也四方莫不聞矣勉而爲瘠則吾能毋乃使人疑夫不以情居瘠者乎哉我則食食上如字下音嗣。三臣仲孫叔孫季孫之三家也敬子言我三家不能居公室而以臣禮事君者四方皆知之矣勉强食粥而爲毁瘠之貌我雖能之然豈不使人疑我非以哀戚之眞情而處此瘠乎不若違禮而食食也。應氏曰季子之問有君子補過之心而孟氏之對可謂小人之無忌憚者矣

衛司徒敬子死子夏弔焉主人未小斂經而往子游弔焉主人既小斂子游出經反哭子夏曰聞之也與平聲曰聞諸夫子主人未改服則不經[illegible]以[illegible]主人未小斂則未改服故弔者不[illegible]子夏經而弔主[illegible]裘也其時子游亦弔俟其小斂後[illegible]游出而加經[illegible]也[illegible]之則中於禮矣

曾子曰晏子可謂知禮也已恭敬之有焉有若曰晏子一狐裘三十年遣去聲車一乘及墓而反晏子齊大夫曾子稱其知禮謂禮以恭敬爲本也有若之言則曰狐裘貴在輕新乃三十年而不易是儉於己也遣車一乘儉其親也禮窆後有拜賓送賓等禮晏子窆訖即還儉於賓也此三者皆以其儉而失

禮者言國君七个遣車七乘大夫五个遣車五乘晏子焉知禮遣車之數天子九乘諸侯七乘大夫五乘天子之士三乘諸侯之士無遣車也大夫以上皆大牢士少牢个包也凡包牲皆取下體每一牲取三體前脛折取臂臑後脛折取骼少牢二牲則六體分爲三个大牢三牲則九體大夫九體分爲十五段三段爲一包凡五包諸侯分爲二十一段凡七包天子分爲二十七段凡九包每遣車一乘則載一包也曾子曰國無道君子恥盈禮焉國奢則示之以儉國儉則示之以禮曾子主權有子主經是以二端之論不合國昭子之母死問於子張曰葬及墓男子婦人安位子張曰司徒敬子之喪夫子相男子西鄉鄉去聲婦人東鄉國昭子齊大夫葬其母以子張相禮故問之夫子孔子也主人家男子皆西向婦人皆東向而男賓在衆主人之南女賓在衆婦之南禮也曰噫毋無曰我喪也斯去聲沾覘爾專之賓爲賓焉主爲主焉婦人從男子皆西鄉昭子聞子張之言歎息而止之言我爲大

夫齊之題，家仝行喪禮人必盡來覘視當有所更改以示人豈宜一循舊禮亦當專主其事使賓自爲賓主自爲主可也於是昭子家婦人既與男子同居主位而西鄉而改賓亦與男賓同居賓位而東鄉矣斯盡也沾讀爲覘此記禮之變

穆伯之喪，敬姜晝哭；文伯之喪，晝夜哭。孔子曰：知禮矣。哭夫以禮哭子以情中節矣故孔子美之

文伯之喪，敬姜據其牀而不哭，曰：昔者吾有斯子也，吾以將爲賢人也，吾未嘗以就公室。今及其死也，朋友諸臣未有出涕者，而內人皆行哭失聲。斯子也，必多曠於禮矣夫！以爲賢人必知禮矣故凡我卬曰出入公室未嘗與俱而觀其所行蓋信其賢而知禮也至死而覺其曠禮故歎恨之○鄭氏曰季氏魯之宗卿敬姜有會見之禮

季康子之母死，陳褻衣。敬姜曰：婦人不飾，不敢見舅姑。將有四方之賓來，褻衣何爲陳於斯？命徹之。敬姜康子之從祖母也○應氏曰敬姜森然法度之語

有子與子游立，見孺子慕

者有子謂子游曰予壹不知夫喪之踊也予欲去上聲之久矣情在於斯其是也夫有子言喪禮之有踊我常不知其何爲而然壹者專一之義猶常也我久欲除去之矣今見孺子之號慕若此則哀情之在於此踊亦如此孺子之慕也夫子游曰禮有微情者有以故興物者有直情而徑行者戎狄之道也禮道則不然子游言先王制禮使賢者俯而就不肖者企而及之慮賢者之過於情也故立爲哭踊之節所以殺其情故曰禮有微情者微猶殺也慮不肖者之不及情也故爲之興起衰絰之物使之睹服思哀故曰有以故興物者此二者皆制禮者酌人情而爲之也若直肆己情徑率行之或哀或不哀漫無制節則是戎狄之道矣中國禮義之道則不如是也人喜則斯陶陶斯咏咏斯猶搖猶斯舞舞斯慍慍斯戚戚斯歎歎斯辟婢亦反辟斯踊矣品節斯斯之謂禮此言樂極生哀之情但舞斯慍一句終是可疑今且據疏劉氏欲於猶斯舞之下增一矣字而删舞斯慍三字今亦未敢從○疏曰喜者外境會心之謂斯語助也陶謂

鬱陶心初悅而未暢之意鬱陶之情暢則口歌咏之也咏歌不足漸至動搖身體乃至起舞足蹈手揚樂之極也也外境違心之謂慍凡喜怒相對哀樂相生若舞無節形疲厭倦事與心違所以怒生慍怒之生由於舞極故齒禮云樂不可極也此凡九句首末各四句是哀樂相對中間舞斯慍一句是哀樂相生慍斯戚者怒來觸心憤恚之餘轉爲憂戚憂戚轉深因發歎息歎恨不泄遂至撫心撫心不泄乃至跳踴奮擊亦哀之極也故夷狄無禮朝殯夕歌童兒任情倏啼欻笑今若品節此二塗使踊舞有數則能久長故云斯之謂禮品階格也節制斷也○孫氏曰當作人喜則斯陶陶斯咏咏斯猶猶斯舞舞斯蹈蹈矣人悲則斯慍慍斯戚戚斯歎歎斯辟辟斯踊矣蓋自喜至蹈凡六變自悲至踊亦六變此所謂孺子慕者之直情也舞蹈辟踊皆本此情聖人於是爲之節

人死斯惡之矣無能也斯倍之矣是故制絞交衾設蔞柳翣爲去聲使人勿惡也以其死而惡之以其無能而倍之恐太古無禮之時人多如此於是推原聖人所以制禮之初意止爲使人勿惡勿倍而已絞衾以飾其躬蔞翣以飾其棺則不見死者之可惡矣始死脯醢之奠將行遣去聲而行之既葬而食嗣之

未有見其饗之者也自上世以來未之有舍上聲也爲使人勿倍也故子之所刺七亦於禮者亦非禮之譏机也始死即爲脯醢之奠將葬則有包裹牲躰之遣既葬則有虞祭之食何嘗見死者享之乎然自上世制禮以來未聞有舍而不爲者爲此則報本反始之思有不能已矣豈復有倍之之意乎先王制禮其深意蓋如此今子刺喪之踊而欲去之者亦不足以爲禮之疵病也

吳侵陳斬祀殺厲師還旋出竟境陳大泰宰嚭普彼反使去聲於師夫差謂行人儀曰是夫也多言盍嘗問焉師必有名人之稱斯師也者則謂之何魯哀公元年吳師侵陳斬祀伐祠祀之木也殺厲殺疫病之人也太宰行人皆官名夫差吳子名是夫猶言此人指嚭也多言猶能言也盍何不也嘗試也師必有名者言出師伐人必得彼國之罪以顯我出師之名也今衆人稱我此師謂之何名乎

大宰嚭曰古之侵伐者不斬祀不殺厲不獲二毛今斯師也殺厲與平聲其不謂之殺厲之師

與曰反爾地歸爾子則謂之何曰君王討敝邑之罪又矜而赦之師與有無名乎（與，平聲。二毛，班白之人也。子謂所獲臣民也。還其侵略之地，縱其俘獲之民，是矜而赦之矣，豈可又以無名之師議之乎？此言辭善於辭令，故能救敗亡之禍。○石梁王氏曰：是時吳亦有太宰嚭，如何？）顔丁善居喪始死皇皇焉如有求而弗得及殯望望焉如有從而弗及既葬慨焉如不及其反而息（顔丁，魯人。皇皇，猶栖栖也。望望，往而不顧之皃。慨，感悵之意。始死，形可見也。既殯，柩可見也。葬則無所見矣。如有從而弗及，似有可及之處也。葬後則不復如有所從矣，故但言如不及其反。又云而息者，息猶待也。不忍決忘其親，猶且行且止以待其親之反也。蓋葬者往而不反，然孝子於迎精而反之時，猶如有所疑也。）

子張問曰書云高宗三年不言言乃讙有諸仲尼曰胡爲其不然也古者天子崩王世子聽於冢宰三年（言乃讙者，命令所布，人心喜悅也。）

知（去聲）悼子卒未葬平公飲酒師曠李調侍

鼓鐘杜蕢(快)自外來聞鐘聲曰安在曰在寢杜蕢入寢歷階而升酌曰曠飲(去聲)斯又酌曰調飲斯又酌堂上北面坐飲之降趨而出(知悼子晉大夫名罃平公晉侯彪也凡三酌者飲罰二子又自罰也)平公呼而進之曰蕢曩者爾心或開予是以不與爾言爾飲曠何也曰子卯不樂知悼子在堂斯其為子卯也大矣曠也太師也不以詔是以飲之也(言尔之初入我意尔必有所諫敎開發於我而出尔之飲曠何說也我是以不先與尔言乃三酌之後竟不言蕢言紂以乙卯日死紂以甲子日死謂之疾日故君不舉樂在堂在殯也况君於卿大夫比葬不食肉比卒哭不舉樂悼子在殯而可作樂燕飲乎桀紂異代之君悼子同時之臣故以為大於子卯也詔告也罰其不告之罪也)爾飲調何也曰調也君之褻臣也為一飲一食忘君之疾是以飲之也(言調爲近習之臣貪於一飲食而忘君違禮之疾故罰之也)爾飲何也曰蕢也宰

夫也非刀匕是共(供)又敢與(去聲)知防是以飲之也(非猶不也)

(宰夫職在刀匕今乃不專供刀匕之職而敢與知諫爭防閑之事是侵官矣故自罰也)平公曰寡人亦有過焉酌而飲寡人杜蕢洗而揚觶(志)公謂侍者曰如我死則必毋廢斯爵也至于今既畢獻斯揚觶謂之杜舉(揚觶舉觶也盥洗而後舉致絜敬也平公自知其過既命蕢以酌又欲以此爵為後世戒故記者云至今晉國行燕禮之終必舉此觶謂之杜舉者言此觶乃昔者杜蕢所舉也春秋傳作屠蒯文亦不同)

公叔文子卒其子戍(庶)請謚於君曰日月有時將葬矣請所以易其名者(文子衛大夫名拔君靈公也大夫士三月而葬有時猶言有數也死則諱其名故為之謚所以代其名也)君曰昔者衛國凶饑夫子為粥與國之餓者是不亦惠乎昔者衛國有難(去聲)夫子以其死衛寡人不亦貞乎夫子聽衛國之政脩其班制以與四鄰交

衛國之社稷不辱不亦文乎故謂夫子貞惠文子魯昭公二十年盜殺衛侯之兄縶時齊豹作亂公如死鳥此衛國之難也班者尊卑之次制者多寡之節因舊典而脩擧之也脩先後則患在前論小大則貞爲重故不曰惠貞而曰貞惠也此三字爲謚而惟稱文子者鄭云文足以兼之

石駘音仲卒無適子有庶子六人卜所以爲後者曰沐浴佩玉則兆五人者皆沐浴佩玉石祁子曰孰有執親之喪而沐浴佩玉者乎不沐浴佩玉石祁子兆衛人以龜爲有知也駘仲衛大夫曰沐浴佩玉則兆卜人之言也○方氏曰兆亦有凶卜者以求吉爲主故經以兆言吉也

陳子車死於衛其妻與其家大夫謀以殉葬定而后陳子亢剛至以告曰夫子疾莫養去聲於下請以殉葬子車齊大夫子亢其兄弟即孔子弟子子禽也疾時不在家家人不得以致其養故云莫養於下也於是欲殺人以殉葬定謂已議定所殺之人也子亢曰以殉葬非禮也雖然則

彼疾當養者孰若妻與宰得已則吾欲已不得已則吾欲以二子者之爲之也於是弗果用宰即家大夫也二子謂妻與宰也子亢若但言非禮未必能止之今以當養者爲當殉則不期其止而自止矣子路曰傷哉貧也生無以爲養去聲死無以爲禮也孔子曰啜菽飲水盡其歡斯之謂孝斂首足形還音旋葬而無槨稱去聲其財斯之謂禮世固有三牲之養而不能歡者亦有厚葬以爲觀美而不知節於僭禮之罪者知此則孝與禮可得而盡矣又何必傷貧斂手還葬詳見上篇衞獻公出奔反於衞及郊將班邑於從去聲者而后入柳莊曰如皆守社稷則孰執羈靮的而從如皆從則孰守社稷君反其國而有私也毋乃不可乎弗果班獻公以魯襄十四年奔齊二十六年歸衞羈所以絡馬靮所以鞚馬柳莊之意謂居者行者均之爲國不當偏賞從者以示私恩衞有太史曰柳莊寢疾公曰若疾

革亟雖當祭必告公再拜稽首請於尸曰有臣柳莊也者非寡人之臣社稷之臣也聞之死請往不釋服而往遂以襚之與之邑裘氏與縣玄潘氏書而納諸棺曰世世萬子孫毋變也以衣服贈死者曰襚裘縣潘二邑名萬子孫謂莊之後世也莊之疾公當命其家若當疾亟之時我雖在祭事亦必入告及其死也果當公行事之際遂不釋祭服而往因釋以襚之又賜之二邑此雖見國君尊賢之意然棄祭事而不終以諸侯之命服而襚大夫書封邑之券而納諸棺皆非禮也

陳乾昔寢疾屬燭其兄弟而命其子尊己曰如我死則必大為我棺使吾二婢子夾我陳乾昔死其子曰以殉葬非禮也況又同棺乎弗果殺屬如周禮屬民讀法之屬猶合也聚也記者善尊己守正而不從其父之亂命

仲遂卒于垂壬午猶繹萬入去上聲籥仲尼曰非禮也卿卒不繹仲遂魯莊公子東門襄仲也為魯卿垂齊地名祭宗

廟之明日又設祭禮以尋繹昨日之祭謂之繹殷謂之肜言壬午則正祭辛巳日也萬舞執干以舞也籥舞吹籥以舞也萬入去籥者言此繹祭時以仲遂之卒但用無聲之干舞以入去有聲之籥舞而不用也○陳氏曰春秋之法當祭而卿卒則不用樂明日則不繹故叔弓之卒昭公去樂卒事君子以爲禮仲遂之卒宣公猶繹而萬入去籥聖人以爲非禮○詩記曰萬舞二舞之總名也干舞者武舞之別名籥舞者文舞之別名文舞又謂之羽舞鄭氏據公羊以萬舞爲干舞誤也春秋書萬入去籥言文武二舞皆入去其有聲者故去籥焉公羊乃以萬舞爲武舞與籥舞對言之失經意矣若萬舞止爲武舞則此詩何爲獨言萬舞而不及文舞左傳考仲子之宮將萬焉婦人之廟亦不應獨用武舞也然則萬舞爲二舞之摠名明矣出詩緝簡兮註○愚按左傳楚令尹子元欲蠱文夫人爲館於其宮側而振萬焉夫人聞之泣曰先君以是舞也習戎備也今令尹不尋諸仇讎而於未亡人之側不亦異乎據此則萬舞信爲武舞矣呂氏豈偶忘之邪

季康子之母死公輸若方小斂般班請以機封窆將從之公肩假曰不可夫魯有初公輸氏若名爲匠師方小年尚幼也斂下棺於壙也機若之族素多技巧見若掌斂

事而年幼欲代之而試用其巧技也機窆謂以機關轉動之器下棺不用碑與繂也魯有初言魯國自有故事也

公室視豐碑三家視桓楹

豐碑天子之制桓楹諸侯之制○疏曰凡言視者比擬之辭豐大也謂用大木為碑穿鑿去碑中之木使之空於空間著鹿盧兩頭各入碑木以紼之一頭係棺緘以一頭繞鹿盧既訖而人各背碑負紼末頭聽鼓聲以漸卻行而下之也桓楹不似碑形如大楹耳通而言之亦曰碑說文桓郵亭表也如今之橋旁表柱也諸侯二碑兩柱為一碑而施鹿盧故鄭云四植也

般爾以人之母嘗巧工則豈不得以其母以嘗巧者乎則病者乎噫弗果從

疏曰嘗試也言亦欲以人母嘗試己之巧事誰有強逼於尒而為此乎豈不得休已者哉又語之云其無以人母嘗試己巧則於爾病者乎言不得嘗巧豈於尒有所病假言畢乃更噫而傷嘆於是衆人遂止○一說則豈不得以其母以嘗巧者乎作一向言尒以他人母試巧而發其當用之禮則亦豈不得自以己母試巧而不用禮乎則於尒心亦有所病而不安乎蓋使之反求諸心以己度人而知其不可也○應氏曰周衰禮廢而諸侯僭天子故公室之窆棺視豐碑大夫僭諸侯故三家之窆棺視桓楹其陵替承襲之

弊有自來矣

戰于郎，公叔禺遇人遇負杖入保者息，曰：「使之雖病也，任之雖重也，君子不能為謀也，士弗能死也，不可。我則既言矣。」與其鄰重童汪踦紀往，皆死焉。魯人欲勿殤重汪踦，問於仲尼。仲尼曰：「能執干戈以衛社稷，雖欲勿殤也，不亦可乎！」

戰于郎，魯哀公十一年齊伐魯也。禺人，昭公子公為也。遇魯人之避齊師而入保城邑者，疲倦之餘，負其杖而息于塗。禺人乃歎之曰：徭役之煩雖不能堪也，稅斂之數雖過於厚也，若上之人協心以禦寇難，猶可塞責也。今卿大夫不能畫謀策，士不能捐身以死難，豈人臣事君之道哉？甚不可也。我既出此言矣，可不思踐吾言乎？於是與其鄰之童子汪踦者皆往鬬而死於敵。魯人以踦有成人之行，欲以成人之喪禮葬之，孔子善其權禮之當也。

子路去魯，謂顏淵曰：「何以贈我？」曰：「吾聞之也，去國則哭于墓而后行，反其國不哭，展墓而入。」謂子路曰：「何以處我？」子路曰：「吾聞之也，過墓則式過祀則下哭墓哀墓之無主也不忍丘壟之無主則必有返國之期故爲行者言之墓與祀人所易忽也而能加之敬則無往而不用吾敬矣敬則無適而不安故爲居者言之也○方氏曰凡物展之則可省而視故省謂之展工尹商陽與陳弃疾追吳師及之陳弃疾謂公尹商陽曰王事也子手弓而可句手弓句子射石諸射之斃一人韔暢弓又及謂之又斃二人每斃一人揜其目止其御曰朝不坐燕不與去聲殺三人亦足以反命矣孔子曰殺人之中又有禮焉工尹楚官名追吳師事在魯昭公十二年子手弓而可爲句使之執弓也手弓商陽之弓在手也韔弓衣也謂之再告之也揜目而不忍視止御而不忍驅有惻隱之心焉商陽自言位卑禮薄如此亦可以解塞矣孔子謂其有禮以敗北之師本易窮而商陽乃能節制其縱殺之心是仁意與禮節並行非事君之禮止於是也特取其善於追敗者亦非謂臨敵未決而不忍殺人也○疏曰朝與燕皆在寢若路門外正朝則大夫以下皆立若燕朝在於路寢則大夫坐於上如孔子攝齊升

堂是也升堂則坐矣燕亦在寢燕禮獻卿大夫之後西階上獻士無升堂之文是士立於下也鄭註射者在左戈盾在右御在中央謂兵車參乘之法此謂凡常戰士君是元帥則在中央鼓下御者在左戈盾亦在右若天子諸侯親將亦居鼓下若非元帥則皆在左御者在中若非兵車則尊者在左

諸侯伐秦曹桓公卒于會諸侯請含去聲使之襲曹伯之卒魯成公十三年也襲賤者之事諸侯從之不知禮也

襄公朝于荆康王卒荆人曰必請襲魯人曰非禮也荆人強上聲之巫先拂柩荆人悔之荆禹貢州名楚立國之本號魯僖公元年始稱楚魯襄公以二十八年朝楚適遭楚子昭之喪魯人知襲之非禮而不能違於是以君臨臣喪之禮先之及其覺之而悔已無及矣此其適權變之宜有以雪恥

滕成公之喪使子叔敬叔弔進書子服惠伯為介及郊為去聲懿伯之忌不入惠伯曰政也不可以叔父之私不將公事遂入滕成公之喪在魯昭公之三年敬叔魯桓公七世孫惠伯則桓公六世孫也於世次敬叔稱惠伯為叔父懿伯則惠伯之

叔父而敬叔之五從祖進書奉進魯君之弔書也介副也○劉氏曰左傳註云忌怨也敬叔先有怨於懿伯故不欲入滕以惠伯之言而入傳言叔弓之有禮也此疏云敬叔嘗殺懿伯爲其家所怨恐惠伯殺己故不敢先入惠伯知其意而開釋之記惠伯之知禮也二說不同而入皆同疑如彼註言禮敬爲之避仇怨則當自受命之日辭行以禮之不當及郊而後辭入也如此疏言恐惠伯殺己而難之則魯之遣使而使其仇爲之副不恤其相仇以弃命害事亦非善處也且叔弓爲正使得仇怨爲介而不請易之非計之得也又同使共事而常以仇敵備之而往反於魯滕之路亦難言也使敬果欲報仇則其言之雖善安知非誘我邪而遂入又非通論也故左傳云及郊遇懿伯之忌此作爲二字雖異而皆先言及郊而後言忌可見是及郊方遇忌也或者忌字只是忌日乃懿伯是敬叔從祖適及滕郊而遇此日故欲緩至次日乃入故惠伯以禮曉之曰公事有公利無私忌乃先入而叔弓亦遂入焉此說固可通然亦未知然否入闕之可也

哀公使人弔蕢尚遇諸道辟闢入之於路畫獲宮而受弔焉哀公魯君辟於路辟讀爲闢謂除闢道路以畫宮室之位而受弔也曾子曰蕢尚不如杞梁之妻之知禮也齊莊

公襲莒于奪兊杞梁死焉其妻迎其柩於路而哭之哀魯襄公二十三年齊侯襲莒襲者以輕兵掩其不備而攻之也左傳言杞殖華還載甲夜入且于之隧且于莒邑名隧狹路也鄭云或爲兊兊故讀奪爲兊梁即殖以戰死故妻迎其柩莊公使人弔之對曰君之臣不免於罪則將肆諸市朝而妻妾執君之臣免於罪則有先人之敝廬在君無所辱命肆陳尸也妻妾執拘執其妻妾也左傳言齊侯弔諸其室孺子贛他昆反之喪哀公欲設撥半末反問於有若有若曰其可也君之三臣猶設之顏柳曰天子龍輴春而槨幬道諸侯輴而設幬爲榆于沈審故設撥三臣者廢輴而設撥竊禮之不中去聲者也而君何學如字焉贛哀公之少子舊說以撥爲紼未知是否三臣魯之三家也顏柳言天子之殯用輴車載柩而畫轅爲龍槨幬者叢木爲槨形而覆幬其上前言兊從于槨上是也諸侯輴而設幬則有輴而無龍有幬而無槨也榆沈以水

濅揄白皮之汁以播地取其引車不滯也今三家盜輴不用而猶設撥是徒有竊禮之罪而非有中用之實者也○方氏曰爲輴之重也故爲揄沈以滑之設揄沈之散也故設撥以發之無輴則無所用沈無所用沈則無所用撥三臣既知輴之可廢而不知撥之不可設是竊禮之不中者也撥雖無所經見然以文考之爲揄沈故紼撥則是以手撥揄沈而尚於道也先儒以爲紼失之矣○今按方說如此亦未知其是否闕之可也

悼公之母死哀公爲去聲之齊衰有若曰爲妾齊衰禮與平聲公曰吾得已乎哉魯人以妻我以妻我以爲我妻也此哀公溺情之擧文過之辭○疏曰天子諸侯絕旁期於妾無服惟大夫爲貴妾緦

季子皐葬其妻犯人之禾申祥以告曰請庚之子皐曰孟氏不以是罪予朋友不以是棄予以吾爲邑長於斯也買道而葬後難繼也劉氏曰季子皐孔子弟子高柴也夫子嘗曰柴也愚觀家語所稱及此經所記泣血三年及成人爲衰之事觀之賢可知矣此葬妻犯禾亦爲成窆時事有無固不可知然曰孟氏不以是罪予朋友不以是弃予者以犯禾之失

小而買道之害大也何也以我爲邑宰尚買道而葬則後必爲例而難乎爲繼者矣此亦愚而過慮之一端然出於誠心非文飾之辭也鄭注謂其恃寵虐民而方氏又加以不仁不恕之說則甚矣豈有賢如子臯而有是哉

仕而未有祿者君有饋焉曰獻使去聲焉曰寡君違而君薨弗爲服也王制云位定然後祿之此蓋初試爲士未賦廩祿者有饋於君則稱獻出使他國則稱寡君此二事皆與羣臣同獨違離之後而君薨則不爲舊君服此則與羣臣異所以然者以其未嘗食君之祿也○方氏曰湯之於伊尹學焉而後臣之方其學也賓之而弗臣此所謂仕而未有祿者若孟子之在齊是也惟其賓之而弗臣故有饋焉不曰賜而曰獻將命之使不曰君而曰寡君蓋獻爲貢上之辭而寡則自謙之辭故也以其有賓主之道而無君臣之禮故違而君薨弗爲服也其曰違則居其國之時固服之矣

虞而立尸有几筵未葬之前事以生者之禮葬則親形已藏故虞祭則立尸以象神也筵席也大斂之奠雖有席而無几此時則設几與筵相配也

卒哭而諱生事畢而鬼事始已卒哭而諱其名蓋事生之禮已畢事鬼之事始矣已語辭

既卒哭宰夫執木鐸以

命于宮曰舍故而諱新自寢門至于庫門周禮大喪小喪宰夫掌其戒令故卒哭後使宰夫執金口木舌之鐸振之以命令于宮也其令之之辭曰舍故而諱新故謂高祖之父當遷者諱多則難避故使之舍舊諱而諱新死者之名也以其親盡故可不諱庫門自外入之第一門亦曰皐門

二名不偏諱夫子之母名徵在言在不稱徵言徵不稱在一名二字爲名也此記避諱之禮

軍有憂則素服哭于庫門之外赴車不載櫜韔櫜甲衣韔弓衣甲不入櫜弓不入韔示不用也○方氏曰戰勝而還謂之愷則敗謂之憂宜矣素服哭以喪禮處之也必於庫門之外者以近廟也師出受命于祖無功則於祖命辱矣赴車告赴於國之車凡告喪曰赴車以告敗爲名與素服同義

有焚其先人之室則三日哭故曰新宮火亦三日哭先人之室宗廟也魯成公三年焚宣公之廟神主初入故曰新宮春秋書二月甲子新宮災三日哭註云書其得禮此言故曰若謂春秋文也

孔子過泰山側有婦人哭於墓者而哀夫子式而聽之使子路問之

曰子之哭也壹似重平聲有憂者而曰然昔者吾舅死於虎吾夫又死焉今吾子又死焉夫子曰何爲不去也曰無苛政夫子曰小子識志之苛政猛於虎也

聞其哭式而聽之與見齊衰者雖狎必變之意同聖人敬心之所發蓋有不期然而然者壹似重有憂者言其似重疊有憂苦者也而曰乃曰也虎之殺人出於倉卒之不免苛政之害雖未至死而朝夕有愁思之苦不如速死之爲愈此所以猛於虎也爲人上者可不知此哉

魯人有周豐也者哀公執摯至請見之而曰不可公曰我其已夫使人問焉曰有虞氏未施信於民而民信之夏后氏未施敬於民而民敬之何施而得斯於民也對曰墟墓之閒未施哀於民而民哀社稷宗廟之中未施敬於民而民敬殷人作誓而民始畔周人作會而民始疑苟無禮義忠信誠慤之心以涖之

雖固結之民，其不解(佳買反)乎？(周豐必賢而隱者，故哀公欲已見之，乃曰不可者，蓋古者不爲臣不見，故不敢當君之臨見也，我貞已夫已止也，不強其所不願也。有心之固結，不若無心之感孚，其言甚正。但大禹征苗，已嘗誓師，誓非始於殷也；禹會諸侯於塗山，會亦不始於周也。此言誓之而畔，會之而疑，則始於殷周耳。)

喪不慮居，毀不危身；喪不慮居，爲無廟也；毀不危身，爲無後也。(劉氏曰：喪禮稱家之有無，不可勉爲厚葬而致有敗家之慮，家發則宗廟不能以獨存矣；毀不滅性，不可過爲哀毀而致有亡身之危，以死傷生，則君子謂之無子矣。此二者，皆所以防賢者之過禮。)

延陵季子適齊，於其反也，其長子死，葬於嬴、博之閒。孔子曰：延陵季子，吳之習於禮者也。往而觀其葬焉。(吳公子札讓國而居延陵，故曰延陵季子。嬴、博，齊二邑名。)其坎深(去聲)不至於泉，其斂以時服。既葬而封，(如字)廣(去聲)輪揜坎，其高可隱(於刃反)也。既封，左袒，右還其封且號(平聲)者三，曰：骨肉歸復于土，命也若魂氣則無不之也無不之也而遂行孔子曰延陵季子之於禮也其合矣乎不至於泉謂得淺深之宜也時服隨死時之寒暑所衣也封築土爲壙也横曰廣直曰輪下則僅足以揜坎上則纔至於可隱皆儉制也左袒以示陽之變右還以示陰之歸骨肉之歸土陰之降也魂氣之無不之陽之升也陰陽氣也命者氣之所鍾也季子以骨肉歸復于土爲命者此精氣爲物之有盡謂魂氣則無不之者此遊魂爲變之無方也壽夭得於有生之初可以言命魂氣散於既死之後不可以言命也再言無不之也若懸傷離訣之至情而冀其魂之隨己以歸也不惟適旅葬之節而又且通幽明之故宜夫子之善之也然爲辭而不爲次辭者蓋季子乃隨時處中之道稱其有無而不盡拘乎禮者也故夫子不直曰季子之於禮也合矣而必加其乎二字使人由辭以得意也讀者詳之○石梁王氏曰還與環同

邾婁考公之喪徐君使容居來弔含去聲曰寡君使容居坐含進侯玉其使容居以含考公之喪徐國君使其臣容居者來弔且致珠玉之含言寡君使我親坐而行含以進侯玉於邾君侯玉者徐自擬天子以邾君爲己之諸侯言進

侯氏以玉也其使容居以含者容居求即行含禮也。疏曰凡行含禮未斂之前士則主人親含大夫以上即使人含若斂後至殯葬有來含者親自致璧於柩及殯上者謂之親含若但致命以璧授主人主人受之謂之不親含。石梁王氏曰坐當訓跪

有司曰諸侯之來辱敝邑者易貫則易于則于易于雜者未之有也邾之有司拒之言諸侯之辱來邾國者人臣來而其事簡易則行人臣簡易之禮人君來而其事廣大則行人君廣大之禮于猶迂也有廣遠之意今人臣來而欲行人君之礼是易于相雜矣我國未有此也

容居對曰容居聞之事君不敢忘其君亦不敢遺其祖昔我先君駒王西討濟於河無所不用其斯言也容居魯人也不敢忘其祖容居又答言事君者不敢忘其君我奉命如此今不能行是忘吾君也爲人子孫當守先世之訓故亦不敢遺吾祖也居蓋徐之公孩耳且言昔若我之先君駒王濟河而西討無一處不用此稱王之言自言其彊土廣大久已行王者之礼也又自言我非譎詐者乃魯鈍之人是以不敢忘吾祖欲邾人之信其言也此著徐國君臣之僭且明邾有司不

能終正當時之辯也子思之母死於衛赴於子思子思哭於廟門

人至曰庶氏之母死何為哭於孔氏之廟乎子思曰吾

過矣吾過矣遂哭於他室伯魚卒其妻嫁於衛之庶氏嫁母與廟絕族故不得哭之

於廟天子崩三日祝先服五日官長服七日國中男女服

三月天下服疏曰祝大祝商祝也服服杖也是喪服之數故呼杖為服祝佐含斂先病故先杖也故子亦三日而杖官長大夫士也病在祝後故五日國中男女謂畿內民及庶人在官者服齊衰三月而除必待七日者天子七日而殯殯後嗣王成服故民得成服也三月天下服者謂諸侯之大夫為王繐衰既葬而除近者亦不待三月今據遠者為言耳何以知其或杖服或衰服按喪大記及喪服四制云云然四制云七日授士杖此云五日士杖者崔氏云此據朝廷之士四制言邑宰之士也虞人致百祀之木可

以為棺槨者斬之不至者廢其祀刎武粉反其人虞人掌山澤之官也天子之棺四重而槨周焉亦奚以多木為哉畿[illegible]百縣之祀其木可用者悉斬而致之無乃太多乎畿[illegible]

之矣相因不之矣奚獨於祠祀斷之乎廢其祀刎其人又何法之峻乎禮制若此未詳其說一云以命虞人致木不用命者然後國有常刑虞人非一未必盡命之也齊大饑黔敖為食於路以待餓者而食嗣之有餓者蒙袂輯集屨貿貿茂然來黔敖左奉上聲食右執飲曰嗟來食揚其目而視之曰予唯不食嗟來之食以至於斯也從而謝焉終不食而死曾子聞之曰微與平聲其嗟也可去其謝也可食蒙袂以袂蒙面也輯屨斂其足言困憊而行蹇也貿貿垂頭喪氣之皃嗟來食歎閔之而使來食也從就也微與猶言細故末節謂嗟來之言雖不敬然亦非大過故其嗟雖可去而謝焉則可食矣邾婁定公之時有弒其父者有司以告公瞿屨然失席曰是寡人之罪也曰寡人嘗學斷斯獄矣臣弒君凡在官者殺無赦子弒父凡在宮者殺無赦殺其人壞怪其室洿烏其宮而豬

焉蓋君踰月而后舉爵瞿然驚怪之皃在官者諸臣也在宮者家人也天下之惡無大於此若是以人皆得以誅之無赦之理惟父有此罪則子不可討之也君不舉爵以人倫大變亦教化不明所致故傷悼而自貶耳。疏曰豬是水聚之名。梁王氏曰註疏本作子弒父凡在宮者殺無赦窓是晉獻文子成室晉大夫發焉張老曰美哉輪焉美哉奐焉歌於斯哭於斯聚國族於斯文子曰武也得歌於斯哭於斯聚國族於斯是全要平声領以從先大夫於九京原也北面再拜稽首君子謂之善頌善禱晉獻舊說謂晉君獻之謂賀也然君有賜於臣豈得言獻疑獻文二字皆趙武謚如貞惠文子之類諸大夫發禮往賀記者因述張老之言輪輪囷高大也奐奐爛衆多也歌祭祀作樂也哭死喪哭泣也聚國族燕集國賓聚會宗族也頌者美其事而祝其福禱者祈以免禍也張老之言善於頌武子所答善於禱也。鄭氏曰晉卿大夫之墓地在九原。疏曰領頸也古者罪重腰斬罪輕頸刑先大夫文子父祖也。石梁王氏曰歌於斯謂祭祀歌樂也大夫祭無樂春秋

時或有之

仲尼之畜許六反狗死使子貢埋之曰吾聞之也敝帷不棄為去声埋馬也敝蓋不棄為埋狗也丘也貧無蓋於其封窆也亦予上声之席毋使其首陷焉狗馬皆有力於人故特示恩也

路馬死埋之以帷謂君之乘馬死則特以帷埋之不用敝帷也。方氏曰魯昭公乘馬塹而死以帷裹之

季孫之母死哀公弔焉曾子與子貢弔焉閽人為去声君在阼內納也曾子與子貢入於其廐而脩容焉子貢先入閽人曰鄉去声者已告矣曾子後入閽人辟避之鄉者已告言先已告於主人矣涉內霤卿大夫皆辟位公降一等而揖之君子言之曰盡飾之道斯其行者遠矣內霤門屋後簷也行者遠猶言感動之大也。劉氏曰此章可疑二子弔卿母之喪必自盡禮以造門不當待閽者拒而後脩容盡飾也且既至而閽人辟或當再請於閽若終不得通焉可也何必以威儀怵動之以求入耶其入而君卿

(大夫敬之者以平日知其賢也非素不相知創見其容飾之美而加敬也而君子乃曰盡飾之道斯其行者遠則是二子之德行不足以行遠惟區區之外飾乃足以行遠耶)陽門之介夫死司城子罕入而哭之哀晉人之覘宋者反報於晉侯曰陽門之介夫死而子罕哭之哀而民說(悅)殆不可伐也(陽門宋之國門名介夫甲士之守衛者宋武公諱司空改其官名爲司城子罕樂喜也戴公之後覘闚視也)孔子聞之曰善哉覘國乎詩云凡民有喪扶(匍)服(匐)救之雖微晉而已天下其孰能當之(孔子善之以其識治躰也詩邶風谷風之篇扶服致力之義微無也夫子引詩而言宋國雖以子罕得人心可無晉憂而已然天下亦孰能當之其言人心之足恃也一說微弱也雖但弱晉之強使不敢伐而已然推此意則民既悅服必能親其上死其長而率天下莫能當之矣前說爲是)魯莊公之喪既葬而經不入庫門士大夫既卒哭麻不入(莊公爲子般所弒而慶父作亂閔公時年八歲經葛絰也[illegible][illegible]弁絰葛而葬[illegible]閔公即除凶)

服於庫門之外而以吉服嗣位故一云絰不入庫門也士大夫則仍麻絰直俟卒哭乃不以麻絰入庫門蓋閔公既吉服不與虞與卒哭之祭故羣臣至卒哭而除記觴亂恐迫禮所由廢

孔子之故人曰原壤其母死夫子助之沐椁原壤登木曰久矣予之不託於音也歌曰貍首之斑然執女手之卷（拳）然夫子為弗聞也者而過之從（去聲）者曰子未可以已乎夫子曰丘聞之親者毋失其為親也故者毋失其為故也

或問朱子原壤登木而歌夫子為弗聞而過之待之自好及其夷俟則以杖叩脛莫太過否曰這說却差如壤之歌乃是大惡若要理會不可但已只得且休至其夷俟之時不可不教誨故直責之復叩其脛自當如此若如今說則是不要管他却非朋友之道矣○胡氏曰數其母死而歌則壤當絕叩其夷踞之脛則壤猶故人耳盛德中禮見乎周旋此亦可見○馮氏曰母死而歌惡有大於此者乎宜絕而不絕蓋以平生之素而事有出於一時之不意者如此善乎朱子之言曰若要理會不可但已只得且休其有以深得聖人之數其所難數者矣○劉氏曰原壤母

卒夫子助之治槨壤登已治之槨木而言久矣我之不託興於詠歌之音也沐貍首之斑言木文之華也卷與拳同如執女手之拳言沐槨之滑膩也壤之廢敗禮法甚矣夫子佯爲不聞而過去以避之從者見其無禮疑夫子必當已絶其交故問曰子未當已絶之乎夫子言爲親戚者雖有非禮未可遽失其親戚之情也爲故舊者雖有非禮未可遽失其故舊之好也此聖人隱惡全交之意趙文子與叔譽觀乎九原文子曰死者如可作也吾誰與歸文子晉大夫名武叔譽叔向也言卿大夫之死而葬於此者多矣假令可以再生而起吾於衆大夫誰從乎文子蓋設此說欲與叔向共論前人賢否也叔譽曰其陽處父乎文子曰行并植直吏反於晉國不沒其身其知去声不足稱也處父晉襄公之傅并者兼衆事於己是專權也植者剛強自立之意所行如此故爲狐射姑所殺不得善終其身是不智也其舅犯乎文子曰見利不顧其君其仁不足稱也叔譽又稱子犯可歸文子言子犯從文公十九年于外及反國危疑之時當輔之入以定其事乃及河而授璧以辭此蓋爲他日高爵重祿之計故以此言要君求

利也豈顧其君之愛危哉是不仁也我則隨武子乎利其君不忘其身謀其身不遺其友晉人謂文子知人文子自言我所願歸者惟隨武子乎武子士會也食邑於隨左傳言夫子之家事治言於晉國無隱情蓋不忘其身而謀之知也利其君不遺其友皆仁也文子其中退然如不勝升衣其言吶吶奴劣反然如不出諸其口中身也見儀禮鄉射記退然謙卑怯弱之貌吶吶聲低而語緩也如不出諸其口似不能言者所舉於晉國管庫之士七十有餘家生不交利死不屬燭其子焉管鍵也即今之鎖庫之藏物以管為開閉之限管庫之士賤職也知其賢而舉之即不遺友之實雖有牽用之恩於其人而生則不與之交利將死亦不以其子屬託之廉潔之至叔仲皮學效子柳叔仲皮死其妻魯人也衣咨衰而繆樛絰叔仲衍以告請繐歲衰而環絰曰昔者吾喪姑姊妹亦如斯末吾禁也退使其妻繐衰而環絰繆絞也謂兩股相交五服之絰皆然

惟予服之環經一服。疏曰言叔仲皮教訓其子子柳而子柳猶不知禮叔仲皮死子柳妻雖是魯鈍婦人猶知為舅著齊衰而首服繆經衍是皮之弟子柳之叔見當時婦人好尚輕細告子柳云汝妻何以著非禮之服子柳見時時皆如此亦以為然乃請於衍令其妻身著繐衰首服環經衍又答云昔者吾喪姑姊妹亦如此繐衰環經無人相禁止也子柳得衍此言退使其妻著繐衰而環經

成人有其兄死而不為衰者聞子皐將為成宰遂為衰成人曰蠶則績而蟹有匡范則冠而蟬有緌而追反兄則死而子皐為之衰成魯邑名

匡背殼似匡也范蜂也。朱氏曰絲之績者必由乎筐之所盛然蟹之有匡非為蠶之績也為背而已首之冠者必資乎緌之所飾然蟬之有緌非為范之冠也為喙而已兄死者必為之服衰然成人之服衰非為兄之死也為子皐而已蓋以上二句喻下句也

樂正子春之母死五日而不食曰吾悔之自吾母而不得吾情吾惡烏乎用吾情子春曾子弟子

矯為過制之禮而不用其實情於母則施無所用其實情矣此所以悔也

歲旱穆公召縣子

而問然曰天久不雨去聲吾欲暴步卜反尪尪而奚若左傳註云
尪者瘠病之人其面上向暴之者冀天哀之而雨也曰天則不雨而暴人之疾子
句虐句毋乃不可與平聲○言此疾虐之事非所以感天然則吾欲暴巫
而奚若巫能接神冀神閔之而雨曰天則不雨而望之愚婦人句於
以求之毋乃已疏乎於以求之猶言於此求之也已疏言甚迂闊也徙市則奚
若曰天子崩巷市七日諸侯薨巷市三日爲去聲之徙市
不亦可乎徙移也言徙市又言巷市者謂徙交易之物於巷也此庶人爲國之大喪憂戚罷市而日
用所須又不可缺故徙市於巷也今旱而欲徙市者行喪君之禮以自責也縣子以其求之已而不求諸人故
可其說然豈不聞僖公以大旱欲焚巫尪聞臧文仲之言而止縣子不能舉其說以對穆公而謂徙市爲可則
亦已疏矣孔子曰衛人之祔也離之魯人之祔也合之善夫
生既同室死當同穴故善魯○疏曰祔合葬也離之謂以一物隔二棺之閒於槨中也魯人則合並兩棺置槨

中無別物攙之。朱子曰古者槨合衆材爲之故大小隨人所爲今用全木則無許大木可以爲槨故合葬者只同穴而各用槨也

禮記卷第三

禮記卷第四

後學東滙澤陳澔 集說

王制第五

疏曰王制之作在秦漢之際盧植云文帝令博士諸生作

王者之制祿爵公侯伯子男凡五等孟子言天子一位子男同一位諸侯之上大夫卿下大夫上士中士下士凡五等孟子言君一位凡六等。疏曰五等虞夏周同殷三等公侯伯也天子之田方千里公侯田方百里伯七十里子男五十里不能五十里者不合於天子附於諸侯曰附庸此言天子諸侯田里之廣狹不能猶不足也不合於天子者不與王朝之聚會也民功曰庸其功勞附大國而達於天子故曰附庸天子以下皆言田而不言地者以地有山林川澤原隰險夷之不同若限以地里而不計田里則井地不均穀祿不平矣里數有二分田之里以方計如方里而井是也分服之里以袤計如二十五家爲里是也後章言方千里者爲田九萬畝此以方計者也自恒山至于南河千里而近此以袤計者也分服則計道里遠近以爲朝貢之節分田則計田畝多寡以爲賦祿之制此所以爲均平也天子之三公之田視公侯天子之卿視伯天子之大夫視子男天子之元士視附庸此言王朝有位者之田亦與孟子不同。方氏曰三公而下食采邑於畿內祿之多少以外諸侯爲差元士上士也與元子元侯稱元同不言中士下士則視附庸惟上士也制農田百畝百畝之分去聲上農夫食飼九人其次食八人其次食七人其次食六人下農夫食五人庶人在官者其祿以是爲差也此言庶人之田井田之制一夫百畝肥饒者爲上農墝瘠者爲下農故所養有多寡也府史胥徒之屬皆庶人之在官者其祿以農之上下爲差多者不得過食九人之祿寡者不得下食五人之祿隨其高下爲五等之多寡也諸侯之下士視上農夫祿足以代其耕也中士倍下士上士倍中士下大夫倍上士卿四大夫祿君十卿祿此言大國也視上農夫者得食九人之祿

也

次國之卿三大夫祿君十卿祿小國之卿倍大夫祿

君十卿祿程子曰孟子之時去先王未遠載籍未經秦火然而班爵祿之制已不聞其詳今之禮書皆掇拾於煨燼之餘而多出於漢儒一時之傳會奈何欲盡信而句爲之解乎然則其事固不可一一追復矣○朱子曰孟子此章之說與周禮王制不同蓋不可考闕之可也○方氏曰次國小國不言大夫士者多寡同於大國可知由卿而上三等之國所異由大夫而下三等之國所同者蓋卿而上其祿浸厚苟不爲之殺則地之所出不足以供大夫而下其祿浸薄苟亦爲之殺則臣之所養不能自給此所以多寡或同或異也

次國之上卿位當大國之中中當其下下當其上大夫小國之上卿位當大國之下卿中當其上大夫下當其下大夫此言三等之國其卿大夫覲聘並會之時尊卑之序如此鄭云爵位同則小國在下謂二大同是卿則小國卿在大國卿之下爵異固在上者謂若大國是大夫小國是卿則位於大國大夫之上也

其有中士下士者數各居其上之三分鄭氏曰謂其爲介若特行而並會也居猶

當也此據大國而言大國之士爲上次國之士爲中小
國之士爲下士之數國皆二十七人各三分之上九中
九下九。疏曰今大國之士既定在朝會若其有中國
之士小國之士者其行位之數各居其上國三分之二
謂次國以大國爲上而次國上九當大國中九次國中
九當大國下九是各當其大國三分之二小國以次國
爲上小國上九當次國中九小國中九當次國
下九亦是各居上三分之二也是各居上之三分凡四海
之內九州州方千里州建百里之國三十七十里之國
六十五十里之國百有二十凡二百一十國名山大澤
不以封其餘以爲附庸閒閒田八州州二百一十國九州
并王畿而言此但言每一州所可容者如此凡八州餘
以例推皆言畿外之制下文始言天子畿內之制也
天子之縣內方百里之國九七十里之國二十有一五
十里之國六十有三凡九十三國名山大澤不以盼班
其餘以祿士以爲閒田鄭注畿內九大國者三爲三公
之田又三爲三公致仕者之田

餘三待封王之子弟也次國二十一者六爲六卿之田又六爲六卿致仕者之田又三爲三孤之田餘六亦待封王子弟也小國六十三者二十七大夫之田并大夫致仕之田共五十四餘九亦待封王子弟也三孤無職雖致仕猶可即而謀故不副愚意此無明證皆鄭氏臆說况周制六卿兼公孤則所餘之田尚多然如周召之支子在周者皆由爵禄則累朝之王子弟未必能盡有所封也○疏曰畿外諸侯有封建之義故云不以封畿內之臣不世位有朌賜之義故云不以朌○朱子曰恐只是諸儒做箇如此算法其實不然建國必因山川形勢無截然可方之理又曰此惟施之當今有不可行求之昔時亦有難曉○石梁王氏曰天子縣內以封者或三分之一或半之又除山川城郭塗巷溝渠則奉上者幾何

凡九州千七百七十三國天子之元士諸侯之附庸不與

與去聲○九州而千七百七十三國者內一州爲王圻容九十三國外八州容一千六百八十國并圻內爲千七百七十三國也元士附庸不與者以上文所算止五十里而元士附庸皆不能五十里故不與也○石梁王氏曰註引千八百國之說謂夏制要服內七千里與五服五千之言不合

天子百里之內以共恭官千里之內以

爲御共官謂供給王朝百官府文書之具泛用之需御謂凡天子之服用齍皆取之組稅也。方氏曰以百里所出之少資百官之所共疑若不足然卑者所稱不爲不足以千里所出之多爲一人之御疑若有餘然尊者所稱不爲有餘且以其近者與人則欲其易給而無勞以其遠者奉己則欲其難致而有節百里之內非不以爲御也要之以共官爲主耳千里之內非不共官也要之以爲御爲主耳千里之外設方伯五國以爲屬屬有長十國以爲連連有帥三十國以爲卒子忽反卒有正二百一十國以爲州州有伯八州八伯五十六正百六十八帥三百三十六長八伯各以其屬屬於天子之老二人分天下以爲左右曰二伯春秋傳曰自陝以東周公主之自陝以西召公主之此即天子之上公分主天下之侯國也八伯爲八州之伯二伯則天下之伯也千里之內曰甸千里之外曰采曰流方氏曰甸服四面五百里則爲方千里矣王畿千里之外莫近於侯服而采又侯服之最近者莫遠於荒服而流又荒服之最遠者舉[illegible]

最遠最近則綏要之服在其中矣天子三公九卿二十七大夫八十一元士石梁王氏曰唐虞稽古建官惟百夏商官倍註獨引明堂位謂夏官百非也大國三卿皆命於天子下大夫五人上士二十七人次國三卿二卿命於天子一卿命於其君下大夫五人上士二十七人小國二卿皆命於其君下大夫五人上士二十七人馬氏曰天子六卿而二卿一公故有三公而六卿之中又有三孤焉天子六卿而大國三卿乃其統之屬也至於大夫士則又三卿之屬焉下大夫五人二卿之下下大夫各二人一卿之下下大夫一人周官所謂設其參即三卿也傳其伍即下大夫五人也陳其殷即上士二十七人也有上中下之大夫而獨言下大夫者對卿而言也其實大夫有上中下之辨士亦有上中下而獨言上士者對府史而言也其實士又有上中下之異天子使其大夫爲三監去聲監平聲於方伯之國國三人監者監臨而督察之也自王朝出權亦尊矣一州三人則二十四人也此大夫之在朝必無職守者使有常職豈可遺乎

不然則特命也天子之縣內諸侯祿也外諸侯嗣也畿內之地王朝百官食祿之邑在焉畿外乃以封建使其子孫嗣守然內亦謂之諸侯者三公之田視公侯卿視伯大夫視子男元士視附庸也制三公一命卷衮若有加則賜也不過九命制者言三公一命服之制也命數止於九天子之三公八命著鷩冕若加一命則爲上公與王者之後同而著衮冕故云一命衮若爲三公而有加衮者是出於特恩之賜非例當然故云若有加則賜也人臣無過九命者大宗伯再命受服與此不同。馬氏曰三公衮服有降龍無升龍次國之君不過七命小國之君不過五命大國之卿不過三命下卿再命小國之卿與下大夫一命方氏曰大國之卿不過三命下卿再命則知次國之卿再命一命也小國之卿與下大夫一命則知三等之國其大夫皆一命而已大國對下卿言卿指上中可知小國特言卿則兼三等之卿可知言下大夫而不及上中者蓋諸侯無中大夫而卿即上大夫故也前言上中下之所當與此不同者位雖視其命不能無詳畧之異也凡官民材必先論之論辨然後使之任事然後爵之，位定然後祿之。爵人於朝，與士共之。刑人於市，與衆棄之。論謂考詳其行藝之詳也。論辨則材之優劣審矣，任事則能勝其任矣。於是爵之以一命之位，而養之以祿焉。○疏曰：爵人於朝，殷法也。周則天子假祖廟而拜授之。刑人於市，亦殷法謂貴賤皆刑于市。周則有爵者刑于甸師氏也。是故公家不畜刑人，大夫弗養，士遇之塗弗與言也。屏之四方，唯其所之，不及以政，亦弗故生也。公家不畜刑人，舊說以爲商制，以周官墨者守門，劓者守關，宮者守內，刖者守囿，髡者守積也。隨其所之者，量其罪之所當往遠之地而居之，如虞書五流有宅，五宅三居是也。不及以政，賦役不與也。于甿故生，不授之田，不賙其乏，亦不欲其生也。諸侯之於天子也，比年一小聘，三年一大聘，五年一朝。比年，每歲也。小聘使大夫，大聘使卿，朝則君親行。天子五年一巡守。舜典曰：五載一巡守。周官大行人曰：十有二歲王巡守殷國。孟子曰：巡守者，巡所守也。歲二月，東巡守，至于岱宗，柴而望祀山川，覲諸侯，問百年者就見之歲二月當巡守之年二月也岱泰山也宗尊也東方之山莫高於此故祀以爲東岳而獨稱岱宗也柴本作祡字通用燔燎以祭天而告至也東方山川之當祭者皆於此望而祀之遂接見東方之諸侯問有百歲之人則即其家而見之以其年高故不召見也命大泰師陳詩以觀民風命市納賈嫁以觀民之所好去聲惡去聲志淫好辟僻○太師樂官之長詩以言志采錄而觀覽之則風俗之美惡可見政令之得失可知矣物之供用者皆出於市而價之貴賤則係於人之好惡好質則用物貴好奢則侈物貴志流於奢淫則所好皆邪僻矣命典禮考時月定日同律禮樂制度衣服正之典禮掌禮之官也考時月定日即舜典所云協時月正日也考校四時及月之大小時日有節氣早晚月有弦望晦朔日有甲乙先後考之使各當其節法律禮樂制度衣服皆王者所定天下一君不容有異異則非正矣故因巡守所至而正其不同者使皆同也山川神祇有不舉者爲不敬不敬者君削以地凡祭有其舉之莫敢廢也故不舉者爲不敬山川地之望也故削地焉宗廟有不順者爲

不孝不孝者君絀黜以爵宗廟不順如素昭穆之次失祭祀之時皆不孝也爵者祖宗所傳故絀爵焉變禮易樂者爲不從不從者君流革制度衣服者爲畔畔者君討不從違命也流者竄之遠方討者聲罪致戮孟子曰天子討而不伐小章四君字皆謂國君有功德於民者加地進律應氏曰律者爵命之等加地而進之所以示勸也五月南巡守至于南嶽如東巡守之禮八月西巡守至于西嶽如南巡守之禮十有一月北巡守至于北嶽如西巡守之禮歸假格于祖禰用特假至也歸至京師即以特牛告至于祖禰之廟天子將出類乎上帝宜乎社造乎禰諸侯將出宜乎社造乎禰類宜造皆祭名後章言天子將出征則此出爲巡守也諸侯則朝覲會同之出𣏌天子無事與諸侯相見曰朝考禮正刑一德以尊于天子無事無死喪寇戎之事也考禮者稽考而是正之使無違僭也正刑者行以公平使無偏

括也一德無貳心也三者皆爲天子之事天子賜諸侯樂則以柷昌六反將之
賜伯子男樂則以鼗將之柷形如漆桶方二尺四寸深一尺八寸中有椎柄連底撞
之令左右擊所以合樂之始鼗如鼓而小有柄持而搖之則旁耳自擊所以節樂之終將之謂使者執此以將
命也○疏曰柷節一曲之始其事寬故以將諸侯之命鼗節一唱之終其事狹故以將伯子男之命諸侯
賜弓矢然後征賜鈇鉞然後殺鈇莝斫刀也鉞斧也賜圭瓚然後
爲鬯未賜圭瓚則資鬯於天子圭瓚璋瓚皆酌鬯酒之爵以大圭爲瓚之柄者
曰圭瓚釀秬黍爲酒芬香條鬯於上下故曰鬯祭禮灌地降神必用鬯故未賜圭瓚則求鬯於天子賜圭瓚然
後得自爲也天子命之教然後爲學小學在公宮南之左大
學在郊天子曰辟雍諸侯曰頖宮疏曰百里之國國城居中面有五十里二
十里置郊郊外仍有三十里七十里之國國城居中面有三十五里九里置郊郊外仍有二十六里五十里之
國國城居中面有二十五里三里置郊郊外仍有二十二里此是殷制若周制則畿內千里百里爲郊諸侯之

郊公五十里侯伯三十里子男十里近郊各半之天子諸侯皆近郊半遠郊此小學大學殷制周則大學在國小學在西郊辟明也雍和也君則尊明雍和於此學中以班習道藝使天下之人皆明達諧和此頖之言頒所以頒政教也○張子曰辟雍古無此名蓋始於周周有天下遂以名天子之學詩文云泮宮諸侯鄉射之宮也○舊說辟雍水環如璧泮宮半之蓋東西門以南通水北無水也天子將出征類乎上帝宜乎社造乎禰禡馬怕反於所征之地受命於祖受成於學禡行師之祭也受命於祖卜於廟也受成於學決其謀也出征執有罪反釋奠于學以訊馘告獲罪人而反則釋奠于先聖先師而告訊馘焉訊謂其魁首當訊問者馘所截彼人之左耳告者告其多寡之數也天子諸侯無事則歲三田一爲乾干豆二爲賓客三爲充君之庖無事無征伐出行喪凶之事也歲三田者謂每歲田獵皆是爲此三者之用也乾古丹腊之以爲祭祀之豆實也○疏曰先宗廟次賓客者尊神敬賓之義無事而不田曰不敬田不以禮曰暴天物天子不合圍諸侯不

掩羣書曰暴殄天物合圍四面圍之也掩羣者掩襲而舉羣取之也天子殺則下大綏緌諸侯殺則下小綏大夫殺則止佐車佐車止則百姓田獵殺獲也獲所驅之禽獸也綏旌旗之屬也下偃仆之也佐車即周禮驅逆之車驅者逐獸使趨於田之地逆者要逆其走而不使之散亡也此言田獵之禮尊卑貴賤之次序獺祭魚然後虞人入澤梁豺祭獸然後田獵鳩化為鷹然後設罻尉羅草木零落然後入山林昆蟲未蟄不以火田不麛迷不卵不殺胎不殀於表反夭烏老反不覆芳六反巢梁絕水取魚者周禮註云水偃也堰水為關空以笱承其空月令仲春鷹化為鳩此言鳩化為鷹必仲秋也罻羅皆捕鳥之網麛獸子之通稱殀斷殺之也夭禽獸之稚者此十者皆田之禮順時序廣仁愛也冢宰制國用必於歲之杪弥小反五穀皆入然後制國用用地小大視年之豐耗以三十年之通制國用量入以為出以三十年之通者通計三十年

所入之數使有十年之餘也蓋每歲所入均析為四而用其三每年餘一則三年而餘三又足一歲之用矣此所以三十年而有十年之餘也鄭註以九年言之盡積三十年內閏月當一歲也一說二十七年則有九年之餘言三十者舉成數耳祭用數之仂仂勒○鄭註以仂為十一為分分散之名大槩是總計一歲經用之數而用其十分之一以行常祭之禮也喪三年不祭唯祭天地社稷為越紼而行事喪用三年之仂喪凶事祭吉禮吉凶異道不得相干故三年不祭唯祭天地社稷者不敢以卑廢尊也未葬以前常屬紼於輴車以備火災喪在內而行祭於外是踰越喪紼而往也喪三年而除中間禮事繁難故總計三歲經用之數而用其十之一也喪祭用不足曰暴有餘曰浩祭豐年不奢凶年不儉暴者殘敗之義言不齊整也浩者汎濫之義所謂以美沒禮也惟其制用有一定之則是以歲有豐凶而禮無奢儉此記者之言雜記云凶年祀以下牲孔子之言也國無九年之蓄曰不足無六年之蓄曰急無三年之蓄曰國非其國也三年耕必有一年之食九年

耕必有三年之食以三十年之通雖有凶旱水溢民無菜色然後天子食日舉以樂飢而食菜則色病故云菜色殺牲盛饌曰舉周禮王日一舉鼎十有二物皆有俎以樂侑食又云大荒則不舉者蓋偶值凶年雖有備亦當貶損耳天子七日而殯七月而葬諸侯五日而殯五月而葬大夫士庶人三日而殯三月而葬三年之喪自天子達諸侯降於天子而五月大夫降於諸侯而三月士庶人又降於大夫故踰月也今總云大夫士庶人三日而殯此因所同然皆三月而葬則非也其以上文降殺俱兩月在下可知故略言之歟孔氏引左傳大夫三月士踰月者謂大夫除死月爲三月士數死月爲三月是踰越一月故言踰月且識如此則是大夫四月士三月謂大夫踰越一月猶可豈得謂士踰越一月乎此不可通當從左氏說爲正庶人縣系玄封窆之葬不爲去聲雨止不封不樹喪不貳事此言庶人之禮庶人無碑綍縣繩下棺故云縣窆也不封不爲丘壟也大夫士既葬公政入於家庶人則終喪無二事也自天子達於庶人喪從死

者祭從生者中庸曰父爲大夫子爲士葬以大夫祭以士父爲士子爲大夫葬以士祭以大夫蓋葬從死者之爵祭用生者之禄與此意同支子不祭說見曲禮天子七廟三昭三穆與大祖之廟而七諸侯五廟二昭二穆與大祖之廟而五大夫三廟一昭一穆與大祖之廟而三士一廟庶人祭於寢諸侯大祖始封之君也大夫太祖始爵者也士一廟謂侯國中下士也上士二廟天子諸侯正寢謂之路寢卿大夫士曰適室亦謂之適寢庶人無廟故祭先於寢也天子諸侯宗廟之祭春曰礿藥夏曰禘秋曰嘗冬曰烝鄭氏曰此蓋夏殷之祭名周則春曰祠夏曰礿以禘爲殷祭。疏曰礿薄也春物未成祭品鮮薄也禘者次第也夏時物雖未成宜依時次第而祭之嘗者新穀熟而嘗也烝者衆也冬時物成者衆也鄭疑爲夏殷祭名者以其與周不同其夏殷之祭又無文故稱蓋以疑之天子祭天地諸侯祭社稷大夫祭五祀天子祭天下名山大川五嶽視三公四瀆視諸侯諸侯祭名山

大川之在其地者，天子諸侯祭。因國之在其地而無主後者

視三公視諸侯，謂視其饔餼牢禮之多寡以爲牲器之數也。因國，謂所建國之地，因先代所都之故墟也。今無主祭之子孫，則在王畿者天子祭之，在侯邦者諸侯祭之，以其昔嘗有功德於民，不宜絶其祀也。○周官制度云：五祀見於周禮、禮記、儀禮，雜出於史傳多矣，獨祭法加爲七，左傳、家語以爲重、該、脩、熙、句龍之五官，月令以爲門、行、户、竈、中霤。然則所謂五祀者，名雖同而祭各有所主也。鄭氏以七祀爲周制，五祀爲商制，然大宗伯亦云祭社稷五祀，儀禮士疾病禱五祀，則五祀無尊卑隆殺之辨矣。愚意鄭氏已是臆說，祭法之言亦未可深信。

天子犆特礿，祫禘，祫嘗，祫烝。

祫，合也。其禮有二，時祭之祫，則羣廟之主皆升而合食於太祖之廟，而毀廟之主不與；三年大祫，則毀廟之主亦與焉。爲天子之禮，春礿則特祭者，各於其廟也；禘、嘗、烝皆合食。○石梁王氏曰：特礿者，春物未成，止一時祭而已，於此時不祫也。夏物稍成，可於此時而祫；秋物大成，冬物畢成，皆可祫，故曰祫禘、祫嘗、祫烝，而礿則特也。

諸侯礿則不禘，禘則不嘗，嘗則不烝，烝則不礿。

南方諸侯春祭畢，則夏來朝，故闕禘祭；西方諸侯夏祭畢，

而秋來朝故闕嘗祭四方皆然。石梁王氏曰諸侯歲朝為廢一時之祭王事重也**諸侯礿犆禘一犆一祫嘗祫烝祫**犆礿礿犆非有異也變文而已祫嘗祫烝與嘗祫烝祫亦然諸侯所以降於天子者禘一犆一祫而已言夏祭之禘今歲犆則來歲祫祫之明年又犆不如天子每歲三時皆祫也。石梁王氏曰物稍成未若大成具成亦未可必故夏禘之時可祫可犆不可常也秋冬物成可必故此二時必可祫故不云犆而云嘗祫烝祫此一節專為祫祭發也。愚按此章先儒以為夏殷之制然禘王者之大祭也今以為四時常祭之名何歟豈周更時祭之名而後禘專為大祭歟又周官制度云先王制禮必象天道故月祭象月時享象時三年之祫五年之禘象閏又云王制之言祫非三年之制也**天子社稷皆太牢諸侯社稷皆少牢大夫士宗廟之祭有田則祭無田則薦庶人春薦韭夏薦麥秋薦黍冬薦稻韭以卵麥以魚黍以豚稻以鴈**祭有常禮有常時薦非正祭但遇時物即薦然亦不過四時各一舉而已註云祭以首時薦以仲月首時者四時之孟月也**祭天地之牛角繭栗宗廟**

之牛角握賓客之牛角尺如繭如粟犢也握謂長不出膚側手爲膚四指也賓客之用則取其肥大而已諸侯無故不殺牛大夫無故不殺羊士無故不殺犬豕庶人無故不食珍烹牛羊豕必爲鼎實鼎非常用之器有禮事則設所以無故不殺也珍之名物見內則庶人無故亦以非冠昏之禮故庶羞不踰牲燕衣不踰祭服寢不踰廟羞不踰牲者如牲是羊則不以牛肉爲庶羞也此三者皆言薄於奉己厚於事神也大夫祭器不假祭器未成不造燕器此一節舊在庶人耆老不徒食之後今考其序當移在此大夫有田祿則不假借祭器於人無田祿者不設祭器則假之可也凡家造祭器爲先養器爲後古者公田藉子夜反而不稅孟子曰殷人七十而助助者藉也但借民力以助耕公田而不取其私田之稅市廛而不稅廛市宅也賦其市地之廛而不征其貨也關譏而不征關之設但主於譏察異服異言之人而不征其往來貨物之稅也林麓川澤以時入而不禁山澤采取之物其入也雖有時然與民共其利即孟子所謂澤梁無禁也

夫（扶）圭田無征（圭田者祿外之田，所以供祭祀，不稅，所以厚賢也。曰圭者，絜白之義也。周官制度云，圭田自卿至士皆五十畝，此專主祭祀，故無征。然王制言大夫士宗廟之祭，有田則祭，無田則薦。孟子亦同，惟士無田則亦不祭。既云皆有田，何故又云無田則薦？以此知賜圭田亦以有功德則賜，圭瓚耳。）用民之力歲不過三日（用民力，如治城郭塗巷溝渠宮廟之類。周禮豐年三日，中年二日，無年則一日而已。若師旅之事，則不拘此制。）田里不粥（音育）墓地不請（田里公家所授，不可得而粥。墓地有族葬之序，人不得而請求，己亦不得以擅與，故爭墓地者，墓大夫聽其訟焉。）司空執度（待洛反）度地居民山川沮（將慮反）澤時四時量地遠近興事任力（書曰，司空掌邦土。執度度地，量地遠近，蓋定邑井城郭廬舍之區域也。山川沮澤有燥濕寒暖之不同，以時候其四時，知其氣候早晚，使居者不失寒暖之宜也。興事任力，亦謂公家力役之征也。○方氏曰，小而水所止曰沮，大而水所鍾曰澤。）凡使民任老者之事食（嗣）壯者之食（老者食少而功亦少，壯者功多而食亦多。今之使民，雖少壯，但責以老者之功程，雖老者亦食以少者之飲食，寬厚

也之至

凡居民材，必因天地寒煖燥濕，廣谷大川異制，民生其間者異俗，剛柔輕重遲速異齊（去聲），五味異和（去聲），器械異制，衣服異宜，脩其教不易其俗，齊其政不易其宜。

居謂儲積以備用，如懋遷有無化居之居。材者，夫人日用所須之物，如天生五材之材。天地之氣，東南多煖，西北多寒。地勢高者必燥，卑者必濕。因其地之所宜而爲之備，如氈裘可以備寒，絺綌可以備暑，車以行陸，舟以行水，此皆因天地所宜也。廣谷大川，自天地初分，其形制已不同矣，民生其間，理有固然，其情性之緩急，亦氣之所稟殊也。飲食器械衣服之有異，聖王亦豈必强之使同哉？惟脩其三綱五典之教，齊其禮樂刑政之用而已，所謂財成輔相以左右民也。

中國戎夷，五方之民，皆有性也，不可推移。

馬氏曰：五方之民，以氣稟之不齊，兼習俗之異尚，是以其性各隨氣稟之昏明、習俗之薄厚而不可推移焉。若論其本然之性，則一而已矣。鄭氏亦曰：地氣使之然。

東方曰夷，被髮文身，有不火食者矣。南方曰蠻，雕題交趾，有不火食者矣。西方曰戎被髮衣去聲皮有不粒食者矣北方曰狄衣去聲羽毛穴居有不粒食者矣雕刻也題額也刻其額以丹青涅之交趾足拇指相向也東南地氣煖故有不火食者西北地寒少五穀故有不粒食者中國夷蠻戎狄皆有安居和味宜服利用備器俗雖不同亦皆隨地以資其生無不足也五方之民言語不通嗜欲不同達其志通其欲東方曰寄南方曰象西方曰狄鞮低北方曰譯方氏曰以言語之不通也則必達其志以嗜欲之不同也則必通其欲必欲達其志通其欲非寄象鞮譯則不可故先王設官以掌之寄言能寓風俗之異於此象言能倣象風俗之異於彼鞮則欲別其服飾之異譯則欲辨其言語之異周官通謂之象胥而世俗則通謂之譯也○劉氏曰此四者皆主通遠人言語之官寄者寓也以其言之難通如寄託其意於事物而後能通之象像也如以意倣像其形似而誦之周官象胥是也狄猶逖也鞮戎狄屨名猶屨也遠屨其事而知其言意之所在而通之周官鞮鞻氏亦以通其聲歌而以舞者所屨爲名譯釋也猶言謄也謂以彼此言語相謄釋而通之也越裳氏重九

譯而朝是也凡居民量地以制邑度待洛反地以居民地邑民居必參相得也九夫爲井四井爲邑田有常制民有定居則無徧而不舉之弊地也邑也民居也三者既相得則由小以推之大而通天下皆相得矣此所謂井田之良法也無曠土無游民食節事時民咸安其居樂洛事勸功尊君親上然後興學劉氏曰富而後教理勢當然若救死恐不贍則必疾視其上而欲與偕亡矣雖欲興學其可得乎此篇自分田制祿命官論材朝聘巡守行賞罰設國學爲田漁制國用廣儲蓄備葬祭定賦役安遠人來遠人使中國五方各得其所而養生喪死無憾是王道之始也至此則君道既得而民德當漸然後立鄉學以敎民而興其賢能下文司徒脩六禮以下至無人者老不徒食皆化民成俗之事是王道之成也後段自方一里者爲田九百畝以下至篇終是王制傳文司徒脩六禮以節民性明七敎以興民德齊八政以防淫一道德以同俗養耆老以致孝恤孤獨以逮不足上賢以崇德簡不肖以絀惡此鄉學敎民取士之法而

大司徒則總其政令者也六禮七教八政見篇末皆道德之用也道德則其躰也躰既一則俗無不同矣命鄉簡不帥教者以告耆老皆朝于庠元日習射上功習鄉上齒大司徒帥國之俊士與去聲執事焉此下言簡不肖以糾惡之事鄉畿內六鄉也在遠郊之內每鄉萬二千五百家庠則鄉之學也耆老鄉中致仕之鄉大夫也元日所擇之善日也期日定則耆老皆來會聚於是行射禮與鄉飲酒之禮射以中為上故曰上功鄉飲則序年之高下故曰上齒大司徒教官之長也率其俊秀者與執禮事蓋欲使不帥教之人得於觀感而改過以從善也不變命國之右鄉簡不帥教者移之左命國之左鄉簡不帥教者移之右如初禮左右對移以易其藏脩游息之所新其師友講切之方庶幾其變也不變移之郊如初禮不變移之遂如初禮不變屏丙之遠方終身不齒四郊去國百里在鄉界之外遂又在遠郊之外蓋示之以漸遠之意也四次示之以禮教而猶不悛焉則其人終不可與入德矣於是乃屏棄之命鄉論秀士升之司徒

曰選去聲士司徒論選士之秀者而升之學曰俊士此言上賢崇德之事。劉氏曰論者述其德藝而保舉之也苗之穎出曰秀大司徒命鄉大夫論述鄉學之士才德穎出於同輩者而禮賓之升其人於司徒司徒考試之量才而用之爲鄉遂之吏曰選士選者擇而用之也其有才德又穎出於選士不安於小成而願升國學者司徒論述其美而舉升之於國學曰俊士俊者才過千人之名也升於司徒者不征於鄉升於學者不征於司徒曰造士既升於司徒則免鄉之繇役而猶給繇役於司徒也及升國學則并免司徒之役矣造者成也言成就其才德也樂正崇四術立四教順先王詩書禮樂以造士春秋教以禮樂冬夏教以詩書此以下言國學教國子民俊及取賢才之法樂正掌其教司馬則掌選法也術者道路之名言詩書禮樂四者之教乃入德之路故言術也文王世子言春誦夏絃與此不同者古人之教雖曰四時各有所習其實亦未必截然棄彼而習此恐亦互言耳非春秋不可教詩書冬夏不可教禮樂也舊註陰陽之說似爲拘泥王大子王子羣后之大子卿大夫元士之適子國之俊選皆造焉凡入學以齒皆造曾來受教丁樂正也惟大長幼之序不分貴賤之等將出學小胥大胥小樂正簡不帥教者以告于大樂正大樂正以告于王王命三公九卿大夫元士皆入學不變王親視學不變王三日不舉屏之遠方西方曰棘東方曰寄終身不齒古之教者九年而大成出學九年之期也小胥大胥皆樂官之屬鄭注以棘爲僰又以僰訓偪僰本西戎地名愚謂不若讀如本字急也欲其遷善之速也寄者寓也暫寓而終歸之意蓋雖屏之終身不齒然猶爲此名以示不忍終棄之意蓋國子皆世族之親與庶人疏賤者異故親親而有望焉。方氏曰賤者至於四不變然後屏之貴者止於二不變遂屏之者陳氏謂先王以衆庶之家爲易治世祿之家爲難化以其易治也故鄉遂之所考常在三年大比之時以其難化也故國子之出學常在九年大成之後以三年之近而考焉故必四不變而後屏之以九年之遠而簡焉則雖二不變屏之可也。疏曰周立四代之學於國而以有虞氏之庠爲鄉學

大樂正論造士

王制

之秀者以告于王而升諸司馬曰進士疏曰司馬掌爵祿但入仕者皆司馬主之司馬辨論官材論進士之賢者以告于王而定其論論定然後官之任壬官然後爵之位定然後祿之劉氏曰古者鄉學教庶人國學教國子及庶人之俊而其仕進有二道鄉學秀者之升曰選士國學秀者之升曰進士貢選士者不過用為鄉遂之吏而選用之權在司徒也其進士則必命為朝廷之官而爵祿之定其權皆在大司馬此鄉學國學教選之異所以為世家編户之別然庶人仕進亦是二道可為選士者司徒試用之此其一也司徒升之國學則論選之法與國子弟同矣此其二也大夫廢其事終身不仕死以士禮葬之發其事如戰陳無勇而敗國殄民或荒淫失行而悖常亂俗生則擯棄死則貶降有發則命大司徒教士以車甲發師旅之役也○方氏曰先王設官未嘗不辨亦未嘗不通司徒掌教司馬掌政是分職而辨之也有發則司徒教士以車甲造士則司馬辨論官材是聯事而通之也凡執技論力適四方臝力果反股肱決射御射之[illegible]

四方惟所之然但論力之優劣而已所以攘衣而出其股肱若欲以決勝負而示武勇也凡執技以事上者祝史射御醫卜及百工凡執技以事上者不貳事不移官出鄉不與士齒仕於家者出鄉不與士齒不貳事則所業殊至於精不移官恐所職非其所長以技名者賤爲大夫之臣亦賤故不得與爲士者齒列然必出鄉乃不者於其本鄉有族人親戚之爲士者或不忍卑之故也司寇正刑明辟婢亦反以聽獄訟必三刺七亦有旨無簡不聽附從輕赦從重周禮以三刺斷庶民獄訟之中一曰訊羣臣二曰訊羣吏三曰訊萬民刺殺也有罪當殺者先問之羣臣次問之羣吏又問之庶民然後決其輕重也若有發露之旨意而無簡覈之實迹則難於聽斷矣於是有附有赦焉附而入之則施刑從輕赦而出之則宥罪從重所謂與其殺不辜寧失不經也凡制五刑必即天論論郵罰麗於事制斷也天倫天理也天之理至公而無私斷獄者躰而用之亦至公而無私郵與尤同責也凡有罪責而當誅罰者必使罰與事相附麗則至公無私而刑當其罪矣凡聽五刑

之訟必原父子之親立君臣之義以權之意論輕重之序慎測淺深之量以別之悉其聰明致其忠愛以盡之疑獄氾與衆共之衆疑赦之必察小大之比俾以成之

父爲子隱子爲父隱而直在其中者以其有父子之親也刑亂國用重典以其無君臣之義也推類可以通其餘顧所以權之何如耳父子君臣人倫之重者故特舉以言之亦承上文天倫之意所犯雖同而有輕重淺深之殊者不可槩議也故別之所謂權也明視聽而察之於詞色之間忠愛惻怛而躰之於言意之表庶可以盡得其情也汎猶廣也其或在所可疑則從衆而廣詢之衆見焉衆人共謂可疑則宥之矣比猶例也小者有小罪之比大者有大罪之比察而成之無往非公也

成獄辭史以獄成告於正正聽之正以獄成告于大司寇大司寇聽之棘木之下大司寇以獄之成告於王王命三公參聽之三公以獄之成告於王王三又然後制刑

成獄詞者謂治獄者責取犯者之言辭已成定也史

掌文書者正士師之屬聽察也棘木外朝之卿位也又當作宥周禮一宥曰不識再宥曰過失三宥曰遺忘謂
行刑之時天子猶欲以此三者免其罪也自下而上咸無異詞而天子猶必三宥而後有司行刑者存君爲愛
下之仁在臣有守法之義也凡作刑罰輕無赦馬氏曰此言立法制刑之意輕無赦所
以使人難犯也惟其當刑必刑輒自不赦而況於人重者乎故君子不容不盡心焉刑者侀也侀
者成也一成而不可變故君子盡心焉疏曰侀是形躰○馬氏曰刑之
所以爲刑者猶人之有侀也一部不具不足以爲刑一躰不備不足以爲成人辭之所成則刑有所加而不可
變故君子盡心焉君子無所不盡其心至於用刑則尤愼焉者也析言破律亂名改作
執左道以亂政殺剖析言辭破壞法律所謂舞文弄法者也變亂名物更改制度或挾異端
邪道以罔惑于人皆足以亂政故在所當殺作淫聲異服奇技奇器以疑衆
殺行去聲僞而堅言僞而辯學非而博順非而澤以疑衆
殺假於鬼神時日卜筮以疑衆殺此四誅者不以聽淫聲

非先王之樂也異服非先王之服也奇技奇器如偃師舞木之類書云紂作奇技淫巧以悅婦人所行雖偽而堅不可攻所言雖偽而辯不可屈如白馬非馬之類所學雖非正道而涉獵甚廣則亦難於窮詰順非文過也所行雖非而善於文飾其言滑澤無礙衆皆疑其爲是也至於假託鬼神之禍福時日之吉凶卜筮之休咎皆足以使人惑於見聞而違悖禮法敗亂政者一疑衆者三皆決然殺之不復審聽亦爲其害大而辭不可明也

凡執禁以齊衆不赦過 立法有典司刑有官雖過失不赦所以齊衆人之不齊也若先示之以赦過之令則人將輕於犯禁矣豈能齊之乎

有圭璧金璋不粥於市命服命車不粥於市宗廟之器不粥於市犧牲不粥於市戎器不粥於市 方氏曰此所以禁民之不敬金璋以金飾之者考工記大璋中璋黃金勺青金外者是矣

用器不中去聲度不粥於市兵車不中度不粥於市布帛精麤不中數幅廣狹不中量不粥於市姦色亂正色不粥於市 此所以禁民之不法用器人生日用之器也數升縷多寡之數也布幅廣二尺二寸帛廣

二尺四寸錦文珠玉成器不粥於市衣服飲食不粥於市此所以禁民之不儉五穀不時果實未熟不粥於市木不中伐不粥於市禽獸魚鼈不中殺不粥於市此所以禁民之不仁凡十有四事皆所以齊其衆而使風俗之同也

關執禁以譏禁異服識異言劉氏曰凡上文所當禁戒之事雖有司川司市之屬以治之然不有以譏察之則犯者衆而獲者寡矣故令司關者敷禁戒之令以譏察之見異服則禁之聞異言則識之衣服易見故直曰禁言語難知故必曰識關境上門舉關則郊門城門亦在其中矣司徒之屬有司門司關者皆其職之大略也

大史典禮執簡記奉諱惡去聲天子齊戒受諫周官大史典歷代禮儀之籍國有禮事則豫執簡策記載所當行之禮儀及所當知之諱惡如廟諱忌日之類奉而進之天子天子重其事故齊戒以受其所敎詔諫循敎詔也不言大宗伯者躰貌尊惟詔相大禮於臨時耳

司會古外反以歲之成質於天子冢宰齊戒受質司會冢宰之屬掌治法之財用會計及王與冢宰廢置等事故以歲之將終也質平其一歲

之計要於天子而先之冢宰、冢宰垂其事而齊戒以受其質質者質於上而考正其當否也

大樂正、大司寇、市三官以其成從質於天子。大司徒、大司馬、大司空齊戒受質。

市司市也周官司市下大夫二人司會所質冢宰既受之矣此三官各以其計要之成從司會而質於天子則司徒司馬司空亦齊戒而受之

百官各以其成質於三官。大司徒、大司馬、大司空以百官之成質於天子。百官齊戒受質。然後休老勞去聲農，成歲事，制國用。

百官位卑不敢專達故但質於三官三官達於司徒司馬司空而爲之質於天子天子與六卿受而平斷畢則還報其平於下故百官齊戒以受上之平報焉君臣上下莫不齊戒以致其敬者以天功天職不敢忽也六官獨不言大宗伯者宗伯禮樂事行則天子六卿皆在無可歲會者惟大樂正敎國子及一歲禮樂之費用當質正之尒然雖不言宗伯而先言太史典禮於前則其尊重禮樂之意可見矣已上並劉氏說○石梁王氏曰太史典禮以下至制國用此一節與周制異與夏殷無考

凡養老，

養老之禮其目有四養三老五更一也子孫死於國事則

養其父祖二也養致仕之老三也養庶人之老四也一歲之間凡七行之飲養陽氣則用春夏食養陰氣則用秋冬四時各一也凡大合樂必遂養老謂春入學舍菜合舞秋頒學合聲則通前爲六又季春大合樂天子視學亦養老凡七也

有虞氏以燕禮燕禮者一獻之禮既畢皆坐而飲酒以至於醉其牲用狗其禮亦有二一是燕同姓二是燕異姓也

夏后氏以饗禮饗禮者體薦而不食爵盈而不飲立而不坐依尊卑爲獻數畢而止然亦有四焉諸侯來朝一也王親戚及諸侯之臣來聘二也戎狄之君使來三也享宿衛及耆老孤子四也惟宿衛及耆老孤子則以酒醉爲度酒正云

殷人以食嗣禮食禮者有飯有殽雖設酒而不飲其禮以飯爲主故曰食也然亦有二焉大行人云食禮九舉及公食大夫之類謂之禮食其臣下自與賓客旦夕共食則謂之燕食也饗食禮之正故行之於廟燕以示慈惠故行之於寢也

周人脩而兼用之春夏則用虞之燕夏之饗秋冬則用殷之食周尚文故兼用三代之禮也

五十養於鄉六十養於國七十養於學達於諸侯鄉鄉學也國國中小學也學大學也達於諸侯者天子養老之禮諸侯通得行之無降殺也

八十拜君命

一坐再至瞽亦如之九十使人受人君有命人臣拜受禮也惟八十之老與無目之人惟難備禮故其拜也足一跪而首再至地以備再拜之數九十則又不必親拜特使人代受此言君致饗食之禮於其家而受之之禮如此然他命則亦必然矣

五十異粻張六十宿肉七十貳膳八十常珍九十飲食不離寢膳飲從於遊可也粻糧也異者精粗與少者殊也宿肉謂恒隔日備之不使求而不得也膳食之善者每有副貳不使闕之也常珍常食皆珍味也不離寢言寢處之所恒有庋閣之飲食也美善之膳水漿之飲隨其常遊之處而爲之備具可也

六十歲制七十時制八十月制九十日脩唯絞交紟其鴆反衾冒死而后制此言漸老則漸近死期當豫爲送終之備也歲制謂棺也不易可成故歲制衣一物之難得者須三月可辦故云時制衣物之易得者則一月可就故云月制至九十則棺衣皆具無事於制作但每日脩理之恐或有不完整也絞所以收束衣服爲堅急者也紟單被也絞與紟皆用十五升布爲之凡衾皆五幅士小斂緇衾赬裏大斂則二衾冒所以韜尸制如直囊上曰質下曰殺其用之先以殺

韜足而上衣以質韜首而下齊手上緇冒赬殺象生時玄衣纁裳也此四物須與死乃制以其易成故也五十始衰六十非肉不飽七十非帛不煖八十非人不煖九十雖得人不煖矣五十杖於家六十杖於鄉七十杖於國八十杖於朝九十者天子欲有問焉則就其室以珍從去聲○杖所以扶衰弱五十始衰故杖未乃十者不得執也巡守而就見問者從言衆庶之老也此就見九十者專指有爵者也祭義又言八十君問則就之者亦異禮也珍與常珍之珍同從之以往致尊養之義也七十不俟朝八十月告存九十日有秩不俟朝者謂朝君之時入至朝位君出揖即退不待朝事畢也此謂當致仕之年而不得謝者告猶問也君每月使人致膳告問存否也秩常也日使人以常膳致之也五十不從力政六十不與去聲服戎七十不與賓客之事八十齊側皆反喪之事弗及也方氏曰力政力役之政也服戎兵戎之事也力政事之常者故五十已不從矣服戎則事之變者必六十然後不與焉從

謂行其事也與則與之而已及則勞有所加之謂以其老甚非特不能從與於事而事固不當及於我矣

五十而爵，六十不親學，七十致政，唯衰催麻為喪。五十而爵命為大夫也不親學以其不能備弟子之禮也致政事以其不能勝職任之勞也或有死喪之事惟備衰麻之服而已其他禮節者在所不責也

有虞氏養國老於上庠，養庶老於下庠。行養老之禮必於學以其為講明孝弟禮義之所也國老有爵有德之老庶老庶人及死事者之父祖也國老尊故於大學庶老卑故於小學上庠大學在西郊下庠小學在國中王宮之東

夏后氏養國老於東序，養庶老於西序。東序大學在國中王宮之東西序小學在西郊

殷人養國老於右學，養庶老於左學。右學大學在西郊左學小學在國中王宮之東

周人養國老於東膠，養庶老於虞庠，虞庠在國之西郊。東膠大學在國中王宮之東虞庠小學在西郊

有虞氏皇而祭，深衣而養老。皇收冔皆冠冕之名然制度之詳悉則不可考矣深衣白布中衣也

夏后氏收而祭，燕衣而養

老燕衣黑衣也夏后氏尚黑君與羣臣燕飲之服即諸侯日視朝之服也其冠則玄冠而緇帶素韠白舄也殷人冔火羽反而祭縞衣而養老縞生絹亦名素也縞衣則謂白布深衣也周人冕而祭玄衣而養老玄衣亦朝服也緇衣素裳十五升布為之六入為玄七入為緇故緇衣亦名玄衣也○按夏氏尚黑衣裳皆黑殷尚白則衣裳皆白周兼用之故玄衣而素裳凡諸侯朝服即天子燕服而諸侯之行燕禮亦此服也凡三王養老皆引年四海之內老者衆矣安得人人而養之詩國老庶老之禮耶即行引戶校年之令而因以賜其老者焉八十者一子不從政九十者其家不從政廢疾非人不養者一人不從政父母之喪三年不從政齊衰大功之喪三月不從政將從於諸侯三月不從政自諸侯來從家期朞不從政從政謂給公家之力役也○方氏曰將從欲去者來從已來者夫人莫衰於老莫苦於疾莫變於喪莫勞於從此王政之所宜恤者故皆不使之從政焉○舊說將從於諸侯者謂大夫采地之民徙於諸侯為民自諸侯來徙者

謂諸侯之民來從於大夫之邑以其新從當復除諸侯地遠役少故准三月不從政大夫役多地狹欲令人貧慕故與不從政一說謂以從大夫家出仕諸侯從諸侯退仕大夫大夫未知孰是少而無父者謂之孤老而無子者謂之獨老而無妻者謂之矜鰥老而無夫者謂之寡此四者天民之窮而無告者也皆有常餼左傳崔杼生成及彊而寡是無妻者亦可言寡也皆有常餼謂君上恭以餼廩有常制也瘖音聾跛彼我反躃璧斷段者侏儒百工各以其器食嗣之瘖者不能言聾者不能聽跛者一足廢躃者兩足俱廢斷者支節脫絕侏儒身躰短小者也百工衆雜技藝也器猶能也此六類者因其各有技藝之能足以供官之役使故遂因其能而以廩給食養之疏引國語戚施植鎛等六者為謎道路男子由右婦人由左車從中央凡男子婦人同出塗者則男子常由婦人之右婦人常由男子之左為遠別也父之齒隨行兄之齒鴈行朋友不相踰父之齒兄之齒謂其人年與父等或與兄等也隨行隨其後也鴈行並行而稍後也朋友年相

若則彼此不可相踰越而有先後言並行而齊也輕任并重任分斑白者不提挈并已獨任之也分析而二之也君子耆老不徒行庶人耆老不徒食方氏曰徒行謂無乘而行也徒食謂無羞而食也○應氏曰非人皆好德而七十不失職安能使在路無徒行之賢非人各有養而俗尚耆敬安能使在家無徒食之恭方一百里者為田九百畝步百為畝是長一百步闊一步畝百為夫是一頃長闊一百步夫三為屋是三頃闊三百步長一百步屋三為井則九百畝也長闊一里孟子曰方里而井井九百畝方十里者為方一里者百為田九萬畝方百里者為方十里者百為田九十億畝一箇十里之方既為田九萬畝則十箇十里之方為田九十萬畝一百箇十里之方為田九百萬畝今云九十億畝是一億有十萬十億有一百萬九十億乃九百萬畝也方千里者為方百里者百為田九萬億畝計千里之方為方百里者百一箇百里之方既為九十億畝則十箇百里之方為九百億畝百箇百里之方為九千億畝今乃云九萬億畝與數不同者若以億言之當云九千億畝若以萬

言之當云九萬萬畝經文誤也。應氏曰自此至篇末皆覆解篇首及中間井田封建地里之界自恒山至於南河千里而近自南河至於江千里而近自江至於衡山千里而遥自東河至於東海千里而遥自東河至於西河千里而近自西河至於流沙千里而遥西不盡流沙南不盡衡山東不盡東海北不盡恒山方氏曰不足謂之近有餘謂之遥。應氏曰此獨言東海者東海在中國封疆之内而西南北則夷徼之外也南以江與衡山爲限百越未盡開也河舉東西南北者河流縈帶周遶雖流沙分際亦與河接也自秦而上西北衰而東南盛秦而下東南展而西北縮先王盛時四方各有不盡之地不務中國以事外也禹貢東漸西被朔南咸暨特聲教所及非貢賦所限也凡四海之内斷短長補短方三千里爲田八十萬億一萬億畝方百里者爲田九十億畝山陵林麓川澤溝瀆城郭宫室塗巷三分去上聲一其餘六十億畝、為田八十萬億一萬億畝者以一州方千里九州方三千里三三為九為方千里者九一箇千里有九萬億畝九箇千里九九八十一故有八十一萬億畝於八十整數之下云萬億是八十箇萬億又云一萬億言八十箇萬億之外更有一萬億是共為八十一萬億畝先儒以萬億二字為衍非也此並疏義然愚按方百里為田九十億畝則方三千里當云八萬一千億畝如疏義亦承誤釋之也

古者以周尺八尺為步今以周尺六尺四寸為步古者百畝當今東田百四十六畝三十步古者百里當今百二十一里六十步四尺二寸二分

疏曰古者八寸為尺以周尺八尺為步則一步有六尺四寸今以周尺六尺四寸為步則一步有五十二寸是今步比古步每步剩出一十二寸以此計之則古者百畝當今東田百五十二畝七十一步有餘與此百四十六畝三十步不相應又今步每步剩古步十二寸以此計之則古之百里當今百二十三里一百一十五步二十寸與此百二十一里六十步四尺二寸二分又不相應經文錯乱不可用也。愚按疏義所筭亦誤當云古者八寸為尺以周尺八尺為步則一步有六尺四寸今以周尺六尺四寸

爲步則一步有五尺一寸二分是今步比古步每步剩出一尺二寸八分以此計之則古者百畝當今東田百五十六畝二十五步一寸六分千分寸之四與此百四十六畝三十二步不相應里亦做此推之。方氏曰東田者即詩言南東其畝也言南則以盧在其北而向南言東則以盧在其西而向東。嚴氏說南東其畝云或南其畝或東其畝順地勢及水之所趨也

方千里者爲方百里者百天下九州王畿居中外八州每州各方千里是一百箇百里以開方之法推之合萬里也封方百里者三十國其餘方百里者七十公侯皆方百里封三十箇百里剩七十箇百里又封方七十里者六十爲方百里者二十九方十里者四十伯七十里封六十箇七十里是占二十九箇百里四十箇十里於三十箇百里內剩六十箇十里其餘方百里者四十方十里者六十又封方五十里者百二十爲方百里者三十其餘方百里者十方十里者六十除上封二等國共占六十箇百里外止剩四十箇百里及六十箇十里於此地內封子男五十里之國者百二十箇

每一百里封四箇箇實占三十箇百里通三等封外止剩十箇百里六十箇十里。伯國方七十里七七四十九是四十九箇十里。子男方五十里五五二十五是二十五箇十里名山大澤不以封其餘以為附庸閒田諸侯之有功者取於閒田以祿之其有削地者歸之閒田除名山大澤之外皆為附庸之國及閒田天子之縣内方千里者為方百里者百封方百里者九○其餘方百里者九十一又封方七十里者二十一為方百里者十方十里者二十九○其餘方百里者八十方十里者七十一又封方五十里者六十三為方百里者十五方十里者七十五○其餘方百里者六十四方十里者九十六此倣上章畿外之法推之可見畿外封國多而餘地少廣封建之制於天下也畿内封國少而餘地多備采邑之分於王朝也諸侯之下士祿食嗣九人中士食十八人上士食三十六人，下大夫食七十二人，卿食二百八十八人，君食二千八百八十人。此言大國之數 次國之卿食二百一十六人，君食二千一百六十人。次國大夫亦食七十二人卿三大夫祿故食二百一十六人 小國之卿食百四十四人，君食千四百四十人。小國大夫亦食七十二人卿倍大夫祿故食百四十四人 次國之卿命於其君者如小國之卿。降於天子所命也 天子之大夫為三監，監於諸侯之國者，其祿視諸侯之卿，其爵視次國之君，其祿取之於方伯之地。祿視諸侯之卿可食二百八十八人者也 方伯為去聲朝天子，皆有湯沐之邑於天子之縣內，視元士。謂之湯沐者言入至畿內即暫止頓於此齊絜而往也春秋傳謂之朝宿之邑惟方伯有之其餘否許慎云周千八百諸侯若皆有之則盡京師地亦不能容 諸侯世子世國，大夫不世爵，使以德，爵以功。未賜爵視天子之元士以君其國諸侯之大夫不世爵祿世子世國畿外之制也天子大夫不世爵而世祿先王使人爵人必取其有德有功者列國之君饒其子未得爵賜則其衣服禮數視天子之元士賜爵而後得如先君之舊也諸侯之大夫不世爵祿而有大功德者亦世之左傳言官有世功則有官族六禮冠昏喪祭鄉相見今所存者士冠士昏士喪特牲少牢饋食鄉飲酒士相見七教父子兄弟夫婦君臣長幼朋友賓客八政飲食衣服事為異別度量數制六禮七教八政皆司徒所掌禮節民性教興民德德脩則不襄明則不偷然非齊八政以防淫則亦禮教之害也事為者百工之技藝有正有邪異別者五方之械器有同有異度量則不使有長短小大之殊數制則不使有多寡廣狹之異若夫飲食衣服尤民生日用之不可闕者所以居八政之首齊之則不使有僭擬詭異之端矣此篇先儒謂雜舉歷代之典雖一一分別而不能皆有明證又且多祖緯書豈可謂決然無疑哉朱子有言漢儒說制度有不合者多推從殷禮去此亦疑其無徵矣然只據大綱而言與學以上脩六禮以下其田明者亦可為後王之法也

禮記卷第四

禮記集說卷第三

後學東匯澤陳澔 集說

月令第六

呂不韋集諸儒著十二月紀名曰呂氏春秋篇首皆有月令言十二月政令所行也月用夏正令則雜舉三代及秦事禮家記事者抄合爲此篇

孟春之月日在營室昏參中旦尾中孟春夏正建寅之月也營室在亥娵訾之次也昏時參星在南方之中旦則尾星在南方之中○疏曰月令昏明中星皆大略而言不與曆同但一月之內有中者即得載之二十八宿星有廣狹相去有遠近或月節月中之日昏明之時前星已過於午後星未至正南又星有明暗見有早晚所以昏明之星不可正依曆法但舉大略耳其日甲乙春於四時屬木日之所繫十干循環獨言甲乙者木日之屬也四時皆然其帝太皞其神句勾芒亡○太皞伏羲木德之君句芒少皞氏之子曰重木官之臣聖神繼天立極生有功德於民故後王於春祀之四時之帝與神皆此義其蟲鱗其音角律中去聲太蔟七冦反其數

八其味酸其臭羶其祀户祭先脾鱗蟲木之屬五聲角爲木單出曰聲雜比曰音調樂於春以角爲主也律者候氣之管以銅爲之或云竹爲之中猶應也太簇寅律長八寸陰陽之氣距地面各有淺深故律之長短如其數律管入地以葭灰實其端其月氣至則灰飛而管通是氣之應也天三生木地八成之其數八成數也通於鼻者謂之臭臭即氣也在口者謂之味酸羶皆木之屬户者人所出入司之有神此神是陽氣在户之内春陽氣出故祀之祭先脾者木克土也○蔡邕獨斷曰户春爲少陽其氣始出生養祀之於户祀户之礼南面設主於門内之西

東風解凍蟄蟲始振魚上上聲冰

獺祭魚鴻鴈來此記寅月之候振動也此來自南而北也

天子居青陽左个

青陽左个注云太寢東堂北偏也疏云是明堂北偏而云太寢者明堂與太廟太寢制同北偏者近北也四面旁室謂之个○朱子曰論明堂之制者非一竊意當有九室如井田之制東之中爲青陽太廟東之南爲青陽右个東之北爲青陽左个南之中爲明堂太廟南之東即東之南爲明堂左个南之西即西之南爲明堂右个西之中爲總章太廟西之南即南之西爲總章左个西之北即北之西爲總章右个北之中爲玄堂太廟北之

東即東之北爲玄堂右个北之西即西之北爲玄堂左个中爲太廟太室凡四方之太廟異方所其左右个則青陽左个即玄堂之右个青陽右个即明堂之左个明堂右个即總章之左个總章之右个乃玄堂之左个也但隨其時之方位開門耳太廟太室則每季十八日天子居止於古之制事多用井田遺意此必然也乘鸞路駕倉龍載戴青旂衣去聲青衣服倉玉食麥與羊其器疏以達鸞路有虞氏之車有鸞鈴也春言鸞則夏秋冬皆鸞也夏云朱冬云玄則春青秋白可知倉與蒼同馬八尺以上爲龍服玉冠冕之飾及佩也麥以金王而生火王而死當屬金而鄭云屬木兊爲羊當屬金而鄭云火畜皆不可曉疏云鄭本五行傳言之然陰陽多塗不可一定故今於四時所食及器嘗麥雞嘗黍之類皆略之以俟知者疏以達者春物將貫土而出故器之刻鏤者使文理麤疏直而通達也是月也以立春先去聲立春三日太史謁之天子曰某日立春盛德在木天子乃齊齋立春之日天子親帥三公九卿諸侯大夫以迎春於東郊還旋反賞公卿大夫於朝命

相去聲布德和令行慶施惠下及兆民慶賜遂行毋有不當去聲○謁告也春爲生天地生育之盛德在於木位也迎春東郊祭太皥句芒也後放此推之○疏曰節氣有早晚是月者謂是月之氣不謂是月之日也乃命太史守典奉法司天日月星辰之行宿離去聲不貸忒毋失經紀以初爲常宿猶止也離猶行也言占候躔次不可差貸貸與忒同經紀者天文進退遲速之度數也初者曆家推步之舊法以此爲占候之常也是月也天子乃以元日祈穀于上帝乃擇元辰天子親載耒耜措之于參保介之御閒帥三公九卿諸侯大夫躬耕帝籍天子三推吐回反三公五推卿諸侯九推反執爵于太寢三公九卿諸侯大夫皆御命曰勞去聲酒元日上辛也郊祭天而配以后稷爲祈穀也元辰郊後吉日也日以干言辰以支言互文也參參乘之人也保介衣甲也以勇士爲車右而衣甲御者御車之人也車右及御人皆是參乘天子在左御者居中車右在

右以三人故曰參也置此耕器於參乘保介及御者之閒天子籍田千畝收其穀爲祭祀之粢盛故曰帝籍也推之後乘人終之反而行燕禮羣臣皆侍士賤不與耕故亦不與勞酒之賜也是月也天氣下降地氣上騰上聲天地和同草木萌動王命布農事命田舍東郊皆脩封疆審端徑術遂善相去聲丘陵阪反險原隰習土地所宜五穀所殖以教道民必躬親之田事既飭先定準直農乃不惑田田畯也舍居也天子命田畯居東郊以督耕者皆使脩理其封疆謂井田之限域也步道曰徑術與遂同田之溝洫也審審而端之使無迂邪封疆有界限徑術有闊狹土地有高下五種有宜否皆須田畯躬親教飭之以定其準直則農民無所疑惑也是月也命樂正入學習舞教學者以習舞之事乃命祭典命祀山林川澤犧牲毋用牝不欲傷其生育禁止伐木以盛德在木也毋覆巢毋殺孩蟲胎夭烏老反飛鳥毋麛毋卵毋聚大衆毋置城郭掩骼格埋胔

殰。孩蟲蟲之穉者胎未生者夭方生者飛鳥初學飛之鳥麛麑獸子之通稱胔骨之尚有肉者是月也不可以稱兵稱兵必天殃兵戎不起不可從我始毋變天之道毋絶地之理毋亂人之紀天地大德曰生春者生德之盛時也兵凶器戰危事不得已而禦寇猶可也兵自我起以殺戮之心逆生育之氣是變易天之生道斷絶地之生理而紊亂生人之紀敍矣其殃也宜哉孟春行夏令則雨水不時草木蚤落國時有恐此巳火之氣所泄也言人君於孟春之月而行孟夏之政令則感召咎證如此後皆倣此○䟽曰孟月失令則三時孟月之氣乘之仲月失令則仲月之氣乘之季月失令則季月之氣乘之所以然者以同爲孟仲季氣情相通如其不和則迭相乘入行秋令謂孟秋之令則其民大疫猋標風暴雨總至藜莠有蓬蒿並興此申金之氣所傷也尒雅扶搖謂之猋風謂風之回轉也藜莠蓬蒿並興者以生氣逆亂故惡物乘之而茂也行冬令謂孟冬之令則水潦爲敗雪霜大摯至首種上聲不入此亥水之氣所淫也摯傷折也與摯獸之摯

蟲之義同百穀惟稷先種故云首種

仲春之月日在奎昏弧中旦建星中奎宿在戌降婁之次○疏曰餘月昏旦中星皆舉二十八宿此云弧與建星者以弧星近井建星近斗井斗度多星體廣不可的指故舉弧建以定昏旦之中其日甲乙其帝大皞其神句芒其蟲鱗其音角律中夾鍾其數八其味酸其臭羶其祀戶祭先脾夾鍾卯律長七寸二千一百八十七分寸之千七十五始雨水桃始華倉庚鳴鷹化為鳩此記卯月之候倉庚驪黃也鳩布穀也王制言鳩化為鷹秋時也此言鷹化為鳩以生育氣盛故鷙鳥感之而變耳孔氏云化者反歸舊形之謂故鷹化為鳩鳩復化為鷹如田鼠化為鴽鴽則又化為田鼠若腐草為螢雉為蜃爵為蛤皆不言化是不再復本形者也天子居青陽太廟乘鸞路駕倉龍載青旂衣青衣服倉玉食麥與羊其器疏以達青陽太廟東堂當太室是月也安萌芽養幼少存諸孤生氣之可見者莫先於草木故首言

之安謂無所摧折之也存亦安也擇元日命民社令民祭社也郊特牲言祭社用甲日此言擇元日是又擇甲日之善者欲召誥社明戊日命有司省息井反囹零圄語去上聲桎梏毋肆掠亮止獄訟囹牢也圄止也疏云周曰圜土殷曰羑里夏曰鈞臺囹圄秦獄名也在手曰梏在足曰桎皆木械肆陳尸也掠搒治也止謂諭使息爭也是月也玄鳥至至之日以大牢祠于高禖梅天子親往后妃帥九嬪御乃禮天子所御帶以弓韣授以弓矢于高禖之前玄鳥燕也燕以施生時巢人堂宇而生乳故以其至爲祠禖祈嗣之候高禖先媒之神也高者尊之之稱變媒言禖神之也古有禖氏祓除之祀位在南郊禋祀上帝則亦配祭之故又謂之郊禖詩天命玄鳥降而生商但謂簡狄以玄鳥至之時祈于郊禖而生契故本其爲天所命若自天而降下耳鄭註乃有墮卵吞孕之事與生民詩註所言姜嫄履巨跡而生弃之事皆怪妄不經削之可也后妃帥九嬪御者從往而侍奉禮事也禮天子所御者祭畢而酹酒以飲其先所御幸而有娠者顯之以神賜也韣弓衣也弓矢者男子之事也故以爲祥是月也日

夜分（晝夜各五十刻）雷乃發聲始電蟄蟲咸動啓戶始出（謂始穿其穴而出也）先（去聲）雷三日（以節氣言在春分前三日）奮木鐸以令兆民曰雷將發聲有不戒其容止者生子不備必有凶災（容止猶言動靜不戒容止謂房室之事褻瀆天威也生子不備謂形躰有損缺凶災謂父母）日夜分則同度量鈞衡石角斗甬正權概（丈尺曰度斗斛曰量稱上曰衡百二十斤爲石甬斛也權稱錘也概執以平量器者同則齊其長短小大之制鈞則平其輕重之差角則較其同異正則矯其欺枉）是月也耕者少（上聲）舍（去聲）乃脩闔扇寢廟畢備毋作大事以妨農之事（少舍暫息也門戶之蔽以木曰闔以竹葦曰扇凡廟前曰廟後曰寢寢是衣冠所藏之處大事謂軍旅之事）是月也毋竭川澤毋漉（鹿）陂池毋焚山林（漉亦竭也三者之禁皆謂傷生意）天子乃鮮（獻）羔開冰先薦寢廟（古者日在虛則藏冰至此仲春則獻羔以祭司寒之神而開冰先薦寢廟者不敢以人之餘奉神也）上丁（此月上旬之丁）

日必用丁者以先庚三日後甲三日也命樂正習舞釋菜天子乃帥三公九卿諸侯大夫親往視之仲丁又命樂正入學習舞樂正樂官之長也習舞釋菜謂將教習舞者則先以釋菜之禮告先師也是月也祀不用犧牲用圭璧更平聲皮幣不用牲謂祈禱小祀耳如大牢祠高禖乃大典禮不在此限稍重者用圭璧稍輕者則以皮幣更易之也仲春行秋令則其國大水寒氣總至寇戎來征西金之氣所傷也行冬令則陽氣不勝麥乃不熟民多相掠亮○子水之氣所淫也行夏令則國乃大旱煖氣早來蟲螟爲害午火之氣所泄也螟食苗心者

季春之月日在胃昏七星中旦牽牛中胃宿在酉大梁之次也七星二十八宿之星宿也其日甲乙其帝大皞其神句芒其蟲鱗其音角律中姑洗蘇典反其數八其味酸其臭羶其祀户祭先

胛姑洗辰律長七寸九分寸之一桐始華田鼠化爲鴽如虹始見現萍始生此記辰月之候鴽鶉鷂之屬天子居青陽右个乘鸞路駕倉龍載青旂衣青衣服倉玉食麥與羊其器疏以達青陽右个東堂南偏是月也天子乃薦鞠衣于先帝鞠衣色如鞠花之黃也註云黃桑之服着色如鞠塵象桑葉始生之色此鞠字一音去六反先帝先代木德之君薦此衣于神坐以祈蠶事命舟牧覆舟五覆五反乃告舟備具于天子焉天子始乘舟薦鮪偉于寢廟乃爲去聲麥祈實舟牧主乘舟之官五覆五反所以詳視其罅漏傾側之處也因薦鮪并祈麥實是月也生氣方盛陽氣發泄句勾者畢出萌者盡達不可以内句屈生者萌直生者不可以内言當施散恩惠以順生道之宣泄不宜否畜閉藏也天子布德行惠命有司發倉廩賜貧窮振乏絕閉府庫出幣帛周天下勉諸侯聘名士禮賢者長無謂之

貧窮暫無謂之乏絕振猶救也周濟其不足也在內則命有司者行在外則勉諸侯奉行皆天子之德惠也

是月也命司空曰時雨將降下水上騰（上聲）循行（去聲）國邑周視原野脩利隄防道達溝瀆開通道路毋有障塞（司空掌邦土此皆其職也）田獵罝（嗟）罘（浮）羅網畢翳（瞖）餧（於僞反）獸之藥毋出九門（罝罘皆捕獸之罟羅網皆捕鳥之罟小網長柄謂之畢以其似畢星之形故名用以掩兔也翳射者用以自隱也餧餵之也藥毒藥也七物皆不得施用於外以其逆生道也路門應門雉門庫門皐門城門近郊門遠郊門關門凡九門也）是月也命野虞毋伐桑柘鳴鳩拂其羽戴勝降于桑具曲植（治）籧（舉）筐（野虞主田及山林之官拂羽飛而翼拍身也戴勝織紝之鳥一名戴鵀鵀即頭上勝也此時恒在桑言降者重之若自天而下也曲薄也植槌也所以架曲與籧筐者籧圓而筐方）后妃齊戒親東鄉（去聲）躬桑禁婦女毋觀（去聲）省婦使以勸蠶事（東鄉迎時氣也躬桑親自采桑也禁婦女毋觀者禁止婦女使不得爲容

觀之飾也官婦使者臧省貝蔵線縫製之事也此二者皆爲勸勉之使盡力於蠶事也蠶事既登分繭稱絲效功以共郊廟之服毋有敢惰登成也分繭分布於衆婦之繅者稱絲效功以多寡爲功之上下是月也命工師令百工審五庫之量金鐵皮革筋角齒羽箭幹脂膠丹漆毋或不良工師百工之長也五庫者金鐵爲一庫皮革筋爲一庫角齒爲一庫羽箭幹爲一庫脂膠丹漆爲一庫視諸物之善惡皆有舊法謂之量一說多寡之數也審而察之故云審五庫之量也幹者諸器所用之木材也百工咸理監平聲工日號毋悖于時毋或作爲淫巧以蕩上心此時百工皆各理治其造作之事工師監臨之每日號令必以二事爲戒一是造作器物不得悖逆時序如爲弓必春液角夏治筋秋合三材寒定躰之類是也二是不得爲淫過奇巧之器以搖動君心使生奢侈也是月之末擇吉日大合樂天子乃帥三公九卿諸侯大夫親往視之鄭氏曰其禮亡是月也乃合累平聲牛騰馬遊牝于牧

犧牲駒犢舉書其數春陽既盛物皆產育故合其累繫之牛騰躍之馬而遊縱之使牝牡者就牝若于芻牧之地欲其孳生之蕃也若其中犧牲之用者及馬之駒牛之犢皆書其數者以備稽校多寡也命國難那九門磔責攘以畢春氣難之事在周官則方相氏掌之裂牲謂之磔除禍謂之攘春者陰氣之終故磔攘以終畢厲氣也舊說大陵八星在胃北主死喪昴中有大陵積尸之氣氣佚則厲鬼隨之而行此月初日在胃從胃歷昴故毆疫之事當於此時行之也九門說見上章

季春行冬令則寒氣時發草木皆肅國有大恐丑土之氣所應也肅者枝葉減縮而急栗也大恐謂言相驚動也舊說孟春有恐是火訛以其行夏令也此行冬令當致水訛漢王商嘗止之矣行夏令則民多疾疫時雨不降山陵不收未土之氣所應也行秋令則天多沈陰淫雨蚤降兵革並起戌土之氣所應也不收謂無所成遂也

孟夏之月日在畢昏翼中旦婺女中畢宿在申實沈之次其日丙

丁其帝炎帝炎帝大庭氏即神農也赤精之君其神祝融顓頊氏之子名黎火官之臣其蟲羽其音徵比律中中仲呂其數七其味苦其臭焦其祀竈祭先肺羽蟲飛鳥之屬徵音屬火中呂巳律長六寸萬九千六百八十三分寸之萬二千九百七十四地二生火天七成之七者火之成數也苦焦皆火屬夏祭竈火之養人者也祭先肺火克金也○蔡邕獨斷曰竈夏為太陽其氣長養祀竈之禮在廟門外之東先席于門奧西東設主于竈陘也螻蟈鳴蚯蚓出王瓜生苦菜秀此記巳月之候王瓜注云萆挈本草作菝葜音同謂之瓜者以根之似也亦可釀酒○朱氏曰王瓜色赤感火之色而生苦菜味苦感火之味而成天子居明堂左个太寢南堂東偏乘朱路駕赤駵留載赤旂衣朱衣服赤玉食菽與雞其器高以粗駵馬名色淺者赤色深者朱用器高而粗大象物之盛長也是月也以立夏先立夏三日太史謁之天子曰某日立夏盛德在火天子乃齊立夏之日天子親帥三公

九卿大夫以迎夏於南郊還反行賞封諸侯慶賜遂行無不欣說悦○立春言諸侯大夫而此不言諸侯者或在或否不可必同故略之也祀夏南郊祭炎帝祝融也乃命樂師習合禮樂以將飲酎故也命太尉贊桀俊遂賢良舉長大行爵出祿必當去聲其位太尉秦官也桀俊以才言贊則引而升之之謂賢良以德言遂謂使之得行其志也長大以力言王制言執技論力舉謂選而用之也當其位者爵必當有德之位祿必當有功之位也是月也繼長增高毋有壞怪墮毋起土功毋發大衆毋伐大樹長者繼之而使益長高者增之而使益高壞墮則傷已成之氣起土功發大衆皆妨蠶農之事故禁止之伐木則傷條達之氣故亦在所禁一說伐大木謂營宮室是月也天子始絺絺葛布之細者命野虞出行去聲田原爲去聲天子勞去聲農勸民毋或失時失時謂失農時命司徒循行去聲縣鄙命農勉作毋休于都勉其興作於田野之內禁其休息于都邑之間皆恐其失農時也是月

二四〇

也驅獸毋害五穀毋大田獵夏獵曰苗正爲驅獸之害禾苗若耳與三時之大獵自不同農乃登麥天子乃以彘嘗麥先薦寢廟登升之於場也是月也聚畜百藥靡草死麥秋至聚藥爲御醫事也靡草草之枝葉靡細者陰類陽盛則死秋者百穀成熟之期此於時雖夏於麥則秋故云麥秋也斷薄刑決小罪出輕繫刑者亡之所施罪者下之所犯斷者定其輕重而施刑也決如決水之決謂人以小罪相告者即決遣之不收繫也其有輕罪而在繫者則直縱出之也蠶事畢后妃獻繭乃收繭稅以桑爲均貴賤長幼如一以給郊廟之服后妃獻繭謂后妃受內命婦之獻繭也收繭稅者外命婦養蠶亦用國北近郊之公桑近郊之稅十一故亦稅其繭十之一其餘入己而爲其夫造祭服一說再命受服服者公家所給故稅其十一者爲給其夫祭服也蠶祭多則稅繭多少則稅亦少皆以桑爲均齊也貴謂卿大夫之妻賤謂士妻長幼婦之老少也婦一皆稅十一也郊廟之服天子祭服也是月也天子飲酎直又用禮樂重釀之酒名之曰酎稠醲之義也春而造至此始成

用禮樂而飲之蓋成盛會也孟夏行秋令則苦雨數朔來五穀不滋四鄙入保申金之氣所淫也行冬令則草木蚤枯後乃大水敗其城郭亥水之氣所傷也行春令則蝗蟲爲災暴風來格秀草不實寅木之氣所淫也以孟夏之月而行孟秋、孟冬、孟春之令故感召災異如此四鄙四面邊鄙之邑也保與堡同小城也入保入而依以爲安也格至也

仲夏之月日在東井昏亢剛中旦危中東井在未鶉首之次其日丙丁其帝炎帝其神祝融其蟲羽其音徵律中蕤賓其數七其味苦其臭焦其祀竈祭先肺蕤賓午律長六寸八十一分寸之二十六小暑至螳蜋生鵙古闃反始鳴反舌無聲此記午月之候小暑暑氣未盛也螳蜋一名斫父一名天馬言其飛捷如馬也鵙伯勞也反舌百舌鳥凡物皆稟陰陽之氣而成質其陰類者宜陰時陽類者宜陽時得時則興背時則廢疏又以反舌爲蝦蟆未知是否天子居明堂

太廟乘朱路駕赤駵載赤旂衣朱衣服赤玉食菽與雞其器高以粗明堂太廟南堂當太室也養壯佼壯謂容躰碩大者佼謂形容佼好者擇此類而養之亦順長養之令是月也命樂師脩鞀逃鞞駢迷反鼓均琴瑟管簫執干戚戈羽調竽笙箎池簧飭鍾磬柷昌六反敔語○凡十九物皆樂器也鞀鞞鼓三者皆革音鞀即鼗也鞞所以裨助鼓節琴瑟皆絲音管簫皆竹音管如篴而小干戚戈羽皆舞器干楯戚斧也竽笙箎皆竹音竽三十六簧笙十三簧篪即箎也長尺四寸簧笙之舌蓋管中之金薄鍱也竽笙箎三者皆有簧也鍾金音磬石音柷敔皆木音柷如漆桶敔狀如伏虎柷以合樂之始敔以節樂之終脩者理其弊均者平其聲執者操持習學調者調和音曲飭者整治之也以將用盛樂雩祀故謹備之命有司爲去聲民祈祀山川百源大雩帝用盛樂山者水之源將欲禱雨故先祭其本源三王祭川先河後海示重本也雩若吁嗟其聲以求雨之祭周禮女巫凡邦之大烖歌哭而請亦其義也帝者天之主宰盛樂即鞀鞞以下十九物並奏之也・乃命百縣雩祀

百辟卿士有益於民者以祈穀實百縣畿內之邑也百辟卿士謂古者上公
句龍后稷之類是月也農乃登黍天子乃以雛嘗黍羞以含桃
先薦寢廟令用登麥穀例移農乃登黍四字在是月也之下舊註以內則之雛為小鳥此雛為雞未
詳孰是含桃櫻桃也令民毋艾刈藍以染藍之色青青者赤之母刈之亦是傷時氣毋
燒灰火之滅者為灰禁之亦為傷火氣也毋暴步卜反布暴暴之於日也布者陰功所成不可
以小功干盛陽也門閭毋閉一則順時氣之宣通一則使暑氣之宣散關市毋索索者
搜索商旅匿稅之物蓋當時氣盛大之際人君亦當紓之而行寬大之政也挺重囚益其食
挺者拔出之義重囚禁繫嚴密故特加寬假輕囚則不如是益其食者加其養也游牝別彼列反
羣則縶執騰駒班馬政季春游牝于牧至此妊孕乃遂故不使同羣拘縶騰躍之駒若
止其蹄齧也班布也馬政養馬之政令也周禮圉人圉師所掌是月也日長至陰陽爭
死生分至猶極也夏至日長之極陽盡午中而微陰眇重淵矣此陰陽爭辨之際也物之感陽氣而方

長者生感陰氣而已成者死此死生分判之際也君子齊戒處必掩身毋躁止聲色毋或進薄滋味毋致和去聲節耆嗜欲定心氣齊戒以定其心掩蔽以防其身毋或輕躁於舉動毋或御進於聲色薄其調和之滋味節其諸事之愛欲凡以定心氣而備陰疾也百官靜事無刑以定晏伊見反陰之所成刑陰事也舉陰事則是助陰抑陽故百官刑罰之事皆止靜而不行也凡天地之氣順則和競則逆故能致災咎此陰陽相爭之時故須如此謹備晏安也陰道靜故云晏陰陰成其定而至於成則循序而往不為災咎是以未定之前諸事皆不可忽也鹿角解駭蟬始鳴半夏生木堇謹榮此又言午月之候解脫也

是月也毋用火南方南方火位又因其位而盛其用則為微陰之害故戒之可以居高明可以遠眺望可以升山陵可以處臺榭凡此皆順陽明之時

仲夏行冬令則雹凍傷穀道路不通暴兵來至子水之氣所傷也行春令則五穀晚熟百螣特時起其國乃饑卯木之氣

所淫也行秋令則草木零落果實早成民殃於疫西金之氣所泄也螣食苗葉之蟲也百螣者言害稼之蟲非一類

季夏之月日在柳昏火中旦奎中柳宿在午鶉火之次也火大火心宿其日丙丁其帝炎帝其神祝融其蟲羽其音徵律中林鍾其數七其味苦其臭焦其祀竈祭先肺林鍾未律長六寸温風始至蟋蟀居壁鷹乃學習腐草為螢此記未月之候至極也蟋蟀生於土中此時羽翼猶未能遠飛但居其穴之壁至七月則能遠飛而在野矣學習雛[illegible]數飛也腐草得暑濕之氣故變而為螢○朱氏曰温風温暑之極涼風嚴凝之始腐草為螢離明之極故幽類化為明類也天子居明堂右个乘朱路駕赤駵載赤旂衣朱衣服赤玉食菽與雞其器高以粗明堂右个南堂西偏也命漁師伐蛟取鼉登龜取黿元○蛟言伐以其暴惡不易攻取也龜言登尊異之也黿言取易而賤之也命澤人納

材葦蒲葦之屬生於澤中而可為用器故曰材澤人納之職也此皆煩細之事非專一月所為故不以是月起之

是月也命四監大合百縣之秩芻以養犧牲令民無不咸出其力以共供皇天上帝名山大川四方之神以祠宗廟社稷之靈以為去聲民祈福四監即周官山虞澤虞林衡川衡之官也前言百縣兼內外而言此百縣鄉遂之地也秩常也斂此芻為養犧牲之用各有常數故云秩芻也

是月也命婦官染采黼黻文章必以法故無或差貸黑黃倉赤莫不質良毋敢詐偽以給郊廟祭祀之服以為旗章以別貴賤等給之度周禮典婦功典枲染人等皆婦官此則染人也白與黑謂之黼黑與青謂之黻青與赤謂之文赤與白謂之章染造必用舊法故事毋得有參差貸變皆欲質正良善也旗旌旐也章者畫其象以別名位也詳見春官司常○石梁王氏曰給當為級

是月也樹木方盛命虞人入山行去聲木毋有斬伐以其方盛故也不可以興土

功不可以合諸侯不可以起兵動衆毋舉大事以搖養
氣毋發令而待以妨神農之事也水潦盛昌神農將持
功舉大事則有天殃大事即興土功合諸侯起兵動衆之事搖養氣謂軌撒長養之氣也
發令而待謂未及徭役之期而豫發召役之令使民發
凡事而待上之會期也神農農之神也季夏屬中央土
土神得位用事之時謂之神農者土神主成就農事也
東井主水在未故未月爲水潦盛昌之月此時神農將
主持稼穡之功舉大事而傷其功則是干造化施生之道矣故有天殃也是月也土潤溽暑
大雨時行燒薙剃行水利以殺草如以熱湯可以糞田
疇可以美土疆其雨大、溽濕也土之氣潤故蒸鬱而爲溽暑大、雨水以之而時行皆東井之
所主也除草之法先芟薙之俟乾則燒之燒薙若燒所
薙之草也大雨既行於所燒之地則草不復生矣故云
利以殺草時暑日烈其水之熱如湯草之燒爛者可以
爲田疇之糞可以使土疆之美凡土之丘交磽確耕者謂
之疆季夏行春令則穀實鮮仙落鮮潔而墮落也國多風欬苦代反○

風欬因風而致欬欬疾也民乃遷徙辰土之氣所應也行秋令則丘隰水潦禾稼不熟乃多女災妊孕多敗戌土之氣所應也行冬令則風寒不時鷹隼音笋蚤鷙四鄙入保丑土之氣所應也

中央土土寄旺四時各十八日共七十二日除此則木火金水亦各七十二日矣土於四時無乎不在故無定位無專氣而寄旺於辰戌丑未之末未月在火金之間又居一歲之中故特揭中央土一令於此以成五行之序焉其日戊己戊己土干之中其帝黃帝黃精之君軒轅氏也其神后土土官之臣顓頊氏之子黎也句龍初為后土後祀以為社后土官缺黎兼火官實兼后土也舊說如此其蟲倮力果反○人為倮蟲之長鄭氏以為虎豹之屬其音宮律中黃鍾之宮宮音屬土又為君故配之中央黃鍾本十一月律諸律皆有宮音而黃鍾之宮乃[illegible]調之首其聲最尊而大餘音皆自此起如土為木火金水之根本故以配中央之土土寄旺於四時宮亦冠於十二律非如十二月以候氣言也其數五天五生土地十成之四時皆舉成數此獨舉生數者四時之物無土不成成而土之

成數又積水一火二木三金四以成十也四者成則土無又成矣其味甘其臭香甘香皆屬土其祀中霤祭先心古者陶復陶穴皆開其上以漏光明故雨霤之後因名室中爲中霤亦神也祭先心者心居中君之象又火生土也○蔡邕獨斷曰季夏土氣始盛其祀中霤霤神在室祀中霤設主于牖下天子居太廟太室中央之室也乘大路駕黃駵載黃旂衣黃衣服黃玉食稷與牛其器圜圓以閎閎者象土之周匝四時閎者寬廣之義象土之容物也

孟秋之月日在翼昏建星中旦畢中翼宿在巳鶉尾之次建星說見仲春其日庚辛其帝少皞其神蓐收其蟲毛其音商律中夷則其數九其味辛其臭腥其祀門祭先肝少皞白精之君金天氏也蓐收金官之神少皞氏之子該也夷則申律長五寸七百二十九分寸之四百五十一九金之成數也辛腥皆屬金秋陰氣出故祀門祭先肝金克木也○蔡邕獨斷曰門秋爲少陰其氣收成祀之於門祀門之禮北面設

主于門左樞涼風至白露降寒蟬鳴鷹乃祭鳥用始行戮此記
由月之候鷹欲食鳥之時先殺鳥而不食似人之食而祭先代爲食之人也用始行戮順時令也天子
居總章左个太寢西堂南偏乘戎路兵車也駕白駱白馬黑鬣曰駱載白
旂衣白衣服白玉食麻與犬其器廉以深廉稜角也亦知之義深則
收藏之意是月也以立秋先立秋三日大史謁之天子曰某
日立秋盛德在金天子乃齊立秋之日天子親帥三公
九卿諸侯大夫以迎秋於西郊還反賞軍帥所類反武人
於朝天子乃命將帥選士厲兵簡練桀俊專任有功以
征不義詰其吉反誅暴慢以明好去聲惡去聲順彼遠方簡練簡擇
而練習之也專任有功謂大將有已試之功乃使之專主其事也詰者問其罪誅者戮其人殘下謂之暴慢上
謂之慢順服也好惡明則遠方順服是月也命有司脩法制繕囹圄具桎

梏禁止姦慎罪邪務搏執 繕治也姦在人心故當有以禁止之邪見於行故慎以罪之務事也搏戮也執拘也 命理瞻傷察創 平聲 視折 哲 審斷決獄訟必端平戮有罪嚴斷刑 理治獄之官也傷者損皮膚創者損血肉折者損筋骨也嚴者謹重之意非嚴急之謂也 天地始肅不可以贏 朱氏曰陽道常饒陰道常乏故贊化者不可使陰氣之贏也 是月也農乃登穀天子嘗新先薦寢廟命百官始收斂完隄坊 防 謹壅塞以備水潦脩宮室坏 培 垣牆補城郭 所以為水潦之備者以月建在酉酉中有畢星好雨也 是月也毋以封諸侯立大官 記者但知賞以春夏刑以秋冬之義不知古者嘗祭之時則有出田邑之制故注謂禁封諸侯及割地為失其義也 毋以割地行大使 去聲 出大幣 以其違收斂之令也 孟秋行冬令則陰氣大勝介蟲敗穀戎兵乃來 此亥水之氣所由也 行春令則其國乃旱 蟹有食稻者謂之稻蟹亦介蟲敗穀之類寅中箕星好風能散雲雨

故致旱陽氣復還五穀無實寅木之氣所損也行夏令則國多火
災寒熱不節民多瘧疾巳火之氣所傷也
仲秋之月日在角昏牽牛中旦觜茲觿攜中角在辰壽星之次也
其日庚辛其帝少皞其神蓐收其蟲毛其音商律中南
呂其數九其味辛其臭腥其祀門祭先肝南呂酉律長五寸三分寸
之一盲風至鴻鴈來玄鳥歸羣鳥養羞此記酉月之候盲風疾風也孟春言
鴻鴈來自南而來北也此言來自北而來南也仲春言玄鳥至此言歸明春來而秋去也羞者所美之食養羞
者藏之以備冬月之養也天子居總章太廟乘戎路駕白駱載白旂
衣白衣服白玉食麻與犬其器廉以深總章大廟西堂當太室也是
月也養衰老授几杖行糜粥飲食月至四陰陰已盛矣時以陽衰陰盛為秋
人以陽衰陰盛為老養衰老順時令也几杖所以安其身飲食所以養其軀行猶賜也糜即粥也乃命

司服具飭衣裳文繡有恒制有小大度有長短衣服有量必循其故冠帶有常 司服官名具飭備具而飭正之也上曰衣下曰裳衣繪而裳繡祭服之制也有恒有定制也小大小則玄冕之一章大則袞冕之九章也長短謂衣長而裳短也衣服謂朝服燕服及他服之當為寒備者也各有劑量必率循故法不得更為新異也冠與帶亦各有常制因造衣并作之

乃命有司申嚴百刑斬殺必當(去聲)毋或枉橈(女教反)枉橈不當反受其殃 刑罰之令前月已行此月又申戒之也枉橈皆屈曲之義謂不中正理而違法斷之以逆理故必反受殃禍也

是月也乃命宰祝循行(去聲)犧牲視全具按芻豢瞻肥瘠察物色必比類量小大視長短皆中度五者備當(去聲)上帝其饗 宰主牲者祝告神者全謂色不雜具謂體無損也養牛羊曰芻養犬豕曰豢得其養則肥失其養則瘠物色或騂或黝陽祀用騂牲陰祀用黝牲比類者比附陰陽之類而用之也小大以體言長短以角言皆欲中法度也所視所案所瞻所察所量五者悉備而當於事上帝且歆饗之矣

羣神令天子乃難那以達秋氣以犬嘗麻先薦寢廟季春命國難以畢春氣此獨言天子難者此爲除過時之陽暑陽者君象故諸侯以下不得難也暑氣退則秋之涼氣通達故云以達秋氣也是月也可以築城郭建都邑穿竇窖教脩囷倉四者皆爲斂藏之備穿地圓曰竇方曰窖乃命有司趣促民收斂務畜蓄菜多積恣聚孟秋已有收斂之命矣此又趣之以時不可緩故也菜所以助穀之不足故蓄之爲備冬積聚者凡可爲歲備者無不貯儲也乃勸種去聲麥毋或失時其有失時行罪無疑麥所以續舊穀之盡而及新穀之登尤利於民故特勸種而罰其惰者是月也日夜分雷始收聲蟄蟲坏培戶殺氣浸盛陽氣日衰水始涸坏益其蟄穴之戶使通明處稍小至寒甚乃墐塞之也水本氣之所爲春夏氣至故長秋冬氣返故涸也日夜分則同度量平權衡正鈞石角斗甬此與仲春同是月也易關市來商旅納貨賄以便民事四方來集遠鄉

皆至則財不匱上無乏用百事乃遂朱氏曰關者貨之所入市者貨之所聚易謂無重征以致其難也易關市所以來商旅貨謂化之以爲利賄謂有之以爲利來商旅所以納貨賄也凡此皆以便民用也四方散而不一故言來集遠鄉遂而在外故言皆至此言貢賦職脩也財所以待用財不匱則無乏用也用所以作事無乏用則事皆遂也凡舉大事毋逆大數必順其時慎因其類大事如土功徭役合諸侯舉兵衆之事皆不可悖陰陽之大數因猶依也如慶賞者乃發生之類刑罰者乃肅殺之類必順時令而謹依其類以行之也仲秋行春令則秋雨不降草木生榮國乃有恐卯木之氣所應也卯中有房心心爲大火故不雨且有火譌之驚恐也行夏令則其國乃旱蟄蟲不藏五穀復生扶又反行冬令則風災數朔午火之氣所傷也起收雷先行草木蚤死子水之氣所泄也收雷收聲之雷也先行先期而動也

季秋之月日在房昏虛中旦柳中房在卯大火之次也其日庚辛

其帝少皞其神蓐收其蟲毛其音商律中無射亦其數九其味辛其臭腥其祀門祭先肝無射戌律長四寸六千五百六十一分寸之六千五百二十四鴻鴈來賓爵入大水爲蛤古沓反鞠有黃華菊豺乃祭獸戮禽此記戌月之候鴈以仲秋先至者爲主季秋後至者爲賓如往登者爲主人賓之以登者爲客也爵爲蛤飛物化爲潛物也菊色不一而專言黃者秋令在金金自有五色而黃爲貴故獨言之以黃爲正也祭獸者祭之於天戮禽者殺之以合食也者鳥獸之總名鳥不可曰獸獸亦可曰禽故鸚鵡不曰獸而猩猩通曰禽也天子居總章右个乘戎路駕白駱載白旂衣白衣服白玉食麻與犬其器廉以深總章右个西堂北偏也是月也申嚴號令命百官貴賤無不務內以會天地之藏無有宣出務內謂事務收斂諸物於內會合也合天地閉藏之令也宣出則悖時令乃命冢宰農事備收舉五穀之要藏帝籍之收於神倉祗敬必飭

農事備收百穀皆斂也要者租賦所入之數籍田所收歸之神倉將以供粢盛也祗謂謹其事敬謂一其心飭謂致其力也是月也霜始降則百工休乃命有司曰寒氣總至民力不堪其皆入室總至凝聚而至也上丁命樂正入學習吹去聲○吹主樂聲而言是月也大饗帝句嘗句犧牲告備于天子仲夏大雩所祈也此月大饗報也饗嘗皆用犧牲仲秋已視全具至此則告備而後用焉合諸侯制百縣為去聲來歲受朔日與諸侯所稅於民輕重之法貢職之數以遠近土地所宜為度以給郊廟之事無有所私石梁王氏曰合諸侯制百縣注云合諸侯制絕句不可從○劉氏曰合諸侯者總命諸侯之國也制猶敕也百縣諸侯所統之縣也天子總命諸侯各敕百縣為來歲受朔日與稅法貢數各以道路遠近土地所宜為度以給上之事而不可有私也言郊廟者舉其重也蓋朔日與稅貢等事皆天子總命之諸侯而諸侯頒之百縣使奉行也舊說秦建亥此月為歲終故行此數事者得之或疑是時秦未并天下未有諸侯百縣此仍

是古制愚按吕不韋相秦十餘年此時已有必得天下之勢故大集群儒損益先王之禮而作此書名曰春秋將欲爲一代興王之典禮也故其間亦多有未見與禮經合者又按昭襄王之時封魏冉穰侯公子市宛侯悝鄧侯則分封諸侯行王者事久矣不韋作相時已滅東周君六國削甚秦已得天下太半故其立制欲如此也其後徙死始皇并天下李斯作相盡廢先王之制而吕氏春秋亦無用矣然其書也亦當時儒生學士有志者所爲猶能彷彿古制故記禮者有取焉

是月也天子乃教於田獵以習五戎班馬政教於田獵謂因獵而教之以戰陳之事習用其弓矢殳矛戈戟之五兵班布乘馬之政令其毛色之同異力之強弱各以類相從也

命僕及七騶咸駕載旌旐授車以級整設于屏外司徒搢扑北面誓之僕戎僕也天子馬有六種種各一騶主之并總主六騶者爲七騶也皆以馬駕車又載析羽之旌龜蛇之旐既畢而授車于乘者以尊卑爲等級各使正其行列向背而設于軍門之屏外於是司徒插扑于帶於陳前北面誓戒之此時六軍皆向南而陳也扑即夏楚二物也周禮戎僕中大夫二人

天子乃厲飾執弓挾子協反矢以獵命

主祠祭禽于四方天子戎服而嚴厲以威武之飾親用弓矢以殺禽獸盡奉祭祀之物當親
殺也獵竟則命典祀之官取獵地所獲之獸祭於郊以報四方之神禽者獸之通名也是月也草
木黃落乃伐薪爲炭備禦寒也蟄蟲咸俯在內皆墐[illegible]其戶
俯垂頭也內穴之深隱也墐塞也乃趣促獄刑毋留有罪刑於[illegible]稍得即決[illegible]留而
不決亦悖時令也收祿秩之不當供去聲養去聲之不宜者[illegible]如漢法收印
綬之收謂索之使還各依本等祿秩不當謂不應得而恩命濫賜之者也供養膳服之具也貴賤各有宜用不
宜謂僭侈踰制若此亦順秋令之嚴肅也是月也天子乃以犬嘗稻先薦寢
廟季秋行夏令則其國大水未中東井主之冬藏殃敗竇窖之藏爲水
所侵民多鼽求嚏帝○未土之氣所應也鼽者氣窒於鼻嚏者聲發於口皆肺疾以夏火克金故
病此也行冬令則國多盜賊邊竟境不寧土地分裂丑土之氣
所應也裂坼也行春令則煖風來至民氣解蟹惰師興不居辰土

之氣所應也不居不得止息也

孟冬之月日在尾昏危中旦七星中尾在寅析木之次也七星見季春

其日壬癸其帝顓頊其神玄冥其蟲介其音羽律中應鍾其數六其味鹹其臭朽其祀行祭先腎顓頊黑精之君玄冥水官之臣少皞氏之子曰脩曰熙相代爲水官左傳云脩及熙爲玄冥是也介甲也介蟲龜爲長水物也羽音屬水應鍾亥律長四寸二十七分寸之二十一水成數六鹹朽皆水屬水受惡穢故有朽腐之氣也行者道路往來之處冬陰往而陽來故祀行也春夏秋皆祭先所勝冬當先心以中央祭心故但祭所屬又以冬主靜不尚克制故也○蔡邕獨斷曰行冬爲太陰盛寒爲水祀之於行在廟門外之西軷壤厚二尺廣五尺輪四尺北面設主於軷上

水始冰地始凍雉入大水爲蜃虹藏不見現○此記亥月之候蜃蛟屬此亦飛物化潛物也晉武庫中忽有雉雊張華曰此必蛇化爲雉也開視雉側果有蛇蛻類書有言雉與蛇交而生子子必爲蜃不皆然也然則雉之爲蜃理或有之陰陽氣交而爲虹此時陰陽極乎辨故虹

伏虹非有質而曰藏亦言其氣之下伏耳天子居玄堂左个北堂之西偏也乘玄路駕鐵驪鐵色之馬載玄旂衣黑衣黑深而玄淺如朱深而赤淺也服玄玉食黍與彘其器閎以奄閎者中寬奄者上狹是月也以立冬先立冬三日大史謁之天子曰某日立冬盛德在水天子乃齊立冬之日天子親帥三公九卿大夫以迎冬於北郊還反賞死事恤孤寡死事爲國事而死也孤寡即死事者之妻子不言諸侯與夏同是月也命大史釁龜筴句占兆句審卦吉凶馮氏曰釁龜筴者殺牲取血而塗龜與蓍筴也古者器成而釁以血所以攘卻不祥也占兆者玩龜書之繇文審卦者審易書之休咎皆所以豫明其理而待用也釁龜而占兆釁筴而審卦吉凶太史之職也是察阿黨則罪無有掩蔽獄吏治獄寧無阿私必是正而省察之庶幾犯罪者不至掩蔽其曲直也是月也天子始裘周禮季秋獻功裘至此月乃衣之也命有司曰天氣上上聲騰地氣下

降天地不通閉塞而成冬不交則不通不通則閉塞命百官謹蓋藏

命有司循行去聲積聚無有不斂中嚴仲秋積聚之令坏城郭戒門

閭脩鍵音蹇閉慎管籥坏補其缺薄處也城郭[illegible]故言坏門閭備禦非常[illegible]

鍵須也閉鎖筒也管籥鑰匙也鍵閉或有破壞故云脩管籥不可妄開故云慎固封疆備邊竟

境完要塞先代反謹關梁塞徯音奚徑[illegible]

徑野獸往來之路也飭喪紀辨衣裳審棺槨之厚薄塋丘壟之大

小高卑句厚薄之度貴賤之等級飭喪[illegible]之紀律也[illegible]

以下諸事是已上衰下裳以布之精麤為[illegible]

亦謂襲斂之衣數多寡也棺槨厚薄有貴賤之[illegible]

大小丘壟有高卑皆不可踰越[illegible]之度[illegible]

賤之等級主人而言故揔曰等[illegible]

冬者歲之終故於此時而飭喪紀焉是月也命工師效功陳祭器按度程

毋或作為淫巧以蕩上心必功致緻為上物勒工名以

考其誠功有不當去聲必行其罪以窮其情工師百工之長效呈也諸器皆成獨主祭器祭器尊也度法也程式也淫巧指諸器而言致讀爲緻謂功力密緻也一讀如字亦通勒刻也刻名於器以考工人之誠僞也行猶治也窮其情若究詰其詐僞之情也是月也大飲烝因烝祭而與羣臣大爲燕飲也舊說烝升也此乃饗禮升牲體於俎上謂之房烝未知是否天子乃祈來年于天宗大割祠于公社及門閭臘先祖五祀勞去聲農以休息之天宗日月星辰也割祠割牲以祭也社以上公配祭故云公社又祭及門閭之神也臘之言獵以田獵所獲之物而祭先祖及五祀之神故曰臘也又蔡氏云夏曰清祀殷曰嘉平周曰蜡秦曰臘然左傳言虞不臘是周亦名臘也勞農即周禮黨正屬民飲酒之禮也天子乃命將帥講武習射御角力以仲冬大閱也是月也乃命水虞漁師收水泉池澤之賦毋或敢侵削衆庶兆民以爲天子取怨于下其有若此者行罪無赦水虞澤虞也漁師漁人也見周禮水冬涸故以冬時收賦

孟冬行春令則凍閉不密地氣上泄上聲民多流亡寅木之氣所泄也行夏令則國多暴風方冬不寒蟄蟲復出巳火之氣所擾也行秋令則雪霜不時小兵時起土地侵削申金之氣所淫也

仲冬之月日在斗昏東辟壁中旦軫中斗在丑星紀之次也其日壬癸其帝顓頊其神玄冥其蟲介其音羽律中黃鍾其數六其味鹹其臭朽其祀行祭先腎黃鍾子律長九寸冰益壯地始坼鶡旦不鳴虎始交此記子月之候鶡旦夜鳴求旦之鳥也天子居玄堂太廟乘玄路駕鐵驪載玄旂衣黑衣服玄玉食黍與彘其器閎以奄玄堂大廟北堂當太室也飭死事誓戒六軍之士以戰陳當厲必死之志也命有司曰土事毋作慎毋發蓋毋發室屋及起大衆以固而閉順閉藏之令以安伏蟄之性也固堅也而猶其也周禮仲冬教大閱此言毋起大衆

誠呂氏之書矣地氣沮上聲泄是謂發天地之房諸蟄則死民必疾疫又隨以喪命之曰暢月沮者壞散之義固[illegible]而宜泄[illegible]蟄之閉固氣類猶房室之安藏人[illegible]藏則諸蟄皆死是干犯陰陽之[illegible]隨之而見一說喪讀去聲謂民因[illegible]月未詳舊說暢充也言所以不可[illegible]皆充實於內故也朱氏謂陽久[illegible]而後伸故云暢月也未知孰是

是月也命奄尹申宮令審門閭謹房室必重閉省婦事毋得淫雖有貴戚近習毋有不禁奄尹羣奄之長也以其[illegible]人宮令宮中之政令也重閉[illegible]減省婦人之事務順陰靜也淫謂女[illegible]過巧者貴戚天子之族姻近習其[illegible]乃命大酋秫稻必齊麴蘖必時湛尖熾必絜水泉必香陶器必良火齊去聲必得兼用六物大酋監平聲之毋有差貸[illegible]酋酒官之長也秫稻酒材也必齊多寡中度也必時制造及時也湛漬而滌之也熾炊也必絜無所污也必香無[illegible]

惡之氣也必良無罅漏之失也必得適生熟之宜也物事也六物謂必齊以下六事差貸不中法式也天子命有司祈祀四海大川名源淵澤井泉冬令方中水德至盛故為民祈而祀之也是月也農有不收藏積聚者馬牛畜獸有放佚者取之不詰詰起吉反○取之不詰罪在不收斂也山林藪澤有能取蔬食田獵禽獸者野虞教道之其有相侵奪者罪之不赦罪之不赦惡其不相共利也是月也日短至陰陽爭諸生蕩陰盛至是始[illegible][illegible][illegible]陰陽之爭與夏至同諸生者萬物之生機也蕩者動也君子齊戒處必掩身身欲寧去聲色禁耆欲安形性事欲靜以待陰陽之所定此皆[illegible][illegible]夏至同而有謹之至者彼言止聲色而此言[illegible]欲而此言禁蓋仲夏之陰猶微而此時之[illegible]盛陰微則盛陽未至於甚傷陰盛則微陽當在於善保故也芸始生荔挺出[illegible][illegible]角解水泉動此又言子月之候芸與荔挺皆香草結猶屈也解脫也水者天一之陽所生陽生而動言

兆過者謂遂發也十一月惟子午之月皆再記時候者謂於陰陽之萌也日短至則伐木取竹箭陰盛則材成故伐而取之大曰竹小曰箭是月也可以罷官之無事去器之無用者官以權宜而設器以權宜而造皆暫爲之事此閉藏休息之時故可罷去塗闕廷門閭築囹圄此以助天地之閉藏也仲冬行夏令則其國乃旱火氣乘之應於來年氛霧冥冥亦火氣所蒸雷乃發聲陰不能固閉也午火之氣所充也行秋令則天時雨去聲汁執瓜瓠不成雨雪雜下曰汁國有大兵酉金之氣所淫也行春令則蝗蟲爲敗水泉咸竭卯中大火之所生也民多疥癘卯木之氣所泄也

季冬之月日在婺女昏婁中旦氐中女在子玄枵之次也其日壬癸其帝顓頊其神玄冥其蟲介其音羽律中大呂其數六其味鹹其臭朽其祀行祭先腎大呂丑律長八寸二百四十三分寸之百

鴈北鄉（去聲）鵲始巢雉雊雞乳（上去聲。○此記丑月之候）天子居玄堂右个，乘玄路，駕鐵驪，載玄旂，衣黑衣，服玄玉，食黍與彘，其器閎以奄（玄堂右个，北堂東偏也）。命有司大難（[illegible]）旁（[illegible]）磔（[illegible]），出土牛，以送寒氣（季春惟國家之難，仲秋惟天子之難，此則下及庶人，又以陰氣極盛，故云大難。旁磔，謂四方之門皆披磔其牲以禳除陰氣，不但如季春之九門磔禳而已。舊說此月日經虛危，司命二星在虛北，司祿二星在司命北，司危二星在司祿北，司中二星在司危北，此四司者，鬼官之長。又墳四星在危東南，墳墓四司之氣能為厲鬼，將來或為災厲，故磔以禳除之，事或然也。出，猶作也。月建丑，丑為牛，土制水，故特作土牛以畢送寒氣也）。征鳥厲疾（征鳥，鷹隼之屬，以其善擊，故曰征。厲疾者，猛厲而迅疾也）。乃畢山川之祀，及帝之大臣、天之神祇（帝之大臣，謂五帝之佐，句芒、祝融之屬也。孟冬言祈天宗，此或司中、司命、風師、雨師之屬歟）。是月也，命漁師始漁，天子親往，乃嘗魚，先薦寢廟（獵而親殺，為奉祭也[illegible]；漁而親往，亦為薦先[illegible]）。冰方盛水澤腹堅命取冰冰以入冰之初凝惟水面而已至此則徹上下皆凝故云腹堅腹猶內也藏冰正在此時故命取冰冰入則陰事之終也令告民出五種命農計耦耕事脩耒耜具田器冰入之後大寒[illegible][illegible]令其農之官告民出其[illegible][illegible]五[illegible][illegible]種計度耦耕之事耦謂二人相偶也[illegible]木[illegible][illegible][illegible][illegible]耜今之耜以鐵爲之田器鎡基之屬凡治田[illegible]用[illegible][illegible]也此皆豫備東作之事陽事之始也命樂師大合吹去聲而罷鄭氏曰歲將終與族人大飲作樂於大寢以綴恩也王居明堂禮季冬命國爲酒以合三族○太跡曰此用禮樂於族人最盛[illegible][illegible]季冬[illegible]復如此作樂以一年頓停故云罷乃命四監收秩薪柴以共供郊廟及百祀之薪燎四監說見季夏秩常也謂有常數也大者可析者謂之薪小而束者謂之柴[illegible][illegible][illegible]爨及夜燎之用也是月也日窮于次月窮于紀星回于天數將幾終歲且更始日窮于次者去年季冬次玄枵至此窮盡還次玄枵也紀會也去年季冬月與日相會於玄枵至此窮盡還復會於玄枵也二十八宿隨天而行每日雖周天一匝而早晚不同至此月而復

其故處與去年季冬早晚相似故云回于天也幾近也以去年季冬至今年季冬三百五十四日未滿三百六十五日不爲正終故云幾於終也歲且更始者所謂終則有始也

專而農民毋有所使而汝也在上者當專壹於農之事學導業設建之也

天子乃與公卿大夫共飭國典論時令以待來歲之宜朱氏曰國典[illegible]飭之以意來歲之事時令有所論之以防來歲之[illegible]始故事亦有[illegible]

乃命太史次諸侯之列賦之犧牲以共洪皇天上帝社稷之饗列謂大小[illegible]饗之[illegible]

乃命同姓之邦共寢廟之芻豢人本乎祖[illegible]牲使同姓[illegible]

命宰歷卿大夫至于庶民土田之數而賦犧牲[illegible]以共山林名川之祀[illegible]其多寡之數也

凡在天下九州之民者無不咸獻其力以共皇天上帝社稷寢廟山林名川之祀[illegible]

秋令則白露蚤降介蟲爲妖四鄙入保保家也[illegible]

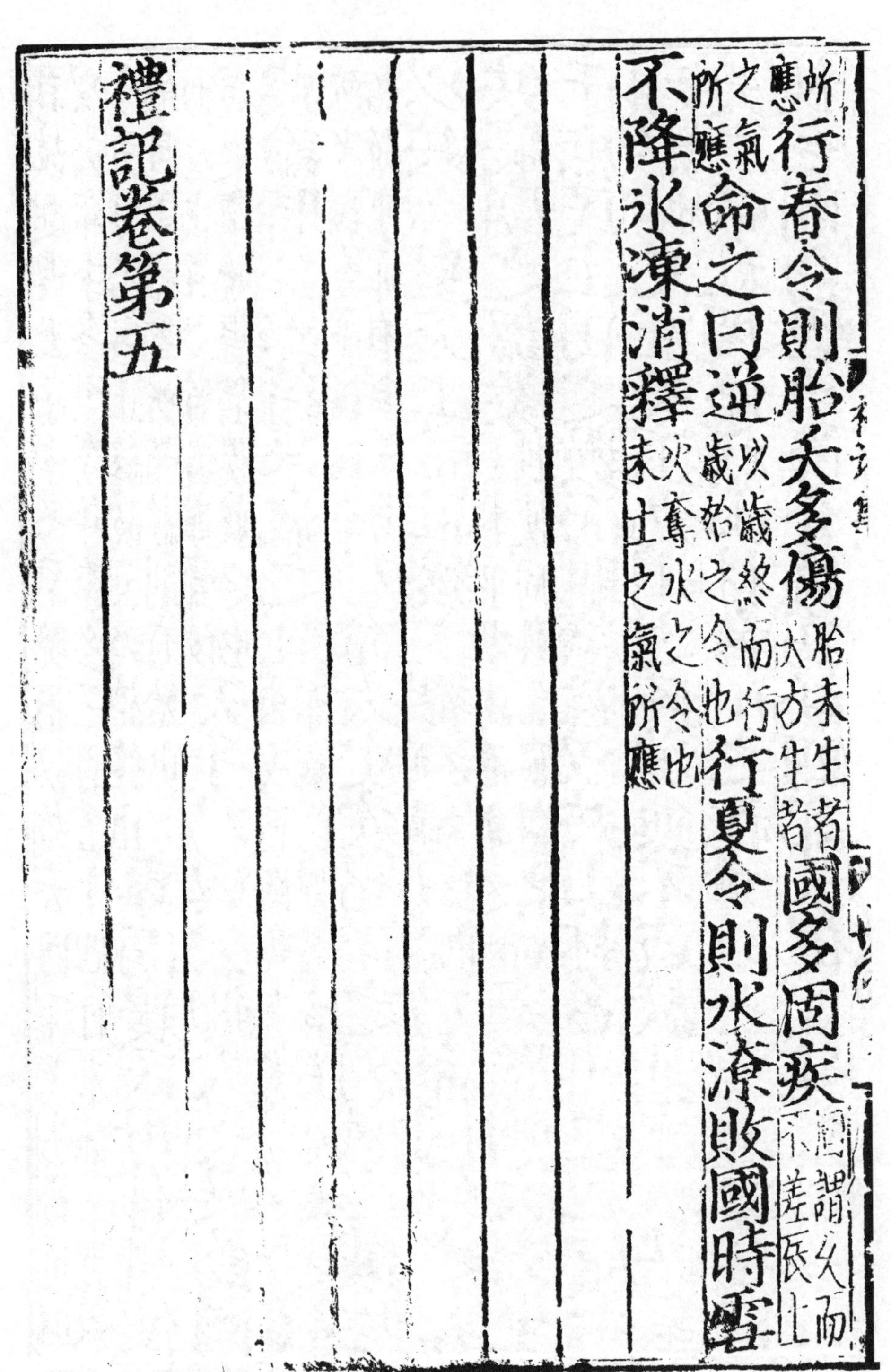

所應行春令則胎夭多傷胎未生者夭方生者國多固疾固謂久而不差辰土之氣所應命之曰逆以歲終而行歲始之令也行夏令則水潦敗國時雪不降冰凍消釋火奪水之令也未土之氣所應

禮記卷第五

禮記卷第六

後學東匯澤陳　澔　集說

曾子問第七

曾子問曰君薨而世子生如之何孔子曰卿大夫士從攝主北面於西階南大祝裨皮冕執束帛升自西階盡等不升堂命毋無哭攝主上卿之代主國事者也裨冕[illegible]天子諸侯六服大裘爲[illegible]爲裨服裨衣而著冕故曰裨冕也等即階也祝聲三去聲告曰某之子生敢[illegible]升奠幣于殯東几上哭降衆主人卿大夫士[illegible]不踊盡一哀反位遂朝奠小宰升舉幣設[illegible]聽乃告之也噫是歎恨之聲歆者欲其[illegible]夫人之氏也房中婦人也升舉幣奉而埋之[illegible]也三日衆主人卿大夫士如初位北面大宰[illegible]

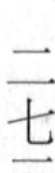

皆裨冕少師奉（芳勇反）子以衰（[illegible]）祝先子從宰宗人從（[illegible]）

入門哭者止子升自西階殯前北面祝立于殯東南隅

祝聲三（聲去聲下同）曰某之子某從執事敢見（賢遍反）子拜稽顙哭

哭祝宰宗人卿大夫士哭踊三者三降東反位

皆袒子踊房中亦踊三者三襲衰杖奠出大宰命祝史

以名徧告于五祀山川（紹提祝者[illegible]告子生之[illegible]　也事畢主義子之宮[illegible]子[illegible]）

（少衰服承[illegible]而[illegible]衰[illegible]告曰夫人某氏之子某[illegible]事　宰宗人等[illegible]子名則大宰立出告[illegible]子之人[illegible]）

（而諸衰且卽次[illegible]三序為一節如此者三故云三者三　降東反位[illegible]上入皆從[illegible]而反東在下者亦皆）

（東[illegible]一反[illegible]袒之哭袒出踊三襲衰杖　成其為子之禮也奠出朝奠畢而出也）曾子問曰如已

葬而世子生則如之何孔子曰大宰大宗從大祝而告

于禰三月乃名于禰以名徧告及社稷宗廟山川（告于禰時）

其主也此時神主在殯宮因見禰而立其名故云乃名于禰也孔子曰諸侯適天子必告于祖奠于禰冕而出視朝命祝史告于社稷宗廟山川乃命國家五官而后行道而出告者五日而徧過是非禮也凡告用牲制幣反亦如之告[illegible]祖[illegible]告于禰奠[illegible]亦奠于祖也奠者奠幣為禮而告之也視朝聽朝事[illegible]後[illegible]告群祀求命五大夫之職事使[illegible]發[illegible]有三[illegible]大夫道而出者祖祭道神而后出行[illegible]任宮內月令冬祀行是[illegible]之喪禮毀宗[illegible]行[illegible]廟門外西方若祭道[illegible]其十[illegible]山形伏牲其上祭[illegible]遂[illegible]其[illegible]其牲天子一犬諸侯[illegible]脯而已長一丈[illegible]諸侯相見必告于禰朝服而出視朝命祝史告于五廟所過山川亦命國家五官道而出反必親告于祖禰乃命祝史告至于前所告者而后聽朝而入[illegible]敬君[illegible]

豫習其[illegible]服[illegible]諸侯[illegible]服而已諸[illegible]服[illegible]繒衣素裳[illegible]皮弁服則相朝亦[illegible]弁服矣大夫以皮[illegible]服[illegible]朝故[illegible]之朝服也曾子問曰並有喪如之何何先何後孔子曰葬先輕而後重其奠也先重而後輕禮也自啓及葬不奠行葬不哀次反葬奠而后辭於殯賓遂脩葬事其虞也先重而後輕禮也曾[illegible]時[illegible]母或祖父母之喪先後之次如向孔子言葬則先母[illegible]后父奠則先父而後後母自從也從啓母殯之後及至葬[illegible]欲出之前惟設母啓殯之奠朝廟之奠及祖奠遣奠[illegible]已不於殯宮爲父設奠故云自啓及葬不奠謂不奠父也次者大門外之右平生待賓客之處柩至此則孝子悲哀推車暫停今爲父喪在殯故行葬母之時孝子不得爲母伸哀於所次之處故柩車不暫停也及葬母而反即於父殯設奠告語於賓以明日啓父之期賓出之後孝子遂脩營葬父之事也葬是奪情之事故先輕奠是奉養之事故先重也虞祭亦奠之類故亦先重

孔子曰宗子雖七十無無主婦非宗子雖無主婦可也

宗子領宗男於外宗婦領宗女於內禮不可闕故雖七十之年猶必再娶然此謂大宗之無子或子幼者若有子有婦可傳繼者則七十可不娶矣

曾子問曰將冠去聲子冠者至揖讓而入聞齊衰大功之喪如之何孔子曰內喪則廢外喪則冠而不醴徹饌而埽去聲即位而哭如冠者未至則廢

冠者賓與贊禮之人也此人已及門而與主人揖讓以入矣主人忽聞齊衰大功之喪向以憂之夫子言若是大門內之喪則廢而不行以冠禮行之於廟廟在大門之內吉凶不可同處也若是大門外之喪喪在他處可以加冠但冠禮三加之後設醴以禮新冠之人今值凶止三加而止不醴之也初欲迎賓之時醴及饌具皆設今悉徹去又埽除冠之舊位使淨潔更新乃即位而哭如賓與贊者未至則廢也

如將冠子而未及期日而有齊衰大功小功之喪則因喪服而冠除喪不改冠乎孔子曰天子賜諸侯大夫冕弁服於大廟歸設奠服賜服於斯乎有冠醮無冠醴[illegible]

冠埽地而祭於禰已祭而見伯父叔父而后饗

冠者未及成服而任[illegible]之[illegible]

日除喪之後不[illegible]

侯及大夫之有[illegible]

子天子於[illegible]

即設奠告醴[illegible]

冠之醴醮具以[illegible]

如此安得有除喪[illegible]

以吉禮禮冠者[illegible]

○疏曰吉冠是[illegible]

謂之醮者酌而無[illegible]日醮[illegible]

酒故名為醮[illegible]之所以[illegible]於禮者[illegible]之醮

則一每一加而[illegible]

行一醮也

曾子問曰祭如之何則不行旅酬之事矣

孔子曰聞之小祥者主人練祭而不旅奠酬於賓賓弗

舉禮也昔者魯昭公練而舉酬行旅非禮也孝公大祥

奠酬弗舉亦非禮也曾子問祭而不行旅酬之禮何祭為然孔子言惟小祥練祭為然不

二七八

旅者不旅酬也奠酬於賓奠其酬爵於賓前也賓弗舉者賓不舉以旅也言此祭主人得致爵於賓賓不可舉此爵而行旅酬此禮亦大祥則可旅酬矣季公鳥公拾○朱子曰旅衆也酬導飲也旅酬之禮賓弟子兄弟之子各舉觶於其長而衆相酬蓋宗廟之中以有事為榮故逮及賤者使亦得以伸其敬也又曰主人酬賓以爵賓酢主人主人又自飲而復飲賓[illegible]人又自飲者是導賓使飲也但賓受之卻不飲奠於薦東主人舉時亦不舉又自別舉爵

曾子問曰大功之喪可以與於饋奠之事乎孔子曰豈大功耳自斬衰以下皆可禮也曾子曰不以輕服而重相為去聲乎孔子曰非此之謂也天子諸侯之喪斬衰者奠大夫齊衰者奠士則朋友奠不足則取於大功以下者不足則反之饋奠奠於殯[illegible]大夫[illegible]望皆有殷奠[illegible]朔其[illegible]盛故執事者衆曾子問己有大功之喪[illegible]與饋奠之事乎孔子將謂曾子問己有大功之[illegible]得為[illegible]功如[illegible]矣否故答云豈但大功自斬衰以[illegible]皆可禮也言身[illegible]斬衰所為者斬衰身有齊衰所為者齊衰皆可

與其饋奠孔子是據所服者言之曾子又[illegible]此[illegible]謂言他人乃曰不太輕已之服而重[illegible]他[illegible]乎孔子[illegible]荅云非此爲他人之謂也謂於所爲服者止及喪[illegible]主人以悲哀不暇執事故不親奠天子諸侯之喪皆斬[illegible]斬衰故云斬衰者奠大夫則兄弟之所齊衰者[illegible]以齊衰者奠避大夫也設則朋友奠人不充數則[illegible]以助以下又不足則又取大功以上[illegible]疏曰反之者反取前人執事者充之○曾子問曰小功可以與於祭乎孔子曰何必小功耳自斬衰以下與祭禮也曾子曰不以輕服而重祭乎孔子曰天子諸侯之喪祭也不斬衰者不與祭大夫齊衰者與祭士祭不足則取於兄弟大功以下者大旨與上章同但此問[illegible]於祭則是虞與卒哭之[illegible]曾子問曰相識有喪服可以與於祭乎孔子曰緦不祭又何助於人所知識之人有祭事而己有喪服可以助爲之執事否夫子言己有緦麻之服服之輕者也尚不得自祭己之宗廟何得助他人之祭乎曾子問曰廢喪服可以與於[illegible]

奠之事乎孔子曰說衰與奠非禮也以擯相可也擯相去聲說猶除也饋奠在殯之時也不問吉祭而問喪奠曾子之意謂除喪服決不可與吉禮疑可與饋奠也夫子言方說衰即與奠是忘哀太速故言非禮也擯相事輕小斂可且

曾子問曰昏禮既納幣有吉日女之父母死則如之何孔子曰壻使人弔如壻之父母死則女之家亦使人弔父喪稱父母喪稱母父母不在則稱伯父世母壻已葬壻之伯父致命女氏曰某之子有父母之喪不得嗣為兄弟使某致命女氏許諾而弗敢嫁禮也壻免喪女之父母使人請壻弗取去聲而后嫁之禮也有吉日者謂日已定也言彼是父喪則此稱父之名弔之若是母喪則稱母之名弔之父母或在他所則稱伯父伯母名如無伯父母則用叔父母名可知壻雖已葬其親而喪期尚遠不欲使彼女失嘉禮之時故使人致命度之別嫁也人某之子此某字是伯父之名不得嗣為兄弟者言絕止

不為夫婦也夫婦同等有兄弟之義亦親之之辭不曰亦者未成昏嫌也使某致命此某字是使者之名致致仕之致謂致還其許昏之命也女亦雖許嫁而不敢以女嫁於他人禮也及壻祥禫之後女之父母使人請壻成昏壻終守前約而不取而后此女嫁於他族禮也女之父母死壻亦如之女之父母死女之伯父致命於壻氏曰某之子有父母之喪不得嗣為兄弟使某致命壻氏許諾而不敢要女免喪壻之父母使人請女家不許壻然後別娶也曾子問曰親迎女在塗而壻之父母死如之何孔子曰女改服布深衣縞總以趨喪女在塗而女之父母死則女反嫁服士妻褖衣大夫妻展衣卿妻鞠衣服更其嫁服也衣與裳相連而前後深邃故曰深衣縞生白絹也總束髮也長八寸布為深衣縞為總婦人始喪未成服之服也故服此以奔舅姑之喪女子在室為父三年父卒亦為母三年已嫁則期今既在塗[illegible][illegible]至矣則止用奔喪之禮而服期改服亦布深衣縞總也如壻親迎女未至而有齊衰大功之喪則如之何孔子曰男不入改服於外次女入

二八二

改服於內次然後即位而哭曾子問曰除喪則不復昏禮乎孔子曰祭過時不祭禮也又何反於初此齊衰大功之喪謂壻家也改服改其親迎之服而服深衣於門外之次也女謂婦也入門內之次而以深衣更其緣服以出之時闕齊衰大功之喪者以小功及緦輕不廢昏禮待已乃哭耳若女家有齊衰大功之喪亦不反歸也言子又明除喪之後豈不復更爲昏禮乎孔子言祭重而昏輕者過時尚廢輕者豈同復行乎然此亦止謂四時常祭耳禘祫大祭過時猶追也孔子曰嫁女之家三夜不息燭思相離去聲也取去聲婦之家三日不舉樂思嗣親也三月而廟見形甸反稱來婦也擇日而祭於禰成婦之義也思相離則不寢寐故不[illegible]思嗣親則不無感傷故不舉樂婚禮所以不賀昏而舅姑存者明日婦見舅姑若舅姑已沒則成[illegible]三月乃見於廟祝辭告神曰某氏來婦言來爲[illegible]日而行謁禮廟目祭禰即是一事欲見[illegible]擇[illegible]成婦廟[illegible]者[illegible]禮之禮之義也曾子問曰女未廟見而死

則女之　孔子曰不遷於祖不祔於皇姑壻不杖不菲扶畏反不次歸葬于女氏之黨示未成婦也不遷於祖不遷柩而朝於壻之祖廟也不祔於皇姑以未廟見故主一不得祔姑之廟也壻齊衰期但不杖不草屨不別處哀之一日女之父母自降服大功曾子問曰取去聲女有吉日而女死如之何孔子曰壻齊衰而弔既葬而除之夫死亦如之若夫死女以斬衰往弔既葬而除也曾子問曰喪有二孤廟有二主禮與平聲孔子曰天無二日土無二王嘗禘郊社尊無二上未知其爲禮也二孤二主當時有之曾子疑其非禮故問夫子言天猶不得有二日土猶不得有二王嘗禘郊社祭之尊無二有所尊不可混并而祭之喪可得有二孤廟可得有二主乎非禮明矣昔者齊桓公亟[illegible]舉兵作僞主以行及反藏諸祖廟廟有二主自桓公始也師行而載遷廟之主于齋車示有所尊奉也既作僞主又藏於廟是二失矣喪之二孤則

昔者衛靈公適魯遭季桓子之喪衛君請弔哀公辭不得命公爲主客入弔康子立於門右北面公揖讓升自東階西鄉客升自西階弔公拜興哭康子拜稽顙於位有司弗辯也今之二孤自季康子之過也（[illegible]）（衛君來而哀公爲主禮也禮大夫[illegible]入門右北面哭拜稽顙今既哀公爲主[illegible]但當哭踊而已乃拜而稽顙於位是[illegible]不能論而正之遂至循襲爲常變禮[illegible]章言自桓公始也不言始而言過者孔子[illegible]同時也靈公先桓子卒經誤爲靈公實出公也）

曾子問曰古者師行必以遷廟主行乎孔子曰天子巡守以遷廟主行載于齊車言必有尊也今也取七廟之主以行則失之矣（遷廟主謂新遷廟者之主也齊車金路也[illegible]）當七廟五廟無虛主虛主者唯天子崩諸侯薨與去其國與祫[illegible]

祭於三日[illegible]天子崩國君薨則祝取羣廟之主而藏諸祖廟禮也卒哭成事而后主各反其廟[illegible]君去其國大宰取羣廟之主以從禮也[illegible]祫祭於祖則祝迎四廟之主主出廟入廟必蹕老聃云[illegible]曾子問曰古者師行無遷主則何主孔子曰主命問曰何謂也孔子曰天子諸侯將出必以幣帛皮圭告于祖禰遂奉以出載于齊車以行每舍奠焉而后就舍反必告設奠卒斂幣玉藏諸兩階之間乃出蓋貴命也既以幣玉告于祖廟則奉此幣玉猶奉祖宗之命也故曰主命每舍必奠神之也反

則設奠以告而埋藏之不敢褻也

子游問曰喪平聲慈母如母禮與孔子曰非禮也古者男子外有傅內有慈母君命所使教子也何服之有妾之無子者養妾子之無母者謂之慈母然天子諸侯不為庶母服大夫妾子父在為其母大功士之妾子父在為其母期是與己母同也何服之有謂天子諸侯也故下文舉國君之事證之

昔者魯昭公少去聲喪去聲其母有慈母良及其死也公弗忍也欲喪之有司以聞曰古之禮慈母無服今也君為之服去聲是逆古之禮而亂國法也若終行之則有司將書之以遺去聲後世無乃不可乎公曰古者天子練冠以燕居公弗忍也遂練冠以喪慈母喪慈母自魯昭公始也良[illegible]者居以前也天子諸侯[illegible]慈天子諸侯[illegible]為其母緦[illegible]有以[illegible]君之[illegible]為之者以子貴而伸也然必適[illegible]文古[illegible]適[illegible]君在[illegible]故練冠也此言練冠[illegible]之為王者[illegible]喪慈母耳

曾子問曰諸侯旅見（形甸反）天子入門不得終禮廢者幾（上
聲）孔子曰四請問之曰大廟火日食后之喪雨霑服失
容則廢如諸侯皆在而日食則從天子救日各以其方
色與其兵大廟火則從天子救火不以方色與兵（旅衆也方色
衣之色也東方諸侯衣青南方諸侯衣赤餘倣此東方
用戟南方矛西方弩北方楯中央鼓日食是陰侵陽故
正五行之方色以[illegible]
之救火不問此義也）曾子問曰諸侯相見揖讓入門（[illegible]）
不得終禮廢者幾孔子曰六請問之曰天子崩大廟（[illegible]）
日食后夫人之喪雨霑服失容則廢（[illegible]廟本國之[illegible]也夫人[illegible]君[illegible]）
曾子問曰天子嘗禘郊社五祀之祭簠簋既陳天子崩
后之喪如之何孔子曰廢（嘗禘不輟之祭[illegible]之祭此言五祀而祭[illegible]七祀
先儒[以]言祭法不足據矣）曾子問曰當祭而日食大廟火其祭也如

之何孔子曰接祭而已矣如牲至未殺則廢接捷也疾之義此

言宗廟之祭遇此變異則減略節文務在速畢無（所）尸於奧及迎尸入坐等禮矣天子崩未殯

五祀之祭不行既殯而祭其祭也尸入三飯不侑[illegible]

酳以刃反不酢昨而已矣自啓至于反哭五祀之祭[illegible]

已葬而祭祝畢獻而已

諸侯之祭禮不可知矣先儒以大夫士祭禮推之士祭尸九飯大夫祭尸十一飯則知諸侯十三飯天子十五飯也五祀之[illegible]不可[illegible]喪[illegible]其祭[illegible]之時而天子崩則尸而不[illegible]記[illegible]然其禮則矣侑勸也[illegible]入迎尸而入坐也三飯[illegible]者[illegible]飯飽則止祝[illegible]不勸侑其食使滿[illegible]嘗[illegible]之數[illegible]食而以酒漱[illegible]也說見曲禮按特[illegible]禮[illegible]人酒酳尸尸飲卒爵酢主人主人受酢[illegible]畢[illegible]下畢主人又酌獻佐食今云酳不酢者[illegible]主[illegible]事也是言矣後祭五祀之禮又言自啓[illegible]尸反哭其謂亦不祭五祀直待葬後乃祭其[illegible]不同蓋葬哭哀[illegible]向吉故祝侑尸食至[illegible]五[illegible]主尸[illegible]卒[illegible]攝主攝主獻畢酌[illegible]已而[illegible]

[illegible]諸[illegible]社稷

[illegible]天子崩后之喪[illegible]夫人之[illegible]何孔

[illegible]比至于殯自啓至于反哭奉[illegible]

[illegible]

[曾子問曰大]夫之祭鼎俎既陳籩豆既設不得成禮廢者幾[illegible]

[孔子]曰九請問之曰天子崩后之喪君薨夫人之喪君

之大廟火日食三年之喪齊衰大功皆廢外喪自齊衰

以下行也其齊衰之祭也尸入三飯不侑酳不酢而已

矣大功酢而已矣小功緦室中之事而已矣士之所以

異者緦不祭所祭於死者無服則祭此言大夫宗廟之祭外喪在大門之[illegible]

外也三飯不侑酳不酢謂見上章大功酢而已者大功服輕祭禮稍備十一飯之後主人酳酒酳尸尸酢主人即止也室中之事者凡尸在室之奧祝在室中北廂南面佐食在室中戸西北面但主人主婦及賓獻尸及祝佐食等三人畢則止也若平常之祭十一飯畢主人酳尸尸卒爵酢主人主人又獻祝及佐食畢次主婦獻尸[illegible]酢主婦主婦又獻祝及佐食畢次賓長獻尸尸[illegible]爵止[illegible]獻[illegible]主婦[illegible]事[illegible]奠其爵于薦之左也待致爵之後尸[illegible]乃[illegible]殺於禮上於賓之獻也士卑於大夫[illegible]雖[illegible]祭於死者無服謂如妻之父母之[illegible]兄[illegible]服而已斯祭者[illegible]之無服則可[illegible]賓獻尸三爵而止尸[illegible]爵之[illegible]戸內主婦酌爵而致於主人[illegible]主人卒爵拜主婦荅拜受爵[illegible]主人降洗爵以酌西面致[illegible]主婦拜受爵主人西面荅拜[illegible]食也祭禮[illegible]

曾子問曰三年之喪弔乎孔子曰三年之喪練不羣立不旅行君子禮以飾情三年之喪而弔哭不亦虛乎[illegible]

哀況於[illegible]
以[illegible]之[illegible]
彼則忘[illegible]
聞大夫子[illegible]
哭於子[illegible]
事者[illegible]

[illegible]曾子問曰大夫士有私喪可以除之
矣而有[illegible]曰有君喪服於
身不敢[illegible]除焉於是乎有過時而[illegible]除也君之
喪服除而后殷祭禮也君重親輕以義[illegible]在身忽遭親喪[illegible]
服訖死尚不得成服終訖行除服之禮子為[illegible]以[illegible]祥[illegible]
時而不除也殷祭盛祭也若服除乃得為始[illegible]方[illegible]祥[illegible]
祭以伸孝心以其禮大故曰殷也[illegible]君[illegible]
又月行小祥之祭又次月行大祥之[illegible]
方遭君喪則他時君服除後惟行[illegible]
適子主祭而居官者若庶子居官[illegible]
自依時行親喪之禮他日[illegible]
庶子雖[illegible]服無追祭矣曾子問曰父母之喪弗除可
乎孔子曰先王制禮過時弗舉禮也非弗能勿除也患

其過於制也故君子過時不祭禮也曾子之意以爲[illegible]子仕者除君服後猶得追祭二祥然子仕者雖除君服不復追祭是終身不除父母之喪矣可乎孔子言先王制禮各有時節過時不復追舉禮也今不追除服者不見不能除患其踰越聖人之禮制也固如四時之祭當春祭時或以事故[illegible]廢至夏則旃行夏時之祭不復追補春祭矣故過時不祭禮之常也惟禘祫大事則不然曾子問曰君薨既殯而臣有父母之喪則如之何孔子曰歸居于家有殷事則之君所朝夕否殷盛之事謂朔望及薦新之奠也君有此事則往適君所[illegible]夕則不往曰君既啓而臣有父母之喪則如之何孔子曰歸哭[illegible]送君啓啓殯也歸哭哭親喪也反送君復往送君之葬也此二節皆[illegible]言君親之喪[illegible]有父母之喪既殯而歸有君喪則歸君所父母喪[illegible]有親喪事則來歸家朝夕亦恒在君所此君父母之喪[illegible]若有君之喪則亦往哭於君所而又送父母之[illegible]君喪未殯而臣有父母之喪亦奠父母之喪未殯[illegible]君喪互[illegible]曰君未殯而臣有父母之喪則如之何孔

子已殯，反于君所，有殷事則歸，朝夕否。大夫，室老行事；士，則子孫行事。大夫內子有殷事，亦之君所，朝夕否。室老家臣之長也室老子孫行事者以大夫士在君所殷事之朝夕恒在君所則親喪朝夕之奠有闕然而王事不可以廢也大夫尊故使室老攝行其事士卑則子孫攝行之內子大夫之適妻也為夫之君如為舅姑齊衰故殷事亦之君所賤不誄壘貴，幼不誄長，禮也。唯天子稱天以誄之。諸侯相誄，非禮也。誄之為言累也累舉其平生實行為誄而定其謚以稱之也稱天以誄之者天子之尊無二惟天在其上故假天以稱之也人君之事參稱天不獨誄也曾子問曰：君出疆，以三年之戒，以椑擗從，去聲君薨，其入如之何？孔子曰：共供殯服，則子麻弁絰，疏衰，菲扶畏反杖，入自闕，升自西階。如小斂，則子免問而從柩，入自門，升自阼階。君、大夫、士一節也。曾子問國君以事出疆必為三年之戒備恐未得即返也於是以親身之棺隨行慮或死於外也若死於外則入之禮如何孔子言於時大斂之後主人從柩而歸則其國有司供主人殯時所著之服謂布深衣首絰散帶垂也此時主人從柩在路未成服惟著麻弁絰疏衰而麤屨目杖也麻弁布弁也布弁之上加環絰也柩入之時毀殯宮門西邊牆而入其處空缺故謂之闕非門闕之闕也升西階者以柩從外來有似賓客故就客階而升也如小斂而歸則子首不麻弁身不疏衰惟首著免布身著布深衣也入自門升自阼階者以親未在棺猶以事生之禮事之也凡君與大夫及士之卒於外者其禮皆一等無異制故云一也

曾子問曰君之喪既引上聲聞父母之喪如之何孔子曰遂既封窆而歸不俟子遂遂送君柩也既窆之而歸下棺即歸也不俟子不待孝子返己先返也

曾子問曰父母之喪既引及塗聞君薨如之何孔子曰遂既封窆改服而往遂遂送親柩也既窆之後改服而往者雜記云非從柩與反哭無免於堩此時孝子首著免乃去免而括髮徒跣布深衣而往不敢以私喪之服喪君也曾

子問曰宗子為士庶子為大夫其祭也如之何孔子曰

以上牲祭於宗子之家祝曰孝子某為去聲介子某薦其常事

士特牲大夫少牢上牲少牢也庶子貴為大夫當用上牲然必往就宗子家而祭者以廟在宗子家也孝子宗子也介子庶子也不曰庶而曰介者庶子卑賤之稱介則副貳之義亦貴貴之道也薦其常事者為其歲之常事也

若宗子有罪居於他國庶子為大夫其祭也祝曰孝子某使介子某執其常事攝主不厭祭不旅不假不綏虛規反祭不配

介子非當主祭者故謂之攝主其禮略於宗子者有五焉若以祭禮先後之次言之當云不配不綏祭不假不旅不厭祭今倒言者舊說攝主非正故逆陳以見義亦或記者之誤[illegible]今依次釋之一不配者祭禮之行尸未入之時祝告神曰孝孫某來日丁亥用薦歲事于皇祖伯某以某妃配某氏若姜氏子氏之類今攝主不敢備禮但言薦歲事于皇祖伯某不言以某妃配也不綏祭者綏字當從周禮作墮墮減毀之名也尸與主人俱有隋祭主人減黍稷牢肉而祭之於豆間尸則取菹及黍稷肺而祭於豆間所謂隋祭也今尸自隋祭主人是攝主故不隋祭也不假者假字當作嘏福慶之辭也尸十一飯訖主人酳尸尸

酢主人畢命祝嘏于主人曰皇尸命工祝承致多福無疆于女孝孫來女孝孫使女受祿于天宜稼于田眉壽萬年勿替引之主人再拜稽首今亦以避正主故不嘏也不綏祭不旅酬也詳見前章不厭祭者厭是饜飫之義謂神之歆享也厭有陰有陽陰厭者迎尸之前祝酌奠訖主人釋辭於神神勸其歆享此時在室奧陰靜之處故云陰厭也陽厭者尸謖之後佐食徹尸之薦俎設於西北隅得戶明白之處故曰陽厭制禮之意不知神之所在於彼乎於此乎皆然幾其享之而厭飫也此言不厭祭不爲陽厭也以先後之次知之

布奠於賓賓奠而不舉不歸肉其辭於賓曰宗兄宗弟宗子在他國使某辭主人酬賓之時賓在西廂東面主人布此奠得於賓賓俎之北賓坐取此爵而奠於俎之南不舉之以酬兄弟此即不旅之事若宗子主祭則助祭之賓各歸之以俎肉今攝主故不歸俎於賓也非但祭不備禮其將祭之初告賓之辭曰宗兄宗弟宗子在他國不得親祭故使某某執其常事使某告也故云使某辭宗兄宗弟者於此攝主爲兄或爲弟也若尊卑不等或是祖父之列或是子孫之列則但謂之宗子矣

曾子問曰宗子去在他國庶子無爵而居者可以

祭乎孔子曰祭哉請問其祭如之何孔子曰望墓而爲壇壇以時祭若宗子死告於墓而后祭於家宗子死稱名不言孝身沒而已子游之徒有庶子祭者以此若義也今之祭者不首其義故誣於祭也宗子無罪而去國則廟主隨行矣若有罪去國廟雖存庶子卑賤無爵不得於廟行祭禮但當留祭之時則望墓爲壇以祭也若宗子死則庶子告於墓而后祭於其家亦不敢稱孝子某但稱子某而已又非有爵者稱介子某之比也身沒而已者庶子身死其子則庶子之適子祭禰之時可稱孝也子游之門人有庶子祭者皆用此禮是順古義也今世俗庶子之祭者不能先求古人制禮之義而率意行之祗見其誣罔而已曾子問曰祭必有尸乎若厭祭亦可乎孔子曰祭成喪者必有尸尸必以孫孫幼則使人抱之無孫則取於同姓可也祭殤必厭蓋弗成也祭成喪而無尸是殤之也曾子之意疑立尸而祭無益恐者故問祭時必合有

尸乎若厭祭亦可乎蓋祭初陰厭尸猶未入祭終而陽厭在尸既起之後是厭祭無尸也孔子言成人威儀具備必有尸以象神之威儀所以祭成人之喪者必有尸也尸必以孫以昭穆之於同也取於同姓亦謂孫之等列也祭殤者不立尸而厭祭以其年幼少未能有成人之威儀不足可象故不立尸也若祭成人而無尸是以人殤待之矣孔子曰有陰厭有陽厭曾子問曰殤不祔備祭何謂陰厭陽厭孔子曰宗子為殤而死庶子弗為後也其吉祭特牲祭殤不舉無肵祈俎無玄酒不告利成是謂陰厭孔子言祭殤之禮有厭於幽陰者有厭於陽明者蓋適殤則陰厭於祭之始庶殤則陽厭於祭之終非兼之也曾子不悟其指乃問云祭殤之禮略而不備何以始末一祭之間有此兩厭也孔子言雖是宗子死在殤之年無為人父之道庶子不得代為之後其成人中有與之為兄弟者代之而主其祭之禮其卒哭成事以後為吉祭祭殤本用特豚今亦從成人之禮用特牲者以其為宗子故也祭有尸則佐食舉肺脊以授尸祭而食之今無尸故不舉肺脊也及尸食之餘歸之肵俎肵敬也主人敬尸而設此俎今無肵俎以無尸故也

玄酒，水也。太古無酒之時，以水行禮，後王祭則設之，重古道也。祭殤禮略，故無玄酒也。不告利成者，利猶養也，謂共養之禮已成也。常祭主人事尸禮畢，出立戶外，則祝東面告利成，遂導尸以出。今亦以無尸廢此禮。是謂陰厭云者，以其在祖廟之奧陰暗之處厭飫之也。

凡殤與無後者，祭於宗子之家，當室之白，尊于東房，是謂陽厭。（凡殤非宗子之殤也。無後者謂庶子之無子孫者也。此二者皆是宗子大功內親，則於宗子家祖廟祭之，必當室中西北隅得戶之明白處，其尊則設于東房，是謂陽厭也。）

曾子問曰：葬引（去聲）至于堩（古鄧反），日有食之，則有變乎，且不（否）乎？孔子曰：昔者吾從老聃（貪）助葬於巷黨，及堩，日有食之。老聃曰：丘，止柩就道右，止哭以聽變。既明反而后行，曰禮也。反葬而丘問之曰：夫柩不可以反者也，日有食之，不知其已之遲數（速），則豈如行哉？老聃曰：諸侯朝天子，見日而行，逮日而舍（去聲），奠。大夫使（去聲）

見日而行逮日而舍奠夫柩不蚤出不莫(暮)宿見星而行
者唯罪人與奔父母之喪者乎日有食之安知其不見
星也且君子行禮不以人之親痁(尸占反)患吾聞諸老聃
云(柩道也有變變常禮乎且不乎不變常禮乎柩北向而出道右則道之東也聽變聽日食之變動也明反日光復常也舍奠晚止舍而設奠於行主也安知其不見星謂日食既而星見則昏暗中恐有姦慝也痁病也不以人之親痁患謂不可使人之親病於危亡之患也)曾子問曰為(去聲)君使(去聲)而
卒於舍禮曰公館復私館不復凡所使之國有司所授
舍則公館已何謂私館不復也孔子曰善乎問之也自
卿大夫士之家曰私館公館與公所為曰公館公館復
此之謂也(復死而招魂復魄也公館公家所造之館也與及也公所為謂公所命停客之處即是卿大夫之館但有公命故謂之公館也一說公所為謂君所作離宮別館也)曾子問曰下殤土

周葬于園遂輿機而往塗邇故也今墓遠則其葬也如之何八歲至十一爲下殤士周塈周也說見檀弓成人則葬於墓此葬于園圃之中輿猶抗也機者輿尸之具木爲之狀如牀而無脚以繩橫直維繫之抗舉而往塈周之所棺斂而葬之塗近故也曾子言今世禮變皆棺斂下殤於家而葬之於墓則塗遠矣其葬也如之何問既不用輿機則當用人舉棺以往乎爲當用車載棺而往乎然此謂大夫之下殤及士庶人之中下殤耳若大夫之適長殤中殤有遣車者亦不輿機而葬也

孔子曰吾聞諸老聃曰昔者史佚有子而死下殤也墓遠召公謂之曰何以不棺去聲下衣棺同斂於宮中史佚曰吾敢乎哉召公言於周公周公曰豈不可史佚行之下殤用棺衣棺自史佚始也史佚周初良史也墓遠不葬於園也言於周公言猶問也周公曰豈不可者謂何爲不可也召公述周公之言告佚佚於是用棺衣而棺斂於宮中是此禮之變始於史佚也舊注以豈爲句者非

曾子問曰卿大夫將爲尸於公受宿矣而有

齊衰內喪則如之何孔子曰出舍去聲於公館以待事禮也受宿受君命而宿齊戒也齊衰內喪大門內齊衰服之喪也待事待祭事畢然後歸哭也孔子曰尸弁冕而出卿大夫士皆下之尸必式必有前驅尸服死者之上服今為君尸而弁冕者弁士之爵弁也以君之先世或有為大夫士者故尸亦當弁或冕也出而卿大夫士遇之則下車尸式以答之必有前驅者尸出則先驅辟開行人也子夏問曰三年之喪卒哭金革之事無辟避也者禮與平聲初有司與孔子曰夏后氏三年之喪既殯而致事殷人既葬而致事記曰君子不奪人之親亦不可奪親也此之謂乎無辟謂君使則行無敢辟辟也此禮當然歟抑當初有司逼遣之歟夏之禮親喪既殯即致還其事於君殷禮則葬後乃致其事君子指人君也臣遭父母之喪而君許其致事是不奪人喪親之心也雖君有命而不忍違離喪次是不可奪其喪親之孝也子夏曰金革之事無辟避也者非與孔子曰吾

聞諸老聃曰昔者魯公伯禽有爲去聲爲之也今以三年之喪從其利者吾弗知也魯公卒哭而從金革之事以徐戎之難東郊不開不得已而征之是有爲爲之也今人居三年之喪而用兵以逐攻取之利者吾不知其爲何禮也蓋甚非之之辭一說利爲例言無故而以三年之喪從伯禽之例以用兵者甚非也

文王世子第八

文王之爲世子朝於王季日三雞初鳴而衣去聲服至於寢門外問內豎樹之御者曰今日安否何如內豎曰安文王乃喜及日中又至亦如之及莫暮又至亦如之內豎內庭之小臣御是直日者世子朝父母惟朝夕二禮今文王日三聖人過人之行也其有不安節則內豎以告文王文王色憂行不能正履王季復膳然後亦復初食上上聲必在視寒煖之節食下問所膳命膳

寧曰末有原應曰諾然後退不安節謂有疾不能循其起居飲食之常時也食上進膳於親也在察也食下食畢而徹也問所膳問所食之多寡也末猶勿也原再也謂所食之餘不可再進也
武王帥而行之不敢有加焉文王有疾武王不說脫冠
帶而養去聲文王一飯上聲亦一飯文王再飯亦再飯旬有
二日乃間不敢有加不可踰越父之所行也○疏云疾重之時病恒在身無少閒空隙病今漸損不恒在身其間有空隙故謂病瘳為間也
文王謂武王曰女汝何夢矣武王
對曰夢帝與我九齡令文王曰女以為何也武王曰西方
有九國焉君王其終撫諸文王曰非也古者謂年齡令齒
亦齡令也我百爾九十吾與爾三焉文王九十七乃終武
王九十三而終文王疾瘳之後武王乃得安寢故問其何夢武王對云夢天帝言與我九齡齡
字從齒齒之異名也故言年齡又言年齒其義一也大戴禮云男八月生齒八歲而齓齒是人壽之數也然數

之脩短禀氣於有生之初文王雖愛其子豈能減己之年而益之哉好事者爲之辭而不究其理讀記者信其說而莫之敢議也

成王幼不能涖阼周公相去聲踐阼而治抗世子法於伯禽欲令成王之知父子君臣長幼之道也成王有過則撻伯禽所以示成王世子之道也文王之爲世子也

石梁王氏曰文王之爲世子也一句衍文○劉氏曰成王幼弱雖已涖阼爲天子而未能行涖阼之事書曰小子同未在位亦言其雖已在位與未在位同也故周公以冢宰攝政相助成王踐履其臨阼之事而治天下以幼年即尊位而不知父子君臣長幼之道何以治天下哉故周公舉世子事君親長之法以教伯禽使日夕與成王遊處俾其有所視效也或成王出入起居之間有愆于禮法者則撻伯禽以責其不能盡事君之道所以警戒成王而示之以爲世子之道也然伯禽所行即文王所行世子之道文王所行乃諸侯世子之禮故曰文王之爲世子也言伯禽所行非王世子之禮也

凡學

四學字皆音效

世子及學士必時春夏學干戈秋冬學羽籥皆於東序

學教也士即王

制所謂司徒論俊選而升於學之士也必時四時各有
所教也干楯也捍兵難之器戈句子戟也羽翟雉之羽
也籥笛之屬也四物皆舞者所執干戈為武舞故於陽
氣發動之時教之示有事也羽籥為文舞故於陰氣
寂之時教之示安靜也東序大學也小樂正學學字皆音效干大胥贊之籥師
學戈籥師丞贊之胥鼓南四人皆樂官之屬贊相助之也胥即大胥也南南夷之樂
也東夷之樂曰昧南夷之樂曰南西夷之樂曰朱離北
夷之樂曰禁明堂位又云任南蠻之樂也周禮旄人教
國子南夷之樂之時大胥則擊鼓以節其音曲故云胥鼓
南也先王作樂至矣盛矣而猶以遠方蠻夷之樂教人
者所以示廣闊之無外與異類之咸賓奏之宗廟之
中後其盛也獨舉南樂則餘三方皆教習可知春誦
夏弦大師詔之瞽宗秋學如字禮執禮者詔之冬讀書典
書者詔之禮在瞽宗書在上庠誦口誦歌樂之篇章也絃以琴瑟播之文詩章之
音節也皆大師詔教之瞽宗殷學名上庠
虞學名周有天下兼立虞夏殷周之學也凡祭與養老
乞言合語之禮皆小樂正詔之於東序祭是一事養老乞言是一事合

語是一事故以凡言之養老乞言謂行養老之禮之時因乞善言之可行者於此老人也合語謂祭及養老與鄉射鄉飲大射燕射之禮至旅酬之時皆得言說先王之法合會義理而相告語也其間各有威儀容節皆須小樂正詔教之於東序之中大樂正學效舞干戚語說如字命乞言皆大樂正授數大司成論說在東序戚斧也大樂正教世子及士以舞干戚之容節及合語之說與乞言之礼此三者皆大樂正授之以篇章之數於是大司成之官於東序而論說此受教者義理之淺深才能之優劣也凡侍坐於大司成者遠近間去聲三席可以問終則負墻列事未盡不問席廣三尺三寸三分寸之一三席所謂函丈也相對遠近如此取其便於咨問問終則却就後席背負墻壁而坐以避後來問事之人其問事之時尊者有數而已猶未達則必待其言盡然後更問若陳列未竟則不敢先問以參錯尊者之言也凡學春官釋奠于其先師秋冬亦如之官掌教詩書禮樂之官也若春誦夏弦則太師釋奠教干戈則小樂正及樂師釋奠也秋學禮冬讀書則其官亦如之釋奠者但奠置所祭之物而已無尸無食飲

酬酢等事所以君此者以其主於行禮非報功也先師謂前代明習此事之師也。凡始立學者必釋奠于先聖先師及行事必以幣諸侯初受封天子命之教於是立學所謂始立學也立學事重故釋奠于先聖先師四時之教常事耳故惟釋奠于先師而不及先聖也行事謂行釋奠之事必以幣必奠幣為禮也始立學而行釋奠之禮則用幣四時常奠不用幣也凡釋奠者必有合也有國故則否凡大合樂必遂養老凡行釋奠之禮必有合樂之事若國有凶喪之故則雖釋奠不合樂也常事合樂不行養老之禮惟大合樂之時人君視學必養老也舊說合者謂若本國無先聖先師則合祭鄰國之先聖先師本國故有先聖先師如魯有孔顏之類則不合祭鄰國之先聖先師也未知是否凡語于郊者必取賢斂才焉或以德進或以事舉或以言揚曲藝皆誓之以待又語三而一有焉乃進其等以其序謂之郊人遠去聲之於成均以及取爵於上尊也語于郊若論辨學士才能於郊學之中也有賢德者則錄取之有才能者則收斂

之道德爲先事功次之言語又次之曲藝一曲之藝小
小技能若醫卜之屬譬戒謹也學士中或無德無事無
言之可取而有此曲藝之人欲投試考課者皆却之使
退而謹習所能以待後次再語之時乃考許之也三而
一有者謂此曲藝之人舉說三事而一事有可善者乃
進其等即於其同等之中拔而升進之也然猶必使之
於同輩中以所能高下爲次序使不混其優劣也如此
之人但止目之曰郊人非俊選之比也以非士類故肆
遠之成均五帝大學之名天子設四代之學上尊堂上
之酒尊也若天子飲酒於成均之學宮此郊人雖賤亦
得取爵於堂上之尊以相旅勸焉所
以榮之也人字之字均字皆句絕
始立學者既興釁
器用幣然後釋菜不舞不授器乃退儐于東序一獻無
介語可也教世子
立學之初未有禮樂之器及其制作
之成塗釁既畢即用幣于先聖先師
以告此器之成繼又釋菜以告此器之將用也凡祭祀
用樂舞者則授舞者以所執之器如干戈羽籥之類今
此釋菜禮輕既不用舞故不授舞器也諸侯有功德者
亦得立異代之學東序夏制也與虞庠相對東序在東
虞庠在西乃退儐于東序者謂釋菜在虞庠之中禮畢
乃從虞庠而退儐禮其賓於東序之中其禮既殺惟行

一獻無介無語於禮亦可也此以上雖不專是教世子之事然以教世子為主故以此句總結上文○石梁王氏曰三字亦衍文凡三王教世子必以禮樂樂所以脩內也禮所以脩外也禮樂交錯於中發形於外是故其成也懌恭敬而溫文脩內者消融其邪慝之蘊脩外者涵成其恭肅之儀禮之脩達於中樂之脩達於外所謂交錯於中也有諸中必形諸外故其成也懌此懌字與論語不亦說乎之說相似既有恭敬之實德又有溫潤文雅之氣象禮樂之教大矣立大傅少傅以養之欲其知父子君臣之道也大傅審父子君臣之道以示之少傅奉世子以觀大傅之德行去聲而審喻之大傅在前少傅在後入則有保出則有師是以教喻而德成也師也者教之以事而喻諸德者也保也者慎其身以輔翼之而歸諸道者也記曰虞夏商周有師保有疑丞設四輔及三公不

必備唯其人語使能也養者長而成之之謂審喻詳審言之使通曉也前後以行步言出入以居處言慎其身使之謹守其身也師保疑丞四輔也一說前疑後丞左輔右弼爲四輔四輔與三公不必其全備惟擇其可稱職者惟其人以上皆記文語言也語使能也一句是記者釋之之辭○朱子曰師保疑丞疑字曉不得想止是有疑即問他之意君子曰德德成而教尊教尊而官正官正而國治君之謂也君子曰德此德是指世子之德世子之德有成則教道尊嚴而無敢慢易者故凡居官守者皆以正自處官正而國治世子爲君之謂也仲尼曰昔者周公攝政踐阼而治抗世子法於伯禽所以善成王也聞之曰爲人臣者殺其身有益於君則爲之況于迂其身以善其君乎周公優爲之前言周公相踐阼而治此欲相序而下文又有周公踐阼之言告記者之失也以世子之法教世子直道也今舉世子法於伯禽而教成王是迂曲其事也人臣殺身爲國猶尚爲之今周公不過迂曲其身之所行以成君之善宜乎優爲之也○劉氏曰書蔡仲之命曰惟周公位

家宰正百工此言攝政踐阼而治是以家宰攝行踐阼之政非謂攝居天子之位也孔子言周公舉世子法於伯禽者非自教其子蓋示法以善成王也吾聞古人言爲人臣者殺身而有益於君猶自爲之况止於其身以善其君乎此大人正己而物正之事周公大聖人也故優爲之是故知爲人子然後可以爲人父知爲人臣然後可以爲人君知事人然後能使人成王幼不能涖阼以爲世子則無爲也是故抗世子法於伯禽使之與成王居欲令成王之知父子君臣長幼之義也君之於世子也親則父也尊則君也有父之親有君之尊然後兼天下而有之是故養世子不可不慎也武王既崩則成王無父雖年幼未知君道若以之爲世子則無爲子之禮矣故云以爲世子則無爲也君於世子以親言則是父以尊言則是君能盡君父之道以教其子然後可以保有天下之大不然則敗日爲子若不克負荷矣可不慎乎行一物而三善皆得者唯世子而已

其齒於學之謂也故世子齒於學國人觀之曰將君我而與我齒讓何也曰有父在則禮然然而衆知父子之道矣其二曰將君我而與我齒讓何也曰有君在則禮然然而衆著於君臣之義也其三曰將君我而與我齒讓何也曰長長也然而衆知長幼之節矣故父在斯爲子君在斯謂之臣居子與臣之節所以尊君親親也故學音效下二學同之爲父子焉學之爲君臣焉學之爲長幼焉父子君臣長幼之道得而國治語曰樂正司業父師司成一有元良萬國以貞世子之謂也一物一事也興國人齒讓之一事也三善謂衆人知父子君臣長幼之道也君君我君臨乎我也世子與同學之人讓齒其不知禮者見之而疑其知禮若從而曉之曰父在之時常執謙卑不敢居人之前其禮當如此也如此而衆知父子之道矣其二其三皆

此意學之教之也詩古詩也樂計士山了詩書之業公師主於成就其德行有書作人謂州子也州子有一人善則萬邦皆正矣

周公踐阼。依梁丁氏曰此當爲紀文劉氏此門字說者以下文更端故誤此以結上文周公相成作之事然因其誤相字遂說明堂位周公踐天子位之說其後馴致新莽居攝篡漢之禍實此語基之

庶子之正於公族者，教之以孝弟睦友子愛，明父子之義，長幼之序。庶子司馬之屬官司於公族爲政於公族也周禮庶子掌國子之倅倅副貳也國子是公卿大夫士之子則貳其父者也

其朝于公，內朝則東面北上，臣有貴者以齒。內朝路寢之庭也言公族之人若朝見於公之內朝則立於西方而面向東尊者在北以次而南然既均爲同姓之臣則一以昭穆之長幼爲序父兄雖賤必居上子弟雖貴必處下也

其在外朝，則以官，司士爲之。外朝路寢門外之朝也若公族朝見於外朝與異姓之臣雜列則以官之高卑爲次序非序年齒也司士亦司馬之屬主爲朝見之位次者

其在宗廟之中，則如外朝之位，宗人授事以爵以官。宗人之官掌禮及宗廟中

授以官以職事者以爵隨其爵之尊卑貴者在前

賤者在後也以官隨其官之職掌使各供其事也其登

餕獻受爵則以上嗣登自堂下而升堂上也餕食尸之餘也尸出宗人使嗣子及長兄弟升堂相對而餕也以特牲禮次序言之先時祝酌爵觶奠于鉶南俟主人獻內兄弟畢長兄弟及衆賓長爲加爵之後宗人使嗣子飲鉶南之奠爵嗣子盥而入拜尸執此奠爵嗣子進受復位而拜尸答拜嗣子飲畢拜尸尸又答拜所謂受爵也嗣子又舉所奠爵洗而酌之以入獻尸尸拜而受嗣子答拜所謂獻也無筭爵之後禮畢尸出乃餕此三事者受爵在先獻次之餕最在後今言餕獻受爵以重在餕故逆言之嗣上嗣適子之長者爲最上也此謂士禮大夫之嗣無此禮者避君也故少牢禮無嗣子舉奠之文

庶子治之雖有三命不踰父兄庶子治公族朝內朝之禮雖有三命之貴而其位次不敢踰越無爵之父兄而居其上即上章所言臣有貴者以齒也○疏曰若非內朝其餘會聚則一命齒于鄉里謂一命尚卑若與鄉里長宿燕食則猶計年也再命齒于父族謂再命漸尊不復與鄉里計年惟官高在上但父族爲重猶計年爲列也三命不齒謂三命大貴則亦不復與父族計年燕會則別席獨坐在賓之東矣

其公大事則

以其喪服之精麤爲序雖於公族之喪亦如之以次主人此謂君喪而庶子治其禮事大事喪事也臣爲君皆斬衰然衰制雖同而升數之多寡則各依本親庶子序列位次則辨其本服之精麤使衰麤者在前衰精者在後非但公喪如此公族之内有相爲服者亦然蓋亦是庶子序其精麤先後之次也以次主人若謂雖有庶長父兄尊於主人亦必次於主人之下使主人在上爲喪主也若公與族燕則異姓爲賓膳宰爲主人公與父兄齒族食世降一等公與族人燕食亦庶子掌其禮族人雖衆其初一人之身也豈可以賓客之道外之故以異姓一人爲賓而使膳宰爲主與之抗禮酬酢君尊而賓不敢敵也君雖尊而與父兄列位序尊卑之齒者篤親親之道也族食與族人燕食也世降一等謂族人既有親疏則燕食亦隨世降殺也○疏曰假令本是齊衰一年四會食若大功則一年三會食小功則一年再會食緦麻則一年一會食是世降一等也其在軍則守於公禰[illegible]愛之深也○公禰謂遷主載在齊車者[illegible]也庶子官既從在軍故守衛此[illegible]公若有出疆之政庶子以公族之無事者守於

公宮正室守大廟諸父守貴宮貴室諸子諸孫守下宮
下室上章專言出軍則此出疆之政蓋朝覲會同之事也無事者謂不從行及無職守之人也公宮總言
公之宗廟宮室也正室公族之為卿大夫士者之適子也大廟大祖之廟也諸父公之伯父叔父也宮以廟言
室以居言貴宮尊廟也貴室路寢也下宮下室則是親廟與燕寢也五廟之孫祖廟未毀
雖為庶人冠去聲取去聲妻必告死必赴練祥則告諸侯五廟始封
之君為太祖百世不遷此下親盡則遞遷此言五廟之孫是始封之君以五世祖故云祖廟未毀未毀未遞遷
也此孫雖無祿亦然冠昏必告于君死必赴練祥之祭亦告者以其親未盡也族之相為去聲也
宜弔不弔宜免不免問有司罰之至于賵芳鳳反賻附承
贈含去聲皆有正焉袒免者緦服之窮也五世親盡袒免而已袒免說見前篇六世以往弔而
已矣當弔而不弔當免而不免皆為廢禮故有司者罰之所以肅禮教也賵以車馬賻以貨財含以珠玉襚以
衣服四者總謂之贈隨其親疏各有正禮庶子官治之有司則庶子也公族其有死罪則

磬于甸人其刑罪則纖（箴）剸（之兖反）亦告（鞫）于甸人公族無宮刑（磬懸縊殺之也左傳室如縣磬皇氏云如縣磬者器之磬也甸人掌郊野之官爲之隱故不於市朝其刑罪之當纖刺剸割之時亦鞫讀刑法之書於公人之官也漢書每云鞫獄鞫書也推鞫罪狀令無餘然後讀其所犯罪狀之書而刑之無宮刑者不絕其類也）獄成有司讞（魚列反）于公其死罪則曰某之罪在大辟（婢亦反）其刑罪則曰某之罪在小辟公曰宥之有司又曰在辟公又曰宥之有司又曰在辟及三宥不對走出致刑于甸人公又使人追之曰雖然必赦之有司對曰無及也反命于公公素服不舉爲（去聲）之變如其倫之喪無服親哭之（獄成謂所犯之事訊問已得情實也讞議刑也殺牲盛饌曰舉素服不舉爲之變其常禮示閔惻也如其親疏之倫而不爲之服者以不親往故也但居外不聽樂及賻贈之類仍依親疏之等耳親哭之者爲位于異姓之廟而素服以哭之也天子諸侯絕旁

親疏知此言無服是不為君服公族朝于內朝內親也雖有貴者以齒
明父子也外朝以官體異姓也宗廟之中以爵為位崇
德也宗人授事以官尊賢也登餕受爵以上嗣尊祖之
道也喪紀以服之輕重為序不奪人親也公與族燕則
以齒而孝弟之道達矣其族食世降一等親親之殺色介
反也戰則守於公禰孝愛之深也正室守大廟尊宗室
而君臣之道著矣諸父諸兄守貴室子弟守下室而讓
道達矣此以下覆解前章庶子正公族以下諸事內親謂親之故治之於內也明父子昭穆不可紊也
體異姓體貌異姓之臣也崇德德之尊者爵必尊也尊賢惟賢者能任事也上嗣繼祖者也故為尊祖之道
服之輕重本於屬之親疏親疏之倫不可易奪也燕食主於親親以齒相序所以達孝弟之道也親親施於生者
宜有降殺之等孝愛極於死者宜有深遠之恩君臣之道以輕重言讓道則以貴賤言也五廟之孫

祖廟未毀，雖及庶人，冠取妻必告，死必赴，不忘親也。親未絶而列於庶人，賤無能也。敬弔臨如字賻賵，睦友之道也。古者庶子之官治而邦國有倫，邦國有倫而衆鄉去聲方矣。人君任官本無親疏之間，觀賢否何如耳。親盡而賢亦必仕之，今親未盡而已在庶人之列，是以其無能故賤之也。族人有與君以敬謹其弔臨賻賵之禮者，是皆和睦友愛族人之道也。鄉方，所鄉之方，謂皆知趨禮教也。

公族之罪雖親，不以犯有司，正術也，所以體百姓也。刑于隱者，不與國人慮兄弟也。弗弔，弗爲服，哭于異姓之廟，爲去聲忝祖遠去聲之也。素服居外，不聽樂，私喪之也，骨肉之親無絶也。公族無宮刑，不翦其類也。正術猶言常法也。公族之有罪者，雖是君之親，然亦必在五刑之例而不赦者，是不以私親而干犯有司之正法也。所以然者，以立法無二制，當與百姓一體斷決也。與猶許也。刑于甸師隱僻之處者，是不許國人見而謀度吾兄弟之過惡也刑曰當誅而猶私喪之者以骨肉之親雖附刑戮無斷絕之理也受宮刑者絕生理故謂之腐刑如木之朽腐無發生也此刑不及公族不忍蕳絕其生生之類耳　天子視學大昕鼓徵所以警眾也眾至然後天子至乃命有司行事興秩節祭先師先聖焉有司卒事反命　天子視學之日初明之時學中擊鼓以徵召學士蓋警動衆聽使早至也凡物以初為大末為小故以大昕為初明也有司教詩書禮樂之官也興舉秩常節禮也卒事反命謂釋奠事畢復命于天子也　始之養也適東序釋奠於先老遂設三老五更平聲羣老之席位焉　天子視學在虞庠之中事畢反國明日乃之東序而養老始謂始初立學之時也若非始立學則無釋奠先老之禮先老先代之為三老五更者也三老五更各一人羣老無定數蔡邕云更當為叟三老三人五更五人未知是否然皆年老更事致仕者舊說取象三辰五星　適饌省息井反醴養老之珍具遂發咏詠焉退脩之以孝養去聲也　設席位畢天子親至陳饌之處省視醴酒及殽老珍羞之具省具畢出迎三老五更將入門迭

作樂聲發其歌詠以延進之老更既入即西階下之位天子乃退而酳醴以獻之是脩行孝養之道也反登歌清廟既歌而語以成之也言父子君臣長幼之道合德音之致禮之大者也以反席也老更受獻畢皆立於西階下東面今皆反升就席乃使樂工登堂歌清廟之詩以樂之歌畢至旅酬時談說善道以成就人子養老之禮也其所言說者皆是講明父子君臣長幼之道理集合清廟詩中所詠文王道德之音聲皆德之極致禮之大者也下管象舞大武大合衆以事達有神興有德也正君臣之位貴賤之等焉而上下之義行矣下管象者堂下以管奏象舞之曲也舞大武者庭中舞大武之舞也象是文王之舞周頌維清乃象舞之樂歌武則大武之樂歌也武頌言勝殷遏劉維清不言征伐則象舞決非武舞矣註疏以文王武王之舞皆名爲象維清象舞爲文王下管象爲武王其意蓋謂清廟與管象若皆爲文王不應有上下之別殊不知古樂歌者在上匏竹在下凡以人歌者皆曰升歌亦曰登歌以管奏者皆曰下管周禮大師帥瞽登歌下管奏樂器書言下管鼗鼓是也清廟以人歌之自宜升歌象以管奏之自

三一三

宜下凡樂皆有堂上堂下之奏也此嚴氏之說足以正舊說之非故今從之大合衆以事謂大會衆學士以行此養老之事而樂之所感足以通達神明興起德性也一說周道之四達以有神明相之周家之興起以世世脩德皆可於樂中見之上言父子君臣長幼之道此言正君臣之位貴賤之等而上下之義行則先王養老之禮豈苟爲虚文而已哉

有司告以樂闋王乃命公侯伯子男及羣吏曰反養老幼于東序終之以仁也

闋終也此時畿内之諸侯及鄉遂之吏皆與禮席天子使其反國各行養老之禮是天子之仁恩始于一處而終皆徧及也○馮氏曰石梁先生於此經全去幼字今按疏有其義而鄭註無養幼之文疑是誤本攙入一字

是故聖人之記事也慮之以大愛之以敬行之以禮脩之以孝養去聲紀之以義終之以仁是故古之人一舉事而衆皆知其德之備也古之君子舉大事必慎其終始而衆安得不喻焉

兑悅命曰念終始典于學

虞夏商周皆有養老之禮然王養老亦皆記序前代之事

也人道莫大於孝弟慮之以人者謂謀慮以孝弟之大道而推行之也愛敬省貞之事行禮親迎肅之也孝養
獻醴也紀義既歌而語也終仕令侯國行之也一事之中人皆知其衆德之全備者以其慎終如始也如此則
衆安得不愉悅乎養老之禮行於學又因終始之義故引說命以結之也世子之記曰朝夕
至于大寢之門外問於內豎曰今日安否何如內豎曰
今日安世子乃有喜色其有不安節則內豎以告世子
世子色憂不滿容內豎言復初然後亦復初世子之記古者教世
子之禮篇也不滿容不能充其儀觀之美也此節約言之以見文王武王爲世子之異於常人也文王朝王季
日三此朝夕而已文王行不能正履此色憂而已○石梁王氏曰古世子之禮亡此餘其說之一節小戴以附
篇末朝夕之食上上聲世子必在視寒煖之節食下問所膳
羞必知所進以命膳宰然後退若內豎言疾則世子親
齊側皆反玄而養去聲○羞品味也必知所進必知親所食也命膳宰即篇首所命之言也養疾

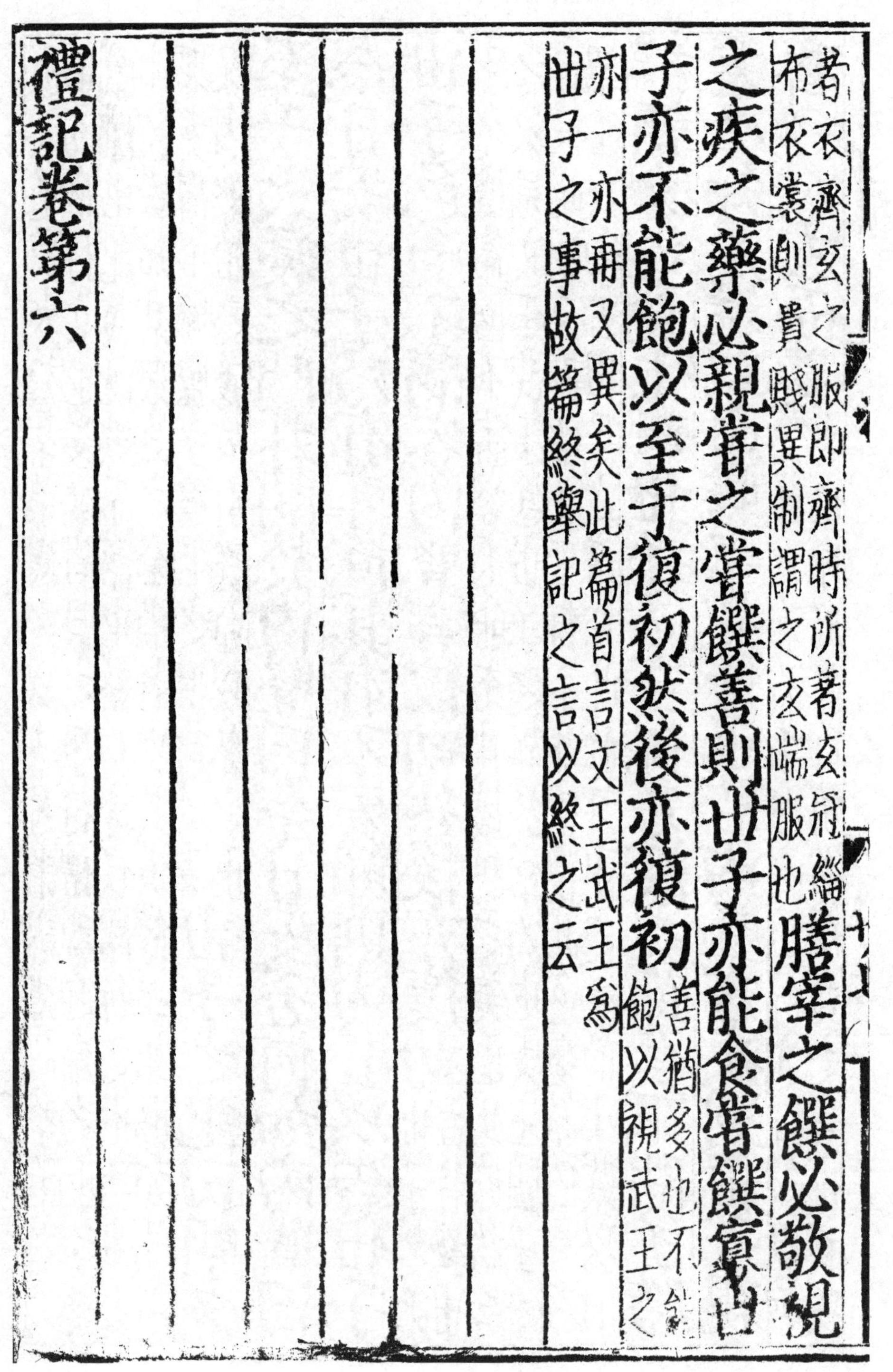

者衣齊玄之服即齊時所著玄冠緇布衣裳則貴賤異制謂之玄端服也膳宰之饌必敬視之疾之藥必親嘗之嘗饌善則世子亦能食嘗饌寡世子亦不能飽以至于復初然後亦復初善猶多也不能飽以視武王之亦一亦再又異矣此篇首言文王武王爲世子之事故篇終舉記之言以終之云

禮記卷第六

元天曆本禮記集説

第二册

元 陳澔撰

中國國家圖書館藏元天曆元年建安鄭明德宅刻本

山東人民出版社·濟南

禮記卷第七

後學東匯澤陳澔集說

禮運第九

此篇記帝王禮樂之因革及陰陽造化流通之理疑出於子游門人之所記間有格言而篇首大同小康之說則非夫子之言也

昔者仲尼與(去聲)於蜡(乍)賓事畢出遊於觀(去聲)之上喟(去媿反)然而嘆仲尼之嘆蓋嘆魯也言偃在側曰君子何嘆孔子曰大道之行也與三代之英丘未之逮也而有志焉

蜡禮詳見郊特牲篇孔子在魯與爲魯國蜡祭之賓畢事而遊息於觀上觀門闕也兩觀在門之兩旁懸國家典章之言於上以示人也喟然嘆聲也所以嘆魯者或祭事之失禮或因睹舊章而思古也言偃孔子弟子子游也問所以嘆之故夫子言我思古昔大道之行於天下與夫三代英賢之臣所以得時行道之盛我今雖未得及見此世之盛而有志於三代英賢之所爲也此亦夢見周公之意○石梁王氏曰以五帝之世爲大

同以禹湯文武成王周公爲小康有老氏意而註又引以實之亂謂禮爲忠信之薄皆非儒者語所謂孔子曰記者爲之辭也大道之行也天下爲公選去聲賢與能講信脩睦故人不獨親其親不獨子其子使老有所終壯有所用幼有所長矜鰥寡孤獨廢疾者皆有所養男有分扶問反女有歸貨惡其弃於地也不必藏於己力惡其不出於身也不必爲去聲己是故謀閉而不興盜竊亂賊而不作故外戶而不閉是謂大同天下爲公言不以天下之大私其子孫而與天下之賢聖公共之如堯授舜舜授禹但有賢能可選即授之矣當時之人所講習者誠信所脩爲者和睦是以親其親以及人之親子其子以及人之子使老者壯者幼者各得其所困窮之民無不有以養之男則各有士農工商之職分女則得歸于良奧之家貨財民生所資以爲用者若弃捐於地而不以時收貯則廢壞而無用所以惡其弃於地也今但得有能收貯以資世用者足矣不必其擅利而私藏於己也世閒之事未有不勞力而能成者

但人情多詐，共事則欲適己而勞人，不肯盡力，此所以惡其不出於身也。今但得各竭其力以共成天下之事足矣，不必其用力而獨營己事也。風俗如此，是以姦邪之謀閉塞而不興，盜竊亂賊之事絕滅而不起，暮夜無虞，外戶可以不閉，豈非公道大同之世乎？一說外戶者，戶設於外而閉之向内也。

今大道既隱，天下爲家，各親其親，各子其子，貨力爲去聲己，大人世及以爲禮，城郭溝池以爲固，禮義以爲紀，以正君臣，以篤父子，以睦兄弟，以和夫婦，以設制度，以立田里，以賢勇知去聲，以功爲己，故謀用是作，而兵由此起。禹湯文武成王周公由此其選上去聲也。此六君子者，未有不謹於禮者也。以著其義，以考其信，著有過，刑仁講讓，示民有常。如有不由此者，在埶勢者去上聲，衆以爲殃，是謂小康。

天下爲家，以天下爲私家之物而傳子孫也。大人，天子諸侯也。父子相傳爲世，兄弟相傳爲及。紀，綱紀也。賢勇知，以勇知為賢也涿鹿之戰有苗之征亦非由後王起也謂亦由此起舉湯武之事言之耳著明也考成也刑仁謂法則仁愛之道講讓講說遜讓之道示民有常常言六君子謹禮而行著義以下五事示民為常法也在埶居王者之勢位也言為天下之君而不以禮行此五事則天下之人以為殃民之主而共廢黜之也此謂小小安康之世不如大道大同之世也○陳氏曰禮家謂太上之世貴德其次務施報往來故言大道為公之世不規規於禮禮乃道德之衰忠信之薄大約出於老莊之見非先聖格言也言偃復扶又反問曰如此乎禮之急也孔子曰夫禮先王以承天之道以治人之情故失之者死得之者生詩曰相去聲鼠有體人而無禮人而無禮胡不遄死是故夫禮必本於天殽效於地列於鬼神達於喪祭射御冠去聲昏朝聘故聖人以禮示之故天下國家可得而正也禮本於天天理之節文也殽效也效於地者效山澤高卑之勢為上下之等也後章謂以降命以下乃詳言之列於鬼神禮有五經莫重於祭此專祭以下八事人事之

儀則也

言偃復問曰：夫子之極言禮也，可得而聞與？孔子曰：我欲觀夏道，是故之杞，而不足徵也，吾得夏時焉。我欲觀殷道，是故之宋，而不足徵也，吾得坤乾焉。坤乾之義，夏時之等，吾以是觀之。杞夏之後宋殷之後徵證也孔子言我欲觀夏殷之道故適二國而求之意其先代舊典故家遺俗猶有存者乃皆無可徵驗者僅於杞得夏時之書於宋得坤乾之易耳夏時或謂即今夏小正坤乾謂歸藏商易首坤次乾也所謂坤乾之義夏時之等列吾但以此二書觀之而已二代治天下之道豈可悉得而聞乎論語曰文獻不足故也○石梁王氏曰以坤乾合周禮之歸藏且有魯論所不言者恐漢儒依倣為之讖如其說則夏小正之書與坤乾何足以證禮註訓徵為成尤非近儒有反引此以解魯論者謬甚中庸亦無是說大槩此段微似魯論為之者

夫禮之初，始諸飲食，其燔煩黍捭百豚，汙烏花反尊而抔掊飲，蕢桴俘而土鼓，猶若可以致其敬於鬼神。燔黍以黍米加於燒石之上燔之使熟也捭豚擘析豚肉

加於燒石之上而熟之也汙尊掘地為汙坎以盛水也抔飲以手掬而飲之也蕢桴摶土塊為擊鼓之椎也土鼓築土為鼓也上古人心無偽雖簡陋如此亦自可以致敬於鬼神也及其死也升屋而號平聲告曰皋某復然後飯上聲腥而苴茲於反孰故天望而地藏也體魄則降知去聲氣在上故死者北首去聲生者南鄉去聲皆從其初所以升屋者以鬼氣之在上也皋者引聲之言某死者之名也欲招此魂令其復合體魄如是而不生乃行死事飯腥者用上古未有火化之法以生稻米為含也苴孰者用中古火化之利包裹熟肉為去聲送之奠也天望地藏謂始死望天而招魂體魄則葬藏于地也所以然者以體魄則降而下知氣則升而上也死者之頭向北生者之居向南及以上送死諸事皆後世創為之皆是從古初所有之禮也

昔者先王未有宮室冬則居營窟夏則居橧曾巢未有火化食草木之實鳥獸之肉飲其血茹汝其毛未有麻絲衣去聲其羽皮營窟者營累其土以為窟穴也地高則穴於地中地卑則於地上累土為窟也

橧巢者橧聚薪柴以爲巢居也茹其毛者以未有火化故去毛不能盡而并食之也後聖有作然
後脩火之利范金合土以爲臺榭宮室牖戶以炮庖以
燔以亨烹以炙隻以爲醴酪洛治其麻絲以爲布帛以
養生送死以事鬼神上帝皆從其朔范字當從竹韻注云以土曰型以金
曰鎔以木曰模以竹曰笵皆鑄器之式也笵金爲形範以鑄金器也合土和合泥土爲陶器也累而燒之曰炮
加於火上曰燔貫於鑊曰亨貫串而置之火上曰炙酪醋也治湅絲之類也此以上諸事皆火之利今世承用
而爲之皆是取法往聖故云皆從其朔朔亦初也故玄酒在室醴醆側眼反在戶
粢才細反醍體在堂澄酒在下陳其犧牲備其鼎俎列其
琴瑟管磬鍾鼓脩其祝嘏古雅反以降上神與其先祖以
正君臣以篤父子以睦兄弟以齊上下夫婦有所是謂
承天之祜戶〇先古無酒用水行禮後王重古故尊之名爲玄酒祭則設於室內而近北也醴猶體

也醆之一[illegible]者周禮謂之醴齊醆即周禮盎齊盎翁也成而翁翁然蔥白色也此二者以後世所為賤之陳列雖在室內而稍南近戶故云醴醆在戶也粢醍即周禮醍齊醍酒成而紅赤色也又卑之列於堂澄酒即周禮沈齊沈酒成而滓沈也又在堂之下矣此五者各以等降設之祝為主人告神之辭嘏為尸致福於主人之辭說見曾子問上神在天之神也祭統云君迎牲而不迎尸別嫌也是正君臣之義父北面而事之所以明子事父之道是篤父子也睦兄弟者主人獻長兄弟及衆兄弟之禮齊上下者獻與餕各有次序無遺缺也夫婦有所者君在阼夫人在房及致爵之類也行禮如此神格鬼享豈不承上天之福祜乎作其祝號玄酒以祭薦其血毛腥其俎孰其殽與其越活席疏平聲布以冪莫力反衣去聲其澣戶管反帛醴醆以獻薦其燔炙君與夫人交獻以嘉魂魄是謂合莫然後退而合亨烹體其犬豕牛羊實其簠簋籩豆鉶刑羹祝以孝告嘏以慈告是謂大祥此禮之大成也周禮祝號有六一神號二鬼號三祇號四牲號五[illegible]號六幣號

作其祝號者造爲鬼神及牲玉美號之辭神號如昊天上帝鬼號如皇祖伯某祇號若后土地祇牲號若一元大武齍號若稷曰明粢幣號若幣曰量幣祝史稱之以告鬼神也每祭必設玄酒其貫不用之以酌薦其血毛謂殺牲之時取血及毛入以告神於室也腥其俎謂三牲既殺以俎盛肉進於尸前也祭玄酒薦血毛腥其俎此三者是法上古之禮孰其殽以下是中古之禮殽骨體也以湯爓爲熟越席蒲席也疏布麤布也冪覆尊也周禮越席疏布祭天用之此以爲宗廟之用記者雜陳之也澣帛謂祭服以練染之帛制之也醴醆以獻者朝踐薦血腥時用醴饋食薦熟時用醆也薦其燔炙者燔肉炙肝也特牲禮主人獻尸賓長以肝從主婦獻尸賓長以炙燔從也第一君獻第二夫人獻第三君獻第四夫人獻故云君與夫人交獻也此以上至孰其殽是法中古之禮皆所以嘉善於死者之魂魄而求以契合於冥漠之中也然後退而合亨謂先之薦爓未是熟物今乃退取向爓肉更合而烹煮之使熟而可食也又尸俎惟載右體其餘不載者及左體等亦於鑊中烹煮之故云合亨也體其犬豕牛羊者隨其牲之大小烹熟乃體別骨之貴賤以爲衆俎用供尸及待賓客兄弟等也此是祭末之饗燕之衆俎非尸前之正俎也簠內圓而外方盛稻粱之器簋外圓而內方盛黍稷之器籩豆形制同竹曰籩木之

臣豆鉶如鼎而小菜和羹之器也祝嘏說見前孝事祖宗之道也慈愛子孫之道也合宜以下當世之禮也祥猶善也孔子曰嗚呼哀哉我觀周道幽厲傷之吾舍上聲魯何適矣魯之郊禘非禮也周公其衰矣杞之郊也禹也宋之郊也契也先列反是天子之事守也故天子祭天地諸侯祭社稷幽厲之前周道已微其大壞則在幽厲也魯周公之國夫子嘗言其可一變至道則舍魯何往哉然魯之郊禘則非禮矣禹為三代之盛王故杞得以郊契為殷之始祖故宋得以郊惟此二國可也守天子之事以事其祖周公雖聖人臣也成王之賜固非伯禽之受亦非周公制禮作樂為萬世不易之典而子孫若此是周公之教因子孫之僭禮而衰矣天地社稷之祭君臣之分凜不可踰曾謂人臣而可僭天子之禮哉。○石梁王氏曰此一章貟孔子之言註不能明其旨天子祭天地諸侯但可祭社稷杞宋之郊是王者之後天子之事守禮之所許者魯而有郊是背周公所制之禮與杞宋不同也祝嘏莫敢易其常古是謂大假祭禮祝於始嘏於終禮之成也常古常事古法也不敢變易謂貴賤行禮一依

古制也假亦當作嘏嘏猶上章夫祥之意言行常然之禮則有自然之福其福大矣

祝嘏辭說藏於宗祝巫史非禮也是謂幽國

祝嘏辭說禮之文也無文不行周禮大宗伯掌詔大號重其事耳衰世君臣慢禮惟宗祝巫史習而記之故謂幽闇之國言其昧於禮無以昭明政治也

醆側眼反**斝**古雅反**及尸君非禮也是謂僭君**

醆夏之爵斝殷之爵尸君君之尸也杞宋二王之後得用以獻尸其餘列國惟用時王之器今國君皆用醆斝以或於尸君非禮也是僭上之君耳

冕弁兵革藏於私家非禮也是謂脅君

冕祭服之冠弁皮弁也大夫稱家大夫以朝廷之尊服國家之武衛而藏於私家可見其強橫則比國君者乃見脅於強臣之君也

大夫具官祭器不假聲樂皆具非禮也是謂亂國

家臣不能具官一人常兼數事具官是僭擬也祭器惟公孤以上得全備大夫無田祿者不設祭器以其可假也有田祿者祭器亦不得全具須有所假不假亦僭擬也周禮大夫有判縣之樂少年饋食無奏樂之文是大夫祭不用樂也或君賜乃有之耳聲樂皆具亦僭擬也尊卑無等非亂國而何

故仕於公曰臣仕於

家曰僕。三年之喪，與新有昏者，期朞不使。以衰催裳入朝，與家僕雜居齊齒，非禮也，是謂君與臣同國。臣者對君之稱。僕者服役之名。仕於大夫者自稱曰僕，則益賤矣。人臣有三年之喪，或新昏，則一期之內，君不使之，所以體人臣之情也。就二者而論，喪尤重於昏也。今乃不居喪於家，而以衰裳入朝，是視君之朝如己之家矣，是君與其臣共此國也。就卿大夫而言之，僕又其臣也。今卿大夫乃與其家之僕雜居齊列，無貴賤之分，亦是君與臣共此國也。

故天子有田以處其子孫，諸侯有國以處其子孫，大夫有采以處其子孫，是謂制度。王之子弟有功德者封為諸侯，其餘則分以畿內之田。諸侯子孫命為卿大夫，其有功德者亦賜采地，所謂官有世功則有官族，邑亦如之也。大夫位卑，不當割采地以與子孫，但養之以采地之祿耳。此先王之制度也。

故天子適諸侯，必舍去聲其祖廟，而不以禮籍入，是謂天子壞怪法亂紀。廟尊於朝，故天子舍之。然必太史執簡記，奉諱惡者，不敢以天子之尊而慢人之宗廟也。不如此，則是壞法度、亂紀綱矣。

諸侯

非問疾弔喪而入諸臣之家是謂君臣爲謔諸侯於其臣有問疾弔喪之禮非此而往是戲謔也敗禮之禍恒必由之是故禮者君之大柄也所以別嫌明微儐擯鬼神考制度別仁義所以治政安君也國之有禮如器之有柄能執此柄則國可治矣禮曰儐接鬼神亦然故曰儐制度如禮樂衣服度量權衡之類考而正之不使有差仁主於愛義主於斷別而用之必協其宜故政不正則君位危君位危則大臣倍小臣竊刑肅而俗敝則法無常法無常而禮無列禮無列則士不事也刑肅而俗敝則民弗歸也是謂疵疵國倍違上行私也竊亦倍而去之之謂小臣竊所謂盜臣也肅峻急也俗敝人無廉恥風俗敝敗也治國無禮故至於刑肅而俗敝爲君者但恣己用刑遂廢常法法廢而禮無上下之列矣宜乎士不脩職民心離叛也豈非疵病之國乎故政者君之所以藏身也是故夫政必本於天殽效以降命命降于社之謂殽地

降于祖廟之謂仁義降於山川之謂興作降於五祀之謂制度此聖人所以藏身之固也藏猶安也君者政之所自出故政不正則君位危書言天工人其代之典曰天叙禮曰天秩是人君之政必本於天而效法之以布命於下也社祭后土地因祭社而出命是效地之政有事於祖廟而出命是仁義之政有事於山川而出命是興作之政有事於五祀而出命是制度之政效地者效其高下之勢以定卑之位也仁義者仁以思慕言義以親疎言思慕之無窮而親疎之殺有定又親親仁也尊尊義也自仁率親等而上之至于祖而尊尊之義隆自義率祖順而下之至于禰而親親之仁篤也興作之事非材不成故於山川制度之興始於宮室故本五祀夫安上治民莫善於禮聖人庸禮之政如此故身安而國可保也故聖人參於天地並於鬼神以治政也處其所存禮之序也玩其所樂[洛]民之治也故天生時而地生財人其父生而師教之四者君以正用之故君者立於無過之地也此承上章言政之事謂聖人所以參贊天地之道[illegible]

並鬼神之事凡以治政而已故夫天地鬼神之所存則天高地下萬物散殊聖人法之此禮之所以序也殽天則地鬼神之所樂則流而不息合同而化聖人法之此民之所以治也四時本於天而貨産於地人生於父而德成於師此四者君以正用之謂人君正身脩德順天之時因地之利而財成其道輔相其宜以左右民使之養生喪死無憾然後設爲庠序學校之教申之以孝弟焉則有以富之教之而治道得矣然其要在君之自正其身立於無過之地而後可不能正其身如正人何

故君者所明（明讀爲則）也非明（則）人者也君者所養（去聲）也非養人者也君者所事也非事人者也故君明（則）人則有過養人則不足事人則失位故百姓則（如字）君以自治也養君以自安也事君以自顯也故禮達而分（去聲）定故人皆愛其死而患其生

此承上章君立於無過之地而言舊說明猶尊也故讀則君爲明君今定此章三明字皆讀爲則字則上下文義坦然相應矣不必汙其說也君者正身脩德而爲臣民之所則傚者也非則傚人者也臣民之所奉養也非奉養人者也臣

民之所服事也非服事人者也君而則人則是身不足以爲人所取則而反取則於人非立於無過之地者矣君而養人則一人之身豈能供億兆人之食必不足矣君而事人則降尊以事卑爲失位矣惟百姓者則君以自治其身所謂文武興則民好善也養君以自安謂竭力供賦稅則有耕食鑿飲之安也事君以自顯謂竭忠盡職則有錫爵之榮也禮數通達而名分不踰故人皆慕守義而死恥不義而生也。石梁王氏曰此處皆非夫子之言

故用人之知去聲去上聲其詐，用人之勇去其怒，用人之仁去其貪。言人君用人當取其所長舍其所短蓋中人之才有所長必有所短也去猶弃也有知謀者易流於欺詐故用人之知當弃其詐而不責也有剛勇者易至於猛暴故用人之勇當弃其猛暴之過也。朱子曰仁止是愛愛而無義以制之便事事都愛好物事也愛好官爵也愛愛錢也愛事事都愛所以貪也故用人之仁當弃其貪之失也

故國有患，君死社稷謂之義，大夫死宗廟謂之變。變讀爲辦。大夫死宗廟言衛君之宗廟而致死也然己之宗廟亦在本國不弃君之宗廟即是不弃己之宗廟也舊說變讀爲辦辦猶正也一說其死有分辨非可以無死而死也

故聖人

耐能以天下爲一家以中國爲一人者非意之也必知其情辟婢亦反於其義明於其利達於其患然後能爲之何謂人情喜怒哀懼愛惡欲七者弗學而能何謂人義父慈子孝兄良弟弟夫義婦聽長惠幼順君仁臣忠十者謂之人義講信脩睦謂之人利爭奪相殺謂之人患故聖人之所以治人七情脩十義講信脩睦尚慈讓去爭上聲奪舍禮何以治之非意之謂非以私意臆度而爲之也必是知其有此七情也故開辟其十義之途而使之由之明達其利與患之所在而使之知所趨知所避然後能使之爲一家爲一人也七情弗學而能有禮以治之則人義人利由此而生禮廢則人患由此而起○問愛與欲何别朱子曰愛是汎愛那物欲則有意於必得便要拏將來飲食男女人之大欲存焉死亡貧苦人之大惡存焉故欲惡者心之大端也人心雖有七情揔而言之

止是欲惡二者故曰大端人藏其心不可測度大洛反也美惡皆在其
心不見現其色也欲一以窮之舍禮何以哉欲惡之心藏於內他
人豈能測度之所欲之善惡所惡之善惡豈可於顏色覘之若要一一窮究而察識非求之於禮不可蓋七情
中節十義純熟則舉動自然合禮若七情乖僻人倫有虧則言動之間皆失常度矣有諸中必形諸外此若不
知禮則無以察其情義之得失於動作威儀之間矣故人者其天地之德陰陽之
交鬼神之會五行之秀氣也天地以神五行皆陰陽也德指實理而言交指變合
而言會者妙合而凝也形生神發皆其秀而最靈者故曰五行之秀氣也○石梁王氏曰此語最粹故天
秉陽垂日星地秉陰竅欺要反於山川播上聲五行於四時
和而後月生也是以三五而盈三五而闕竅於山川山澤通氣也五
行一陰陽也質具於地氣行於天春木夏火秋金冬水各主其事以成四時月之盈虧由於日之近遠四序順
和日行循軌而後月之生則如期望而盈晦而死無朓朒之失也五行之動迭田結反相

竭也五行四時十二月還（旋）相為本也動運也竭盡也終也本者始也五行之運於四時迭相終而還相始終則有始如環無端也冬終竭而春始來則春為夏之本春竭而夏來則夏又為秋之本已往者為見在者所竭見在者為方來者所本五行四時十二月莫不皆然也五聲六律十二管還相為宮也五聲宮商角徵羽也六律陽聲黃鍾子太蔟寅姑洗辰蕤賓午夷則申無射戌也陰聲謂之六呂大呂丑應鍾亥南呂酉林鍾未仲呂巳夾鍾卯也六律六呂皆是候氣管名律法也又云述也呂助也言助陽宣氣也揔而言之皆同稱律故月令十二月皆稱律也長短之數各有損益又有娶妻生子之例長短損益者如黃鍾長九寸下生者三分去一故下生林鍾長六寸也上生者三分益一如林鍾長六寸上生太蔟長八寸也上下之生五下六上蓋自林鍾未至應鍾亥皆在子午以東故謂之下生自大呂丑至蕤賓午皆在子午以西故謂之上生子午皆屬上生當云七上而云六上者以黃鍾為諸律之首故不數也律娶妻而呂生子者如黃鍾九以林鍾六為妻太蔟九以南呂六為妻隔八而生子則林鍾生太蔟夷則生夾鍾之類也各依此推之可見還相為宮者宮為君主之義十二管更迭為生自黃鍾始當其為宮五

聲皆䅤黄鍾第一宫下生林鍾爲徵上生大蔟爲商下生南吕爲羽上生姑洗爲角餘微此林鍾第二宫太蔟三南吕四姑洗五應鍾六蕤賓七大吕八夷則九夾鍾十無射十一仲吕十二也此非十二月之次序乃律吕相生之次序也

五味六和去聲十二食還相爲質也酸苦辛鹹加滑與甘是五味六和也十二食十二月之所食也還相爲質者如春三月以酸爲質夏三月以苦爲質而六和皆相爲用也

五色六章十二衣還相爲質也五色青赤黄白黑也并天玄爲六章十二月之衣如月令春衣青夏衣朱之類還相爲質謂畫繢之事主其時之一色而餘色間雜也

故人者天地之心也五行之端也食味别皮列反聲被色而生者也天地之心以理言五行之端以氣言食五味别五聲被五色其間皆有五行之配而性情所不能無者。問人者天地之心朱子曰謂如天道福善禍淫乃人所欲也善者人皆欲福之淫者人皆欲禍之又曰教化皆是人做此所謂人者天地之心也

故聖人作則必以天地爲本以陰陽爲端以四時爲柄以日星爲紀月以爲量去聲鬼神以爲徒

五行以爲質，禮義以爲器，人情以爲田，四靈以爲畜。許又反以天地爲本，故物可舉也；以陰陽爲端，故情可睹也；以四時爲柄，故事可勸也；以日星爲紀，故事可列也；月以爲量，故功有藝也；鬼神以爲徒，故事可守也；五行以爲質，故事可復也；禮義以爲器，故事行有考也；人情以爲田，故人以爲奥也；四靈以爲畜，故飲食有由也。

此章凡十條，自天地至人情九條，皆是覆說前章諸事。萬事萬物之理不出乎天地之間，聖人作爲典則而以天地爲本，則事物之理皆可舉行。○情之善者屬陽，惡者屬陰，求其端於陰陽，則善惡可得而見。○柄猶權也。四時各有當爲之事，執當時之權柄以教民立事，則事可勸勉而成。○爲日星爲紀，如日中星鳥、日永星火之類，所以紀時之早晚。列者，以十二月之事詳列以示民，而使之作爲也。○量，限量也，謂十二月之分限。分限不踰，則所爲皆得其時，故事功滋長，如樹藝然也。○徒，如徒侶之相依。郊社、宗廟、山川、五祀之禮，皆與政事相依，即前章殽地以下諸事如出行政則凡事可悠久不失也○五行之氣周而復始猶正也國家歲有常事必取正於五行之時令則其事亦今歲周而來歲復始也○器必成而後適於用○今用禮義如成器則事之所行豈有不成者乎考成也○治人情如治田不使邪僻害正性如不使稗稗害嘉穀則人皆有宿道向方之所如室之有奧也○六畜人家所豢養四靈本非可以豢養致者今皆為聖世而出如馴畜然皆聖人道化所感耳飲食有由者由用出謂四靈為鳥獸魚鼈之長長至則其屬皆至有可用之以供庖廚者矣何謂四靈麟鳳龜龍謂之四靈故龍以為畜故魚鮪偉不淰審鳳以為畜故鳥不獝況必反麟以為畜故獸不狘許月反龜以為畜故人情不失鮪魚之大者故特言之淰羣隊驚散之貌獝驚飛也狘驚走也三靈物既馴擾如畜則其類皆隨從之雖見人亦不為之驚不飛走矣龜能前知人有所疑以知可否故不失其情之正也上三物皆因飲食有由而言龜獨不言介虫之類應者以其為決疑之寳非可以飲食之物例之也○石梁王氏曰四靈以為畜衍至此無義味太迂疏何所無龜故先王秉蓍龜列祭祀瘞曀繒

似仍反宣祝嘏辭說設制度故國有禮官有御事有職禮有序瘞埋也繒幣帛也祭法云瘞埋於泰折祭地也繒之言贈理幣告神者亦以贈神也宣揚也先王重祭事故定期日於蓍龜而陳列祭祀之禮設爲制度如此其詳制度一定國家有典禮可守官有所治事有其職禮得其序也故先王患禮之不達於下也故祭帝於郊所以定天位也祀社於國所以列地利也祖廟所以本仁也山川所以儐擯鬼神也五祀所以本事也故宗祝在廟三公在朝三老在學王前巫而後史卜筮瞽侑皆在左右王中句心無爲也以守至正天子致尊天之禮則天下知尊君之禮故曰定天位食貨所資皆出於地天子親祀后土正爲表列地利使天下知報本之禮也仁之實事親是也人君以子禮事尸所以達仁義之教於下也儐禮鬼神而祭山川本諸事爲而祭五祀皆是使禮教之四達此亦前章末盡之意朝有宗祝朝有三公學有三老五更無非明禮教以成天下巫主弔臨之禮而居前史書言動之實而

居後瞽爲樂師行爲四輔或辨聲樂或贊威儀而王居其中此心何所爲哉不過守君道之至正而已此又是人君以禮自防示教於天下也○石梁王氏曰巫祭祀方用卜筮有事方問謂常在左右非也 故禮行於郊而百神受職焉禮行於社而百貨可極焉禮行於祖廟而孝慈服焉禮行於五祀而正法則焉故自郊社祖廟山川五祀義之脩而禮之藏也藏去聲此承上文祭帝於郊等禮而言 百神受職謂風雨節寒暑時而無咎徵也百貨可極謂跳不愛寶物無遺利也孝慈服謂天下皆知服行孝慈之道也正法則謂貴賤之禮各有制度無敢僭踰也聖王精禮感格其效如此由此觀之則郊社祖廟山川五祀皆義之脩飾而禮之府藏也前言山川與作而此不言者法則之事包之也 是故夫禮必本於大大音太一分而爲天地轉而爲陰陽變而爲四時列而爲鬼神其降曰命其官於天也極大曰太太未分曰一太極函三爲一之理也分爲天地則有尚卑貴賤之等轉爲陰陽則有吉凶刑賞之事變爲四時則有歲月久近之差列爲鬼神則有報

本反始之情聖人制禮皆本於此以降下爲命令者是皆生於法天也官者生之義○石梁王氏曰禮家見易有太極字翻出一箇太一仍是諸子語其官於天也一句結上文官天地當如莊子義

夫禮必本於天動而之地列而之事變而從時協於分去聲藝其居人也曰養其行之以貨力辭讓飲食冠昏喪祭射御朝聘

此亦本前章本於天殽於地之意動而之地即殽地也列而之事即五祀所以本事也變而從時即四時以爲柄也協合也分謂月以爲量也藝即功有藝也主言義之脩禮之藏故此亦始言禮終言義居人猶言在人也禮藏聖人制作而皆本於人事當然之義故云居人曰義也冠昏而下八者皆禮也然行禮者必有貨財之資筋力之施辭讓之節飲食之品亦皆當然之義也

故禮義也者人之大端也所以講信脩睦而固人之肌膚之會筋骸之束也所以養生送死事鬼神之大端也所以達天道順人情之大竇也故唯聖人爲知禮之不可以已也故壞怪國喪

去聲家亡人必先去上聲其禮肌膚之總會筋骸之聯束非禮不固也然無禮以維飭之則腐潰頹側之容見矣故必禮以固之也竇孔穴之可出入者由於禮義則通達不由禮義則窒塞故以竇譬之聖人之能達大道順人情者以其知禮之不可以已也彼敗國之君喪家之主亡身之夫皆以先去其禮之故也

故禮之於人也猶酒之有糵也君子以厚小人以薄人以禮而成德如酒以麴糵而成味君子厚於禮故為君子小人薄於禮故為小人亦如酒之有醇醨也

故聖王脩義之柄禮之序以治人情故人情者聖王之田也脩禮以耕之劉氏曰脩者講明也柄者人所操也聖王講明乎義之所在使人得所持循而制事之宜也人能處義之要以熟禮之序則情之發皆中節矣故可以治人情也禮者人情之防範脩道之教莫先於禮故治人之情以禮為先務如治田者必先以耒耜耕之也

陳義以種去聲之義者人情之裁制隨事制宜而時措之如隨田之宜而種所當種也

講學以耨之禮義固可使情之中節然或氣質物欲蔽之而私意生焉則如草萊之害嘉種矣故必講學以明理欲之辨去非而存是如農之耨以去

章養前此本仁以聚之講學以講之者博而求之於不一之善所以得一本萬殊之理本仁以聚之者約而會之於全一之理所以約萬殊一本之妙也至此則會萬理為一理而本心之德全矣此如穀之熟也

而歛之也播樂以安之聚之者利仁之事未能安仁也故必使之詠歌舞蹈以陶養其德性消融其查滓而使之和順於道德焉則造於從容自然之域矣此則如食之而厭飫也此五者聖王循道之教始終條理如此而講學居其中以通貫乎前後蓋禮耕義種入德之功學之始條理也仁聚樂安成德之效學之終條理也自始至終於仁義禮樂無所不講至其成也則禮義之功著於先仁樂之效見於後焉故禮也者義之實也協諸義而協則禮雖先王未之有可以義起也實者定制也禮者義之定制義者禮之權度禮一定不易義隨時制宜故協合於義而合當為者則雖先王未有此禮可酌之於義而創為之禮焉此所以三代損益不相襲也義者藝之分去聲仁之節也協於藝講於仁得之者強藝以事言仁以心言事之動於外者以義為分限之宜心之發於內者以義為品節之制協於義者合其事理之宜也講於仁者商度其愛心之親

踈厚薄而協於行事之小大輕重一以義為之裁制焉上好義則民莫敢不服故得義者強仁者義之本也順之體也得之者尊仁者本心之全德故爲義之本是乃百順之體質也元者善之長體仁足以長人故得仁者尊上文言禮者義之實此言仁者義之本實以敬體言本以全體言同一理也張子謂經禮三百曲禮三千無一事之非仁也猶之木焉從根本至枝葉皆生意此全體之仁也然自一本至于枝萬葉先後大小各有其序此散體之禮也而其自本至末一枝一葉各具一理隨時榮悴各得其宜者義也故治國不以禮猶無耜而耕也為禮不本於義猶耕而弗種也為義而不講之以學猶種而弗耨也講之以學而不合之以仁猶耨而弗穫也合之以仁而不安之以樂猶穫而弗食也此反譬以申明前段聖學敎養之事有始有卒其序不可紊而功不可缺如此安之以樂而不達於順猶食而弗肥也四體既正膚革充盈人之肥也父子篤兄弟睦夫婦和家之肥

也大臣法小臣廉官職相序君臣相正國之肥也天子以德爲車以樂爲御諸侯以禮相與大夫以法相序士以信相考百姓以睦相守天下之肥也是謂大順大順者所以養生送死事鬼神之常也前章至播樂以安之而止此又益以不達之於順猶食而弗肥一節者蓋安之以樂以前皆是成已之功大學明德之事也達之於順以後方是成物之效大學新民之事也故以人身之肥設譬而言家國天下之肥至此乃是聖學之極功成己成物合內外之道大學身脩家齊國治天下平之事也故謂之大順大順則無爲而治所以養生送死事鬼神各得其常也以上並劉氏説○大臣法小臣廉不虧所守也以德爲車由仁義行也以樂爲御動無不和也以禮相與朝聘以時也以法相序上不偪下下不僭上也以信相考久要不忘也以睦相守出入相友守望相助疾病相扶持也肥者充盛而無不足之意故事大積焉而不苑尹並行而不謬細行而不失深而通茂而有間連而不相及也動而不相

害也此順之至也故明於順然後能守危也此以下至篇終皆是發明大順之說謂以此大順之道治天下則雖事之大者積疊在前亦不至於膠滯雖事之不同者一時並行亦不至舛謬也雖小事所行亦不以其微細而有失也雖深窗而可通雖茂密而有間謂有中間也兩物接連而相及則有彼此之爭兩事一時而俱動則有利害之爭不相及不相害則無所爭矣此從言人君治天下之事有大有細有深有茂有連有動而自然各得其分理者不過一順之至而已故明於順然後能守危亡之戒而不至於危亡也故禮之不同也不豐也不殺色介反也所以持情而合危也故聖王所以順山者不使居川不使渚者居中原而弗敝也用水火金木飲食必時合男女頒爵位必當去聲年德用民必順故無水旱昆蟲之災民無凶饑妖孽之疾貴賤有等故禮制不同應儉者不可豐應隆者不可殺所以維持人情不使之驕縱保合上下不使之危亂也聖王所以順民之情者如實於山則不徙之居川安於渚則不徙之居中原故民不

罔敝也獺祭魚然後虞人入澤梁及春獻鼈蜃秋獻龜魚之類是用水必時也春取榆柳之火夏取棗杏之火季夏取桑柘之火秋取柞楢之火冬取槐檀之火又周禮季春出火季秋納火之類是用火必時也卝人以時取金玉錫石及月令季春審五庫之量金鐵爲先是用金必時也仲冬斬陽木仲夏斬陰木是用木必時也飲食則如食齊視春時羹齊視夏時之類是也合男女必當其年頒爵位必當其德用民必於農隙凡此皆是以順行之故能感召兩間之和而無旱乾水溢及螟蝗之災也凶饑年凶穀不熟也妖謂衣服歌謠草木之怪孽謂禽獸蟲豸之怪史家五行志所載代有之疾患也故天不愛其道地不愛其寶人不愛其情故天降膏露地出醴泉山出器車河出馬圖鳳皇麒麟皆在郊棷藪龜龍在宮沼其餘鳥獸之卵胎皆可俯而闚也則是無故先王能脩禮以達義體信以達順故此順之實也舊說器爲銀甕丹甑車爲山車垂鉤謂不待揉治而自圓曲也晉時恒山大樹自拔根下有璧七十圭七十三皆光色精奇異常玉又張掖柳谷之石有八卦璜玦之象亦此

類也撫與義同能之變化叵測未必宮沼有之亦極言至順感召之卓異耳不以辭害意可也脩禮以達義者脩此禮以為教而達之天下無不宜也體信以達順者反身而誠而達之天下無不順也此極功矣故結之曰此順之實也○程子曰君子脩己以敬篤恭而天下平推上下一於恭敬則天地自位萬物自育而四靈畢至矣此體信達順之道○朱子曰信是實理順是和氣體信是致中達順是致和實體此道於身則自然發而中節推之天下而無所不通也

禮器第十

器有二義一是學禮者成德器之美一是行禮者明用器之制

禮器是故大備大備盛德也禮釋回增美質措則正施則行其在人也如竹箭之有筠也如松栢之有心也二者居天下之大端矣故貫四時而不改柯易葉故君子有禮則外諧而內無怨故物無不懷仁鬼神饗德

以禮為治身之器故能大備其成人之行至於大備則其德盛矣禮之為用能消釋人向邪之心而增益其材質之

美措諸身則無往不正施諸事則無往不違以久之身言之如竹箭之有筠足以致飾於外如松栢之有心足以貞固於內箭竹之小者也筠竹之青皮也大端猶言大節二物比他草木有此大節故能貫串四時而柯葉無改易也君子之人惟其有此禮也故外人之踈遠者無不諧協內人之親近者無所怨憾人歸其仁神歆其德也先王之立禮也有本有文忠信禮之本也義理禮之文也無本不立無文不行先王制禮廣大精微惟忠信者能學之然而纖悉委曲之間皆有義焉皆有理焉無忠信則禮不可立昧於義理則禮不可行必內外兼備而本末具舉則文因於本而飾之也不爲過本因於文而用之也中其節矣禮也者合於天時設於地財順於鬼神合於人心理萬物者也是故天時有生也地理有宜也人官有能也物曲有利也故天不生地不養君子不以爲禮鬼神弗饗也居山以魚鼈爲禮居澤以鹿豕爲禮君子謂之不知禮合於天時天時有生也謂四時各有所生之物取之

當合其時設於地財地理有宜也謂設施行禮之物皆地之所產財利也然土地各有所宜之產不可強其地之所無如此自然順鬼神合人心而萬物各得其理也人官有能謂助祭執事之官各因其能而任之蓋人各有能有不能也物曲有利者謂物之委曲各有所利如麴糵利於為酒醴桐竹利於為琴笙之類也天不生謂非時之物地不養如山之魚鼈澤之鹿豕之類故必舉其定國之數以為禮之大經禮之大倫以地廣狹禮之薄厚與年之上下是故年雖大殺色介反衆不匡懼則上之制禮也節矣定猶成也數稅賦所入之數也王制言祭用數之仂禮非財不行故必以此數為行禮經常之法也禮之大倫以地之廣狹天子諸侯卿大夫地有廣狹故禮之倫類不同地廣者禮備地狹者禮降也禮之厚薄則與年之上下為等王制言豐年不奢凶年不儉是專言祭禮此兼言諸禮耳大殺謂年凶而稅斂之入大有減殺也匡與恇通恐也衆不匡懼謂無溝壑之憂也此其制禮有節財不過用故能如此禮時為大順次之體次之宜次之稱次之稱去聲堯授舜舜授禹湯放桀武王伐紂

時也詩云匪革（棘）其猶聿追來孝（時者天之所為故為大堯舜湯武之事不同者各隨其時耳聖王受命得天下必定一代之禮制或因或革各隨時宜故云時為大也順體宜稱四者下文所之詩大雅文王有聲之篇革急也猶與猷通謀也聿惟也言文王之作豐邑初非急於成己之謀惟欲追先人之事而致其方來之孝以不墜先業耳今詩文作匪棘其欲遹追來孝）天地之祭宗廟之事父子之道君臣之義倫也（王者父事天母事地故天地宗廟父子君臣四者乃自然之序故曰倫也倫不可紊故順次之）社稷山川之事鬼神之祭體也（社稷山川鬼神之禮各隨其體之輕重而為禮之隆殺故曰體次之）喪祭之用賓客之交義也（既於義不得不然必須隨事合宜故曰宜次之）羔豚而祭百官皆足大牢而祭不必有餘此之謂稱也諸侯以龜為寶以圭為瑞家不寶龜不藏圭不臺門言有稱也（諸侯有國宜知占詳吉凶故以龜為寶也家謂大夫也大夫卑不當寶藏五等諸侯各有圭璧以為瑞信又以天子所賜如祥瑞之降於天故以為）

瑞大夫非爲君使不得執故不當藏之臺門者門之兩旁築土爲臺於其上起屋大夫不然各稱其分守也故曰稱次之禮有以多爲貴者天子七廟諸侯五大夫三士一一廟下士也適士則二廟天子之豆二十有六此天子朔食之豆數諸公十有六上公也更相朝時堂上之豆數諸侯十有二通侯伯子男也亦相朝時堂上之豆數上大夫八下大夫六皆謂主國食使臣堂上之豆數諸侯七介七牢大夫五介五牢介副也上介一人餘爲衆介牢太牢也謂諸侯朝天子時天子以太牢之禮賜之周禮公九介九牢侯伯七子男五今言七舉中以言之也大夫五介五牢者諸侯之大夫爲君使而來各降其君二等此五介五牢謂侯伯之卿亦舉中言之也天子之席五重平聲諸侯之席三重大夫再重天子祫祭其席五重諸侯席三重者謂相朝時賓主皆然也三重則四席再重則三席天子崩七月而葬五重八翣所甲反諸侯五月而葬三重六翣大夫三月而葬再重四翣此以多爲貴也五重[illegible]謂抗木

與茵也茵以藉棺用淺色緇布夾之以茅秀及香草著其中如今褥子中用絮然縮者二橫者三爲一重埶木所以抗載於上下棺之後置抗木於椁之上亦橫者三縮者二上加抗席三此爲一重如是者五則爲五重也翣見檀弓

有以少爲貴者天子無介祭天特牲介所以佐賓天子以天下爲家無爲賓之義故無介也特獨也天子適諸侯諸侯膳以犢諸侯相朝灌用鬱鬯無籩豆之薦大夫聘禮以脯醢天子一祭天惟用一牛君處守而過諸侯之境則諸侯奉膳亦止一牛其尊君之禮亦如君之尊天也諸侯相朝享禮畢主君酌鬱鬯之酒以獻賓不用籩豆之薦者以其主於相接以芬芳之德不在殽味也大夫出使行聘禮主國禮之酌以酒而又有脯醢之薦此見少者貴多者賤也天子一食諸侯再大夫士三食力無數一食一餐也位尊者德盛其飽以德不因於食味故每一餐輒告飽須侑御食者勸侑乃又餐食故云一食也諸侯則再餐而告飽大夫士則三餐而告飽皆待勸侑則再食食力自食其力之人農工商賈庶人之屬也無德不仕無祿代耕禮不下庶人故無食數飽即自止也大路繁盤纓一就次路繁

纓七就殷出尚質其祭天所乘之車木質而已無別雕飾謂之大路繁馬腹帶也纓鞅也在馬膺前染絲而織以爲罽五色一匝曰就就猶成也繁與纓皆以此罽爲之車朴素故馬亦少飾也大路之下有先路次路次路殷之第三路也供卑雜之用故就數多郊特牲云次路五就此蓋誤爲七就圭璋特圭璋形制見考工記諸侯朝王以圭朝后則執璋玉之貴者不以他物儷之故謂之特言獨用之也周禮小行人掌合六幣圭以馬璋以皮然皮與馬皆不升堂惟圭璋特升於堂亦特之義也琥璜爵琥爲虎之形璜則半璧之形也此二玉下於圭璋不可專達必待用爵蓋天子享諸侯及諸侯自相享至酬酒時則以幣將送酬爵又有琥璜之玉以將幣故云琥璜爵也鬼神之祭單丹席鬼神異於人不假多重以爲溫暖也諸侯視朝大夫特士旅之此以少爲貴也君視朝之時於大夫則特揖之謂每人一揖也旅衆也士卑無問人數多少君一揖而已有以大爲貴者宮室之量去聲器皿之度棺椁之厚丘封之大此以大爲貴也有以小爲貴者宗廟之祭貴者獻以爵賤者獻以散去聲

三六四

貴者舉觶志卑者舉角五獻之尊門外缶門內壺君尊瓦甒瓦武此以小為貴也爵一升觚二升觶三升角四升散五升○疏曰特牲云主人獻尸用角洗散以獻尸是尊者小卑者大按天子諸侯及大夫皆獻尸以爵無賤者獻以散之文禮文散亡不具也特牲士人獻尸用角者下大夫也特牲少牢禮尸入舉奠觶是尊者舉觶特牲主人受尸酢受角飲者是卑者舉角用[illegible]是士禮耳天子諸侯祭禮亡五獻子男之享禮也凡[illegible]享臣及其自相享行禮獻數各隨其命子男五命故知五獻是子男列尊之法門外缶者缶尊名盛酒在門外壺小尊也盛酒在門內君尊子男之尊也子男用瓦甒為尊不云內外則陳之在堂人君面尊而專惠也其壺缶但飲諸神小尊近君大尊在門是以小為貴壺大一石瓦甒五斗缶又大於壺有以高為貴者天子之堂九尺諸侯七尺大夫五尺士三尺天子諸侯臺門此以高為貴也九尺以下之數皆謂堂上高於堂下也考工記堂崇三尺是殷制此周制耳臺門見前章有以下為貴者至敬不墠袚用以埽夫聲地而祭天子諸侯之尊發

禁大夫士棜於據反禁此以下爲貴也封土爲壇郊祀則不壇至敬無文也

禁與棜皆承酒樽之器木爲之禁長四尺廣二尺四寸通局足高三寸漆赤中畫青雲氣菱苕華爲飾刻其足爲褰帷之形棜長四尺廣二尺四寸深五寸無足亦畫青雲氣菱苕華爲飾也棜是轝名禁者因爲酒戒也天子諸侯之尊廢禁者廢去其禁而不用也大夫士棜禁者謂大夫用棜士用禁也棜一名斯禁見鄉飲酒禮

禮有以文爲貴者天子龍袞諸侯黼大夫黻士玄衣纁裳天子之冕朱綠藻十有二旒諸侯九上大夫七下大夫五此以文爲貴也龍袞畫龍於袞衣也白與黑謂之黼黼如斧形刺之於裳黑與青謂之黻其狀兩己相背亦刺於裳也纁赤色冕祭服之冠也上玄下纁前後有旒前低一寸二分以其略俛而謂之冕冕同而服異一袞冕二鷩冕三毳冕四絺冕五玄冕名以服之異而名之耳冕之制雖同而旒有多少朱綠藻者以朱綠二色之絲爲繩也以此繩貫玉而垂於冕以爲旒周用五采此言朱綠或是前代之制十有二旒者天子之冕前後各十二旒每旒十二玉玉之色以朱白蒼黃玄爲次自上而下徧則又從朱起袞冕十二

旒鷩冕九旒毳冕七旒絺冕五旒玄冕三旒此數雖不同然皆每旒十二玉繅王五采也此皆周時天子之制諸侯九上大夫七下大夫五士三此亦非周制周家旒數隨命數詳見儀禮冕弁圖○疏曰諸侯雖九章七章以下其中有黼也孤絺冕而下其中有黻設特舉黼黻而言耳詩采菽云玄袞及黼是特言黼終南云黻衣繡裳是特言黻也○陳氏曰藻繫而文衆采飾之故曰藻有以素爲貴者至敬無文父黨無容大圭不琢篆大泰羹不和去聲大路素而越活席犧莎尊疏布鼏莫力反樿展杓市約反此以素爲貴也敬之至者不以文爲美如祭天而服黑羔裘亦是尚質素之意折旋揖讓之禮容所以施於外賓見父之族黨自當以質素爲禮不爲容也大圭天子所搢者長三尺不琢不爲雕刻文理也大羹太古之羹也肉汁無鹽梅之和後王存古禮故設之亦尚玄酒之意大路殷祭天之車朴素無飾以蒲越爲席犧尊刻爲犧牛之形讀爲娑音者謂畫爲鳳羽娑娑然也此尊以麄疏之布爲覆冪樿白木之有文理者杓沃盥之具也孔子曰禮不可不省息井反也禮不同不豐不殺此之謂也蓋言稱

也省察也禮之等雖不同而各有當然之則豐則踰殺則不及惟稱之為善禮之以多為貴者以其外心者也德發揚詡許萬物大理物博如此則得不以多為貴乎故君子樂吾教反其發也用心以致備物之享則必在於物故曰外心然所以貴於備物者聖人蓋見夫天地之德發揚昭著盛大溥徧於萬物是其理之所該者大故物之所成者博如此豈得不以多為貴乎此制禮之君子所以樂其用心於外以致備物也禮之以少為貴者以其內心也德產之致直二反也精微觀天下之物無可以稱去聲其德者如此則得不以少為貴乎是故君子慎其獨也散齋致齋祭神如在皆是內心之義惟其主於存誠以期感格故不以備物為敬所以然者蓋有見夫天地之德所以發生萬彙者其流行賦予之理密緻而精微即大傳所言天地絪縕萬物化醇也縱使徧取天下所有之物以祭天地終不能稱其德而報其功不若事之以誠敬之為極致是以行禮之君子主於存誠於內以交神明也慎獨者存誠之事也古之聖人內之為

尊外之爲樂洛少之爲貴多之爲美是故先王之制禮
也不可多也不可寡也唯其稱也尊如中庸尊德性之尊恭敬奉持之意也
尊其在內之誠敬故少物亦足以爲貴樂其在外之儀
物必多物乃可以爲美宜少者不可多宜多者不可寡
或稱其內或稱其外也是故君子大牢而祭謂之禮匹士大牢而
祭謂之攘謂之禮稱也謂之攘不稱也○疏曰匹偶也士賤不得特使爲介乃行故謂之匹士庶人
稱匹夫者惟與妻偶耳管仲鏤簋朱紘宏山節藻梲拙君子以爲
濫矣管仲齊大夫鏤簋簋有雕鏤之飾也紘冕之繫以組爲之自頷下屈而上屬於兩旁之笄垂餘爲纓
天子朱諸侯青大夫士緇山節刻山於柱頭之斗栱也藻水草也藻梲畫藻於梁上之短柱也此皆管仲僭禮
之事濫故濫也晏平仲祀其先人豚肩不揜豆澣衣濯冠以朝
君子以爲隘矣晏平仲亦齊大夫大夫祭用少牢不合用豚周人貴肩肩在俎不在豆此但喻
其極小謂併豚兩肩亦不足以掩豆故假豆言之耳上
言不豐下殺此舉管晏之事以明之管仲豐而不稱晏

子殺而不稱者也隘陋也是故君子之行禮也，不可不慎也。衆之紀也，紀散而衆亂。禮所以防範人心綱維世變前篇言壞國喪家亡人必先去其禮孔子曰：我戰則克，祭則受福，蓋得其道矣。記者引孔子之言而釋之曰夫子所以能此二者蓋以得其行之之道也君子曰：祭祀不祈，不麾揮蚤早，不樂洛葆保大，不善嘉事，牲不及肥大，薦不美多品。君子曰記者自謂也祭有常禮不爲祈祈私福也周禮大祝掌六祈小祝有祈福祥之文皆是有故則行之不在常祀之列麾快也祭有常時不以先時爲快葆猶褒也器幣之小大長短自有定制不以褒大爲可樂也嘉事冠昏之禮奠告有常儀不爲善之而更設他祭牲不及肥大及猶至也如郊牛之角繭栗宗廟角握社稷角尺各有所宜用不必須並及肥大也薦祭之品味有定數不以多品爲美也孔子曰：臧文仲安知禮？夏父弗綦忌逆祀而弗止也。臧文仲魯大夫臧孫辰夏父弗綦人姓名也魯莊公薨立適子閔公閔公薨立僖公僖公者莊公之庶子閔公之庶兄也僖公薨子文公立二年八月祫祭太廟夏父弗綦爲宗伯典禮核閱公躋僖公之下是臣居君之上逆亂尊卑不可之大者時人以文仲爲知禮乎以其爲大夫而不能止逆祀之失豈得爲知禮乎）燔（煩）柴於奧（爨）夫奧者老婦之祭也盛（平聲）於盆（蒲門反）尊於瓶（止亦古爲之文仲不能正失禮之事周禮以實柴祀日月星辰有大火之次故祭火神則燔柴也今亦綦爲禮官謂爨神是火神遂燔柴祭之是失禮矣禮祭至尸食竟而祭爨神宗婦祭饎爨烹者祭爨爨神則先炊也故謂之老婦唯盛食於盆盛酒於瓶卑賤之祭耳雖卑賤而必祭之者以其有功於人之飲食故報之也）禮也者猶體也體不備君子謂之不成人設之不當（去聲）猶不備也禮有大有小有顯有微大者不可損小者不可益顯者不可揜微者不可大也故經禮三百曲禮三千其致一也未有入室而不由戶者（體人身也先王經制大備如人體之全具矣若行禮者設施或有不當亦與不備同也大者損之小者益之揜其顯者其微是不當也禮以敬爲本一者敬而已未有入室而不由戶者豈有行禮而不由敬乎○）

朱子曰禮儀三百便是儀禮中士冠諸侯冠天子冠禮
之類此是大節有三百條如始加再加三加又如坐如
尸立如齊之類皆是其中小目呂與叔云經便是常行
底緯便是變底恐不然經中自有常有變緯中亦自有
常有變○趙氏曰經禮如冠昏喪祭朝覲會
同之類曲禮如進退升降俯仰揖遜之類　君子之於
禮也有所竭情盡慎致其敬而誠若有美而文而誠若
誠實也若語辭謂以少者小者下者素者爲貴是內心
之敬無不實者以多者大者高者文者爲貴美而有文
是外心之實者　君子之於禮也有直而行也有曲而殺色介反也
有經而等也有順而討也有摲芟反而播也有推而進也
有放上聲而文也有放而不致也有順而摭也　親始死而哭踊無節
是直情而徑行也故曰直而行父在則爲母服期尊者
在則卑者不杖是委曲而減殺之也故曰曲而殺父母
之喪無貴賤皆三年大夫士魚俎皆十五是經常之禮
一等行之也故曰經而等順而討者順其序而討去之
君自天子而下每等降殺以兩是也摲而播者芟取在
上之物而播施於下如祭俎之肉及羣臣而胞翟之賤

者亦受其惠是也推而進者推卑者使得行尊者之禮如二王之子孫得用王者之禮及旅酬之禮皆得舉觶於其長是也冕服旗常之章采樽彝之刻畫是放而文也公侯以下之服其文采殺於天子而不敢極致是放而不致也撫猶拾取也雖拾取尊者之禮而行之不謂之僭逆如君沐粱士亦沐粱又有君大夫士一節者是順而撫也言君子行禮有此九者不可不知也

三代之禮一也民共由之或素或青夏造殷因

殷尚白夏尚黑素即白也青近於黑不言白黑而言素青變文耳此類皆制作之末舉此以例其餘則前之創造後之因仍皆可知矣○朱子曰三綱五常禮之大體三代相繼皆因之而不能變其所損益不過文章制度小過不及之間而已

周坐尸詔侑武(無)方其禮亦然其道一也

承上夏造殷因而言三代尸禮之異周之禮尸即位而坐詔者告尸以威儀之節侑者勸尸爲飲食之進詔與侑皆祝官之職祝不止一人無方謂無常人也宗廟中可告之事皆得告之也亦然亦如殷之禮也禮同本於道之同故云其道一也

夏立尸而卒祭殷坐尸

夏之禮尸當飲食則暫坐若不飲食則惟立以俟祭事之終也殷則尸雖無事亦坐

周旅酬六尸曾子

曰周禮其猶醵其庶反與周家祫祭之時羣廟之祖皆聚於后稷廟中后稷尸尊不與子孫爲酬酢毀廟之祖又無尸故惟六尸而已此六尸自爲昭穆次序行旅酬之禮故曾子言周家此禮其猶世俗之醵與醵飲錢共飲酒也錢之所飲者均則酒之所飲必均此六尸之旅酬如醵飲之均平也君子曰禮之近人情者非其至者也郊血大饗腥三獻爓潛一獻孰近者爲褻遠者爲敬凡行禮之事與人情所欲者相近則非禮之極至者其事本多端此獨舉血腥爓孰四者之祭以明之者禮莫重於祭故也郊祭天也郊祀與大饗三獻皆有血腥爓孰此各[illegible]者據先設者爲主也郊則先設血後設腥爓孰大饗祫祭宗廟也腥生肉也去人情稍近郊先薦血大饗則迎尸時血與腥同時薦獻酌酒以薦獻也祭社稷及五祀其禮皆三獻故因名其祭爲三獻也爓沉肉於湯也其色略變去人情漸近矣此祭血腥與爓一時同薦但當先者設之在前當後者設之居後據宗伯社稷五祀初祭降神時已埋血據此則正祭薦爓時又薦血也一獻祭羣小祀也祀畢酒惟一獻用孰肉無血腥爓三者蓋孰肉是人情所食最爲褻近以其神卑則禮宜輕也是故君子之於禮也非作而致其

情也此有由始也是故七介以相見也不然則已愨慤
三辭三讓而至不然則已蹙蹙○作如作聰明之作過意爲之也言先王制禮之初一以誠敬爲本乃天理人情之極致後世守而行之非過意而故爲極致之情也此由始於古也上公之介九人侯伯七人子男五人此舉其中而言之兩君相見必有介副之人以仰賓主之情不如此則太愿愨而無禮之文矣已太也三辭三讓者賓初至大門外交擯之時有三辭之禮及入大門主君每門一讓則賓一辭凡三辭三讓而後至廟中也不如此則太迫蹙而無禮之容矣
故魯人將有事於上帝
必先有事於頖判宮晉人將有事於河必先有事於惡呼池徒河反齊人將有事於泰山必先有事於配林三月
繫七日戒三日宿愼之至也此因上章言兩君相見之禮亦有漸次而進故言祭祀之禮亦有漸次由卑以達尊者魯人將祭上帝必先有事頖宮頖宮諸侯之學也魯郊祀以后稷配先於頖宮告后稷然後郊也虖池并州川之小者河之從祀也配林林名泰山之從祀也帝牛必在滌三月繫繫牲于牢也七

日戒散齊也三日宿致齊也敬慎之至如此故以積漸爲之何敢迫蹙而行之乎故禮有擯詔樂（音洛）有相（去聲）步溫（於寳反）之至也禮容不可忘遽故賓主相見有擯相者以詔告之樂工無目必有扶相其行步者此二者皆溫藉之至也溫藉之義如玉之有承藉然言此擯詔者是承藉賓主相步者是承藉樂工也禮也者反本脩古不忘其初者也故凶事不詔朝（音潮）事以樂（五角反）○本心之初天所賦也貴於反思而忘禮制之初聖所作也貴於脩舉而不墜二者皆有初故曰不忘其初擗踊哭泣不待詔告以其發於本心之自然也朝廷養老尊賢之事必作樂以樂之亦以攄其本心之願望也此二者是反本之事醴酒之用玄酒之尚割刀之用鸞刀之貴莞（官）簟（徒點反）之安而槀（古老反）鞂（江八反）之設醴酒之美用矣而列尊在玄酒之下今世割刀之利便於用矣而宗廟中乃不用割刀而用古之鸞刀下莞上簟可謂安矣而必設槀鞂之麤者爲郊祀之席此三者是脩古之事鸞鈴也刀鐶有鈴故名鸞刀割肉欲中其音節郊特牲云聲和而後斷也莞蒲之細者可爲席簟竹席也槀鞂除去穀之稈也鞂與禹貢秸字同是故

先王之制禮也，必有主也，故可述而多學也（有主者以本修者也，但以此二者求之，則可以稱述而學之不厭矣）。君子曰：無節於内者，觀物弗之察矣；欲察物而不由禮，弗之得矣；故作事不以禮，弗之敬矣；出言不以禮，弗之信矣。故曰：禮也者，物之致也（無節於内，言胸中不能通達禮之節文也；觀物弗之察，言雖見行禮之事，不能審其得失也；察物而不由禮，以察之，何以能得其是非之實；作事而不由禮，何以能存其主敬之心；出言而不由禮，何以能使人之信其言。故曰禮者事物之極致也）。是故昔先王之制禮也，因其財物而致其義焉爾。故作大事必順天時，為朝（潮）夕必放（上聲）於日月，為高必因丘陵，為下必因川澤。是故天時雨澤，君子達亹（毛）亹焉（財物幣玉牲牢黍稷之類，無財無物不可以行禮，故先王制禮必因財物而致其用之之義焉。然財物皆天時之所生，故祭祀之大事亦必順天時而行之，如啓蟄而郊，龍見而雩，始殺而嘗，閉蟄而烝皆是也大明生於東故春朝朝日必於東方月生於西故秋莫夕月必於西方爲高上之祭必因其有丘陵而祭之爲在下之祭必因其有川澤而祭之一說爲高爲圓丘也爲下爲方丘也祭有輕重皆須財物故當天時之降雨澤也君子知夫天地生成財物之功如此乎勉勉而不已也則安得不用財物爲禮以致其報本之誠乎

是故昔先王尚有德尊有道任有能舉賢而置之聚衆而誓之是故因天事天因地事地因名山升中于天因吉土以饗帝于郊升中于天而鳳皇降龜龍假格饗帝于郊而風雨節寒暑時是故[illegible]而立而天下大治

置如置諸左右之置謂使之[illegible]也禮莫重於祭當大事之時必擇有道德[illegible]助其事又從而誓戒之周禮冢宰掌百官之誓戒是也因天之尊而制爲事天之禮因地之卑而制爲事地之禮郊社是也中平也成也巡守而至方岳之下必因此有名之大山升進此方諸侯治功平成之事以告於天舜典柴岱宗即其禮也吉土王者所卜而建都之地也兆於南郊歲有常禮其瑞物之臻休徵之應理或然耳而後世封禪

之說遂根著於此殊不可破皆鄭氏祖緯說啓之也天道至教聖人至德廟堂之上罍尊在阼犧莎尊在西廟堂之下縣玄鼓在西應鼓在東君在阼夫人在房大明生於東月生於西此陰陽之分去聲夫婦之位也君西酌犧象夫人東酌罍尊禮交動乎上樂交應乎下和之至也天道陰陽之運極至之教也聖人禮樂之作極至之德也無以復加故以至言罍尊夏后氏之尊也犧尊周尊也縣鼓大鼓應鼓小鼓禮樂之器以西為上故犧尊縣鼓皆在西而罍尊與應鼓皆在東也天子諸侯皆有左右房此夫人在西房也君在東而西酌犧象夫人在西而東酌罍尊此禮交動乎堂上也縣鼓應鼓相應於堂下是樂交應乎下也罍尊畫為山雲之形犧尊畫鳳羽而象骨飾之故亦曰犧象此章言諸侯時祭之禮禮也者反其所自生樂也者樂洛其所自成是故先王之制禮也以節事脩樂以道志故觀其禮樂而治亂可知也蘧伯玉曰君子之人

達故觀其器而知其工之巧觀其發而知其人之知（去聲）故曰君子慎其所以與人者（萬物本乎天人本乎祖禮主於報本反始不忘其所由生也王者功成治定然後作樂以文德定天下者樂文德之成以武功定天下者樂武功之成非泛然爲之也節事爲人事之儀則也道志宣其湮鬱也世治則禮序而樂和世亂則禮慝而樂淫故觀禮樂而治亂可知也蘧伯玉衛大夫名瑗言君子之心明睿洞達觀器用則知工之巧拙觀人之發動舉措則知其人之智愚豈有觀禮樂而不知治亂乎禮樂者與人交接之具君子致謹於此以其所關者大也故曰蓋古有是言而記者稱之耳）大廟之內敬矣君親牽牲大夫贊幣而從（去聲）君親制祭夫人薦盎君親割牲夫人薦酒（君出廟門迎牲親牽以入然必先告神而後殺故大夫贊佐執幣而從君君乃用幣以告神也殺牲畢而進血與腥則君親割制牲肝以祭神於室此時君不親獻酒惟夫人以盎齊薦獻盎齊見前篇及薦孰之時君又親割牲體然亦不獻故惟夫人薦酒也）卿大夫從（去聲）君命婦從夫人洞洞乎其敬也屬屬（燭）乎

其忠也勿勿乎其欲其饗之也洞洞敬之表裏無間也屬屬誠實無僞也勿勿勉勉不已也云切也命婦卿大夫之妻也納牲詔於庭血毛詔於室羹定丁繫反詔於堂三詔皆不同位蓋道求而未之得也詔告也牲入在庭以幣告神故云納牲詔於庭殺牲取血及毛入以告神於室故云血毛詔於室羹肉汁也定熟肉也羹之既熟將迎尸入室乃先以俎盛羹及定而告神於堂此是薦熟未食之前也道言也此三詔者各有其位蓋言求神而未得也設祭於堂爲祊白彭反乎外故曰於彼乎於此乎設祭於堂者謂薦腥爓之時設饌在堂也祊祭之明日繹祭也廟門謂之祊設祭在廟門外之西旁故因名爲祊也記者又引古語云於彼乎於此乎言不知神於彼饗之乎於此饗之乎一獻質三獻文五獻察七獻神獻酌酒以薦也祭羣小祀則一獻其禮質略祭社稷五祀三獻其神稍尊故有文飾五獻祭四望山川之禮也察者顯盛詳著之貌祭先公之廟則七獻禮重心肅洋洋乎其如在之神也大饗其王事與平聲三牲魚腊四海九州之美味也籩

豆之薦四時之和氣也内納金示和也束帛加璧尊德也龜爲前列先知也金次之見形甸反情也丹漆絲纊竹箭與衆共財也其餘無常貨各以其國之所有則致遠物也其出也肆陔夏而送之蓋重禮也大饗祫祭也言王事者明此章所陳悉諸侯所有之事也三牲牛羊豕也腊獸也少牢禮云腊用麋籩豆所薦品味皆四時和氣之生成内金納侯邦所貢之金也示和示諸侯之親附也一説金性或從或革隨人故言和也君子於玉比德諸侯來朝璧加於束帛之上尊德也陳列之序龜獨在前以其知吉凶故先之也金在其次以人情所同欲故云見情也自三牲以下至丹漆等物皆侯邦所供貢並以之陳列或備器用與衆共財言天下公共所有之物也其餘無常貨謂九州之外蠻夷之國或各以其國所有之物來貢亦必陳之示其能致遠方之物也但不以爲常耳諸侯爲助祭之賓禮畢而出在無算爵之後樂工歌陔夏之樂章以送之殷勤如此蓋重大之禮也註讀肆爲陔者周禮鍾師掌九夏尸出入奏肆夏客醉而出則奏陔夏故知此當爲陔也。劉氏曰後篇言鍾次之以和居參之則此言內金亦和亦取其聲之和耳見情也者見人情之和也祀帝於郊敬之至也宗廟之祭仁之至也喪禮忠之至也備服器仁之至也賓客之用幣義之至也故君子欲觀仁義之道禮其本也祭天之禮簡素至敬無文所以為敬之至仁之實事親是也事亡如事存所以為仁之至附於身附於棺皆必誠必信所以為忠之至斂之衣服葬之器具皆全備無缺莫非愛親之誠以故亦曰仁之至朝聘燕享幣有常用故幣帛籩豆將其厚意義之至也此仁與義之為道皆可於行禮之際觀之故曰禮其本也君子曰甘受和去聲白受采忠信之人可以學禮苟無忠信之人則禮不虛道是以得其人之為貴也甘於五味屬土土無專氣而四時皆王故惟甘味能受諸味之和諸采皆以白為質所謂繪事後素也以此二者況忠信乃可學禮道猶行也道路人所共行者人無忠信則每事虛偽禮不可以虛偽行也大傳曰苟非其人道不虛行孔子曰誦詩三百不足以一獻一獻之禮不足以大饗大饗之

禮不足以大旅大旅具矣不足以饗帝毋輕議禮不學詩無以言然縱使誦三百篇之多而盡言語之長其於議禮猶爲學乎未有所聞也一獻小禮亦不足以行之使能一獻不能行大饗之禮謂祫祭也能大饗矣不能行大旅之禮謂祀五帝也能具知大旅之禮矣不能行饗帝之禮也謂祀天也禮其可輕議乎子路爲季氏宰季氏祭逮闇而祭日不足繼之以燭雖有強力之容肅敬之心皆倦怠矣有司跛彼義反倚以臨祭其爲不敬大矣逮及也闇昧爽以前也偏任爲跛依物爲倚他日祭子路與去聲室事交乎戶堂事交乎階質明而始行事晏朝而退孔子聞之曰誰謂由也而不知禮乎室事謂正祭之時事尸于室也外人將饌至戶內人於戶受之設於尸前內外相交承接故云交乎戶也正祭之後賓尸於堂故謂之堂事此時在下之人送饌至階堂上人即階而受取是交乎階也質正也子路權禮之宜略煩文而全恭敬故孔子善之也

禮記卷第八

後學東匯澤陳澔集說

郊特牲第十一

陸氏曰郊者祭天之名用一牛故曰特牲。石梁王氏曰此篇皆記祭事而雜昏冠兩段

郊特牲而社稷大牢天子適諸侯諸侯膳用犢諸侯適天子天子賜之禮大牢貴誠之義也故天子牲孕餘證反弗食也祭帝弗用也禮有以少爲貴者故此二者皆貴特牲而賤太牢也犢未有牝牡之情故云貴其誠慤。朱子曰萬物本乎天人本乎祖故以所出之祖配天地周之后稷生於姜嫄以上更推不去文武之功起於后稷故配天須以后稷嚴父莫大於配天宗祀文王於明堂以配上帝上帝即天也聚天之神而言之則謂之上帝又曰古時天地定是不合祭日月山川百神亦無合共一時祭享之禮又曰五峰言無北郊只祭社便是此說却好。今按召誥用牲于郊牛二蔡氏以爲祭天地非也牛二帝牛稷牛也社于新邑

祭物也故用大牢大路繁盤纓一就先路三就次路五就郊血
大饗腥三獻爓潛一獻孰至敬不饗味而貴氣臭也臭亦
氣也餘並見前篇諸侯為賓灌用鬱鬯灌用臭也大饗尚腶丁喚
反脩而已矣諸侯來朝以客禮待之是為賓也在朝中行三享畢然後天子以鬱鬯之酒灌之諸
侯相朝亦然明貴氣臭之義也周禮作祼祼字上公再祼而酢侯伯一祼而酢子男一祼不酢祼則使宗伯酌圭
瓚而祼之酢則賓酢主也此大饗謂王饗諸侯也脯加薑桂曰腶脩行饗之時雖設太牢之饌而必先設腶脩
於筵前然後設餘饌故云尚腶脩也此明不享味之義大饗君三重席而酢焉三
獻之介君專席而酢焉此降尊以就卑也此大饗是諸侯相朝主君
饗客之禮諸侯之席三重今兩君禮敵故席三重之席而受客之酢爵也若諸侯遣卿來聘卿禮當三獻其上
介則是大夫故謂之三獻之介大夫席雖再重今為介降一等止合專席君席雖三重今徹去兩重就卑席受
此介之酢爵是降國君之尊以就大夫之卑也饗禘論有樂而食嗣嘗無樂陰

陽之義也凡飲養陽氣也凡食養陰氣也故春禘禴而秋嘗春饗孤子秋食耆老其義一也而食嘗無樂飲養陽氣也故有樂食養陰氣也故無聲凡聲陽也饗春饗孤子也禴春祭宗廟也孤子死事者之子孫食秋食耆老也嘗秋祭宗廟也周之禮春祠夏禴秋嘗冬烝春禴夏殷之禮也饗禮主於酒食禮主於飯周制則四時之祭皆有樂鼎俎奇居衣反而籩豆偶陰陽之義也籩豆之實水土之品也不敢用褻味而貴多品所以交於旦神明之義也自一鼎至九鼎皆奇數其十鼎者陪鼎三則正鼎亦七也十一鼎者陪鼎三則正鼎亦九也正鼎鼎別一俎故云鼎俎奇也籩豆偶者據周禮掌客及前篇所舉皆是偶數又詳見儀禮圖賓入大門而奏肆夏示易以豉反以敬也卒爵而樂闋孔子屢歎之奠酬而工升歌發德也歌者在上匏竹在下貴人聲也樂由陽來者也禮由陰作者也

陰陽和而萬物得燕禮則大門是寢門饗禮則大門是廟門也肆夏樂章名九夏見周禮易
以鼓言和易中有嚴敬之節也卒爵而樂闋謂賓至庭卒
而樂作賓受獻爵拜而樂止及主人獻君樂又作君卒
爵而樂止也歎之歎美之也奠酬而工升歌謂奠置酬
爵之時樂工升堂而歌所以發揚主賓之德故云發德
也匏竹笙也樂所以發陽道之舒暢禮所以
肅陰道之收斂一闔一闢而萬事得宜也
所以別土地之宜而節遠邇之期也龜為前列先知也
以鍾次之以和居參之也虎豹之皮示服猛也束帛加
璧往德也旅陳也庭實所陳之幣非一方所貢故曰無方以土地之產各有所宜而地里有遠近則
入貢之期日有先後也前篇言金次之此言鍾次之蓋
金之為器莫重於鍾故變文言之也金示和而參居庭
實之間故云以和居參之也君子於玉比德
往德者言往進此比德之士於有德之人也庭燎之百
由齊桓公始也此以下言朝聘失禮之事庭燎若庭中設炬火以照來朝之臣夜入若大戴禮
言天子百燎上公五十侯伯子男三大夫之奏肆夏也
十今侯國皆供百燎自桓公始之

由趙文子始也大射禮公升即席奏肆夏燕禮賓及庭奏肆夏是諸侯之禮今大夫之僭自晉大夫趙武始朝覲大夫之私覿非禮也大夫執圭而使使去聲所以申信也不敢私覿所以致敬也而庭實私覿何為乎諸侯之庭為人臣者無外交不敢貳君也朝覲之禮國君親往而大夫從則大夫不當又以己物而私覿主君故曰非禮也君大夫執其君之命圭而專使則當行私覿之禮以申己之信故從君朝覲而不敢私覿是敬己之君也今從君以來而於設庭實以為私覿大夫向同為此於諸侯之庭乎譏其與君無別也人臣無外交不敢貳心於他君所以從君而行則不敢私覿也大夫而饗君非禮也大夫強而君殺之義也由三桓始也大夫富強而具饗禮以饗君以臣召君故曰非禮大夫逾橫僭逆必亂國家人君殺之以是斷以大義也三桓魯之三家皆桓公之後也先是成季以莊公之命酖殺僖叔後慶父賊子般又弒閔公於是又殺慶父故云由三桓始。○疏曰按三桓之前齊公孫無知衛州吁宋長萬皆以強盛被殺此云由三桓始者據魯而言天子無客禮莫敢為主焉。君適其臣，升自阼階，不敢有其室也。覲禮，天子不下堂而見諸侯。下堂而見諸侯，天子之失禮也，由夷王以下。

天子所以無客禮者，以其尊無對，莫敢為主故也。適臣而升自主階，是為主之義。不敢有其室者，言人臣不敢以此室為私有而主之矣，況敢為主而待君為客乎？覲禮，天子負斧依南面，侯氏執玉入，是不下堂見諸侯也。惟春朝夏宗以客禮待諸侯，則天子以車出迎。夷王，康王之玄孫之子。

諸侯之宮縣玄，而祭以白牡，擊玉磬，朱干設錫陽，冕而舞大武，乘大路，諸侯之僭禮也。

天子之樂四面皆縣，謂之宮縣；諸侯軒縣，則三面而已。白牡，殷祭之正牲，後代諸侯當用時王之牲也。又諸侯當擊石磬，玉磬，天子樂器，書言鳴球是也。諸侯雖得舞大武，但不得朱干設錫冕服而舞也。干，盾也。錫，若盾背之飾，金為之。大路，殷祭天所乘之車也。

臺門而旅樹，反坫，繡如字黼，丹朱中衣，大夫之僭禮也。

此皆諸侯之禮。兩旁起土為臺，臺上架屋而門當其中，故曰臺門。旅，道也。樹，屏也。立屏當所行之路，以蔽內外為蔽。天子外屏，諸侯內屏，大夫以纂土以帷坫在兩楹之間兩君好會獻酬飲畢則反爵於其上故曰反坫坫舊讀繡爲綃今依字繡黼者繡刺爲黼文也用朱染繒爲赤色也繡黼爲中衣之領用朱爲中衣之緣中衣者朝服祭服之裏衣也制如深衣但袖小長耳冕服是絲衣則中衣用絹素皮弁服朝服玄端是麻衣則中衣用布也○石梁王氏曰繡當依詩文不可改爲綃

故天子微諸侯僭大夫強諸侯脅於此相貴以等相覿以貨相賂以利而天下之禮亂矣諸侯不敢祖天子大夫不敢祖諸侯而公廟之設於私家非禮也由三桓始也

相貴以等猶擅相尊貴以等列也諸侯不敢祖天子而傳云宋祖帝乙鄭祖厲王魯襄十二年吳子壽夢卒於周廟禮也魯以周公之故立文王廟耳大夫不敢祖諸侯而左傳云凡邑有宗廟先君之主曰都註者以禮之正言之而又有他義者舊說謂天子之子以上德爲諸侯者得祀其所出故魯以周公之故立文王廟公子得祖先君公孫不得祖諸侯故公子爲大夫者亦得立宗廟於其采地故曰邑有宗廟先君之主也其王子母弟雖無功德不得出封爲諸侯而食采畿內者亦得立祖王廟於采地故都宗人家宗

人掌祭祖王之廟也由三桓始謂魯之三家立桓公廟也天子存二代之後猶尊賢
也尊賢不過二代疏曰古春秋左氏說周家封夏殷二王之後以爲上公封黃帝堯舜之後
謂之三恪恪者敬也敬其先聖而封其後諸侯不臣寓公故古者寓公不繼
世諸侯失國而寄寓他國者謂之寓公所寓之國不敢以之爲臣此寓公死則臣其子矣故云寓公不繼世
君之南鄉去聲答陽之義也臣之北面答君也答猶對也大夫
之臣不稽首非尊家臣以辟避君也諸侯於天子稽首大夫於諸侯亦稽
首惟家臣於大夫不稽首者非尊重家臣也以避國之正君也蓋諸侯與大夫同在一國大夫已稽首於君矣
家臣若又稽首於大夫則似一國而兩君矣故云以辟君大夫有獻弗親君有賜不
面拜爲去聲君之答己也有獻弗親者使人往獻不敢當君也不面拜不親見君之面而
拜也恐須君答拜故也鄉人禓傷孔子朝服立于阼存室神也論語
鄉人儺朝服而立于阼階即此事也禓說禓是強鬼之名鄉人驅逐此鬼孔子恐驚廟室之神故衣朝服而立于

廟之東階以存安廟室之神使神依已而安也禮大夫朝服以祭故用祭服以依神孔子曰射之以樂也何以聽何以射何以聽謂射者何以能不失射之容節而又能聽樂之音節乎何以射謂何以能聽樂之音節而使射之容與樂之節相應乎言其難而美之也孔子曰士使之射不能則辭以疾縣玄弧之義也為士者當習於射以六藝之一也不敢以不能辭惟可以疾辭蓋生而設弧於門左已有射道但未能耳今辭以疾而未能則亦與初生之未能相似故云縣弧之義也孔子曰三日齊一日用之猶恐不敬二日伐鼓何居如字。齊者不聽樂恐散其志慮也今二日之閒乃二日擊鼓其義何所處乎怪之之辭孔子曰繹之於庫門內祊之於東方朝如字市之於西方失之矣繹祭之明日又祭也繹是堂上接尸祊是於室內求神皆一時之事繹之禮當於廟門外之西堂今乃於庫門內祊當在廟門外西室今乃於廟門外東於朝市即周禮所謂朝時而市也當於市內近東今乃於市內西方此三事皆違於禮故曰失之矣社祭土而主陰氣也君南鄉於北墉下答陰之義也日用甲用日之始也（地秉陰則社乃陰氣之主社之主設於壇上北面而君來北墻下南向祭之蓋社不屋惟立之壇壝而環之以墻旣地道主陰故其主北向而君南向對之答對也甲爲十干之首）天子大社必受霜露風雨以達天地之氣也是故喪（去聲）國之社屋之不受天陽也薄社北牖使陰明也（薄書作亳薄社於周爲喪國之社必存之者白虎通云王者諸侯必有誡社示有存亡也屋其上則天陽不入牖於北則陰氣可通陰明則物死也）社所以神地之道也地載萬物天垂象取財於地取法於天是以尊天而親地也故教民美報焉家主中霤而國主社示本也（聖人知地道之大故立社以祭所以神而明之也美報美善其報之之禮也上古穴居故有中霤之名中霤與社皆土神卿大夫之家主祭土神於中霤天子諸侯之國主祭土神於社此皆以示其爲載物生財之本也）唯爲（去聲）社事單（丹）出里（社事祭社之事也二十五家爲里單盡也言當祭社之時一里之人盡出而供給其

事蓋每家一人也唯為社田國人畢作為祭社之事[illegible]國中之人皆行無餘[illegible]
者唯社丘乘去聲共粢盛平聲所以報本反始也祭社必有粢盛稷曰
明粢在器曰盛此粢盛則使丘乘供之井田之制九夫為井四井為邑四邑為丘四丘為乘也報者酬之以禮
反者追之以心季春出火為焚也然後簡其車賦而歷其卒伍
為去聲而君親誓社以習軍旅左之右之坐之起之以觀
其習變也而流示之禽而鹽去聲諸利以觀其不犯命也
求服其志不貪其得故以戰則克以祭則受福建辰之月大火
心星昏見南方故出火以焚焚除草萊焚後即蒐田簡閱視也賦兵也歷數之也百人為卒五人為伍誓社誓衆
於社也或左或右或坐或作皆是軍旅之法習變習熟其變動之節也驅逐之際為獸流動紛紜衆皆見之故
云流示之禽鹽讀為艷艷諸利謂使之歆艷於利也禽獸雖甚可欲而殺獲取舍皆有定制犯命者必罰不使
之犯命者是求以遏服其貪利之志又君亦取之有制如大獸公之小禽私之不踰法而貪下之所得也以戰

則克習民於變也祭則受福犧牲以禮也。疏曰祭社既在仲春此出火爲焚當在仲春之月記者誤也

天子適四方先柴書曰歲二月東巡守至于岱宗柴郊之祭也迎長日之至也。至猶到也冬至日短極而漸舒故云迎長日之至朱子曰以始祖配天須在冬至一陽始生萬物之始宗祀九月萬物之成父者我所自生帝者生物之祖故推以爲配而祀於明堂此義方正。問郊祀后稷以配天宗祀文王以配上帝帝只是天天只是帝却分祭何也朱子曰爲壇而祭故謂之天祭於屋下而以神祇祭之故謂之帝。今按郊祀一節先儒之論不一者有子月寅月之異有周禮魯禮之分又以郊與圜丘爲二事又有祭天與祈穀爲二郊今皆不復詳辨而以朱說爲定大報天而主日也兆於南郊就陽位也埽去聲地而祭於其質也器用陶匏以象天地之性也郊祭者報天之大事而主於迎長日之至祭義云配以月故方氏謂天之尊無爲可祀之以其道不可主之以其事故以日爲之主焉天秉陽日者衆陽之宗故就陽位而立郊兆陶匏亦器之質者質乃物性之本然也於郊故謂之郊牲用騂尚赤也用犢貴誠也

郊之用辛也問郊之用辛日何謂周之始郊日以至謂周家始郊祀適遇冬至是辛日自後用冬至後辛日也卜郊受命于祖廟作龜于禰宮尊祖親考之義也告于祖廟而行事則如受命于祖此尊祖之義作猶用也用龜以卜而于禰宮此親考之義曲禮言大饗不問卜飽用冬至則有定日此但云卜郊則非卜日矣下文言帝牛不吉或此為卜牲歟不然則異代之禮也卜之日王立于澤親聽誓命受教諫之義也澤澤宮也於其中射以擇士因謂之澤宮又其宮近水澤故名也其日卜竟有司出以祭事誓言戒命令衆執事考而君亦聽受之是受教諫之義也獻命庫門之內戒百官也大廟之命戒百姓也有司獻王所以命百官之事王乃於庫門內集百官而戒之又於太廟之內戒其族姓之臣也祭之日王皮弁以聽祭報示民嚴上也喪者不哭不敢凶服汜泛埽去聲反道鄉為田燭弗命而民聽上祭報報白日時早晚及牲事之備具也汜埽灑水而後埽也反道剗道路之土反之令新者在上也鄉郊內六鄉也六鄉

之民各於田首設燭照路恐王行事之早也喪者不哭以下諸事皆不待上令而民自聽從蓋歲以爲常也

祭之日王被衮以象天象天謂有日月星辰之章也。陳氏曰合周官禮記而考之王之祀天内服大裘外被龍衮龍衮所以襲大裘也戴冕璪藻十有二旒則天數也乘素車貴其質也旂十有二旒龍章而設日月以象天也天垂象聖人則之郊所以明天道也璪與藻同素車殷之木路也旂之旒與冕之旒皆取垂下之義餘見前帝牛不吉以爲稷牛帝牛必在滌三月稷牛唯具所以別事天神與人鬼也萬物本乎天人本乎祖此所以配上帝也郊之祭也大報本反始也郊祀后稷以配天故祭上帝者謂之帝牛祭后稷若謂之稷牛滌者牢中清除之所也此二牛皆在滌中爲犧用也若至期卜牲不吉或有死傷則用稷牛爲帝牛而別選稷牛也非在滌三月者不可爲帝牛故以稷牛代之稷乃人鬼其牛但得具用足矣故云稷牛唯具人本乎祖故以祖配帝是郊之祭乃報本反始之大者天子大蜡（乍）八，伊耆（其）氏始爲蜡（蜡）。蜡也者，索（色白反）也。歲十二月，合聚萬物而索饗之也。蜡祭八神：先嗇一，司嗇二，農三，郵表畷四，貓虎五，坊六，水庸七，昆蟲八。伊耆氏，堯也。索，求索其神也。合猶閉也，閉藏之月，萬物各已歸根復命，聖人欲報其神之有功者，故求索而享祭之也。蜡之祭也，主先嗇而祭司嗇也。祭百種（上聲）以報嗇也。嗇與穡同。先嗇，神農也。主如前章主日之主，言爲八神之主也。司嗇，上古后稷之官。百種，司百穀之種之神也。報嗇，謂報其教民樹藝之功。饗農及郵（尤）表畷（株劣反）禽獸，仁之至義之盡也。農，古之田畯有功於民者。郵若郵亭之舍也。標表田畔相連畷處，造爲郵舍，田畯居之以督耕者，故謂之郵表畷。禽獸，貓虎之屬也。古之君子使之必報之。迎貓爲（去聲）其食田鼠也，迎虎爲其食田豕也，迎而祭之也。祭坊（防）與水庸事也。田鼠田豕皆能害稼，故食之者爲有功。迎者，迎其神也。坊，隄也，以蓄水，亦以障水。庸，溝也，以受水，亦以洩水。皆農事之備，故曰事也。背山嚴氏以爲迎貓則爲貓之尸，迎虎則爲虎之尸近於倡優所爲是以子貢言一國之人皆若狂也曰土反其宅水歸其壑昆蟲毋無作草木歸其澤此祝辭也宅猶安也土安則無崩圮水歸則無氾溢昆蟲謂螟蝗之屬害稼者作起也草木各歸根于藪澤不得生於耕稼之土也皮弁素服而祭素服以送終也葛帶榛杖喪殺色介反也蜡之祭仁之至義之盡也物之助成歲功者至此而老老則終矣故皮弁素服葛帶榛杖以送之喪禮之殺也此爲義之盡祭報其功則仁之至也周禮籥章云國祭蜡則龡豳頌擊土鼓以息老物黃衣黃冠而祭息田夫也野夫黃冠黃冠草服也月令臘先祖五祀勞農以休息之此祭是也黃冠爲草野之服其詳未聞大羅氏天子之掌鳥獸者也諸侯貢屬焉草笠而至尊野服也諸侯鳥獸之貢屬大羅氏之掌其使者戴草笠是尊野服羅氏致鹿與女而詔客告也以戒諸侯曰好田好女者亡其國鹿者田獵所獲女則所俘於亡國者客貢使也使者將返羅氏以鹿與女示使者以王命詔之使歸告其

君而以王言戒之曰好田獵好女色者以亡其國舊說如此然鹿可歲得而亡國之女不恒有其詳未聞也

天子樹瓜華不斂藏之種[上聲]也（瓜華瓜瓠果蓏之屬也天子所種者瓜華供一時之用而已不是收斂久藏之種也若可收斂久藏之物則不樹之惡與民爭利也此亦令使者歸告戒其君事之）

八蜡以記四方四方年不順成八蜡不通以謹民財也順成之方其蜡乃通以移[去聲]民也既蜡而收民息已故既蜡君子不興功（記四方者因蜡祭而記其豐凶也蜡祭之禮列國皆行之若其國歲凶則八蜡之神不得與諸方遍祭所以使民知謹於用財不廢費也移者寬縱之義蓋歲豐則民財稍可寬舒用之也黨正屬民飲酒始雖用禮及其飲食醉飽則亦縱其酣暢爲樂夫子所謂一日之澤是也農民終歲勤動而於此時得一日之樂是上之人勞農之美意也既蜡之後收斂積聚民皆休息故不興起事功也）

恒豆之菹[菑居反]水草之和氣也其醢陸產之物也加豆陸產也其醢水物也（恒豆每日常進之豆也周禮醢人所掌朝事之豆註謂清朝未食先進口）

食也菹醢菜也水草昌本茆菹之類加豆周禮註謂尸既食后亞獻尸所加進之豆但醢人所掌是天子之禮此言諸侯之禮物既不同此朝事之豆與祭禮饋食薦孰之豆俱爲恒豆而加豆則祭末酳尸所用也水物若蠃醢魚醢是也菹醢皆以豆盛之

籩豆之薦水土之品也不敢用常褻味而貴多品所以交於神明之義也非食味之道也先王之薦可食也而不可耆嗜也卷衮冕路車可陳也而不可好去聲也武壯而不可樂洛也宗廟之威而不可安也宗廟之器可用也而不可便其利也所以交於神明者不可同於所安樂之義也不可耆謂貪食之有節不可貪愛舊說謂質而無味不能悅口不可好謂尊嚴之服器不可以供玩愛武萬舞大武也以示壯勇之容不可常爲娛樂宗廟威嚴之狀不可褻翫以自安宗廟行禮之器不可利用以爲便交神明之義如此

酒醴之美玄酒明水之尚貴五味之本也黼黻文繡之美疏布之尚反女

功之始也莞簟之安而蒲越（活）稾鞂之尚明之也大羹不和貴其質也大圭不琢美其質也丹漆雕幾（祈）之美素車之乘（去聲）尊其樸也貴其質而已矣所以交於神明者不可同於所安褻之甚也如是而后宜（未有五味之初先有水故水爲五味之本未有緜纊先有麤布故踈布爲女功之始周禮司烜氏掌以鑒取明水於月蓋取其潔也明之昭其禮之異也雕刻鏤之也幾漆飾之纖限也安褻之甚言甚安甚褻也宜猶稱也餘並見前）鼎俎奇而籩豆偶陰陽之義也黃目鬱氣之上尊也黃者中也目者氣之清明者也言酌於中而清明於外也（黃目黃彝也卣罍之類以黃金鏤其外以爲目因名焉用貯鬱鬯之酒有芬芳之氣故云鬱氣中中央之色也奇偶見前）祭天掃（去聲）地而祭焉於其質而已矣醯醢之美而煎鹽之尚貴天産也割刀之用而鸞刀之貴貴其義也聲和而

後斷上聲也臡以煎鍊而成故曰煎臡必用鸞刀者取其鸞鈴之聲調和而後斷割其肉也貴其義是貴聲和之義冠去聲義始冠之緇布之冠也大古冠布齊側皆反則緇之其緌如追反也孔子曰吾未之聞也冠而敝之可也冠義言冠禮之義也冠禮三加先加緇布冠是太古齊時之冠也緇布爲之不用笄用頍以圍髮際而結於項中因綴之以固冠耳不聞有垂下之緌也此冠後出不復用而初冠暫用之不忘古也冠禮既畢則敝弃之可矣玉藻云緇布冠繢緌是諸侯位尊盡飾故也然亦後出之爲耳○石梁王氏曰冠一段當附冠義適的子冠於阼以著代也醮於客位加有成也三加彌尊喻其志也冠而字之敬其名也著代顯其爲主人之次也酌而無酬酢曰醮客位在戶牖之間加有成加禮於有成之人也三加始冠緇布冠次加皮弁又次加爵弁也喻其志者使其知廣充志意以稱尊服也此適子之禮若庶子則冠於房戶外南面醮亦戶外也夏殷之禮醮用酒每一加而一醮周則用醴三加畢乃摠一醴也委貌周道也章甫殷道也毋牟追堆夏

后氏之道也委貌章甫毋追皆緇布冠但下…之易名不同而具形制亦應異耳是皆示王制禮之道故皆以道言之委貌即玄冠舊說委安也言所以安正容貌章明也所以表明丈夫也毋發聲之辭追猶椎也以其形名之此是論三加始加之冠條周弁殷冔詡夏收周之弁殷之冔夏之收名是時王所制以爲三加之冠舊說弁名出於槃槃大也冔名出於幠幠覆也收所以收斂其髮也形制未聞

三王共皮弁素積皮弁以白鹿皮爲之其服則十五升之布也白與冠同以素爲裳而辟積其要中故云皮弁素積也三代皆以此爲再加之冠服無大夫冠禮而有其昏禮古者五十而后爵何大夫冠禮之有諸侯之有冠禮夏之末造也諸侯大夫之冠一如士禮行之下章所謂無生而貴者也夏之末造言夏之末世所爲耳

天子之元子士也天下無生而貴者也繼世以立諸侯象賢也以官爵人德之殺色介反也死而謚今也古者生無爵死無謚元子猶長子也其冠亦行士之冠禮無生而貴言有德乃有位也立諸侯以繼其先

由以其能法前人之賢行也以官爵人必隨其德之大小而爲降殺也死必有謚今日之變禮也殷以前大夫以上乃爲爵死則有謚周制雖爵及命士死不謚也禮之所尊尊其義也失其義陳其數祝史之事也故其數可陳也其義難知也知其義而敬守之天子之所以治天下也先王制禮皆有精微之理所謂義也禮之所以爲尊以其義之可尊耳玉帛俎豆各有多寡厚薄之數數之陳列者人皆可得而見義之精微者不學則不能知也祝史其能知之乎中庸曰明乎郊社之禮禘嘗之義治國其如示諸掌乎此總結前章冠義以下

天地合而后萬物興焉夫昏禮萬世之始也取去聲於異姓所以附遠去聲厚別彼列反也幣必誠辭無不腆告之以直信信事人也信婦德也壹與之齊終身不改故夫死不嫁附遠附猶託也託於遠嫌之義也厚別重其別之禮也幣誠辭腆是欲告戒爲婦者以正直誠信之行信其能盡事人之道信其能有爲婦之德[illegible]此以下言昏禮之義。鄭氏曰齊謂共牢而食同尊[illegible]

也。右梁王氏曰昏一段當附昏義男子親迎去聲男先去聲於女剛柔之義也天先乎地君先乎臣其義一也執摯以相見敬章別也男女有別然後父子親父子親然後義生義生然後禮作禮作然後萬物安無別無義禽獸之道也先謂倡道之也執摯奠鴈也行敬以明其有別故云敬章別也有別則一本而父子親親親之殺則義生禮作而萬物各得其所矣禽獸知有母而不知有父無別故也壻親御授綏親之也親之也者親之也敬而親之先王之所以得天下也出乎大門而先去聲男帥女女從男夫婦之義由此始也婦人從人者也幼從父兄嫁從夫夫死從子夫也者夫也夫也者以知去聲帥人者也壻親御婦車而授之綏是親愛之義也親之乃可使之親己故曰親之也者親之也太王爱及妻女文王親迎于渭皆是敬而親之之道以至于有天下故曰先王之所以得天下也大門女家之門也先皆車在前也女從男婦車隨之也夫也者丈夫也丈夫者以才智帥人者也玄冕齊戒鬼神陰陽也將以為社稷主為先祖後而可以不致敬乎服玄冕而致齊戒是事鬼神之道鬼者陰之靈神者陽之靈故曰鬼神陰陽也今昏禮者蓋將以主社稷之祭祀承先祖之宗廟也可不以敬社稷與先祖之禮敬之而玄冕齊戒乎共牢而食同尊卑也故婦人無爵從夫之爵坐以夫之齒器用陶匏尚禮然也三王作牢用陶匏厥明婦盥饋舅姑卒子恤反食婦餕俊餘私之也舅姑降自西階婦降自阼階授之室也昏禮不用樂幽陰之義也樂陽氣也昏禮不賀人之序也牢組也尚禮然謂古來所尚之禮如此共牢之禮雖三王所作而俎之外器用皆如古者之用陶匏重夫婦之始也厥明昏禮之明日也盥饋盥絜而饋食也人之序謂相承代之次序也有虞氏之祭也尚用氣血腥爓祭白用氣也尚用氣以用氣為尚也初以血詔神於室次薦

腥肉於堂爓以腥亦薦於堂皆未熟
故云用氣此以下至篇末皆言祭禮殷人尚聲臭味未
成滌蕩其聲樂三闋然後出迎牲聲音之號所以詔告
於天地之間也牲未殺則未有臭味故云臭味未成滌蕩宣播之意鬼神在天地間與陰陽合
散同 理而聲音之感無間顯幽故殷人之祭必先作
樂三終然後出而迎牲於廟門之外此是欲以此樂之
聲音號呼而詔告於兩間庶幾其聞之而
來格來享也殷人先求諸陽凡聲陽也周人尚臭灌
用鬯臭鬱合鬯臭陰達於淵泉灌以圭璋用玉氣也既
灌然後迎牲致陰氣也周人尚氣臭而祭必先求諸陰故牲之未殺先酌鬯酒灌地以
求神以鬯之有芳氣也故曰灌用鬯臭又擣鬱金香草
之汁和合鬯酒使香氣滋甚故云鬱合鬯也以臭而求
諸陰其臭下達於淵泉矣灌之禮以圭璋爲瓚之柄用
玉之氣亦是尚臭也灌後乃迎牲是欲先致氣於陰以
求神故云致陰氣也。石梁王氏曰四臭字本皆句絕
然細別之鬯灌之地此臭之陰者也蕭焫上達此臭之
陽者也亦有義姑從釋文蕭合黍稷臭陽達於牆屋故既奠然後焫

如悅反蕭合羶馨音薌香凡祭慎諸此蕭香蒿也取此蒿及牲之脂膋合黍稷而燒之使其氣旁達於牆屋之間是以臭而求諸陽也此是周人先求諸陽之禮既奠謂薦孰之時蓋堂上事尸禮畢延尸於戶內而薦之孰祝先酌酒奠於鉶羹之南而尸猶未入蕭脂黍稷之燒正此時也馨香即黍稷也既奠以下是明上文炳蕭之時非再炳也此是天子諸侯之禮非大夫士禮也魂氣歸于天形魄歸于地故祭求諸陰陽之義也殷人先求諸陽周人先求諸陰詔祝於室坐尸於堂用牲於庭升首於室直祭祝于主索祭祝于祊不知神之所在於彼乎於此乎或諸遠去聲人乎祭于祊尚曰求諸遠者與詔告也詔祝於室謂天子諸侯之祭朝事之時祝取牲之膟膋燎於爐炭而入告神於室也坐尸於堂若灌鬯之後尸坐戶西南面也用牲於庭謂殺牲也升首於室升牲之首也直祭正祭也祭以薦孰爲正正祭之時祝官以祝辭告于神主如云薦歲事于皇祖伯某甫是也索求也求索其神靈而祭之則祝官行祭于祊也祊有二一是正祭時設祭于廟

又求神於廟門之內而祭之詩云祝祭于祊此則與祭同日一是明日繹祭祭於廟門之外也於彼於此言神在於彼室乎在於此堂乎或諸遠人者或遠離於此人而不在廟乎尚庶幾也祭于祊庶幾可求之於遠處乎

祊之爲言倞（諒）也肵（祈）之爲言敬也富也者福也首也者直也相（去聲）饗之也嘏長也大也尸陳也毛血告幽全之物也告幽全之物者貴純之道也倞遠也承上文求諸遠者而言尸有肵俎是主人敬尸之俎也人君嘏辭有富以福言也牲射首在前升首而祭取其與神坐相直也相詔侑也所以詔侑於尸欲其享此饌也尸使祝致嘏辭于主人嘏有長久廣大之義也尸神象當爲主之義今以訓陳記者誤耳殺牲之時先以毛及血告神者血在內是告其幽毛在外是告其全也貴純者貴其表裏皆善也

血祭盛氣也祭肺肝心貴氣主也祭黍稷加肺祭齊（去聲）加明水報陰也取膟（律）膋（僚）燔（煩）燎升首報陽也明水涚（稅）齊（去聲）貴新也凡涚新之也其謂之明水也由主人之

絜著此水也有血有氣乃爲生物血由氣以滋死則氣盡而血亦枯矣故血祭者所以表其氣之盛也肺肝心皆氣之所舍故云氣主周祭肺殷祭肝夏祭心也祭黍稷加肺者謂尸脩祭之時以黍稷兼肺而祭也祭齊加明水謂尸正祭之時陳列五齊之尊又加明水之尊也祖考形魄歸地屬陰而肺於五行屬金金水陰也故加肺加明水是以陰物而報陰靈也膟膋腸間脂也先燔燎于爐至薦孰則合蕭與黍稷燒之黍稷陽也牲首亦陽躰䰟氣歸天爲陽此以陽物報陽靈也明水陰鑑所取月中之水涚猶清也泲漉五齊而使之清故云涚齊所以設明水及涚齊者貴其新潔也凡涚新之也專主涚齊而言故下文又釋明水之義絜著潔淨而明著也自月而生故謂之明周禮五齊一泛齊二醴齊三盎齊四緹齊五沈齊君再拜稽首肉袒親割敬之至也敬之至也服也拜服也稽首服之甚也肉袒服之盡也祭稱孝孫孝子以其義稱也稱曾孫某謂國家也祭祀之相去聲主人自致其敬盡其嘉而無與讓也服者服順於親也拜服也謂再拜是服順也稽首爲服順之甚肉袒爲服順之盡言服[illegible]

之誠在內今又內祀則內外皆服矣故云服之盡祭主於孝士之祭稱孝孫孝子是以祭之義爲稱也諸侯有國曰大夫有家亦但祭祖與禰而已其祭自曾祖以上惟稱曾孫故云稱曾孫某謂國家也蓋大夫三廟得事曾祖也上士二廟事祖禰中下士一廟祖禰共之相詔侑於尸也相者不告尸以讓蓋是主人致尸自致其誠敬盡其嘉善無所與讓也

腥肆別爓腍而審反祭豈知神之所饗也主人自盡其敬而已矣舉斝角詔妥尸古者尸無事則立有事而后坐也尸神象也祝將命也祭之爲禮或進腥躰或薦解別或進湯沈或爲煑熟豈知神果何所享乎主人不竭盡其敬心而已耳斝與角皆爵名詔告也妥安也尸始即席舉斝角之時祝告主人拜尸以妥安其坐前篇言夏立尸而卒祭此言古者蓋指夏時也夏之禮尸無事則立有飲食之事然後得坐也尸所以象所祭者故曰神象爲祝者先以主人之辭告神後以尸之辭嘏主人故曰將命

縮酌用茅明酌也縮泲也酌斟酌也謂醴齊濁泲而後可斟酌故云縮酌也用茅者以茅覆藉而泲之也周禮三酒一曰事酒二曰昔酒三曰清酒事酒爲事而新作者其色清明謂之明酌言欲泲

醴齊則先用此明酌和之然後用茅以泲之也醆側眼反酒涗于清汁獻莎涗于醆酒醆酒盎齊也涗泲也清謂清酒也清酒冬釀接夏而成盎齊差清先和以清酒而後泲之故云醆酒涗于清以其差清故不用茅也汁獻謂摩挲秬鬯及鬱金之汁也秬鬯中有煮鬱又和以盎齊摩挲而泲之出其香汁故云汁獻涗于醆酒也○疏曰以事酒泲醴齊清酒泲盎齊今泲秬鬯乃用盎齊而不以三酒者五齊卑故用三酒泲之和鬯尊故用五齊泲之也猶明清與醆酒于舊澤之酒亦也上文所泲三者之酒皆天子諸侯之禮作記之時此禮已廢人不能知其法故言此以曉之曰泲醴齊以明酌泲醆酒以清酒泲汁獻以醆酒者即如今時明清醆酒泲于舊醳之酒也猶若也舊謂陳久也醳讀爲醳醳者和醳醴釀之名後世謂之醳酒祭有祈焉有報焉有由辟弭焉此泛言祭禮又有此三者之例如周禮所云祈福祥求永貞祈年于田祖詩言春夏祈穀之類是祈也報謂獲福而報之祭禮多是報本之義也用也辟讀爲弭如周所謂弭災兵遠罪疾之類由弭者用此以消弭之也齊側皆反之言齊也以陰幽思也故君子三日齊必見其所祭者

齊而玄冠玄衣順鬼神幽黙之意目以致其陰幽之思也見其所祭之親精誠之感也

内則第十二

疏曰閨門之内軌儀可則故曰内則○石梁王氏曰此篇於曲禮之義爲多

后王命冢宰降德于衆兆民冢宰掌邦治而治國者必先齊家降德者下其德教於民也孝爲德之本故首言子事父母之道○石梁王氏曰許分后王作兩字解不通書說命后王君公后王猶言君士天子之別稱也鄭註皆非記者本意但據周禮大宰掌建邦之六典則數與存所兼統如此亦可解鄭分天子諸侯甚無意義子事父母雞初鳴咸盥漱先奏反櫛側瑟反縰所買反笄總拂髦冠緌儒追反纓端韠畢紳搢薦笏盥洗手也漱滌口也櫛梳也縰黑繒韜髮者以縰韜髮作髻訖卽橫插笄以固髻總亦繒爲之以束髮之本而垂餘於髻後以爲飾也拂髦振去髦上之塵也髦用髮爲之象幼時翦髮爲鬌之形此所陳皆以先後之次櫛訖加纚次加笄加總然後加髦著冠冠之纓結於頷下以爲固結之餘者下垂謂之緌端玄端服也衣用緇布而裳不同上士

玄裳，中士黃裳，下士雜裳也。服玄端者，韠又亦紳，大帶也。搢，插也，插笏於帶中。韠以韋為之，古者席地而坐，以臨俎豆，故設蔽膝以備濡漬。韠之言蔽也，在冕服謂之韍，他服則謂之韠。○項氏曰：髦者，以髮作僞髻，垂兩眉之上，如今小兒用一帶連雙髻橫繫額上是也。

左右佩用。左佩紛敷文反帨稅、刀、礪、小觿戶圭、金燧，所佩之物，皆是備尊者使令之用。紛以拭器，帨以拭手，皆巾也。刀，礪小刀，礪、礪石也。觿狀如錐，象骨為之，小觿所以解小結者。金燧用以取火於日中者。右佩玦決、捍汗、管、遰逝、大觿、木燧。玦，射者著於右手大指，所以鉤弦而開弓躰也。捍，拾也，韜左臂而收拾衣袖，以利弦也。管，舊註云筆彄，其形制未聞。遰，刀室也。大觿所以解大結。木燧，鑽火之器，晴則用金燧以取火，陰則用木燧以鑽火也。偪逼○偪即詩所謂邪幅也，偪束其脛，自足至膝，故謂之偪也。纏著斫綦忌○綦，屨頭之飾，即絇也，說見曲禮。著，猶施也。○朱子曰：綦，鞋口帶也，古人皆拖繫，今人只從簡易，綴之於上，如假帶然。

婦事舅姑，如事父母。雞初鳴，咸盥漱，櫛縰所綺、笄總，衣平聲紳。笄，今之簪也。衣紳，玄端綃衣之上加紳帶，士妻之服也。左佩紛帨、刀、礪、小觿、金

燧右佩箴管線纊曠施縏盤袠陳乙反大觿木燧衿其鴆反
纓綦屨以適父母舅姑之所箴管箴在管中也縏袠皆囊屬施縏袠者爲貯箴線
纊也衿結也纓香囊也及所下氣怡聲問衣燠郁寒疾痛苛癢以想
反而敬抑搔之出入則或先或後而敬扶持之進盥少
者奉上聲槃長者奉水請沃盥盥卒授巾問所欲而敬進
之柔色以溫於奮反之苛疥也抑按搔摩也溫承藉之義謂以柔順之色承藉尊者之意若
藻藉之承玉然饘旃酏移酒醴芼冒羹菽麥蕡焚稻黍粱秫述
唯所欲饘厚粥酏薄粥也芼羹以菜雜肉爲羹也蕡大麻子棗栗飴怡蜜以甘之
堇謹荁丸枌榆免問薧考滫思酒反瀡髓以滑之脂膏以
膏告之父母舅姑必嘗之而后退飴餳也堇菜名荁似堇而葉大榆之白者
名枌免新鮮者薧乾陳者言堇荁枌榆四物或用新或
用舊也滫說文久泔也瀡滑也滫瀡之滑者也凝者

為脂釋者為膏甘之謂之膏之皆謂調和飲食之味也此篇所記飲食珍羞諸物古今異制風土異宜不能盡曉然亦可見古人察物之精用物之詳也

男女未冠去聲笄者雞初鳴咸盥漱櫛縰拂髦總角衿纓皆佩容臭昧爽而朝問何食飲矣若已食則退若未食則佐長者視具總角總聚其髮而結束之為角童子之飾也容臭香物也助為形容之飾故言容臭以纓佩之後世香囊即其遺制昧晦也爽明也昧爽欲明未明之時

凡內外雞初鳴咸盥漱衣服斂枕簟徒點反灑所買反埽去聲室堂及庭布席各從其事孺子蚤寢晏起唯所欲食無時古人枕席之具夜則設之曉則斂之不以私褻之用示人也

由命士以上上聲父子皆異宮昧爽而朝慈以旨甘日出而退各從其事日入而夕慈以旨甘慈愛也謂敬愛其親故以旨甘之味致其愛各從其事者各治其所當為之事也晚朝為夕○鄭氏曰異宮崇敬也

父母舅姑將坐奉上聲席請何鄉去聲

將衽稔長者奉席請何趾少者執牀與坐御者舉几斂席與簟縣玄衾篋詰叶反枕斂簟而襡獨之將坐曰起時也奉坐席而鋪者必問向向衽卧席也將衽謂更卧處也長者奉此卧席而鋪必問足向何所牀說文云安身之几坐牀令之卧牀也將坐之時少者執此牀以與之坐御侍者舉几進之使之憑以爲安卧必簟在席上曰起則斂之而簟又以襡韜之者以親身恐穢汙也衾則束而懸之枕則貯於篋也父母舅姑之衣衾簟席枕几不傳杖屨祗敬之勿敢近敦對牟卮支匜移非餕俊莫敢用與恒食飲非餕莫之敢飲食傳移也謂此數者每日置之有常處子與婦不得輒移置他所也近謂挨偪之也敦與牟皆盛黍稷之器牟讀爲鍪土釜也此器則木爲之象土釜之形耳卮酒器匜盛水漿之器此四器皆尊者所用子與婦非餕其餘無敢用此器也與及也及尊者所常食飲之物子與婦非餕餘不敢擅飲食之也父母在朝夕恒食子婦佐餕既食恒餕父沒母存冢子御食羣子婦佐餕如初旨甘

滑孺子餕佐餕者勸勉之使食而後餕其餘也既食恒餕者盡食其常食之餘也御食侍母食也如初如父在時也在父母舅姑之所有命之應唯上聲敬對進退周旋慎齊升降出入揖遊不敢噦於月反噫於界反嚔帝咳苦愛反欠伸跛彼義反倚睇第視不敢唾吐卧反洟替○應之辭唯爲恭噦嘔逆之聲也莊子大塊噫氣詩願言則嚔咳嗽聲也氣乏則欠體疲則伸偏任爲跛依物爲倚睇視傾視也洟自鼻出者寒不敢襲癢不敢搔不有敬事不敢袒裼不涉不撅蹶褻衣衾不見現裏襲重衣也袒與裼皆禮之敬故非敬事不袒裼也不因涉水則不揭裳不見裏爲其可穢父母唾洟不見現冠帶垢和灰請漱平聲衣裳垢和灰請澣胡管反衣裳綻直莧反裂紉女陳反箴請補綴拙○唾涕不見謂即刷除之不使見示於人也漱澣皆洗濯之事和灰如今人用灰湯也以線貫箴爲紉五日則燂詳廉反湯請浴三日具沐其間面垢燂潘翻請靧

悔足垢燂湯請洗少事長賤事貴共帥時燂溫也潘淅米汁也靧洗面也共帥時皆循是禮也男不言内女不言外非祭非喪不相授器其相授則女受以篚其無篚則皆坐句奠之而后取之男正位乎外不當於外而言内庭之事女正位乎内不當於内而言梱外之事惟喪祭二事乃得以器相授受者以祭爲嚴肅之地喪當急遽之時乃無他嫌也非此二者則女必執篚使授者置之篚中也皆坐男女皆跪也授者跪而置諸地則受者亦跪而就地以取之也外内不共井不共湢逼浴不通寢席不通乞假男女不通衣裳内言不出外言不入男子入内不嘯如字不指夜行以燭無燭則止女子出門必擁蔽其面夜行以燭無燭則止道路男子由右女子由左湢浴室也不嘯不指謂聲容有異駭人視聽也舊讀嘯爲叱今詳嘯非家庭所發之聲宜其不可叱或有當發者如見非禮舉動安得不叱以徼之乎讀如本字爲是擁猶障也由右由左見王制子婦孝

者敬者、父母舅姑之命勿逆勿怠子而孝父母必愛之婦而敬舅姑必愛之然猶恐其恃愛而於命或有所違咈故以勿逆勿怠爲戒若飲去聲食嗣之雖不耆嗜必嘗而待加之衣服雖不欲必服而待嘗而待服而待皆謂俟尊者察其不耆不欲而改命之則或置之或藏去乃敢如己意也加之事人代之己雖弗欲姑與之而姑使之而后復之尊者任之以事而已既爲之矣或念其勞又使他人代爲己意雖不以爲勞而不欲其代然必順尊者之意而姑與之若慮其爲之不如己意姑教使之及其果不能而後己復爲之也子婦有勤勞之事雖甚愛之姑縱之而寧數朔休之謂雖甚愛此子婦而不忍其勞然必且縱使爲之之而寧數數休息之必使終竟其事而後已不可以姑息爲愛而使之不事事也子婦未孝未敬勿庸疾怨姑教之若不可教而后怒之不可怒子放婦出而不表禮焉庸用也怒之譴責之也不可怒謂雖譴責之而不改也雖放逐其子出弃其婦而不表明其失禮之罪示不終絕之也

父母有過下氣怡色柔聲以諫諫若不入起敬起孝說
悅則復扶又反諫不說與其得罪於鄉黨州閭寧孰諫父
母怒不說而撻之流血不敢疾怨起敬起孝疏曰孰諫謂純孰殷
勤而諫若物之成孰然父母有婢子若庶子庶孫甚愛之雖父母
沒沒身敬之不衰婢子賤者之所生也若及也或也沒身終身也父母之所愛亦愛之至於
犬馬盡然而況於人乎子有二妾父母愛一人焉子愛一人焉由
衣服飲食由執事毋敢視父母所愛雖父母沒不衰由自
違不敢以私愛違父母之情孝也子甚宜其妻父母不說出子不宜其
妻父母曰是善事我子行夫婦之禮焉沒身不衰宜猶善也
大戴禮婦有七出不順父母一無子二淫三妬四惡疾五多言六竊盜七三不去有所受無所歸不去曾經三
年喪不去前貧賤後富貴不去父母雖沒將為善思貽父母令名必果

將爲不善，思貽父母羞辱，必不果。舅沒則姑老，冢婦所祭祀賓客，每事必請於姑，介婦請於冢婦。老謂傳家事於長婦也。然長婦猶不敢專行，故祭祀賓客之事必稟問焉。介婦，衆婦也。舅姑使冢婦，毋怠，不友無禮於介婦。石梁王氏曰：友，謂當作敢者是。○劉氏曰：使，以事使之也。毋，禁止辭。不友者，不愛也；無禮者，不敬也。言舅姑以事命冢婦，則冢婦當自任其勞，不可怠於勞而怨介婦不助已，遂不愛敬之也。舅姑若使介婦，毋敢敵耦於冢婦。劉氏曰：敵耦者，欲求分任均勞之意。言舅姑若以事使介婦爲之，則介婦亦當自任其勞，不可謂已與冢婦爲敵耦，欲求均配其勞也。不敢並行，不敢並命，不敢並坐。又言介婦之與冢婦，分有尊卑，非惟任事毋敢敵耦，亦且不敢比肩而行。不敢並受命於尊者，不敢並出命於卑者，蓋介婦當請命於冢婦也。坐次亦必異列。凡婦不命適私室，不敢退。婦將有事，大小必請於舅姑。子婦無私貨，無私畜，許六反。無私器，不敢私假，不敢私與。鄭氏曰：家事統於尊。

也

婦或賜之飲食衣服布帛佩帨茝昌改反蘭，則受而獻諸舅姑。舅姑受之則喜，如新受賜；若反賜之則辭，不得命，如更受賜，藏以待乏。或賜之謂私親兄弟也茝蘭皆香草也受之則如新受賜不受則如更受賜舅姑之乏也不得命者不見許也待乏待尊者之乏也

婦若有私親兄弟將與之，則必復扶又反請其故句賜，而后與之。故即前者所獻之物而舅姑不受者雖藏於私室今必請於尊者既許然後取以與之也

適子庶子祇事宗子宗婦。雖貴富，不敢以貴富入宗子之家；雖衆車徒，舍去聲於外，以寡約入。疏曰適子謂父及祖之適子是小宗也庶子謂適子之弟宗子謂大宗子宗婦謂大宗子之婦

子弟猶歸器衣服裘衾車馬，則必獻其上，而后敢服用其次也。若非所獻，則不敢以入於宗子之門，不敢以貴富加於父兄宗族。猶若也謂子弟中若有以功德顯榮而蒙尊上歸遺之以器用

衣服等物則必獻其上等者於宗子而自服用其次者若共宗子之爵所當服用而不可獻者則已亦不敢服用之以入宗子之門也加高也若富則具二牲獻其賢者於宗子夫婦皆齊而宗敬焉終事而后敢私祭賢猶善也齊而宗敬謂齊戒而往助祭事以致宗廟之敬也私祭祖禰則用二牲之下者飯目諸飯之品黍稷稻粱白黍黃粱稰胥上聲穛捉。飯之品有黃黍稷稻白粱白黍黃粱凡六其穀熟而穫之則曰稰生穫之曰穛穛是斂縮之名以生穫故其物縮斂也此諸侯之飯天子又有麥與菰膳目諸膳之品膷香臐熏膮堯醓牛炙拓。膷牛臛臐羊臛膮豕臛皆香美之名也醓字衍當删牛炙炙牛肉也此四物為四豆共為一行醓牛胾側吏反醓牛膾醓肉醬也牛胾切牛肉也并醓與牛膾四物為四豆是第二行羊炙羊胾醓豕炙此四物為四豆是第三行醓豕胾芥醬魚膾此四物為四豆是第四行共十六豆下大夫之禮也雉兔鶉淳鷃晏。此四物為四豆列為第五行共二十豆則上大夫之禮也飲目諸飲之品重平聲醴稻醴清糟黍醴清糟梁醴清糟或以酏移爲醴黍酏漿水醷倚濫力暫反。醴者稻黍梁三者各爲之已泲者爲清未泲者爲糟是三醴各有清有糟也以清與糟相配重設故云重醴蓋致飲於賓客則兼設之也以酏爲醴釀粥爲醴也黍酏以黍爲粥也漿酢水也醷梅漿也濫雜糗飯之屬和水也酒清白清清酒也祭祀之酒事酒昔酒俱白故以白名之有事而飲者謂之事酒無事而飲者名昔酒羞糗起九反餌二粉酏自私反。周禮羞籩之實糗餌粉餈此酏字當讀爲餈記者誤耳許慎云餈稻餅也炊米擣之粉餈以豆爲粉糝餈上也糗炒乾米麥也擣之以爲餌蓋先以爲粉然後溲之餌之言堅潔若玉珥也餈之言滋也食嗣下同蝸力戈反醢而苽孤食雉羹麥食脯羹雞羹折稌杜犬羹兔羹和去聲糝思敢反不蓼了。此言進飯之宜蝸與螺同苽雕胡也脯羹析脯爲羹也稌稻也折稌謂細折稻米爲飯也此五羹者宜以五味調和米屑爲糝不須加蓼故云和糝不蓼也濡而豚包苦實蓼濡雞醢醬實蓼濡魚卵鯤醬實蓼濡鼈醢醬實蓼濡讀爲胹烹煮之也胹豚者包裹之以苦菜而實蓼於腹

(中此四物皆以蓼實其腹而煑之也卵醬魚子爲醬也三物之用醬蓋以調和其汁耳)腵(丁貫反)脩蚳(遟)醢脯羹兔醢麋膚魚醢魚膾芥醬麋腥醢醬桃諸梅諸卵(力管反)鹽(腵脩見前蚳醢以蚳蜉子爲醢也謂食腵脩者以蚳醢配之食脯羹者以兔醢配之餘效此麋鹿之大者膚切肉也麋腥生麋肉也諸菹也桃梅皆爲菹藏之欲藏必令稍乾故周禮謂之乾䕩食之則和以卵鹽大鹽形似鳥卵故名卵鹽也)凡食(嗣)齊(去聲)視春時羹齊視夏時醬齊視秋時飲齊視冬時(鄭氏曰飯宜溫羹宜熱醬宜凉飲宜寒也)凡和(去聲)春多酸夏多苦秋多辛冬多鹹調以滑甘(酸苦辛鹹木火金水之所屬多其時味所以養氣也四時皆調以滑甘象土之寄暀)牛宜稌羊宜黍豕宜稷犬宜粱鴈宜麥魚宜苽(上云折稌犬羹兔羹此云牛宜稌者上是人君燕食以滋味爲美此據尊者正食而言也)春宜羔豚膳膏薌夏宜腒(渠)鱐(搜)膳膏臊(騷)秋宜犢麛(迷)膳膏腥冬宜鮮(仙)羽膳膏羶(牛膏薌犬膏臊)

雞膏腥羊膏羶如春時食羔豚則煎之以牛膏或云膳膏薌也餘倣此此脯乾雉鱐乾魚麛鹿子鮮生魚羽鴈也

舊說此膳所宜以五行食王相參及方氏燥濕疾遲強弱之說今皆略之牛脩鹿脯田豕脯

麋脯麕俱倫反脯麋鹿田豕麕皆有軒憲雉兔皆有芼疏曰麋鹿田豕麕皆有軒者言此等非但為脯又可腥食腥食之時皆以藿葉起之而不細切故云皆有軒不云牛者牛脩可細切為膾不宜大切為軒雉兔皆有芼者為雉羹兔羹皆有芼菜以和之。鄭氏曰軒讀為憲憲謂藿葉切也

爵鷃晏蜩條范芝栭而菱陵椇矩棗栗榛柿俟瓜桃李梅杏楂側加反梨薑桂蜩蟬范蜂芝如今木耳之類栭韻會註云江淮呼小栗為栭栗菱芰也椇形似珊瑚味甜美一名白石李。鄭氏曰自牛脩至此三十一物皆人君燕食所加庶羞也周禮天子羞用百有二十品記者不能次錄

大夫燕食有膾無脯有脯無膾士不貳羹胾庶人耆老不徒食因上文言人君燕食之物而言大夫燕食士不貳羹胾亦謂燕食也徒猶空也不徒食言必有饌。疏曰若朝膾文常食則下云羹食自諸侯以下至於庶人無等

春用葱秋用芥豚春用韭秋用蓼脂用葱膏用薤（胡反）三牲用藙（毅）和（去聲）用醯獸用梅（芥芥醬也肥凝者為脂釋者為膏三牲牛羊豕也藙茱萸也和用醯以醯和三牲也獸用梅以梅和獸也）鶉羹雞羹鴽（如）釀（尼亮反）之蓼魴（防）鱮（序）烝雛燒雉薌無蓼（鴽不為羹惟烝煮而已故不曰羹此三味皆切蓼以雜和之故曰釀之蓼魴鱮二魚烝而食之故曰魴鱮烝雛鳥之小者燒熟然後調和故云雛燒雉則或燒或烝或以為羹皆可薌謂香草若白蘇紫蘇之屬也言烝魴鱮燒雛及烹雉皆調和之以香草無用蓼也）不食（句）雛鱉狼去（上聲）腸狗去腎貍去正脊兔去尻（苦刀反）狐去首豚去腦魚去乙鱉去醜（此九者皆為不利於人雛鱉伏乳者魚骨中有骨如篆乙之形去之為鯁人也醜竅也或云頸下有骨能毒人）肉曰脫之魚曰作之棗曰新之栗曰撰（須兗反）之桃曰膽之柤（側加反）棃曰攢（洛官反）之（脫者剝除其筋膜作者搖動之以觀其鮮鯘一說作斮也謂削其鱗棗則拭治而使之新潔撰猶選也栗多

蟲蠹宜擇之桃多毛拭治令青滑如〻膾攢之者鑽治其蠹處也此皆治擇之名牛夜鳴則庮
（由）羊泠（零）毛而毳（昌銳反）羶狗赤股而躁（臊）（騷）鳥皫（滂表反）
色而沙鳴貍（狸）豕望視而交睫（接）腥馬黑脊而般（班）臂漏
（乎聲。牛之夜鳴者其肉腐臭羊之毛本稀泠而毛端毳結者其肉羶氣狗股裏無毛而舉動急躁者其肉臊）
（惡皫色色變而無潤澤也沙嘶也鳴而其聲沙嘶者貍謂腐臭也望視視舉目高也交睫目睫毛交也腥讀為星）
（肉中生小息肉如米者也般臂前脛毛斑也漏讀為螻謂其肉如螻蛄臭也牛至馬六物若此者皆不可食）
雞尾不盈握弗食舒鴈翠鵠鴞（于嬌反）胖（判）舒鳧翠雞肝
鴈腎鴇（保）奧（郁）鹿胃（舒鴈鵝也翠尾肉也胖脅側薄肉也舒鳧鴨也鴇似鴈而大無後指）
（奧脾肶也藏之深奧處也此九物亦不可食）肉腥細者為膾大者為軒（憲）或
曰麋鹿魚為菹麕為辟（壁）雞野豕為軒兔為宛（苑）脾切
葱若薤實諸醯以柔之（細縷切者為膾大片切者為軒或用葱或用薤故云切葱若薤）

肉與葱韭皆置之醢中故云實諸醢浸漬而熟則柔軟矣故曰柔之○疏曰爲記之時無復軒辟雞宛脾之制作之末番舊有此言記者承而用之故稱或曰其辟雞宛脾及軒之名其義未聞羹食嗣自諸侯以下至於庶人無等大夫無秩膳大夫七十而有閣羹與飯常日所食故無貴賤之等差秩常也五十始命未爲甚老故無常膳七十有閣則有秩膳矣閣以板爲之所以庋飲食之物天子之閣左達五右達五公侯伯於房中五大夫於閣三士於坫丁念反○疏曰宮室之制中央爲正室正室左右爲房房外有序序外有夾室天子尊庖廚遠故左夾室五閣右夾室五閣諸侯卑庖廚宜稍近故於房中惟一房之中而五閣也大夫卑而無嫌故亦於夾室而三閣士卑不得爲閣但於室中爲土坫以庋食五者三牲之肉及魚腊二者豕魚腊也凡養老有虞氏以燕禮夏后氏以饗禮殷人以食嗣禮周人脩而兼用之凡五十養於鄉六十養於國七十養於學達於諸侯八十拜君命一坐再至瞽亦如

之九十者使人受五十異粻章六十宿肉七十貳膳八十常珍九十飲食不違寢膳飲從於遊可也六十歲制七十時制八十月制九十日脩唯絞紟其鴆反衾冒死而后制五十始衰六十非肉不飽七十非帛不煖八十非人不煖九十雖得人不煖矣五十杖於家六十杖於鄉七十杖於國八十杖於朝九十者天子欲有問焉則就其室以珍從去聲七十不俟朝八十月告存九十日有秩五十不從力政六十不與去聲服戎七十不與賓客之事八十齊側皆反喪之事弗及也五十而爵六十不親學七十致政凡自七十以上上聲唯衰催麻為喪凡三王養老皆引年八十者一子不從政九十者其家不從政瞽

亦如之凡父母在子雖老不坐有虞氏養國老於上庠養庶老於下庠夏后氏養國老於東序養庶老於西序殷人養國老於右學養庶老於左學周人養國老於東膠養庶老於虞庠虞庠在國之西郊有虞氏皇而祭深衣而養老夏后氏收而祭燕衣而養老殷人冔栩而祭縞衣而養老周人冕而祭玄衣而養老此一節並說見王制曾子曰孝子之養老也石梁王氏曰此一養字蒙上文當從上聲忠養之養當從去聲樂洛其心不違其志樂其耳目安其寢處以其飲食忠養之孝子之身終終身也者非終父母之身終其身也是故父母之所愛亦愛之父母之所敬亦敬之至於犬馬盡然而況於人乎樂其心諭父母於道也不違其志能養志也飲食忠養以上是終父母之身[illegible]

所愛敬所敬則終孝子之身也凡養老五帝憲三王有又乞言五帝憲

養氣體而不乞言有善則記之為惇史三王亦憲既養

老而后乞言亦微其禮皆有惇史憲法也養老之禮五帝之世止於法其德

行而已至三王之世則又有乞言之禮焉惇史所以記

其惇厚之德也三王亦未嘗不法其德行然於乞言之

際其禮微略不誠切以求之故云微其禮然亦皆有惇

史焉。方氏曰五帝之憲也而老者未嘗無言要之以

德為主耳故曰有善則記之蓋可記者言故也三王之

乞言而老者未嘗無德要之以言為主耳故曰三王亦

憲淳之純反熬遨煎醢加于陸稻上沃之以膏曰淳熬淳沃

也熬煎也陸稻陸地之稻也以陸稻為飯煎醢加于飯上以恐味薄故更沃之以膏此八珍之一也淳母

模煎醢加于黍食嗣上沃之以膏曰淳母疏曰毋是禁辭非膳羞之

躰故讀為模模象也蓋法象淳熬而為之但用黍飯為異耳此八珍之一也炮庖取豚若將牂

刲殺之刳枯之實棗於其腹中編萑丸以苴子餘反之塗

之以謹芹塗炮之塗皆乾干擘百之濯手以摩之去上聲
其皽展為稻粉糔息酒反溲所九反之以為酏移以付豚煎
諸膏膏必滅之鉅鑊戶郭反湯以小鼎薌脯於其中使其
湯毋滅鼎三日三夜毋絕火而后調之以醯醢此珍主於塗而
炮之故以炮名牂牡羊也刲之刲之殺而去其五藏也
萑蘆葦之類苴裹也謹讀為墐說文黏土也擘之者擘
去乾塗也濯手以摩之去其皽謂擘泥手不淨又兼肉
熱故必濯其手然後摩去其皽膜也糔溲前章滑之
滑同以稻米為粉滑溲之為粥若豚則以此粥敷其外
若羊則解析其肉以此粥和之而俱煎以膏膏滅沒也謂
所用膏沒此豚與羊也鉅鑊湯以大鑊盛湯也脯解析則
之薄如脯也薌脯香美此脯也脯在小鼎內而小鼎則
置在鑊湯內湯不可沒鼎沒鼎則水入壞脯也毋絕火
微熱而已不熾之也至食則又以醯與醢調和之此八
珍之三四也擣丁老反珍取牛羊麋鹿麕之肉必脄每每物與
牛若一捶主繠反反側之去其餌孰出之去其皽柔其肉

脄夾脊肉也與牛若一謂與牛肉之多寡均也捶擣也反捶之又側捶之然後去其筋餌既熟乃去其皽膜而柔之以醯醢此八珍之五也漬自取牛肉必新殺者薄切之必絕其
理湛尖諸美酒期朞朝而食之以醢若醯醷倚。絕其理橫斷其文理也湛亦漬也期朝今日至明日也醷梅漿也此八珍之六也爲熬捶之去其皽編
萑布牛肉焉屑桂與薑以洒所買反諸上而鹽去聲之乾而食之施羊亦如之施麋施鹿施麕皆如牛羊欲濡肉則
釋而煎之以醢欲乾肉則捶而食之此肉於火上爲之故名曰熬生擣而去其皽膜然後布於編萑之上先以桂薑之屑洒之次用鹽釋謂以水潤釋之也此八珍之七也糝思感
反取牛羊豕之肉三如一小切之與稻米稻米二肉一
合以爲餌煎之三如一謂三者之肉多寡均也稻米二肉一謂二分稻米一分肉也此即周禮糝食肝膋聊取狗肝一幪蒙之以其膋濡炙之舉燋其膋

不蓼蓼皆也謂炙膏皆熟而焦食之不用蓼也此八珍之八記皆攺不依次故間雜在糝食酏食之間取稻米舉糔溲之小切狼臅臅膏以與稻米為酏之然反。○狼臅膏狼胷臆中之膏也此蓋以滫溲稻米之粉而煎之。○舊註讀酏為餰者以酏是粥非豆實也此即周禮食之餰禮始於謹夫婦為宮室辨外內男子居外女子居內深宮固門閽寺守之男不入女不出夫婦為人倫之始不謹則亂其倫類故禮始於謹夫婦也。○鄭氏曰閽掌守中門之禁寺掌內人之禁令男女不同椸移枷架不敢縣玄於夫之楎暉椸不敢藏於夫之篋笥四不敢共湢浴夫不在斂枕篋簟席襡獨器而藏之少事長賤事貴咸如之椸枷見曲禮楎植者曰楎橫者曰椸楎椸同類之物椸以竿為之故鄭云竿謂之椸餘見前夫婦之禮唯及七十同藏無間故妾雖老年未滿五十必與去聲五日之御將御者齊側皆反漱平聲澣浣慎衣

服櫛縰笄總角拂髦衿纓綦屨雖婢妾衣服飲食必後
長者妻不在妾御莫敢當夕櫛縰以下說見篇首角字御天子之御妻八十一人
當九夕世婦二十七人當三夕九嬪九人當一夕三夫人當一夕后當一夕凡十五日而徧五日之御諸侯制
也諸侯一娶九女夫人及二媵各有姪娣凡六人當三夕次二媵當一夕次夫人專一夕凡五日而徧也當夕
當妻之夕也妻將生子及月辰居側室夫使人日再問之作
而自問之妻不敢見形甸反使姆茂衣服而對至于子生
夫復扶又反使人日再問之夫齊側皆反則不入側室之門
正寢在前燕寢在後側室者燕寢之旁室也作動作之時也姆女師也子生男子設弧於
門左女子設帨於門右三日始負子男射女否弧弓也帨佩巾
也以此二物為男女之表負抱也國君世子生告于君接如字以大牢宰
掌具三日卜士負之吉者宿齊朝服寢門外詩負之射

人以桑弧蓬矢六射天地四方，保受乃負之，宰醴負子，賜之束帛。卜士之妻、大夫之妾，使食子。（接以大牢者，以大牢之禮接見其子也。宰，宰夫也。掌具，掌其設禮之具也。卜士負之者，卜其吉者而使之抱子也。詩，承也。儀禮言尸酢主人，詩懷之，亦承義。射天地四方者，期其有事於遠大也。保，保母也。受乃負之，受子於士而抱之也。蓋士之負子，特爲斯須之禮而已。宰既掌具，故以醴禮負子之士，仍賜束帛以酬之。食子，謂乳養之也。今按此言世子生接以大牢，特言其常禮如此耳。下文又言接子擇日，則亦或在始生三日之後也。鄭氏謂食其母使補虛強氣，讀接爲捷而訓爲勝，其義迂。方氏讀如本字，今從之。）

凡接子擇日，冢子則大牢，庶人特豚，士特豕，大夫少牢，國君世子大牢。其非冢子，則皆降一等。（冢子大牢，謂天子之元子也。）

異爲孺子室於宮中，擇於諸母與可者，必求其寬裕慈惠、溫良恭敬、慎而寡言者，使爲子師，其次爲慈母，其次爲保母，皆居子室。他人無事不往諸母衆妾也可者謂雖非衆妾之列或傅御之屬可為子師者也此人君養子之禮師教以善道者慈母審其欲惡者保母安其寢處者他人無事不往恐兒驚動也三月之末擇日翦髮為鬌朶男角女羈否則男左女右是日也妻以子見於父貴人則為衣服由命士以下皆漱澣男女夙興沐浴衣服具視朔食夫入門升自阼階立于阼西鄉去聲妻抱子出自房當楣立東面鬌所存留不翦者也夾囟兩旁當角之處留髮不翦者謂之角留頂上縱橫各一相交通達者謂之羈嚴氏云夾囟曰角兩髻也午達曰羈三髻也貴人大夫以上也由自也具視朔食者所具之禮如朔食也朔食天子大牢諸侯少牢大夫特豕士特豚也入門入側室之門也側室亦南向故有阼階西階出自房自東房而出也姆先相去聲曰母某敢用時日祗見形甸反孺子夫對曰欽有帥率父執子之右手咳戶才反而名之妻對曰記有成遂左還旋授師子師辯偏告

諸婦諸母名妻遂適寢某妻姓某氏也時日是日也隱雅也欽敬帥循也言當敬教之
使循善道也咳而名之者說文咳小兒笑聲謂父作咳聲笑容以示慈愛而名之也記有成謂當記識夫言教
之成德也授師以子授子師也諸婦同族卑者之妻也諸母同族尊者之妻也後告諸母欲名成於尊也妻遂
適寢復夫之寢也夫告宰名宰辯告諸男名書曰某年某月某
日某生而藏之宰告閭史閭史書為二其一藏諸閭府
其一獻諸州史州史獻諸州伯州伯命藏諸州府夫入
食如養去聲禮宰屬吏也諸男同宗子姓也藏之者以簡策書子名而藏于家之書府也二十五家
為閭二千五百家為州州伯則州長也閭史州史皆其屬吏也閭府州府皆其府藏也夫入食如養禮謂與其
妻禮食如婦始饋舅姑之禮也。疏曰此經所陳謂卿大夫以下故以名徧告同宗諸男諸男卑者尚告則告
諸父可知若諸侯絕宗則不告也世子生則君沐浴朝服夫人亦如之
皆立于阼階西鄉世婦抱子升自西階君名之乃降諸侯

內則

四四二

朝服玄端素裳夫人亦如之者亦朝服也當是褖衣誤云褖衣者以見子畢即侍御於君故服進御之褖衣也人君見世子於路寢此升自西階是自外而入也凡生子無問妻妾皆在側室適子庶子見於外寢撫其首咳而名之禮帥初無辭此適子蓋世子之弟庶子則妾子也外寢君燕寢也燕寢在內以側室在旁處內故謂此爲外也○疏曰燕子見於側室此以撫首咳名無辟之事同故與適子連文云見於外寢耳凡名子不以日月不以國不以隱疾大夫士之子不敢與世子同名說見曲禮妾將生子及月辰使人日一問之子生三月之末漱澣夙齊見於內寢入室君已食徹焉使之特餕遂入御此言大夫士之禮宮室之制前有路寢次則君之燕寢次夫夫以下前有適室次則燕寢次則適妻之謂適妻寢耳如始入室者如初來嫁公士子者獨餕不如常時衆妾同餕也三月之末其母沐浴朝服見於君擯者

賜君名之衆子則使有司名之擯者傅姆賜者此妾君所偏愛而特加恩賜者故君衆妾之子恩寵輕略者則使有司名文已云適子庶子見異於世子今庶適連文故此特言庶子之禮庶人[illegible]月辰夫出居羣室其問之也與子見父之[illegible]以異也問之之禮與執手咳名之事歛帥記成之辭皆與有爵者同故云無以異也凡父在孫見於祖祖亦名之禮如子見父無辭應氏曰辭者夫婦所以相接愛也祖尊故有其禮而無其辭食嗣子者三年而出見於公宮則劬食子者士之妻大夫之妾也子三年則免懷抱故食者出還其家見於公宮而告辭則君必有賜劬者有賜以勞其劬勞也大夫之子有食嗣母士之妻自養其子食母乳母也士卑故自養由命士以上上聲及大夫之子旬均而見註讀旬為均謂適子妾子有同生者雖是先生者先見後生者後見然皆在夫未與婦適食之前故曰均而見也○應氏曰子[illegible]

以禮見於父父則欲時時見之又不可瀆故每旬而一見之若庶人則簡略易通故不必以旬而見今詳二說俱可疑缺之可也冢子未食如字而見必執其右手適子庶子已食而見必循其首疏曰此天子諸侯之禮未與后夫人禮食而先見冢子急於正也禮食之後乃見適子庶子緩於庶耳子能食食嗣教以右手能言男唯上聲女俞男鞶革女鞶絲食飯也唯俞皆應辭鞶小囊盛帨巾者男用韋女用繒帛六年教之數與方名七年男女不同席不共食八年出入門戶及即席飲食必後長者始教之讓數謂一十百千萬方名東西南北也九年教之數上聲日十年出就外傅居宿於外學書計數日知朔望數六甲也外傅教學之師也書謂六書計謂九數衣不帛襦儒袴禮帥初朝夕學幼儀請肄簡諒曲禮曰童子不衣裘裳不以帛爲襦袴亦爲太温也禮帥初謂行禮動作皆循習初教之方也肄習也簡書篇數也諒言語信實也皆請於長者而習學之也一說簡者簡要謂使之習

事務從其要不爲迂曲煩擾也十有三年學樂誦詩舞勺酌成童舞象

學射御樂八音之器也詩樂歌之篇章也成童十五以上象說見文王世子射謂五射御謂五御也六

藝詳見小學書。朱子曰酌即勺也內則曰十三舞勺即以此詩爲節而舞也二十而冠始學

禮可以衣去聲裘帛舞大夏惇行孝弟博學不教內而不

出始學禮以成人之道當兼習吉凶賓軍嘉之五禮也[illegible]大夏禹樂樂之文武兼備者也孝弟百行之本故先

惇行於孝弟而後博學也不教恐所學未精故不可[illegible]爲師以教人也內而不出言蘊畜其德美於中而不自

表見其能也一說謂不出言以爲人謀畫三十而有室始理男事博學無方

孫去聲友視志室猶妻也男事受田給政役也方猶常也學無常在志所慕則學之孫友順交朋友

也視志視其志意所尚也四十始仕方物出謀發慮道合則服從不

可則去五十命爲大夫服官政七十致事凡男拜尚左

手朱子曰物猶事也方物出謀則謀不過物方物發慮則慮不過物問何謂不過物曰方猶對也比方以[illegible]

理女子十年不出姆茂教婉娩晚聽從執麻枲治絲繭
織紝女金反組祖紃巡學女事以共恭衣服觀於祭祀納
酒漿籩豆菹醢禮相去聲助奠十年不出謂十歲則恒處於內也姆女師也婉娩謂言
語婉謂容貌司馬公云柔順貌紝繒帛之屬組紃亦織也詩執轡如組紃之制似絛古人以置諸冠服縫中者
十有五年而笄二十而嫁有故二十三年而嫁聘則為
妻奔則為妾凡女拜尚右手十五許嫁則笄未許嫁者二十而笄故謂父母喪妻
妾之言接言得接見於君子也尚左尚右陰陽之別

禮記卷第九

後學東滙澤陳　澔　集説

玉藻第十三

此篇記天子諸侯服冕衣佩紱制度及行禮之容節

天子玉藻十有二旒前後邃粹延龍卷衮以祭玉冕前後垂旒之玉也藻雜采絲繩之貫玉者也以藻穿玉以玉飾藻故曰玉藻邃深也延冕上覆也玄表而纁裏前後邃延者言前後各有十二旒垂而深邃延在其上也龍衮畫龍於衮衣也祭祭宗廟也餘見禮器玄端冕而朝潮日於東門之外聽朔於南門之外朝日春分之禮也聽朔者聽月朔之事也東門南門皆謂國門也○疏曰知端當爲冕者皮弁尊次則諸侯之朝服又其次玄端諸侯皮弁聽朔朝服視朝是視朝之服卑於聽朔今天子皮弁視朝若玄端聽朔則是聽朔之服卑於視朝且聽朔大視朝小故知端當爲冕謂玄冕也是冕服之下者閏月則闔門左扉立于其中鄭氏曰天子廟及路寢皆如明堂制明堂在國之陽每月就其時之堂而聽朔焉卒事反宿路寢閏月非常月也聽

其朔於明堂門中還處路寢門終月○疏曰樂大史云終月謂終竟一月所聽之事於一月中耳爭常則居燕寢也皇氏云明堂有四門即路寢亦有四門閏月各居其時當方之門義或然也○今按闔門左扉者左爲陽陽爲正以非月之正故闔左而由右

皮弁以日視朝遂以食日中而餕奏而食日少牢朔月大牢五飲上水漿酒醴酏接○皮弁服天子常日視朝之服也諸臣同此服日中而餕謂日中所食乃朝食之餘也奏作樂也日常日也朔月月朔也上水以水爲上也下四者説見內則○疏曰餕尚奏樂即朝食奏樂可知

卒食玄端而居動則左史書之言則右史書之御瞽幾聲之上下年不順成則天子素服乘素車食無樂玄端服説見內則玄者幽陰之色宴息向晦而服之於義爲得也御瞽侍御之樂工也幾察也察樂聲之高下以知政令之得失也此以上皆天子之禮

諸侯玄端冕以祭裨冕以朝皮弁以聽朔於大廟朝服以日視朝於內朝裨冕公衮侯伯鷩子男毳也朝朝見天子也諸侯以玄冠緇衣素裳爲朝服凡於朝君

臣上下同服但上服則謂之玄端袂廣二尺二寸故也大夫以上皆侈袂三尺三寸○方氏曰天子聽朔於南門示受之於天諸侯聽朔於大廟示受之於祖原其所自也天子諸侯皆三朝外朝在庫門之外治朝在路門之外內朝在路門之內亦曰燕朝也朝辨色始入君日出而視之退適路寢聽政使人視大夫大夫退然後適小寢釋服臣入常先君出常後尊卑之禮然亦視朝而見羣臣所以通上下之情聽政而適路寢所以決可否之計釋服釋朝服也又朝服以食特牲三俎祭肺夕深衣祭牢肉朔月少牢五俎四簋子卯稷食嗣菜羮夫人與君同庖二俎特豕魚腊也周人祭肺夕夕食也牢肉即特牲之餘也五俎加羊與其腸胃也簋盛黍稷之器常食二簋月朔則四簋也子卯說見檀弓夫人不特殺故云與君同庖也君無故不殺牛大夫無故不殺羊士無故不殺犬豕君子遠去聲庖廚凡有血氣之類弗身踐嗣也至于八月不雨君不舉大子膳用六牲則無故亦殺牛此言國君也天子之

大夫有故得殺牛此無故不殺羊謂諸侯之大夫也故謂祭祀及賓客饗食之禮也祭禮有射牲之文此言射身爵亦謂尋常也八月令之六月殺牲盛饌曰舉

年不順成君衣督夫布搢薦本

衣布身著布衣也上以竹為笏而以象飾其本搢插也君搢上之笏也關謂門關梁謂渠梁不租不收租税也

關梁不租山澤列而不賦土功不興大夫不得造車馬

列當依迾迾遮遏之義周禮山虞掌其厲禁鄭云遮迾守之是也凶年雖不收山澤之賦猶必遮迾其非時采取者造新有製作也此皆為歲之凶故上之人節損以寬貸其下也

卜人定龜史定墨君定體

周禮龜人所掌有天地四方六龜之異各以方色與體辨之隨所卜之事各有所宜用所謂卜人定龜也史定墨者凡卜必以墨畫龜以求吉兆乃鑽之以觀其所坼若從墨而坼大謂之兆廣若裂其旁岐細出則謂之璺坼亦謂之兆璺讀書璺自關鬥破而未離之名也體者兆象之形體定謂決定其吉凶也〇疏曰尊者視大卑者視小

君羔幦覓虎犆直大夫齊車鹿幦豹犆朝車士齊車鹿幦豹犆

幦者覆軾之皮犆緣也君之齊車以羔皮覆軾而緣以虎皮朝車亦謂大夫之

朝車以下文兩言齊車故知上爲君齊車也君子之居恒當戶寢恒東首去聲
若有疾風迅雷甚雨則必變雖夜必興衣服冠而坐向明
而卧順生氣而卧敬天威而變先知禮者皆當如是不但有位者也故以君子言日五盥沐稷
而靧悔粱櫛用樿櫛善髮晞用象櫛進禨曁進羞工乃
升歌盥洗手也沐稷以淅稷之水洗髮也靧粱以淅粱之水洗面也樿櫛白木梳也髮乾也象櫛象齒梳
也髮濕則滑故用木梳乾則澀故用象櫛也沐而飲酒曰禨羞則籩豆之實也工乃升堂以琴瑟而歌焉既充
之以和平之味又感之以和平之音皆爲新沐氣虛致其養也浴用二巾上絺咨下綌
去逆反出杅于履蒯快席連讀爲湅力間反用湯履蒲席衣去聲布
晞身乃屨進飲杅浴盤也履踐也蒯席蒯草之席也湅洗也履蒯席之上而以湯洗其足垢然
後立於蒲席而以布乾潔其體乃著屨而進飲也將適公所宿齊戒居外寢沐
浴史進象笏書思對命大夫之有史蓋掌文史之事耳非史官之比也思謂意所思念

欲告君之事對謂君若有問則對答之辭命謂君所命令當事所行者此三者皆書之於笏故曰書思對命皆謂
敬謹之至恐或遺忘也既服習容觀去聲玉聲乃出揖私朝煇如也
登車則有光矣既服者朝服畢也容觀容貌儀觀也玉聲佩玉之聲也揖私朝揖其家臣而
往朝于君也煇與光皆言德容發越之盛光則又盛於煇矣天子搢音晉珽他頂反方正
於天下也搢插也珽亦笏也即玉人所謂大圭長三尺者是也以其挺然無所詘故謂之珽蓋以端
方正直之道示天下也諸侯荼舒前詘屈後直讓於天子也荼者舒遲
之義前有所畏則其進舒遲諸侯之笏前詘者圜殺其首也後直者下角止方也以其讓於天子故殺其上也
大夫前詘後詘無所不讓也大夫上有天子下有己君故殺之下角亦殺而圜示
無所不讓也侍坐則必退席不退則必引而去君之黨臣侍君之
坐若賜坐有別席則退就別席或雖無別席可退或有席而君不命之退則當引而卻避於君親黨之下也
一說黨屬於鄉而小故以為旁側之論登席不由前為躐席踰也失節而踐為躐席也

從下升，若由前升，是躐席也。鄉飲酒禮賓席于戶西，以西頭爲下；主人席于阼階，介席于西階，皆北頭爲下。賓升席自西方，註云：升由下也。又記云：主人、介凡升席自北方，降自南方。註云：席南上，升由下，降由上。主人受獻自席前適阼階，是降自北方者，以受獻禮正，禮須席末啐酒，因從北方降也，故註云由便也。若尋常無事，則升由下而降由上，若賓則升降皆由下也。○今按此說席之上下固爲明白，鄭意此經八字當作一句，而爲浮平聲。蓋行禮之時，人各一席而相離稍遠，固可從下而升。若布席稍密，或數人共一席，則必須由前乃可得己之坐。若不由前則是躐席矣。

徒坐不盡席尺。

徒，空也，非飲食及講問之坐爲徒坐。不盡席之前一尺，示無所求於前也。

讀書食句則齊豆去席尺。

石梁王氏曰：食則豆去席尺，讀書則與豆齊，亦去席尺，是謂齊豆去席尺。

若賜之食而君客之，則命之祭，然後祭。先飯上聲辯編嘗羞，飲而俟。

客之，以客禮待之也。然必命之祭然後祭者，不敢以客禮自君也。先食而徧嘗諸味，亦示臣爲君嘗食之禮也。歠飲而俟者，禮食未飧以前，歠飲以利滑喉中，不令澀也。今君猶未飧，故臣亦不敢飧，而先嘗羞。

若有嘗羞者。

嘗羞畢而歠飲以俟，君飧臣乃敢飧也。

四五五

則俟君之食然後食飯(上聲)飲而俟君命之羞羞近者命之品嘗之然後唯所欲凡嘗遠食必順近食(此謂君但賜之食而非客之者則膳宰自嘗羞故云若有嘗羞者此臣既不祭不嘗則俟君食乃食也雖不嘗羞亦先飲飲以利喉而俟君也羞近者但於近處食一羞也品猶徧也凡嘗遠食必自近者始客與不客皆然故云凡也)君未覆手不敢飧(孫)君既食又飯(上聲)飧飯飧者三飯也君既徹執飯(去聲)與醬乃出授從(去聲)者(覆手者謂食畢亦覆手以循口之兩旁恐有殽粒汙著之也飧以飲澆飯也禮食竟更作三飧以勸飽實故君未覆手則臣不敢飧飧則不敢先君而飽也既猶畢也君畢食則臣更飯飧也三飯並是飧謂三度飧也故曰飯飧者三飯也君食竟既徹饌臣乃自執己之飯與醬出授己之從者此食己所當得故也此非客禮故得以己饌授從者故公食大夫禮賓取粱與醬降奠于階西不以出也若非客臣則是降等者則徹之以授主人之相者故曲禮云徹飯齊以授相者也)凡侑食不盡食食於人不飽唯水漿不祭若祭為已偞(虛涉反)

卑食而勸侑禮之教也食之不盡與不餕禮之讓也公餕大夫禮賓祭餕崇臣敬君之禮小言水漿不祭禮各有所施也水漿非盛饌之比若祭之則為太保卑矣已太也傃賤也謂太厭降卑微如有所畏迫也君若賜之爵則越席再拜稽首受登席祭之飲卒爵而俟君卒爵然後授虛爵君子之飲酒也受一爵而色洒先典反如也二爵而言言闇斯禮已三爵而油油以退退則坐取屨隱辟僻而后屨坐左納右坐右納左洒如禮度明肅之貌言言與闇闇同意氣和悅之貌已止也油油悅謹重自得之貌坐取屨跪而取屨也隱辟而后屨不敢向人而著屨也跪左足而納右足之屨跪右足而納左足之屨此納屨之儀也凡尊必尚玄酒唯君面尊唯饗野人皆酒大夫側尊用棜於據反士側尊用禁尊尚玄酒不忘古也君坐必向尊示惠自君出而君專之也饗野人如蜡祭之飲是也禮不下庶人唯使之足於味而已故一用酒也側旁側也謂設尊在賓主兩楹之間旁側夾之故云側尊棜禁見禮器○疏曰若一尊

亦曰側尊故士冠禮云側尊一甒醴在服北註云無偶曰側與此側別○馬氏曰面尊則不側側尊則不面尊於房户之間賓主共之是也始冠去聲緇布冠自諸侯下達冠而敝之可也冠禮初加緇布冠諸侯以下通用存古故用之非時王之制也故既用即敝弃之可矣玄冠朱組纓天子之冠也緇布冠繢會緌蕤諸侯之冠也玄冠丹組纓諸侯之齊齋冠也玄冠綦其組纓士之齊冠也天子始冠之冠則玄冠而以朱組爲纓諸侯雖是緇布冠却用雜采之繢爲緌緌爲尊者飾耳非古制也齊冠齊戒時所服者諸侯與士皆玄冠但其纓則有丹組綦組之異朱色紅而明丹赤色也綦帛之蒼白如艾色者一說文也縞冠玄武子姓之冠也縞冠素紕皮既祥之冠也縞生絹也武冠卷也以縞爲冠凶服也武則玄色吉也所以吉凶相半者蓋父有喪服子不可用純吉故曰子姓之冠姓生也孫是子之所生故謂之子姓素熟絹也紕冠兩邊及卷下畔之緣也縞冠素紕謂冠與卷身皆用縞但以素緣之耳既祥之冠者祥祭後所服也○方氏曰爲祖之亡能敢純縞以示其凶爲父之有也

故武玄以示其吉冠上而武下爲祖而縞者尊尊於上也爲父而玄者親親於下也

垂緌五寸，惰游之士也。此言縞冠素紕而緌之垂者長五寸蓋以其爲惰游從業之士使之服此以恥之耳

玄冠縞武，不齒之服也。不齒即王制所謂不齒而屛棄之者使之玄冠縞武亦以恥辱之

居冠屬（音燭）武，自天子下達，有事然後緌。禮服之冠則臨著乃合其武有儀飾故也若燕居之冠則冠與武相連以非行禮之時故專略少威儀也此冠無分貴賤皆著之故云自天子下達凡緌所以致其飾故有事乃緌無事則否也

五十不散（上聲）送，親沒不髦。（音毛）喪禮啓殯以後要絰之麻散垂葬畢乃絞此言五十始衰不散麻以送葬也髦象幼時翦髮爲髦之形父母在則用之故親沒則去此辭詳見內則

大帛不緌，玄冠紫緌，自魯桓公始也。方氏曰大帛冠之白者凶服去飾故不緌也玄冠之緌不宜用紫色紫非正色也後世用之則自魯桓公始

朝玄端，夕深衣。前章言夕深衣祭牢肉者國君之禮也此言朝玄端夕深衣者謂大夫士在私朝及家朝夕所服也

深衣三袪（區），縫（平聲）齊（咨）倍要（平聲），衽當旁，袂可以

回肘、袪袖口也尺二寸圍之爲二尺四寸要之廣三其二尺四寸則七尺二寸也故云三袪齊者裳之下
畔要爲裳之上畔縫齊倍要者謂縫下畔之廣一丈四尺四寸是倍要之七尺二寸也袵裳交接之斷也在身
之兩旁故云袵當旁袂袖之連衣者也上下之廣二尺二寸肘長尺二寸故可以回肘也長中繼揜
尺袷劫二寸袪尺二寸緣去聲廣去聲寸半長中謂長衣中衣也與深衣制
同而名異者著著於內則曰中衣蓋著在朝服或祭服之內也著於外則曰長衣以素爲純緣著也雜記云練冠之
長衣以逆註云深衣之純以素者也若凶服之純以布者則謂之麻衣繼揜尺者幅廣二尺二寸以半幅繼續
袂口而揜覆一尺也袷曲領也其廣則二寸以帛裏布非禮也外服是布則不可用帛爲
中衣以裏之謂不相稱也冕服是絲衣皮弁服朝服玄端服是麻衣皆十五升布其裏各如其服士不、
衣去聲織志無君者不貳采染絲而織之爲織功多色重故十賤不得衣之也無君去
位之臣也不貳采謂衣裳與冠同色○疏曰大夫十去國三月之內服素衣素裳三月之後服玄端玄裳衣
正色裳間去聲色非列采不入公門振上聲絺綌不入公門

表裘不入公門襲裘不入公門正色者青赤黃白黑五方之正色也木青克土黃故綠色青黃為東方之間色火赤克金白故紅色赤白為南方之間色金白克木青故碧色青白為西方之間色水黑克火赤故紫色赤黑為北方之間色土黃克水黑故騮黃之色黃黑為中央之間色也列采謂正服之色各有尊卑品列也非此則是褻服振讀為袗襌也襌則見體表裘上必有裼衣表裘是無裼衣而裘在外也襲裘謂掩其襲衣而不露裼衣也表與襲皆為不敬故此四者皆不可以入公門也纊為繭縕韞為袍襌丹為絅苦迥反帛為褶牒◯纊新綿也縕舊絮也衣之有著者著用新綿則謂之繭用舊絮則謂之袍有表而無裏者謂之絅有表裏而無著者謂之褶朝服之以縞也自季康子始也朝服之布十五升先王之制也季康子始用生絹後人因之故記者原其所自及古禮之亡皆由於變孔子曰朝服而朝卒朔然後服之聽朔重於視朝諸侯之朝服玄端素裳而聽朔則皮弁故卒聽朔之禮然後服朝服而視朝也曰國家未道則不充其服焉曰字承上文亦孔子之言也禮樂刑政未合於先王之道則亦不宜充盛其衣服◯鄭氏

日謂君衛文公者唯君有黼裘以誓省息井反大裘非古也君國君也黼裘以黑羊皮雜狐白爲黼文以作裘舊讀省爲獮方氏釋爲省耕省斂之義今從之大裘黑羔裘也大子郊服謂國君固可衣黼裘以誓軍旅省耕斂今而僭服大裘則不可也但言非古則僭禮之失自見君衣去聲狐白裘錦衣以裼之君之右虎裘厥左狼裘士不衣狐白狐白裘以狐之白毛皮爲裘也君衣此裘則以素錦爲衣加其上使可裼也袒而有衣曰裼詳見曲禮虎裘者居右狼裘者居左示威猛之衛也狐之白者少故惟君得衣之士賤不得衣也君子狐青裘豹褎袖玄綃衣以裼之君子謂大夫士也狐青裘狐之青毛皮爲裘也豹褎豹皮爲袖玄綃衣玄色之綃爲衣也麛裘青豻岸褎絞交衣以裼之麛鹿子也豻胡地野犬絞蒼黃之色羔裘豹飾緇衣以裼之狐裘黃衣以裼之錦衣狐裘諸侯之服也飾謂袖也論語緇衣羔裘黃衣狐裘○鄭氏曰凡裼衣象裘色也犬羊之裘不裼不文飾也不裼犬羊之裘庶人所服裘與人俱賤故不裼以爲飾也

玉藻

裘之裼也見現美也弔則襲不盡飾也君在則裼盡飾也此言裼襲之異宜見美謂裼衣上雖加他服猶必開露以見示裼衣之美乎喪襲裘惟小斂後則然盡飾者盡其文飾之道以爲敬乎主於哀故敬不存美君在則當以盡飾爲敬也服之襲也充美也充美猶云揜塞其華是故尸襲執玉龜襲無事則裼弗敢充也美也尸尊無所不敬故襲執玉之禮有裼時有襲時執龜爲享禮庭實則裼以卜則襲此特主襲而言耳非謂執玉龜無裼之禮也無事謂執玉執龜之禮已竟也無事則裼亦謂在君之所非君所則否弗敢充者以見美爲敬也○疏曰凡敬有二一體以質爲敬者子於父母之所不敢袒裼以文爲敬者臣於君所則裼君平敵以下則亦襲以質略故也所襲雖同其意異也笏天子以球玉諸侯以象大夫以魚須如字文竹士竹本象可也球美玉也文飾也陸氏音須爲班而疏引庾氏說以鮫魚須飾竹以成文與應氏說相近宜讀如字○應氏曰亦雅魚曰須蓋魚之所以鼓息者在須大夫以近尊而屈故飾竹以魚須士以遠尊而伸故飾以象見於天子與射無說脫笏入大

廟說笏，非禮也。小功不說笏，當事免問則說之。既搢必盥，雖有執於朝，弗有盥矣。陳氏曰：笏之所用，蓋諸侯之朝天子，則執命圭而搢笏；大夫之聘，則執聘圭而搢笏。及其合瑞而授圭，則執其所搢而已，所謂見於天子無說笏者此也。射以觀德，則禮所固在，所隆小功，則禮可以勝情，故亦不說，當事而免則事可以勝禮，故說之。○方氏曰：大廟之內，惟君當事，則說笏，所以逸尊者也。後世臣或說之，則失之簡矣。小功之衰，悲哀殺矣，事不可不記也，故不說笏。及當事而免之時，則不可以不說。凡在朝搢笏，必盥手，若爲將執事也，及有執事於朝，則亦不再盥，爲其已盥故也。凡有指畫於君前，用笏；造七到反受命於君前，則書於笏。笏畢用也，因飾焉。因事而有所指畫，用手則失容，故用笏也。造受命，詣君所而受命也。畢用者，常事皆用之也。因飾焉，謂因而文飾之，以爲上下之等級也。笏度二尺有六寸，其中博三寸，其殺色介反六分而去上聲一。中廣三寸，天子諸侯大夫士之笏皆然。天子諸侯則從中以上稍稍漸殺，至上首止廣二寸半，是六分三寸而去其一也。其大夫士又從中殺至下，亦廣二寸半故惟中閒廣二寸也玉人言大圭長三尺見兼終葵首言之天子素帶朱裏終辟辟字讀如前章縞冠素紕之紕緣也天子以素爲帶素熟絹也用朱爲裏終竟也終辟竟此帶以緣之也而素帶終辟而下缺諸侯字諸侯亦素帶終辟而不朱裏大夫素帶辟垂大夫之素帶則惟緣其兩耳及垂下之紳腰後不緣士練帶率律下辟繂緶緝也士以練爲帶單用之而緶緝其兩邊故謂之繂腰及兩耳皆不緣惟緣其紳故云下辟居士錦帶弟子縞帶以錦爲帶示文也弟子用生絹示質也〇鄭氏曰居士道藝處士也并紐約用組三寸長齊于帶紳長制士三尺有司二尺有五寸子游曰參分帶下紳居二焉紳韠結三齊疏曰并並也謂天子下至弟子其所紐約之物並用組爲之〇方氏曰紐則帶之交結也合并其紐用組以約之則帶於束而不可解矣三寸其廣也長齊于帶者言組之垂適與紳齊也紳之長制士三尺若自要而下爲紳也士如此亦舉卑以見尊也有司欲便於趨走故特去五寸引子游之言言人長八尺自要而下四尺五寸分爲三分而紳居二故長三尺也韠蔽膝也結即組也紒讀

結三者皆長三尺故曰三齊大夫大帶四寸雜帶君朱綠大夫玄華

士緇辟皮二寸再繚了四寸四寸廣之度也雜帶謂以雜色爲辟緣也朱綠者上

以朱下以綠玄華者外以玄內以華華黃色也士帶之辟則內外皆緇是謂緇帶大夫以上帶皆廣四寸士練

帶惟襲二寸而再繚要一匝則亦是四寸矣一說大帶者正服之帶雜帶者雜服之帶凡帶有率

律無箴功凡帶當率縫之處箴線細密不見用箴之功若無箴功也長肆肄束及帶勤

者有事則收之走則擁之肆讀爲肄餘也詩伐其條肄謂約束帶之餘組及紳之垂

者遇有勤勞之事則收斂而持於手若事迫而不容不走者則擁抱之於懷也韠君朱大夫素

士爵韋圜員殺色介反直天子直諸侯前後方大夫前方

後挫佐角士前後正韠下廣二尺上廣一尺長三尺

其頸五寸肩革帶博二寸韠象裳色天子諸侯玄端服朱裳大夫素裳上士玄裳中

士黃裳下士雜裳此言玄端服之韠若皮弁服則皆素韠也凡韠皆韋爲之故其字從韋又以著衣畢然後著

之故名爲韠韠之言蔽也爵韋爵色之韋也在冕服則謂之韍字亦作芾也圜殺直三者之形制也天子之韠直謂四角無圜無殺也上爲前上爲後公侯上下各去五寸所去之處以物補飾之使方變於天子也大夫則圜其上角變於君也正則直與方之義士賤不嫌與君同也其頸之廣五寸在中故謂之頸肩兩角也蔽與革帶皆廣二寸。詩疏曰古者佃漁而食因衣其皮先知蔽前後知蔽後後王易之以布帛而獨存其蔽前者重古道不忘本也士服爵弁以韎韐對之則服冕者以芾配之故知冕服謂之芾芾韠俱是蔽膝其制同但以尊祭服故異其名耳。今按韎韐者以蒨草染韋爲赤色作蔽膝也

一命縕溫韍弗幽上聲衡再命赤韍幽衡三命赤韍葱衡此以命數之多寡定韍佩之制縕赤黃色也幽讀爲黝黑色也衡佩玉之衡也葱青色也周禮公侯伯之卿三命其大夫再命其士一命子男之卿再命其大夫一命其士不命

王后褘暉衣夫人揄搖狄君命屈闕狄此言后夫人以下六等之服褘衣色玄揄狄青屈狄赤六服皆衣裳相連褘讀爲翬揄狄讀爲搖翟翬翟皆雉也二衣皆刻繒爲雉形而五采畫之屈讀爲闕刻形而不畫故云闕翟王后褘衣夫人揄狄皆本服也君命屈狄謂女君

子男之妻受王后之命得服屈狄也再命褘鞠衣一命襢張戰反衣士褖彖衣鞠衣黃襢衣白褖衣黑褘讀爲鞠鞠衣黃桑服也色如鞠塵象桑葉始生之色再命鞠衣者子男之卿再命其妻得服鞠衣也一命襢衣者子男之大夫一命其妻得服襢衣也士褖衣者子男之士不命其妻服褖衣也唯世婦命於奠繭其他則皆從男子世婦天子二十七人奠繭獻繭也凡獻物必先奠置于地故謂獻爲奠凡妻貴因夫故得各服其命數之服唯世婦必俟蠶畢獻繭命之服乃服耳他皆從夫之爵位也

凡侍於君紳垂足如履齊咨頤霤垂拱視下而聽上視帶以及袷劫聽鄉上去聲任左立不磬折則紳必垂身折則裳下之緝委地故足如履之也頤頷也霤屋簷也身俯故頭臨前而頤之垂如屋霤然垂拱亦謂身俯則手之拱者下垂也視雖在下而必側面向上以聽尊者之言故云視下而聽上也袷交領也視則自帶至袷高下之則也凡立者尊右坐者尊左侍而君坐則臣在君之右是以聽向皆任左以向君

凡君召以三節二節以走一節以趨在官不俟屨在外不俟車疏曰節以玉爲

之所以明信輔於君命者也君使使召臣有二節將命一節時故合云三節也隨事緩急急則二節故走緩則一節故趨官謂朝廷治事處也外謂其室及官府也在官近故云屨在外遠故云車士於大夫不敢拜迎而拜送士於尊者先拜進面答之拜則走士於大夫尊卑有間若大夫詣士士不敢拜而迎之恐其答拜也去則拜送者禮賓出則主人再拜送之賓不答拜禮有終止故也士若見於大夫則先拜於門外然後進而見面若大夫出迎之而答其拜則走避之士於君所言大夫沒矣則稱謚若字名士與大夫言名士字大夫名士者士雖沒猶稱其名以在君之前也與大夫言而名士則謂士之生者也夫大夫之生者則字之於大夫所有公諱無私諱凡祭不諱廟中不諱教學臨文不諱公諱本國先君之諱也私諱私家之諱也凡祭祭羣神也餘見曲禮古之君子必佩玉右徵角左宮羽徵角宮羽以玉聲所中言也徵為事角為民故在右右為動作之方也宮為君羽為物君道宜靜物道宜積故在左左乃無事之方也不言商者或以西方肅殺之音故遺之歟○

方氏曰徵角爲陽宫羽爲陰陽主動陰主静右佩陰也而聲中徵角之動左佩陽也而聲中宫羽之静何哉蓋佩所以爲行止之節時止則止時行則行出設佩之意也**趨以采齊**慈**行以肆夏周還**旋**中**去聲**規折還中矩進則揖之退則揚之然後玉鏘鳴也故君子在車則聞鸞和之聲行則鳴佩玉是以非辟**僻**之心無自入也**路寢門外至應門謂之趨於此趨時歌采齊之詩以爲節路寢門内至堂謂之行於行之時則歌肆夏之詩以爲節中規圓也中矩方也進而前之則其身畧俯如揖然退而後則其身微仰故曰揚之進退俯仰皆得其節故佩玉之鳴鏘然可聽也鸞和皆鈴也常所乘之車鸞在衡和在軾若田獵之車則和在軾鸞在馬鑣也。方氏曰心内也而言入何哉蓋心雖在内有物探之而出及其久也則與物俱入矣故得以入言焉**君在不佩玉左結佩右設佩居則設佩朝則結佩**蹙君在謂世子在君所也不佩玉非去之也但結其左佩之綬不使玉之有聲玉以比德示不敢表其有如玉之德耳右設佩者佩謂事佩觿燧之屬設之於右示有服役以奉事於上也居則設佩謂退而燕居則佩玉如常也朝則結佩中言上意凡皆謂出子也齊齊側皆反則綪爭結佩而爵韠凡佩玉者遇齊時則綪結其佩綪屈也謂結其綬而又屈上之也爵韠爵色之韋爲韠也上之服但齊則通諸侯大夫士服之也凡帶必有佩玉唯喪否佩玉有衝牙君子無故玉不去身君子於玉比德焉疏曰凡佩玉必上繫於衡下垂三道穿以蠙珠下端前後以懸璜中央下端懸以衝牙動則衝牙前後觸璜而爲聲所觸之玉其形似牙故曰衝牙天子佩白玉而玄組綬綬所以貫佩之珠玉而相承受者玄組綬謂以玄色之絲爲組綬也公侯佩山玄玉而朱組綬大夫佩水蒼玉而純緇組綬世子佩瑜玉而綦組綬士佩瓀乳兗反玟民而縕溫組綬山玄水蒼如山之玄如水之蒼也瑜美玉也綦雜文也瓀玟石之次玉者縕赤黃色孔子佩象環五寸而綦組綬象環象牙之環也其廣五寸孔子謙不佩玉故燕居佩之非謂礼服之正佩也童子之節也緇布衣錦緣去聲錦紳幷紐錦束髮皆朱錦也

節禮節也錦緣以錦爲緣布衣之緣也紳紐見前童子不裘不帛不屨絇劬無
緦服聽事不麻無事則立主人之北南面見現先生從
人而入不屨絇未習行戒也無緦服謂父在時己雖有緦麻之喪不爲之著緦服但往聽主人使令之
事不麻謂免而深衣不加絰也問喪云童子不緦唯當室緦當室爲父後者也童子未能習禮且緦輕故父在
不緦父沒則本服不可違矣從人而見先生不敢以卑小煩長者爲禮也侍食於先生異爵
者後祭先飯上聲客祭主人辭辭曰不足祭也客飧孫主人
辭以疏主人自置其醬則客自徹之此言成人之禮先生齒尊於己者異
爵爵貴於己者後祭示饌不爲己也先飯示爲尊貴者嘗之也盛主人之饌敬祭而主人辭之謙也勸食而飧
以爲美也而主人辭以粗疏亦謙也醬者食味之主故主人自敬客亦自徹禮尚相報也一室之人
非賓客一人徹壹食之人一人徹凡燕食婦人不徹室一
之人同居共事者也壹食之人皆同事而相聚以食者也二者皆爲無賓主之分故但推少者一人徹之而已

婦人不織弱不勝事也食棗桃李弗致于核瓜祭上環食中棄所
操致謂委弃之也曲禮曰其有核者懷其核上環横切之圜如環也凡食果實者後君
子火孰者先去聲君子古人嘗藥嘗食蓋恐其不善或爲尊者害耳果實生成之味當使尊
者先食火孰者必君子嘗食之禮也有慶非君賜不賀君賜如爵命土田車服之類皆是也
言卿大夫士之家設有喜慶之事若是君命所賜則當賀非君賜則不賀蓋以君賜爲榮也一説有慶而君亦
慶之則餘人亦皆賀君無所賜則餘人亦不必賀也有憂者此下缺文孔子食於季氏
不辭不食肉而飧爲客之禮將食必興辭食則先胾次殽至肩乃飽而飧孔子既不辭又不
食肉乃獨澆飯而爲飧之禮蓋以季氏之饋失禮故也君賜車馬乘以拜賜句絶衣
服服以拜賜君賜既拜受矣明日又乘服詣君所而拜謝其賜所謂再拜敬之至也一賜字
句絶本朱子説君未有命弗敢即乘服也此謂諸侯之卿大夫爲使臣而受天子之
賜歸而獻諸其君君命之乘服乃得乘服故君未有命不敢即乘服也左傳杜洩將以路葬南遺謂季孫曰叔

孫未乘路葬焉用之季孫使杜洩舍路不可曰夫子受命於朝而聘于王王思舊勳而賜之路復命而致之君
君不敢逆王命而復賜之君賜稽首據掌致諸地據按也覆左手以按於右手之上致
至也頭及手俱至地也酒肉之賜弗再拜已拜受於家而明日又往拜謂之再拜酒肉之
賜輕故惟拜受於家而已凡賜君子與小人不同日君子小人以位言君子曰賜小
人曰與貴賤殊故不可同日也凡獻於君大夫使宰士親皆再拜稽首
送之膳於君有葷熏桃茢列於大夫去上聲茢於士去葷
皆造七到反於膳宰大夫不親往而使宰者恐勤君之降禮而受獻也士賤故得自往皆再拜
稽首送之者言大夫初遣宰時已拜送矣及至君門以授小臣則或宰或士亦皆再拜而送之也膳美食也葷
薑及辛菜也茢苕帚也膳宰主飲食者○方氏曰膳以用葷桃茢者防不祥之物或干之也桃以其性葷以其
氣茢以其形形不如氣氣不如性故貴賤多少之數去其二者茢去其一者葷惟桃不可去焉皆造膳宰者以
不敢專達必待主膳之人達之也大夫不親拜為去聲君之答己也釋[illegible]以[illegible]

朝獻之義大夫拜賜而退，士待諾而退，又拜，弗答拜。大夫往君門而拜君昨日所賜，及門即告小臣，小臣入白，大夫即拜竟即退，不待小臣出報，恐君召進之而答拜也。君不答士之拜，故士拜竟則待小臣傳君之諾報而後退也。又拜者，小臣傳諾報而出也，又拜君之諾也。弗答拜，謂君終不答士之拜也。大夫親賜士，士拜受，又拜於其室。衣服弗服以拜。敵者不在，拜於其室。其室，大夫之家也。衣服弗服以拜，下於君賜也。敵者，尊卑相等也。其室，獻者之家也。若當時主人在家而拜受，則不復往彼家拜謝。今主人不在，不得拜受，還家必往而拜之也。若朋友，則非祭肉不拜。凡於尊者有獻，而弗敢以聞。不敢以聞者，不敢直言獻於尊者，如云致馬資於有司及贈從者之類也。士於大夫不承賀，下大夫於上大夫承賀。士於大夫，大夫尊卑遠，若有慶事，不敢受大夫之親賀。下大夫於上大夫尊卑近，故可承受其親賀也。親在，行禮於人稱父，人或賜之則稱父拜之。方氏曰：不敢私交，不敢私受故也。禮不盛，服不充，故大裘不裼，乘路車不

式前章言不充其服與此充字義殊此謂禮之盛者則以充美爲敬大路車皆祭天所用不裼而襲是欲掩塞其華美也不式敬天之心不可他用也

父命呼唯上聲而不諾手執業則投之食在口則吐之走而不趨應辭唯速而恭諾緩而慢親老出不易方復不過時親癠才細反色容不盛此孝子之疏節也易方則恐召己而莫知所在過時則恐失期而貽親之憂癠病也疏節謂常行疏略之禮而已非大節也

父没而不能讀父之書手澤存焉爾母没而杯圈起權反不能飲焉口澤之氣存焉爾不能猶不忍也手之所持猶存其潤澤之迹杯圈盛酒漿之器屈木爲之若危匜之屬也口澤之氣亦謂常用以飲故口所潤澤猶有餘氣也所以不忍讀不忍飲也

君入門介拂闑臬大夫中棖橙與闑之間士介拂棖此言兩君相見之時入門入大門也介副也闑門中央所豎短木也棖謂門之兩旁長木所謂楔也君入當棖闑之中主君在闑東賓在闑西主君上擯在君後稍近西而拂闑賓之上介在賓後稍近東而拂闑大夫之爲擯爲

介者各當君後而在棖闑二者之中為擯為介者則各拂東西之棖也賓入不中門不履閾公事自闑西私事自闑東此賓謂鄰國來聘之卿大夫也入不中門謂入門稍東而近闑也閾門限也聘享是奉君命而行謂之公事入自闑西用賓禮也若私覿私面謂之私事以其非君命故也入自闑東從臣禮也君與尸行接武大夫繼武士中武徐趨皆用是君謂天子諸侯也接武謂二足相躡每蹈於半不得各自成迹也若大夫與其尸行則兩足迹相接續漸卑放與尸行步稍廣而速中猶間也士與其尸行每徙足間容一足地乃躡之士極卑放與尸行步極廣也徐趨皆用是謂君大夫士或徐或趨趨皆用此與尸行步之節也疾趨則欲發而手足毋移此言若以他事行禮而當疾趨者其纓頭固欲發起不以接武繼武為拘然而手容必恭足容必重不可或低或斜而變其常度移猶變也圈舉遠反豚上聲行不舉足齊咨如流席上亦然舊說圈轉也豚之言循讀為上聲謂徐趨之法當曳轉其足循地而行故云不舉足也方氏謂此言回旋而行蓋性聚豚性散圈之則聚而回旋於其中矣故取況如此未知是否齊裳下緝

也足既不舉身又俯折則裳下委於地而曳足則亦如
水之流帶上亦然言未坐之時行於帶上亦常如此也
端行頤霤如矢弁行剡剡起屨端直也直身而行身亦小折故頤直臨前而頤
如屋霤之垂其步之進則如矢之直也弁急也剡剡身
起之貌急行則欲速而身屨恒起也一説弁端謂冠端素
端弁謂爵弁皮弁行容各欲稱其服也執龜玉舉前曳踵蹜蹜縮如也踵足
後跟也舉足之前而曳其後跟則行不離地如有所循也蹜蹜促狹之貌龜玉皆重器故敬謹如此凡行
容惕惕傷○惕惕直而且疾也謂行於道路則然蓋同社則失容舒緩則近情也廟中齊齊
如字朝廷濟濟上聲翔翔齊齊收持嚴正之皃濟濟威儀詳整也翔翔張拱安舒也君子
之容舒遲見所尊者齊齋遬速○舒遲閒雅之皃齊如遬蹙齊憚之齊遬者謹而
不放之謂見所尊故加敬足容重手容恭重不輕舉移也恭無慢弛也目容端口
容止無瞬視不妄動聲容靜頭容直無噦咳欲其靜也無傾顧欲其直也氣容
肅似不息·行立容德舊説以爲如有所予於人其義難通應氏謂中立不倚儼然有德之氣象此説

近色容莊坐如尸、莊矜持之皃也坐如尸見曲禮燕居告溫溫、詩言溫溫恭人
之燕居之時與告語於人之際則皆欲其溫和所謂居不容寬柔以教也凡祭容貌顏色如
見所祭者論語曰祭如在祭神如神在畏容纍纍力追反色容顛顛因
視容瞿瞿𥉻梅梅言容繭繭、止皆居喪之容纍纍羸憊佚意之皃顛顛憂思不舒
、皃瞿瞿驚遽之皃梅梅猶昧昧瞻視不審諦瞿瞿梅梅然也繭繭猶綿綿聲氣低微之皃也戎容暨
暨言容詻詻、五格反色容厲肅視容清明、此皆軍旅之容暨暨果毅之皃
詻詻教令嚴勑之皃顏色欲其嚴厲而莊肅視欲其瑩澈而明審立容辨貶卑毋讇諂。
立之容貶卑者不爲矜高之態也雖貴貶損卑降而必貴於正若傾側其容柔媚其色則流於諂矣故戒以毋
讇焉頭頸必中、頭容欲直山立如山之嶷然不搖動也時行當行則行盛氣顛
田實揚休、呼句反。顛讀爲塡塞之塡實滿也揚讀爲陽休與煦同氣體之充也言人當養氣使充
盛積實於內故息之出也若陽氣之煦物其來無窮也玉色、玉無變色故以爲顏色無變動之喻。石

梁王氏曰立容以下不屬戎容凡自稱天子曰予一人、一者無對之稱伯曰天子之力臣、天子三公一相處內二伯分主畿外諸侯盡股肱之臣宣力四方者也故曰力臣諸侯之於天子曰某土之守去聲臣某、某土猶云東土西土之類其在邊邑曰某屏丙之臣某邊邑遠謂之屏者藩屏之義所以蔽內而捍外也其於敵以下曰寡人小國之君曰孤擯者亦曰孤此章與曲禮小異者此據自稱爲辭彼則擯者之辭也上大夫曰下臣擯者曰寡君之老下大夫自名擯者曰寡大夫世子自名擯者曰寡君之適的○此明自稱與擯者之辭不同也公子曰臣孽五竭反○適而傳世者謂之世子餘則但稱公子而已讀孽爲枿者蓋比之木生之餘也故以臣孽自稱士曰傳張戀反遽之臣於大夫曰外私、驛傳之車馬所以供急遽之令士賤而給車馬之役故自稱傳遽之臣也家臣稱私也大夫非已所臣事者故指之言則自稱外私也大夫私事使去聲私人擯則稱名、謂事謂非行聘禮而以他事奉君命往使鄰國也隨行之人當謂之介曰儐者擯是主人之副介以行覲館而主國致禮則己爲王人故辭擯也私人己之屬臣也私事使而私人擯則無嫌同上大夫下大夫皆從而稱名以非正聘故也公士擯則曰寡大夫寡君之老公士公家之士也若正行聘禮以公士爲擯其下大夫往行小聘之禮則宜與辭寡大夫具上大夫往行大聘之禮則擯辭稱寡君之老大夫有所往必與公士爲賓也賓去聲賓讀爲儐擯介也謂大夫有正聘之事必使公士作介也○方氏讀賓如字謂擯雖爲賓猶主其實亦與之同爲賓而已故曰與公士爲賓也

明堂位第十四

昔者周公朝諸侯于明堂之位天子負斧依依上聲南鄉鄉去聲而立斧依說見曲禮○石梁王氏曰注云周公攝王位又云天子即周公周公人爲冢宰時成王年已十四非攝位但攝政周公未嘗爲天子豈可以天子爲周公記者之妄註亦曲徇之三公中階之前北面東上諸侯之位阼階之東西面北上諸伯之國

西階之西東面北上諸子之國門東北面東上諸男之國門西北面東上疏曰中階者南面三階故稱中諸伯以下皆云國此云三公位者以三公不云位諸侯在諸國之上特舉位言之明以一个皆朝位也九夷之國東門之外西面北上八蠻之國南門之外北面東上六戎之國西門之外東面南上五狄之國北門之外南面東上夷蠻戎狄各從其方之門而以右為尊四獨南面東上者不然方以以為南面疑於若故與北面者同其上也九采之國應門之外北面東上疏曰此是九州之外戎謂之采者以采取當州美物而貢天子故王制云千里之外曰采明堂無重門但有應門耳四塞先代反世告至此周公明堂之位也明堂也者明諸侯之尊卑也四塞九州之外夷狄也以天子新即位或其國君易世皆一來朝告至故云世告至也昔殷紂亂天下脯鬼侯以饗諸侯是以周公相武王以伐紂武王崩成王幼弱周公踐

天子之位以治天下六年朝諸侯於明堂制禮作樂頒度量而天下大服七年致政於成王鬼國名易曰高宗伐鬼方殺人以爲脯羞惡之好也故代之六年五服一朝諸侯始於此○石梁王氏曰只以詩書證之即知周公但居冢宰攝政未嘗在天子位周公相踐阼而治文王世子此語爲是詩小序之言亦不可據註引魯頌豈無何獨特事哉○劉氏曰此蓋因洛誥篇首有周公曰朕復子明辟之辭篇終有周公誕保文武受命惟七年之語遂生此論謂周公踐天子位七年而致政於成王也殊不知復子明辟者周公營洛還使告卜之辭受命惟七年者史臣紀周公留後治洛凡七年而薨也書傳中九峰蔡氏之辨可謂深切著明

成王以周公爲有勳勞於天下是以封周公於曲阜地方七百里革車千乘命魯公世世祀周公以天子之禮樂是以魯君孟春乘大路載戴弧韣獨旂十有二旒日月之章祀帝于郊配以后稷天子之禮也論語稱伯禽爲魯公閟宮稱僖公爲魯侯又曰俾侯于魯則魯本侯

爵過觸公也孟子言公侯皆方百里又言周公封於魯地方百里而此云七百里者蓋以百里之田為魯本國
如後世食實封也并附庸為七百里所謂錫之山川土田附庸也周禮封疆方五百里之制當時設法未行不
可以據革車兵車也千乘用賦所出之數也孟春周正子月也大路殷祭天所乘之木路弧所以開張旌旗之
幅其形如弓以竹為之韣則弧之衣也旒屬於旂之正幅而畫日月以為章也○王荆公謂周公能為人臣所
不能為之功故可用人臣所不得用之禮樂程子曰是不知人臣之道也夫居周公之位則為周公之事由其
位而能為者皆所當為也周公乃盡其為臣之職耳豈得獨用天子之禮樂哉成王之賜伯禽之受皆非也○
問孟子說齊魯皆封百里而先生向說齊魯於封七百里者何邪朱子曰此等處皆難考云云見告子下篇
季夏六月以禘禮祀周公於大廟牲用白牡殷尚白白牡殷牲也
○方氏曰止用時王之禮者諸侯之事通用先王之禮者天子之事故郊特牲云諸侯祭以白牡乘大路謂之
僭禮也尊用犧象山罍鬱尊用黃目尊酒器也犧犧尊也音莎者尊一云刻為
畫鳳形娑娑然也讀如字者尊一云畫為牛形又一云尊為牛之形象象尊也以象骨飾尊一說尊為象之形也山

罍刻畫山雲之狀於罍也彝尊謚彝也彝之尊也黃目黃彝也卣罍之類以黃金鏤其外以為目因名焉灌用玉瓚才旱反大圭薦用玉豆雕篹偵管反爵用玉琖側眼反仍雕加以璧散上聲璧角俎用梡款嶡鱖灌酌鬱鬯以獻尸也以玉飾瓚故曰玉瓚以大圭為瓚柄故言玉瓚大圭也薦祭時所薦菹醢之屬也玉豆以玉飾之也篹籩也雕飾其柄故曰雕篹爵行酒之器夏丗爵名琖以玉飾之仍因也因爵形而雕飾之故曰仍雕也加者夫人所獻於尸也消壁角即周禮內宰所謂瑤爵此夫人獻後則賓用璧散獻尸散角皆以璧飾其口此先言散後言角便文也諸組名梡夏組名嶡梡形四足如按嶡則加嶡木於足中央為橫距之形也升歌清廟下管象朱干玉戚冕而舞大武皮弁素積裼析而舞大夏昧東夷之樂也任壬南蠻之樂也納夷蠻之樂於大廟言廣魯於天下也清廟周頌升樂工於廟之堂上而歌此詩也下堂下也管匏竹也象象武詩也堂下以管吹象武之詩故云下管象也朱干赤盾也玉戚玉飾斧柄也著袞冕而執此干戚以舞武王伐紂之樂又

（服皮弁，見裼衣而舞夏后氏大夏之樂。五冕皆周制，彼用以舞周樂；皮弁，三王之服，故用以舞夏樂也。昧、任皆樂名。廣魯於天下，言周公勲業之盛，廣及四夷，故廣大其國禮樂之事以示天下也。）君卷（衮）冕立于阼，夫人副褘立于房中。君肉袒迎牲于門，夫人薦豆籩。卿大夫贊君，命婦贊夫人，各揚其職。百官廢職服大刑，而天下大服。（副，首飾也。副之言覆，以其覆被乎首而為名。詳見周禮追師及詩副笄六珈註䟽。褘，褘衣也，夲王后之服，亦以尊周公而用天子禮樂，故得服之也。房，太廟之東南室也。贊，助也。命婦，內則世婦，外則卿大夫之妻也。揚，舉也。廢，不舉也。天下大服，謂敬服周公之德也。）是故夏礿（禴）秋嘗，冬烝春社秋省（悉井反），而遂大蜡（仕下），天子之祭也。（嘗在夏方，或有朝于方岳之歲，則廢春祠，故此嘗之秋省。省，斂也。年不順成，則八蜡不通，必視年之上下以為蜡之豐嗇。舊讀省為獮者非。）大廟，天子明堂。庫門，天子皐門。雉門，天子應門。（魯無明堂，而太廟如明堂之制。天子五門，路、應、雉、庫、皐，由內而外。路門亦曰畢門。今魯庫門之制如天子皐門。）

雉門之制如天子應門也振木鐸於朝天子之政也木鐸金口木舌發政教令則振之
所以警動衆聽山節藻棁棁說見前篇複音福廟重平聲檐音簷○複廟上下重屋也重檐者
簷下復有版簷以免風雨之壞壁刮古八反刮楹達鄉音向○以密石磨楹使之精潔鄉訓牖達通
也鄉謂窗牖也每室門戶八窗窗戶相對故云達鄉反坫出尊兩君好會反爵之坫築土為之在兩
楹間而近南蓋獻酬畢則反爵于其上也凡物在內為入於外為出以坫在尊之外故云反坫出尊言坫以在
尊之外也崇坫康圭疏屏天子之廟飾也崇高也康安也凡物措之得所則無
危墜之失禮器之重者不可不謹故為此高坫以康其圭也疏屏者刻鏤於屏使之文明疏通也鸞車
有虞氏之路也鉤車夏后氏之路也大路殷路也乘路
周路也鸞車有鸞和之車也路與輅同鉤曲也車床謂之輿輿之前闌曲故名鉤車也大路殷之木輅
也乘路周之金輅也有虞氏之旂夏后氏之綏而追反殷之大白周
之大赤四者旌旗之屬周禮交龍為旂綏讀為緌以旄牛尾注於杠首而垂之者也大白白色旗也大

赤亦色旗也鄭云當言有虞氏之綏夏后氏之旂謂虞質於夏惟綏而已至夏世乃有旂之制也夏后
氏駱馬黑鬣殷人白馬黑首周人黃馬蕃煩鬣白黑相間謂之
駱此馬白身而黑鬣也蕃鬣赤鬣也夏后氏牲尚黑殷白牡周騂剛騂赤色剛
牡也泰有虞氏之尊也山罍夏后氏之尊也著直略反殷尊
也犧娑象周尊也虞氏尚陶瓬瓦尊也著者無足而底著於地也餘見前章爵夏后
氏以琖殷以斝嫁周以爵夏爵名琖以玉飾之故其字殘盞殷爵名斝稼也故書為
未稼周之爵則爵之形也長曰下爵者則爵之狀玉飾灌尊灌鬯酒之尊也夏后氏以雞
夷殷以斝周以黃目夷讀為彝彝法也與餘尊為法故稱彝彝刻畫雞形於其上故名雞彝
見上章其勺是若反夏后氏以龍勺殷以疏勺周以蒲勺刻禮
梓く為飲器勺升龍勺刻畫為龍頭疏勺刻鏤疏通也蒲勺者合蒲為鳧頭之形其口微開如蒲草本合而
末微開也三者皆謂勺之柄頭目土鼓蕢桴浮葦籥伊耆氏之樂也

方氏曰以土為鼓未有鞞革之聲故也以凷為桴未有斵木之利故也以葦為籥未有截竹之精故也

拊音撫搏音博玉磬揩苦八反擊大琴大瑟中琴小瑟四代之樂器也拊搏舊說以韋為之充之以糠形如小鼓揩擊謂柷敔皆所以節樂者方氏以為或拊或搏或揩或擊皆言作樂之事又按書傳云戛擊考擊也搏至拊循也皆與此文理有礙當從鄭註

魯公之廟文世室也武公之廟武世室也魯公伯禽也武公伯禽之玄孫其室世世不毀故言世室○方氏曰周以祖文王為不毀之廟而魯以伯禽之廟比之故曰文世室宗武王為不毀之廟而魯以武公之廟比之故曰武世室

米廩有虞氏之庠也序夏后氏之序也瞽宗殷學也頖判宮周學也此言魯立四代之學魯所藏粢盛之米即虞氏之庠謂藏此米於庠宮也亦教學之義序者射也射以觀德有先後之次焉樂師瞽矇之所宗故謂之瞽宗頖半也諸侯曰頖宮以其半辟雍之制也孟子言夏曰校殷曰序

崇鼎貫鼎大璜封父龜天子之器也越棘大弓天子之戎器也崇貫封父越皆國名棘戟也○

方氏曰凡此即周官天府所藏大寶鎮寶之類是也夏后氏之鼓足殷楹鼓周縣

文鼓垂之和鐘叔之離磬女媧之笙簧足謂四足也楹貫之以柱也縣

懸於簨簴也垂見舜典○方氏曰郊特牲曰以鍾次之以和管參之也故謂之和鍾樂記曰石聲磬磬以立辨

辨若離之音也故謂之離磬笙以象物生之形簧則美在其中故謂之笙簧世本曰無句作磬皇氏云無句叔

之別名夏后氏之龍簨筍虡距殷之崇牙周之璧翣周官梓人

爲筍簴橫曰筍植曰簴所以懸樂器也以龍形飾之故曰龍簨簴崇牙者刻木爲之飾以采色其狀隆然殺人

於簨之上施崇牙以挂鍾磬也周人則又於簨上畫繒爲翣戴之以璧下懸五采之羽而挂於簨之角焉有

虞氏之兩敦對夏后氏之四璉輦殷之六瑚周之八簋

少牢禮曰執敦黍有蓋又曰設四敦皆南首敦之爲器有蓋有首也四者皆盛黍稷之器禮之有器時王各有

制作敦歷代寶而用之但時代漸遠則古器之存者鮮寡此皆所有之數耳俎有虞氏以梡

夏后氏以嶡殷以椇矩周以房俎梡嶡見前章椇者俎之足間橫木爲曲撓

之形如椇枳之樹枝也房者俎足下之跗謂俎之上下兩間有似於堂房也○疏曰古制不可委知今依注畧爲此意未知是否

夏后氏以楬苦瞎反豆殷玉豆周獻沙豆楬不飾也木質而巳獻讀爲娑獻尊刻畫鳳羽則此豆亦必刻畫鳳羽故名也

有虞氏服韍弗夏后氏山殷火周龍章韍有祭服之韍韠即韠也虞氏直以韋爲之無文飾夏后則畫之以山殷人增之以火周人又加龍以爲文章

有虞氏祭首夏后氏祭心殷祭肝周祭肺方氏曰三代各祭其所勝蓋夏尚黒爲勝赤故祭心殷尚白爲勝青故祭肝周尚赤爲勝白故祭肺

夏后氏尚明水殷尚醴周尚酒疏曰儀禮設尊尚玄酒是周亦尚明水也禮運云澄酒在下則周不尚酒故註云言尚非也○方氏曰明水者取於月之水故謂之明水則淡而無味醴則斷殺其味酒則味之成者

有虞氏官五十夏后氏官百殷二百周三百書言唐虞建官惟百夏商官倍先儒信此記而不信書固爲不可且謂魯得用四代禮樂故推通用其官之名號不必盡用其數皆雜說也

有虞氏之綏而追反夏后氏之綢叨練

殷之崇牙，周之璧翣。此皆喪葬之飾綢練見檀弓篇見上章又翣制詳見喪大記

凡四代之服器官，魯兼用之。是故魯王禮也，天下傳之久矣。君臣未嘗相弑也，禮樂刑法政俗未嘗相變也。天下以為有道之國，是故天下資禮樂焉。君臣未嘗相弑禮樂刑法政俗未嘗相變，先儒以為近誣，或以為諱國惡，論之詳矣。大抵此篇主於誇大魯國，故[illegible][illegible]四代之服器官，以見魯之禮樂其盛如此，不知魯之郊禘非禮也，周公其衰矣。知此則此記所陳，適足以彰其僭而已，而況盛大之有哉。○宋氏曰：羽父弑隱公，慶父弑二君，則君臣相弑矣。負父躋僖公，禮之變也；季氏舞八佾，樂之變也；僖公欲焚巫尪，刑之變也；宣公初稅畝，法之變也；政逮於大夫，政之變也；婦人髽而弔，俗之變也。○石梁王氏曰：此見春秋經而不見傳者，故謂未嘗相弑、未嘗變法，大抵此篇多誣。

禮記卷第九

明堂位

禮記卷第十　　後學東匯澤陳澔　集說

喪服小記第十五　朱子曰小記是解喪服傳

斬衰括髮以麻，為去聲母括髮以麻，免音問而以布。斬衰主人為父之服也。親始死，子服布深衣，去吉冠，而猶有笄縰，徒跣，扱深衣前衽於帶。將小斂，乃去笄縰，著素冠。斂訖，去素冠，而以麻自項而前，交於額上，卻而繞於紒，如著幓頭然。幓頭，今人名掠髮。此謂括髮以麻也。母死亦然，故云為母括髮以麻。言此禮與喪父同也。免而以布，專言為母也。蓋父喪小斂後，拜賓竟，子即堂下之位，猶括髮而踊。母喪則此時不復括髮，而著布免以踊，故云免而以布也。笄縰說見內則，免見檀弓。

齊衰惡笄以終喪。婦人居齊衰之喪，以榛木為笄以卷髮，謂之惡笄。以終喪者，謂中間更無變易，至服竟則一并除之也。

男子冠平聲而婦人笄，男子免而婦人髽莊加反，其義為男子則免，為婦人則髽。吉時男子首有吉冠，婦人首有吉笄。若親始死，男去冠，女則去笄。父喪成服也，男以六升布為冠，女則箭篠為笄。若喪母，男則七升布為冠，女則榛木為笄，故云男子冠而婦人笄也男子免而婦人髽者言今遭齊衰之喪其當男子著免之時婦人則髽其首也髽有二斬衰則麻髽齊衰則布髽皆名露紒其義為男子則免為婦人則髽者言其義不過以此免與髽分別男女而已首雖

杖竹也削杖桐也竹杖圓以象天削杖方以象地父母之別也○疏曰苴者黯也必用竹者以其體圓性貞四時不改明子為父禮神痛極自然圓是有終身之痛也削者殺也桐隨時凋落謂母喪外雖削殺服從時除而終身之心當與父同也

祖父卒而後為祖母後者三年適孫無父既為祖三年矣今祖母又死亦終三年之制蓋祖在而喪祖母則如父在而為母期也子死則孫為後故以為後者言之

為去聲父母長子稽顙大夫弔之雖緦必稽顙服重者先啓顙而後拜賓服輕者先拜賓而後稽顙父母尊也長子正體也故從重服大夫尊於士是以尊臨卑緦是緦服之喪亦必稽顙而後拜蓋尊大夫不敢以輕喪待之也

婦人為去聲夫與長子稽顙

其餘則否婦人從一專於所天故夫與長子之喪則稽顙其餘謂父母也降服殺天其禮殺矣焉

主必使同姓婦主必使異姓喪必有男主以接男賓必有女主以接女賓若父母

四九四

之喪則適子為男主適婦為女主今無男主而使人攝主則必使喪家同姓之男無女主而使人攝主則必使
喪家異姓之女謂同宗之婦也為父後者為去聲出母無服出母母為父所遣者也適
子為父後者不服之義尊祖敬宗家無二主之義也非為後者服期親親以三為五以五
為九上殺色介反下殺旁殺而親畢矣由己身言之上有父下有子宜言以
一為三而不言者父子一體無可分之義故推言以三為五謂因此三者而由父以親祖由子以親孫是以三
為五也又不言以五為七者蓋由祖以親曾高二祖由孫而親曾孫玄孫其恩皆已疏畧故推言以五為九也
由父而上殺之至高祖由子而下殺之至玄孫是上殺下殺也同父則期同祖則大功同曾祖則小功同高祖
則緦麻是旁殺也高祖以外無服故曰畢矣王者禘其祖之所自出以其祖配
之而立四廟庶子王亦如之四廟謂高曾祖禰四親廟也始祖居中為五并高祖
之父祖為七或世子有廢疾不可立而庶子立為王者其禮亦然○趙氏曰禘王者之大祭也王者既立始
祖之廟又推始祖所自出之帝祀之於始祖之廟以始祖配之也別子為祖繼別為宗

繼禰者為小宗有五世而遷之宗其繼高祖者也是故祖遷於上宗易於下尊祖故敬宗敬宗所以尊祖禰也

別子有三一是諸侯適子之弟別於正適二是異姓公子來自他國別於本國不來者三是庶姓之起於是邦為卿大夫而別於不仕者皆稱別子也為祖者別與後世為始祖也繼別為宗者別子之後世世以適長子繼別子與族人為百世不遷之大宗也繼禰者為小宗謂別子之庶子以其長子繼己為小宗而其同父之兄弟宗之也五世者高祖至玄孫之子此子於父之高祖無服不可統其父同高祖之兄弟故遷易而各從其近者為宗矣故曰有五世而遷之宗其繼高祖者也四世之時尚事高祖五世則於高祖之父無服是祖遷於上也四世之時猶宗三從族人至五世則不復宗四從族人矣是宗易於下也宗是先祖正體惟其尊祖是以敬宗也○疏曰族人一身事四宗事親兄弟之適是繼禰小宗也事同堂兄弟之適是繼祖小宗也事再從兄弟之適是繼曾祖小宗也事三從兄弟之適是繼高祖小宗也小宗凡四獨云繼禰者初皆繼禰為始據初而言之也

庶子不祭祖者明其宗也

此據適士立二廟祭禰及祖今兄弟二人一適一庶

而俱為適士且適子之為適士者因祭祖及禰矣其庶子雖適士止得立禰廟不得立祖廟而祭祖禰者明其宗有所在也

庶子不為長子斬，不繼祖與禰故也。

庶子不得為長子服斬衰三年者以己非繼祖之宗又非繼禰之宗則長子非正統故也

庶子不祭殤與無後者，殤與無後者從祖祔食。

長中下殤見前篇蓋未成人而死者也無後者謂成人未昏或已娶而無子而死者也庶子所以不得祭此二者以己是父之庶子不得立父廟故不得自祭其殤子也若己是祖之庶孫不得立祖廟故無後之兄弟已亦不得祭之也祖廟在宗子之家此殤與此無後者當祭祖之時亦與祭於祖廟也故同從祖祔食

庶子不祭禰者，明其宗也。

庶子不得立禰廟故不得祭禰所以然者明亡祭在宗子廟必在宗子之家也庶子雖貴止得供其牲物而宗子主其禮也上文言庶子不祭祖是適得立禰廟以其為適士也此言不祭禰以其庶子非適士或未仕故不得立廟以祭禰也

親親、尊尊、長長、男女之有別，人道之大者也。

疏曰此論服之降殺親親謂父母也尊尊謂祖及曾祖高祖也長長謂兄及旁親也不言卑幼舉尊長則卑幼可知也男女之

有別者若女在為父斬為母齊衰姑姊妹在室期出嫁大功為夫斬為妻期之屬是也此四者於人之道為最大

從服者所從亡則已屬從者所從雖沒也服疏曰服術有六其一是徒從徒從空也與彼非親屬空從此而服彼有四皆是妾為女君之黨二是子從母服於母之君母三是妾子為君母之黨四是臣從君而服君之黨此四徒之中惟妾君雖沒妾猶服女君之黨餘三徒所從既亡則止而不服也屬從者骨血連續以為親也亦有三一是子從母服母之黨二是妻從夫服夫之黨三是夫從妻服妻之黨此從雖沒猶從之服其親也

妾從女君而出則不為去聲女君之子服妾謂女君之姪娣也其娣也與女君同入故服女君之子與女君同若女君犯七出而出則止姪娣亦從之出子死則母自服其子姪娣不服義絕故也

禮不王不禘禘王者之大祭諸侯不得行之故云不王不禘○石梁王氏曰此句合在王者禘其祖之所自出上錯亂在此

世子不降妻之父母其為去聲妻也與大夫之適子同世子天子諸侯之適子傳世者也不降殺其妻之父母之服者以妻故親之也大夫適子亞服齊衰不杖今世子既不降其妻之父母則其為妻服期

（大夫服適子之服同也）父為士子為天子諸侯則祭以天子諸侯其尸服以士服（祭用生者之禮盡子道也蓋以參神自用本服）父為天子諸侯子為士祭以士其尸服以士服（以天子諸侯之禮祭其父之為士者其禮仍故尸服卒者之服為禮之正以士之禮祭其父之為天子諸侯者其禮無改以服生者之服為禮之變禮有此而殺者此類是也）婦當喪而出則除之（婦當舅姑之喪而為夫所出則即除其服因恩義絕故也）為父母喪未練而出則三年既練而出則已（若當父母之喪未期而為夫所出則終父母三年之制為已與夫族絕故其情複隆於父母也若在父母小祥後被出則是已之期服已除不可更同兄弟為三年服矣故已也已者止也）未練而反則期既練而反則遂之（若被出後遇父母之喪未及期而夫命之反則但終期服反在期後則遂終三年蓋緣已隨兄弟小祥服三年之受不可中變也）再期之喪三年也期之喪二年也九月七月之喪三時也五月之喪二時也三月之喪一

時也故期而祭禮也期而除喪道也祭不爲除喪也

儀禮大功章有中殤七月之文即此七月之喪也期而祭謂再期之喪致小祥之祭也期而除喪謂除衰絰易練服也小祥之祭乃孝子因時以伸其思親之禮也練時男子除首絰婦人除要帶乃生者隨時降殺之道也祭與喪雖同時並舉然祭非爲除而設也

三年而后葬者必再祭其祭之間不同時而除喪

孝子以事故不得及時而葬中間經祥時月以尸柩尚存不可除服今葬畢以舉練祥兩祭故云必再祭也但此二祭仍作兩次舉行不可同在一時既說此練祭則男子除首絰婦人除要帶次月祥祭乃除衰服故云其祭之間不同時而除喪也

大功者主人之喪有三年者則必爲之再祭朋友虞祔而已

大功者主人之喪謂從父兄弟來主此死者之喪也三年者謂死者之妻與子也妻既不可爲主而子又幼小別無近親故從父兄弟主之必爲之主行練祥二祭朋友但可爲之虞祭祔祭而已

士妻有子而爲之緦無子則已

喪服云大夫爲貴妻緦士卑故妻之有子者爲之緦無子則不服也

生不及祖父母諸父昆弟

而父稅吐外反喪已則否稅者日月已過始聞其死追而爲之服也此言生於他國而祖父母諸父昆弟皆在本國已皆不及識之今聞其死而日月已過父則追而服之已則不服也爲君之父母妻長子君已除喪而后聞喪則不稅卿大夫爲君之父母妻長子皆有服今以出使鄰國或以事久留君除喪之後已始聞喪不追服也降而在緦小功者則稅之此句承父稅喪已則否之下謂在此降者殺其正服也如叔父及適孫正服皆不杖期所在下殤則皆○服小功如庶孫之中殤以大功降而爲緦也從祖昆弟之長殤以小功降而爲緦也如此者皆追服之檀弓曾子所言小功不稅是正服小功非謂降也凡降服重於正服詳見儀禮近臣君服斯服矣其餘從而服不從而稅近臣卑賤之臣也此言小臣有從君往他國既返而君之親喪已過服之月日君稅之此臣亦從君而服其餘謂卿大夫之從君出爲介爲行人宰史者返而君服限未滿亦從君而服君在限外而君稅則不從君而稅也君雖未知喪臣服已此言君在他國而本國有喪君雖未知而諸臣之留國者自依禮成服不待君返也虞杖不入於室祔

杖不升於堂。虞祭在寢，祭後不以杖入室。祔祭在祖廟，祭後不以杖升堂。皆殺哀之節也。

為君母後者，君母卒，則不為君母之黨服。此言無適子而庶子為後者，即上章所從服者所從亡則已之義也。

經殺色介反五分而去上聲一，杖大如經。喪服傳曰：苴經大搹，左本在下，去五分一以為帶。經大搹者，謂首經也。五分減一分，則要經之大也。遞減之，則齊衰之經大如斬衰之帶，去五分一以為齊衰之帶。大功之經大如齊衰之帶，去五分一以為大功之帶。小功之經大如大功之帶，去五分一以為小功之帶。緦麻之經大如小功之帶，去五分一以為緦麻之帶。麻在首在要皆曰經，分言之，則首曰經，要曰帶。所以五分者，象五服之數也。杖大如經，如要經也。搹者，搤也。○朱子曰：首經大一搤，只是拇指與第二指一圍。

妾為君之長子與女君同。女君為長子三年，妾亦同服三年，以正統故重也。

除喪者先重者，易服者易輕者。男子重在首，婦人重在要。凡所重者，有除無變，故雖卒哭不受輕服。至小祥而男子除首經，婦人除要經，此之謂除喪者先重者也。易服者，謂先遭重喪，後遭輕喪，而變易其服也。輕謂男子要、婦人首也。此言先是斬衰虞而卒哭已變葛絰易齊之人已如齊衰之麻絰今忽又遭齊衰之喪齊衰要首絰皆牡麻牡麻重於葛也服可兼垂故男不變首之次不變要以其重也但以麻易男要女首而已故云易服者易輕者也未虞卒哭則後喪不能變

無事不辟廟門，哭皆於其次。辟開也廟門殯宮之門也鬼神尚幽闇故有事則辟無事不辟也次倚廬也朝夕之哭與受弔之哭皆即門內之位若或晝或夜無時之哭則皆於倚廬也

復與書銘，自天子達於士，其辭一也。男子稱名，婦人書姓與伯仲，如不知姓則書氏。復招魂以復魄也書銘書死者名字於明旌也檀弓疏云士喪禮為銘各以其物士長三尺大夫五尺諸侯七尺天子九尺若不命之士以緇長半幅長一尺經末長終幅長二尺總長三尺周禮天子之復曰皋天子復諸侯則曰皋某甫復此言天子達於士其辭一者殷以上質不諱名故臣可以名君與男子稱名謂復與銘皆名之也婦人銘則書姓及伯仲此或亦是殷以上與之制如周則必稱夫人也姓如魯是姬姓後三家各自稱氏所謂氏也殷以前六世之外則相與為昏故婦人有不知姓者周不然矣

斬衰之葛與齊衰之麻同，齊衰之葛與大

功之麻同，麻同皆兼服之。上章言絰殺皆是五分去一，此言斬衰卒哭後所受葛絰與齊衰初死之麻絰大小同，齊衰變服之葛絰與大功初死之麻絰大小同。麻同皆兼服之者，謂居重喪而遭輕喪，服麻又服葛也。上章言男子易要絰不易首絰，故首仍重喪之葛，要乃輕喪之麻也。婦人卒哭後無變，上下皆麻。此言麻葛兼服者，止謂男子耳。

報赴葬者報虞，三月而后卒哭。報讀為赴，急疾之義。謂家貧或以他故不得待三月，死而即葬者，既殯，葬亦疾虞，虞以安神，不可後也。惟卒哭則必俟三月耳。

父母之喪偕句，先葬者不虞祔，待後事。其葬服斬衰。父母之喪偕，即曾子問「並有喪」，言父母同時死也。葬先輕而後重，先葬葬母也。不虞祔，不為母設虞祭祔祭也。蓋葬母之明日，即治父葬，葬父畢，虞祔，然後為母虞祔，故云待後事。祭則先重而後輕也。其葬母亦服斬衰者，從重也，以父未葬，不敢變服也。

大夫降其庶子，其孫不降其父。大夫為庶子服大功，而庶子之子則為父三年也。大夫不服其妾，故妾子為其母大功。

大夫不主士之喪。謂士死無主後，其親屬有為大夫者，不得主其喪，嫌故也。

為慈母之父母無服。慈所

不及故也夫爲人後者其妻爲舅姑大功謂舅姑謂夫之所生父母士祔於大夫則易牲祖爲大夫孫爲士孫死祔祖則用大夫牲士牲卑不可祭於尊者也此與葬以大夫祭以士者不同如妾無妾祖姑可祔則易牲而祔於女君也繼父不同居也者必嘗同居皆無主後同財而祭其祖禰爲同居有主後者爲異居母再嫁而子不隨往則此子與母之繼夫是路人也故自無服矣今此子無大功之親與母以往其人亦無大功之親故云同居皆無主後也於是以其貨財爲此子築宮廟使之祭祀其先姑此則是繼父同居其服期也異居有三一是昔同今異二是今雖同居即不同財三是繼父自有子即爲異居異居者服齊衰三月而已此云有主後者爲異居則此子有子亦爲異居也哭朋友者於門外之右南面檀弓曰朋友吾哭諸寢門之外南向者爲主以待弔賓也祔葬者不筮宅宅謂塋壙也前人之葬已筮而吉故祔葬則不必再筮也士大夫不得祔於諸侯祔於諸祖父之爲士大夫者其妻祔於諸祖姑妾祔於妾祖

姑亡則中一以上而祔祔必以其昭穆公子公孫之爲士爲大夫者不
得祔於先君之廟也諸祖父其祖之爲國君者之兄弟
也諸祖姑諸祖父之妻也若祖爲國君而無兄弟可祔
亦祔宗族之疏者上言士易牲而祔於大夫而大夫不
得易牲而祔諸侯者諸侯之貴絕宗故大夫士不得親
之也妾祔於妾祖姑言妾死則祔於祖之妾也亡無也
中間也若祖無妾則又間曾祖一位而祔高祖之妾故
云亡則中一以上而祔也所以間曾祖者以昭穆之次不同則祔必以昭穆也諸侯不得祔於
天子天子諸侯大夫可以祔於士卑孫不可祔於尊祖孫貴而不祔其祖之
爲士者是自尊而卑其祖不可也故可以祔於士爲母之君母母卒則不服母之
君母爲母之適母也非母所生之母故母在而爲之服
則已亦從而服是徒從也徒從者所從亡則已故母卒
則不服宗子母在爲妻禫父在則適子爲妻不杖不杖則不禫父沒母存則杖且禫矣此
宗子百世不遷者也恐疑於宗子之尊厭其妻故明言
雖母在亦當爲妻禫也然則非宗子而母在者不禫矣
爲慈母後者爲庶母可也爲祖庶母可也傳曰妾之無子者妾子之

無母者父命之爲子母此謂爲慈母後者也若庶母嘗有子而子已死命他妾之子爲其後故云爲庶母可也若父之妾有子而子死已命之妾子後之亦可故云爲祖庶母可也○石梁王氏曰爲慈母後者爲庶母爲祖庶母後皆可謂餘是妾子此三母皆妾皆可以妾生之子爲後

爲父母妻長子禫此言當禫之喪有此四者然妻爲夫亦禫又慈母之喪無父在亦禫記者略目

慈母與妾母不世祭也不世祭者謂子祭之而孫不祭也上章言妾祔於妾祖姑者疏云妾無廟今乃云祔及高祖當是爲壇以祔之耳

丈夫冠去聲而不爲殤婦人笄而不爲殤爲殤後者以其服服之男子死在殤年則無爲父之道然亦有不俟二十而冠者冠則成人也此章專不爲殤者言之則此當立後者乃是已冠之子不可以殤禮處之其族人爲之後者即爲之子也以其服服之者子爲父之服也舊說爲殤者父之子而依兄弟之服服此殤非也其女子已笄而死則亦依在室之服服之不降而從殤服也

久而不葬者唯主喪者不除其餘以麻終月數者除喪則已主喪者不除謂子於父妻於夫適孫於祖父母臣於君未葬不得除衰絰也麻

終月數者朞以下至緦之親以主人未葬不得變葛故服麻以至月數足而除不待主人葬後之除也所其服猶必收藏以俟送葬也箭笄終喪三年齊衰三月與大功同者繩屨前章言齊衰惡笄以終喪為母也此言箭笄三年女子在室為父也箭篠也齊衰為尊大功為卑然三月者恩之輕九月者恩稍重故可以同用繩屨此制禮者淺深之宜也繩屨麻繩為屨也練筮日筮尸視濯皆要平聲絰杖繩屨有司告具而后去上聲杖筮日筮尸有司告事畢而后杖拜送賓大祥吉服而筮尸練小祥也筮日筮祥祭之日也筮尸筮為尸之人也視濯視祭器之滌濯也小祥除首絰而要之葛絰未除將欲祥則預著此小祥之服以臨此三事不言衰與冠若則亦必同小祥之制矣有司謂執事者向者變服猶杖今執事者告三事辦具將欲臨事故孝子即去杖而致敬此三事者惟筮日筮尸有賓來今執事者告筮占之事畢則孝子復執杖以拜送於賓視濯無賓故不言至大祥時則吉服行事矣吉服朝服也不言筮日視濯與小祥同可知也庶子在父之室則為其母不禫此言不命之士父子同宮者

庶子不以杖即位。此言適庶俱有父母之喪者，適子得執杖進阼階哭位，庶子至中門外則去之矣。父不主庶子之喪，則孫以杖即位可也。父主適子喪而有杖，故適子之子不得以杖即位，避祖之尊故然，非厭之也。今父既不主庶子之喪，故庶子之子得以杖即位。祖不厭孫，孫得伸也。父皆厭子，故舅主適婦喪而適子不杖。大夫不服賤妾，故妾子亦以厭而降服以服其母。祖雖尊貴不厭其孫，故大夫降庶子而孫不降其父也。父在，庶子為妻以杖即位可也。舅主適婦，故適子不得杖；舅不主庶婦，故庶子為妻可以杖即位。此以即位言者，蓋庶子厭於父母，雖有杖不得持以即位，故明言之也。諸侯弔於異國之臣，則其君為主。君無弔外臣之禮，君來在此國而適遇其卿大夫之喪，則弔之以主君之故耳，故主君代其臣之子為主。諸侯弔，必皮弁錫衰。所弔雖已葬，主人必免。問主人未喪服，則君亦不錫衰。錫者，治其布使之滑易也。國君自弔其臣則素弁環絰錫衰，弔異國臣則皮弁錫衰也。凡免之節，大功以上為重服，自始死至葬卒哭後乃不復免；小功以下為輕服，自始死至殯，殯後不復免，至

葬啓殯之後而免以至卒哭如始死今人君來弔雖非服免之時必爲之免以尊重人君故也禮既殯而成服此言未喪服謂未成服也

養去聲有疾者不喪服遂以主其喪非養者入主人之喪則不易己之喪服養尊者必易服養卑者否親屬無近親而遇疾者已往養之而身有喪服則釋去其服惡其凶也故云養有疾者不喪服若此疾者遂死既無主後己既養之當遂主其喪若養者以死者有親也然亦不著己之喪服故云遂以主其喪非養者入主人之喪謂疾時不曾釋服來致其養今死乃入來主其喪則亦不易去己之喪服也尊謂父兄卑謂子弟

妾無妾祖姑者易牲而祔於女君可也妾當祔於妾祖姑上章言亡則中一以上而祔是祔高祖之妾今又無高祖妾則當易妾之牲而祔於適祖姑女君謂適祖姑也

婦之喪虞卒哭其夫若子主之祔則舅主之虞卒哭在寢祭婦也祔於廟祭舅之母也尊卑異故所主不同

士不攝大夫士攝大夫唯宗子士喪無主不敢喪大夫兼攝爲主若士是宗子則主喪之任可使大夫攝之以宗子尊故也一說大夫之喪無主士不敢攝而

主之君是宗子則可主人未除喪有兄弟自他國至則主人不
免嗣而爲主葬後而君弔之則非時亦免以新君故新其事也兄弟親屬也親則亦皆故不免而
爲主也陳器之道多陳之而省納之可也省陳之而盡納
之可也陳器陳列從葬之明器也凡朋友賓客所贈遺之明器皆當陳列所謂多陳之也而所納於壙
者有定數故云省納之可也省減殺也若主人所作者依禮有限故云省陳之而盡納之可也奔兄弟
之喪先之墓而後之家爲位而哭所知之喪則哭於宮
而後之墓兄弟天倫也所知人情也係於天者情急於禮由於人者禮勝於情宮故殯宮也父
不爲衆子次於外適長子死父爲之居喪次於中門外庶子否與諸侯爲兄
弟者服斬卿大夫於君自應服斬若不爲卿大夫而有五屬之親者亦皆服斬衰此記者恐疑服本
親兄弟之服故特明之蓋謂國君之兄弟先爲本國卿大夫今居他國未仕而本國君卒以有兄弟之親又是
舊君必當反而服斬也不言與君爲兄弟而言與諸侯爲兄弟明在異國也下殤小功帶澡

緦不絕本詘而反以報之本是期服之親以其在下殤降爲小功故云下殤小功也其帶以澡麻爲之謂戛治其麻使之潔白也不絕本不斷去其根也報猶合也垂麻向下屈之而反向上以合而糾之故云詘而反以報之也凡殤服之麻皆散垂此則不散首絰要無根而要帶絰有根皆示其重也

婦祔於祖姑祖姑有三人則祔於親者此言祔廟之禮三人或有二繼也親者謂舅所生母也

其妻爲大夫而卒而后其夫不爲大夫而祔於其妻則不易牲妻卒而后夫爲大夫而祔於其妻則以大夫牲妻卒時夫爲大夫卒後夫黜退遂死以惡祔廟故祔於妻之禮止得依夫今所得用之牲不得易用昔大夫之牲也若妻死時夫未爲大夫死後夫乃爲大夫而死今祔祭其妻則得用大夫牲矣○疏曰此謂始來仕而無廟者若有廟則死者當祔於祖不得祔於其妻也惟宗子大夫[illegible][illegible]以廟從

爲父後者爲出母無服無服也者喪者不祭故也出母父所棄絕爲他姓之母以死則自他姓之子祀之蓋居喪者不祭若喪他姓之母而廢己宗廟之祭豈禮也哉故爲父後

者不喪出母重宗祀也然雖不服猶以心喪自居爲恩也非爲後者期而不禫○朱子曰出母爲父後者無服此尊祖敬宗家無二主之意先王制作精微不苟蓋如此婦人不爲主而杖者姑在爲夫杖母爲長子削杖女子子在室爲父母其主喪者不杖則子一人杖此明婦與女當杖之禮女子在室而爲父母杖者以無男昆弟而使同姓爲攝主也緦小功虞卒哭則免緦與小功服之輕者也殯之後啓之前雖有事不免及虞與卒哭則必免不以恩輕而畧於後也既葬而不報赴虞則雖主人皆冠及虞則皆免前章言赴葬者赴虞今言不赴虞謂以事故阻之也既未得虞故且冠以飾首及虞則主人至緦小功者皆免也爲兄弟既除喪已及其葬也反服其服報虞卒哭則免如不報虞則除之此言爲兄弟除服及當免之節遠葬者比反哭者皆冠及郊而後免反哭遠葬謂葬地在四郊之外也葬訖而反主人以下皆冠道路不可無飾也及至郊乃去冠著免而反哭于廟焉君弔雖不當免時

也主人必免不散麻雖異國之君免也親者皆免君弔本國
之君來弔也不散麻謂絞其要絰不使散垂也親者皆免謂大功以上之親皆從主人而免所以敬異國之君
也餘見前章諸侯弔下除殤之喪者其祭也必玄除成喪者其祭
也朝服縞冠玄謂玄冠玄端也殤無虞卒哭之變服其除服之祭用玄冠玄端黃裳此於成
人為繹禫之服所以異於成人之喪也若除成人之喪則祥祭用朝服縞冠朝服玄冠緇衣素裳今不用玄冠
而用縞冠是未純吉之祭服也又按玄端黃裳者若素裳則與朝服純吉同若玄裳又與上士吉服玄端同故
知此為黃裳也奔父之喪括髮於堂上袒降踊襲絰于東方奔
母之喪不括髮袒於堂上降踊襲免于東方絰即位成
踊出門哭止三日而五哭三袒不言襲絰者異於始死時也至即以麻括髮于
殯宮之堂上袒去上衣降阼階之東而踊踊畢而升堂襲掩所袒之衣而著要絰于東方東方者東序之東也
此奔父喪之禮如此若奔母喪初時括髮至又哭以後至於成服皆不括髮其袒於堂上降踊者與父同父則

括髮而加絰；母則不括髮而加免，此所異也。若免加要絰而即位於門外之東，而又踊，故云絰即位成踊也。其即位成踊，父母皆然。出門止賓送之門外就廬文也，故哭者止。初至一哭，明日朝夕哭，又明日朝夕哭，所謂三日而五哭也。三袒者，初至袒，明日朝袒，又明日朝袒也。

適婦不爲舅姑後者，則姑爲之小功。禮舅姑爲適婦大功，爲庶婦小功。今此言不爲後者，以其夫有廢疾或他故，不可傳重，或死而無子不受重者，故舅姑以庶婦之服服之也。

大傳第十六 鄭氏曰：記祖宗人親之大義。

禮不王不禘，王者禘其祖之所自出，以其祖配之。方氏曰：此禘也。以其非四時之常祀，故謂之間祀；以其及祖之所自出，故謂之追享；以其比常祭爲特大，故謂之大祭；以其禘事生之有享焉，故謂之肆獻祼。名雖不同，通謂之禘也。

諸侯及其太祖。大夫士有大事，省於其君，干祫及其高祖。上文言諸侯不得行禘禮，此言諸侯以下有祫祭之禮。二昭二穆與太祖而五，若諸侯之廟也。諸侯之祫固及其太祖矣。大事謂祫祭也。大夫三廟，士二。

廟一廟不敢私自舉行必省問於君而君賜之乃得行焉而其祫也亦上及於高祖干者自下干上之義以卑者而行尊者之禮故謂之干祫禮說見王制牧之野武王之大事也既事而退柴於上帝祈於社設奠於牧室遂率天下諸侯執豆籩逡奔走追王去聲大王亶父王季歷文王昌不以卑臨尊也既事殺紂之後也燔柴以告天陳祭以告社奠告行主於牧野之館室然後率諸侯以祭告祖廟逡疾也追加先公以天子之號者蓋為不可以諸侯之卑號臨天子之尊也○石梁王氏曰周頌作駿以此章參之書武成及中庸有不同者先儒言文王已備禮亶父季歷克商後但尊稱其號若王者禮制至周公相成王而後備也上治祖禰尊尊也下治子孫親親也旁治昆弟合族以食序以昭繆穆別之以禮義人道竭矣治理〻而正之也謂以禮義理正其恩之隆殺屬之戚疏也合會族人以飲食之禮次序族人以昭穆之位上治下治旁治之道皆有禮義之別則人倫之道竭盡於此矣聖人南面而聽天下所且先者五民

不與（與音預）焉。一曰治親，二曰報功，三曰舉賢，四曰使能，五曰存愛。五者一得於天下，民無不足，無不贍（贍時艷反）者。五者一物紕（紕匹彌反）繆（繆音謬），民莫得其死。聖人南面而治天下，必自人道始矣。（民不與焉，謂未及治民也。治親，謂上治下治旁治昆弟，使臣以禮，故功曰報；行成而上，故曰舉；藝成而下，故能曰使；存，察也。人於其所親愛而辟焉，有以察之，則所愛者一出於公，而四者皆無私意之累矣。一得，猶皆得也。贍，賙也。物，事也。紕繆，舛戾也。民莫得其死，言此五事之得失，關國家之治亂也。人道，申言上文之意。）立權度量，考文章，改正朔，易服色，殊徽號，異器械，別衣服，此其所得與民變革者也。（權，稱錘；度，丈尺；量，斗斛也。文章，典籍也。正者，年之始；朔者，月之初。服之色，隨所尚而變易。徽，旌旗之屬。徽之號，亦隨所尚而殊異，如殷之大白、周之大赤之類也。器者，禮樂之器；械者，軍旅之器。衣服各有章采。時王因革不同，此七者以立考改易殊異別為言，是與民變革者示。）其不可得變革者則有矣：親親也，尊尊也，長長

也男女有別此其不可得與民變革者也此天地之常經故不可變
革同姓從宗合族屬異姓主名治際會名著而男女有
別由同姓父族也從宗從大宗小宗也合聚其族之親屬則無離散陵犯之事異姓他姓之女來嫁者也禮莫
大於分分莫大於名卑者爲婦尊者爲母以婦與母之名治婚姻交際會合之事各分顯著尊卑有等然後男
女有別而無淫亂賊逆之禍也其夫屬[illegible]乎父道者妻皆母道也其夫
屬乎子道者妻皆婦道也謂弟之妻婦者是嫂亦可謂
之母乎名者人治之大者也可無慎乎屬聯也父之兄弟爲伯叔父則
其妻謂之伯叔母兄弟之子爲從子則其妻謂之婦此
於昭穆爲宜弟之妻不可謂之爲婦猶兄之妻不可謂
之爲母以紊昭穆也故云謂弟之妻婦者是嫂亦可謂
之母乎言皆不可也舊說弟妻可婦嫂不可母失其指
矣四世而緦服之窮也五世袒免問殺色介反同姓也六
世親屬竭矣其庶姓別彼列反於上而戚單丹於下昏姻

可以通乎四世高祖也同高祖者服緦麻服盡於此矣故云服之窮也五世祖免謂共承高祖之父者相爲袒免而已是減殺同姓也六世則共承高祖之祖祖者並袒免亦無矣故曰親屬竭也六世指高祖以上也姓爲正姓氏爲庶姓故齊嫌姓而三家各自爲氏春秋諸國皆然是庶姓別異於上世也減親也單盡也四從兄弟恩親已盡各自爲宗是戚單於下也殷人五世以後則相與通昏故記者設問云今雖周世昏姻可以通乎繫計之以姓而弗別綴株衛反之以食嗣而弗殊雖百世而昏姻不通者周道然也周禮大宗百世不遷庶姓雖別而有本姓世繫以聯繫之不可分別也又連綴族人以飲食之禮不殊異也雖百世之遠無通昏之事此周道所以爲至而人始異於禽獸者也此是答上文設問之辭服術有六一曰親親二曰尊尊三曰名四曰出入五曰長幼六曰從服疏曰親親者父母爲首次妻子伯叔尊尊者君爲首次公卿大夫名者若伯叔母及子婦弟婦兄嫂之屬出入者女在室爲入適人爲出及爲人後者長幼者長謂成人幼謂諸殤從服者下文六等是也從服有六有屬從有徒從有

從有服而無服，有從無服而有服，有從重而輕，有從輕而重。

屬親屬也子從母而服母黨妻從夫而服夫黨夫從妻而服妻黨是屬從也徒空也非親屬而空從之服其黨如臣從君而服君之黨妻從夫而服夫之君妾服女君之黨庶子服君母之父母子服母之君母是徒從也如公子之妻為父母期而公子為君所厭不得服外舅外姑是妻有服而公子無服如兄有服而嫂無服是從有服而無服也公子為君所厭不得為外兄弟服而公子之妻則服之妻為夫之昆弟無服而服娣姒是從無服而有服也妻為其父母期重也夫從妻而服之三月則為輕母為其兄弟之子大功重也子從母而服之三月則為輕此從重而輕也公子為君所厭自為其母練冠輕矣而公子之妻為之服期此從輕而重也

自仁率親，等而上之至于祖，名曰輕。自義率祖，順而下之至于禰，名曰重。一輕一重，其義然也。

疏曰自用也仁恩也率循也親父母也等差也子孫若用恩愛依循於親節級而上至於祖遠者恩愛漸輕故名曰輕也義主斷割用義循祖順而下之至於禰其義漸輕祖則義重故名曰重也義則祖重而父母輕仁則父母重而祖輕一輕一重宜合

姊是故云其義然也按喪服條例衰服表恩若高曾之服本應緦麻小功而進以齊衰肖升爲尊重而然邪否親以期斷而父母三年寧不爲恩深乎君有合族之道族人不得以其戚君句位也君恩可以下施故於族人有合聚燕飲之禮而族人則皆臣也不敢以族屬父兄子弟之親而上親於君者一則君有絕宗之道二則以嚴上下之辨而杜篡代之萌也○石梁王氏曰詳註下文以十一字爲句然位也當自爲句蓋族人不敢戚君者限於位也庶子不祭明其宗也庶子不得爲去聲長子三年不繼祖也說見前篇別子爲祖繼別爲宗繼禰者爲小宗有百世不遷之宗有五世則遷之宗百世不遷者別子之後也宗其繼別子之所自出者百世不遷者也宗其繼高祖者五世則遷者也尊祖故敬宗敬宗尊祖之義也宗其繼別子者百世不遷者也之所自出四字朱子曰衍文也凡大宗族人與之爲絕族者五世外皆爲之齊衰三月母妻亦然爲小宗者則以本親之服服之餘並說

見前篇有小宗而無大宗者有大宗而無小宗者有無宗亦莫之宗者公子是也君無適昆弟使庶兄弟一人爲宗以領公子其禮亦如小宗此之謂有小宗而無大宗也君有適昆弟使之爲宗以領公子更不得立庶昆弟爲宗此之謂有大宗而無小宗也若公子止一人無他公子可爲宗是無宗也則亦無他公子宗於己矣此之謂無宗亦莫之宗也前所論宗法是通言卿大夫大小宗之制此則專言國君之子上不得宗君下未爲後世之宗有此三事也公子有宗道公子之公爲其士大夫之庶者宗其士大夫之適者公子之宗道也此又申言公子之宗道公子之公謂公子之適兄弟爲君君爲其庶兄弟之爲士爲大夫者立適公子之爲士大夫者爲宗使此庶者宗之故云宗其士大夫之適者此適是君之同母弟適夫人所生之子也絕族無移去聲服親者屬也三從兄弟同高祖故服緦麻至四從則族屬絕無延及之服矣移讀爲施在旁而及之曰施服之相爲以有親而各以其屬爲之服且故云親者屬也自仁率親等而上之至于祖自義率祖順而下

之至于禰是故人道親親也親親故尊祖尊祖故敬宗敬宗故收族收族故宗廟嚴宗廟嚴故重社稷重社稷故愛百姓愛百姓故刑罰中去聲刑罰中故庶民安庶民安故財用足財用足故百志成百志成故禮俗刑禮俗刑然後樂洛詩云不顯不承無斁亦於人斯此之謂也

祖之遷者逾遠宗之繼者無窮必知尊祖乃能敬宗收不離散也宗道既尊故族無離散而祭祀之禮嚴肅內嚴宗廟之事故外重社稷之禮知社稷之不可輕則知百官族姓之當愛官得其人則刑不濫而民安其生安生樂業而食貨所資上下俱足有恒產者有恒心倉廩實而知禮節故非心邪念不萌而百志以成奪爭陵犯不作而禮俗一致刑猶成也如此則協氣嘉生薰為大和矣豈不可樂乎詩周頌清廟之篇言文王之德豈不光顯乎豈不見尊奉於人乎無厭斁於人矣引此以喻人君自親親之道推之而家而國而天下至於禮俗大成其可樂者亦無有厭斁也

少儀第十七

朱子曰小學之支流餘裔○石梁王氏曰非幼少之少此篇曲禮之類

聞始見現君子者辭石梁王氏曰此句絕曰某固願聞名於將命者不得階主適敵者曰某固願見罕見曰聞名亟器見曰朝夕瞽曰聞名

記者謙言我嘗聞之於人云初見有德有位之君子者其辭云某固願通聞已名於將命之人固如固辭之固不曰願而曰固願慮主人不即見已而假此辭請之辭也將命者通客主言語出入之人也階者升進之喻主主人也言賓請見之辭不得徑指主人也適者賓主敵體之人也則曰某固願見於將命者罕見謂久不相見也亦曰願聞名於將命者蓋疑踈闊之久未必主人肯見也亟見數見也於君子則曰某願朝夕聞名於將命者於敵者則曰某願朝夕見於將命者若瞽者來見無問貴賤推曰某願聞名於將命者以無目故不言願見也

適有喪者曰比毗童子曰聽事適往

也其辭云某願比於將命者喪不主相見來欲比方於執事之人也童子未成人其辭則云某願聽事於將命者謂來聽主人以事見使令也

適公卿之喪則曰聽役於司徒孟獻子之喪司

徒旅歸四布則公卿之喪司徒掌其事也故云某願聽役於司徒
君將適他臣如致金玉貨貝於君則曰致馬資於有司敵者曰贈從去聲者適他
謂以朝會之事而出也馬資謂資給道路車馬之費也
臣致襚於君則曰致廢衣於賈架人敵者曰襚親者兄弟不以襚進以衣送死者謂之襚稱廢
衣者不敢必用之以斂將廢棄之也賈人識物價貴賤而主君之衣物者也敵者則直以襚言矣凡致襚若非
親者則須擯者傳辭將進以為禮若親者兄弟之類但直將進而陳之不須辭以將命故云不以襚進也士喪
禮大功以上同財之親襚不將命即陳於房中小功以下及同姓等皆將命
臣為去聲君喪納
貨貝於君則曰納甸於有司賵芳鳳反馬入廟門賻附馬
與其幣大白兵車不入廟門納入也甸田也臣受君之田邑此納者田野所出故以
云納甸也賵馬以送死者故可入廟門賻馬與幣所以助主人喪事之用故不入廟門大白之旗與兵車雖並
為送喪之用以其本戰伐之具故亦不可入於廟門此謂國君之喪鄰國有以此為賵者亦或本國自有之也

賻者既致命坐委之擯者舉之主人無親受也
來賻者既致其主之命卻跪而委置其物於地擯者乃舉而取之主人不親受異於吉事也
受立授立不坐性之直者則有之矣
受人之物而立與以物授人之立者皆不跪此皆委曲以盡禮之當然耳然直情徑行之人亦或有踈略者故曰性之直者則有之矣
始入而辭曰辭矣
賓始入門主人當辭讓令賓先入故擯者告主人曰辭矣謂當致辭以讓賓也至階亦然此不言者禮可知也
即席曰可矣
及主賓升堂各就席擯者恐賓主再辭故告之曰可矣言可即席不須再辭也
排闔說它括反屨於戶內者一人而已矣有尊長在則否
闔門扇也推排門扇而脫屨於戶內者一人而已言止許最長者一人如此餘人不可也若先有尊長在堂或在室則後入之人皆不得脫屨於戶內故云有尊長在則否也
問品味曰子亟器食於某乎問道藝曰子習於某乎子善於某乎
方氏曰人之情品味有[illegible]嗜道藝有異尚問品味不可斥之以好惡而賂其嗜故曰子亟食於某乎問道藝不可斥之以能否而發其短故曰子習於某

乎子善於某乎不疑在躬不度（入洛反）民械不頒於大家不訾（咨）

重器（一言一行皆具在躬者也口無擇言身無擇行是不疑在躬也器械之備所以防患不可廢其利鈍恐人以非心議己大家之富爵位所致不可願望於己以其有僭竊之萌嘗鄙毀之也重器之傳寶之久矣乃從而毀之豈不起人之怒乎）氾（泛）埽（去聲）曰埽埽席前曰拚（糞）拚席不以鬣（獵）執箕膺擖（葉）（○氾埽廣埽也拚除穢也鬣帚也席上不可用帚膺胷也擖箕舌也執箕而拚則以箕舌向己胷前不可持向尊者也）不貳問問卜筮曰義與（平聲）志與義則可問志則否（不貳問謂謀之龜筮事雖正而兆不吉則不可以不正者再問之也見人卜筮欲問其所卜何事則曰義與志與義者事之宜為志則心之隱謀也故義者則可問其事志則不可問其事也一說卜者問求卜之人義則為卜之志則不為之卜亦通）尊長於己踰等不敢問其年燕見（現）不將命遇於道見則面不請所之喪俟事不犆（特）弔（踰等祖與父之行也不敢問年嫌若序齒也燕見不將命謂卑幼者燕私來見不使擯者）

傳命非賓主之禮也若遇尊長於道路尊者見己則面見之不見則隱避不欲煩動之也不請所之不問其所往也若於尊者之喪則待主人哭之時而往不非時特弔

侍坐弗使不執琴瑟侍坐於尊者不使之執琴瑟則不得擅執而鼓之**不畫地手無容不翣也寢則坐而將命**無故而畫地亦為不敬手容恭若舉手以為容亦為不恭時雖暑熱不得揮扇也當尊者寢臥之時而傳命必跪而言之不可直立以臨之也

侍射則約矢凡射必二人為耦楅在中庭箭倚於楅上耦前取一矢次下耦又進取一矢如是更進各得四矢若卑者侍射則不敢更迭取之但一時并取四矢故謂之約矢也**侍投則擁矢**投壺之禮亦賓主各四矢尊者則委四矢於地一一取而投之卑者不敢委於地故擁抱之也悉**勝則洗**蘇典反**而以請客亦如之不角不擢馬**射與投壺之禮勝者之弟子酌酒置于豐上其不勝者跪而飲之若卑者得勝則不敢徑酌當前洗爵而請行觴也客若不勝則主人亦洗而請所以優賓也角兕觥也今飲尊者及客不敢用角但如常獻酬之爵也擢進而取之也馬者投壺之勝籌每一勝則立一馬至三馬而成勝若一朋得二馬一朋得一馬則二馬者取

綏之一馬足成己之三馬今甲者逆衛執君之乘車則
二馬不敢取尊者之一馬以成己勝也徙我

坐僕者右帶劒負良綏申之面拖反諸幦覓以散綏升執轡然後步方氏曰執謂執轡也凡御必立今坐者君未升車而車未行也劒在左以便右抽僕則右帶者以君在左嫌妨君也良綏正綏也猶良車良材之良散綏貳綏也猶散材之散正綏君所執貳綏則僕執之僕在車前而君自後升故曰負良綏申之面者言垂綏之末於前也拖諸幦者引之於車闌覆苓之上也以散綏升者復言僕初升時也執轡然後步者防馬之逸也。今按苓即軾也

請見不請退朝廷曰退燕遊曰歸師役曰罷方氏曰跋慕則來獻數則去人之情也請見不請退嫌有黷數之心也朝廷人之所趨故於其還曰退退則為出故也燕遊不可以久故於其還曰歸歸有所止故也師役勞苦為甚故於其還曰罷以其瀆數也。愚按罷當讀如欲罷不能之罷

侍坐於君子君子欠伸運笏澤劒首還旋屨問日之蚤莫雖請退可也運轉動之也澤玩弄而生光澤也還屨謂轉而正之示欲著也餘見曲禮

事君者量

去聲而后入不入而后量凡乞假於人爲去聲人從事者亦
然然故上無怨而下遠去聲罪也先度其君之可事而后事之則道可行而身不
辱入而后量則有不勝其輕進之悔者矣或乞或假或任人之事亦必量其可而后行上無怨下遠罪矣兼若
者言之○馬氏曰古之人有能盡臣道量而后入者莫如伊周不入而后量者莫如孔孟不窺密不
旁狎不道舊故不戲色窺覘隱密之趣論說故舊之非非壹厚者所爲也○應氏曰旁
狎非遂正爲玩狎旁近猶背而流於狎也戲色非必見諸笑言外貌斯須不敬則色不莊矣爲人臣
下者有諫而無訕所諫反有亡而無疾頌而無讇諂諫而
無驕怠則張而相去聲之廢則埽而更平聲之謂之社稷之
役疏曰諫而無驕若謂君若從己之諫已不得恃己言行謀用而生驕慢也○方氏曰君有過諫之使止[illegible]
而訕之則不恭諫不從逃而去之可也疾之則太蹙[illegible]而無讇則所須爲入諫而無驕則所諫爲正事弛而不[illegible]
力爲怠事弊而無用爲覘之更端則君豈有失德[illegible]國豈得廢事哉謂之社稷之役以其有勞於社稷也[illegible]

拔蒲末反來毋報赴往朱子曰拔是急走倒從這邊來赴是又急再還倒向那邊去來往只是向背之意此二句文義猶云其就義若熱則其去義若渴言人見有箇好事火急歡喜去做這樣人不耐久少間心懶意闌則速去之矣所謂其進銳者其退速也毋瀆神毋循枉毋測未至神不可瀆以敬而遠之言行過而非禮當改以從直後復循襲是貳過矣君子以誠自勵亦以誠待人不逆料其將然也未至而測之雖中亦爲士依於德游於藝工依於法游於說依者據以爲常游則出入無定工之法規矩尺寸之制也說則講論變通之道焉毋訾咨衣服成器毋身質言語訾毀其不善也曲禮疑事毋質與此質字義同謂言語之際疑則闕之不可自我質正恐有失誤也言語之美五美字皆讀爲儀然皆如本字亦可通穆穆皇皇舊音往方讀如字朝廷之美濟濟上聲翔翔祭祀之美齊齊如字車馬之美匪匪非翼翼鸞和之美肅肅雍雍方氏曰穆穆者敬以和皇皇者正而美濟濟者肅入之齊翔翔者翕張之齊齊齊致齊而能定也皇皇有求而不得也匪匪言

行而有文翼翼言戴而有輔肅肅唱者之敬雝雝應者之和此即保氏所教六儀也問國君之子長幼長則曰能從社稷之事矣幼則曰能御未能御問大夫之子長幼長則曰能從樂人之事矣幼則曰能正於樂人未能正於樂人問士之子長幼長則曰能耕矣幼則曰能負薪未能負薪社稷之事如祭祀軍旅之類皆是也御若六藝之一國君尊故以社稷言樂人之事如周禮樂德樂語樂舞之類大司樂所以教國子者正者正其善否大夫下於君故以教子言士賤則以耕與負薪言此與曲禮所記不同蓋記者之辞異耳執玉執龜筴不趨堂上不趨城上不趨武車不式介者不拜說見曲禮婦人吉事雖有君賜肅拜為尸坐則不手拜肅拜為喪主則不手拜肅拜如今婦人拜也左傳三肅使者亦此拜手拜則手至地而頭不至手上所今男子拜也婦人以肅拜為正故雖君賜之重亦肅拜而受為尸尊祭為神然之尸也為喪主夫與長子之喪也為喪主則稽顙故不

手拜若有喪而不爲主則手拜矣或曰爲喪主不手拜則亦肅拜也葛絰而麻帶婦人遭喪卒哭後以葛絰易首之麻絰而要之麻絰不變故云葛絰而麻帶也取俎進俎不坐取俎就俎上取肉也進俎進肉於俎也俎有足立而取進爲便故不跪執虛如執盈入虛如有人皆敬心之所寓凡祭於室中堂上無跣燕則有之凡祭通言君堂上下之祭也跣脫屨也祭禮主敬凡祭在室中者非惟室中不脫屨堂上亦不敢脫屨燕則有之者謂行燕禮則堂上可跣也又按下大夫及丨陰陽二獻及燕尸皆於室中上大夫陰厭及祭在室若儐尸則于堂未嘗不食新嘗者薦新物於寢廟也未薦則孝子不忍先食一云嘗秋祭也僕於君子君子升下則授綏始乘則式君子下行然後還旋立乘貳車則式佐車則否君子或升或下僕者皆授之綏始乘之時君子猶未至則式以待君子之升凡僕之禮升在君子之先下在君子之後故君子下車而步僕者乃得下而還車以立以待君子之去也貳車朝祀之副車也佐車戎獵之副車也朝祀尚敬故式戎獵尚武故不式貳車者諸侯七乘上大

夫五乘下大夫三乘有貳車者之乘馬服車不齒觀君子之衣服服劍乘馬弗賈嫁○周禮貳車公九乘侯伯七乘子男五乘又典命云卿六命大夫四命命車服各如命數與此不同者或周禮成而未行亦或異代之制也服車所乘之車也馬有老少車有新舊皆不可齒次其年歲服劍所佩之劍也弗賈不可評論其所直多少之價曲禮云齒路馬有誅此皆貴貴之道以廣敬也

其以乘壺酒束脩一犬賜人若獻人則陳酒執脩以將命亦曰乘壺酒束脩一犬乘壺四壺也束脩十脡脯也卑者曰賜尊者曰獻

其以鼎肉則執以將命鼎肉謂肉之已解剔而可升鼎者故可執也

其禽加於一雙則執一雙以將命委其餘加於一雙不止一雙也委其餘陳列于門外也

犬則執緤息列反守去聲犬田犬則授擯者既受乃問犬名緤牽犬繩也犬有三種守禦宅舍曰守犬田獵所用曰田犬充庖廚所烹曰食犬

牛則執紖直軫反馬則執靮的皆右之紖靮皆執之以牽者右之者以右手牽由

便也臣則左之臣征伐所獲民虜者也禮云獻民虜者操右袂左之以左手操其右袂而右手得以制其非常也車則說脫綏執以將命甲若有以前之則執以將命無以前之則袒櫜羔奉胄前之謂以他物先之也古人獻物必有先之者如左傳所云乘韋先牛十二之類是也袒開也櫜弢甲之衣也胄兜鍪也謂開櫜出甲而奉胄以將命也器則執蓋弓則以左手屈韣獨執拊撫○執蓋蓋輕便於執也韣弓衣拊弓把左手屈弓衣并於把而執之而右手就韣以將命曲禮云右手執簫左手承弣是也劍則啓櫝蓋襲之加夫扶襓饒與劍焉啓開也櫝劍匣也蓋者匣之蓋也襲卻合也夫襓劍衣也開匣以其蓋卻合於匣之底下乃加襓於匣中而以劍置襓上也笏書脩苞苴弓茵席枕几穎京頃反杖琴瑟句戈有刃者櫝句筴籥其執之皆尚左手刃卻刃授穎削笑授拊凡有刺次刃者以授人則辟避刃笏也書也脯脩也苞苴也苴藉而苞裹之非特魚肉他物亦可苞苴以遺人也弓也

茵褥也席也枕也几也穎警枕也杖也琴也瑟也戈有刃者櫝而致之也筴蓍也籥如笛而三孔也凡十六物左手執上右手捧下陰陽之義也穎刀鐶也削曲刀也拊刀把也辟偏也謂不以刃正向人也

乘兵車出先刃入後刃軍尚左卒尚右 先刃刃向前也入後刃不以刃向國也左陽生道也右陰死道也左將軍為尊其行伍皆尊尚左方欲其無覆敗也士卒之行伍尊尚右方示有必死之志也

賓客主恭祭祀主敬喪事主哀會同主詡許軍旅思險隱情以虞 恭以容言敬以心言詡者辭氣明盛之皃前篇德發揚詡萬物義亦相近軍行舍止經由之動必思為險阻之防又當隱密己情以虞度彼之情計也

燕侍食於君子則先飯上聲而後已毋放飯毋流歠小飯而亟棘之數朔噍樵毋為口容客自徹辭焉則止 先飯猶嘗食之禮也後已猶勸食之意也放飯流歠見曲禮小飯則無噍嚙之患亟之謂速咽下備或有見問之言也數噍毋為口容言數數嚼之不得弄口以為容也君食訖而客欲自徹食器主人辭之則止也

客爵居左其飲居右介爵酢爵

僎遵爵皆居右疏曰鄉飲酒禮主人酬賓之爵賓受奠觶于薦東是客爵居左也旅酬之特一人奉觶于賓賓奠觶于薦西至旅酬賓取薦西之觶以酬主人是其飲居右也介賓副也酢答酌還答主人也僎鄉人來觀禮副主人者也鄉飲禮介爵及主人受酢之爵并僎爵皆不明奠置之所故記者於此明之○今按賓坐南向故以東西分左右也羞濡魚者進尾冬右腴夏右鰭奇祭膴許○擘濡魚從後起則腸肉易離故以尾向食者若乾魚則進首也腴腹下肥也鰭在脊冬時陽氣在下夏則陽在上凡陽氣所在之處肥美右之者便於食也祭膴者刳魚腹下大臠以祭也此言尋常燕食進魚者如此祭祀及饗食正禮者不然凡齊去贊執之以右居之於左凡調和鹽梅者以右手執之而居羹器於左則以右所執者調之為便也贊幣自左詔辭自右此言相禮者為君受幣則由君之左傳君之辭命於入則由君之右也酌尸之僕如君之僕其在車則左執轡右受爵祭左右軌范乃飲尸之僕御尸車者軌轂末也范軾前也尸僕君僕之在車以左手執轡右手授爵祭軌之左右及范乃飲之也凡羞有俎者則

於俎內祭羞大夫豆則祭之豆間之地俎長而饋於人之前則祭之俎內也君子不食圂
豢腴圂與豢同謂犬豕也腴腸也犬豕亦食米穀其腹與人相似故不食其腸也小子走而
不趨舉爵則坐祭立飲小子不敢與尊者並禮故行步舉爵皆異於成人也凡洗
必盥洗洗爵也盥洗手也凡洗爵必先洗手示潔也牛羊之肺離而不提丁禮反
心提猶絕也心中央也牛羊之肺離割離之而不絕中央少許使可手絕之以祭也不言豕事同可知凡
羞有湆泣者不以齊去聲○湆大羹也大羹不和故不用鹽梅之齊也為君子
擇蔥薤則絕其本末羞首者進喙充芮反祭耳喙口也以口向尊首
而尊者先取耳以祭也尊者以酌者之左為上尊尊者謂設尊之人也酌者酌酒
之人也人君陳尊在東楹之西南北列之設尊者在尊西而向東以右為上酌人在尊東而向西以左為上二
人俱以南為上也上尊在南故云以酌者之左為上尊尊壺者面其鼻尊與壺皆有面面南
鼻鼻宜向尊者故云尊壺者面其鼻言設尊設壺皆面其鼻也飲酒者禨[illegible]者醮者有

少儀

折俎不坐，未步爵不嘗羞。（禨沐而飲酒也，醮冠而飲酒也。折俎，折骨體於俎也。禨醮小事為卑，折俎禮盛，故禨醮而有折俎則不坐，無俎則可坐也。步，行也。無算爵之禮，行爵之後乃得嘗羞，謂庶羞也。若正羞脯醢，則飲酒之前得嘗之。）牛與羊魚之腥，聶（之涉反）而切之為膾。麋鹿為菹，野豕為軒（去聲），皆聶而不切。麕（俱倫反）為辟（璧）雞，兔為宛脾，皆聶而切之。切葱若薤，實之醯以柔之。（聶而切之者，謂先聶為大臠，而後報切之為膾也。餘見內則。）其有折俎者，取祭反之，不坐。燔（煩）亦如之。尸則坐。（有折骨體之俎者，若就俎取肺而祭之，及祭竟而反之，此所祭之物於俎，皆立而為之。燔，燒肉也。此肉亦在俎，其取祭與反，亦皆不坐，故云燔亦如之。尸則坐者，言不坐者賓客之禮耳，尸尊，祭反皆坐也。）衣服在躬而不知其名為罔。（衣裳之制，取諸乾坤，有其名則有其義，服之而不審名義，是無知之人矣。○石梁王氏曰：學而不思則罔，當如此罔字。）其未有燭而後至者，則以在者告。道（音導）瞽亦然。凡飲酒為獻主者

執燭抱燋（側角反）客作而辭然後以授人執燭不讓不辭
不歌（歡主主人也人君則使宰夫燋未爇之炬也飲謝之禮賓主有讓及更相辭謝又各歌詩以見意今
以暮夜略此三事一說執燭在手故不得兼為之）洗盥執食飲者勿氣有問焉
則辟（匹亦反）咡（二）而對（奉進洗盥之水於尊長及執食飲以進之時皆不可使口氣直衝尊
者若此時尊者有問則偏其口之所向而對咡口旁也）為（去聲）人祭曰致福為己祭
而致膳於君子曰膳（為人祭攝主也其歸胙將命之辭言致福謂致其祭祀之福也曰膳
則善味而已）祔練曰告（言告其事也顏淵之喪亦饋孔子祥肉）凡膳告於君子
主人展之以授使者于阼階之南南面再拜稽首送反
命主人又再拜稽首其禮大牢則以牛左肩臂臑（奴道反）
折九箇少牢則以羊左肩七箇犆（特）豕則以豕左肩五
箇（膳告承上文而言臂臑肩腳也九箇自肩上至腳折為九段也周人貴肩尚右右體已祭故獻其左）國

家靡平聲敝謂師旅饑饉之餘財力靡散民庶彫敝也則車不雕幾祈甲不組縢食器不刻鏤君子不履絲屨馬不常秣雕刻鏤之也幾漆飾之畿限也縢者縛約之名不用組以韋甲及爲絆帶也以穀食馬曰秣

學記第十八石梁王氏曰六經言學字莫先於說命此篇不詳言先王學制與教者學者之法多是泛論不如大學篇教是教箇甚學是學箇甚

發慮憲求善良足以謏小聞去聲不足以動衆發慮憲謂致其思慮以求合乎法則也求善良親賢也此二者可以小致聲譽不能感動衆人就賢體遠足以動衆未足以化民就賢禮下賢德之士也如王就見孟子之就體如中庸體羣臣之體謂設以身處其地而察其心也遠疏遠之臣也此二者可以感動衆人未能化民也君子如欲化民成俗其必由學乎化民成俗必如唐虞之於變時雍乃爲至耳然則舍學何以哉此學乃大學之道明德新民之事也玉不琢不成器人不學不知道是故古之王

者建國君民教學爲先兊（說）命曰念終始典于學其此之謂乎（建國君民謂建立邦國以君長其民也教學爲先以立教立學爲先務也兊命商書典常也）雖有嘉肴弗食不知其旨也雖有至道弗學不知其善也是故學然後知不足教然後知困知不足然後能自反也知困然後能自強（上聲）也故曰教學相長也兊命曰學（效）學半其此之謂乎（學然後知不足謂師資於人方知己所未至也教然後知困謂無以應人之求則自知困辱也自反知反求而已自強則有罷勉倍進之意教學相長謂我之教人與資人皆相爲長益也引説命數學半者劉氏曰教人之功居吾身學問之半蓋始之所以學已所以立其體是一半終之教人所以致其用又是一半此所以終始典于學成己成物合内外之道然後爲學問之全功也）

古之教者家有塾黨有庠術（當爲州）有序國有學比（毗志反）年入學中（平聲）年考校一年視離（去聲）經辨（上聲）志三年視敬業樂（五教反）羣

五年視博習親師七年視論學取友謂之小成九年知類通達強立而不反謂之大成古者二十五家爲閭同在一巷巷首有門門側有塾民在家者朝夕受教於塾也五百家爲黨黨之學曰庠教閭塾所升之人也術當爲州萬二千五百家爲州州之學曰序周禮鄉大夫春秋以禮會民而射于州序是也序則教黨學所升之人天子所都及諸侯國中之學謂之國學以教元子衆子及卿大夫士之子與所升俊選之士焉比年每歲也每歲皆有入學之人中年間一年也與小記中以上之中同每間一年而考校其藝之進否也離經斷絕經書之句讀也辨志辨別其趨向之邪正也敬業則於所習無怠忽樂羣則於朋徒無睽貳博習則不以程度爲限制親師則於訓誨知嗜好論學講求學問之縕奥也取友擇取益者而友之也能如此是學之小成也至於九年則理明義精觸類而長無所不通有卓然自立之行而外物不得以奪之矣是大成也○朱子曰這幾句都是上兩字說學下兩字說所得處如離經便是學辨志是所得處他倣此夫然後足以化民易俗近者說服而遠者懷之此大學之道也記曰蛾魚起反子時術

之其此之謂乎 前言成俗成其美俗也此言易俗變其汙俗也以此大成之士而官使之其功效如此是所謂大學教人之道也蛾子蟲之微者亦時時術學銜土之事而成大垤以喻學者由積學而成大道也此古記之言學引以證其說

大學始教皮弁祭菜示敬道也 始教學者入學之初也有司衣皮弁之服祭先師以蘋藻之菜示之以尊敬道藝也

宵雅肄 異 三官其始也 當祭菜之時使歌小雅中鹿鳴四牡皇皇者華之三篇而肄習之此三詩皆君臣燕樂相勞苦之辭蓋以居官受任之美誘諭其初志故曰官其始也○朱子曰以聖人教人合下便要他用便要用賢以治不賢舉能以教不能所以公卿大夫在下思各舉其職

入學鼓篋孫 去聲 其業也 入學時大胥之官擊鼓以召學士學士至則發篋以出其書籍等物警之以鼓聲使以遜順之心進其業也書言惟學遜志

夏 古雅反 楚二物收其威也 夏榎也楚荊也榎形圓楚形方以二物為扑以警其怠忽者使之收斂威儀也

未卜禘不視學游其志也時觀而弗語 去聲 存其心也幼者聽而弗問學 句絕王氏於此學字如字讀 不躐等也此

七者教之大倫也記曰凡學官先事士先志其此之謂乎禘五年之大祭也不五年不視學所以優游學者之心志也此又非仲春仲秋視學之禮使觀而感於心不言以盡其理欲其自得之也故曰存其心幼者未必能問問亦未必知要故但聽受師說而無所請亦長幼之等當如是不可躐也○劉氏曰自皮弁祭菜至聽而弗問凡七事皆大學為教之人倫大倫猶言大節目官先事士先志舊說官是已仕者士是未仕者謂已仕而為學則先其職事之所急未仕而為學則未得見諸行事故先其志之所尚也子夏曰仕而優則學是已居官而為學也王子墊問士何事孟子曰尚志是未仕而學則先尚志也然大學之道明德新民而已先志者所以明德先事者所以新民七事上句皆教者之事下句皆學者之志大學之教也時教必有正業退息必有居學句不學操縵莫半反不能安弦不學博依上聲不能安詩不學雜服不能安禮不興去聲其藝不能樂五教反學故君子之於學也藏焉脩焉息焉遊焉舊說大學之教也時句絕退息必有居句絕今讀時

字連下句學字連上句謂四時之敎各有正業如春秋敎以禮樂冬夏敎以詩書春誦夏弦之類是也退而燕息必有燕居之學如退而省其私亦足以發是也弦之詩也禮也此時敎之正業也操縵博依雜服此退息之居學也凡爲學之道貴於能安安則心與理融而成熟矣然未至於安則在乎爲之不厭而不可有作輟也操縵操弄琴瑟之絃也初學者手與絃未相得故雖退息時亦必操弄之不廢乃能習熟而安於絃也詩人比興之辭多依託於物理而物理至博也故學詩者但講之於學校而不能於退息之際廣求物理之所依附者則無以驗其實而於詩之辭必有疑殆而不能安者矣雜服冕弁衣裳之類先王制作禮各有服極爲繁雜學者但講之於學而不於退息時游觀行禮者之雜服則無以盡識其制而於禮之文必有彷彿而不能安者矣興者意之興起而不能自已者藝即三者之學是也言退息時若不興此三者之藝則謂之不能好學矣故君子之於學也藏焉脩焉之時必有正業則所習者專而志不分息焉遊焉之際必有居學則所養者純而藝愈熟故其學易成也○朱子曰古人服各有等降若理會得雜服則於禮思過半矣夫然故安其學而親其師樂其友而信其道是以雖離師輔而不反也

兌命曰敬孫（去聲）務時敏厥脩乃來其此之謂乎（承上文而言學脩遜息無不在於學是以安親樂信雖離師友亦不畔於道也時敏無時而不敏也厥脩乃來言其進脩之益如水之源源而來也）今之教者呻（申）其佔（覘）畢多其訊言及于數進而不顧其安使人不由其誠教人不盡其材其施之也悖其求之也佛（弗）夫然故隱其學而疾其師苦其難而不知其益也雖終其業其去之必速教之不刑其此之由乎（呻吟諷之聲也佔視也畢簡也訊問也言今之教人者但吟諷其所佔視之簡牘不能通其緼奧乃多發問辭以訊問學者而所言又不止一端故云言及于數也不顧其安不恤學者之安否也不由其誠不肯實用其力也不盡其材不能盡其才之所長也夫多其訊而言及于數則與時教必有正業者異矣使人不由其誠教人不盡其材則與退息必有居學者異矣惟其如此是以師之所施者常至於悖逆學者之所求每見其拂戾也隱其學不以所學自表見也終業而又速去之以其用工間斷鹵莽滅裂而不安不樂故也刑

成也○朱子曰横渠作簡與人言其子曰來誦書不熟且教他熟誦以盡其誠與材他解此兩句只作一意解言人之才足以有爲但以不由於誠則不盡其材

大學之法禁於未發之謂豫當其可之謂時不陵節而施之謂孫相觀而善之謂摩此四者教之所由興也豫者先事之謂時者不先不後之期也陵踰也節如節候之節禮有禮節樂有樂節人有長幼之節皆言分限所在不陵節而施謂不教幼者以長者之業也相觀而善如稱甲之善則乙者觀而效之乙有善可稱甲亦如之孫以順言摩以相厲而進爲言也○方氏曰若七年男女不同席不共食幼子常視毋誑則可謂之豫矣若十年學書計十三年舞勺成童舞象可謂之時矣○石梁王氏曰註事以時爲年二十之時非也

發然後禁則扞格胡客反而不勝升時過然後學則勤苦而難成雜施而不孫則壞怪亂而不脩獨學而無友則孤陋而寡聞燕朋逆其師燕辟僻廢其學此六者教之所由廢也扞拒扞也格讀如凍洛之洛謂如地之凍堅強難入

也不勝不能承當其教也○讀爲去聲謂教不能勝其爲非之心亦通劉齋謂躐等陵節也燕私之朋必不盡善或相與以慢其師燕遊邪僻必惑外誘得不廢其業乎此燕朋燕辟之害皆由於發然後禁以下四者之失皆與上文四者相反也○鄭氏曰燕猶褻也褻其朋友褻師之譬喻君子既知教之所由興又知教之所由廢然後可以爲人師也故君子之教喻也道而弗牽強而弗抑開而弗達道而弗牽則和強而弗抑則易異開而弗達則思和易以思可謂善喻矣示之以入道之所由而不牽牽其必進作興其志氣之所尚而不沮抑之使退開其從入之端而不竟其所通之地如此則不扞格而和不勤苦而易不雜施以亂其心自相觀以輔其志而思則得之矣學者有四失教者必知之人之學也或失則多或失則寡或失則易異或失則止此四者心之莫同也知其心然後能救其失也教也者長善而救其失者也方氏曰或失則多者知之所以

過或失則寡者愚之所以不及或失則易賢者之所以
過或失則止不肖者之所以不及多聞見而適乎邪道
多之失也寡聞見而無約無卓爾之失也子路好勇過
我無所取材易之失也冉求之今女畫止之失也總此
以禮所以救其失之多博我以文所以救其失之寡兼
人則退之所以救其失之易退則進之所以救其失之
止也善歌者使人繼其聲善教者使人繼其志其言也約
而達微而臧罕譬而喻可謂繼志矣言約而達辭簡而意
微而善則明也罕譬而喻比方之辭少而感動
之意深也繼志謂能使學者之志與師無閒也君子知
至學之難易而知其美惡然後能博喻能博喻然後能
為師能為師然後能為長能為長然後能為君故師也
者所以學為君也是故擇師不可不慎也記曰三王四
代唯其師此之謂乎至學至於學也錯者至之難敏者
至之易資美者向道不美者溺道
知乎此然後能博喻謂循循善誘不捨一塗也周官太
宰長以貴得民師以賢得民長者一官之長君則一國

學記

之君也言爲君之道皆自務學者之三王四代之所以治以能作之君作之師尒周子曰師道立則善人多善人多則朝廷正而天下治矣

凡學之道嚴師爲難師嚴然後道尊道尊然後民知敬學是故君之所不臣於其臣者二當其爲尸則弗臣也當其爲師則弗臣也大學之禮雖詔於天子無北面所以尊師也【注】嚴師如孝經嚴父之義謂尊禮嚴重之也無北面不敷之以臣位也○石梁王氏曰詔於天子無北面註引武王踐阼出大戴禮

善學者師逸而功倍又從而庸之不善學者師勤而功半又從而怨之善問者如攻堅木先其易者後其節目及其久也相說（如字）以解（下介反）不善問者反此善待問者如撞鐘叩之以小者則小鳴叩之以大者則大鳴待其從（春）容然後盡其聲不善答問者反此此皆進學之道也【注】庸功也感師之有功於己也相

五五一

說以解舊讀說爲悅今從朱子說讀如字。疏曰從讀爲舂者舂謂擊也以爲聲之形容言鐘之爲體必待其擊每舂而爲一容然後盡其聲善答者亦待其一問然後一答乃盡說義理也愚謂從容言從容不迫之意不急疾擊之則鐘聲之小大長短得以自盡故以爲善答之驗○朱子曰說字人以爲悅恐只是說字其說甚易者難處且放下少間見多了自然相證而解解物爲解自解釋爲解恐是相證而曉解

記問之學不足以爲人師必也其聽語乎力不能問然後語去聲之語之而不知雖舍之可也記問謂記誦古書以待學者之問也以此爲學無得於心而所知有限故不足以爲人師聽語謂學者所問之語也不能問則告之不知而舍之以其終不可入德也不以三隅反則不復亦此意

良冶之子必學爲裘良弓之子必學爲箕始駕馬者反之車在馬前君子察於此三者可以有志於學矣疏曰善冶之家其子弟見其父兄陶鎔金鐵使之柔合以補治破器皆令全好故此子弟能學爲袍裘補續獸皮片片相合以至完全也箕[illegible]箕也善爲弓之家使幹角撓屈調和成弓故其子弟亦觀其父兄世業學

取撕循和軼撓之成實也馬子始學駕車之時大馬駕在車前將馬子繫隨車後而行故云反之所以然者此駒未曾駕車若忽駕之必驚奔今以大馬牽車於前而繫駒於後使日日見車之行慣習而後駕之不復驚矣言學者亦須先教小事操縵之屬然後乃示其業則易成也○應氏曰冶鑄難精而裘軟易紉弓劉難調而箕曲易製車重難駕而馬反則易馴皆自易而至於難自粗而至於精習之有漸而不可躐進學之以類而不可泛求是之謂有志矣

古之學者比毗物醜類鼓無當去聲於五聲五聲弗得不和水無當於五色五色弗得不章學無當於五官五官弗得不治師無當於五服五服弗得不親比物醜類謂以同類之事相比方也當猶主也鼓聲不宮不商於五聲本無所主然而五聲不得鼓則無諧和之節水無色不在五色之列而繢畫者不得水則不章明五官身口耳目心之所職即洪範之五事也學於吾身五者之官本無所當而五官不得學則不能治師於弟子不當五服之一而弟子若無師之教誨則五服之屬不相和親○陳氏曰類者物之所同醜之爲言衆也理有所不顯則比物以明之物有所不一則醜類以盡之然

後因譬以明道而善乎學矣總而論之鼓非與乎五聲而五聲待之而和水非與乎五色而五色待之而章學非與乎五官而五官待之而治師非與乎五服而五服待之而親是五聲五色五官五服雖不同而同於有之以爲利鼓也水也學也師也雖不一而一於無之以爲用然則古之學者比物醜類而精微之意有寓於是非窮理之至者孰能與此

君子曰大德不官大道不器大信不約大時不齊察於此四者可以有志於本矣

大德大道大信皆指聖人而言大時天時也不官不爲一職之任也不器無施而不可也不約不拘期約之末也元化周流一氣屈伸不可以截然分限求之故方榮之時而有枯者焉衰之時而有勇者焉雖其不齊是以不可窮凡此四者皆以本原盛大而體無不具故變通不拘而用無不周也君子察於此可以有志於學而洪其本矣

三王之祭川也皆先河而後海或源也或委也此之謂務本

河爲海之源海乃河之委承上文志於本而言水之爲物盈科而後進放乎四海有本者如是此君子之於學不成章不達故先務本

禮記卷第十

禮記卷第十一

後學東匯澤陳澔集說

樂記第十九

凡音之起由人心生也人心之動物使之然也感於物而動故形於聲聲相應故生變變成方謂之音比（毗至反）音而樂之（樂字如字）及干戚羽旄謂之樂（凡樂音之初起皆由人心之感於物而生人心虛靈不昧感而遂通情動於中故形於言而為聲聲之辭意相應自然生清濁高下之變變而成歌詩之方法則謂之音矣成方猶言成曲調也比合其音而播之樂器及舞之干戚羽旄則謂之樂矣干戚武舞也羽旄文舞也）樂者音之所由生也其本在人心之感於物也是故其哀心感者其聲噍（焦）以殺（色介反）其樂（洛）心感者其聲嘽（昌展反）以緩其喜心感者其聲發以散其怒心感者

其聲粗以厲，其敬心感者，其聲直以廉，其愛心感者，其聲和以柔。六者非性也，感於物而后動。方氏曰：人之情，得所欲則樂，喪所欲則哀，順其心則喜，逆其心則怒，於所畏則敬，於所悅則愛。焦則噍而無澤，殺則纖而不隆，盖以喪其所欲，故形於聲者如此。嘽則闡而無餘，緩則紆而不迫，盖以得其所欲，故形於聲者如此。發則生而不窮，散則蕃而無積，蓋順其心，故形於聲者如此。直則無委曲，廉則有分際，蓋心有所畏，故形於聲者如此。和則不乖，柔則致順，蓋心有所悅，故形於聲者如此。○愚謂粗以厲者，高急而近於猛暴也。六者心感物而動，乃情也，非性也，性則喜怒哀樂未發者也。是故先王慎所以感之者。故禮以道其志，樂以和其聲，政以一其行，去聲。刑以防其姦。禮樂刑政，其極一也，所以同民心而出治道也。劉氏曰：慎其政之所以感人心者，故以禮而道其志之所行，使必中節，以樂而和其聲之所言，使無乖戾，政以教不能而一其行，刑以罰不率而防其姦。禮樂刑政四者之事雖殊，而其致則一，歸於慎其所以感之者，所以同民心而出治道也。凡音者生人心者也情動於中故形於聲聲成文謂之音是故治世之音安以樂其政和亂世之音怨以怒其政乖亡國之音哀以思其民困聲音之道與政通矣此言音生於人心之感而人心哀樂之感由於政治之得失此所以慎其所以感之者也治世政事和諧故形於聲音者安以樂亂世政事乖戾故形於聲音者怨以怒亡之國其民困苦故形於聲音者哀以思此聲音所以與政通也○詩疏曰雜比曰音單出曰聲哀樂之情發見於言語之聲於時雖言哀樂之事未有宮商之調惟是聲耳至於作詩之時則次序清濁節奏高下使五聲為曲似五色成文即是為音此音被諸絃管乃名為樂宮為君商為臣角為民徵為事羽為物五者不亂則無怗覘懘昌制切之音矣劉氏曰五聲之本生於黃鍾之律其長九寸每寸九分九九八十一是為宮聲之數三分損一以下生徵徵則去二十七得五十四也徵三分益一以上生商則加十八得七十二也商三分損一以下生羽則去二十四得四十八也羽三分益一以上生角則加十六得六十四也角聲之數三分之不盡一算其數

不行故聲止於五此其大略也宮屬土用八十一絲為最多而聲至濁於五聲為尊故為君商屬金絲用七十二絲聲次濁故次於君下為臣象角屬木絲用六十四絲聲半清半濁居五聲之中故以次於臣而為民象徵屬火絲用五十四絲其聲清有民而後有事故為事象羽屬水絲用四十八絲為最少而聲至清有事而後用物故為物象此其大小之次也五聲以本於黃鍾為宮然還相為宮則其餘十一律皆可為宮而必為君而不可下於臣商必為臣而不可上於君角民徵事羽物皆以次降殺其有臣過君民過臣事過民物過事者則不用正聲而以半聲應之此八音所以克諧而無相奪倫也然聲音之道與政相通必君臣民事物五者各得其理而不亂則聲音和諧而無怗懘之音矣怗懘敝敗也

宮亂則荒其君驕商亂則陂畀其臣壞角亂則憂其民怨徵亂則哀其事勤羽亂則危其財匱五者皆亂迭相陵謂之慢如此則國之滅亡無日矣

此言審樂以知政也宮亂則樂聲荒散是知由其君之驕恣使然也餘四者例推陳氏曰五聲含君臣民事物之象必得其理方調得律呂否則有臣陵君民過臣而謂之奪倫矣此却不比讙

樂記

儒附會效法之言具有此事毫髮不可差設或樂聲奪倫即其國君臣民物以有不盡分之事如州鳩師曠皆能以此知彼止是樂與政通鄭衛之音亂世之音也比毗至反於慢矣桑間濮上之音亡國之音也其政散其民流誣上行私而不可止也此慢字承上文謂之慢而言比近也桑間濮上衛地濮水之上桑林之間也史記言衛靈公適晉舍濮上夜聞琴聲召師涓聽而寫之至晉命涓爲平公奏之師曠曰此師延靡靡之樂武王伐紂師延投濮水死故聞此聲必於濮水之上也政散故民罔其上民流故行其淫蕩之私也○張子曰鄭衛地濱大河沙地土薄故其人氣輕浮其地平下故其質柔弱其地肥饒不費耕耨故其人心怠惰其人情性如此其聲音亦然故聞其樂使人如此懈慢也○朱子曰鄭聲之淫甚於衛夫子論爲邦獨以鄭聲爲戒蓋舉重而言也

凡音者生於人心者也樂者通倫理者也是故知聲而不知音者禽獸是也知音而不知樂者衆庶是也唯君子爲能知樂是故審聲以知音審音以知樂審樂

以知政而治道備矣是故不知聲者不可與言音不知音者不可與言樂知樂則幾於禮矣禮樂皆得謂之有德德者得也倫理事物之倫類各有其理也○方氏曰凡耳有所聞者皆能知聲心有所識者則能知音道有所通者乃能知樂若瓠巴鼓瑟流魚出聽伯牙鼓琴六馬仰秣此禽獸之知聲者也魏文侯好鄭衛之音齊宣王好世俗之樂此衆庶之知音者也若孔子在齊之所聞季札聘魯之所觀此君子之知樂者也○應氏曰倫理之中皆禮之所寓知樂則通於禮矣不曰通而曰幾者辨析精微之極也是故樂之隆非極音也食(嗣)饗之禮非致味也清廟之瑟朱絃而疏越(如字)壹倡而三歎有遺音者矣大饗之禮尚玄酒而俎腥魚大(泰)羹不和(去聲)有遺味者矣是故先王之制禮樂也非以極口腹耳目之欲也將以教民平好(去聲)惡(去聲)而反人道之正也樂之隆盛不是爲極聲音之美食饗禘祫之重禮不是爲極滋味之美蓋

樂主於移風易俗而祭主於報本反始也故清廟之詩之瑟練朱絲以爲絃絲不練則聲清練之則聲濁疏通也越瑟底之孔也疏而通之使其聲遲緩瑟聲濁而遲是質素之詩非要妙之音也以其聲初發一倡之時僅有三人從而和之言和者少也以其非極聲音之美故好者少然而其中則有不盡之餘音存焉故曰有遺音者矣尊以玄酒爲尚俎以生魚爲薦太羹無鹽味之調和是質素之食非人所嗜悅之味也然而其中則有不盡之餘味存焉故曰有遺味者矣由此觀之是非以極口腹耳目之欲也教民平好惡謂不欲其好惡之偏私也人道不正以自好惡不平始好惡得其平則可以復乎人道之正而風移俗易矣○朱子曰一倡而三歎謂一人倡而三人和今解者以爲三歎息非也

人生而靜天之性也感於物而動性之欲也物至知知朱子曰上知字是體下知字是用然後好惡形焉好惡無節於內知誘於外不能反躬天理滅矣夫物之感人無窮而人之好惡無節則是物至而人化物也人化物也者滅天理而窮人欲者也於是有悖逆詐僞之

心有淫泆作亂之事是故強者脅弱衆者暴寡知（音智）者詐愚勇者苦怯疾病不養老幼孤獨不得其所此大亂之道也劉氏曰人生而靜者喜怒哀樂未發之中天命之性也感於物而動則性發而爲情也人心虛靈知覺事至物來則必知之而好惡形焉好善惡惡則道心之知覺原於義理者也好妍惡醜則人心之知覺發於形氣者也好惡無節於內而知誘於外則道心昧而不能爲主宰人心危而物交物則引之矣不能反躬以思其理之是非則人欲熾而天理滅矣況以無節之好惡而接乎無窮之物感則心爲物役而違禽獸不遠矣違禽獸不遠則爪剛者力強者奪此所以爲大亂之道也是故先王之制禮樂人爲之節衰麻哭泣所以節喪紀也鍾鼓干戚所以和安樂（洛）也昏姻冠笄所以別男女也射鄉食（嗣）饗所以正交接也禮節民心樂和民聲政以行之刑以防之禮樂刑政四達而不悖則王道備矣劉氏曰先王之制禮樂因人情而爲之節

文則其哀死而喪期無數故為衰麻哭泣之數以節之因其好逸樂而不能和順於義理故為鍾鼓干戚之樂以和之因其有男女之欲而不知其別故為昏姻冠笄之禮以別之因其有交接之事而或失其正故為射鄉食饗之禮以正之節其心所以使之方而無過不及和其聲音所以使之言而無所乖戾為之政以齊其淫侈而使禮樂之教無不行為之刑以防其恣肆而安禮樂之道與政禮樂刑政四者通行於天下而民興淳還之者則王者之治道備矣樂者為同，禮者為異。同則相親，異則相敬。樂勝則流，禮勝則離。合情飾貌者，禮樂之事也。禮義立，則貴賤等矣；樂文同，則上下和矣；好惡著，則賢不肖別矣；刑禁暴，爵舉賢，則政均矣。仁以愛之，義以正之，如此，則民治行矣。和以統同序以辨異樂勝則流過於同也禮勝則離過於異也合情猶樂之和於內所以救其離之失飾貌者禮之檢於外所以救其流之失此禮之義樂之文所以相資為用者也仁以愛之則相敬而不至於離義以正之則相親而不至於流此又以仁義為禮樂之輔者也等貴賤和上下別賢不肖均

政此四者皆所以行民之治故同民治行矣〇應氏曰上言王道備言其爲治之具也此言民治行言其爲治之效

樂由中出禮自外作樂由中出故靜禮自外作故文大樂必易大禮必簡樂至則無怨禮至則不爭揖讓而治天下者禮樂之謂也暴民不作諸侯賓服兵革不試五刑不用百姓無患天子不怒如此則樂達矣合父子之親明長幼之序以敬四海之內天子如此則禮行矣

劉氏謂四海之內四字當在合字上如此則文理爲順〇劉氏曰敎喜歡愛之和出於中進退周旋之容著於外和則情意安舒故靜序則威儀交錯故文大樂與天地同和故乾以易知而不勞大禮與天地同節故坤以簡能而不煩樂至則人皆得其所而無怨禮至則人各安其分而不爭如帝世揖讓而天下治者禮樂之至也達者敷於彼之謂行者出於此之謂行者達之本達者行之效天子自能合其父子之親明其長幼之序則家齊族睦矣又能親吾親以及人之親長吾長以及人之長是謂以敬四海之內則禮之本立而用行矣禮之用

樂記

五六四

行而後樂之教達故於樂但言天子無可怨者而於禮則言天子如此是樂之達乃天子行禮之效也周子曰萬物各得其理而後和故禮先而樂後是也大樂與天地同和大禮與天地同節和故百物不失節故祀天祭地明則有禮樂幽則有鬼神如此則四海之內合敬同愛矣禮者殊事合敬者也樂者異文合愛者也禮樂之情同故明王以相沿也故事與時並名與功偕百物不失言各遂其性也○朱子曰禮主減樂主盈鬼神亦止是屈伸之義禮樂鬼神一理又曰在聖人制作處便是禮樂在造化處便是鬼神禮有經禮曲禮之事殊而敬一樂有五聲六律之文異而愛一所以能使四海之內合敬同愛者皆大樂大禮之所感化也禮樂之制在明王雖有損益而情之同者則相因述也惟其如此是以王者作興事與時並如唐虞之時則有揖讓之事夏殷之時則有放伐之事名與功偕者功成作樂故歷代樂名皆因所立之功而名之也○蔡氏曰禮樂本非判然二物也人徒見樂由陽來禮由陰作即以為禮屬陰樂屬陽判然為二殊不知陰陽一氣也陰氣流行即

爲陽陽氣凝聚即爲陰非眞有二物也禮樂亦止是一理禮之和則是樂樂之節則是禮亦非二物也善觀者既知陰陽禮樂之所以爲二又知陰陽禮樂之所以爲一則達禮樂之體用矣故鐘鼓管磬羽籥干戚樂之器也屈伸俯仰綴拙兆舒疾樂之文也簠簋俎豆制度文章禮之器也升降上下周還旋裼襲禮之文也故知禮樂之情者能作識禮樂之文者能述作者之謂聖述者之謂明明聖者述作之謂也綴謂舞者行位相連綴也兆位外之營兆也裼襲說見曲禮情謂理邃之微奧者知之悉故能作文謂節奏之宣著者識之詳故能述若黃帝堯舜之造律呂垂衣裳禹湯文武之不相沿襲皆聖者之作也周公經制盡取先代之禮樂而參用之兼聖明之作述也季札觀樂而各有所論此明者之述也夫子之聖乃述而不作者有其德無其位故且樂者天地之和也禮者天地之序也和故百物皆化序故羣物皆別樂由天作禮以地制過制則亂過作則暴明

於天地然後能興禮樂也。朱子曰樂由天作屬陽故有運動底意禮以地制如由地出不可移易○劉氏曰前言人樂與天地同和禮與天地同節以成功之所合而言也此言樂者天地之和禮者天地之序以效法之所本而言也蓋聖人之禮樂與天地之陰陽相爲流通故始也法陰陽以爲禮樂終也以禮樂而贊陰陽天地之和陽之動而生物者也氣行而不乖故百物皆化天地之序陰之靜而成物者也質具而有秩故羣物皆別樂由天作者法乎氣之行於天者品而作故動而屬陽聲音氣之爲也禮以地制者法乎質之具於地者而制故靜而屬陰儀則質之爲也過制則失其序如陰過而肅則物之成者復壞矣故亂過作則失其和如陽過而亢則物之生者反傷矣故暴明乎天地之和與序然後能興禮樂以贊化育也

論倫無患，樂之情也；欣喜歡愛，樂之官也；中正無邪，禮之質也；莊敬恭順，禮之制也。若夫禮樂之施於金石，越於聲音，用於宗廟社稷，事乎山川鬼神，則此所與民同也。方氏曰金石聲音特樂而已亦統以禮爲言者凡行禮然後用樂用樂以成禮未有用樂而不爲行禮者也情

官齊制者禮樂之義也金石聲音者禮樂之數也其數可識則民之所同其義難知則君之所獨故於金石聲音曰此所與民同也○劉氏曰論者雅頌之辭倫若律呂之音權其辭足論而音有倫故極其和而無患害此樂之本情也而在人者則以欣喜歡愛為作樂之主焉中者行之無過不及正者立之不偏不倚雖其立之止而行之中故得其序而無邪僻此禮之本質也而在人者則以莊敬恭順為行禮之制焉此聖賢君子之所獨志也若夫施之器而播之聲以事乎鬼神者則衆人之所共知者也

王者功成作樂治定制禮其功大者其樂備其治辯偏者其禮具干戚之舞非備樂也孰亨烹而祀非達禮也五帝殊時不相沿樂三王異世不相襲禮樂極則憂禮粗則偏矣及夫敦樂而無憂禮備而不偏者其唯大聖乎

干戚之舞武舞也不如韶樂之盡善盡美故云非備樂也熟烹牲熟而薦不如古者血腥之祭為得禮意故云非達禮也若素樂而欲極其聲音之娛樂則樂極悲來故云樂極則憂行禮粗畧而不能詳審則節文之儀必有偏失而不舉者故云禮粗則偏矣

惟大聖人則道全德備，雖敦厚於樂而無樂極悲哀之憂，其禮儀備具而無偏粗之失也。天高地下，萬物散殊，而禮制行矣；流而不息，合同而化，而樂興焉。春作夏長，仁也；秋斂冬藏，義也。仁近於樂，義近於禮。樂者敦如字和，率神而從天；禮者別宜，居鬼而從地。故聖人作樂以應天，制禮以配地。禮樂明備，天地官矣。物各賦物而不可以強同，此造化示人以自然之禮制也。綑縕化醇而不容以獨異，此造化示人以自然之樂情也。合同者春夏之仁，故曰仁近於樂。散殊者秋冬之義，故曰義近於禮。敦和，厚其氣之同者；別宜，辨其物之異者。率神所以循其氣之伸者，居鬼所以斂其氣之屈，伸陽而從天，屈陰而從地也。由是言之，則聖人禮樂之精微寓於制作者，既明且備，可得而知矣。官猶主也，言天之生物，地之成物，各得其職也。○劉氏曰：此申明禮者天地之序，樂者天地之和。高下散殊者，質之具，天地自然之序也，而聖人法之，則禮制行矣。同流同化者，氣之行，天地自然之和也，而聖人法之，則樂興焉。春作夏長，天地生物之仁也，氣行而同和，故近於樂；秋斂冬藏，天地成物之義也尊卑具而異其序，故近於禮。此言效法之所本也。敦和者，厚其氣之同；別宜者，辨其質之異。神者陽之靈，鬼者陰之靈。率神以從天者，達其氣之伸而行於天；居鬼而從地者，斂其氣之屈而具於地。蓋樂可以敦厚天神之和，而發達乎陽之所生；禮可以辨別天地之宜，而收斂乎陰之所成。故聖人作樂以應助天之生物，制禮以配合地之成物。禮樂之制作既明且備，則足以裁成其道，輔相其宜，而天之生、地之成各得其職矣。此言成功之所合也。

天尊地卑，君臣定矣。卑高以陳，貴賤位矣。動靜有常，小大殊矣。方以類聚，物以羣分，則性命不同矣。在天成象，在地成形。如此，則禮者天地之別也。此與易繫辭略同，記者引之言

聖人制禮，其本於天地自然之理者如此。定君臣之禮者，取於天地尊卑之勢也。列貴賤之位者，取於山澤卑高之勢也。小者不可爲大，大者不可爲小，小大之殊，取於陰陽動靜之常也。此小大如論語小大由之之義，謂小事大事也。方猶道也，聚猶處也。君臣、父子、夫婦、長幼、朋友各有其道，則各以其類而處之，所謂方以類聚也。物，事也。行禮之事，即謂天理之節文，人事之儀則，行之不止一端，分之必各從其事，所謂物以羣分也。所以

然者以天所賦之命人所受之性自然有此三綱五常之倫其間尊卑厚薄之等不容混而一之也故曰性命不同矣在天成象如衣與旗常之章著為日月星辰之象在地成形如宮室器具各有高卑大小之制是取法於地也由此言之禮之有別非天地自然之理乎○應氏曰此即所謂天高地下萬物散殊而禮制行矣○劉氏曰此又申言禮者天地之序也天地萬物各有動靜之常大者有大動靜小者有小動靜則小大之事有法之而久近之期殊矣方以類聚言中國蠻夷戎狄之民各以類而聚物以羣分言飛潛動植之物各以羣而分則以其各正性命之不同也故聖人亦因之而異其禮矣在天成象則日月星辰之曆數各有其序在地成形則山川人物之等倫各有其儀由此言之則禮者豈非天地之別乎

地氣上（上聲）齊（躋）天氣下降陰陽相摩天地相蕩鼓之以雷霆奮之以風雨動之以四時煖（暄）之以日月而百化興焉如此則樂者天地之和也

應氏曰此即所謂流而不息合同而化而樂興焉○劉氏曰此申言樂者天地之和也齊讀為躋天地相蕩亦言其氣之播蕩也百化興焉所謂天地絪縕而萬物化醇也以上言效法之所本

化

不時則不生男女無辨則亂升天地之情也此言禮樂之得失與天地相關所謂和氣致祥乖氣致異也總結上文兩節之意及夫禮樂之極乎天而蟠乎地行乎陰陽而通乎鬼神窮高極遠而測深厚樂著直畧反太始而禮居成物著如字不息者天也著不動者地也一動一靜者天地之間也故聖人曰禮樂云朱子曰乾知太始坤作成物知者管也乾管却太始太始即物生之始乾始物而坤成之也應氏曰及至也言樂出於自然之和禮出於自然之序二者之用夼塞流行無顯不至無幽不格無高不窮無深不入則樂著乎乾知太始之初禮居乎坤作成物之位而昭著不息者天之所以爲天昭著不動者地之所以爲地著不動者藏諸用也著不息者顯諸仁也天地之間不過一動一靜而已故聖人召揭以示人而名之曰禮樂也或曰不息不動分著以也而一動一靜循環無端者天地之間也[illegible]靜一離則禮樂不容或訟故聖人言禮樂於合[illegible]言之未嘗析而言之也以上言成功之所合〇劉氏曰自一陽生於子至六陽極於巳而爲乾此乾知太始也

自一陰生於午至六陰極於亥而爲坤坤作成物也又乾坤交於否泰一歲則正月泰二壯三夬四乾五姤六遯皆有乾以統陰陰是乾上春夏也七月否八觀九剝十坤子復丑臨皆有坤以統陽陽是坤上秋冬也昔者舜作五絃之琴以歌南風夔始制樂以賞諸侯故天子之爲樂也以賞諸侯之有德者也德盛而教尊五穀時孰然後賞之以樂故其治民勞者其舞行〔綴〕綴〔謚〕遠其治民逸者其舞行綴短故觀其舞知其德聞其謚知其行〔去聲〕也應氏曰勤於治民則德盛而樂隆故舞列遠而長怠於治民則德薄而樂殺故舞列近而短○石梁王氏曰夔制樂豈專爲賞諸侯此數皆無義理大章章之也咸池備矣韶繼也夏大也殷周之樂盡矣疏曰堯樂謂之大章者言堯德章明於天下也咸皆也池之言施也黃帝樂名咸池者言德皆施被於天下無不周徧是爲備具矣韶繼也者言舜之道德繼紹於堯也夏大也禹樂名夏者言能光大堯舜之德也殷周之樂謂湯之大濩武王之大武也盡矣言於人事盡極矣天

地之道寒暑不時則疾風雨不節則饑教者民之寒暑也教不時則傷世事者民之風雨也事不節則無功然則先王之爲樂也以法治也善則行（去聲）象德矣（寒暑者一歲之分劑風雨者一日之氣候教重而事輕故以寒暑喻教而以風雨喻事也然則先王之制禮樂事皆有教是法天地之道以爲治治於天下也猶於政治而無不善則民之行象君之德矣）夫豢豕爲酒非以爲禍也而獄訟益繁則酒之流生禍也是故先王因爲酒禮壹獻之禮賓主百拜終日飲酒而不得醉焉此先王之所以備酒禍也故酒食者所以合歡也樂者所以象德也禮者所以綴（拙）淫也是故先王有大事必有禮以哀之有大福必有禮以樂之哀樂之分（去聲）皆以禮終樂也者聖人之所樂（洛）也而可以善民心其感人深其

移風易俗故先王著其教焉一獻之禮主之饗禮惟一獻也紹丨也大事死喪之事也大福吉慶之事也以大福對大事而言則大事為禍矣哀樂皆以禮終則不至於過哀過樂矣此章言禮勳多而未亦云樂者明禮樂非二用也應氏本漢志俗下增易字音以豉反〇䟽曰按今鄉飲酒之禮是一獻無百拜此云百拜踰多也夫民有血氣心知之性而無哀樂喜怒之常應感起物而動然後心術形焉是故志微噍焦殺色介反之音作而民思去聲憂劉氏曰此申言篇首音之生本在人心之感於物也一條之義民心無常而喜怒哀樂之情應感起於物者而動然後其心術形於聲音矣故采詩可以觀民風審樂可以知國政也志疑當作急急促纖細噍枯殺纖也其哀心感者其聲噍以殺故作樂而有急纖噍殺之音則其民心之哀思憂慼可知矣嘽昌展反諧慢易繁文簡節之音作而民康樂嘽寬諧和慢緩易平也繁文簡節多文理而畧節奏也其樂心感者其聲嘽以緩故此等音作則其民心之安樂可知矣粗厲猛起奮末廣賁扶粉反之音作而民剛毅粗厲

粗踈麤厲也猛威盛兒奮振迅兒起初末終也猛起奮末者猛盛於初發而奮振於終末也廣大賁憤也廣賁言中間絲竹匏土革木之音皆怒也其怒心感者其聲粗以厲故此等音作則可知其民之剛毅廉直勁正莊誠之音作而民肅敬廉有稜隅也勁堅強也其敬心感者其聲直以廉故此等音作則可知其民之肅敬寬裕肉而救反好去聲順成和動之音作而民慈愛考工記註云好璧孔也肉倍好曰璧好倍肉曰瑗肉好均曰環如此則肉乃璧之肉也此言肉好則以璧喻樂音之圓瑩通滑耳其愛心感者其聲和以柔故此等音作則知其民之慈愛流辟邪散狄他歷反成滌濫之音作而民淫亂狄與逖同遠也成者樂之一終狄成言其一終甚長淫泆之意也滌洗也濫侵僭也言其奏之終濫浸僭如以水洗物而浸漬侵濫無分際也此是其喜心感者而其聲然也故聞此音之作則其民之淫亂可知矣是故先王本之情性稽之度數制之禮義合生氣之和道五常之行去聲使之陽而不散陰而不密剛氣不怒柔氣不懾四暢交於

中而發作於外皆安其位而不相奪也然後立之學等廣其節奏省悉井反其文采以繩德厚律小大之稱去聲比毗志反終始之序以象事行使親疏貴賤長幼男女之理皆形見現於樂故曰樂觀其深矣此承上文聲音之應感而言本之情性即民有血氣心知之性喜怒哀樂之情也度數十二律上生下生損益之數也禮義貴賤隆殺清濁高下各有其義也生氣之和造化發育之妙也五常之行仁義禮知信之德也言聖人之作樂本於人心七情所感之音而稽考於五聲十二律之度數而制之以清濁高下尊卑隆殺之節而各得其宜然後用之以合天地生氣之和而使其陽之動而不至於散陰之靜而不至於密道人心五常之行而使剛者之氣不至於怒柔者之氣不至於懾天地之陰陽人心之剛柔四者各得其中而和暢焉則交暢於中而發形於外於是宮君商臣角民徵事羽物皆安其位而不相奪倫也此言聖人始因人情而作樂有度數禮義之詳而以之和天地之氣平天下之情及天氣人情感而大和焉則樂無怗懘之音矣然後推樂之殺以化民成俗也立之學若樂師掌國學之政大

胥掌學士之版是也立之等若十三舞勺成童舞象之頌是也廣其節奏增益學者之所習也省其文采省繁貝音曲之諦使五聲之相和相應若五色之雜以成文采也厚如書稚民生厚之厚以繩德學謂驗約其固有之善而使之成德也律以法度整齊之也比以文亭聯合之也宮音至大羽音至小律之使各得其綴始於黃鍾之初九終於仲呂之上六比之使各得其序以此法象而寫其事之所行如宮為君宮亂則荒之類是故曰以象事行也人倫之理其得失皆可於樂而見之是樂之所觀其義深與矣此古有是言誦若引以為證

土敝則草木不長水煩則魚鼈不大氣衰則生物不遂世亂則禮慝而樂淫是故其聲哀而不莊樂而不安慢易以犯節流湎以忘本廣則容姦狹則思欲感條暢之氣滅平和之德是以君子賤之也

土敝地力竭也故草木不長水煩謂澤梁之入無時水煩擾而魚鼈不得自如故不大也物類之生必資陰陽之氣氣衰耗故生物不得成遂也此三句皆以喻世道衰亂上下無常故禮慝男女無節故樂淫也樂經故哀而不莊樂而不安若關雎樂而不淫哀而不

傷禮慝故慢易以犯節流湎以忘本若于正禮則莊敬不有節知反而報本也廣猶大也狹猶小也言淫樂慝禮大則使人容爲姦宄小則使人思爲貪欲感傷天地條暢之氣滅敗人心和平之德是以君子賤之而不用也感或作戚感條暢之氣則與合生氣之和者反矣滅平和之德則與道五常之行若異矣

凡姦聲感人而逆氣應之逆氣成象而淫樂興焉正聲感人而順氣應之順氣成象而和樂興焉倡和有應回邪曲直各歸其分（去聲）而萬物之理各以類相動也隮曰倡和有應者姦聲正聲感人是倡也而逆氣順氣應之是和也回謂乖違邪謂邪僻及曲之與直各歸其善惡之分限善歸善分惡歸惡分而萬物之情理亦各以善惡之類自相感動也○應氏曰聲感於微而氣之所應者甚速氣應於微而象之所成者甚著成象則有形而可見見乃謂之象也各歸其分者所謂樂之道歸焉耳

是故君子反情以和其志比類以成其行（去聲）姦聲亂色不留聰明淫樂慝禮不接心術惰慢邪辟之氣不設於身體使耳目

鼻口心知百體皆由順正以行其義反情復其情性之正也情不失其正

則志無不和比類分次善惡之類也不入於姦類則行比無不成曰不留不接不設如論語四勿之謂皆反情此類之事如此則百辭從令而義之與比矣此一節乃學者脩身之要法

然後發以聲音而文以琴瑟動以干戚飾以羽旄從以簫管奮至德之光動四氣之和以著萬物之理是故清明象天廣大象地終始象四時周還旋象風雨五色成文而不亂八風從律而不姦百度得數而有常小大相成終始相生倡和清濁迭相為經故樂行而倫清耳目聰明血氣和平移風易俗天下皆寧人章之章成此之備部之繼皆聖人極至之德發於樂者其輝光猶若可見也書言光被四表光天之下皆所謂至德之光也四氣之和四時之和氣也小大終始即前章小大之稱終始之序也佚相為經即前篇還相為宮之謂也〇蹄曰八風八方之風也律十二月之律也距冬至四十五日

條風至條者生也四十五日明庶風至明庶者迎衆也四十五日清明風至清明者芒也四十五日景風至景者大也言陽氣長養也四十五日涼風至涼寒也陰氣行也四十五日閶闔風至閶闔者戒收藏也四十五日不周風至不周者不交也言陰陽未合化也四十五日廣莫風至廣莫者大莫也開陽氣也○方氏曰清明者樂之聲故象天廣大者樂之射故象地○終始者樂之序故象四時周還者樂之節故象風雨○應氏曰五聲配乎五行之色故各成文而不亂八音配乎八卦之風故各從律而不姦自一度行之而至於百則八百度各得其數猶八卦至於六十四而其變無窮也大而日月星辰之度小而百工器物之度各有數焉不止晝夜之百刻也曰不亂不姦以至有常言其常而不紊也曰相成相生以至迭相爲經言其變而不窮也順其常則能極其變矣

故曰樂者樂也君子樂得其道小人樂得其欲以道制欲則樂而不亂以欲忘道則惑而不樂君子之樂道猶小人之樂欲君子以道制欲故坦蕩蕩小人徇欲忘道故長戚戚是故君子反情以和其志廣樂以成其教樂行而民鄉去聲方可以觀德矣承上文而言所

以君子復情和志以脩其身廣樂成教以治乎民及樂之教行而民知向道則可以觀君子之德矣德者性之端也樂者德之華也金石絲竹樂之器也詩言其志也歌詠其聲也舞動其容也三者本於心然後樂器從之是故情深而文明氣盛而化神和順積中而英華發外惟樂不可以為偽石梁王氏曰註以志聲容三者爲本非也德有心爲本性又德之本然後詩歌舞三者出焉○劉氏曰性之端和順積中者也德之華英華發外者也三者謂志也聲也容也志則端之初發者聲容則華之既見者志動而形於詩詩成而求歌其聲歌之不足則不知手舞足蹈而動其容焉三者皆本於心之感物而動然後被之八音之器以及干戚羽旄也情之感於中者深則文之著於外者明如天地之氣盛於內則化之及物者神妙不測也故曰和順積中而英華發外也由此觀之則樂之爲樂可以矯僞爲之乎樂者心之動也聲者樂之象也文采節奏聲之飾也君子動其本樂其象然後治其飾是故先鼓以

警戒三步以見現方再始以著往復亂以飭歸奮疾而不拔蒲末反極幽而不隱獨樂其志不厭其道備舉其道不私其欲是故情見現而義立樂終而德尊君子以好善小人以聽過故曰生民之道樂為大焉動其本之動也心動而有聲聲出而有文采節奏則樂飾矣樂之將動將作必先擊鼓以聳動衆聽故曰先鼓以警戒舞之將作必先三舉足以示其舞之方法故曰三步以見方再始謂一節終而再作也往進也亂終也如云關雎之亂歸舞畢而退就位也再始以著往若再擊鼓以明其進也復亂以飭歸者復擊鐃以謹其退也此兩句言舞者周旋進退之事拔如拔來赴往之拔言舞之容雖若奮迅疾速而不過於疾也樂之道雖曰幽微難知而不隱於人是故君子以之為己則和而平故獨樂其志不厭其道言學而不厭也以之為人則愛而公故備舉其道不私其欲言誨人不倦也情見於樂之初而見其義之立化成於樂之終而知其德之尊君子聽之而好善感發其良心也小人聽之而懲過蕩滌其邪穢也故曰以下亦引古語結之此章諸家皆以為論大武之樂以明伐紂之事

且以再始爲十一年觀兵十三年伐紂此誤矣愚謂此特遂論樂與舞之理如此耳故曰生民之道樂爲大焉豈可以生民之道莫大於戰伐哉

樂也者施去聲也禮也者報也樂樂其所自生禮反其所自始樂章德禮報情反始也

文蔚問如何是章德朱子曰和順積諸中英華發於外便是章著其內之德。馬氏曰樂由陽來陽散其文而以生育爲功故樂主於施禮由陰作陰斂其質而以反朴爲事故禮主於報舜生於紹堯而施及於天下故作大韶武王生於武功而施及於天下故作大武此樂其所自生也萬物本乎天故先王以郊明天之道人本乎祖故王者禘其祖之所自出此反其所自始也。應氏曰樂有發達動盪之和宣播而出於外一出而不可反故曰施禮有交際酬酢之文反復而還於內故曰報韶濩夏武皆章德而導和祭享朝聘皆報情而反始所謂反者有收斂之節也

所謂大輅者天子之車也龍旂九旒天子之旌也青黑緣去聲者天子之寶龜也從之以牛羊之羣則所以贈諸侯也

天子賜車則上公及同姓侯伯金輅異姓則象輅四衛則革輅蕃國則木輅受於天子則總謂

之大輅也龍旂九旒亦上公侯伯則七旒子男則五旒
也寶龜則以青黑爲之緣飾斗牛非一故稱羣此明報
禮之事。石梁王氏曰此八句專言禮
與上下文不相承當是他篇之錯簡樂也者情之不
可變者也禮也者理之不可易者也樂統同禮辨異禮
樂之說管乎人情矣劉氏曰人情感物無常固多變然
既發於聲音而爲樂則其哀樂一
定而不可變矣事理隨時有異固多易也然謂著之節
文而爲禮則其威儀一定而不可易矣惟其不可變故
使人從能思初安能惟始和順道德而總然罔間所謂
統同也惟其不可易故使人親疏有序貴賤有等謹審
節文而截然不亂所謂辨異也此
禮樂之說所以管攝乎人情也窮本知變樂之情也
著誠去上聲偽禮之經也禮樂偩負天地之情達神明之
德降興上下之神而凝是精粗之體領父子君臣之節
朱子曰偩依象也。劉氏曰人情理同而氣異同則本
一異則變多樂以統同故可使人窮其本之同而知其
變之異人情理微而欲危微則誠隱危則偽生禮以辨
異故可使之去其欲之偽而著其理之誠也窮本知變

者誠通之自然故曰情著誠去偽者偽爲之當然故曰經○禮謂禮樂之作道與器未始相離故曰經是精粗之體也

是故大人舉禮樂則天地將爲昭焉天地訢欣合陰陽相得煦呼句反嫗於句反覆方婦反育萬物然後草木茂區句萌達羽翼奮角觡格生蟄蟲昭蘇羽者嫗伏扶又反毛者孕鬻育胎生者不殰讀而卵生者不殈呼闃反則樂之道歸焉耳

大人舉禮樂言聖人在天子之位而制禮作樂也天地將爲昭焉言將以禮樂而昭宣天地化育之道也訢與欣同訢合和氣之交感卽陰陽相得之妙也天以氣煦之地以形嫗之天煦覆而地嫗育是煦嫗覆育萬物也屈生曰句句謂句曲而生者也角之無鰓者曰觡鰓謂角外皮之滑澤者蟄藏之蟲初出如暗而得明如死而更生故曰昭蘇也嫗伏射伏而生孚也孕鬻妊孕而育子也殰未及生而胎敗也殈裂也凡物皆得自生自育而無所害者是皆歸於聖人禮樂參贊之道耳

樂者非謂黃鍾大呂弦歌干揚也樂之末節也故童者舞之鋪筵席陳尊

俎列籩豆以升降爲禮者禮之末節也故有司掌之樂師辨乎聲詩故北面而弦宗祝辨乎宗廟之禮故後尸商祝辨乎喪禮故後主人是故德成而上藝成而下行成而先事成而後是故先王有上有下有先有後然後可以有制於天下也禮樂之事有道有器器所繫皆言禮樂之道以器言謂道之精者非習藝習事者所能知也干揚皆舞者所執商祝習知殷禮者殷尚質喪禮以質爲主故兼用殷禮也北面立之畢也宗廟之敬在尸喪禮之哀在主人在尸與主人之後其輕可知也德行在君尸主人童子有司習於藝宗祝商祝習於事故上下先後之序如此○石梁王氏曰德成而上註云德三德也漢儒之訓解每以三德爲德

魏文侯問於子夏曰吾端冕而聽古樂則唯恐臥聽鄭衛之音則不知倦敢問古樂之如彼何也新樂之如此何也子夏對曰今夫古樂進旅退旅和正以廣弦匏笙

簧會守拊鼓始奏以文復亂以武治亂以相去聲訊疾以雅君子於是語於是道古脩身及家平均天下此古樂之發也歡之故惟恐卧好之故不知倦如彼外之也如此內之也旅衆也或進或退衆皆齊一無參差也和正以廣無姦聲也弦匏笙簧之器雖多必會合相守待擊拊鼓然後作也文謂鼓也武謂金鐃也樂之始奏先擊鼓故云始奏以文亂者卒章之節欲退之時擊金鐃而終故云復亂以武相即拊也所以輔相於樂治亂而使之理故云治亂以相也訊亦治也雅亦樂器也過而失節謂之疾奏此雅器以治譏者之疾故云訊疾以雅也於此而語樂是道古樂之正也知古樂而明脩身之道則家齊國治而天下平矣○方氏曰鼓聲為陽故謂之文鐃聲為陰故謂之武平言無上下之徧均言無遠近之異

今夫新樂進俯退俯姦聲以濫溺而不止及優侏儒儒獶乃刀反雜子女不知父子樂終不可以語不可以道古此新樂之發也進俯退俯謂俯僂曲折行列雜亂也姦聲以濫即前章所謂滌濫之音謂姦邪之聲侵濫不正也溺而不止即前章所溺

狄成之音謂其聲沉淫之义也及俳優雜戲侏儒短小之人如獼猴之狀間雜於男子婦人之中不復知有父子尊卑之等作樂雖終無可言者况可與之言古道乎獶與猱同今君之所問者樂也所好者音也夫樂者與音相近而不同文侯曰敢問何如子夏對曰夫古者天地順而四時當去聲民有德而五穀昌疾疢丑刃反不作而無妖祥此之謂大當然後聖人作為父子君臣以為紀綱紀綱既正天下大定天下大定然後正六律和五聲弦歌詩頌此之謂德音德音之謂樂詩云莫默其德音其德克明克明克類克長克君王去聲此大邦克順克俾讀為比皮义反俾于文王其德靡悔既受帝祉恥施異于孫子此之謂也四時當謂不失其序也妖祥祥亦妖也書言亳有祥大當大化之均調也作為父子君臣以為紀綱是一句讀言聖人立父子君臣之禮為三綱六紀之

目也綱維綱大綱紀附綱小綱綱目則附於紀也三綱謂君為臣綱父為子綱夫為妻綱也六紀謂諸父有善諸舅有義族人有叙昆弟有親師長有尊朋友有舊也先序之以禮乃可和之以樂故然後有正六律以下之事周子曰古者聖王制禮法脩教化三綱正九疇敍百姓大和萬物咸若乃作樂以宣八風之氣以平天下之情意蓋本此此詩大雅皇矣之篇莫靜也德音名譽也俾當依詩作比子夏引詩以證德音之說○嚴氏曰王季雖無心於干譽然其德明而類長而君順而比自不可掩類者明之充君者長之推比者順之積克明謂知此理克類謂觸類而通一理而混融徹上徹下也君又尊於長學記言能為長然後能為君是也以之君臨大邦則克順而能和其民克比而能親其民順言不擾比則雖然相變矣比及文王其德無有可悔從容中道無毫髮之慊也言王季之德傳於文王而益盡故能受天之福而延于子孫也

今君之所好者其溺音乎文侯曰敢問溺音何從出也子夏對曰鄭音好濫淫志宋音燕女溺志衛音趨促數速煩志齊音敖去聲辟匹亦力喬驕志此四者皆淫於色而害於德是以祭祀

弗用也溺音淫溺之音也濫者濫觴之義謂泛及鄭音之色也燕者宴安之義謂耽於燕樂而不反趨數迫促而疾速也敖者傲僻而偏邪也四者皆以忘言淫溺較深煩驕較淺然皆以害德故不可用之祭祀詩云肅雝和鳴先祖是聽夫肅肅敬也雝雝和也夫敬以和何事不行詩周頌有瞽之篇因上文言溺音害德祭祀弗用故引之爲人君者謹其所好惡而已矣君好之則臣爲之上行之則民從之詩云誘民孔易此之謂也德音之正溺音之邪皆易以感人故人君不可不謹所好惡也詩大雅板之篇誘詩作牖然後聖人作爲鞉鼓椌腔楬丘八反壎音篪池此六者德音之音也然後鍾磬竽瑟以和之干戚旄狄以舞之此所以祭先王之廟也所以獻酬酳酢也所以官序貴賤各得其宜也所以示後世有尊卑長幼之序也鞉如鼓而小持柄搖之旁耳自擊椌楬柷敔也壎六孔燒土爲之篪大者長尺四寸小者

尺二寸竹也六者皆質素之聲故云德音既用質素為本然後用鐘磬竽瑟四者華美之音以贊其和干楯也戚斧也武舞所執旄旄牛尾也狄翟雉羽也文舞所執此則宗廟之樂也諸說見前篇有事於宗廟則自獻酬酳酢之禮也宗廟朝廷無非禮樂之用所以貴賤之官序長幼之尊卑自今日而垂之後世○

鐘聲鏗鏗以立號號以立橫古曠反橫以立武君子聽鐘聲則思武臣鏗然有聲號令之象也號令欲其威嚴橫則盛氣之充滿也令嚴氣壯立武之道故君子聽之而思武臣

石聲磬上聲磬以立辨辨以致死君子聽磬聲則思死封疆之臣舊說磬讀為罄上聲謂其聲音罄罄然所以為辨別之意死生之際非明辨於義而剛介如石者不能決封疆之臣致守於彼此之限而能致死於患難之中故君子聞聲而知所思也

絲聲哀哀以立廉廉以立志君子聽琴瑟之聲則思志義之臣人之處心雖當放逸之時而忽聞哀怨之聲亦必為之惻然而收斂是哀能立廉也絲聲悽切有廉隅截割之義人有廉隅則志不誘於欲士無故不去琴瑟有以也夫

竹聲濫上聲濫以立會會以

聚衆君子聽竽笙簫管之聲則思畜敕六反聚之臣舊說濫為擥聚之義故可以會可以衆畜聚之臣謂節用愛人容民畜衆者非謂聚斂之臣也○劉氏曰竹聲汎濫汎則廣及於衆而衆以歸之故以立會聚而君子聞竹聲則思容民畜衆之臣也鼓鼙之聲讙讙以立動動以進衆君子聽鼓鼙之聲則思將帥之臣君子之聽音非聽其鏗鏘而已也彼亦有所合之也讙謂讙囂也其聲諠譁使人心意動作故能進發其衆前言武臣此言之也此事指將帥而言蓋師以鼓進而進之權在士將也彼謂樂聲也合之契合於心也○應氏曰八音舉其五而不言匏土木者匏聲䥷滯土聲重濁木聲樸質而無輕清悠颺之韻然木以擊鼓而匏亦在竽笙之中矣賓牟賈侍坐於孔子孔子與之言及樂曰夫武之備戒之已久何也對曰病不得其衆也賓牟姓賈名孔子問大武之樂先擊鼓備戒已久乃始作舞何也賈答言武王伐紂之時憂病不得士衆之心故先鳴鼓以戒衆久乃出戰今欲象此故令舞者久而後出也咏歎之淫液

之何也對曰恐不逮事也此亦孔子問而賈荅也咏歎長聲而歎也淫液聲音之連延流液不絶之貌逮及也言武王恐諸侯後至者不及戰事故長歌以致其望慕之情也發揚蹈厲之已蚤何也對曰及時事也問初舞時即手足發揚蹈地而猛厲何其太早乎賈言象武王及時伐紂之事故不可緩然下文孔子言是太公之志則此荅非也武坐致右憲軒左何也對曰非武坐也坐跪也問舞武樂之人何故忽有時而跪以右膝至地而左足仰之何也憲讀為軒軒之軒賈言非武人坐舞法無坐也然下文孔子言武亂皆坐是周召之治則武舞有坐此荅亦非也聲淫及商何也對曰非武音也子曰若非武音則何音也對曰有司失其傳也若非有司失其傳則武王之志荒矣子曰唯丘之聞諸萇弘亦若吾子之言句是也淫貪欲之意也武樂之中有貪商之聲則是武王貪欲紂之天下故取之也賈言非武樂之聲也孔子又問既非武樂之聲則是何樂聲乎賈又言出典樂之官失其相傳之義若非失其所傳之義而謂武王

實有心於取商則是武王之志有荒謬矣豈精明神武應天順人之志哉孔子於是然其言而謂其言與萇弘相似也一說商謂商聲爲殺伐之聲淫謂商聲之長也若是武樂之音則是武王有貪殺之心矣故云志荒也賓牟賈起免席而請曰夫武之備戒之已久則既聞命矣敢問遲之遲而又久何也子曰居吾語去聲汝夫樂者象成者也揔干而山立武王之事也發揚蹈厲太公之志也武亂皆坐周召之治也免席避席也備戒已久所謂遲也久立於綴是遲而又久也孔子言作樂者微象其成功故將舞之時舞人揔持干盾如山之立巍然不動此象武王持盾以待諸侯之至故曰武王之事也所以發揚蹈厲象太公威武鷹揚之志也亂樂之卒章也上章言復亂以武言武舞將終而坐象周公召公文德之治蓋以文而止武也且夫武始而北出再成而滅商三成而南四成而南國是疆五成而分周公左召公右六成復綴綴以崇天子成者曲之一終書云簫韶九成孔子又言武之舞也初自南第

一位而北至第二位故云始而北出也此是一成亦成閱舞者從第二位至第三位象滅商也三成則舞者從第三位至第四位極於北而反乎南象克殷而南疆也四成則舞者從北頭第一位却至第二位象伐紂之後疆理南方之國也五成則舞者從第二位至第三位分為左右象周公居左召公居右也綴謂南之初位也六成則舞者從第三位而復于南之初位樂至六成而復初位象武功成而歸鎬京四海皆崇武王為天子矣○陳氏曰樂終而德尊也

夾振之而駟伐盛威於中國也

此又申言武始北出以下事二人夾舞者而振鐸以為節則舞者以戈矛四次擊刺象伐紂也駟讀為四四伐如泰誓四伐五伐之伐也象武王之兵所以盛威於中國也一說引君執干戚就舞位讀天子連下句但諸註以崇訓充則未可通耳四伐或象四方征伐武勝殷而滅國者五十則亦有東征西討南征北伐之事矣

分去聲夾而進事蚤濟也久立於綴以待諸侯之至也

分部分也舞者各有部分而振鐸者夾之而進也濟猶成也伐紂王之事為早成也舞者久立於所綴之位象武王待諸侯之集也二

且女獨未聞牧野之語乎武王克殷反及商未及下車

而封黃帝之後於薊言封帝堯之後於祝封帝舜之後於陳下車而封夏后氏之後於杞投殷之後於宋封王子比干之墓釋箕子之囚使之行去聲商容而復其位庶民弛政庶士倍祿反讀為及言牧野克殷師之後即至紂都也殷後不曰封而曰投者舉而從置之辭也然封微子於宋在成王時此特歷敘黃帝堯舜禹湯之後而言之耳其曰未及下車而封與下車而封先後之辭讀者不以辭害意可也行商容即書所謂式商容閭也弛政解散紂之虐政也一說謂蠲其征役倍祿祿薄者倍增之也

濟河而西馬散之華山之陽而弗復乘牛散之桃林之野而弗復服車甲衅許靳反而藏之府庫而弗復用倒載干戈包之以虎皮將去聲帥之士使為諸侯名之曰建上聲櫜高然後天下知武王之不復用兵也衅與釁同以血塗之也凡兵器之載出則刃向前入則刃向後今載還鎬京而刃向後有似於倒故云倒載也建讀為鍵

鍵也櫜韜兵器之具兵器皆以鍵櫜閉藏之示不復用也封將帥為諸侯賞其功也今詳文理名之曰建櫜句當在虎皮之下將帥之上散軍而郊射左射石貍首右射騶虞而貫革之射息也裨冕搢笏而虎賁之士說脫劍也祀乎明堂而民知孝朝覲然後諸侯知所以臣耕藉然後諸侯知所以敬五者天下之大教也散軍放散軍伍也郊射習射於郊學之中也左東學也在東郊東學之射歌貍首之詩以為節右西學在西郊西學之射則歌騶虞之詩以為節也貫穿甲革甲鎧也軍中不習禮其射也主於穿札今既行禮射則此射止而不為矣裨冕見曾子問搢插也說劍解去其佩劍也食嗣三老五更平聲於大泰學天子袒而割牲執醬而饋執爵而酳冕而總干所以教諸侯之弟也若此則周道四達禮樂交通則夫武之遲久不亦宜乎冕而總干謂首戴冕而手執干盾也總說各屬前篇孔子語賓牟賈識樂之辯其言止此君子曰禮樂不可

斯須去身致樂以治心則易直子諒之心油然生矣易直子諒之心生則樂樂則安安則久久則天天則神天則不言而信神則不怒而威致樂以治心者也致謂研窮其理也樂由中出故以治心言之子諒從朱子說讀爲慈良樂之感化人心至於天而且神可以識窮本知變之妙矣○朱子曰易直子諒之心一句從來說得無理會却因見韓詩外傳子諒作慈良字則無可疑矣致禮以治躬則莊敬莊敬則嚴威心中斯須不和不樂而鄙詐之心入之矣外貌斯須不莊不敬而易慢之心入之矣禮自外作故以治躬言之此言著誠去僞之心不可少有間斷故樂也者動於內者也禮也者動於外者也樂極和禮極順內和而外順則民瞻其顏色而弗與爭也望其容貌而民不生易慢焉故德煇動於內而民莫不承聽理發諸外而民莫

不承順故曰致禮樂之道舉而錯之天下無難矣動於內則能治心矣動於外則能治躬矣極和極順則無斯須之不和不順矣所以感人動物其效如此德以輝言乃英華發外之驗理發諸外是動容周旋之中禮君子極致禮樂之道其於治天下乎何有

樂也者動於內者也禮也者動於外者也故禮主其減樂主其盈禮減而進以進為文樂盈而反以反為文禮減而不進則銷樂盈而不反則放故禮有報亦字而樂有反禮得其報則樂樂得其反則安禮之報樂之反其義一也馬氏曰以躰言之禮減樂盈以用言之禮進樂反樂動於內故其躰主盈蓋樂由中出而為人心之所喜禮動於外故其躰主減蓋禮自外作而疑先王有以強世也禮主減故勉而作之而以進為文樂主盈故反而抑之而以反為文故七介以相見不然則已愨三辭三讓而至不然則已蹙一獻之禮而賓主百拜日莫人倦而齊莊正齊此皆勉而進之者也進旅退旅以示其和弦匏笙簧會守拊鼓以示其統治亂則以相訊疾則以雅作之以制止

之以敵此者反而抑之者也減而不進則幾於息矣故銷盈而不反則至於流矣故放先王知其易偏故禮則有報樂則有反禮有報者資於樂也樂有反者資於禮也。劉氏曰禮之儀動於外必謙卑退讓以自牧故主於減殺樂之德動于中必和順充積而後形故主於盈盛蓋樂由陽來故盈禮自陰作故減也然禮之躰雖主於退讓而其用則貴乎行之以和故以進為文樂之躰雖主於充盛而其用則貴乎抑之以節故以反為文也禮若過於退讓而不進則威儀銷沮必有禮勝則離之失樂過於盛滿而不反則意氣放肆必有樂勝則流之弊故禮必有和以為減之報報者相濟之意也樂必有節以為盈之反反者知止之謂也禮減而得其和以相濟則從容於愛而樂矣此樂以和禮也樂盈而得其節以知止則優柔平中而安矣此禮以節樂也禮樂相須並用而一歸於無過無不及之中而合其事理之宜故曰禮之報樂之反其義一也

夫樂者樂洛也人情之所不能免也樂必發於聲音形於動靜人之道也聲音動靜性術之變盡於此矣故人不耐能無樂樂不耐無形形而不為道不耐無亂先王恥其亂故

制雅頌之聲以道之使其聲足樂而不流使其文足論而不息使其曲直繁瘠廉肉（而救反）節奏足以感動人之善心而已矣不使放心邪氣得接焉是先王立樂之方也

方氏曰聲足樂者樂其道文足論者論其理也道所以制用而有節故雖樂而不至於流理所以明義而無窮故可論而不至於息曲者聲之柔若絲是也直者聲之剛若金是也繁者聲之雜若笙是也瘠者聲之純若磬是也廉者聲之清若羽是也肉者聲之濁若宮是也節者聲之制若織是也奏者聲之作若合是也○劉氏曰人情有所樂而發於詠歌詠歌之不足而不知手舞足蹈則性情之變盡於此矣故人情不能無樂樂於中者不能不形於外而為歌舞形於歌舞而不為文律以道之於禮義則必流於荒亂矣先王恥其然故制為雅頌之聲詩以道迪之使其聲音足以為樂而不至於流放使其文理足以為講明而不至於怠息使其樂律之清濁高下或宛轉而曲或徑出而直或豐而繁或殺而瘠或稜隅而廉或圓滑而肉或止而節或作而奏皆足以感發人之善心而不使放肆之心邪僻之氣得接於吾身焉是乃先王立樂之方法也

是故樂

在宗廟之中君臣上下同聽之則莫不和敬在族長鄉里之中長幼同聽之則莫不和順在閨門之内父子兄弟同聽之則莫不和親故樂者審一以定和比物以飾節節奏合以成文所以合和父子君臣附親萬民也是先王立樂之方也應氏曰一者心也心一而所應者不一守一以凝定其和雜比以顯飾其節及其成文可以合和至親至嚴之倫附親其至踈至衆者蓋樂發於吾心而感於人心無二理也○劉氏曰作樂之道先審人聲之所形或風或雅或頌或喜或敬或愛各從一體以定其調度之和然後比之樂器之物以飾其節奏此一條言樂以和禮也故聽其雅頌之聲志意得廣焉執其干戚習其俯仰詘伸容貌得莊焉行其綴兆要平聲其節奏行杭列得正焉進退得齊焉故樂者天地之命中和之紀人情之所不能免也天地之數命中和之統紀所以防範人心者在是日新日

正曰齊曰綴言禮之節樂皆夫樂者先王之所以飾喜也軍旅鈇鉞者先王之所以飾怒也故先王之喜怒皆得其儕柴焉喜則天下和之怒則暴亂者畏之先王之道禮樂可謂盛矣皆得其齊言各從其類喜非私喜怒非私怒也子贛見師乙而問焉曰賜聞聲歌各有宜也如賜者宜何歌也師乙曰乙賤工也何足以問所宜請誦其所聞而吾子自執焉寬而靜柔而正者宜歌頌廣大而靜疏達而信者宜歌大雅恭儉而好禮者宜歌小雅正直而靜廉而謙者宜歌風肆直而慈愛者宜歌商溫良而能斷者宜歌齊夫歌者直己而陳德也動己而天地應焉四時和焉星辰理焉萬物育焉子贛孔子弟子端木賜也樂師名乙各有宜言取詩之興歎以哩其情性使合於宜也有此德而宜

此歌是正直己身而敷陳其德也故曰直己而陳德動己性天之德行也動天地感鬼神莫近於詩有四者之態○方氏曰肆寬大而舒緩也商音剛決故性之柔緩者宜歌之而變其柔爲剛斷齊音柔緩故性剛決者宜歌之而終至於柔遜蓋各齊其所偏而融會之於平和之地也

故商者五帝之遺聲也商人識志之故謂之商齊者三代之遺聲也齊人識之故謂之齊明乎商之音者臨事而屢斷明乎齊之音者見利而讓臨事而屢斷勇也見利而讓義也有勇有義非歌孰能保此保猶安也言安於勇安於義而不移也○疏曰宋是商後此商人謂宋人也

故歌者上如抗下如隊墜曲如折止如槀木倨中去聲矩句中鉤纍纍乎端如貫珠故歌之爲言也長言之也說悅之故言之言之不足故長言之長言之不足故嗟歎之嗟歎之不足故不知手之舞之足之蹈之也子貢

問樂上如抗下如隊言歌聲之高者如抗舉其下者如墜墜也槀木枯木也倨微曲也句甚曲也端正也長言之所謂歌求言也○朱子曰看樂記大段形容得樂之氣象當時許多名物度數人人曉得不須說出故止說樂之理如此其妙今許多度數都沒了只有許多樂之意思是好只是沒頓放處又曰今禮樂之書皆亡學者但言其義至於器數則不復曉蓋失其本矣

禮記卷第十一

禮記卷第十二

後學東匯澤陳澔　集說

雜記上第二十

諸侯行而死於館則其復如於其國如於道則升其乘去聲車之左轂以其綏而追反復館謂主國有司所授館舍也復招魂復魄也如於其國其禮如在本國也道路也乘車其所自乘之車也在家則升屋之東榮車向南則左在東也綏讀爲緌旌旗之旌也去其旒而用之耳凡五等諸侯之復人數視命數公轂上狹止容一人其輤千見反有裧尺占反緇布裳帷素錦以爲屋而行輤載柩之車上覆飾也輤象宮室舊說輤用裧赤色以蒨而名裧者輤之四旁所垂下者緇布裳帷者輤下旁外用緇色之布爲裳帷以圍繞棺也素錦以爲屋者用素錦爲小帳如屋以覆棺之上設此飾乃行也至於廟門不毁牆遂入適所殯唯輤爲說脫於廟門外廟門殯宮之門也不毁牆謂不拆去裳帷也所

（殯在兩楹間脫輤於門外者既入宮室則不必象宮之輤也故脫之）大夫士死於道則升其乘車之左轂以其綏復如於館死則其復如於家大夫以布爲輤而行至於家而說輤載以輲（遄）車入自門至於阼階下而說車舉自阼階升適所殯（布輤以白布爲輤也輲讀爲輇音與輲同說文有輻曰輪無輻曰輇有輻者別用木以爲輻也無輻者合大木爲之也大夫初死及至家皆用輇車載之今至家而脫去輤則惟尸在輇車上耳故云載以輇車及死於外者尸入自門升自阼階柩則入自闕升自西階周禮殯則於西階之上惟死於外者殯當兩楹之中蓋不忍遠之也）士輤葦席以爲屋蒲席以爲裳帷（士卑故質略如此）凡訃於其君曰君之臣某死父母妻長子曰君之臣某之某死君訃於他國之君曰寡君不祿敢告於執事夫人曰寡小君不祿大子之喪曰寡君之適（的）子某死（君與夫人訃不曰薨而曰不祿告他國謙辭也）

敢告於隸事者凶事不敢直指君身也

大夫訃於同國適者曰某不祿訃於士亦曰某不祿訃於他國之君曰君之外臣寡大夫某死訃於適者曰吾子之外私寡大夫某不祿使某實訃於士亦曰吾子之外私寡大夫某不祿使某實適者謂同國大夫位命相敵者外私在他國而私有恩好者也實讀為至言為訃而至此也士訃於同國大夫曰某死訃於士亦曰某死訃於他國之君曰君之外臣某死訃於大夫曰吾子之外私某死訃於士亦曰吾子之外私某死士卑故其辭降於大夫

大夫次於公館以終喪士練而歸士次於公館大夫居廬士居堊室此言君喪則大夫居喪之次在公館之中終喪乃得還家君邑宰之士至小祥得還其所治之邑具朝廷之士亦當次公館以待終喪廬在中門外東壁倚木為之故云倚廬堊室在中門外屋下壘墼為之不塗墍○劉氏曰鄭云君

堊室亦謂邑宰也朝士亦居廬蓋斬衰之喪居廬爲說練居堊室朝士大夫皆斬衰未練時皆當居廬也大夫爲去聲其父母兄弟之未爲大夫者之喪服如士服石梁王氏曰父母喪自天子達周人重爵施於尊親乃異其服非也周公制禮時恐其弊未至此士爲去聲其父母兄弟之爲大夫者之喪服如士服大夫之適的子服大夫之服大夫適子雖未爲士亦得服大夫之服則爲士而服大夫服可知矣今此所言士是大夫之庶子爲士者也庶子卑故不敢服尊者之服所以止如士服也孟子言齊疏之服自天子達而此經之文皆此義大夫喪禮亡不得聞其說之詳矣大夫之庶子爲大夫則爲去聲其父母服大夫服其位與未爲大夫者齒大夫庶子君爲大夫夫可以大夫之喪服喪其親然其行仇之處則與適子之未爲大夫者相齒列○疏曰此庶子雖爲大夫其年雖長於適子猶在適子下使適子爲主也士之子爲大夫則其父母弗能主也使其子主之無子則爲去聲夫之置後石梁王氏曰此最無義理充其說則是子

爵高父母遂不能子之辨可臣瞽瞍皆齊東野人語也大夫卜宅與葬日有司麻衣布衰催布帶因喪屨緇布冠不蕤如追反占者皮弁卜宅卜葬地也有司謂卜筮之人也麻衣亦深衣布衰者以三升半布為衰長六寸廣四寸綴於衽衣前當胸之上布帶以布為帶也因喪屨因喪服之繩屨也蕤與緌同古者緇布冠無緌後代加蕤故此明言之也有司為卜故用半吉半凶之服占者卜龜之人也尊於有司故皮弁其服亦吉也皮弁者於天子則為視朝之服諸侯大夫士則為視朔之服也如筮則史練冠長衣以筮占者朝服史筮筮人也練冠縞冠也長衣與深衣制同而以素為純緣占者審卦爻吉凶之人也朝服卑於皮弁服以筮輕於卜也大夫之喪既薦馬薦馬者哭踊出乃包奠而讀書薦進也駕車之馬每車二匹按既夕禮柩初出至祖廟設遷祖之奠訖乃薦馬至日側祖奠之時又薦馬明日設遣奠將又薦馬此言既薦馬謂遣奠時也馬至則車將行故孝子感之而哭踊包奠者取遣奠牲之下體包裹而置於遣車以送死者馬至在包奠之前而云出乃包奠者明包奠為出之證也讀書者既夕云書賵於方方版

也謂書賵奠賻贈之人名與其物於版柩將行主人之史於柩東西面而讀之此明大夫之禮與士同

大夫之喪大宗人相去聲小宗人命龜卜人作龜大宗人小宗人即大宗伯小宗伯也相佐助禮儀也命龜告龜以所卜之事也作龜鑽灼之也○劉氏曰大宗人或是都宗人小宗人或是家宗人掌都家之禮者

復諸侯以褒衣冕服爵弁服復解見前褒衣者始命為諸侯之衣及朝覲時天子所加賜之衣也冕服者上公自袞冕而下備五冕之服侯伯自鷩冕而下其服四子男自毳冕而下其服三諸侯之復也兼用褒衣及冕服爵弁之服也

夫人稅彖衣揄搖狄狄稅素沙此言夫人始死所用以復之衣也稅衣色黑而緣以纁揄與搖同揄狄色青江淮而南青質而五色皆備成章曰搖狄狄當為翟雉名也出服蓋畫搖翟之形以為文章因名也狄稅素沙言自揄翟至稅衣皆用素沙為裏即今之白絹也○按內司服六服者褘衣揄狄闕狄鞠衣展衣緣衣也○儀禮詩云王之服九而祭服六后之服六而祭服三王之服衣裳之色異后之服連衣裳而其色同以婦人之德本末純一故也王之服襌而無裏后之服裏而不襌以陽成於奇陰成於偶故也

內子以鞠衣褒衣

素沙下大夫以襢之彥反衣其餘如士復西上內子卿之嫡妻也其復用鞠衣此衣蓋始命爲內子時所襃賜者故云鞠衣襃衣也亦以素沙爲裹下大夫謂下大夫之妻也襢周禮作展其餘如士者謂士妻之復用緣衣內子與下大夫之妻復亦兼用緣衣也復西上者復之人數多寡各如其命數君上公九命則復者九人以下三命則用三人北面則西在左左爲陽尊其復生故尚左也尊者立於左

大夫不揄揺絞交屬燭於池下此言大夫喪車之飾揄揺狄也絞青黃之繒也池織竹爲之形如籠衣以青布若諸侯以上則畫揄翟於池絞而屬於池之下大夫降於人君故不揄絞屬於池下也

大夫附於士士不附於大夫附於大夫之昆弟無昆弟則從其昭穆雖王父母在亦然附讀爲祔祖爲士孫爲大夫而所可以祔祭於祖之爲士者故曰大夫祔於士若祖爲大夫孫爲士而死不可祔祭於祖之爲大夫者惟得祔祭於大夫之兄弟爲士者故曰士不祔於大夫祔於大夫之昆弟若祖之兄弟無爲士者則從其昭穆謂祔於高祖之爲士者若高祖亦是大夫則祔於高祖昆弟之爲士者也雖王父母在亦然者謂孫死應合祔於祖今祖尚

存無可祔亦是祔於高祖也小記云中一以上而祔祔與此義同婦附於其夫之所附之妃無妃則亦從其昭穆之妃妾附於妾祖姑無妾祖姑則亦從其昭穆之妾夫所祔之妃夫之祖母也昭穆之妃亦謂間一代而祔高祖之妃也妾亦然男子附於王父則配女子附於王母則不配男子死而祔祖者其祝辭云以某妃配某氏是并祭王母也未嫁之女及嫁未三月而死歸葬女氏之黨者其祔於祖母若惟得祭祖母不祭王父也故云祔於王母則不配蓋不言以某妃配某氏耳有事於尊者可以及卑有事於卑者不敢援尊也公子附於公子疏曰若公子之祖為君公子不敢祔之祔於祖之兄弟為公子者不敢戚君故也君薨大子號稱子待猶君也君在稱世子君薨則稱子踰年乃得稱君也僖九年傳云凡在喪王曰小童公侯曰子待猶君者謂與諸侯並列與待之禮猶如正君也有三年之練冠則以大功之縗易之唯杖屨不易大功之縗為殤者凡九條其長殤皆九月中殤皆七月皆降服也又有降服者八條正服者五條正服不降者三條義服者

者二條皆九月詳見儀禮儿章言居三年之喪至練時首絰已除故云有三年之練冠也當此時忽遭大功之喪若是降服則其衰七升與降服齊衰葬後之服同故以此大功之麻絰易去練服之葛絰也惟杖屨不易者言大功無杖無可改易而三年之練與大功初喪同是繩屨耳有父母之喪尚功衰而附兄弟之殤則練冠附句於殤稱陽童某甫不名神也三年喪練後之衰升數與大功同故云功衰也此言居父母之喪猶尚身著功衰而小功兄弟之殤又當祔祭則仍用練冠而行禮不改服也祝辭稱陽童者庶子之殤祭於室之白處故曰陽童宗子為殤則祭於室之奥故稱陰童童者未成人之稱也今按已是曾祖之適與小功兄弟同曾祖其死者及其父皆庶人不得立祖廟故曾祖之適孫為之立禰而祔之若已是祖之適孫則大功兄弟之殤得祔祖廟其小功兄弟之殤則祖之兄弟之後也今以練冠而祔謂小功及緦麻之殤耳若正服大功則變練冠矣某甫者為之立字而稱之蓋尊而神之則不可以名呼之也凡異居始聞兄弟之喪唯以哭對可也其始麻散帶絰兄弟異居而訃至唯以哭對其來訃之人以哀傷之情重不暇他言也其帶絰之麻

給皆散垂謂大功以上之兄弟至三日而後絞之也小功以下不散垂未服麻而奔喪及主人之未成絰也疏者與主人皆成之親者終其麻帶絰之日數若聞訃未及服麻而即奔喪者以道路既近聞死即來此時主人未行小斂故未成絰小功以下謂之疏疏者値主人成服之節則與主人皆成之大功以上謂之親親者奔喪而至之時雖値主人成服已必自終竟其散麻帶絰之日數而後成服也主妾之喪則自祔至於練祥皆使其子主之其殯祭不於正室女君死而妾攝女君此妾死則君主其喪其祔祭亦君自主若練與大祥之祭則其子主之殯祭不於正室者雖嘗攝女君猶降於正適故殯與祭不得在正室也不攝女君之妾君則不主其喪君不撫僕妾死而君不撫其尸者略於賤也女君死則妾爲去聲女君之黨服攝女君則不爲先女君之黨服女君死而妾猶服其黨是徒從之禮也妾攝女君則不服以攝位稍尊也聞兄弟之喪大功以上上聲見喪者之鄉而哭奔喪禮云齊衰望鄉而哭大功望門而哭此言大功

以上謂降服大功者也
凡喪服降服重於正服適如字兄弟之送葬者弗及遇主
人於道則遂之於墓適往也往送兄弟之葬而不及當送之時乃遇主人葬畢而反則此
送者不可隨主人反哭必自至墓所而後反也凡主兄弟之喪雖疏亦虞之小功
緦麻疏服之兄弟也彼無親者士之而凡主其喪則當爲之畢虞祔之祭也凡喪服未畢有
弔者則爲位而哭拜踊疏曰不以殺禮而待新弔之賓也言凡者五服悉然大夫
之哭大夫弁絰大夫與去聲殯亦弁絰大夫之喪既成服而大夫往弔則身
著錫衰首加弁絰弁絰者如爵弁而素加以環絰也若與其殯事是未成服之時也首亦弁絰但身不錫衰耳
不錫衰則皮弁服也大夫有私喪之葛則於其兄弟之輕喪則弁
絰私喪妻子之喪也卒哭以葛代麻於此時而遭兄弟之喪雖緦麻之輕亦用弔服弁絰而往不以私喪之
末臨兄弟也大夫降旁親於緦麻兄弟無服○疏曰若已成服則錫衰未成服則身素裳而首弁絰也爲
長子杖則其子不以杖即位其子長子之子也祖不厭孫此長子之子亦得杖但

與祖同處不得以杖爲若已位耳

爲妻父母在不杖不稽顙此謂適子妻死而父母俱存故其禮如此然大夫主適婦之喪故其夫不杖若父沒母存母不主喪則子可以杖但不稽顙耳此并言之讀者不以辭害意可也

以母在不稽顙稽顙者其贈也拜贈謂人以物來贈已助喪事也母在雖不稽顙惟拜謝此贈物之人則可以稽顙故云稽顙者其贈也拜一說贈謂以物送死者即既夕禮所云贈用制幣也

違諸侯之大夫不反服違大夫之諸侯不反服違去也已本是國君之臣今去國君而往爲他國大夫之臣是自尊適卑若舊君死已不爲反服以仕於卑臣不可反服於前之尊君也本是大夫之臣今去而仕爲諸侯之臣是自卑適尊若反服卑君則爲新君之臣矣故亦不反服若新君與舊君等乃爲舊君服也

喪冠條屬燭以別吉凶三年之練冠亦條屬右縫小功以下左喪冠以一條繩屈而屬於冠以爲冠之武而垂下爲纓故云喪冠條屬屬猶著也言著於冠也是纓與武共此一繩若吉冠則纓與武各一物玉藻云縞冠玄武之類是也吉凶之制不同故云別吉凶也三年練冠小祥之冠也其條屬亦然吉冠則

襵縫向左左爲陽吉也凶冠則襵縫向右右爲陰凶也小功緦麻之服、輕故襵縫向左而同於吉緦冠繰皁纓大功以上散帶緦服之縷其麤細與朝服十五升之布同而縷數則半之治其縷不治其布冠與衰同皁此布也但爲纓之布則加以灰湅治之耳故曰緦冠繰纓繰讀爲澡大功以上服重初死麻帶散垂至成服乃絞小功以下初死即絞也朝服十五升去上聲其半而緦加灰句錫也朝服精細全用十五升布爲之去其半則七升半布也用爲緦服緦云者以其縷之細如絲也若以此布而加灰以澡治之則謂之錫所謂弔服之錫衰也錫者滑易之貌緦服不加灰治也朝服一千二百縷終幅緦之縷細與朝服同但其布終幅止六百縷而踈故儀禮云有事其縷無事其布曰緦諸侯相襚以後路與冕服先路與襃衣不以襚後路貳車也貳車在後故曰後路冕服上冕之後次冕也上公以鷩冕爲次侯伯以毳冕爲次子男以絺冕爲次先路正路也襃衣袞冕前章相襚不可用己之正車服者以彼不用之以爲正也遣去聲車視牢具疏布輤四面有章去聲置于四隅載粻張有子曰非禮也喪奠脯醢而已。遣車疏見檀弓釋牢具者天子太牢包九个則遣車九乘諸侯太牢包七个則七乘大夫亦太牢包五个則五乘天子之上士三命少牢包三个則三乘也諸侯之士無遣車遣車之上以葦布為輤輤蓋也四面有物以鄣蔽之章與鄣同四隅撐之四角也粻米糧也遣奠之饌無黍稷故有子以載粻為非禮牲體則脯醢之義也

祭稱孝子孝孫，喪稱哀子哀孫。端衰喪車皆無等。祭吉祭也卒哭以後為吉祭故祝辭稱孝子或孝孫自虞以前為凶祭故稱哀端正也端衰喪服上衣也吉時玄端服身與袂同以二尺二寸為正喪衣亦如之而縫六寸之衰於胷前故曰端衰也喪車孝子所乘惡車也此二者皆無貴賤之差等

大白冠、緇布之冠皆不蕤，委武玄縞而后蕤。大白古之白布冠也緇布冠黑布冠也此二冠無飾故皆不蕤然玉藻云緇布冠繢緌是諸侯之冠則此不緌者謂大夫士也委武皆冠之下卷秦人呼卷為委齊人呼卷為武玄玄冠也縞縞冠也玄冠二冠既別有冠卷則必有蕤故云委武玄縞而后蕤也

大夫冕而祭於公，弁而祭於己；士弁而祭於公，冠而祭於己；士弁而親迎去聲，然則士

弁而祭於己可也冕絺冕也祭於公助君之祭也弁爵弁也祭於己自祭其廟也冠玄冠也助祭爲尊自祭爲卑故冠服有異也儀禮少牢上大夫自祭用玄冠此云弁而祭於己者此大夫指孤卿言也記者以士之親迎用弁以爲可以弁而祭於己然親迎之弁暫焉攝用耳祭有常禮不可參也暢臼以椈菊杵以梧枇比以桑長去聲三尺或曰五尺畢用桑長三尺刊其柄與末暢鬱鬯也椈柏也擣鬱鬯者以柏木爲臼梧木爲杵柏香芬而梧絜白故用之牲體在鑊用枇升之以入鼎又以枇自鼎載之入隨主人舉肉之時執事者則以畢助之枇畢二器吉祭以棘木爲之喪祭則用桑木畢之柄與末加刊削枇亦必然也率律帶諸侯大夫皆五采士二采率與繂同死者著衣畢而加此帶謂之繂者但繙帛邊而殺之不用箴線也以五采飾之士喪禮緇帶此二采天子之比也醴者稻醴也甕甒武筲思交反衡杭實見諫間平聲而后折入此言葬時所藏之物稻醴以稻米爲醴也甕甒皆瓦器甕盛醯醢甒盛醴酒筲竹器以盛黍稷衡讀爲桁以木爲之所以庋筲甕甒之屬也見棺衣也言此甕甒筲衡實於見所之外

壙之內而后折入者折形如床而無足木爲之直者三橫者五窆事畢而后加之壙上以承抗席也

重平聲既虞而埋之重說見檀弓虞祭畢埋於祖廟門外之東

凡婦人從其夫之爵位沿婦人喪事皆以夫爵位尊卑爲等降無異禮也

小斂大斂啓皆辯徧拜禮當大斂小斂及啓殯之時君來弔則輟事而出拜之若它賓客至則不輟事待事畢乃即堂下之位而徧拜之故特舉此三節言之若士於大夫當事而大夫至則亦出拜之也

朝夕哭不帷無柩者不帷朝夕之間孝子欲見殯故哭則褰舉其帷哭畢仍垂下之無柩謂葬後也神主祔廟之後還在室無事於堂故不復施帷

君若載而后弔之則主人東面而拜門右北面而踊出待反而后奠此謂君來弔臣之喪而柩已朝廟畢載在柩車君既弔位在車之東則主人在車西東面而拜門右祖廟門之西偏也自內出則右在西孝子既拜君徙位而立故於門內西偏北面而哭踊爲禮也踊畢遂出門以待拜送不敢必君之久稽也君命之反還喪於邸設奠以告死者使知君之來弔也一說此謂朝廟載柩車之時奠謂反殯後奠

子羔之襲也繭衣裳與稅衣彖

衣纁袡而占反為一素端一皮弁一爵弁一玄冕一曾子曰不襲婦服子羔孔子弟子高柴也襲以衣斂尸也繭衣裳謂衣裳相連而綿為之著也稅衣黑色纁絳色帛袡裳下緣也繭衣褻故用緣衣為表合為一稱故云繭衣裳與稅衣纁袡為一素端一第二稱也賀氏云衣裳並用素為之皮弁一第三稱也皮弁之服布衣而素裳爵弁一第四稱也其服玄衣纁裳玄冕一第五稱也其服小玄衣纁裳衣無文而裳刺黼大夫之上服也婦服指纁袡而言曾子非之以其不合於禮也為君使去聲而死公館復私館不復公館者公宮與公所為也私館者自卿大夫以下之家也說見曾子問公七踊大夫五踊婦人居閒士三踊婦人皆居閒國君五日而殯自死至六斂凡七次踊者始死一也明日襲二也襲之明日之朝三也又明日之朝四也其日既小斂五也小斂明日之朝六也又明日大斂時七也大夫三日而殯凡五次踊者始死一也明日襲之朝二也明日之朝及小斂四也小斂之明日大斂五也士三日而殯凡三次踊者始死一也小斂時二也大斂時三也凡踊男子先踊踊畢而婦

人乃踊婦人踊畢賓乃踊是婦人居主人與賓之中間故云居間也然記者因上云動尸舉柩哭踊無數而此乃有三五七之限者此以禮經之常節言彼以哀之深淺臧言也又所謂無數者不以每踊三跳九跳爲三踊之限也

公襲卷衣一玄端一朝服一素積一纁裳一爵弁二玄冕一褒衣一朱綠帶申加大帶於上

卑者以卑服親身而子羔之襲是也公貴者故上服親身褒衣最外尊顯之也褒衣上公之服也玄端玄衣朱裳齊服也天子以爲齊服士以爲祭服大夫士以爲私朝之服朝服緇衣素裳公日視朝之服也素積皮弁之服諸侯視朔之服也纁裳冕服之裳也爵弁二者玄衣纁裳二通也以其爲始命所受之服故特用二通示重本也玄冕上章褒衣者君所加賜之衣最在上榮君賜也諸侯襲尸用小帶以爲結束此帶則素爲之而飾以朱綠之采也申重也既已用革帶又重加大帶象生時所服大帶也此帶以上章所云率帶諸侯大夫皆五采士二采者是也

小斂環絰公大夫士一也

踈曰環絰一股而纏也親始死孝子去冠至小斂不可無飾士素委貌大夫以上素弁而貴賤悉得加於環絰故云公大夫士一也

公視大斂公升商祝鋪

平聲席乃斂君臨臣喪而視其大斂商祝習知殷禮若專主斂事主人辭先已鋪席布絞紟等物以聞君將至悉徹去之待君至升堂商祝乃始鋪席爲斂事蓋榮君之至而重其禮也魯人之贈也三

玄二纁廣去聲尺長去聲終幅贈以物送別死者於槨中也既夕禮曰贈用制幣玄纁束一丈八尺爲制今魯人雖用玄與纁而短狹如此則非禮矣故記者譏之幅之廣二尺二寸弔者即

位于門西東面其介在其東南北面西上西於門主孤

西面相者受命曰孤某使某請事客曰寡君使某如何

不淑相者入告出曰孤某須矣弔者入主人升堂西面

弔者升自西階東面致命曰寡君聞君之喪寡君使某

如何不淑子拜稽顙弔者降反位此言列國遣使弔喪之禮弔者君所遣來之使也介副也門西主國大門之西也西上者介非一人貴長者在西近正使也西於門不敢當門之中也主孤西面立於阼階之下也相者受命相禮者受主人之命也如何不淑慰問之辭言何爲而罹此凶禍也須待

故凶禮不出迎故云須矣主人升堂由阼階而升亦降反位降階而出復門外之位也曲禮云升降不由阼階謂平常無事賓時耳○石梁王氏曰此一段頗詳可補諸侯喪禮之缺

含去聲者執璧將命曰寡君使某含相者入告出曰孤某須矣含者入升堂致命子拜稽顙含者坐委于殯東南有葦席既葬蒲席降出反位宰夫朝服即喪屨升自西階西面坐取璧降自西階以東

此言列國致含之禮含玉之形制如璧舊註云分寸大小未聞坐委謂跪而致之也未葬之前設葦席以承之既葬則設蒲席承之鄰國有遠近故有葬後來致含者降出反位謂含者委璧訖降階而出復門外之位也上文弔者爲正使此含者乃其介耳初遭喪則主人不親受使大夫受於殯宮此遭喪已久故嗣子親受之然後宰夫取而藏之也朝服吉服也執玉不蘇故著朝服以在喪不可純凶故以其喪屨坐取璧亦跪而取之也以東藏於内也疏云宰謂上卿夫字衍

襚者曰寡君使某襚相者入告出曰孤某須矣襚者執冕服左執領右執要平

入升堂致命曰寡君使某某襚子拜稽顙委衣于殯東襚者降受爵弁服於門內霤將命子拜稽顙如初受皮弁服於中庭自西階受朝服自堂受玄端將命子拜稽顙皆如初襚者降出反位宰夫五人舉以東降自西階其舉亦西面此言列國致襚之禮衣服曰襚委于殯東即委襚之席上也左執領則領向南此襚者既致冕服訖復降而出取爵弁服以進至門之內霤而將命子拜如初者如受冕服之禮也受訖襚者又出取皮弁服及朝服及玄端服每服進受之禮皆如初但受之之所不同耳致五服皆畢襚者乃降出反位而宰夫五人各奉一服以東而其奉之地亦如襚者之西面焉上介賵芳鳳反執圭將命曰寡君使某賵相者入告反命曰孤須矣陳乘去聲黃大路於中庭北輈執圭將命客使自下由路西子拜稽顙坐委于殯東南隅宰舉以東此言列國致賵之禮車馬曰賵乘黃四黃馬也大路車也北輈

車之轅轅北向也客使上介所役使之人也為客所使敖曰客使自下也下謂馬也由在也路即大路也陳車北轅畢賵者執圭升堂致命而客之從者率馬設在車之西也車亦此從者設之子拜之後賵客即跪而置其圭於賓東南隅之席上而宰奉之以東而藏於內也又敖覲禮車在西統於賓也既夕禮車以西為上者為死者而設於鬼神之位也此賵禮車馬為助主人送葬而設統於主人故車在東也○陸氏曰孤須矣從此盡篇未當絜果字有若非

凡將命鄉去聲殯將命子拜稽顙西面而坐委之宰舉璧與圭宰夫舉襚升自西階西面坐取之降自西階凡將命者總言上文弔含襚賵將命之禮也鄉殯者立于殯之西南而面東北以向殯也將命之時子拜稽顙畢客即西向跪而委其所授之物其含璧與圭則宰舉之襚衣則宰夫奉之而其奉也皆自西階升而西面以跪而取之乃自西階以降也

賵者出反位于門外此句當屬於前章上介賵之云云宰舉以東之下

上客臨如字曰寡君有宗廟之事不得承事使一介老某相去聲執綍音弗相者反命曰孤須矣臨者入門

右介若皆從之立于其左東上宗人納賓升受命于君降曰孤敢辭吾子之辱請吾子之復位客對曰寡君命某毋敢視賓客敢辭宗人反命曰孤敢固辭吾子之辱請吾子之復位客對曰寡君命某毋敢視賓客敢固辭宗人反命曰孤敢固辭吾子之辱請吾子之復位客對曰寡君命使臣某毋敢視賓客是以敢固辭固辭不獲命敢不敬從客立于門西介立于門左東上孤降自阼階拜之升哭與客拾其劫反踊三客出送于門外拜稽顙上客即前章所云弔者蓋鄭國來弔之正使也弔含襚賵皆畢自行臨哭之禮若襍禮之有歛襲然盡於禮爾主人入門而右客入門而左禮也今此客入門之左右是不敢以賓禮自居也宗人掌禮之官欲納此弔賓先受納賓之命於主國嗣君然後辭而請於客使之復門左之賓位也宗人以客答之辭入告於君而反命于

客聞是者三客乃自稱使臣而從其命於是立于門西之賓位主君自阼階降而拜之主客俱升堂哭而更踊者三所謂成踊也客出送而拜之謝其勞辱也

其國有君喪不敢受弔言卿大夫以下有君喪而又有親喪則不敢受他國賓客之弔尊君敬也

外宗房中南面小臣鋪席商祝鋪絞文交紟其鴆反衾士盥于盤北舉遷尸于斂上卒斂宰告子馮憑之踊夫人東面坐馮之興踊此是喪大記君大斂章文重出在此說見本章

士喪有與天子同者三其終夜燎及乘人專道而行終夜燎謂遷尸之夜須光明達旦也乘人使人執引也專道謂行於路人皆避之也

雜記下第二十一

有父之喪如未沒喪而母死其除父之喪也服其除服卒事反喪服沒猶終也除也父喪在小祥後大祥前是未沒父喪也又遭母喪則當除父喪之時自服除喪之服以行大祥之禮此禮事畢即服喪母之服若母喪未葬而值父之二祥則不得服祥服者以祥

祭爲吉未葬爲凶不忍於凶時行吉禮也雖諸父昆弟之喪如當父母之喪
其除諸父昆弟之喪也皆服其除喪之服卒事反喪服
諸父昆弟之喪自始死至除服皆在父母服內輕重雖殊而除喪之服不變者爲親變之義也若當君喪則不
得自除私服曾子問言之矣如三年之喪則既顈犬迥反
其練祥皆行
前喪後喪俱是三年之服其後喪既受葛之後得爲前喪行練祥之禮也既顈者既虞受服之時以爲絰易要
之麻絰也顈草名無葛之鄉以顈代王父死未練祥而孫又死猶是附於
王父也孫之祔祖禮所必然故祖雖未練祥而孫又死亦必祔於祖有殯聞外喪哭
之他室入奠卒奠出改服即位如始即位之禮有殯謂父母喪
未葬也外喪兄弟之喪在遠者也哭不於殯宮而於他室明非哭殯也入奠者哭之明日之朝著已本喪之服
入奠殯宮奠畢而出乃脫已本喪服著新死者未成服之服而即昨日他室所哭之位如始即位之禮若謂今
日之即哭位如昨日始聞喪而即位之禮也大夫士將與去聲祭於公既視濯

六三一

而父母死則猶是與祭也次於異宮既祭釋服出公門外哭而歸其他如奔喪之禮如未視濯則使人告告者反而后哭視濯臨視濯器用之滌濯也猶是與祭者猶屬是於吉禮之中不得不與祭但宮次於異宮耳以吉凶不可同處也如未視濯而父母死則使人告於君俟告者反而後哭父母也如諸父昆弟姑姊妹之喪則既宿則與祭卒事出公門釋服而后歸其他如奔喪之禮如同宮則次于異宮既宿謂祭前三日將致祭之時既受宿戒必與公家之祭以期以下之喪服輕故也如同宮則次於異宮者謂此死者是己同宮之人則既宿之後出次異宮亦以吉凶不可同處也○鄭氏曰古者昆弟異居同財有東宮有西宮有南宮有北宮曾子問曰卿大夫將爲尸於公受宿矣而有齊衰內喪則如之何孔子曰出舍乎公宮以待事禮也孔子曰尸弁冕而出卿大夫士皆下之尸必式必有前驅說見曾子問篇父

母之喪將祭而昆弟死既殯而祭如同宮則雖臣妾葬

而后祭則將祭將行小祥或大祥之祭也適有兄弟之喪則待殯訖乃祭然此死者乃是異宮之兄弟耳若是同宮則雖臣妾之卑賤亦必待葬後乃祭以吉凶不可相干也故喪服傳云有死於宮中者則為之三月不舉祭

祭主人之升降散等執事者亦散等雖虞附亦然散栗也等階也吉祭則涉級聚足喪祭則栗階二祥之祭吉禮宜涉級聚足而栗階若以有兄弟之喪故略威儀也燕禮云栗階不過二等蓋於升猶聚足連步至二等則左右足各一發而升堂也雖虞祔亦然者謂主人至昆弟虞祔時而行父母祥祭則與執事者亦皆散等也

自諸侯達諸士小祥之祭主人之酢也嚌才細反之眾賓兄弟則皆啐七内反之大祥主人啐之眾賓兄弟皆飲之可也至齒為嚌入口為啐主人之酢嚌之謂正祭之後主人獻賓長賓長酢主人主人受酢則嚌之也眾賓兄弟啐之謂祭末受獻之時則啐之也

凡侍祭喪者告賓祭薦而不食侍祭喪謂相喪祭禮之人也薦謂脯醢也相禮者但告賓祭此

醯醢而已賓不食之也若古祭賓祭畢則食之此亦謂饗禮之祭主人獻賓賓受獻主人設薦時也漢州無獻賓之禮

子貢問喪子曰敬為上哀次之瘠為下顏色稱去聲其情戚容稱其服問喪問居父母之喪也附於身附於棺者皆欲其必誠必信故曰敬為上子游言喪致乎哀而止先儒謂而止二字微有過於高遠而簡略細微之弊此言哀次之可見矣毀瘠不形不勝喪乃比於不慈不孝故曰瘠為下也齊斬之服固有重輕稱其情稱其服則中於禮矣

請問兄弟之喪子曰兄弟之喪則存乎書策矣存乎書策者言依禮經所載而行之非若父母之喪哀容體狀之不可名言而經不能備言也

君子不奪人之喪亦不可奪喪也君子不奪廢他人居喪之情而君子居喪之情亦不可為他事所奪廢要使各得盡其禮○疏曰不奪人喪恕也不奪己喪孝也

孔子曰少連大連善居喪三日不怠三月不解懈期悲哀三年憂東夷之子也少連見論語三日親始死時也不怠謂哀痛之切雖不食而能自力以致其禮也三月親喪在殯時也解與懈同讀也或讀如本字謂寢衰

不脱絰帶也憂謂憂戚憔悴三年之喪言而不語對而不問廬堊室
之中不與人坐焉在堊室之中非時見現乎母也不入
門言自言己事也語為人論説也倚廬及堊室説見前篇時見乎母謂有事行禮之時而入見母也非此則
不入中門疏平聲衰皆居堊室不廬廬嚴者也疏衰齊衰也齊衰有三年者有
期者有三月者凡喪次斬衰居倚廬齊衰居堊室大功有帷帳小功緦麻有牀第廬嚴者謂倚廬乃哀敬嚴肅
之所服輕者不得居妻視叔父母姑姊妹視兄弟長中下殤視成
人哀戚輕重之等各有所出殤服皆降而哀之如成人以本親重故也親喪外除兄弟之
喪內除鄭氏曰外除日月已竟而哀未忘內除日月未竟而哀已殺視君之母與君
之妻比之兄弟發諸顏色者亦不飲食也君母君妻小君也服輕哀
之比兄弟之喪然於酒肴之珍醇可以發見顏色者亦不飲之食之也免喪之外行於道
路見似目瞿九遇反聞名心瞿弔死而問疾顏色戚容必

有以異於人也如此而后可以服三年之喪其餘則直道而行之是也見人貌有類其親者則目為之瞿然驚變聞人所稱名與吾親同則心為之瞿然驚變喪服雖除而餘哀未忘故於祥祭之時戚容有加異於無憂之人也如此而后可以服三年之喪言其哀心誠實無為也其餘謂輕喪者直道而行則不過循喪禮而已

祥主人之除也於夕為期朝服祥因其故服祥大祥也○疏曰祥祭之時主人除服之節於夕為期謂於祥祭前夕預告明日祭期也朝服謂主人著朝服縞衣素裳其冠則縞冠也祥因其故服者謂明日祥祭時主人因著其前夕故朝服也又曰此據諸侯卿大夫言之從祥至吉凡服有六祥祭朝服縞冠一也祥訖素縞麻衣二也禫祭玄冠黃裳三也禫訖朝服綅冠四也踰月吉祭玄冠朝服五也既祭玄端而居六也○陸氏曰綅息廉反黑經白緯曰綅

子游曰既祥雖不當縞者必縞然後反服疏曰臨祥謂大祥後有來弔者雖不當縞謂不正當祥祭縞冠之時也必縞然後反服者主人必須著此祥服縞冠以受弔者之禮然後反服大祥後素縞麻衣之服也

當袒大夫至雖當踊絕踊而

拜之反改成踊乃襲於士既事成踊襲而后拜之不改
成踊疏曰此明士有喪大夫及士來弔之禮士有喪當袒之時而大夫來弔蓋斂竟時也雖當主人踊時
必絶止其踊而出拜出大夫反還也改更也拜竟而反還就位更為踊而始成踊尊大夫之來終其事也乃襲
者踊畢乃襲初袒之衣也於士既事成踊襲者所謂畢也若士之喪主人有大小斂諸事而士來弔則主人畢事而
成踊踊畢而襲襲畢乃拜之拜之而止不更為之成踊也上大夫之虞也少牢卒哭
成事附皆大牢下大夫之虞也犆特牲卒哭成事附皆
少牢卒哭謂之成事成吉事也附祔廟也祝稱卜葬虞子孫曰哀夫曰乃
兄弟曰某卜葬其兄白弟曰伯子某初虞即葬之日故并言葬虞子卜葬
父則祝辭云哀子某卜葬其父某甫孫則云哀孫某卜葬其祖某甫夫則云乃某卜葬其妻某氏乃者助語之
辭妻卑故亦若弟為兄則云某卜葬兄伯子某兄為弟則云某卜葬其弟某古者貴賤皆杖
叔孫武叔朝見輪人以其杖關轂而輠胡罪反輪者於是

有爵而後杖也輪人作車輪之人也關穿也輠迴也謂以其哀服之杖穿於車轂中而迴轉其輪鄙褻甚矣自後無爵者不得杖此記庶人廢禮之由也鑿巾以飯上聲公羊賈為之也飯含也大夫以上貴使賓為其親含恐尸為賓所憎褻故以巾覆尸面而當口鑿穿之令含玉得以入口士賤不得使賓子自含無憎穢之心故不以巾覆面公羊賈士也而鑿以飯是憎穢其親矣此記士失禮之所由也冒者何也所以揜形也自襲以至小斂不設冒則形是以襲而后設冒也冒說見王制襲沐浴後以衣衣尸也則形者言尸雖已著衣若不設冒則尸象形見為人所惡是以襲而設冒也后字衍或問於曾子曰夫既遣去聲而包其餘猶既食而裹其餘與平聲君子既食則裹其餘乎曾子曰吾子不見大饗乎夫大饗既饗卷上聲三牲之俎歸于賓館父母而賓客之所以為哀也子不見大饗乎設遣奠謂將以柩行祖之餘包裹而象之遣車以納于壙中或人疑此禮謂如君子食於他人家食畢而又

包其餘以歸嘗不傷廉也曾子信以人饗之禮畢卷俎內三牲之肉送歸賓之館中猶非意耳父母家之主食死將葬而孝子以賓客之禮待之此所以悲哀之至也重言以節之

非為去聲人喪問與平聲賜與此上有闕文言非為其有喪而問遺之歛賜予之歛問歛者之禮賜與上之命三年之喪以其喪拜非三年之喪以吉喪拜問拜賜拜賓皆拜也喪與拜稽顙而后拜也吉拜拜而后稽顙也今按檀弓鄭註以拜而后稽顙為殷之喪拜稽顙而后拜為周之喪拜疏云鄭知此者以孔子所論每以二代對言故云三年之喪吾從其至者但殷之喪拜自斬衰至緦麻皆拜而后稽顙以其質故也周則杖期以上皆先稽顙而后拜不杖期以下乃作殷之喪拜此章論義與檀弓疏互看乃得其詳三年之喪如或遺去聲之酒肉則受之必三辭主人衰絰而受之如君命則不敢辭受而薦之喪者不遺人人遺之雖酒肉受也從父昆弟以下既卒哭遺人可也喪大記云既葬君食之則食之大夫父之友食之則食之此云衰絰而受雖受而不食也薦之者尊君之賜喪者不遺人以哀戚也

不當行禮於人也卒哭可以遺人服輕哀殺故也。石梁王氏曰居喪有酒肉之遺必疾者也縣子曰三年之喪如斬期之喪如剡剡削也此言哀痛淺深之殊三年之喪雖功衰不弔自諸侯達諸士如有服而將往哭之則服其服而往疏曰小祥後衰與大功同故曰功衰如有五服之親喪而往哭不著己之功衰而依彼親之節以服之也不弔與往哭二者貴賤皆同之期之喪十一月而練十三月而祥十五月而禫練則弔鄭氏曰凡齊衰十一月皆可以弔又曰此為父在為母既葬大功句弔哭而退不聽事焉疏葬大功者言己有大功之喪已葬也弔哭而退謂往弔他人之喪則弔哭既畢即退去不待與主人襲斂等事也期之喪未葬弔於鄉人哭而退不聽事焉功衰弔待事不執事儀禮喪服傳姑姊妹適人無主者姪與兄弟為之齊衰不杖期此言期之喪正謂此也雖未葬亦可出弔但哭而退不聽事也此喪既葬受以大功之衰謂之功衰此後弔於人可以待主人襲斂等事但不親自執其事耳小功緦執事事不與於禮執事謂擯相也禮饋奠也輕服可以為人擯相擯相事輕故也饋奠之禮重故不與相趨也出宮而退相揖也哀次而退相問也既封窆之而退相見也反哭而退朋友虞附而退此言弔喪之禮恩義有厚薄故去留有遲速相趨者古人以趨示敬論語過之必趨左傳免胄趨風之類是也言此弔者與主人昔嘗有相趨之敬故來弔喪以情輕故柩出廟之宮門即遂去也相揖者已嘗相會相識故待柩至入門外之哀次而退也相問者遺者是有往來恩義故待窆畢而退嘗執贄行相見之禮者情又加重故待孝子反哭於家乃退朋友恩義更重故待虞祭附祭畢而右退也弔非從主人也四十者執綍弗鄉人五十者從反哭四十者待盈坎言弔喪者是為相助凡役非徒隨從主人而已故年四十以下者力壯皆當執綍同鄉之人五十者始衰之年故隨主人反哭而四十者待土盈壙乃去喪食雖惡必充飢飢而廢事非禮也飽而忘哀亦非禮也視不明聽不聰行不正不知哀君子病之故有疾飲酒食

肉五十不致毀六十不毀七十飲酒食肉皆爲（去聲）疑死（疑死恐其死也）有服人召之食不往大功以下既葬適人人食（嗣）之其黨也食之非其黨弗食也（黨謂族人與親戚也）功衰食菜果飲水漿無鹽酪（路）不能食食（嗣）鹽酪可也（功衰斬衰齊衰之末服也酪說文乳漿也）孔子曰身有瘍（羊）則浴首有創（平聲）則沐病則飲酒食肉毀瘠爲病君子弗爲也毀而死君子謂之無子（曲禮曰不勝喪比於不慈不孝是有子與無子同也）非從柩與反哭無免（問）於堩（亘○堩道路也道路不可無飾故從柩送葬與反哭皆著免而行於道路非此二者則否也然此亦謂葬之近者小記云遠葬者比反哭皆冠及郊而后免也）凡喪小功以上（上聲）非虞附練祥無沐浴（潔飾所以交神敬非此則祭祠不沐浴也）疏衰之喪既葬人請見之則見不請見人小功請見人可也大功不以執摯

唯父母之喪不辟（辟音避）涕泣而見人（疏衰齊衰也摯與贄同）三年之喪祥而從政期之喪卒哭而從政九月之喪既葬而從政小功緦之喪既殯而從政（從政謂庶人供力役之征也王制云齊衰大功三月不從政庶人依士禮卒哭與葬同三月也）曾申問於曾子曰哭父母有常聲乎曰中路嬰兒失其母焉何常聲之有（哀痛之極無復音節所謂哭不偯也）卒哭而諱王父母兄弟世父叔父姑姊妹子與父同諱（卒哭以前猶以生禮事之故不諱其名卒哭後則事以鬼道故諱其名而不稱也此專言父之所諱則子亦不敢不諱故曰子與父同諱也父之祖父母伯父叔父及姑等於己小功以下本不合諱但以父之所諱己亦從而諱也若父之兄弟及姊妹己自當諱不以從父而諱也又按不逮事父母則不諱王父母謂庶人此所言以父是士故從而諱也）母之諱宮中諱妻之諱不舉諸其側與從（去聲）祖昆弟同名則諱（母為其親諱則子於一宮之中亦為之諱妻為其親諱則夫亦不得

舉其諱於妻之左右非宮中非其側則固可稱矣若母與妻所諱者適與己從祖昆弟之名同則雖他所亦諱
之也以喪冠者去聲雖三年之喪可也既冠於次入哭踊三
去聲者三乃出當冠而遭五服之喪則因成喪服而遂加冠此禮無分服之輕重故曰雖三年之喪
可也謂冠於居喪之次乃入哭踊凡踊三踊為一節三者三言如此者三次也乃出出就次所也詳見曾子問
大功之末可以冠子可以嫁子父小功之末可以冠子
可以嫁子可以取去聲婦己雖小功既卒哭可以冠取妻
下殤之小功則不可末服之將除也舊說以末為卒哭後然大功卒哭後尚有六月恐不
可言末小功既言末又言卒哭則末非卒哭明矣下言父小功之末則上文大功之末是據己身而言舊說父大
及己身俱在大功之末或小功之末恐亦未然下殤之小功自期服而降以本服重故不可冠娶也凡弁
絰其衰侈袂弁絰之服謂弔服也首著素弁而加以一股環絰其服有三等錫衰緦衰疑衰也侈大
也袂之小者二尺二寸此三尺三寸父有服宮中子不與去聲於樂母有服

聲聞去聲焉不舉樂妻有服不舉樂於其側大功將至辟婢亦反琴瑟小功至不絶樂宮中子與父同宮之子也命士以上乃異宮不與於樂謂在外見樂不觀不聽思若異宮則否此亦謂服之輕者如重服則子亦有服可與樂乎聲之所聞又加近矣其側則尤近者也輕重之節亦此大功將至謂有大功喪服者將來也為之辟退琴瑟亦示之哀戚之意小功者輕故不為之止樂

姑姊妹其夫死而夫黨無兄弟使夫之族人主喪妻之黨雖親弗主夫若無族矣則前後家東西家無有則里尹主之或曰主之而附於夫之黨此明姑姊妹死而無夫無子者喪必有主婦人於本親降服以其成於外族也故本族不可主其喪里尹蓋閭胥里宰之屬也或以為妻黨主之而祔祭於其祖姑此非也故記者并著之

麻者不紳執玉不麻麻不加於采麻謂喪服之絰也紳大帶也吉凶異道君喪以絰代大帶也執玉不麻謂著衰絰者不得執玉行禮也采玄纁之衣也。疏曰按聘禮已國君薨至於主國衰而出注云可以凶服將事蓋受主君小禮得以

凶服若聘享大事則必吉服也國禁哭則止朝夕之奠即位自因也有國
大祭祀則喪者不敢哭然朝奠夕奠之時自即其阼階下之位而因仍禮節之故事以行也童子哭
不偯不踊不杖不菲扶味反不廬偯委曲之聲也菲草屨也廬倚廬也童子為父
後者則杖孔子曰伯母叔母疏衰踊不絕地姑姊妹之大功
踊絕於地如知此者由文矣哉由文矣哉伯叔母之齊衰服重而踊
不離地者其情輕也姑姊妹之大功服輕而踊必離地者其情重也孔子美之言知此絕地不絕地之情者能
用禮文矣哉。鄭氏曰伯母叔母義也姑姊妹骨肉也泄柳之母死相者由左泄
柳死其徒由右相由右相泄柳之徒為之也悼公弔有若之喪而
子游擯由左則由右相者非禮也此記失禮所自始天子飯反上聲九貝諸侯七大夫
五士三飯含也貝水物古者以為貨士喪禮貝三實于笄周禮天子飯含用玉此蓋異代之制乎士
三月而葬是月也卒哭大夫三月而葬五月而卒哭諸

侯五月而葬，七月而卒哭。士三虞，大夫五，諸侯七。（踰日大夫以上位尊念親哀情於時長遂士職卑位下禮數未伸）

諸侯使人弔，其次含、襚、賵、臨，皆同日而畢事者也，其次如此也。（諸侯薨鄰國遣使來先弔次含次賵次臨四者之禮一日畢行詳見上篇）

卿大夫疾，君問之無筭，士壹問之。君於卿大夫，比（畀）葬不食肉，比卒哭不舉樂；為（去聲）士，比殯不舉樂。（喪大記云三問此云無筭或恩義如師保之類乎或三問者行親往而無筭者遣使乎士有疾君問之惟一次卑賤也比及也）

升正柩，諸侯執綍五百人，四綍皆銜枚，司馬執鐸，左八人，右八人，匠人執羽葆御柩。大夫之喪，其升正柩也，執引（去聲）者三百人，執鐸者左右各四人，御柩以茅。（升正柩者將葬柩朝祖廟升西階用輁軸載柩于兩楹間而正之也綍有四綍枚形如箸兩端有小繩綌于口而繫于頸後則不能言所以止諠譁也五百人皆用之司馬十六人執鐸分居左右夾柩以號）

令於衆也翣形如蓋以羽爲之御柩者在柩車之前若道塗有低昂傾虧則以所執者爲抑揚左右之節使執綍者知之也引即紼互言之耳茅以茅爲麾也

孔子曰管仲鏤簋而朱紘旅樹而反坫山節而藻梲拙賢大夫也而難爲上也鏤簋簋有雕鏤之飾也紘冕之飾天子朱諸侯青大夫士緇旅道也樹屏也以屏當所行之路以蔽內外也反坫反爵之坫以土爲之在兩楹間山節刻山於柱頭之斗栱也藻水草藻梲畫藻於梁上之短柱也難爲上言僭上也

晏平仲祀其先人豚肩不揜豆賢大夫也而難爲下也君子上不僭上下不偪下大夫祭用少牢不合用豚豚在俎不在豆此但喻其極小謂併豚兩肩亦不能揜豆耳難爲下言偪下也

婦人非三年之喪不踰封而弔如三年之喪則君夫人歸夫人其歸也以諸侯之弔禮其待之也若待諸侯然夫人至入自闈門升自側階君在阼其他如奔喪禮然三年之喪父母之喪也女嫁者爲父母期此以本親言也踰封

越疆也言國君夫人奔父母之喪用諸侯弔禮去國待之亦用待諸侯之禮闈門非正門宮中相來之門也側階非正階東房之旁階也此皆異於女賓主國君在阼階上不降迎也奔喪禮謂哭踊髽麻之類嫂不撫叔叔不撫嫂撫猶撫其尸也嫂叔宜遠嫌故皆不撫君子有三患未之聞患弗得聞也既聞之患弗得學也既學之患弗能行也君子有五耻居其位無其言君子耻之有其言無其行君子耻之既得之而又失之君子耻之地有餘而民不足君子耻之衆寡均而倍焉君子耻之三患言為學之君子五耻言為政之君子也居位而無善言之可聞是不能講明政事為一耻也有言無行是言行不相顧二耻也始以有德而進今以無德而退三耻也不能撫民使之逃散四耻也國有功役已與彼衆寡分相等而彼之功績倍於己是不能作興率勸其下五耻也孔子曰凶年則乘駑馬祀以下牲周禮校人六馬曰種馬戎馬齊馬道馬田馬駑馬駑馬其最下者下牲如常祭用大牢者降用少牢少牢者降用特牲特

家者降用特豚之類以年凶故貶損也王制云凡祭豐年不奢凶年不儉與此不同未詳恤由之喪鄭氏付時

哀公使孺悲之孔子學士喪禮士喪禮於是乎書人轉而僭上士之喪禮已廢矣孔子以教孺悲國人乃復書而存之

子貢觀於蜡下孔子曰賜也樂乎對曰一國之人皆若狂賜未知其樂也子曰百日之蜡一日之澤非爾所知也蜡祭見郊特牲君狂言飲酒醉甚也未知其樂言醉無禮儀方且可惡何樂之有孔子言百日勞苦而有此蜡農民終歲勤動今僅使之爲一日飲酒之歡是乃人君之恩澤非爾所知言其義大也

張而不弛文武弗能也弛而不張文武弗爲也一張一弛文武之道也張張弦也弛落弦也孔子以弓喻民謂弓之爲器久張而不弛則力必絕久弛而不張則躰必變猶民久勞苦而不休息則其力憊久休息而不勞苦則其志逸弓必有時而張有時而弛民必有時而勞有時而息文武弗能言雖文王武王亦不能爲治也一於逸樂則不可故言文武弗爲

孟獻子曰正月日至可以有事於

上帝七月日至可以有事於祖七月而禘獻子為之也

獻子魯大夫仲孫蔑正月周正建子之月也日至冬至也有事上帝郊祭也七月建午之月也日至夏至也有事於祖禘祭也明堂位曰季夏六月以禘禮祀周公於大廟蓋夏正建巳之月郊用冬至禮之常然此言獻子變禮用七月禘祭然不言自獻子始而但言獻子為之蓋一時之事耳

夫人之不命於天子自魯昭公始也

昭公娶吳為同姓不敢告天子天子亦不命之後遂以為常此記譏失禮之由○疏曰天子命畿外諸侯夫人若畿內諸侯夫人及卿大夫之妻則玉藻註云天子諸侯命其臣后夫人亦命其妻也

外宗為齊衰君夫人猶內宗也

○疏曰外宗者謂君姑姊妹之女及舅之女及從母皆是也內宗者君五屬內之女內宗為君服斬衰為夫人齊衰此云猶內宗也則齊斬皆同君夫人者是國人所稱號此外宗謂家在國中者若國外當云諸侯也古者大夫不外娶故君之姑姊妹嫁於國內大夫為妻是其正也諸侯不內娶故舅女及從母不得於國中凡內外宗皆據有爵者其無服而嫁於諸臣從為夫之君者內外宗皆然若嫁於庶人則亦從其夫為國君服齊衰三月者亦內外宗皆然○又按儀禮喪

服疏云外宗有三周禮外宗之女有爵通卿大夫之妻一也雜記註謂君之姑姊妹之女舅之女從母皆是二也若姑之子婦從母之子婦其夫是君之外親為君服斬其婦亦名外宗為君服期三也內宗有二周禮內女之有爵謂同姓之女悉是一也雜記註君之五屬之內女二也廄焚孔子拜鄉人為去聲火來者拜之士壹大夫再亦相弔之道也鄭氏曰宗伯職曰以弔禮哀禍災

孔子曰管仲遇盜取二人焉上聲以為公臣曰其所與遊辟僻也可人也管仲死桓公使為之服宦於大夫者之為之服也自管仲始也有君命焉爾也管仲遇羣盜前取二人而薦進之使為公之家臣且曰為其所與交遊者是邪僻之人故相譏為盜爾此二人本是堪可之人可任用也其後管仲死桓公使此二人為管仲服卿者言仕於大夫而為之服自此始以君命不可違也蓋於禮違大夫而之諸侯不為大夫反服桓公之意蓋不忘管仲之顯賢也

過而舉君之諱則起與君之諱同則稱字過失誤也舉猶稱也起起立也失言不自安故起立示改變之

意諸臣之名或與君之諱同則稱字也

內亂不與與去聲焉外患弗辟辟避也內亂謂本國禍難也言卿大夫士仕國者同僚中有謀作亂者力能討則討之力不能討則諱自畏避不得干與其或寇患在外如鄰國來攻伐戎狄侵擾則不可逃避當盡力捍禦死義可也

贊大行曰圭公九寸侯伯七寸子男五寸博三寸厚半寸剡上左右各寸半玉也藻三采六等贊大行古禮書篇名也其書必皆贊說大行人之職事今記者引之故云贊大行曰子男執璧非圭也說者失之博三寸圭也厚半寸圭璧各厚半寸也剡上削殺其上也藉玉者以韋衣板而藻畫朱白蒼三色為六行故曰藻三采六等也

哀公問子羔曰子之食奚當對曰文公之下執事也問其先人始仕食祿當何君時文公至哀公七君

成廟則釁之其禮祝宗人宰夫雍人皆爵弁純緇衣雍人拭羊宗人視之宰夫北面于碑南東上雍人舉羊升屋自中中屋南面刲羊血流于前乃降門夾室皆用雞

先門而後夾室其衈皆於屋下割雞門當門夾室中室有司皆鄉去聲室而立門則有司當門北面既事宗人告事畢乃皆退反命于君曰釁某廟事畢反命于寢君南鄉于門內朝服既反命乃退宗廟初成以牲血釁之尊神明之也爵弁士服也純衣玄衣纁裳也拭羊拭之使淨潔也宗人祝之其辭未聞碑麗牲之碑也於廟之中庭升屋自中謂由屋東西之中而上也門廟門也夾室東西廂也門與夾室各一雞凡三雞也不升屋而割之衈者未刲羊割雞之時先滅耳旁毛以薦神耳主聽欲神聽之也廟則在廟之屋下門與夾室亦在門與夾室之屋下也門則當門屋之中夾室則當夾室屋之中故云門當門夾室中室也有司宰夫祝宗人也宗人告事畢告于宰夫也宰夫為攝主反命于寢其時君在路寢也

路寢成則考之而不釁釁屋者交神明之道也疏曰考之者謂盛饌以落之也一云落謂與賓客燕會以酒食澆落之即歡樂之義也

凡宗廟之器其名者成則釁之以豭加豚豕名者若有名之器

（君尊彝之屬也。豰豚，牲豚也。）諸侯出夫人，夫人比（畀）至于其國，以夫人之禮行；至，以夫人入。使者將命曰：「寡君不敏，不能從而事社稷宗廟，使使臣某敢告於執事。」主人對曰：「寡君固前辭不教矣，寡君敢不敬須以俟命。」有司官陳器皿，主人有司亦官受之。（出夫人，有罪而出之，還本國也。在道至入，猶以夫人禮者，致命其國然後義絕也。將命者，謙言寡君不敏，不能從夫人以事宗廟社稷，而不斥言夫人之罪者。言前辭不教，謂納采時固當以此為辭矣。○疏曰：有司官陳器皿，若使者使從己來有司之官陳夫人嫁時所齎器皿之屬，以還主國也。主人有司亦官受之者，主國亦使有司官領受之也。並云官者，明付受悉如法也。）妻出，夫使人致之曰：「某不敏，不能從而共（供）粢盛，使某也敢告於侍者。」主人對曰：「某之子不肖，不敢辟（避）誅，敢不敬須以俟命。」使者退，主人拜送之。如舅在，則稱舅；舅沒，則稱兄無兄則稱夫主人之辭曰某之子不肖如姑姊妹亦皆稱之遣妻必命由尊者故稱舅稱兄兄謂夫之兄也此但言使致之辭未聞舅與兄致之之辭也上文已有主人對辭下文因姑姊妹故重言對言某之姑不肖或某之姊不肖或某之妹不肖故云亦皆稱之也

孔子曰吾食於少施氏而飽少施氏食嗣我以禮吾祭作而辭曰疏食不足祭也吾飱孫作而辭曰疏食嗣也不敢以傷吾子少施氏魯惠公子施父之後作而辭起而辭謝也疏食麤疏之食也飱食以飲澆飯也禮食竟更作三飱以助飽實不敢以傷吾子者言麤疏之飯不可強食以致傷害也

納幣一束束五兩如字兩五尋此謂昏禮納徵也一束十卷也八人為尋每五尋為匹從兩端卷之至中則五匹為五箇兩卷矣故曰束五兩○鄭氏曰匹十尺謂之匹猶匹偶之云言古人每匹作兩箇卷子

婦見舅姑兄弟姑姊妹皆立于堂下西面北上是見已見諸父各就其寢立于堂下則婦之入也已過其前此即是見之矣不復各特見之也諸父旁尊故[illegible]

日名詣其猥而見之女雖未許嫁年二十而笄禮之婦人執其禮

燕則鬈拳首疏曰十五許嫁而笄若未許嫁至二十而笄以成人禮言之婦人執其禮者十五許嫁而笄則主婦及女賓為笄禮主婦為之著笄女賓以醴禮之未許嫁而笄者則婦人禮之無女賓不備儀也燕則鬈首者謂既笄之後尋常在家燕居則去其笄而分髮為鬌紒也此為未許嫁故雖已笄猶為少者處之

韠長上去聲三尺下廣去聲二尺上廣一尺會膾去上五寸

紕毗以爵韋六寸不至下五寸純準以素紃旬以五采疏曰韠蔽也會領縫也韠旁緣謂之紕下緣曰純紃縧也謂以五采之縧置於諸縫之中詳見玉藻

禮記卷第十二

元天曆本禮記集説

第三册

元　陳澔撰

中國國家圖書館藏元天曆元年建安鄭明德宅刻本

山東人民出版社·濟南

禮記卷第十三

後學東滙澤陳　澔　集說

喪大記第二十二

疾病外内皆埽〈去聲〉君大夫徹縣〈音玄〉士去〈上聲〉琴瑟寢東首〈去聲〉於北牖下廢牀徹褻衣加新衣體一人男女改服屬〈音燭〉纊〈音曠〉以俟絕氣男子不死於婦人之手婦人不死於男子之手

病疾之甚也以賓客將來候問故埽潔所居之内外若君與大夫之病則徹去樂縣士則去琴瑟東首於北牖下首東首向生氣也按儀禮宮廟屬無北牖而西北隅謂之屋漏以天光漏入而得名或者北牖指此乎古人病將死則廢牀而置病者於地以始生在地庶其生氣復反而得活及死則復舉尸而置之牀上手足爲四體各一人持之爲其不能自屈伸也男女皆改服亦爲賓客之來也貴者朝服庶人深衣纊新綿也屬之口鼻觀其動否以驗氣之有無也男子不死於婦人之手婦人不死於男子之手惡其褻也君

六五九

夫人卒於路寢大夫世婦卒於適的寢內子未命則死

於下室遷尸于寢士士之妻皆死於寢諸侯與夫人皆有三寢君正者曰路寢餘二曰小寢夫人一正寢二小寢卒當於正處也大夫妻曰命婦而云世婦者世婦乃國君之次婦其尊卑與命婦等故兼言之內子卿妻也下室燕處之所又燕寢亦曰下室也士之妻皆死于寢謂上與其妻故云皆也士喪禮云死于適室此云寢寢室通名也復有林麓則虞人設階無林麓

則狄人設階復始死升屋招魂也虞人掌林麓之官階梯也狄人樂吏之賤者死者封疆內若有林麓則使虞人設梯以升屋其官職卑下不合有林麓者則使狄人設之以其掌設簨虡或便於此小臣

復復者朝服君以卷袞夫人以屈闕狄大夫以玄赬敕貞

反世婦以襢知彥反衣士以爵弁士妻以稅彖衣皆升自

東榮中屋履危北面三號平聲捲衣投于前司服受之降

自西北榮小臣君之近臣也君以卷謂上公用袞服也猶其等而用之則侯伯用鷩冕之服子男用

襃冕之服上公之夫人用褘衣侯伯夫人用揄狄子男夫人用屈狄此言君以衮舉上以見下也夫人以屈狄舉下以紘上也赬赤色玄赬玄衣纁裳也此婦人夫妻言世婦者大夫妻與世婦同用襢衣也襢衣而下六服說見前篇爵弁指爵弁服而言非用弁也六冕則以衣名冠爵弁則以冠名衣也榮屋翼也天子諸侯屋皆四注大夫以下但前簷後簷而已翼在屋之兩頭似翼故名屋翼也中屋當屋之中也履危立于高嶮之處蓋屋之脊也三號者號於上冀魂自天而來號於下冀魂自地而來號於中冀魂自天地四方之間而來其辭則皐某復也皐長聲也三號畢乃捲斂此衣自前投而下司服者以篋受之復之小臣即自西北榮而下也

其爲賓則公館復私館不復其在野則升其乘車之左轂而復（說見曾子問及雜記）復衣不以衣（去聲）尸不以斂婦人復不以袡（如占反）凡復男子稱名婦人稱字唯哭先（去聲）復復而后行死事（士喪禮復衣初用以覆尸浴則去之此言不以衣尸謂不用以襲也以絳緣衣之下曰袡蓋嫁時盛服非事鬼神之衣故不用以復也）始卒主人啼兄弟哭婦人哭踊

啼者哀痛之甚嗚咽不能哭如嬰兒失母也兄弟情輕故哭有聲婦人之踊似雀之跳足不離地問喪篇云爵踊是也既正尸子坐于東方卿大夫父兄子姓立于東方

有司庶士哭于堂下北面夫人坐于西方內命婦姑姊

妹子姓立于西方外命婦率外宗哭于堂上北面此言國君之喪正尸遷尸於牖下南首也姓猶生也子姓子所生謂衆子孫也內命婦子婦出婦之屬姑姊妹君之姑姊妹也子姓君女孫也外命婦卿大夫之妻也外宗謂姑姊妹之女大夫之喪主人坐于

東方主婦坐于西方其有命夫命婦則坐無則皆立士

之喪主人父兄子姓皆坐于東方主婦姑姊妹子姓皆

坐于西方凡哭尸于室者主人二手承衾而哭承衾而哭猶君發其親近扶持之情也謂初死時○疏曰君與大夫位尊故坐者殊其貴賤士位下故坐者等其尊卑君

之喪未小斂爲寄公國賓出大夫之喪未小斂爲君命

士之喪，於大夫不當斂則出。寄公諸侯失國而寄託於鄰國者也國賓鄰國來聘之卿大夫也此出出迎也為君命出謂君有命及門則當出也檀弓云大夫弔當事而至則辭焉所謂也彼不當斂時則必出迎雜記云大夫至絕踊而拜之者亦謂斂後也

凡主人之出也，徒跣扱衽拊心，降自西階。君拜寄公、國賓于位；大夫於君命，迎于寢門外；使者升堂致命，主人拜于下。士於大夫親弔則與之哭，不逆於門外。徒跣若未著喪屨吉屨又不可著也扱衽者扱深衣前襟於帶也拊心擊心也曲禮云公升降不由阼階拜寄公國賓于位者寄公位在門西國賓位在門東主人於庭各向其位而拜之也士喪禮云賓有大夫則特拜之即位于西階下東面不踊

夫人為寄公夫人出，命婦為夫人之命出，士妻不當斂則為命婦出。婦人不下堂此謂自房而出拜於堂上也

小斂，主人即位于戶內，主婦東面，乃斂。卒斂，主人馮憑之踊，主婦亦如之。主人袒說脫髦

括髮以麻，婦人髽側瓜反帶麻于房中。徹帷，男女奉尸夷于堂，降拜。檀弓云小斂于戶內馮之踊者馮尸而踊也髦幼時鬋髮爲之笄纚成人猶垂于兩邊若父死脫左髦母死脫右髦親沒不髦謂此也髽亦用麻與男子括髮以麻也帶麻麻帶也謂婦人要絰小斂畢即徹夫先所設帷堂之帷諸侯大夫之禮賓出乃徹帷此言士禮曰夷陳也小斂竟相者舉尸出戶往陳于堂而孝子男女親屬並扶捧之也降拜嫡子下堂而拜賓也君拜寄公、國賓，大夫、士拜卿大夫於位，於士旁三拜；夫人亦拜寄公夫人於堂上，大夫內子、士妻特拜，命婦汜泛拜衆賓於堂上。君謂遭喪之嗣君也寄公與國賓入弔因拜之矣其於大夫士也卿大夫則拜之於位士則旁三拜而已旁謂不正向之也士有上中下三等故汎三拜大夫也皆先君之臣須當服斬今以小斂畢而出庭列位故嗣君出拜之夫人亦拜寄公夫人於堂上矣其於卿大夫之內子士之妻則亦拜之但內子與命婦則人人各拜之衆賓則士妻也汜拜之而已亦旁拜之比也主人即位，襲帶絰，踊。母之喪，即位而免（問）乃奠，弔者襲裘加武帶絰，與主人拾（其劫反）踊。

主人拜賓後即阼階下之位，先拜賓時袒，今拜畢乃旅襲其衣而加要帶首絰乃踊。士喪禮袒先踊乃襲絰，此諸侯禮，故先襲絰乃踊也。母喪降於父，拜賓竟而即位，以免代括髮之麻，免而襲絰，至大斂乃成踊也。乃奠者，謂小斂奠也。若小斂後來，則掩襲裘上之裼衣，加素弁於吉冠之武。武，冠下卷也。帶絰者，要帶首絰，有朋友之恩則加帶與絰，無朋友之恩則無帶，惟絰而已。拾踊，更踊也。

君喪，虞人出木角，狄人出壺，雍人出鼎，司馬縣（玄）之，乃官代哭。大夫官代哭，不縣（玄）壺。士代哭，不以官。

虞人主山澤之官，出木爲薪以供爨鼎，蓋冬月恐漏水冰凍也。角，斛水之斗。狄人，樂吏也，主挈壺漏水之器，故出壺。雍人主烹飪，故出鼎。司馬，夏官卿也，其屬有挈壺氏，司馬自臨視其縣此漏器。乃官代哭者，未殯哭不絕聲，爲其不食疲倦，故以漏器分時刻，使官屬以次依時相代而哭，聲不絕也。士代哭不以官者，親疏之屬與家人自相代也。

君堂上二燭，下二燭；大夫堂上一燭，下二燭；士堂上一燭，下一燭。

疏曰：有喪則於中庭終夜設燎，至曉滅燎。

而日光未明故須燭以照祭饌也古者未有蠟燭呼火炬爲燭也賓出徹帷小斂畢卽徹帷帷〻禮也此君與大夫之禮小斂畢下階拜賓賓出乃徹帷也哭尸于堂上主人在東方由外來者在西方諸婦南鄉向○婦人哭位本在西而東面今以奔喪者由外而來合居尸之西故退而近北以鄉南也婦人迎客送客不下堂下堂不哭男子出寢門外見人不哭堂以內至房婦人之事堂以外至門男子之事非其所而哭非禮也此言小斂後男主女主迎送弔賓之禮婦人於斂者迎不下堂若君夫人來弔則主婦下堂至庭稽顙而不哭也男子於敵者之弔亦不出門若有君命而出亦不哭也其無女主則男主拜女賓于寢門內其無男主則女主拜男賓于阼階下子幼則以衰凷抱之人爲之拜爲後者不在則有爵者辭無爵者人爲之拜在竟境內則俟之在竟外則殯葬可也喪有無後無無主爲後者不在謂以事故在外也此時若有喪事而弔賓及門以

爲後者是有爵之人則辟以攝主無爵不敢拜賓若此爲後者是無爵之人則攝主代之拜賓可也出而在國境之内則俟其還乃殯葬告在境外則當殯即殯殯後又不得歸而及葬期則葬之可也無後不過已自絶嗣而已無主則闕於賓禮故可無後不可無主也君之喪三日子夫人杖五日既殯授大夫世婦杖子大夫寢門之外杖寢門之内輯集之夫人世婦在其次則杖即位則使人執之子有王命則去上聲杖國君之命則輯杖聽卜有事於尸則去杖大夫於君所則輯杖於大夫所則杖子兼適庶及世子也寢門殯宮門也輯斂也謂舉之不以拄地也子大夫廬在寢門外得拄杖而行至寢門子與大夫並言者據禮大夫隨世子以入子杖則大夫輯子輯則大夫去杖故下文云大夫於君所則輯杖也此言大夫特來不與子相隨故云門外杖門内輯若庶子之杖則不得持入寢門也夫人世婦居次在房内有王命至則世子去杖以尊王命也有鄰國君之命則輯杖者下成君也聽卜卜葬卜日也有事於尸虞與卒哭及祔之祭也於大夫所則杖者諸大夫同在

門外之位同是爲君故並得以杖拄地而行也大夫之喪三日之朝既殯主人主婦室老皆杖大夫有君命則去杖大夫之命則輯杖內子爲夫人之命去杖爲世婦之命授人杖大夫有君命亦大夫指爲後子而言世婦君之世婦也士之喪二日而殯三日之朝主人杖婦人皆杖於君命夫人之命如大夫於大夫世婦之命如大夫如大夫謂去杖輯杖授人杖三者輕重之節也子皆杖不以即位大夫士哭殯則杖哭柩則輯杖弃杖者斷知而弃之於隱者子凡庶子不獨言大夫士之庶子也不以杖即位避適子也哭殯則杖哀勝敬也哭柩啓後也輯杖敬勝哀也獨言大夫士者天子諸侯尊子不敢以杖入殯宮門故哭殯哭柩皆去杖也杖於喪服爲重大祥弃之必斷截使不堪他用而弃於幽隱之處不使人褻賤之也始死遷尸于牀幠呼用斂衾去死衣小臣楔先結反齒用角柶四綴拙足用燕几君大

夫士一也病困時遷尸于地冀其復生死則舉而置之牀上也幠覆也斂衾擬為人斂之衾也先時徹褻衣而加新衣以死今覆以衾而去此死時之新衣也楔拄也以角為柶長六寸兩頭屈曲為將含恐口閉故以柶拄齒令開而受含也辟音躄恐足辟戾故以燕几拘綴之令直也管人汲不說脫繘聿屈之盡階不升堂授御者御者入浴小臣四人抗衾御者二人浴浴水用盆沃水用枓主浴用絺巾挋震用浴衣如他日小臣爪足浴餘水棄于坎其母之喪則內御者抗衾而浴管人有司主館舍者汲汲水以供浴事也繘汲水缾上索也急遽不暇解脫此索但縈屈而執於手水從西階升盡等而不上堂授與御者抗衾舉衾以蔽尸也此浴水用盆盛之乃用枓酌盆水以沃尸以絺為巾熱水以夫尸之垢挋拭也浴衣生時所用以浴者用之以拭尸令乾也如他日者如生時也爪足浴竟而翦尸足之爪甲也浴之餘水棄之坎中此坎是甸人取土為竈所掘之坎內御者婦人也

管人汲授御者御者差七何反沐于堂上君沐粱大夫沐

稷士沐粱甸人爲垼（役）于西牆下陶人出重（平聲）鬲（歷）管人受沐乃煑之甸人取所徹廟之西北厞（扶味反）薪用爨之管人授御者沐乃沐沐用瓦盤挋用巾如他日小臣爪手翦須濡（乃亂反）濯（棹）弃于坎（此言尸之沐濡猶摩也謂淅粱或稷之潘汁以沐髮也君與士同用粱皆士卑不嫌於僭上也垼塊竈也將沐時甸人之官取西牆下之土為塊竈陶人作瓦器之官也重鬲懸重之罌瓦缾也受三升管人受沐汁於堂上之御者而下往西牆於垼竈鬲中煑之令溫甸人為竈畢即往取寢者所徹正寢西北厞以爨竈煑沐汁謂正寢為廟神之也舊說厞是屋簷謂抽取屋西北之簷一說西北隅厞隱處之薪也用瓦盤以斟沐汁也挋用巾以巾拭髮及面也爪手翦手之爪甲也濡濡潤其髮也濯不淨之汁也）君設大盤造（七到反）冰焉大夫設夷槃造冰焉士併（步頂反）瓦槃（步干）無冰設牀（壯）襢（展）笫（側）有枕含（去聲）一牀襲一牀遷尸于堂又一牀皆有枕席君大夫士一也（大臨

造冰納冰於大盤中也夷槃小於大盤夷猶尸也併並也瓦盤小故併設之無冰盛水也水在下設牀於上禮單也大席而袒露第簀尸在其上使寒氣得通免腐壞也含襲遷尸三節各自有牀此謂牀浴以後襲斂以前之事

君之喪子大夫公子眾士皆三日不食子大夫公子眾士食粥納財朝一溢米莫音暮一溢米食之無筭士疏食音嗣水飲食之無筭夫人世婦諸妻皆疏食水飲食之無筭納財謂有司供納此米也鄭註財穀也謂米由穀出故言財一溢二十四分升之一也食之無筭者謂居喪不能頓食隨意欲食則食但朝莫不得過此二溢之米也疏食麤飯也大夫之喪主人室老子姓皆食粥眾士疏食水飲妻妾疏食水飲士亦如之室老家臣之長子姓孫也眾士室老之下也士亦如之謂士之喪亦子食粥妻妾疏食水飲也

葬主人疏食水飲不食菜果婦人亦如之君大夫士一也練而食菜果祥而食肉食粥於盛平聲不盥食於篹思管

反者盥食菜以醯醬始食肉者先食乾肉始飲酒者先飲醴酒盛盥杅之器也簞竹筥也杅盛粥歠之以口故不用盥手飯在簞須手取而食之故當盥手也期之喪三不食食疏食水飲不食菜果三月既葬食肉飲酒期終喪不食肉不飲酒父在為母為妻九月之喪食飲猶期之喪也食肉飲酒不與人樂洛之不與人樂之言不以酒肉與人共食為歡樂也與舊說須非○疏曰期喪三不食謂大夫士旁期之喪正服則一日不食見閒傳五月三月之喪壹不食再不食可也比畀葬食肉飲酒不與人樂之叔母世母故主宗子食肉飲酒一不食三月之喪也再不食五月之喪也故主舊君也大夫本猶主不能食粥羹之以菜可也有疾食肉飲酒可也五十不成喪七十唯衰麻在身不成喪謂不備居喪之禮節也既葬若君食之則食之大夫父之友食之

則食之矣不辟（避）粱肉若有酒醴則辭（君食之食臣也大夫食之食士也父友父同志者此謂是尊者食卑者故雖粱肉不避酒醴見顏色故當辭）小斂於戶內大斂於阼君以簟席大夫以蒲席士以葦席（簟席竹席也）小斂布絞（交）縮者一橫者三君錦衾大夫縞衾士緇衾皆一衣十有九稱（去聲）君陳衣于序東大夫士陳衣于房中皆西領北上絞紟（其鴆反）不在列（此明小斂之衣衾絞既斂所用以束尸使堅實者從者在橫者之上從者一幅橫者三幅每幅之末析爲三片以便結束皆一者君大夫士皆一衾也衾在絞之上天數終於九地數終於十故十有九稱也袍夾衣衣裳單衣故註云單複具曰稱紟單被也不在列不在十九稱之數也）大斂布絞縮者三橫者五布紟二衾君大夫士一也君陳衣于庭百稱北領西上大夫陳衣于序東五十稱西領南上士陳衣于序東三十稱西領南上絞紟如

朝服絞一幅爲三不辟紟五幅無紞都敢反○此明大斂之事縮者三謂一幅直用裂其兩頭爲三片也橫者五謂以布二幅分裂作六片而用五片橫於直者之下也紟一說在絞下用以舉尸一說在絞上未知孰是二衾者小斂一衾大斂又加一衾也如朝服其布如朝服十五升也絞一幅爲三不辟者一幅兩頭分爲三段而中不擘裂也紟五幅用以舉尸者無紞謂被頭不用組紃之類爲識別也又按士沐梁及陳衣與士喪禮不同舊說此爲天子之士小斂之衣祭服不倒君無襚大夫士畢主人之祭服親戚之衣受之不以即陳小斂君大夫士皆用複福衣複衾大斂君大夫士祭服無筭君褶牒衣褶衾大夫士猶小斂也小斂十九稱不悉著於身但取其方故有領在下者惟祭服尊故必領在上也君無襚謂悉用己衣不用他人襚也者大夫士盡用己衣然後用襚言祭服舉尊美者言之也親戚所襚之衣雖受之而不以陳列複衣複衾衣衾以之有綿纊者祭服無筭猶所有皆用無限數也褶衣褶衾之襌者君衣尚多故大斂用襚衣衾大夫士猶用小斂之複衣複衾也

袍必有表不禪衣必有裳謂之一稱袍衣之有著者乃褻衣也必須有禮服以表其外不可禪露衣與裳亦不可偏有如此乃成稱也凡陳衣者實之篋取衣者亦以篋升降者自西階凡陳衣不詘絀非列采不入絺綌紵宁不入陳衣者實之篋自篋中取而陳之也取衣收取斂者所委之衣也不詘舒而不卷也非列采謂間色雜色也斂尸者當暑亦用絺故絺綌與紵亦皆不入也凡斂者袒遷尸者襲謂小斂大斂之事者其事煩故必袒服使遷尸入柩則其事易矣故不袒以君之喪大泰胥祝是斂衆胥佐之大夫之喪大胥侍之衆胥是斂士之喪胥為侍士是斂胥讀為祝者以胥是樂官不掌喪事也周禮太祝之職大喪贊斂喪祝卿大夫之喪掌斂士喪禮商祝主斂故知當為祝侍猶臨也小斂大斂祭服不倒皆左衽結絞不紐疏衽衣襟也生向右左手解抽帶便也死則襟向左示不復解也結絞不紐者生時帶並為屈紐使易抽解死時無復解義故絞束畢結之不為紐也斂者既斂必

哭士與去聲其執事則斂斂焉則為之壹不食凡斂者六人與其執事謂相助凡役也舊說謂與此死者平生共執事則不至褻慢死者故以之斂未知是否君錦冒黼殺色介反綴旁七大夫玄冒黼殺綴旁五士緇冒赬丑貞反殺綴旁三凡冒質長與手齊殺三尺自小斂以往用夷衾夷衾質殺之裁去聲猶冒也冒者韜尸之二囊上曰質下曰殺先以殺韜足而上後以質韜首而下君質用錦殺畫黼文故云錦冒黼殺也其制韜合一頭又縫連一邊餘一邊不縫兩囊皆然綴旁七者不縫之邊上下安七帶綴以結之也上之質從頭而下其長與手齊殺則自下而上其長三尺也小斂衍此冒故不用衾小斂以後則用夷衾覆之夷尸也黻黼黻也夷衾與質殺之制皆為覆冒尸形而作也舊說夷衾亦上齊手下三尺緇色及長短制度如冒之質殺君將大斂子弁絰即位于序端卿大夫即位于堂廉楹西北面東上父兄堂下北面夫人命婦尸西東面外宗房中南面小臣鋪

席商祝鋪絞紟衾衣士盥于盤上士舉遷尸于斂上卒
斂宰告子馮之踊夫人東面亦如之弁絰素弁上加環絰未成服故也序
謂東序端序之南頭也堂廉堂基南畔廉稜之上也盪
南近堂廉者父兄堂下北面諸父諸兄之不仕者以
賤故在堂下外宗見雜記下小臣鋪席商祝鋪絞紟衾鋪于席
上士商祝之屬也斂上即斂處也卒斂宰告大宰告孝
子以斂畢也馮之踊者馮尸而起踊也大夫之喪將大斂既鋪絞紟衾衣
君至主人迎先入門右巫止于門外君釋菜祝先入升
堂君即位于序端卿大夫即位于堂廉楹西北面東上
主人房外南面主婦尸西東面遷尸卒斂宰告主人降
北面于堂下君撫之主人拜稽顙君降升主人馮之命
主婦馮之君釋菜禮門神也宰告亦告主人以斂畢也君撫之撫尸也主人拜稽顙謝君之恩禮也
升主人馮之君使主人升堂馮尸也命亦君命之士之喪將大斂君不在其餘

禮猶大夫也其餘禮如鋪衣衾等事鋪絞紟踊鋪衾踊鋪衣[illegible]遷
尸踊斂衣踊斂衾踊斂絞紟踊此踊之節[illegible]哭踊無數[illegible]
君撫大夫撫內命婦大夫撫室老撫姪娣[illegible]
婦君之世婦也大夫內命婦皆貴故君皆撫之[illegible]則不撫妾室老貴臣姪娣貴妾故大夫撫之[illegible]諸侯
一娶九女二國各以女媵之為娣姪以[illegible]亦有姪娣姪者兄之子娣女弟也娣尊姪[illegible]禮經無
娣媵兄言姪若無娣猶先媵士有娣媵則大夫有可知矣君大夫馮父母妻長子不
馮庶子士馮父母妻長子庶子庶子有子則父母不馮
其尸凡馮尸者父母先妻子後父母先妻子後謂尸之父母妻子也尊者先馮
卑者後馮○疏曰君大夫之庶子雖無子亦不得馮君於臣撫之父母於子執之
子於父母馮之婦於舅姑奉之聲舅姑於婦撫之妻於
夫拘俱之夫於妻於昆弟執之[illegible]馮尸不當君所凡馮尸

喪大記

興必踊。憑之者當尸之心胷處憑服之也執之者執持其衣隱之者身衣而馮之奉之者捧持其衣拘之者微牽引其衣皆於心胷之處不當君所假令君尸撫則餘人馮者亦必避之不敢當君所撫之處也馮尸之際哀情切極故起泣為踊以泄哀也

父母之喪，居倚廬，不塗，寢苫始占反，枕去聲凷塊，非喪事不言。君為廬宮之，大夫士襢但之。疏曰倚廬者於中門外東牆下倚木為廬也不塗者但以草夾障不以泥塗飾之也寢苫臥於苫也枕凷枕塊塊也為廬宮之者廬外以帷障之如宮也牆也襢袒也其廬袒露不以帷障之也

既葬，柱主楣，塗廬不於顯者。君大夫士皆宮之。柱楣者先時倚木於牆以為廬葬後哀殺稍舉起其木拄之於楣以納日光略寬容也又於內用泥以塗之而免風寒不於顯者不塗廬之顯處也皆宮之不襢也

凡非適子者，自未葬，以於隱者為廬。疏曰既非喪主故於東南角隱暎處為廬經雖云未葬其實葬竟亦然也

既葬，與人立，君言王事，不言國事；大夫士言公事，不言家事。君既葬，王政入於國，既卒哭

而服王事。大夫士既葬，公政入於家；既卒哭，弁絰帶，金革之事無辟避也。不言國事家事，禮之經也；既葬政入以下，禮之權也。弁絰帶，謂素弁加環絰而帶，則仍是要絰也。大夫上弁絰，則國君亦弁絰也。君言服王事，則此亦服國事也。既練居堊室，不與人居。君謀國政，大夫士謀家事。既祥，黝於糾反堊烏故反。祥而外無哭者，禫而內無哭者，樂作矣故也。堊室在中門外。練後服漸輕，可以謀國政、謀家事也。祥，大祥也。黝，治堊室之地令黑；堊，塗堊室之壁令白，皆稍飾其節也。祥後中門外不哭，故曰祥而外無哭者；禫則門內亦不復哭，故曰禫而內無哭者。所以然者，以樂作故也。禫而從御，吉祭而復寢。從御，鄭氏謂御婦人，杜預謂從政而御職事，杜說近是。蓋復寢乃猶其平時婦人當御之寢耳。吉祭，四時之常祭也。禫祭後猶吉祭，同月則吉祭畢而復寢；若禫祭不猶當吉祭之月，則踰月而吉祭，乃復寢也。孔氏以下文不御於內為證，故從鄭說。又按《間傳》言既祥復寢，當謂大祥後復寢宫之寢，與此復寢異。期居廬，終喪不御於內者，父在為母、為妻，齊衰期者大功布衰九月者皆三月不御於內婦人不居廬不寢苫喪父母既練而歸期九月者既葬而歸喪父母謂婦人有父母之喪也既練而歸練後乃歸夫家也女子出嫁為祖父母及為父後之兄弟皆期則服九月者謂本是期服而降在大功者此皆哀殺故葬後即歸也公之喪大夫俟練士卒哭而歸雜記曰大夫次於公館以終喪士練而歸言大夫士為國君喪之禮也此言公者家臣稱有地之大夫為公也有地大夫之喪其大夫與士治其采地者皆來奔喪大夫則俟小祥而反其所治士則待卒哭而反其所治也大夫士父母之喪既練而歸朔日忌日則歸哭于宗室諸父兄弟之喪既卒哭而歸命士以上父子皆異宮庶子為大夫士而遭父之母之喪殯宮在適子家既練各歸其宮至月朔與死之日則往哭于宗子之家謂殯宮也諸父兄弟期服輕故卒哭即歸也父不次於子兄不次於弟疏曰喪卑故尊者不居其殯宮之次也君於大夫世婦大斂焉為之賜則小斂焉於外命婦既

加蓋而君至於士既殯而往焉為之賜大斂焉為字並去聲○君於大夫及內命婦之喪而視其大斂常禮也若為之加恩賜則視其小斂也外命婦乃臣之妻其恩輕故君待其大斂入棺加蓋之後而後至也士雖卑亦宜有恩賜故亦視其大斂夫人於世婦大斂焉為之賜小斂焉於諸妻為之賜大斂焉於大夫外命婦既殯而往疏曰諸妻姪娣及同姓女也同士禮故賜大斂君夫人姪娣尊同世婦常賜小斂已上言君夫人視之皆有常禮而為之賜則加禮也大夫士既殯而君往焉使人戒之主人具殷奠之禮俟于門外見馬首先入門右巫止于門外祝代之先君釋菜于門內祝先升自阼階負墉南面君即位于阼小臣二人執戈立于前二人立于後擯者進主人拜稽顙君稱言視祝而踊主人踊大夫士之喪君或以他故不及斂者則殯後亦往先使告戒主人使知之主人具盛饌之奠身自出俟於門外見君車前之馬

首入立于門東北面巫本在君之前今巫止不入祝乃代巫先君而入君釋菜以禮門神之時祝先由東階以升負墉南面者在房户之東背壁而向南也主人拜稽顙者以君之臨喪故於庭中北面拜而稽顙也君稱言者君言其所來之言謂弔辭也祝相君之禮稱言畢而祝踊故君視祝而踊君踊畢主人乃踊也大夫則奠可也士則出俟于門外命之反奠乃反奠卒奠主人先俟于門外君退主人送于門外拜稽顙若君所臨是大夫喪則踊畢即釋此殷奠于殯可也若是士喪則主人卑不敢留君待奠故先出俟于門謂君將去也君使人命其反下以奠乃反奠奠畢主人又先俟于門外君去即拜以送也奠畢出俟大夫與士皆然君於大夫疾三問之在殯三往焉士疾壹問之在殯壹往焉君弔則復殯服殯後主人已成服而君始來弔主人則還著殯時未成服之服蓋首絰免布深衣也不散帶故小記云君弔雖不當免時也主人必免不散麻一則不敢謂君之弔後時又且以君來故新其禮也夫人弔於大夫士主人出迎于門外見馬首先入門右夫

人入升堂即位主婦降自西階拜稽顙于下夫人視世子而踊奠如君至之禮夫人退主婦送于門內拜稽顙主人送于大門之外不拜夫人弔則主婦為喪主故主婦之待夫人猶主人之待君也世子夫人之世子也夫人來弔則世子在前道引其禮如君之道君故夫人視世子而踊也主人送而不拜著喪無二主主婦已拜主人不當拜也大夫君不迎于門外入即位于堂下主人北面衆主人南面婦人即位于房中若有君命命夫命婦之命四鄰賓客其君後主人而拜大夫之臣亦以大夫為君故曰大夫君也言此大夫君之弔其臣喪也主人不迎于門外此君入而即堂下之位位在阼階下西向主人在其位之南而北面也此大夫君來弔之時若有本國之君命或有國中大夫及命婦之命或鄰國卿大夫遣使來弔者此大夫君必代主人拜命及拜賓以長用尊者主其禮故也然此君終不敢亦國君專代爲主必以主人在已後待此君拜竟主人復拜也○石梁王氏曰後主人者已在前後使主人皆後君弔見

尸柩而后踊前章既殯而君往是不見尸柩也乃視說而踊此言見尸柩而后踊必與前文異舊

說殯而未塗則踊塗後乃不踊未知是否大夫士若君不戒而往不具殷奠

君退必奠以君之來告於殯者且以為榮也君大棺八寸屬燭六寸椑

餅四寸上大夫大棺八寸屬六寸下大夫大棺六寸屬

四寸士棺六寸君國君也大棺最在外屬在大棺之內椑又在屬之內是國君之棺三重也寸

數以厚薄而言君裏里棺用朱綠用雜金鐕茲甘反大夫裏棺用

玄綠用牛骨鐕士不綠疏曰裏棺謂以繒貼棺裏也朱繒貼四方綠繒貼四角鐕釘也

用金釘以椽朱綠著棺也大夫四面玄四角綠士不綠者悉用玄也亦用大夫牛骨鐕○石梁王氏曰用牛骨

為釘不可從君蓋用漆三衽三束大夫蓋用漆二衽二束士

蓋不用漆二衽二束蓋棺之蓋板也用漆謂以漆塗其合縫用衽處也衽束並說見檀弓

君大夫鬊舜爪實于綠角中士埋之鬊亂髮也爪手足之爪甲也生時積

而不弃今死爲小囊盛之而實于棺内之四隅故讀綠爲角四角之處也七則以物盛而埋之耳

君殯用輴春攢才官反至于上畢塗屋大夫殯以幬燾攢至于西序塗不暨于棺士殯見衽塗上帷之

君諸侯也輴盛柩之車也殯時以柩置輴上欑猶叢也叢木于輴之四面至于棺上畢盡也以泥盡塗之此欑木似屋形故曰畢塗屋也大夫之殯不用輴其棺一面貼西序之壁而欑其三面上不爲屋形但以棺衣覆之幬覆也故言大夫殯以幬欑至于西序也塗不暨于棺者天子諸侯之欑木廣而去棺遠大夫欑狹而去棺近所塗者僅僅不及于棺而已士殯掘肂以容棺肂即坎也棺在肂中不沒其蓋縫用衽處猶在外而可見其衽以上亦用木覆而塗之帷幬也貴賤皆有帷故帷朝夕之哭乃褰舉其帷曰所以帷者鬼神尚幽闇故也此章以檀弓參之制度不同

熬君四種上聲八筐大夫三種六筐士二種四筐加魚腊焉

熬以火熬穀令熟也熟則香置之棺旁使蚍蜉聞香而來食免侵尸也四種黍稷稻粱也每種二筐三種黍稷粱二種黍稷也加魚與腊筐同異未聞○石梁王氏曰棺旁用熬穀加魚腊不可從

飾棺君龍帷

三池疏曰君諸侯也帷柳車邊幛也以白布為之王侯皆畫為龍故云君龍帷也池者織竹為籠衣以青布挂於柳上荒邊爪端象宮室承霤天子四注屋四面承霤柳亦四池諸侯屋亦四注而柳降一池闕後故三池也**振容**振容者振動容飾也以青黃之繒長丈餘如幡畫為雉懸於池下為容飾車行則幡動故曰振容也**黼荒火三列黻三列**荒蒙也柳車上覆謂鼈甲也緣荒邊為白黑斧文故云黼荒荒之中央又畫為火三行故云火三列又畫兩己相背為黻三行故云黻三列**素錦褚加偽**帷**荒**素錦白錦也褚屋也荒下用白錦為屋象宮室也加帷荒者帷是邊牆荒是上蓋褚覆竟而加帷荒於褚外也**纁紐六**上蓋與邊牆相離故又以纁帛為紐連之兩旁各三凡六也**齊**如字**五采五貝**齊者臍之義以當中而言謂鼈甲上當中形圓如車之蓋高三尺徑二尺餘以五采繒衣之列行相次五貝者又連貝為五行交絡齊上也**黼翣二黻翣二畫翣二皆戴圭**翣形似扇木為之在路則障車入槨則障柩二畫黼二畫黻二畫雲氣六翣之兩角皆戴圭玉也**魚躍拂池**以銅魚懸於池之下車行則魚跳躍上拂於池魚在振容間也**君纁戴六**戴猶值也用纁帛繫棺紐

著柳骨棺之縷束有三每一束兩邊各屈皮為紐三束則六紐今穿纁戴於紐以繫柳骨故有六戴也纁披去聲六亦用絳帛為之以一頭繫所連柳纁戴之中而出一頭於帷外人牽之每戴繫之故亦有六也謂之披者若牽車登高則引前以防軒車適下則引後以防飜車欹左則引右欹右則引左使不傾覆也已上並孔說

大夫畫帷二池不振容畫荒火三列黻三列素錦褚纁紐二玄紐二齊三采三貝黻翣二畫翣二皆戴綏而追反魚躍拂池大夫戴前纁後玄披亦如之畫帷畫為雲氣也二池一云兩邊各一一云前後各一畫荒亦畫為雲氣也齊三采絳黃黑也皆戴緌者用五采羽作緌綴翣之兩角也披亦如之謂色及數悉與戴同也

士布帷布荒一池揄搖絞爻纁紐二緇紐二齊三采一貝畫翣二皆戴綏士戴前纁後緇二披用纁布帷布荒皆白布不畫也一池在前揄搖翟也雉類青質五色絞青黃之繒也畫翟於絞繒在池上戴當棺束每束各于兩邊前頭一二戴用纁後上用緇二披用纁者纁一邊前後各一披故云二披也

通兩邊言之亦四披也君葬用輴春四綍二碑御棺用羽葆大夫葬用輴船二綍二碑御棺用茅士葬用國船車二綍無碑比畀出宮御棺用功布此章二輴字國字註皆讀為輲船音然以檀弓諸侯輴而設幬言之則諸侯猶得用輴豈葬不得用輴乎今讀大夫葬用輴與國字並作船音君葬用輴音春○天子之窆用大木為碑謂之豐碑諸侯謂之桓楹碑綍詳見檀弓御棺羽葆並見雜記功布大功之布也輇車雜記作輲字凡封窆用綍去碑負引去聲君封以衡大夫士以咸緘君命毋譁以鼓封窆大夫命毋哭士哭者相止也三封字皆讀為窆謂下棺也○疏曰下棺時將綍一頭繫棺緘又將一頭繞碑間鹿盧所引之人在碑外背碑而立負引者漸漸應鼓聲而下故云用綍去碑負引也以衡謂下棺時別以大木為衡貫穿棺束之緘平持而下備傾頓也以緘者以綍直繫棺束之緘而下也命毋譁戒止其諠譁也以鼓封擊鼓為負引者縱捨之節也命毋哭戒止哭聲也士則眾哭者自相止而已君松椁大夫柏椁士雜木椁天子柏椁故諸

侯以士大夫同於天子者卑遂不嫌僭也棺椁之閒君容柷昌六反大夫容壺士容甒武○柷樂器形如桶壺漏水之器說壺甒皆盛酒之器此言闊狹之度古者棺外椁內皆有藏器也君裏椁虞筐大夫不裏椁士不虞筐疏曰盧氏雖有解釋鄭云未聞今不錄

祭法第二十三

祭法有虞氏禘黃帝而郊嚳祖顓頊而宗堯夏后氏亦禘黃帝而郊鯀祖顓頊而宗禹殷人禘嚳而郊冥祖契息列反而宗湯周人禘嚳而郊稷祖文王而宗武王國語曰有虞氏禘黃帝而祖顓頊郊堯而宗舜夏后氏禘黃帝而祖顓頊郊鯀而宗禹商人禘嚳而祖契郊冥而宗湯周人禘嚳而郊稷祖文王而宗武王○石梁王氏曰此四代禘郊祖宗諸經無所見多有可疑雜以緯書愈紛矣○劉氏曰虞夏殷周皆出黃帝黃帝之曾孫帝嚳堯則帝嚳之子也黃帝至舜九世至禹五世以世次言

堯禹兄弟也按詩傳姜嫄生棄爲后稷簡狄生契爲司徒稷契皆堯之弟契至冥六世至湯十四世后稷至公劉四世至太王十三世四代禘郊祖宗之說鄭氏謂纘文王至今以成周之禮例而推之有天下者方始祖之廟自出不遷又推始祖所自出之帝祭於始祖之廟而以始祖配之則虞夏皆當以顓頊爲始祖而禘黄帝於顓頊之廟祭大於郊則皆當以顓頊配小殷當以契爲始祖而禘帝嚳於契廟郊則當以契配也至於祖有功而宗有德則舜之曾祖句芒當有功可以爲祖今既不祖之矣瞽瞍頑而無德非所得而宗者故當祖嚳而宗堯也蓋舜受天下於堯堯受之於嚳故堯授舜而舜受終于文祖蘇氏謂即嚳廟也舜授禹禹受命于神宗即堯廟也即是可以知虞不祖句芒而祖嚳不宗瞽瞍而宗堯也明矣先儒謂配天必以始祖配帝必以父以此宗字即爲宗祀明堂之宗故疑舜當宗瞽瞍不當宗堯禘意五帝官天下自虞以上祖功宗德當如鄭注尚德之說三王家天下則自當祖宗所親然鯀當治水而殛死有以死勤事之功則非瞽瞍比也故當爲祖但亦不當郊耳冥亦然由是論之則經文當云有虞氏禘黄帝而郊頊祖嚳而宗堯夏后氏亦禘黄帝而郊頊祖鯀而宗禹殷人禘嚳而郊契祖冥而宗湯周人禘嚳而郊稷祖文王而宗武王如此則庶乎其無疑矣大抵祖功宗德

之宗與宗祀明堂之宗不同祖其有功者宗其有德者百世不遷之廟也宗祀父於明堂以配上帝者一世而一易不計其功德之有無也有虞氏宗祀之禮未聞借使有之則宗祀嚳以配帝自與宗堯之廟不相妨但虞不傳子亦無百世不遷之義耳○今按以此章之宗爲宗其有德者自無可疑但殷有三宗不惟言宗湯則未能究其說也

燔音煩柴於泰壇祭天也瘞於計反埋於泰折祭地也用騂犢燔燎也積柴於壇上加牲玉於柴上乃燎之使氣達於天此祭天之禮也泰壇即圓丘泰者尊之之辭瘞埋牲幣祭地之禮也泰折即方丘折如磬折折旋之義喻方也周禮陽祀用騂牲陰祀用黝牲此並言騂犢者以周人尚赤而典謂陰祀者或是他祀歟

埋少牢於泰昭祭時也相祖近沂於坎壇祭寒暑也王宮祭日也夜明祭月也幽宗如字祭星也雩宗祭水旱也四坎壇祭四方也山林川谷丘陵能出雲爲風雨見賢遍反怪物皆曰神有天下者祭百神諸侯在其地則祭之亡其地則不祭泰昭壇名也祭時祭四時

祭法

也相近當爲祖迎字之誤也寒暑往一來往者祖送
之來者迎逆之周禮仲春晝逆暑仲秋夜迎寒則送之
亦必有其禮也坎以祭寒壇以祭暑亦其地謂見削尊
也○方氏曰天無二日土無二王則王有日之象而宮
乃其居也故祭日之壇曰王宮日出於晝月出於夜則
夜爲月之時而明乃其用也故祭月之坎曰夜明幽以
言其隱而小也揚子曰視日月而知眾星之蔑故祭星
之所則謂之幽宗焉叫而求雨之謂雩主祭旱言之則
兼祭水者雨以時至則亦無水患也幽雩皆謂之宗者
宗之爲言尊也書曰禋于六宗詩曰靡神不宗無所不
用其尊之謂也泰壇泰折不謂之宗者天地之大不嫌
於不尊也四方百物之神也方有四而位則八若乾位
西北艮位東北坎位正北震位正東皆陽也坤西南巽
東南離正南兌正西皆陰也故有坎有壇而各以四焉

大凡生於天地之間者皆曰命其萬物死皆曰折人死曰鬼此五代之所不變也七代之所更平聲立者禘郊祖宗其餘不變也

五代唐虞三代也加顓頊帝嚳爲七代舊說五代始黃帝然未聞黃帝禘郊祖宗之制恐未然○方氏曰人物之生數有長短分有小大莫不受制於天故大凡生者曰命及其死也物謂

之折言其有所毁也人謂之鬼言其有所歸也不變者不毁所命之名也更立者更之謂祭之人也名既當於實故無事乎變人既異於世故必更而立焉名之不變止自堯而下者蓋法成於堯而已由堯以前其法未成其名容有變更也更立不及於黄帝者七代同出於黄帝而已黄帝無統於上七代更立於下故也其餘不變者謂禘郊祖宗之外不變也若天地日月之數其備可變乎

天下有王分地建國置都立邑設廟祧壇墠而祭之乃爲親疏多少之數方氏曰分地建國置都立邑所以尊賢也設廟祧壇墠而祭之所以親親也親親不可以無殺故爲親疏之數焉尊賢不可以無等故爲多少之數焉有昭有穆有祖有考親疏之數也以七以五以三以一多少之數也

是故王立七廟一壇一墠曰考廟曰王考廟曰皇考廟曰顯考廟曰祖考廟皆月祭之遠廟爲祧有二祧享嘗乃止去祧爲壇去壇爲墠壇墠有禱焉祭之無禱乃止去墠曰鬼七廟三昭三穆與太祖爲七也一壇一墠者七廟之外又立壇墠各一起土爲壇除地曰墠也考廟

父廟也王考祖也皇考曾祖也顯考高祖也祖考始祖也始祖百世不遷高高曾祖禰以親故此五廟皆每月一祭也遠廟為祧言三昭三穆之當遷者其主藏於二祧也古者祧主藏於太祖廟之東西夾室周則昭之遷主皆藏文王之廟穆之遷主皆藏武王之廟也此不在月祭之例但得四時祭之耳故云享嘗乃止去祧為壇者言世數遠不得於祧處受祭故云去祧也祭之則為壇其又遠者亦不得於壇受祭故云去壇也祭之則為墠然也壇墠者必須有祈禱之事則行此祭無祈禱則止然不祭之也去墠則又遠矣雖有祈禱亦不及之故從然名之曰鬼而已。今按此章曰王立七廟而以文武不遷之廟為二祧以足其數則其實五廟而已若商有三宗則為四廟乎壇墠之主藏於祧而祭於壇墠猶之可也直謂有禱則祭無禱則止則大祫升毀廟之文何用乎又宗廟之制先儒講之甚詳未有舉壇墠為言者周公三壇同墠非此義也又諸儒以周之世廟始於共王之時夫以周公制作如此其盛而宗廟之制顛乃下同列國吾知其必不然矣然則朱子然劉歆之說豈無見乎鄭註此章謂祫乃祭之蓋亦覺記者之失矣

諸侯立五廟一壇一墠曰考廟曰王考廟曰皇考廟皆月祭之顯考廟祖考廟享

嘗乃止去祖爲壇去壇爲墠壇墠有禱焉祭之無禱乃止去墠爲鬼諸侯太祖之廟始封之君也月祭三廟下於天子也顯考祖考四時之祭而已去祖爲壇者高祖之父雖遷主寄太祖之廟而不得於此受祭若有所禱則去太祖之廟而受祭於壇也去壇而受祭於墠則高祖之祖也大夫立三廟二壇曰考廟曰王考廟曰皇考廟享嘗乃止顯考祖考無廟有禱焉爲壇祭之去壇爲鬼大夫三廟有廟而無主其當遷者亦無可遷之廟故有禱則祭於壇而已然墠輕於壇今一壇而無墠者以太祖雖無廟猶重之也去壇爲鬼謂高祖若在遷去之數則亦不得受祭於壇祈禱亦不得及也適的士二廟一壇曰考廟曰王考廟享嘗乃止皇考無廟有禱焉爲壇祭之去壇爲鬼適士上士也天子上中下之士及諸侯之上士皆得立二廟官師一廟曰考廟王考無廟而祭之去王考爲鬼官師者諸侯之中士下士爲一官之長者得立一廟祖禰共之曾祖以上若有所禱則就廟薦之而已以其無

壇也庶士庶人無廟死曰鬼庶士府史之屬死曰鬼者謂雖無廟亦得薦之於寢也王
制云庶人祭於寢王為羣姓立社曰大泰社王自為立社曰王
社諸侯為百姓立社曰國社諸侯自為立社曰侯社大
夫以下成羣立社曰置社鄭曰太社在庫門之內右王社所在書傳無文崔氏云王
社在籍田王所自祭以供粢盛國社亦在公宮之右侯社在籍田置社者大夫以下包士庶成羣聚而居滿百
家以上得立社為衆特置設曰置社○方氏曰王有天下故曰羣姓諸侯有一國故曰百姓而已天子曰兆民
諸侯曰萬民亦此之意王為羣姓立七祀曰司命曰中霤曰國門
曰國行曰泰厲曰户曰竈王自為立七祀諸侯為國立
五祀曰司命曰中霤曰國門曰國行曰公厲諸侯自為
立五祀大夫立三祀曰族厲曰門曰行適士立二祀曰
門曰行庶士庶人立一祀或立户或立竈司命見周禮中霤門行户

竈見月令。泰厲，古帝王之無後者；公厲，古諸侯之無後者；族厲，古大夫之無後者。左傳云：鬼有所歸，乃不爲厲。以其無所歸，或爲人害，故祀之。又按五祀之文，散見經傳者非一。此言七祀、三祀、二祀、一祀之說，殊爲可疑。曲禮：大夫祭五祀。註言殷禮。王制：大夫祭五祀。註謂有地之大夫。皆未可詳。王下祭殤五：適子、適孫、適曾孫、適玄孫、適來孫；諸侯下祭三；大夫下祭二；適士及庶人，祭子而止。方氏曰：玄孫之子爲來者，以其世數雖遠，若方來而未已也。以尊祭卑，故曰下祭。○石梁王氏曰：無殤全不祭，恐非。夫聖王之制祭祀也，法施於民則祀之，以死勤事則祀之，以勞定國則祀之，能禦大菑則祀之，能捍大患則祀之。此五者所當祭祀也，下文可見。是故厲山氏之有天下也，其子曰農，能殖百穀；夏之衰也，周棄繼之，故祀以爲稷。厲山氏，一云烈山氏，炎帝神農也。其後世子孫有名柱者，能殖百穀，作農官，因名農。見國語。棄，見舜典。稷，穀神也。共恭工氏之霸九州也，其子曰后土，能平九州故祀以爲社左傳言共工氏以水紀官在炎帝之前太昊之後祀土神也帝嚳能序星辰以著衆序星辰知推步之法也著衆謂使民占星象而知休作之候也堯能賞句均刑法句以義終能賞當其功均刑法當其罪也以義終禪位得人也舜勤衆事而野死巡守而崩也○石梁王氏曰舜死蒼梧之說不可信鄭氏謂因征有苗尤不可信鯀鄣鴻水而殛死禹能脩鯀之功鄣壅塞之也脩者繼其事而改正之○石梁王氏曰祀禹非祀鯀也黃帝正名百物以明民共恭財顓頊能脩之正名百物者立定百物之名也明民使民不惑也共財供給公上之賦斂也契爲司徒而民成司徒教官之長民成化民成俗也冥勤其官而水死冥即玄冥也月令冬之神水死未聞湯以寬治民而除其虐書曰克寬克仁又言代虐以寬文王以文治武王以武功去上聲民之菑災此皆有功烈於民者也陳氏曰自農弃至堯[illegible]帝至契法施於民者也舜鯀與冥以死勤事者也禹脩鯀功以

勞定國者也湯除其虐文武之去民菑能禦大菑能捍大患者也及夫日月星辰民所瞻仰也山林川谷丘陵民所取財用也非此族也不在祀典族類也祀典祭祀之典籍

祭義第二十四

祭不欲數朔數則煩煩則不敬祭不欲疏疏則怠怠則忘是故君子合諸天道春禘禴秋嘗霜露既降君子履之必有悽愴初亮反之心非其寒之謂也春雨露既濡君子履之必有怵惕之心如將見之樂以迎來哀以送往故禘禴有樂而嘗無樂王制言天子諸侯宗廟之祭春礿夏禘秋嘗冬烝注云夏殷之祭名周則春祠夏禴秋嘗冬烝內郊特牲饗禘有樂而食嘗無樂禘讀爲禴然則此章二禘字亦皆當讀爲禴也但祭統言大嘗禘升歌清廟下管象舞詩言庸鼓有斁萬舞有奕下云顯予烝嘗是殷周秋冬之祭不閑

言無樂也此與郊特牲皆云無樂未詳。鄭氏曰迎來而樂樂親之將來也送去而哀哀其享否不可知也。方氏曰先言雨露言春則知霜露言非其寒之則雨露爲非其溫之謂矣雨露言如將見之則霜露爲如將失之矣蓋春夏所以迎其來秋冬所以送其往也致齊側皆反於內散上聲齊於外齊之日思其居處思其笑語思其志意思其所樂五教反思其所嗜齊三日乃見其所爲去聲齊者五其字及下文所爲皆指親而言。疏曰先思其粗漸思其精故居處在前樂嗜居後祭之日入室僾愛然必有見現乎其位周還旋出戶肅然必有聞乎其容聲出戶而聽愾苦代反然必有聞乎其歎息之聲入室入廟室也僾然彷彿之皃見乎其位如見親之在神位也周旋出戶謂薦俎酌獻之時行步周旋之間或自戶內而出也肅然儆惕之皃容聲舉動容止之聲也愾然太息之聲也是故先王之孝也色不忘乎目聲不絕乎耳心志嗜欲不忘乎心致愛則存致慤則著著

存不忘乎心夫安得不敬乎君子生則敬養去聲死則敬
享思終身弗辱也致愛極其愛親之心也致慤極其敬親之誠也存以上文三者不忘而言
著以上文見乎其位以下三者而言不能致則養與享祗以辱親而已君子有終身之喪
忌日之謂也忌日不用非不祥也言夫日志有所至而
不敢盡其私也忌日親之死日也不用不以此日為他事也非不祥言非以死為不祥而避之
也夫日猶此日也志有所至者此心極於念親也不敢盡其私此私字如不有私財之私言不敢盡心於己之
私事也唯聖人為能饗帝孝子為能饗親饗者鄉去聲也鄉
之然後能饗焉是故孝子臨尸而不怍君牽牲夫人奠
盎君獻尸夫人薦豆卿大夫相去聲君命婦相夫人齊齊
如字乎其敬也愉愉乎其忠也勿勿諸其欲其饗之也臨尸
不怍則其饗親之心致愛致慤可知矣奠盎設盎齊之奠也齊齊整肅之貌愉愉其忠貌和順之貌也勿勿猶

切切也，諸諸，悴鶴然也。文王之祭也，事死者如事生，思死者如不欲生，忌日必哀，稱諱如見親，祀之忠也，如見親之所愛，如欲色然，其文王與（平聲）？詩云：明發不寐，有懷二人。文王之詩也。祭之明日，明發不寐，饗而致之，又從而思之。祭之日，樂（音洛）與哀半，饗之必樂，已至必哀。如不欲生，似欲隨之死也。宗廟之禮，上不諱下，故有稱諱之時，如祭高祖則不諱曾祖以下也。如欲色然，言其想像親平生所愛之物，如見親有欲之之色也。詩小雅小宛之篇。明發，自夜至光明開發之時也。詩本謂宣王求懷文王武王之功烈，此借以爲文王念父母之勤耳。文王之詩，言此詩足以詠文王也。饗之必樂，迎其來也；已至而禮畢則往矣，故哀也。

仲尼嘗奉薦而進其親也慤，其行也趨趨以數（促、朔）。已祭，子贛問曰：子之言祭，濟濟（上聲）漆漆（切）然，今子之祭無濟濟漆漆，何也？子曰：濟濟者，容也遠也；漆漆者，容也自反也容以遠若容以自反也夫何神明之交交夫何濟濟漆漆之有乎反饋樂成薦其薦俎序其禮樂備其百官君子致其濟濟漆漆夫何慌晃惚忽之有乎夫言豈一端而已夫各有所當去聲也嘗秋祭也奉薦而進進於尸也親身自執事也愨專謹皃趨趨讀爲促促行步追傚也數樂足頻也皆不事威儀之皃皃子貢特祭畢以夫子所嘗言者爲問蓋怪其今所行與昔所言異也夫子言濟濟者眾盛之容也遠也言非所以接親親也漆漆者專致之容也自反猶言自脩整也若及也容之踈遠及容之自反者夫何能交及於神明乎我之自祭何可有濟濟漆漆乎言以誠愨爲貴也若言天子諸侯之祭尸初在室後出在堂更反入而設饋作樂既成卜人薦其饋食之反與牲體之俎先特則致敬以交於神明至此則序禮樂備百官獻酬往復凡助祭之君子各以威儀相尚而致其濟濟漆漆之容當此之際何能有思念慌惚交神之心乎各有所當言各有所主謂濟濟漆漆乃宗廟中賓客之容所主〻之容也主人之事

孝子將祭慮事不可以不豫比畀

時具物親宜愨而趨數也

時具物不可以不備虛中以治之比時以時也謂當行禮之時具物陳設器品宮室既脩牆屋既設百物既備夫婦齊之屬慮中清明在躬心無雜念也齊戒沐浴奉承而進之洞洞乎屬屬乎如弗勝勝平聲如將失之其孝敬之心至也與與平聲薦其薦俎序其禮樂備其百官奉承而進之於是諭其志意以其慌惚以與神明交庶或饗之庶或饗之孝子之志也洞洞屬屬見禮器詁兩言奉承而進之上謂主人下謂助祭者諭其志意祝以孝告也孝子之祭也盡其愨而愨焉盡其信而信焉盡其敬而敬焉盡其禮而不過失焉進退必敬如親聽命則或使之也盡其愨而為愨盡其信而為信盡其敬而為敬言無一毫之不致其極也禮有常經不可以私意為隆殺故曰盡其禮而不過失焉進退之間其發心之所存如親聽父母之命而若有使之者亦前章著存之意孝子之祭可知也其立之也敬

以詘並其進之也敬以愉其薦之也敬以欲退而立如將受命已徹而退敬齊字如之色不絕於面孝子之祭也立而不詘固也進而不愉疏也薦而不欲不愛也退立而不如受命敖傲也已徹而退無敬齊之色而忘本也如是而祭失之矣方氏曰孝子之祭可知者言觀其祭可以知其心也立之若方待事而立也進之者既從事而進也薦之者奉物而薦也退而立者進而復退也已徹而退者既薦而後徹也蓋退而立則少退而立已徹而退則於是乎退焉此其所以異也立之敬以詘則身之屈而為之變焉故立而不詘固也進之敬以愉則色之愉而致其親焉故進而不愉疏也薦之敬以欲則心之欲而薦其享焉故薦而不欲不愛也退而立如將受命則順聽而無所忽焉故退立而不如受命敖也已徹而退敬齊之色不絕於面則慎終如始矣故已徹而退無敬齊之色而忘本也孝子之有深愛者必有和氣有和氣者必有愉色有愉色者必有婉容孝子如執玉如奉

上聲厲洞洞屬屬然如弗勝如將失之嚴威儼恪非所以事親也成人之道也和氣愉色婉容皆愛心之所發如執玉奉盈如弗勝如將失之皆敬心之所存愛敬兼至乃孝子之道故嚴威儼恪使人望而畏之是成人之道非孝子之道也先王之所以治天下者五貴有德貴貴貴老敬長慈幼此五者先王之所以定天下也貴有德何為去聲也為其近於道也貴貴為其近於君也貴老為其近於親也敬長為其近於兄也慈幼為其近於子也是故至孝近乎王去聲至弟近乎霸至孝近乎王雖天子必有父至弟近乎霸雖諸侯必有兄先王之教因而弗改所以領天下國家也

應氏曰仁以事親而廣其愛極其至則王者以德行仁之心也義以從兄而順其序極其至則霸者以禮明義之舉也孝弟之根本立乎一家王霸之功業周乎天下雖未能盡王霸之能事而亦近之矣天子至尊猶致

睦。長兄弟而族人不敢以長幼齒之，故所尊者惟父而

諸侯特言有兄道，彈全無迹，德絕實有方，蓋以人行道

而有得於身也，故曰近之矣。○石梁王氏曰：王孝霸弟，

此非孔子之言。○劉氏曰：道之理一而德之分殊，人之

有德者未必皆能盡道之大全也。然曰有

德，則亦違道不遠矣。此德之所以近道也。子曰：立愛自

親始，教民睦也。立敬自長始，教民順也。教以慈睦而民

貴有親；教以敬長而民貴用命。孝以事親，順以聽命，錯措

諸天下無所不行。此言愛敬二道，為齊家治國平天下之本。君自愛其親以教民睦，則

民皆貴於有親；君自敬其長以教民順，則民皆貴用上命。愛敬盡於事親事長，而德教加於百姓，擧而措之

而已。郊之祭也，喪者不敢哭，凶服者不敢入國門，敬之至

也。言凶異道，不得相干。祭之日，君牽牲，穆答君，卿大夫序從。去聲。既

入廟門，麗于碑，卿大夫袒而毛牛，尚耳，鸞刀以刲，奎取

膟律膋力凋反，乃退。爓徐廉反祭，祭腥而退，敬之至也。祭之日謂

祭宗廟之日也父爲昭子爲穆穆答君君牽牲之時子姓對君共牽也卿大夫佐幣士奉芻以次序在牲之後故云序從也麗牲之碑在廟之中庭麗猶繫也謂以牽牲之紖繫于碑之孔也袒衣示有事也將殺牲則洗取耳旁毛以薦神毛以告全耳以主聽欲神聽之也以耳毛爲上故云尚耳也鸞刀膟膋並見前篇刀謂薦毛血膟膋畢而薦退也爓祭祭湯中所爓之肉也祭腥祭生肉也爓腥之祭畢則禮終而退矣此皆致心之極至也

郊之祭大報天而主日配以月夏后氏祭其闇暗**殷人祭其陽周人祭日以朝及闇**

道之大原出於天而懸象著明莫大乎日月故郊以報天而日以主神制禮之意深遠矣○方氏曰郊雖以報天然天則尊而無爲可祀之以其道不可主之以其事故止以日爲之主焉猶之王燕飲則主之以大夫王嫁女則主之以諸侯而已有其祀必有其配故又配以月也猶祭社則配以句龍祭稷則配以周弃焉闇者日既沒而黑夏尚黑故祭其闇陽者日方中而白殷尚白故祭其陽也日初出而赤將落亦赤周尚赤故祭以朝及闇及者未至於闇蓋日將落時也祭日謂祭之日也

祭日於壇祭月於坎以別幽明以制上下祭日於東

祭月於西，以別外內，以端其位。日出於東，月生於西，陰陽長短，終始相巡，如字以致天下之和。終始相巡上是[illegible]終往來周回不[illegible]

之義，不必讀爲紛沿。○方氏曰：壇之形則圓而無所虧，以象日之無所虧而盈也；坎之形則虛而有所受，以象月之有所受而明也。壇高而顯，坎深而隱，一顯一隱，所以別陰陽之幽明；一高一深，所以制陰陽之上下。東動而出，西靜而入，出則在外，入則反內，故東西所以別陰陽之外內。東爲陽中，西爲陰中，中則得位，故東西所以端陰陽之位。別幽明之道，然後能制上下之分；別外內之所，然後能端陰陽之位，言之序所以如此。且壇坎者人爲之形，東西者天然之方，出於人爲言制，出於天然也，故言以端其位而已。日出於東，言其象出於天地之東也；月生於西，言其明生於魄之西也。出又復明，祭日月於東西之意也。日言出於東，則知爲入於西，堯典於東日寅賓出日，於西日寅餞納日者以此。月言生於西，則知爲死於東，魄雖言未望則載魄于西，既望則終魄于東者以此。日之出入也，歷朝夕晝夜而成一日；月之死生也，歷晦朔弦望而成一月。日往則月來，月往則日來，而陰陽之義配焉。陽道常饒，陰道常乏，故運而爲氣，賦而爲形，凡屬乎陽者皆長，屬乎陰者皆短。一長

一短終則有始相巡而未嘗相絕故只以致天下之和者陰陽相濟之效也獨陰而無陽獨陽而無陰是同而已又何以致和乎

天下之禮，致反始也，致鬼神也，致和用也，致義也，致讓也。致反始，以厚其本也；致鬼神，以尊上也；致物用，以立民紀也；致義，則上下不悖逆矣；致讓，以去上聲爭也。合此五者，以治天下之禮也，雖有奇居衣反邪而不治者，則微矣。疏曰和謂百姓和諧用謂財用豐足致物用以立民紀者民豐於物用則知榮辱禮節故可以立人紀也奇者奇異邪謂邪惡皆據異行之人言用此五事為治假令有異行不從治者亦當少也○應氏曰致者推致其極也致反始所以極吾心報本之誠致鬼神所以極鬼神尊嚴之理

宰我曰：吾聞鬼神之名，不知其所謂。子曰：氣也者，神之盛也；魄也者，鬼之盛也；合鬼與神，教之至也。程子曰鬼神天地之功用而造化之跡也○張子曰鬼神者二氣之良能也○朱子曰以二氣言則鬼者陰之靈也神者陽之靈也以一氣言則至

而伸者爲神，反而歸者爲鬼，其實一物而已。○陳氏曰：如口鼻呼吸是氣，那靈處便屬魂；視聽是體，那聰明處便屬魄。○方氏曰：魂氣歸于天，形魄歸于地，故必合鬼與神，然後足以爲教之至。中庸曰：使天下之人齊明盛服以承祭祀，此皆教之至也。

衆生必死，死必歸土，此之謂鬼。骨肉斃于下，陰去聲爲野土。其氣發揚于上，爲昭明、焄熏蒿、悽愴，此百物之精也，神之著也。

朱子曰：如鬼神之露光處是昭明，其氣蒸上處是焄蒿，使人精神悚然是悽愴。又曰：昭明是光耀底，焄蒿是衮然底，悽愴是凜然底。又曰：昭明乃光景之屬，焄蒿氣之感觸人者，悽愴如漢書所謂神君至其風颯然之意。又曰：焄蒿是鬼神精氣交感處。

因物之精，制爲之極，明命鬼神，以爲黔首則，百衆以畏，萬民以服。

因其精靈之不可掩者，制爲尊極之稱，而顯然命之曰鬼神，以爲天下之法則，故民知所畏而不敢慢，知所服而無敢違。○方氏曰：極之爲言至也，言曰鬼神，則尊敬之至不可以復加，是其所以制爲之極也。且鬼神本無名也，其名則人命之爾。鬼神至幽而不可測也，命之以名則顯而可測矣，然後人得而則之，故曰以爲黔首則，畏乃所以爲教之至也○馬氏曰秦稱民爲黔首夫子時未然也顯是後儒竄入聖人以是爲未足也築爲宮室設爲宗祧以別親疏遠邇教民反古復始不忘其所由生也衆之服自此故聽且速也言聖人制宗廟祭祀之禮以教民故衆民由此服從而聽之速也二端既立報以二禮建設朝如字事燔燎羶如字薌見間以蕭光以報氣也此教衆反始也薦黍稷羞肝肺首心見間見間二字合爲覸以俠甒尾武加以鬱鬯以報魄也教民相愛上下用情禮之至也二端謂氣者神之盛魄者鬼之盛也二禮謂朝踐之禮與饋熟之禮也朝事謂祭之日早朝所行之事也燔燎羶薌謂取膟膋燎於爐炭使羶薌之氣上騰也見讀爲覸雜也以蕭蒿雜膟膋而燒之故曰覸以蕭光光者煙上則有照映之光[illegible]也此是報氣之禮所以教民反古復始也至饋熟之時則以黍稷爲薦而羞進肝肺首心四者之饌焉見間即覸字誤分也俠甒兩甒也當此薦與羞而雜以兩甒醴酒故曰覸以俠甒也加以鬱鬯者灌降在地用鬱鬯之

酒以灌地本在祭初而言於薦羞之下者謂非獨薦羞二者為報魄初加鬱鬯亦是報魄也此言報魄之禮教民相愛上下用情者饋熟之時以酬酢為禮祭之酒食徧及上下情義無間所以為禮之極至也

君子反古復始不忘其所由生也是以致其敬發其情竭力從事以報其親不敢弗盡也是故昔者天子為藉在亦反千畝冕而朱紘宏躬秉耒諸侯為藉百畝冕而青紘躬秉耒以事天地山川社稷先古以為醴酪洛齊咨盛成於是乎取之敬之至也

藉藉田也紘冠冕之繫所以為固也先古先祖也於是乎取之言皆於此藉田中取之也

古者天子諸侯必有養獸之官及歲時齊戒沐浴而躬朝之犧牲祭牲必於是取之敬之至也君召牛納而視之擇其毛而卜之吉然後養之君皮弁素積朔月月半君巡牲所以致力孝之至也

色純曰犧體完曰牲牛羊

豕曰牲。周禮牧人掌牧六牲，牛馬羊豕犬雞也。然後養之，謂在滌三月也。皮弁素積，見前。古者天子諸侯必有公桑蠶室，近川而為之，築宮仞有三尺，棘牆而外閉之。及大昕欣之朝，君皮弁素積，卜三宮之夫人、世婦之吉者，使入蠶于蠶室，奉上聲種浴于川，桑于公桑，風戾以食嗣之。公桑，公家之桑也。蠶室，養蠶之室也。近川，便於浴種也。棘牆，置棘於牆上也。閉，門戶扇在外而閉則向內也。大昕之朝，季春朔之旦也。三宮在天子則謂三夫人也，凡諸侯之夫人則立三宮，半后之六宮也。桑，采桑也。戾，乾也。蠶惡濕，故暴乾乃以食也。○方氏曰：戾，至也，風至則乾矣。歲既單畢矣，世婦卒蠶，奉上聲繭古典反以示于君，遂獻繭于夫人。夫人曰：此所以為君服與平聲！遂副褘揮而受之，因少牢以禮之。古之獻繭者，其率如字用此與！單，盡也。副之為言覆也，婦人首飾，所以覆首者。褘，褘衣也。禮之，禮詩獻繭之婦人也。率，舊讀為類，今如字。○方氏曰：三月之盡，非歲單之時，然蠶成之時蠶自去歲蠶成之後迄今歲蠶成之時朞歲矣故謂之歲單君子而夏稱麥秋者亦此之意及良日夫人繅繅蘇刀反三盆手遂布于三宮夫人世婦之吉者使繅遂朱綠之玄黃之以為黼黻文章服既成君服以祀先王先公敬之至也良日吉日也三盆手者置繭于盆中而以手三次淹之每淹則以手振出其緒故云三盆手也○方氏曰夫人之繅止於三盆猶天子之耕止於三推

君子曰禮樂不可斯須去身致樂以治心則易直子慈諒良之心油然生矣易直子諒之心生則樂樂則安安則久久則天天則神天則不言而信神則不怒而威致樂以治心者也致禮以治躬則莊敬莊敬則嚴威心中斯須不和不樂而鄙詐之心入之矣外貌斯須不莊不敬而慢易之心入之矣故樂也者動於內者也禮也者動於外者也樂

極和禮極順内和而外順則民瞻其顔色而不與爭也望其容貌而衆不生慢易焉故德煇動乎内而民莫不承聽理發乎外而衆莫不承順故曰致禮樂之道而天下塞焉舉而措之無難矣樂也者動於内者也禮也者動於外者也故禮主其減樂主其盈禮減而進以進爲文樂盈而反以反爲文禮減而不進則銷樂盈而不反則放故禮有報而樂有反禮得其報則樂樂得其反則安禮之報樂之反其義一也（説見樂記）曾子曰孝有三大孝尊親其次弗辱其下能養（去聲）公明儀問於曾子曰夫子可以爲孝乎曾子曰是何言與是何言與君子之所謂孝者先（去聲）意承志諭父母於道參直養者也安能爲孝

乎（大孝尊親嚴父配天也公明儀曾子弟子）曾子曰身也者父母之遺體也
行父母之遺體敢不敬乎居處不莊非孝也事君不忠
非孝也涖官不敬非孝也朋友不信非孝也戰陳（去聲）無
勇非孝也五者不遂烖及於親敢不敬乎（承上文弗辱與養而言此五者皆足以辱親故曰烖及於親）
亨（烹）孰羶薌嘗而薦之非孝也養也
君子之所謂孝也者國人稱願然曰幸哉有子如此所
謂孝也已衆之本教曰孝其行曰養（去聲）養可能也敬為
難敬可能也安為難安可能也卒為難父母既沒慎行
其身不遺（去聲）父母惡名可謂能終矣仁者仁此者也禮
者履此者也義者宜此者也信者信此者也強者強此
者也樂自順此生刑自反此作（樂音洛義也稱願稱揚而慕也然猶而也孝經云）

七一八

夫孝德之本也教之所由生也衆之本教曰孝亦此意
言孝爲教衆之本也其行曰養行謂用也言用之於奉
養之間也安爲難者謂非勉強爲勝之敬也卒爲難者
謂不特終父母之身孝子亦自終其身也能終即說上
文卒字仁者仁此者也以下
凡上此字皆指孝而言也曾子曰夫孝置之而塞乎
天地溥如字之而橫乎四海施諸後世而無朝夕推而放
上聲諸東海而準推而放諸西海而準推而放諸南海而
準推而放諸北海而準詩云自西自東自南自北無思
不服此之謂也溥舊讀爲敷今如字詩大雅文王有聲
之篇○方氏曰置者直而立之溥者敷
而敬之施言其出無窮推言其進不已放與
孟子放乎四海之放同準言人以是爲準曾子曰樹
木以時伐焉禽獸以時殺焉夫子曰斷短一樹殺一獸
不以其時非孝也上言仁者仁此者也此二者亦爲惡
其不仁故言非孝曾子又引夫子之
言以
爲證孝有三小孝用力中孝用勞大孝不匱思慈愛忘

勞可謂用力矣尊仁安義可謂用勞矣博施(去聲)備物可謂不匱矣父母愛之嘉而弗忘父母惡之懼而無怨父母有過諫而不逆父母既沒必求仁者之粟以祀之此之謂禮終(庶人思父母之慈愛而忘己躬耕之勞可謂用力矣此其下能養之事也諸侯卿大夫士尊重於仁安行於義功勞足以及物可謂用勞矣此其次弗辱之事也匱乏也博施謂德教加於百姓刑于四海也備物謂四海之內各以其職來助祭可謂不匱矣此即大孝尊親之事也)樂正子春下堂而傷其足數(上聲)月不出猶有憂色門弟子曰夫子之足瘳(抽)矣數月不出猶有憂色何也樂正子春曰善如爾之問也善如爾之問也吾聞諸曾子曾子聞諸夫子曰天之所生地之所養無人為大父母全而生之子全而歸之可謂孝矣不[illegible]其體不辱其身可謂全矣故君子

頃跬步而弗敢忘孝也今予忘孝之道予是以有憂色
也壹舉足而不敢忘父母壹出言而不敢忘父母壹舉
足而不敢忘父母是故道而不徑舟而不游不敢以先
父母之遺體行殆壹出言而不敢忘父母是故惡言不
出於口忿言不反於身不辱其身不羞其親可謂孝矣
無人爲大言無知人最爲大蓋天地之性人爲貴也道
正路也徑捷出邪徑也游徒涉也惡言不出於口巳不
以惡言加人也忿言不反於身則人自不
以忿言復我也如此則不辱身不羞親矣昔者有虞氏
貴德而尚齒夏后氏貴爵而尚齒殷人貴富而尚齒周
人貴親而尚齒虞夏殷周天下之盛王也未有遺年者
年之貴乎天下久矣次乎事親也劉氏曰大舜貴以德
化民有天下如不與
而民化之幾於不知爵之爲貴矣故禹承之以爵爲貴
而使民知貴貴之道也然貴爵之弊其終也在上者過

於亢而澤不及下故湯承之以務富其民爲貴然富民之弊終也民各私其財而不知親親之道故武王承之以親親爲貴所謂周之宗盟異姓爲後是也四代之治隨時救弊所貴雖不同而尚齒則同也未有遺年齒而不尚者齒居天下之達尊久矣老吾老以及人之老故尊高年次於事親也然四者之所貴亦四代之所同記者但主於自古尚齒爲言耳讀者不以辭害意可也是故朝廷同爵則尚齒七十杖於朝君問則席八十不俟朝君問則就之而弟達乎朝廷矣古者視朝之禮君臣皆立七十杖於朝據杖而立也君問則席謂君若有問則爲之布席於堂而使之坐也不俟朝謂見君而揖之即退不待朝事畢也就之即其家也行肩而不併步頂反不錯則隨見老者則車徒辟避斑白者不以其任行乎道路而弟達乎道路矣此言少者與長者同行之禮併並也肩而不併謂少者不可以肩齊並長者之肩當差退在後也不錯則隨謂此長者若是兄之輩則爲鴈行之差錯稍偏行後之若是父之輩則直隨從其後矣車徒辟言或乘車或徒行皆當避之也任所負戴之物也不以任行道路即孟子頒白者

不負戴於道路矣居鄉以齒而老窮不遺強不犯弱衆不暴寡而弟達乎州巷矣遺弃也○鄭氏曰一鄉者五州巷猶閭也古之道五十不為甸徒頒禽隆諸長者而弟達乎獀蒐狩矣四井為邑四邑為丘四丘為甸甸君田獵則起其民為卒徒故曰甸徒五十始衰故不供出役也頒猶分也隆猶多也田畢分禽則長者受賜多於少者春獵為獀冬獵為狩舉此則夏秋同教軍旅什伍同爵則尚齒而弟達乎軍旅矣五人為伍二伍為什孝弟發諸朝廷行乎道路至乎州巷放上聲乎獀狩脩乎軍旅衆以義死之而弗敢犯也自朝廷至軍旅其人可謂衆矣然皆以通達孝弟之義死於孝弟而不敢干犯也祀乎明堂所以教諸侯之孝也食嗣三老五更於大泰學所以教諸侯之弟也祀先賢於西學所以教諸侯之德也耕藉所以教諸侯之養去聲也朝覲所以教諸侯之臣也五者

天下之大教也西學西郊之學周之小學也王制云虞庠在國之西郊是也○方氏曰先賢則樂祖是也西學則瞽宗是也樂祖有道德者故曰教諸侯之德耕藉所以事神致養之道故曰教諸侯之養朝覲所以尊天子故曰教諸侯之臣樂記先朝覲而後耕藉者武王初有天下君臣之分辨之不可不早也食三老五更於大學天子袒而割牲執醬而饋執爵而酳以刃反冕而摠干所以教諸侯之弟也是故鄉里有齒而老窮不遺強不犯弱衆不暴寡此由大學來者也袒而割牲者袒衣而割制牲體為俎實也饋進食也酳食畢而以酒虛口也摠干摠持干盾以立于舞位也鄉里有齒言人皆知長少之序也天子設四學當入學而大泰子齒四學虞夏殷周四代之學也大子齒謂大子與同學者序長幼之位不以貴加人也天子巡守去聲諸侯待于竟境天子先見百年者八十九十者東行西行者弗敢過西行東行者弗敢過欲言政者君就之可也應氏曰彼向東

此向西彼西行此趨東是相違而不相值然必駐行反迂謁而見之不敢超越經過也

壹命齒于鄉里再命齒于族三命不齒族有七十者弗敢先七十者不有大故不入朝若有大故而入君必與之揖讓而后及爵者

方氏曰一命齒于鄉里非其鄉里則以爵而不以齒可知再命齒于族非其族則以爵而不以齒亦可知三命不齒雖於其族亦不得而齒之矣則鄉里又可知然此特貴貴之義耳至於老老之仁又不可得而廢焉故族有七十者弗敢先也先謂鄉飲之席待七十者先入而後入也君與之揖讓而后及爵者豈族之三命得以先之乎五州為鄉五鄰為里於遠舉鄉則近至於五比之閭可知於近舉里則遠達於五縣之遂可知六鄉六遂足以互見也此言族周官所謂父族此蓋有天下者謂之王族有國者謂之公族有家者則謂之官族以傳代言之則曰世族以主祭言之則曰宗族

天子有善讓德於天諸侯有善歸諸天子卿大夫有善薦於諸侯士庶人有善本諸父母存諸長老祿爵慶賞成諸宗廟所以示順也

成諸宗廟言於宗廟中命之也詳在祭統十倫章昔者聖人建陰陽天地之情立以為易易抱龜南面天子卷袞冕北面雖有明知去聲之心必進斷其志焉示不敢專以尊天也善則稱人過則稱己教不伐以尊賢也方氏曰明吉凶之象者莫如易示吉凶之象者莫如龜南則明而有所示之方也故易抱龜南面焉天子北面則以臣禮自處而致其尊也南面內也北面外也自外至內謂之進故曰進斷其志○應氏曰易書也抱龜者人也不曰掌易之人而直以為易者蓋明以示天下者易也易之道不可盈故不於北而於南明也以北面者臣也臣之位不可踰故不曰人而曰易蓋有深意焉○石梁王氏曰此說卜筮之位與儀禮不合亦近於張大之辭劉氏曰易代天地鬼神以吉凶告天子故南面如祭○花之只代神之尊也天子北面問卜以斷其志蓋尊天事神之禮也孝子將祭祀必有齊莊之心以慮事以具服物以脩宮室以治百事及祭之日顏色必溫行必恐如懼不及愛然其奠之也容貌

必溫身必詘(屈)如語焉而未之然宿者皆出其立卑靜以正如將弗見然及祭之後陶陶(如字)遂遂如將復入然是故愨善不違身耳目不違心思(去聲)慮不違親結諸心形諸色而術省(息井反)之孝子之志也愨善不違身周旋升降無非敬也耳目不違心所聞所見不得以亂其心之所存也結者不可解之意術與述同述省猶循省也謂每事思省○方氏曰於其來也如僾不及愛然及既來也又如語而未之然於其往也如將弗見然及既往也又如將復入然則是孝子之思其親無物足以慊其心無時可以絕其念如懼不及愛然即前經所謂致愛則存是矣如語焉而未之然即所謂如親聽命是矣如將弗見然即所謂如將失之是矣如將復入然即所謂又從而思之是矣愛者愛其親也懼不及愛者懼愛親之心有所未至也語者親之語也語而未之然如親欲有所語而未發也陶陶言思親之心存乎內遂遂言思親之心達乎外祭後猶如此者以其如將復入故也建國之神位右社稷而左宗廟方氏曰神無方也無方則無位所謂神位者亦人位之耳故以建言

之達之所有矣王氏謂右陰也地道所尊故右社稷左陽也人道之所鄉故左宗廟位宗廟於人道所鄉亦不忘其親之意

禮記卷第十三

後學東滙澤陳澔集說

祭統第二十五

鄭氏曰統猶本也

凡治人之道莫急於禮禮有五經莫重於祭夫祭者非物自外至者也自中出生於心者也心怵黜而奉之以禮是故唯賢者能盡祭之義五經吉凶軍賓嘉之五禮也心怵即前篇君子履之必有怵惕之心謂心有感動也○方氏曰盡其心者祭之本盡其物者祭之末有本然後末從之故祭非物自外至自中出生於心也心怵而奉之以禮者心有所感於內故以禮奉之於外而已蓋以其自中出非外至者也奉之以禮者見乎物盡之以義者存乎心循其物而忘其心者衆人也發於心而形於物者君子也故曰唯賢者能盡祭之義

賢者之祭也必受其福非世所謂福也福者備也備者百順之名也無所不順者之謂備言内盡於

己而外順於道也忠臣以事其君孝子以事其親其本一也上則順於鬼神外則順於君長内則以孝於親如此之謂備唯賢者能備能備然後能祭是故賢者之祭也致其誠信與其忠敬奉之以物道之以禮安之以樂參之以時明薦之而已矣不求其爲（去聲）此孝子之心也

方氏曰誠信忠敬四者祭之本所謂物者奉乎此而已所謂禮者道乎此而已所謂樂者安乎此而已所謂時者參乎此而已○應氏曰不求其爲無求福之心也所謂祭祀不祈也

祭者所以追養（去聲）繼孝也孝者畜（敕六反）也順於道不逆於倫是之謂畜

應氏曰追其不及之養而繼其未盡之孝也畜固爲畜養之義而亦有止而畜聚之意焉○劉氏曰追養其親於既遠繼續其孝而不忘畜者藏也中心藏之而不忘是順乎率性之道而不逆天敘之倫焉詩曰心乎愛矣遐不謂矣中心藏之何日忘之此畜之意也

是故孝子之事親也有三道焉生

則養（去聲），沒則喪，喪畢則祭。養則觀其順也，喪則觀其哀也，祭則觀其敬而時也。盡此三道者，孝子之行（去聲）也。（生事之以禮，死葬之以禮，祭之以禮。養以順為主，喪以哀為主，祭以敬為主，時者以時致之，禮時為大也。）既內自盡，又外求助，昏禮是也。故國君取（去聲）夫人之辭曰：請君之玉女與寡人共有敝邑，事宗廟社稷。此求助之本也。夫祭也者，必夫婦親之，所以備外內之官也。官備則具備。水草之菹，陸產之醢，小物備矣；三牲之俎，八簋之實，美物備矣；昆蟲之異，草木之實，陰陽之物備矣。凡天之所生，地之所長，苟可薦者，莫不咸在，示盡物也。外則盡物，內則盡志，此祭之心也。（按內則可食之物有蜩范，若蟬與蜂也。又如蚳醢，是蟻子所為。此言昆蟲之異，亦此類乎。）是故天子親耕於南郊，以共齊盛。

后蠶於北郊以共純（緇）服諸侯耕於東郊亦以共齊盛
夫人蠶於北郊以共冕服天子諸侯非莫耕也王后夫
人非莫蠶也身致其誠信誠信之謂盡盡之謂敬敬盡
然後可以事神明此祭之道也（祭服也上玄下纁天子言緇服諸侯言冕服緇
服亦冕服也緇以色言冕服則顯其為祭服耳非莫耕非莫蠶言非無可耕之人非無可蠶之人也）及時
將祭君子乃齊齊之為言齊也齊不齊以致齊者也是
故君子非有大事也非有恭敬也則不齊不齊則於物
無防也耆（嗜）欲無止也及其將齊也防其邪物訖其耆
欲耳不聽樂故記曰齊者不樂言不敢散其志也心不
苟慮必依於道手足不苟動必依於禮是故君子之齊
也專致其精明之德也故散（上聲）齊七日以定之致齊三

日以齊之定之之謂齊齊者精明之至也然後可以交於神明也於物無防物欲事也不苟齊不苟動皆所謂防也是故先悉薦反期旬有一日宮宰宿夫人夫人亦散齊七日致齊三日君致齊於外夫人致齊於內然後會於大廟君純緇冕立於阼夫人副褘立於東房君執圭瓚祼尸大宗執璋瓚亞祼及迎牲君執紖引反亦軫卿大夫從八聲士執芻宗婦執盎從句夫人薦涗詩銳反水君執鸞刀羞嚌才細反夫人薦豆此之謂夫婦親之宿讀爲肅肅猶戒也○鄭氏曰大廟始祖廟也圭瓚璋瓚祼器也以圭璋爲柄酌鬱鬯曰祼大宗亞祼容夫人有故攝焉紖所以牽牲芻藁也殺牲用以薦藉○疏曰宗婦執盎從者謂同宗之婦執盎齊以從夫人也夫人薦涗水者涗即盎齊以濁用清酒以涗泲之涗水是明水宗婦執盎從夫人而奠盎齊於位夫人乃就盎齊之尊酌以涗齊而薦之因盎齊有明水連言水耳君執鸞刀羞嚌者嚌肝肺也

齊有二時二是朝踐之時取肝以膋貫之入室燎於爐
炭而出薦之主前二者饋熟之時君以鸞刀割制所羞
齊肺橫切之不使絕亦奠於俎上尸並齊之故云羞嚌
一云羞進也夫人薦豆者君羞嚌時夫人薦此饋食之
豆也又曰郊特牲云祭齊加明水
天子諸侯祭禮先有祼尸之事及入舞君執干戚就
舞位君為東上冕而摠干率其群臣以樂皇尸是故天
子之祭也與天下樂之諸侯之祭也與竟內樂之冕境
而摠干率其群臣以樂皇尸此與竟內樂之之義也東上
近主位也此明祭時天子諸侯親在舞位夫祭有三重焉獻之屬莫重於祼
聲莫重於升歌舞莫重於武宿夜此周道也凡三道者
所以假於外而以增君子之志也故與志進退志輕則
亦輕志重則亦重輕其志而求外之重也雖聖人弗能
得也是故君子之祭也必身自盡也所以明重也道之

以禮以奉三重而薦諸皇尸此聖人之道也裸以降神於禮爲重歌者在上貴人聲也武宿夜武舞之曲名也其義未聞假於外者裸則假於鬱鬯獻則假於醴齊舞則假於干戚也誠敬者物之末將者也誠敬之心存於內而假於外物以將之故其輕重隨志進退若內志輕而求外物之重鋪聖人不可得也聖人因無內輕而求外重之事此特以明役志爲本耳夫祭有餕俊餕者祭之末也不可不知也是故古之人有言曰善終者如始餕其是已是故古之君子曰尸亦餕鬼神之餘也惠術也可以觀政矣方氏曰牲既殺則薦血腥於鬼神及熟之於俎而尸始食之是尸餕鬼神之餘也○劉氏曰祭畢而餕餘是祭之終事也必謹夫餕之禮者慎終如始也故引古人曰善終者如其始之善兮餕餘之禮其是此意矣所以古之君子有言尸之飲食亦是餕鬼神之餘也此即施惠之法也觀乎餕之禮則可以觀爲政之道矣是故尸謖縮君與卿四人餕君起大夫六人餕臣餕君之餘也大夫起士八人餕賤餕貴之餘

也士起各執其具以出陳于堂下百官進讀為餕徹之下餕上之餘也凡餕之道每變以衆所以別貴賤之等而興施去聲惠之象也是故以四簋黍見現其脩於廟中也廟中者竟內之象也謖起也天子之祭八簋諸侯六簋此言四簋者留二簋為陽厭之祭故以四簋餕也簋以盛黍稷舉黍則稷可知矣自君與卿至百官每變而人益衆所以別貴賤象施惠也豐膳舉於廟朝中則施惠之政必徧及於境內此可以觀政之謂也祭者澤之大者也是故上有大澤則惠必及下顧上先下後耳非上積重平聲而下有凍餒之民也是故上有大澤則民夫人待于下流知惠之必將至也由餕見之矣故曰可以觀政矣夫祭之為物大矣其興物備矣順以備者也其教之本與是故君子之教也外則教之以尊其君長內則教之以

考於其親是故明君在上則諸臣服從崇事宗廟社稷則子孫順孝盡其道端其義而教生焉道物以事言也義物以理言也興舉皆盡之良兄以順以禮而致其備焉曰聖人立教其本在此是故君子之事君也必身行之所不安於上則不以使下所惡於下則不以事上非諸人行諸己非教之道也是故君子之教也必由其本順之至也祭其是與故曰祭者教之本也巳以己之心度人之心即大學絜矩之道必此而後能盡其道端其義也申言教之本以結上文之意夫祭有十倫焉見現事鬼神之道焉見君臣之義焉見父子之倫焉見貴賤之等焉見親疏之殺色介反焉見爵賞之施焉見夫婦之別焉見政事之均焉見長幼之序焉見上下之際焉此之謂十倫鄭氏曰倫猶義也鋪筵設同几為去聲依

神也詔祝於室而出于祊(伯更反)此交神明之道也(筵席也几所馮以爲安者人生則形體異故夫婦之倫在於有別死則精氣無間共設一几故祝辭云以某妃配也依神庶神馮依乎此也詔告也祝祝也謂祝以事告尸於室中也出于祊者謂明日繹祭出在廟門外之旁也郊特牲云索祭祝于祊是也祊說見前篇神之所在於彼乎於此乎或曰此交神明之道也)君迎牲而不迎尸別嫌也尸在廟門外則疑於臣在廟中則全於君君在廟門外則疑於君入廟門則全於臣全於子是故不出者明君臣之義也(尸本是臣爲尸而象神則尊之如君父矣然在廟外未入則猶疑是臣也及既入廟則全其象君父之尊矣君祭圖主於尊君父而盡臣子之道然未入廟則猶疑是君也及既入廟則全爲臣子而事尸無嫌矣若君出門迎尸則疑以君而迎臣故不出者所以別出嫌而明君臣之義)夫祭之道孫爲王父尸所使爲尸者於祭者子行也父北面而事之所以明子事父之道也此父子之

倫也行猶列也父北面而事子行之尸若欲子知事父之道當如是也○方氏曰十倫皆倫也止於父子言倫者有父子之倫然後有宗廟之祭則祭之倫本於父子而已故止於父子為倫焉尸飲五君洗玉爵獻卿尸飲七以瑤爵獻大夫尸飲九以散爵獻士及羣有司皆以齒明尊卑之等也自獻卿以下至羣有司凡同爵則長者必先飲故云皆以齒○疏曰此據備九獻之禮者至主人酳尸故尸飲五也凡祭二獻祼用鬱鬯尸祭奠而不飲朝踐二獻饋食二獻及食畢主人酳尸此皆尸飲之故云尸飲五於此時以獻卿獻卿之後主婦酳尸酳尸畢賓長獻尸是尸飲七也乃以瑤爵獻大夫是正九獻禮畢但初二祼不飲故云飲七自此以後長賓長兄弟更為加爵尸又飲二是并前尸飲九主人乃以散爵獻士及羣有司也此謂上公九獻故以酳尸之一獻為尸飲五也若侯伯七獻朝踐饋食時各一獻食訖酳尸但飲三也子男五獻食訖酳尸飲夫祭有昭穆昭穆者所以別父子遠近長幼親疏之序而無亂也是故有事於大廟則羣昭羣穆咸在而不失其倫此

之謂親疏之殺也疏曰祭大廟則羣昭羣穆咸在若餘廟之祭唯有當廟尸主及所出之子孫不得羣昭羣穆咸在也古者明君爵有德而祿有功必賜爵祿於大廟示不敢專也故祭之日一獻君降立于阼階之南南鄉去聲所命北面史由君右執策命之再拜稽首受書以歸而舍釋奠于其廟此爵賞之施也疏曰酳尸之前皆承奉鬼神未暇策命此一獻則上文尸飲五君獻卿之時也其若天子命羣臣則不因常祭之日特假於廟釋奠告以告之命也

君卷袞冕立于阼夫人副褘立于東房夫人薦豆執校效執醴授之執鐙登尸酢夫人執柄夫人受尸執足夫婦相授受不相襲處酢必易爵明夫婦之別也袞冕副褘見前校豆中央直者執醴執醴齊之人也此人兼掌設豆鐙豆之下跗也爵形如雀柄則尾也襲處謂因其處

凡為俎者以骨為主骨有貴賤殷人貴髀周人貴肩

凡前貴於後俎者所以明祭之必有惠也是故貴者取貴骨賤者取賤骨貴者不重賤者不虛示均也惠均則政行政行則事成事成則功立功之所以立者不可不知也俎者所以明惠之必均也善爲政者如此故曰見政事之均焉疏曰殷質貴髀之厚賤肩之薄周文貴肩之顯賤髀之隱前貴於後據周言之○方氏曰俎者對豆之器俎以骨爲主則豆以肉爲主可知骨陽也肉陰也俎之數以奇而從陽豆之數以偶而從陰爲是故也凡賜爵昭爲一穆爲一昭與昭齒穆與穆齒凡羣有司皆以齒此之謂長幼有序爵行酒之器也○疏曰此旅酬時賜助祭者酒衆兄弟子孫等在昭列者則爲一色在穆列者自爲一色各自相旅長者在前少者在後是昭與昭齒穆與穆齒也○方氏曰宗廟之中授事則以爵至於賜爵則以齒何也蓋授事主義而行於旅酬之前賜爵主恩而行於旅酬之後以其主恩故皆以齒也司士所謂祭祀賜爵呼昭穆而進之是矣夫齒所以序長幼故

曰此之謂長幼有序夫祭有畀煇（運）胞（包）翟（狄）閽者惠下之道也唯有德之君爲能行此明足以見之仁足以與之畀之爲言與也能以其餘畀其下者也煇者甲吏之賤者也胞者肉吏之賤者也翟者樂吏之賤者也閽者守門之賤者也古者不使刑人守門此四守者吏之至賤者也尸又至尊以至尊既祭之末而不忘至賤而以其餘畀之是故明君在上則竟内之民無凍餒者矣此之謂上下之際不使刑人守門恐是周以前如此殷則墨者使守門也際接也言尊者與賤者恩意相接也

凡祭有四時春祭曰礿（藥）夏祭曰禘秋祭曰嘗冬祭曰烝周禮春祠夏禴秋嘗冬烝鄭氏謂此夏殷之禮礿禘陽義也嘗烝陰義也禘者陽之盛也嘗者陰之盛也故曰莫重於禘嘗方氏曰陽道饒

號盛備常之號故及於夏始為盛焉之於秋已盛
盛矣出禘所以為陽之盛嘗所以為陰之盛故以其
陽之盛故曰尊重於禘嘗古者於禘也發爵賜服順陽義也於嘗也
出田邑發秋政順陰義也故記曰嘗之日發公室示賞
也草艾刈則墨未發秋政則民弗敢草也方氏曰爵命之者貽服勝
於陰者也故為順陽義祿食之者出田邑制於竟者也故為順陰義嘗之日發公室因物之成而用之以行賞
地故曰示賞草刈則墨者因其枯槁之時刈之以給爨刈草謂之草猶采桑謂之桑敬墨五刑之輕者左氏言
賞以春夏刑以秋冬而此言嘗之日發公室何也蓋賞雖以春夏為主而亦未始不用刑月令孟夏斷薄刑決
小罪是刑雖以秋冬為主亦未始不行賞此所言慶施○應氏曰不曰艾草而曰草艾者草自可艾也故
曰禘嘗之義大矣治國之本也不可不知也明其義者
君也能其事者臣也不明其義君人不全不能其事為
臣不全夫義者所以濟志也諸德之發也是故其德盛

者其志厚其志厚者其義章其義章者其祭也敬祭敬則竟（境）内之子孫莫敢不敬矣是故君子之祭也必身親涖之有故則使人可也雖使人也君不失其義者君明其義故也其德薄者其志輕疑於其義而求祭使之必敬也弗可得已祭而不敬何以為民父母矣中庸言明乎郊社之禮禘嘗之義治國如視諸掌此因上文陽義陰義而申言之爾志成其所欲為也發德顯其所當為也〇方氏曰大宗伯若王不與祭祀則攝位先儒謂王有故代之行其祭事正謂是矣代之雖在乎人法之則由君代之雖行其事使之則本乎義

夫鼎有銘銘者自名也自名以稱揚其先祖之美而明著之後世者也為先祖者莫不有美焉莫不有惡焉銘之義稱美而不稱惡此孝子孝孫之心也唯賢者能之自名下文謂自成其名是也〇方氏曰稱則稱之以言揚則揚其所為明

則使之顯而不晦著則使之見而不隱銘者論譔撰其先祖之有德善功列勳勞慶賞聲名列於天下而酌之祭器自成其名焉以祀其先祖者也顯揚先祖所以崇孝也身比必志反焉順也明示後世教也論譔錄也王功曰勳事功曰勞酌斟酌其輕重大小也祭器鼎彝之屬自成其名者自成其顯揚先祖之孝也比次也謂己名次於先祖之下也順無所違於禮也示後世而使子孫效其所為則是教也夫銘者壹稱而上下皆得焉耳矣是故君子之觀於銘也既美其所稱又美其所為為之者明足以見之仁足以與之知去聲足以利之可謂賢矣賢而勿伐可謂恭矣上謂先祖下謂己身也見之見其先祖之善也非明不能與之使君上與己銘也非仁莫致利之利己之得次名於下也非知莫及故衛孔悝恢之鼎銘曰六月丁亥公假格于大廟公曰叔舅乃祖莊叔左右並去聲成公

成公乃命莊叔隨難去聲于漢陽即宮于宗周奔走無射亦。孔悝衛大夫周六月夏四月也公衛莊公蒯聵也假至也至斷絣祭也因祭而賜之銘蓋德悝之立己歟褒顯其先世也異姓大夫而年幼故稱叔舅莊叔悝七世祖孔達也成公爲晉所伐而奔楚故云隨難于漢陽後歸反國又以殺弟叔武晉人執之歸于京師寘諸深室故云即宮于宗周也射厭也○石梁王氏曰悝乃蒯聵姊之子蒯聵悝之舅而悝則甥今反謂之舅其故周禮同姓之臣稱伯叔父異姓之臣稱伯叔舅歟啓右獻公獻公乃命成叔纂乃祖服獻公成公之曾孫名衎啓開右助也魯襄十四年衛孫文子甯惠子逐衛侯衛侯奔齊言莊叔餘功跡於後世能右助獻公使之亦得反國也成叔莊叔之孫烝鉏也其時成叔事獻公故公命其纂繼爾祖舊所服行之事也○疏曰按左傳無孔達之事獻公反國亦非成叔之功乃考文叔興舊耆嗜欲作率慶士躬恤衛國其勤公家夙夜不解邂民咸曰休哉公曰叔舅予上聲女汝銘若纂乃考服應氏曰嗜欲者心志之所存言其先世之忠皆以愛君憂國爲嗜欲文叔孔圉纂尚而能興起之也作率舊起而倡率之也慶卿也古卿慶同音字亦同用故慶云亦言卿云悝拜稽首曰對揚以辟璧之勤大命施于烝彝鼎此衛孔悝之鼎銘也對揚至彝鼎十三字止作一句讀言對答揚舉用吾君啟勤之大命施勤于烝祭之彝尊及鼎也古之君子論譔其先祖之美而明著之後世者也以比其身以重其國家如此子孫之守宗廟社稷者其先祖無美而稱之是誣也有善而弗知不明也知而弗傳不仁也此三者君子之所恥也勲在鼎彝是國有賢臣也故足爲國家之重昔者周公旦有勲勞於天下周公既沒成王康王追念周公之所以勲勞者而欲尊魯故賜之以重祭外祭則郊社是也内祭則大嘗禘是也夫大嘗禘升歌清廟下而管象朱干玉戚以舞大武八佾以舞大夏此天子之

樂也康周公故以賜魯也子孫纂之至于今不廢所以明周公之德而又以重其國也詩維清奏象舞嚴氏云文王之舞謂之象文舞也大武武舞也管象以管播其聲也餘見前

經解第二十六

孔子曰入其國其教可知也其爲人也温柔敦厚詩教也疏通知遠書教也廣博易良異樂教也絜靜精微易教也恭儉莊敬禮教也屬燭辭比毗志反事春秋教也故詩之失愚書之失誣樂之失奢易之失賊禮之失煩春秋之失亂其爲人也温柔敦厚而不愚則深於詩者也疏通知遠而不誣則深於書者也廣博易良而不奢則深於樂者也絜靜精微而不賊則深於易者也恭儉莊

數而不煩則深於禮者也屬辭比事而不亂則深於春秋者也 方氏曰六經之教善矣然務温柔敦厚而不深其志則失於自用矣故詩之失愚務疏通知遠而不趨於事則失於無實矣故書之失誣務廣博易良而不徇其精則失於侈大矣故樂之失奢務絜靜精微而不蔽於道則失於毀則矣故易之失賊務恭儉莊敬而亡其節則失於過當矣故禮之失煩務屬辭比事而不作其法則失於犯上矣故春秋之失亂夫六經之教先王所以載道也其教豈有失哉由其所得有淺深之異耳○應氏曰淳厚者未必深察情偽故失之愚通達者未必篤確誠實故失之誣寬博者未必嚴立繩檢故失之奢沉潛思索多自耗蠹且或害道故失之賊故失之煩弄筆褒貶易紊是非且或召亂故失之亂惟得之深則養之固有以見天地之綱全古人之大體而安有所謂失哉○石梁王氏曰孔子時春秋之筆削者未出又曰加我數年卒以學易與天道不可得聞豈豫以此教人哉所以教者多言詩書禮樂且有愚誣奢賊煩亂之失豈詩書樂易禮春秋使人然哉此決非孔子之言

天子者與天地參故德配天地兼利萬物與日月並明明照四海而

不遺微小其在朝廷則道仁聖禮義之序燕處則聽雅頌之音行步則有環佩之聲升車則有鸞和之音居之以有禮進退有度百官得其宜萬事得其序詩云淑人君子其儀不忒其儀不忒正是四國此之謂也鸞和皆鈴也鸞在鑣和在軾前詩曹風鳲鳩篇○下梁王氏曰此段最精發號出令而民說悅謂之和上下相親謂之仁民不求其所欲而得之謂之信除去上聲天地之害謂之義義與信和與仁霸王去聲之器也有治民之意而無其器則不成爲民曰論義信和仁之道而以王霸兼言之豈知[illegible]之言禮之於正國也猶衡之於輕重也繩墨之於曲直也規矩之於方圜也故衡誠縣玄不可欺以輕重繩墨誠陳不可欺以曲直規矩誠設不可欺以方圜君子審禮

不可誣以姦詐。方氏曰輕者禮之小章者禮之大若大重若不可顛小若不可益是矣曲直者禮之簡若易則易于則于是矣方者禮之常圓者禮之變若以禮爲體者禮之常也以義起禮者禮之變也禮之用如是故君子審禮不可誣以姦詐也是故隆禮由禮謂之有方之士，不隆禮不由禮謂之無方之民。敬讓之道也。故以奉宗廟則敬，以入朝廷則貴賤有位，以處室家則父子親、兄弟和，以處鄉里則長幼有序。孔子曰：「安上治民，莫善於禮。」此之謂也。篇首孔子曰記者述孔子之言也是故以下疑是記者之言故引孝經孔子之言以結之也○方氏曰隆言隆之而高由言由乎其中隆禮所以極高明由禮所以道中庸極高明所以立本道中庸所以趨時立本趨時雖若不同要之不離於道而已故謂之有方之士也道無方也體之於禮則爲有方此以禮爲主故謂之方焉士志於道故於有方曰士民無常心故於無方曰民故朝覲之禮，所以明君臣之義也；聘問之禮，所以使諸侯相尊敬也；

喪祭之禮所以明臣子之恩也鄉飲酒之禮所以明長幼之序也昏姻之禮所以明男女之別也夫禮禁亂之所由生猶坊止水之所自來也故以舊坊爲無所用而壞之者必有水敗以舊禮爲無所用而去上聲之者必有亂患壻於婦家曰昏婦於壻家曰姻○方氏曰君臣之亂生於無義故以朝覲之禮禁之諸侯之亂生於不和故以聘問之禮禁之臣子之亂生於無恩故以喪祭之禮禁之以至鄉飲之施於長幼昏姻之施於男女其義亦若是而已故昏姻之禮廢則夫婦之道苦而淫辟之罪多矣鄉飲酒之禮廢則長幼之序失而爭鬬之獄繁矣喪祭之禮廢則臣子之恩薄而倍死忘生者衆矣聘覲之禮廢則君臣之位失諸侯之行惡而倍畔侵陵之敗起矣故禮之教化也微其止邪也於未形

人日徙善遠（去聲）罪而不自知也是以先王隆之也易曰君子愼始差若豪氂繆以千里此之謂也（此又自昏姻覆說至聘問朝覲以明上文之義所引易曰緯書之言也若如也。鄭氏曰苦謂不至不答之屬）

哀公問第二十七

哀公問於孔子曰大禮何如君子之言禮何其尊也孔子曰丘也小人不足以知禮君曰否吾子言之也（哀公魯君名蔣大禮謂禮之大者何其尊言稱揚之甚）孔子曰丘聞之民之所由生禮爲大非禮無以節事天地之神也非禮無以辨君臣上下長幼之位也非禮無以別男女父子兄弟之親昏姻疏數（朔）之交也君子以此之爲尊敬然（此皆禮之大者故不得不尊敬之也）然後以其所能教百姓不廢其會節（禮本天秩聖人因人情而爲之

節文非強之以甚高難行之事也故曰以其所能教百姓會節謂行禮之期節如葬祭有葬祭之時冠昏有冠昏之時不可廢也有成事然後治其雕鏤文章黼黻以嗣有成事謂諏日而得卜筮之吉事可成也雕鏤祭器之飾文章黼黻祭服之飾也嗣者傳續不絕之義此器服常存則此禮必不泯絕矣其順之然後言其喪筭備其鼎俎設其豕腊脩其宗廟歲時以敬祭祀以序宗族即安其居節醜其衣服卑其宮室車不雕幾祈器不刻鏤食不貳味以與民同利昔之君子之行禮者如此順之謂上下皆無違心也言猶明也喪筭五服歲月之數殯葬久近之期也即安其居者隨其所勲而安之也節儉也醜猶惡也雕幾見郊特牲器養器也自奉如此其薄者蓋欲不傷財不害民而與民同其利也公曰今之君子胡莫之行也孔子曰今之君子好實無厭去聲淫德不倦荒怠敖去聲慢固民是盡午去聲其衆以伐有道求得當去聲欲不以其

所昔之用民者由前今之用民者由後今之君子莫爲
禮也實貨財也淫德放蕩之行也固陋用遺之用言斂之力也盡謂竭其所有也午與迕同背負衆違道
衆心也求得當欲言不過求以稱其私欲而已不以其所不問其理之所在也由前由古之道由後由今之道
也孔子侍坐於哀公哀公曰敢問人道誰爲大孔子愀
七小反然作色而對曰君之及此言也百姓之德也固臣
敢無辭而對人道政爲大愀然變動之貌作色變色也百姓之德猶言百姓之幸也
敢無辭言豈敢無辭公曰敢問何謂爲政孔子對曰政者正也君
爲正則百姓從政矣君之所爲百姓之所從也君所不
爲百姓何從公曰敢問爲政如之何孔子對曰夫婦別
父子親君臣嚴三者正則庶物從之矣公曰寡人雖無
似也願聞所以行三言之道可得聞乎夫婦父子君臣三綱也庶物衆

事也無似無所肖似言無德也孔子對曰古之為政愛人為大所以治愛人禮為大所以治禮敬為大敬之至矣大昏為大大昏至矣大昏既至冕而親迎迎去聲親之也親之也者親之也是故君子興敬為親舍敬是遺親也弗愛不親弗敬不正愛與敬其政之本與方氏曰夫婦有內外之位故曰別父子有慈孝之恩故曰親君臣有上下之分故曰嚴易曰有夫婦然後有父子有父子然後有君臣故先後之序如此三者之正一以夫婦為之本故後言之大昏為大也政在養人故古之為政愛人為大然而愛之無節則畢民之事廢矣安能無亂乎故曰所以治愛人禮為大禮止於敬而已故曰所以治禮敬為大禮以敬為主而大昏又為至焉故曰敬之至矣大昏為大大昏既為敬之至故雖天子諸侯之尊亦必冕而親迎也已親其人乃所以使人之親已而已故曰親之也者親之也是冕而親迎可謂敬矣故曰興敬為親舍敬是遺親也弗愛則無以相合而其情疏故曰弗愛不親弗敬則無以相別而其情褻故曰弗敬不正愛敬之道其始本於閨門之內及擴而充之其愛至

於不敢驕於人其敬至矣然不敢慢於人而德教加於百姓刑于四海故曰愛與敬其政之本與公曰寡人願有言然冕而親迎不已重乎孔子愀然作色而對曰合二姓之好以繼先聖之後以為天地宗廟社稷之主君何謂已重乎公曰寡人固句不固焉得聞此言也寡人欲問不得其辭請少進已重大重也寡人固自言則固陋也不固焉得聞此言者言若不固陋則不以此為問安得聞此言乎請少進者幸孔子更略有以進教我也○石梁王氏曰併言天地非止諸侯之禮也孔子曰天地不合萬物不生大昏萬世之嗣也君何謂已重焉孔子遂言曰內以治宗廟之禮足以配天地之神明出以治直言之禮足以立上下之敬物恥足以振之國恥足以興之為政先禮禮其政之本與直言二字未詳或云當作朝廷○陸氏曰物以不振為恥國以不興為恥○應氏曰物恥謂事物之汙陋

國恥（羣國鮮之卑等內外之禮交治則國家安富尊榮何恥之不伸是時魯微弱哀公欲振而興之而不知禮）矣（之爲急故夫子以暴告之）孔子遂言曰：昔三代明王之政，必敬其妻子也，有道。妻也者，親之主也，敢不敬與（平聲）？子也者，親之後也，敢不敬與？君子無不敬也，敬身為大。身也者，親之枝也，敢不敬與？不能敬其身，是傷其親；傷其親，是傷其本；傷其本，枝從而亡。三者，百姓之象也。身以及身，子以及子，妃以及妃，君行此三者，則愾迄乎天下矣，大（泰）王之道也。如此則國家順矣。（敬吾身以及百姓之身，敬吾子以及百姓之子，敬吾妻以及百姓之妻。愾，至也。愾，迄也。朔南暨聲教之意。太王愛民之君也，嘗言不以養人者害人，故曰太王之道也。○方氏曰：冕而親迎，所以敬其妻也；蓋於所謂所以敬其子。能為主於內者妻也，故曰親之主；傳後於下者子也，故曰親之後。內非有主，則外不足以治其國家矣；下非有後，則上無以承其祖考矣。此所以不敢不敬也。）

君子雖親所不敢又以敬身爲大焉亦當敬身也以其爲親之枝故也身之於親猶木之有枝親之於身猶本之有本相須而共榮又相持爲主爲後而已此言不敢不敬也公曰敢問何謂敬身孔子對曰君子過言則民作辭過動則民作則君子言不過辭動不過則百姓不命而敬恭如是則能敬其身能敬其身則能成其親矣君子以位言也在上者言雖過民猶以爲辭辭者言之成文者也動雖過民猶以爲則則者動之成法也此所以君子之言動不敢有過俱無過則民不待命令之及而自知敬其上矣民皆敬上則君之身不爲人所辱方謂之能敬身成其親者不使親名爲人所毀也公曰敢問何謂成親孔子對曰君子也者人之成名也百姓歸之名謂之君子之子是使其親爲君子也是爲成其親之名也已孔子遂言曰古之爲政愛人爲大不能愛人不能有其身不能有其身不能安土不能安土不能樂

天不能樂天不能成其身方氏曰不能愛人則傷之者至矣故不能有其身不能有其身則一身無所容矣故不能安土安土則所居無所擇樂天則所遭無所怨俯能無所擇則仰亦無所怨矣故不能安土不能樂天能樂天則於理無所不順成身之道亦順其理而已公曰敢問何謂成身孔子對曰不過乎物應氏曰物者實然之理也性分之內萬物皆備仁人孝子不過乎物物各即其身之所履皆在我理之內而不過焉猶夫孝之止於仁止於孝也違則過之止則不過矣夫物有定理理有定體雖聖賢豈能加毫末於此哉亦盡其當然而止耳公曰敢問君子何貴乎天道也孔子對曰貴其不已如日月東西相從而不已也是天道也不閉其久是天道也無爲而物成是天道也已成而明是天道也日月相從不已繼明照于四方也不閉其久窮則變變則通也無爲而成不言而信不怒而威也已成而明爲法於天下可傳於後世也○劉氏曰天道至誠無息所謂維天之命於穆不已也君子貴之然亦不已焉然其不已者一動一靜互爲其根如日往則月來月往則

曰來是以不窮其久無思無營而萬物自然各得其成及其既成皆燦然可見也蓋其機緘密運而不已者雖若難名而成功則昭著也無爲而成者不見其爲之之迹而但見有成也此唯天爲大唯堯則之蕩蕩乎民無能名焉巍巍乎其有成功也煥乎其有文章之謂也公曰寡人惷尸辨反愚冥煩子志如字之心也惷愚蔽於氣質也冥者暗於理煩者累於事志讀如字哀公自言其不能敏悟所數欲孔子以簡切之語志記於我心故孔子下文所對是舉其要者言之孔子蹴蹵然辟避席而對曰仁人不過乎物孝子不過乎物是故仁人之事親也如事天事天如事親是故孝子成身公曰寡人既聞此言也無如後罪何孔子對曰君之及此言也是臣之福也蹴然變容爲肅敬皃無如後罪何言雖聞此言然無奈後日過乎物而有罪何此言是有意於寡過矣故孔子以爲是臣之福○方氏曰仁人者主事天言之也孝子者主事親言之也親則近而疑其不尊天則遠而疑其難格徒以近而不尊則父子之間或幾乎褻矣徒以遠而難格則天人之際或幾乎絕矣

故事親如事天者所以致其尊而不欲其褻也事天如事親者所以求其格而不欲其瀆也○石梁王氏曰仁人之事親也如事天事天如事親此兩句非聖人不能言

仲尼燕居第二十八 石梁王氏曰文雖有首尾然辭旨散漫類多未必孔子之言

仲尼燕居子張子貢言游侍縱言至於禮子曰居女汝三人者吾語去聲女禮使女以禮周流無不徧也子貢越席而對曰敢問何如子曰敬而不中去聲禮謂之野恭而不中禮謂之給勇而不中禮謂之逆子曰給奪慈仁縱言謂言諸事也周流無不徧者隨遇而施無不中節也敬以心言恭以容言禮雖以敬恭為主然違於節文則有三者之弊給者足恭便佞之貌逆者悖戾爭鬭之事夫子嘗言恭而無禮則勞勇而無禮則亂給則勞逆則亂矣夫子於三者之弊獨言給之爲害何也蓋野與逆二者猶是直情徑行而然使習於禮則無此患矣惟足恭便給之人是曲意徇物致飾於外務以悅人皃諂類於慈仁而本心之德則亡矣故謂之奪慈仁謂巧言令色

鮮矣仁而踰乎足恭正此意也子曰師爾過而商也不及子產猶眾人之母也能食之不能教也子貢越席而對曰敢問將何以為此中者也子曰禮乎禮夫禮所以制中也能食不能教亦為不及故子貢并以中為問子貢退言游進曰敢問禮也者領惡而全好者與子曰然然則何如子曰郊社之義所以仁鬼神也嘗禘之禮所以仁昭穆也饋奠之禮所以仁死喪也射鄉之禮所以仁鄉黨也食饗之禮所以仁賓客也前言禮釋回增美質此言領惡全好大意相襲仁昭穆謂祭時則羣昭羣穆咸在也饋奠喪奠也非言祭鄉射鄉飲酒皆行之於鄉故曰仁鄉黨人而不仁如禮何此五者之禮皆發於本心之仁也○應氏曰領謂總覽收拾之也好惡對立一長一消惡者收斂而無餘則善者渾全而無虧矣夫禮之制中非胥胥然與惡為敵而去之也養其良心啓其善端而不善者自消矣仁者善之道也祭祀聘享周旋委曲焉者凡以全此而

已仁心發於中而後禮文見於外及禮之既舉而是心隨焉則幽明之間咸順其序雖微浹洽皆在吾仁之中是仁之周流暢達也○劉氏曰領惡猶言克己也視聽言動非禮則勿所以領夫己私之惡而全天理之善也一日克己復禮則天下歸仁所以鬼神昭穆死喪鄉黨賓客之禮無所往而不為仁也子曰明乎郊社之義嘗禘之禮治國其如指諸掌而已乎明乎郊社之義則事天如事親明乎嘗禘之禮則事親如事天仁人孝子明於此故能推民胞物與之心而天下國家有不難治者矣是故以之居處有禮故長幼辨也以之閨門之內有禮故三族和也以之朝廷有禮故官爵序也以之田獵有禮故戎事閑也以之軍旅有禮故武功成也三族父子孫也上文言郊社以下五者此又言居處以下五事皆所以明禮之無乎不在也是故宮室得其度量鼎得其象味得其時樂得其節車得其式鬼神得其饗喪紀得其哀辨說得其黨官得其體政事得其

施加於身而錯措於前凡衆之動得其宜方氏曰奧爲尊者所居阼爲主者所行讓則無侵序則有方至是極而小[illegible]爲極自是衰而親言爲親據以盈爲有所任也禮以隨而約所至也權若顧然帽若省然如是則宮室得其度矣若慶并公用緒刻滿減文補小節繁務義失其度故也量左爲小以象陽之所升右爲合以象陰之所合仰若爲衡以象以簋而有所承覆者爲斗以變隱而有所包外圖其形赳以入也內方其所靜以此也鼎口在上以象有所安之上足有小以象有所立乎下大者爲鼎以象氣之所斿辭者爲鼎以象才之所任足奇其數參乎大也因偶其數然中此此排對止而比以兆之則有既以數之則有觀而量之所象又有如此者以其貫之則有耳以彈之刻有敘而鼎之所象又有如此者其音足以中黃健乎龍又有樂之象焉其亨足以享上帝而鼎又有禮之意焉易曰以制器者尚其象蓋謂是矣然其器踰以享者所以象春高以鼎者所以象夏廉以深之象秋閟以奄之象冬器周無適而外象也止以量鼎寫言者蓋量爲器之大者大者得其象則小者從可知鼎爲器之連者重者得其象則輕者從可知若春多酸夏多苦秋多辛冬多鹹所謂味得其時也陽而不散陰而不密剛氣不怒柔氣不懾所謂樂得其節也車得其式若六等

之數作車之式也九路之用乘車之式也鬼神得其饗諸若天神皆降地祇皆出人鬼皆格可得而禮是矣喪紀得其哀若或發於容貌或發於聲音或發於言語飲食或發於衣服而各得其哀非辨說得其黨君在宮言宮在府言府在庫言庫在朝言朝之類官得其體若天官掌邦治地官掌邦教之類政事得其施君施典于邦國施則于都鄙施法則官府之類劉氏曰禮以制中無過無不及克己復禮為仁則溥博淵泉而時出之故凡衆之動無不得其時中之宜經禮三百曲禮三千無一事之非仁也

子曰禮者何也即事之治也君子有其事必有其治治國而無禮譬猶瞽之無相（去聲）與（平聲）倀倀（音昌）乎其何之譬如終夜有求於幽室之中非燭何見若無禮則手足無所錯（音措）耳目無所加進退揖讓無所制是故以之居處長幼失其別閨門三族失其和朝廷官爵失其序田獵戎事失其策軍旅武功失其制宮室失其度量鼎失其象味失其時樂

失其節，車失其式，鬼神失其饗，喪紀失其哀，辨說失其黨，官失其體，政事失其施，加於身而錯於前，凡衆之動失其宜。如此則無以祖洽於衆也。張張無宗向之義。祖，始也。洽，合也。言無以率先天下而使以協合也。子曰：「慎聽之！女三人者，吾語女。禮猶有九焉，大饗有四焉。苟知此矣，雖在畎畝之中，事之，聖人已。兩君相見，揖讓而入門，入門而縣玄興。揖讓而升堂，升堂而樂闋缺。下管象武，夏籥序興。陳其薦俎，序其禮樂，備其百官。如此而后君子知仁焉。行中去聲規，還旋中矩，和鸞中采齊慈，客出以雍，徹以振羽。是故君子無物而不在禮矣。入門而金作，示情也。升歌清廟，示德也。下而管象，示事也。是故古之君子不必親相與言也，以禮樂相示而已知者知其理也事者言其儀也舉□□者言可以進於聖人禮樂之道也兩君相見諸侯□□迎縣樂器之懸於筍簴者也興作也升堂而樂闋□□升堂主人獻賓酒賓卒爵而樂止也此饗禮之一節也賓酬主君又作樂主君飲畢則樂止此饗禮之二節也下管象武之上歃升歌清廟一句或記者略耳升堂而歌清廟之詩是三節也堂下以管吹象武之曲是四節也夏籥禹大夏之樂以籥吹之也與象武次序更迭而作故云夏籥序興言禮而从曰君子知仁使三子求節文於天理之中也行中規第五節也還中矩第六節也采齊樂章名和鸞車上之鈴也車行整緩則鈴聲與樂聲相中蓋出門迎賓之時此第七節也客出之時歌雍詩以送之此第八節也振羽即振鷺禮畢徹器則歌振鷺之詩九節也九者之禮大饗有其四一是賓卒爵而樂闋二是賓酢主卒爵則樂又闋三是升歌清廟四是下管象武餘五者則非饗禮所得專也○方氏曰雍禘大祖之詩也其用為大故歌之以送客振鷺助祭之詩其用為小故歌之以徹器而已二詩本主於禘太祖與助祭而又用之於此者猶鹿鳴本以燕羣臣而又用於鄉飲也然論語言以雍徹其用與此不同又紆也蓋彼言天子饗神之事此言諸侯饗賓之事重輕異可知矣示情者欲賓主以情相接也示德者欲賓主以

德揖讓也示事者設置以事莅成也○劉氏曰已者天下之正理禮序樂和天下之正理已矣故曰所止而後君

子曰禮也者理也樂也者節也君子無理不動無節不作不能詩於禮繆不能樂於禮素薄於德於禮虛樂記言樂者天地之和也禮者天地之序也此言禮者理也樂者節也蓋禮得其理則有序而不亂樂得其節則雖和而不流君子無理不動防其亂也無節不作防其流也人而不爲周南召南猶正牆面而立不能詩者能不繆於禮乎禮之用和爲貴不能樂則無從容委曲之妙是違於禮而不適於樂謂之素也素謂質朴也忠信之人可以學禮薄於德者必不能充於禮也子曰制度在禮文爲在禮行之其在人乎子貢越席而對曰敢問夔其窮與子曰古之人與古之人也達於禮而不達於樂謂之素達於樂而不達於禮謂之偏夫夔達於樂而不達於禮是以傳於此名也古之人也文謂文章之顯設者苟非其人則禮不虛道是以行之在

人也子貢之意謂夔以樂稱而不言其於禮其不通於禮乎二窮不通也夫子再言古之人亦幾示不可毀之意言夔以偏於知樂是以傳此不達禮之名於後世耳然而畢竟是古之賢者也故又繼之以古之人也之言然則禮樂之道學者能知其相為用之原則無奏與偏之失矣

子張問政子曰師乎（句）前吾語女乎君子明於禮樂舉而錯之而已（前吾語女謂昔者已嘗告汝矣舉而錯之謂舉禮樂之道而施之政事也）子張復（扶又反）問子曰師爾以為必鋪几筵升降酌獻酬酢然後謂之禮乎爾以為必行綴兆興羽籥作鐘鼓然後謂之樂乎言而履之禮也行而樂（洛）之樂也君子力此二者以南面而立夫是以天下太（泰）平也諸侯朝萬物服體而百官莫敢不承事矣（樂也綴兆舞者之行列也萬物服體謂萬事皆從其理）禮之所興眾之所治也禮之所廢眾之所亂也目巧之室則有奧阼席則有

上下車則有左右行則有隨立則有序古之義也衆之治亂由禮之得失也此所以為政先禮也目巧謂不用規矩繩墨但據目力相視之巧也言雖巧簡為之亦必有奧阼之處蓋室之有奧所以為尊者所處堂之有阼所以為主人之位也席或以南方為上或以西方為上詳見曲禮車之尊位在左父之齒隨行貴賤長幼各有所立之位此皆古聖人制禮之義也室而無奧阼則亂於堂室也席而無上下則亂於席上也車而無左右則亂於車也行而無隨則亂於塗也立而無序則亂於位也昔聖帝明王諸侯辨貴賤長幼遠近男女外內莫敢相踰越皆由此塗出也三子者既得聞此言也於夫子昭然若發矇矣此言禮之為用無所不在失之則隨事致亂為政者可舍之而他求哉乎貴賤以爵言長幼以齒言遠近以親疎言男女以別異言外內以位序言也○方氏曰發矇者若月不明為人所發而有所見也○石梁王氏曰篇末一句是記者自作結語

孔子閒居第二十九

孔子閒居子夏侍子夏曰敢問詩云凱弟君子民之父母何如斯可謂民之父母矣孔子曰夫民之父母乎必達於禮樂之原以致五至而行三無以橫於天下四方有敗必先知之此之謂民之父母矣詩大雅泂酌之篇凱樂也弟易也橫者廣被之意言三無五至之道廣被於天下也四方將有禍敗之釁而必能先知者以其切於憂民是以能審治亂之幾也

子夏曰民之父母既得而聞之矣敢問何謂五至孔子曰志之所至詩亦至焉詩之所至禮亦至焉禮之所至樂亦至焉樂之所至哀亦至焉哀樂洛相生是故正明目而視之不可得而見也傾耳而聽之不可得而聞也志氣塞乎天地此之謂五至五至三無者至亂極盛而興以復亂

無則至嶽而不已於逆之謂也在心為志發言為詩志盛則言亦盛故曰志之所至詩亦至焉詩有美刺可以興起好善惡惡之心興於詩者以能立於禮故曰詩之所至禮亦至焉禮貴於序樂貴於和有其序則有其和無其序則無其和故曰禮之所至樂亦至焉樂不則樂民之生而哀民之死故曰樂之所至哀亦至焉君能如此故民亦樂君之生而哀君之死是哀樂相生也樂民之樂者民亦樂其樂憂民之憂者民亦憂其憂即下文無聲之樂無服之喪是也目正視則明全耳傾聽則聰審今正視且不見傾聽且不聞是五至無形無聲而惟其志氣之充塞乎天地也塞乎天地即所謂擴於天下也子夏曰五至既得而聞之矣敢問何謂三無孔子曰無聲之樂無體之禮無服之喪此之謂三無子夏曰三無既得略而聞之矣敢問何詩近之孔子曰夙夜其基命宥密無聲之樂也威儀逮逮棣不可選也無體之禮也凡民有喪匍匐救之無服之喪也夙早也基始也宥寬也密寧也周頌昊天有成命篇言文王武王夙夜憂勤以肇基天命推發

於寬靜之政以安民夫子以喻無聲之樂者言人君嚴善則民心自然喜悅不在於鐘鼓管絃之聲也逮逮詩作棣棣盛也選擇也邶風柏舟之篇言仁人威儀之盛自有常度不容有所選擇初不待因物以行禮而後可見故以喻無體之禮也手行爲匍伏地爲匐邶風谷風之篇言凡人有死喪之禍必匍匐然往救助之此非爲有服屬之親特周卹其急耳故以喻無服之喪也子夏曰言則大矣美矣盛矣

言盡於此而已乎孔子曰何爲其然也君子之服之也猶有五起焉讀曰服習也言君子習此三無猶有五種起發其義子夏曰何如孔子曰無聲之樂氣志不違無體之禮威儀遲遲無服之喪內恕孔悲無聲之樂氣志既得無體之禮威儀翼翼無服之喪施異及四國無聲之樂氣志既從無體之禮上下和同無服之喪以畜萬邦無聲之樂日聞去聲四方無體之禮日就月將無服之喪純德孔明無聲之樂氣

志既起無體之禮施及四海無服之喪施于孫子方氏曰無聲之樂於之以氣志不違言內無所底止無所底則無所以於體之以氣志既得得之於身則人亦與之故繼之以氣志既從人從之矣則聲聞于外故繼之以日聞四方日聞不已則方興而未艾故繼之以氣志既起無體之禮始之以威儀遲遲者亦緩而不迫也緩或失之於忽故繼之以威儀翼翼威儀得中則無乖離之心故繼之以上下和同和同而無離則久而愈人故繼之以日就月將愈久則不特施于近而可以及乎遠故繼之以施及四海無服之喪始之以內恕孔悲者言其以仁存心也仁者愛人故繼之以施及四國以仁及人則所養者衆故繼之以畜萬邦所養者衆則其德發揚于外故繼之以純德孔明德既發揚于外則澤足以被于後世故繼之以施于孫子其序如此謂之五起不亦宜乎○應氏曰以抏援詩句以發揚詠歎之善贊美之不已也○劉氏曰以志氣塞乎天地則是君之志動天地之氣也氣志不違以下則是君心和樂之氣感天下之志也

子夏曰三王之德參於天地敢問何如斯可謂參天地矣孔子曰奉三無私以勞去聲天下子夏曰敢問何謂

三無私孔子曰天無私覆地無私載日月無私照奉斯三者以勞天下此之謂三無私其在詩曰帝命不違至于湯齊如字湯降不遲聖敬日躋躋昭假格遲遲上帝是祗帝命式于九圍是湯之德也三王之德參於天地謹古詩故子夏舉以爲問詩商頌長發之篇孔子引之以證湯無私之德○嚴氏曰商自契以來天命所鍾未嘗去之然至湯而後與天齊謂王業至此而成天命至此而集天人適相符合也湯之謙抑所以自降下者甚敬而不遲故聖敬之德日以躋升也敬爲聖人之敬言不已誠也日躋言不已誠無息也德日新又日新是聖敬日躋之謂即文王之純亦不已也其昭格於天遲遲其緩言湯無心於得天付之懋懋也湯無所覬倖故惟上帝是敬其誠專一然天自歸之以爲法於天下使爲爲乙也天有四時春秋冬夏風雨霜露無非教也地載神氣神氣風霆風霆流形庶物露生無非教也上章引詩以明王道之無私此言天地之無私也春夏之發秋冬之閉風雨之發生霜露之肅殺無非天道至

公之教此載術承化由神貴之變化故廣遠之斷設地
順承天道故能發育羣品繼述也統形所以運造化
之遂而庶物因之以生此也徵至父之教也
聖人之至德與天道之合教無欲而已清明在躬
氣志如神耆嗜欲將至有開必先天降時雨山川出雲
其在詩曰嵩高維嶽峻極于天維嶽降神生甫及申維
申及甫為周之翰四國于蕃四方于宣此文武之德也
清明在躬氣志如神即至誠前知之謂也耆欲所願欲
之事也有開必先言先有以開發其兆眹者將興必
有禎祥若時雨將降山川必先為之出雲也國家將興
必為之豫生賢佐故引大雅嵩高之篇言文武有此
弘之德故天為之生賢佐以輿周而文武無此詩故
宣王詩為諭而曰此文武之德也○嚴氏曰嵩然而
高崧者嶽也其山峻大極至于天維此嶽降其神靈以
生仲山甫及申伯此申伯及山甫皆為周室之翰幹四
國則于以蕃蔽其患難四
方則于以宣布其德澤三代之王也必先其令聞聞去聲
詩云明明天子令聞不已三代之德也弛其文德協此

四國大王之德也子夏蹶（蹶）然而起負牆而立曰弟子敢不承乎先其令聞者未王之先其祖宗積德已有令善之聲聞也詩大雅江漢之篇弛猶施也詩於矢陳也協詩作洽詩美宣王此亦取以為喻子夏問三王之德夫子沮舉殷周言之者禹以禪無可疑殷周征伐故特明其非私也蹶然喜躍之皃負牆而立者問竟則退後背壁而立以避從問之人也承者奉順不失之意○應氏曰崧高生賢本於文武德洽四國始於大王其積累豈一日哉

坊記第三十

子言之君子之道辟（譬）則坊（防）與（平聲）坊民之所不足者也大為之坊民猶踰之故君子禮以坊德刑以坊淫命以坊欲辟讀為譬坊與防同言君子以道防民之失猶以隄防遏水之流也○應氏曰理欲相為消長人欲熾盛而有餘則天理消滅而不足禮則防其所不足而制其所有餘焉性之善為德禮以防之而養其源情之蕩為淫刑以防之而遏其流聖人防民之具至矣然人之欲無窮而非防閑之所能盡也聖人於是而有

命之說焉命出於天各有分限而截然不可踰也天之命令人力莫施以是臨之則覬覦者塞羨慕者小而欲不得肆矣子云小人貧斯約富斯驕約斯盜驕斯亂禮者因人之情而為之節文以為民坊者也故聖人之制富貴也使民富不足以驕貧不至於約貴不慊於上故慊口簟反亂益亡方氏曰小人無道以處貧故貧斯約無德以守富故富斯驕約者不獲遂則有羨覆之志故約斯盜驕者不能遜則有犯上之心故驕斯亂凡此皆人之情也而禮則因而為之節文富者不以有餘而慢於人貧者不以不足而窮其身貴者不以在上而慊於物皆由有禮故也君家富不過百乘所以制富而不使之驕也一夫受田百畝所以制貧而不使之約也伐冰之家不畜牛羊所以制貴而不使之歉也子云貧而好樂洛富而好禮衆而以寧者天下其幾上聲矣詩云民之貪亂寧為荼毒故制國不過千乘都城不過百雉家富不過百乘以此坊民諸侯猶有畔者衆而以寧謂家族衆盛而

不以悖亂致禍敗也天下其幾言此三者不多見也詩大雅桑柔之篇貪猶欲也荼苦菜也毒螫蟲也刺厲王言民苦政亂欲其亂亡故寧爲荼苦毒螫之行以相侵暴而不之恤也千乘諸侯之國其地可出兵車千乘也一都城卿大夫都邑之城也雉度名也高一丈長三丈爲一雉家富卿大夫之富也不過百乘其采地所出之兵車不得過此數也○石梁王氏曰貧而好樂讀一好字恐非孔子語

子云夫禮者所以章疑別微以爲民坊者也故貴賤有等衣服有別朝廷有位則民有所讓疑者感而未決微者隱而不明惟禮足以章明之分別之也

子云天無二日土無二王家無二主尊無二上示民有君臣之別也春秋不稱楚越之王喪禮君不稱天大夫不稱君恐民之惑也詩云相去聲彼盍渴旦尚猶患之

子云君不與同姓同車與異姓同車不同服示民不嫌也以此坊民民猶得同姓以弒試其君楚越之王喪書卒不書葬亮之也君不稱天避天子也大

夫不稱君而稱士從國君也詩逸詩也盍旦夜鳴求旦之鳥也猶恕也言視彼盍旦之夜鳴以求曉是欲反夜作晝求所不當求者人尚且惡之况人在而求其上乎不同車遠害也寒獄之禍起於同姓故貧賤同車則不嫌

子云君子辭貴不辭賤辭富不辭貧則亂益亡故君子與其使食浮於人也寧使人浮於食食祿也浮在上也才德薄而受祿厚是食浮於人也

子云觴酒豆肉讓而受惡民猶犯齒衽席之上讓而坐下民猶犯貴朝廷之位讓而就賤民猶犯君詩云民之無良相怨一方受爵不讓至于已斯亡

子云君子貴人而賤已先人而後已則民作讓故稱人之君曰君自稱其君曰寡君詩小雅角弓之篇爵酒器也嚴氏云兄弟有因杯酒得罪而怨者此篇為詩平之論以解之言凡人之不善者其相怨各執一偏而不能參驗已之曲直故但知怨其上而不思已過然其端甚微或止因受爵失辭遜之節而或至於亡其身亦可念矣○方氏曰禮六十以上籩豆有

加故酒肉以犯齒言三命不齒席于尊東故犯席以犯貴言族人不得戚君位故朝廷以犯君言子云利祿先死者而後生者則民不偝先亡者而後存者則民可以託詩云先君之思以畜寡人以此坊民民猶偝死而號聲無告詩邶風燕燕之篇畜詩作勖勗也莊姜言歸妾戴嬀思念先君莊公以婦道勗寡人寡人莊姜自謂此以勗爲畜者言能務安我於心而不忘是不偝死忘生之意也○疏曰財利榮祿之事假令死之與生並合俱得君上則先與死者後與生者以此化民則民皆不偝於死者亡謂身爲國事而出亡在外存謂存在國內者君有利祿先與在外亡者而後與國內存者以此化民民皆亡學可以大事相付託也偝死而號無告者言民偝弃死者貝生者老弱號呼無所控告也子云有國家者貴人而賤祿則民興讓尚技而賤車則民興藝故君子約言小人先言貴人貴有德之人也言君能貴有德者而不吝於班祿則民興於讓讓尚有能者而不吝於賜車則民興於習藝賤祿賤車非輕祿器也特以貴賢尚能而不吝於所當與耳讀者不以辭害意可也言

之不怍則爲之也難故君子之言常約小人則先言而後行不必其言行之相顧也○鄭氏曰約與先互言君子約則小人多矣小人先則君子後矣子云上酌民言則下天上施去聲上不酌民言則犯也下不天上施則亂也故君子信讓以涖百姓則民之報禮重詩云先民有言詢于芻蕘上酌民言謂人君將施政教必斟酌參損乎輿論之可否如此則政教所加民尊戴之如天所降下者矣否則民必違犯也民不天上之所施則悖慢之亂作矣信則不欺於民讓則不恃乎己以此臨民民得不親其上死其長乎故而民之報禮重也詩大雅板之篇詢于芻蕘問于取草取薪之賤者也引此以明酌民言之意子云善則稱人過則稱己則民不爭善則稱人過則稱己則怨益亡詩云爾卜爾筮履無咎言詩衛風氓之篇履當依詩作體謂卜之於龜筮之於蓍其卦兆之体皆無凶咎之辭也以無咎明不爭不怨之意○石梁王氏曰鄭箋詩既以体爲卦兆之体何故於此曲附履字之說子云善則稱人過則稱己則民讓善詩云

考卜惟王度（徒洛反）是鎬京惟龜正之武王成之（詩大雅文王有聲之篇言稽考龜卜者武王也謀度鎬京之居武王之志已先定矣又以吉凶取正於龜而龜亦協從武王遂以龜爲正而成此都焉是武王不自以爲功而讓之龜卜也故引以爲讓善之證然此兩節所引詩意義皆不甚協）

子云善則稱君過則稱己則民作忠君陳曰爾有嘉謀嘉猷入告爾君于內女乃順之于外曰此謀此猷惟我君之德於（烏）乎（呼）是惟良顯哉（君陳周書與今書文小異引以證善則稱君之義）

子云善則稱親過則稱己則民作孝大誓曰予克紂非予武惟朕文考無罪紂克予非朕文考有罪惟予小子無良（大誓周書引以證善則稱親之義）

子云君子弛其親之過而敬其美論語曰三年無改於父之道可謂孝矣高宗云三年其惟不言言乃讙（弛猶棄忘也三年不言見尚書說命篇讙今周書無逸篇作雍）

讙與歡同言天下喜悅之也此條引論語證之引書義又不協。石梁王氏曰既有子云又引論語曰不應孔子
自言因知皆後人爲之爾不應引了發言以證引證如此齊刺子云從命不忿微諫不
倦勞而不怨可謂孝矣詩云孝子不匱從命不忿謂承受父母命令之
時不可有忿疾之色盡或以勸事發忿而見色未平也一說忿當作怨怨亦通詩大雅既醉之篇言孝子事親無
乏止之時子云睦於父母之黨可謂孝矣故君子因睦以合
族詩云此令兄弟綽綽有裕不令兄弟交相爲瘉庾○因睦
以合族謂會聚宗族爲燕食之禮因以致其和睦之情也詩小雅角弓之篇令善也綽綽寬容之貌瘉病也
子云於父之執可以乘其車不可以衣去聲其衣君子以
廣孝也子云小人皆能養其親君子不敬何以辨子云
父子不同位以厚敬也書云厥辟不辟忝厥祖父之執與父執
志同者也車所同衣所獨故車可乘衣不可衣廣孝謂敬之同於父亦錫類之義也辨別也同位則尊卑相等

是不敬也故不同位者所以厚敬親之道書商書太甲篇今書文無此語言君不君而與臣相褻則辱其先祖以喻父不自尊而與卑者同位亦為忝祖也

子云父母在不稱老言孝不言慈閨門之內戲而不歎君子以此坊民民猶薄於孝而厚於慈曲禮云恒言不稱老與此意同孝所以事親慈所以畜子言孝不言慈者遠其厚於子而薄於親故也叫以娛人而使之樂者戲也可以感人而設之傷者歎也閨門之內謂父母之側戲而不歎非尊事於戲也謂為戀子之容止或且以娛親猶一云叫亦恨歎之聲則傷親故不為也

子云長民者朝廷敬老則民作孝子云祭祀之有尸也宗廟之有主也示民有事也脩宗廟敬祀事教民追孝也以此坊民民猶忘其親方民曰為親之祭故為尸以象其生為神之之故為主以寫其浮氣曰事死如事生事亡如事存此所以言示民有事也追孝與祭統言追養繼孝同義

子云敬則用祭器故君子不以菲廢禮不以美沒禮故食嗣禮主人親饋則客

坊記

祭主人不親饋則客不祭故君子苟無禮雖美不食焉易曰東鄰殺牛不如西鄰之禴祭寔受其福詩云既醉以酒既飽以德以此示民民猶爭利而忘義饋一曰饋餉之屬皆祭器用之賓客以爲敬也非薄而廢禮須謁文而設禮皆不得爲敬主人親饋是敬客祭其饌是敬主也易既醉九五爻辭禴薄也詩大雅既醉之篇○方氏曰食者利之所存禮則義之所以故言爭利以忘義

子云七日戒三日齊承一人焉以爲尸過之者趨走以教敬也醴酒在室醍躰酒在堂澄酒在下示民不淫也尸飲三衆賓飲一示民有上下也因其酒肉聚其宗族以教民睦也故堂上觀乎室堂下觀乎上詩云禮儀卒度笑語卒獲承奉事之也醴齊醍齊澄酒此三酒味薄者在上味厚者在下貴薄而賤厚是示民以不貪淫於味也尸飲三主人主婦賓長各一獻也然後主人獻賓是衆賓飲一也尊上者得酒多卑下者少是示

民以上下之等也祭禮之末序昭穆相獻酬所以和族之道教民也堂上者觀室中之禮儀堂下者又觀堂上之禮儀其容有不肅者乎詩小雅楚茨之篇卒盡也言禮儀盡合於法度笑語盡得其宜也子云賓禮每進以讓喪禮每加以遠浴於中霤飯上聲於牖下小斂於戶內大斂於阼殯於客位祖於庭葬於墓所以示遠也殷人弔於壙上聲周人弔於家示民不偝也子云死民之卒事也吾從周以此坊民諸侯猶有薨而不葬者賓自外而入其禮不可以不讓喪自內而出其禮不容於不遠其進其加皆以漸致禮之道也章首賓喪並言下獨言喪禮者重卒葬而言餘說見檀弓子云升自客階受弔於賓位教民追孝也未沒喪不稱君示民不爭也故魯春秋記晉喪曰殺其君之子奚齊及其君卓以此坊民子猶有弒其父者魯僖公九年晉侯詭諸卒冬里克弒其君之子奚齊十年里克弒其君卓子○方氏曰升自客階所以

不敢由於主人之階受爵於賓位而不敢居於主人之位所以避父之尊盡為子之孝而已父既往而猶未忍引其階居其位焉故曰教民追孝也居君之位而未敢稱君之號則推讓之心固可見矣故曰示民不爭也

子云孝以事君弟以事長示民不貳也故君子有君不謀仕唯卜之日稱二君推事父之道以事君推事兄之道以事長皆誠實之至無敢有副貳其上之心則欲貳其君是與尊者抗敵矣故云示民不貳也君子人君之子也有君君在也不謀仕嫌欲急於為政也此子也事皆不得稱君貳唯命龜之時或君有故而已代之則自稱曰君之貳某左傳卜貳圉正謂君之貳故鄭引之云二當為貳也喪父三年喪君三年示民不疑也號曰君無骨肉之親於不為重服民則疑君不尊今與喪父同示民不疑於君之尊也父母在不敢有其身不敢私其財示民有上下也裏曲禮不許友以死不有私財意同有上下謂卑當統於尊也故天子四海之內無客禮莫敢為主焉故君適其臣升自阼階即位於堂示民不敢有其室也父

毋在饋獻不及車馬示民不敢專也以此坊民民猶忘其親而貳其君（曲礼云三賜不及車馬故州閭鄉黨稱其孝以上四節皆明事君事親之道故摠結云人已忘其親而貳其君）子云禮之先幣帛也欲民之先事而後祿也先財而後禮則民利無辭而行情則民爭故君子於有饋者弗能見則不視其饋易曰不耕穫（戶郭反）不菑（緇）畬（余）凶以此坊民民猶貴祿而賤行（禮之先幣帛謂先行用財之禮後用幣帛以致其情也此是欲教民以先任事而後得祿之義者先用財而後行禮則民必貪於財利矣無辭無辭讓之節也行情直行己情也禮終而利行民不能無爭奪矣人有饋遺於己禮也己或以他故或以疾病不能出見其人則不視其饋視猶納也此盡不敢以無禮而當人之禮易无妄六二爻辭今文無凶字門哉曰菑三歲曰畬不耕而穫不菑而畬以諭人臣無功而食君之祿引之以證不行禮而食利也）子云君子不盡利以遺民詩云彼有遺秉此有不斂穧（才計反）伊

寡婦之利故君子仕則不稼田則不漁食時不力珍大夫不坐羊士不坐犬詩云采葑采菲無以下體德音莫違及爾同死以此坊民民猶忘義而爭利以亡其身詩小雅大田之篇秉禾束之束爲把若穧鋪而未束者言彼處有遺餘之秉把此處有不收斂之穧鋪乃寡婦之不能耕者取之以爲利耳伊語辭今詩又顛倒不同仕則不稼祿足以代耕也田則不漁爲有禽獸不可兼取魚鼈也食時食四時之膳也不力珍不更用力務求珍羞也坐羊坐犬殺食而坐其皮也皆言不盡利之道詩邶風谷風之篇葑蔓菁菜也菲亦菜名詩之意與此所引之意不同詩意謂如葑菲常食之菜不可以其近地黃腐之惡葉並棄其上而不采猶夫婦之間亦不當以小過而棄其昔此引以爲不盡利之喻皆謂采葑菲者但當采取其葉不可以其根本之美而并取之如此則人君盛德之聲遠播無有違之者而人人皆知親其上死其長矣詩則以及爾同死爲偕老也

子云夫禮坊民所淫章民之別使民無嫌以爲民紀者也故男女無媒不交無幣不相見恐男

女之無別也詩云伐柯如之何匪斧不克取（去聲）妻如之何匪媒不得藝麻如之何橫從其畝取妻如之何必告父母以此坊民民猶有自獻其身章明也無媒無[?][?]之行也詩齊風南山之篇今詩作析薪如之何而豳風伐柯[?]言伐柯[?]何匪斧不克克能也橫從其畝言從橫耕治其田[?]也自獻其身謂女自進其身於男子也以此坊民以下廿一字舊本在詩云之上今以類推之當在此引詩下

子云取妻不取同姓以厚別也故買妾不知其姓則卜之以此坊民魯春秋猶去夫人之姓曰吳其死曰孟子卒厚別厚其有別之礼也卜之卜其吉凶也吳太伯之後魯同姓也昭公取吳女又見論語

子云禮非祭男女不交爵以此坊民陽侯猶殺繆侯而竊其夫人故大饗廢夫人之禮陽侯繆侯兩君之諡也[?]其國未聞○方氏曰大饗者兩君相見之禮也因陽侯之事而廢夫人之禮則陽侯以前夫人得與大饗而有交爵之禮矣乃

云非祭不交爵者先儒謂同姓則觀獻異姓則使人攝此云不交爵謂饗異姓國君耳○石梁王氏曰陽侯繆侯既同是侯則殺字當如字讀鄭既未聞其國何以知陽侯爲弑君子云寡婦之子不有見現焉則弗友也君子以辟避遠去聲也故朋友之交主人不在不有大故則不入其門以此坊民民猶以色厚於德寡婦之子見曲禮辟遠者以避嫌故遠之也子云好德如好色鄭云此句似不足諸侯不下漁色故君子遠去聲色以爲民紀故男女授受不親御婦人則進左手姑姊妹女子子已嫁而反男子不與同席而坐寡婦不夜哭婦人疾問之不問其疾以此坊民民猶淫泆而亂於族諸侯不內娶[謂?]下娶本國卿大夫士之女則是如漁者之於魚但以貪欲之心求之也故云漁色荒淫色則紀綱亂民之昏禮亦化之而廢故遠色者所以立民之紀綱使不以色而廢禮亂常也餘並見前子云昏禮壻親迎去聲見現於舅

姑舅姑承子以授壻恐事之違也以此坊民婦猶有不

至者舅姑女之父母也承進也子女也論語言[illegible]之也儀禮父戒女曰夙夜無違命母戒女曰無違宮事皆恐事之違也末世禮壞故有男行而女不隨者亦有親迎而女不至者○成氏曰婦人謂夫之父母曰舅姑男子亦謂妻之父母曰舅姑但加外字耳夫婦齊體父母互相敬也

中庸第三十一

朱子章句

禮記卷第十四

禮記卷第十五

後學東匯澤陳澔 集說

表記第三十二

鄭氏曰記君子之德見於儀表者

子言之歸乎君子隱而顯不矜而莊不厲而威不言而信方氏曰此篇凡子言之者八皆總其人而言之略也稱子曰者四十五皆列其小異之詳也○應氏曰歸乎之嘆聖人周流不遇慨世道之益衰念儀刑之有本何必歷聘諸侯求說而後足以行道哉隱而顯即中庸所謂闇雖伏矣亦孔之昭是也不矜而莊不厲而威不言而信即中庸所謂不動而敬不言而信是也中庸以是終篇蓋示人以進德之事表記以是爲首亦發明聖人立教之故

子曰君子不失足於人不失色於人不失口於人是故君子貌足畏也色足憚也言足信也甫刑曰敬忌而罔有擇言在躬鄭氏曰甫刑呂刑也呂侯爲穆王說刑故稱甫刑○馬氏曰見其所可行而不慮其所可止則失足於人見其所可言而不慮其所可終則

失色於人見其所可語而不慮其色可然則失口於人不失足於人故貌足畏不失色於人故色足憚不失口於人故言足信〇劉氏曰君子謹獨不待矜而莊故不失足於人而貌足畏不待厲而威故不失色於人而色足憚不待言而信故不失口於人而言足信也蓋其尋常敬慎於動靜無不中節如此又引書以證之而義益顯矣

子曰：裼襲之不相因也，欲民之毋相瀆也。裼襲見曲禮。〇應氏曰裼襲以示文質各有異宜所以不相因者恐一時或有異事必易服從事各存其敬又以襲衣而退爲褻不以裼衣而因爲褻蓋欲文質互見而又不憚其勞則無相褻之患

子曰：祭極敬，不繼之以樂；洛 朝極辨，不繼之以倦。呂氏曰極敬若誠意至而竭全於樂則敬衰極辨者節文明也當全於倦則入於樂矣

子曰：君子慎以辟避禍，篤以不揜，恭以遠恥。某氏曰篤者居其學不居其博則其實光發一一則純而不掩經德不回所以正行則其戒謹恐懼皆非有爲而爲之也豈區區於避禍患防揜蔽乎記禮之者是言亦以曉人知禍福要之道耳

子曰：君子莊敬日強，安肆日偷。君子不以

日使其躬儳（仕鑑反）焉，如不終日。馬氏曰莊敬所以自强而有進德之漸故日强安肆所以自棄而有敗度之漸故曰偷偷息日儳者參錯不齊之貌必無所檢束而紛紜雜亂漸至儳焉錯出於散漫而不整則內亦搖蕩而不安故不能終日所敬主一以直內而心廣體胖何至於儳不終日乎

子曰：齊戒以事鬼神，擇日月以見君，恐民之不敬也。幽明之交上下之際尤其所當敬者故並言之

子曰：狎侮死焉而不畏也。馬氏曰狎侮至於死而不畏者褻其所褻也

子曰：無辭不相接也，無禮不相見也，欲民之毋相褻也。易曰：初筮告，再三瀆，瀆則不告。易蒙卦辭謂用之者於筮則誠敬以全若以明而治蒙必其學者於初筮之誠則當告之若如再三筮之瀆慢則不必告之矣引此以言賓主之交際當慎始敬終如初筮之誠不可如再三筮之瀆慢也○呂氏曰辭者相接之言如公與客宴曰寡人有不腆之酒以請吾子之與寡人須臾焉使某也以請之類是也禮者相見之摯如羔鴈雉鶩之類是也必以辭必以禮者交際不可苟也苟則褻褻則不敬此交所以易疏也

子言之：仁

者天下之表也義者天下之制也報者天下之利也應氏曰仁之體大而尊昭揭衆善而人以瀰然知所敬故曰表義之體方而嚴裁制事物而人以凜然知所畏故曰制報之爲禮以交際往來以感應而有不容已者所以使人有交以相接有恩以相愛其何利如之子曰以德報德則民有所勸以怨報怨則民有所懲詩曰無言不讎無德不報大甲曰民非后無能胥以寧后非民無以辟四方子曰以德報怨則寬身之仁也以怨報德則刑戮之民也以論語以直報怨以德報德之言觀之此章恐非夫子之言○方氏曰以德報怨則忘人之怨雖不足以有懲而衆將懲之而有路矣故曰寬身之仁以怨報德則忘人之德雖不足以有所勸而衆且怨之而不容矣故曰刑戮之民子曰無欲而好仁者無畏而惡不仁者天下一人而已矣是故君子議道自己而置法以民呂氏曰安仁者天下一人而已則非聖人不足以性之尚志於仁矣無欲無畏則衆人皆可以爲

聖人所性而議道則道無不盡以衆人之可爲而制法則法無不行○方氏曰欲而好仁則知者利仁之事也畏而惡不仁則畏罪者強仁之事也若所欲生於無欲所惡生於無畏非中心安仁者不能故曰天下一人而

○子曰仁有三與仁同功而異情與仁同功其仁未可知也與仁同過然後其仁可知也仁者安仁知者利仁畏罪者強彊上仁者右也道者左也仁者人也道者義也厚於仁者薄於義親而不尊厚於義者薄於仁尊而不親呂氏曰安仁利仁強仁三者之功同歸於仁而其情則異此堯舜性之湯武身之五霸假之所以異也桓公九合諸侯一匡天下雖湯武之舉不過乎是而其情則不同故其仁未可知也過者人所避有不幸而致焉周公使管叔以殷畔過於愛兄而已孔子對陳司敗以昭公知禮過於諱君而已皆出乎情而其仁可知也道非仁不立義非仁不行凡人之舉動必右先而後左隨之故曰仁右道左道有至有義有考至道以王義道以霸考道以爲無失應氏曰至道即仁也至道渾然

無迹故得其灋全精粹以爲王義道嚴而有方故得其裁斷斷制以爲霸盡權詐之道而事不經畢焉亦可以無失矣○石梁王氏曰義道以霸非孔子之言子言之仁有數義有長短小大中心憯（七感反）怛（多八反）愛人之仁也率法而強（上聲）之資仁者也詩云豐水有芑武王豈不仕詒厥孫謀以燕翼子武王烝哉數（上聲）世之仁也國風曰我今不閱皇恤我後終身之仁也仁有數言行仁之道非止一端蓋爲器重爲道遠隨其所舉之多寡所至之遠近皆可謂之仁也義有長短小大言義無定體在隨事而制其宜也中心憯怛惻隱之端也故爲愛人之仁率循古人之成法而勉強行之比爲求仁之事資仁取諸人以爲善也承上文強仁之意詩大雅文王有聲之篇言豐水之旁以潤澤生芑穀喻養成人才也武王豈不官使之乎言無遺才也聖人爲後嗣計莫大於遺之以人才是欲傳其孫之謀而燕安翼輔其子耳曾玄以下皆孫也故夫子以爲數世之仁蓋中心憯怛所發者深故所及者遠也國風邶風谷風之篇今詩作躬閱容也言我身且不見容何暇憂後事乎此但欲以仁終其身焉已耳蓋[illegible]強資仁之所發

者淺故所及者近也子曰仁之爲器重其爲道遠舉者莫能勝升也行者莫能致也取數多者仁也夫勉於仁者不亦難乎是故君子以義度待洛反人則難爲人以人望人則賢者可知已矣言以管仲之功微子之去箕子之比干之死皆得以仁名之語仁之盡則堯舜其猶病諸此仁所以取數之多也以義度人盡義以度人者也以人望人者舉今之人相望也盡義以求人非聖人不足以當之故難爲人舉今之人相望則大賢愈於小賢故賢者可知已子曰中心安仁者天下一人而已矣大雅曰德輶如毛民鮮克舉之我儀圖之惟仲山甫舉之愛莫助之小雅曰高山仰止景行去聲行止子曰詩之好仁如此鄉去聲道而行中道而廢忘身之老也不知年數之不足也俛焉日有孳孳斃而后已大雅烝民之篇言德之在人其輕如毛非難能也而民少能舉之者尹吉甫於儀匹之中圖謀之求

其能舉德者乃惟仲山甫能舉之我愛其人使其或有不及我思效忠以助之今吉甫雖愛山甫而欲助之而山甫全德吉甫無可以致其助者也小雅車舝之篇言有高高山則人瞻望而仰之有景大之德行則人視法而行之二止字皆語辭夫子引此兩詩而贊之曰詩人之好仁如此出哉中道而廢言力竭而止若非力竭則不止也不足少也人若老則未來之歲月少矣俛焉無他顧之意孳孳勤勉之皃斃死也○應氏曰前章言仁重且遠而人不可以全責此又惣欲而勸勉之

子曰仁之難成久矣人人失其所好故仁者之過易辭也子曰恭近禮儉近仁信近情敬讓以行此雖有過其不甚矣夫恭寡過情可信儉易容也以此失之者不亦鮮乎詩云溫溫恭人維德之基

仁之難成私欲間之也私意行則所好非所當好故曰失其所好也苟志於仁雖或有過其情則善故不待多言而可辨故曰易辭也恭儉信三者未足以爲仁而亦行仁之資曰不甚曰鮮皆勉人致力於此而可以由此寡過而進德也詩大雅抑之篇○石梁王氏曰信近情當爲情近信

子曰仁之難成久矣惟

君子能之是故君子不以其所能者病人不以人之所不能者愧人是故聖人之制行也不制以己使民有所勸勉愧恥以行其言禮以節之信以結之容貌以文之衣服以移（讀爲褫尺止反）之朋友以極之欲民之有壹也小雅曰不愧于人不畏于天（呂氏曰聖人制行以立教必以天下之所能行者爲之法所以爲達道也惟不制乎己故民知跂乎此而有所勸勉知不及乎此而有所愧恥則於仁也知所向矣非特此也制禮以節其行而使之齊立信以結其志而使之固容貌以驕其文之著於外衣服以稱其德之有於中朋友切磋相成以至於極而後已○應氏曰五者輔道而夾持之欲其趨向之專壹也縱有懈怠而欲爲惡者獨不愧于人而畏于天乎小雅何人斯之篇）是故君子服其服則文以君子之容有其容則文以君子之辭遂其辭則實以君子之德是故君子恥服其服而無其容恥有其容而無其辭恥

有其辭而無其德，恥有其德而無其行（去聲）。是故君子衰經則有哀色，端冕則有敬色，甲冑則有不可辱之色。詩云：「維鵜在梁，不濡其翼。彼記之子，不稱其服。」（此承上文容貌衣服而言，欲有其德行以實之也。德謂得之於己，行謂見之於事。詩曹風候人之篇。鵜，鵜鶘也，俗名淘河。鵜鶘當入水中食魚，今乃在魚梁之上竊人之魚以食，未嘗濡濕其翼，如小人居高位以竊祿而不稱其服也。）

子言之：君子之所謂義者，貴賤皆有事於天下。天子親耕，粢盛秬鬯以事上帝，故諸侯勤以輔事於天子。（應氏曰：義者截然正方而無偏私也。知賤之事貴，而不知貴之率賤，豈絜矩之道哉？故天子躬力勸以事乎上帝，則諸侯亦服勤以輔乎天子也。）

子曰：下之事上也，雖有庇民之大德，不敢有君民之心，仁之厚也。是故君子恭儉以求役仁，信讓以求役禮，不自尚其事，不自尊其身，儉於位而寡於欲，讓於賢卑己而尊人小心而畏義求以事君得之自是不得自是以聽天命詩云莫莫葛藟力水反施異于條枚凱弟君子求福不回其舜禹文王周公之謂與有君民之大德有事君之小心詩云惟此文王小心翼翼昭事上帝聿懷多福厥德不回以受方國役錯爲也得之不得即中庸獲乎上不獲乎上也詩大雅旱麓之篇莫莫茂密也藟似葛枝曰條幹曰枚嚴氏云是葛也藟也乃蔓於木之枝幹喻文王憑先祖之功而起也文王凱樂弟易其求福不回邪也表記言得之自是不得自是以聽天命遂引此章盡有一毫覬倖之心則邪矣詩大雅大明之篇言文王小心翼翼蒸恭敬以明事上帝遂能懷來多福蓋其德不回邪故受此四方侯國之歸也○應氏曰數章之內自恭近儉近仁信近情後又言恭儉役仁信讓役禮曰自卑而尊人又曰卑而民敬尊之曰不自尚其事不自尊其身又曰不自大其事不自尚其功子曰先王謚以尊名節以壹惠恥名之浮於行也是故君子不

自大其事，不自尚其功，以求處情；過行弗率，以求處厚；彰人之善而美人之功，以求下賢。是故君子雖自卑，而民敬尊之。子曰：后稷，天下之爲烈也，豈一手一足哉？唯欲行之浮於名也，故自謂便人。謚以尊名爲美謚，以尊顯其聲名也；壹，專也。惠，善也。善行雖多，難以枚舉，但節取其大者以專其善，故曰節以壹惠也。以求處情，謂君子所以不自大尚其事功者，以求處情實，不肯虛爲矯飾也。過行弗率以求處厚者，謂若有過高之行則不敢率爾，惟求以處篤厚之道而已。本分上不可加毫末也。后稷教民稼穡，爲周之始祖，其功烈之在天下，豈一人之手一人之足尊而用之哉？固當以仁聖自居矣，惟欲行過於名也，故自謂便習民事之人而已。

子言之：君子之所謂仁者，其難乎！詩云：凱弟君子，民之父母。凱以強平聲教之，弟以說悅安之，樂洛而毋荒，有禮而親，威莊而安，孝慈而敬，使民有父之尊，有母之親，如此而后可以為民父母矣非至德其孰能如此乎呂氏曰強教之者以道驅之如使道者彼民雖勞不怨者也說安之者得其心之謂也說以使民民忘其勞說以犯難民忘其死者也樂說安也明流則有教矣威莊強教也安則說矣孝慈說也敬則有教矣強教則父之尊存焉說安則母之親存焉此言君子仁民之道如此非聖人莫能與也今父之親子也親賢而下無能母之親子也賢則親之無能則憐之母親而不尊父尊而不親水之於民也親而不尊火尊而不親土之於民也親而不尊天尊而不親命之於民也親而不尊鬼尊而不親下無能賤其無能之子也○應氏曰命者造化所以示人者也顯而易見故人玩之鬼幽而難測故人畏之或曰命謂君之教令令去聲故下文言夏道尊命子曰夏道尊命事鬼敬神而遠之近人而忠焉先祿而後威先賞而後罰親而不尊其民之敝惷尸容反而愚喬驕而野朴而不文殷人尊神

率民以事神先鬼而後禮先罰而後賞尊而不親其民之敝蕩而不靜勝而無恥周人尊禮尚施（去聲）事鬼敬神而遠之近人而忠焉其賞罰用爵列親而不尊其民之敝利而巧文而不慙賊而蔽先祿後威先賞後罰皆是[illegible]尊感人之意故民難御親其上而尊君之意則未也故[illegible]親而不尊惷愚驕傲鄙野質朴之敝皆忠之末流也殷人欲矯其敝故以敬畏爲道以事神之道率民先其鬼之不可知者後其禮之可知者先其罰之可畏後其賞之可慕尊則尊矣而親愛之情則無由生也故曰尊而不親流蕩而不知靜定之所者尊上鬼神之敝務自勝以免刑而無恥者先罰後賞之敝也周人見其然故尊禮以矯後禮之失尚施惠以爲恩亦如夏時之近人而忠其賞罰亦無先後但以爵列之高下爲準如車服土田之賞有命數之異刑罰之施有八辟之議及命夫命婦不躬坐獄訟之類皆是也故亦如夏世之親而不尊其後民皆便利而多機巧美文辭而言之不怍賊害而蔽於理皆尊禮太過文沒其實之所致○應氏曰三代之治其始各有所尊其終各有所[illegible]夏之道惟思盡心於民惟恐人之有所

不正不得不重其文告之命遠神近人後威先祿皆其忠實之過而猶於近也近則失之玩故商矯之而尊神焉君民上下情不相接率民事神先鬼先罰後禮後賞而遠於物也遠則失於亢故周矯之而尊禮焉禮文委曲而拘人禮繁文勝利巧而賊其敝又有甚者焉凡此非特見風氣既開而澆漓之日異抑亦至德之不復見而已哉○石梁王氏曰此一章未敢信以為孔子之言

子曰夏道未瀆辭不求備不大望於民民未厭其親殷人未瀆禮而求備於民周人強上聲民未瀆神而賞爵刑罰窮矣未瀆辭以其尊命也未瀆禮以其後禮也未瀆神以其敬神而遠之也不求備不大望於民即省刑罰薄稅斂之事未厭其親尊君親上之心自不能忘也言夏之民未厭其親則殷周之民不然矣強民言殷民不服而成王周公化之之難也賞爵刑罰之制至周而詳悉備具無以復加故曰窮矣窮極也一說賞爵不能勸善刑罰不能止惡故曰窮

子曰虞夏之道寡怨於民殷周之道不勝升其敝子曰虞夏之質殷周之文至矣虞夏之文不勝去聲其質殷周之質不

勝其文前章言夏殷周之事此又兼言虞氏以起下章子言之曰後世雖有作者虞帝弗可及也已矣君天下生無私死不厚其子子民如父母有憯怛之愛有忠利之敎親而尊安而敬威而愛富而有禮惠而能散其君子尊仁畏義恥費輕實忠而不犯義而順文而靜寬而有辨甫刑曰德威惟威德明惟明非虞帝其孰能如此乎呂氏曰憯怛之愛猶慈母之愛非責報於其子也非要譽於他人也發於誠心而已忠利之敎者若使契爲司徒敎以人倫作爲衣裳舟楫臼杵弧矢宮室棺槨書契使天下利用而不倦是皆有敎人以善之誠無所不利之功者也富而有禮節於物者也惠而能散周於物者也義以相止而不傷乎割文以相接而不傷乎動故寬裕有容而容之中有辨焉○應氏曰生無私有天下而不與也死不厚其子傳諸賢而爲天下得人也生無所私而心乎斯民眞若父母之於子親而尊至惠而能散猶元氣之運妙用無迹此中庸所謂用其中於民也其君子化之皆爲全德尊仁畏義不敢犯

天下之公理恥費輕實不敢循一己之私欲恥費用者儉於自奉也輕財實者薄於信利也自施民大德而下凡三章言臣道之難於盡仁惟舜禹文王周公可以爲仁之厚而后稷庶幾近之自凱涕君子而下凡四章言君道之難於盡仁惟虞帝可以全德之至而夏商周皆未免有所偏也

子言之事君先資其言拜自獻其身以成其信是故君有責於其臣臣有死於其言故其受祿不誣其受罪益寡鄭氏曰資憑藉也古之爲臣其經由之學皆豫定於胸中至於事君則前定之規模先形於言以爲籍然後自獻其身以成其信自獻者非徒屈己以求售也如書之自靖自獻致命而無所愧也畎畝幡然之數語說命對揚之三篇此伊傳先資之言也齊桓問答而爲書然昭一命下而有對此管樂先資之言也言於先而信於後無一不酬若後世若登壇東向之答草廬三顧之策亦庶幾焉○馬氏曰受祿不誣言不素餐也

子曰事君大言入則望大利小言入則望小利故君子不以小言受大祿不以大言受小祿易曰不家食吉不家食吉大畜之彖辭也謂大畜之君子才德所蘊

者夫賜當食祿於朝以有爲於天下而不食於家則善此言不以大言受小祿所謂達可行於天下而後行之者也○呂氏曰大言所言者大也小言所言者小也利及天下澤及萬世大利也進一介之善治一官之事小利也諫行言聽利斯從之矣先儒謂利爲祿賞人臣事君各致其忠而已言入而遂望其祿賞乃爲小人之道非所以事君也所謂不以小言受大祿不以大言受小祿若此君之所以報臣非臣之所以望君也受之有義亦稱其大小而已小言而大祿則報踰其分大言而小祿則君不義卿亦不可受也○石梁王氏曰此非孔子之言

子曰事君不下達不尚辭非其人弗自小雅曰靖共爾位正直是與神之聽之式穀以女下達謂趨于汙下如曰吾君不能也曰長君之惡逢君之惡皆是也伊尹使君爲堯舜之君孟子非堯舜之道不陳則謂之上達也尚辭利口捷給之言自所由以進者也小雅小明之篇言人臣能安靖恭敬其職位惟正直之道是與則神明聽之將用福祿與女矣以穀也

子曰事君遠而諫則諂也近而不諫則尸利也

子曰邇臣守和宰正百官大臣慮四方呂氏曰陵節犯分以求自

言故曰讇懷祿固寵主於爲利故曰尸利也○方氏曰所譏守和者過於和則流而爲同不及於和則乖而爲
異故在於能守守則適中而無過與不及之患矣○應氏曰宰以職言大臣以位言自三公以下皆是不待六
卿則先君德而養朝廷先朝廷而後天下也○石梁王氏曰遠而諫則謂非孔子之言子曰事
君欲諫不欲陳詩云心乎愛矣瑕不謂矣中心藏之何
日忘之諫者正君之失陳者揚君之失也詩小雅隰桑之篇瑕遐也詩作遐本謂我心愛慕此賢者思相與
語以其相去遐遠故不得共語然欲發之言藏於我心何日而忘之此記者借以爲喻言我有愛君之心欲
諫其過惡不言乎非求得進諫亦藏於心而不忘但不以語他人耳子曰事君難進而易
退則位有序易進而難退則亂也故君子三揖而進一
辭而退以遠去聲亂也呂氏曰所謂有序者小德役大德小賢役大賢之謂也所謂亂者賢
不肖倒置之謂也君信我可以爲師非學焉而後臣之則不進也信我可以執國政雖待以季孟之間亦不進
也儒內不至而即行靈公問陳而即行君子之道正君而已枉己者未有能直人者也人之相見三揖至于階

八一三

三讓以賓升而辭讓退也一辭而出主人拜送賓去不顧蓄王人之敬未至而強進主人之意已謝而不辭則賓主之分亂矣可仕可已可見可隱進退之義一也子曰事君三違而不出竟上聲則利祿也人雖曰不要平聲吾弗信也違猶去也不出竟實無去志也謂非要利可乎○呂氏曰孔子去魯遲遲吾行以不忍於父母之國也孟子去齊三宿而出晝猶冀齊王之悔悟能反予卒也竟以去君子之義可見矣子曰事君慎始而敬終子曰事君可貴可賤可富可貧可生可殺而不可使為亂馬氏曰在物者有命故可貴可賤可生可殺在己者義故不可使為亂也子曰事君軍旅不辟避難去聲朝廷不辭賤處其位而不履其事則亂也故君使其臣得志則慎慮而從之否則孰慮而從之終事而退臣之厚也易曰不事王侯高尚其事呂氏曰亂者如絲之不治而無緒也臣受君命雖有所合不敢以得志而自滿故慎慮而從之乃臨事而懼好謀而成者也有所不合又非所宜辭亦不敢怨

於不得志故孰慮而從之卒事則致爲臣而去故可以自覺而不累于上故曰臣之厚也易蠱之上九事之終自無抗也有以乎日焉而已者故曰不事王侯乃可以高尚其事而不見役于人也子曰唯天子受命于天士受命于君故君命順則臣有順命君命逆則臣有逆命詩曰鶉之姜姜鶉之賁賁人之無良我以爲君詩鄘風鶉之奔奔篇嚴氏一云鶉之奔奔然鬭者不亂其匹也鵲之彊彊然剛者不淫其匹也刺宣姜與公子頑非匹偶也人之不善者我乃以爲小君乎。呂氏曰天道無私莫非理義君所以代天而治者推天之理義以治斯人而已天秩天敘天命天討莫非天也臣之受命于君者命合乎理義爲順天命不合則爲逆天命順則爲臣者將不令而行逆則爲臣者雖令不從矣子曰君子不以辭盡人故天下有道則行去聲有枝葉天下無道則辭有枝葉不以辭盡人謂不可以言辭而盡見其人之實蓋有言者不必有德也行有枝葉根本盛而條達者也辭有枝葉則繁辭蔓說而已此皆世教盛衰所致故以有道無道言之是故君子於有喪者之側不能賻焉則不問其所費於有病者之側不能饋焉則不問其所欲有客不能館則不問其所舍故君子之接如水小人之接如醴君子淡以成小人甘以壞小雅曰盜言孔甘亂是用餤三者不能則不問不可以虛言待人也接交也小雅巧言之篇盜言小人讒賊之言也餤進也子曰君子不以口譽平聲人則民作忠故君子問人之寒則衣去聲之問人之飢則食嗣之稱人之善則爵之國風曰心之憂矣於我歸說稅○譽者揚人之善而過其實者也國風曹風蜉蝣之篇詩人憂昭公之無所依歸故曰其於我而歸稅乎說讀爲稅舍息也子曰口惠而實不至怨菑災及其身是故君子與其有諾責也寧有已怨國風曰言笑晏晏信誓旦旦不思其反反是不思亦已焉哉國風衛風氓之篇晏晏和柔也旦旦明也焉不思其反覆今之反覆是昔者不思之

也今則無如之何矣故曰亦已焉哉○呂氏曰有求而不許始辭咈人之意而終不害乎信故其失也小諾人而不踐始說不咈人之意而終害乎信故其責人

子曰君子不以色親人情疏而貌親在小人則穿窬之盜也與子曰情欲信辭欲巧情欲信即大學意誠之謂也巧當作考即曲禮則古昔稱先王之謂也否則爲無稽之言矣○呂氏曰穿窬之盜掩人之不見以爲不義而已色親人者巧言令色足恭無誠心以將之情疏貌親是於爲利亦欺人之不見也孔子曰色厲而內荏譬諸小人其猶穿窬之盜也與孟子曰士未可以言而言是以言餂之也是皆穿窬之類也二者亦欺人之不見以爲不義故所以爲穿窬也○石梁王氏曰辭欲巧以決非孔子之言巧言令色鮮矣仁

子言之昔三代明王皆事天地之神明無非卜筮之用不敢以其私褻事上帝是以不犯日月不違卜筮卜筮不相襲也不相襲謂見曲禮○劉氏曰此段經文言事天地神明無非卜筮之用而又云大事有時日呂氏以爲冬夏至祀天地四時迎氣用四立他祭祀之當卜日者不可犯此素定之日非此則其他自不可

事卜筮也然曲禮止云大饗不問卜周官太宰祀五帝卜日即此大饗爾亦如之太卜大祭祀眡高命龜春秋魯禮又有卜郊之文又郊特牲又有郊用辛之語是蓋互相施用路寢未有定說又如筮不相襲大事卜小事筮而洪範有龜從筮從龜從筮逆之文又答人有凡國之大事先簭而後卜又太卜又凡事涖卜又如外事用剛日內事用柔日而特牲注用甲召誥丁巳郊戊午社洛誥戊辰烝祭歲凡此皆不合禮家之論未知所以之也姑闕以俟知者

大事有時日，小事無時日，有筮。外事用剛日，內事用柔日，不違龜筮。子曰：牲牷禮樂齊（咨）盛（成），是以無害乎鬼神，無怨乎百姓。大事祭大神也小事祭小神也外剛內柔象見曲禮詳文理不違龜筮四字當在牲牷禮樂齊盛之下以其一聽於龜筮故神人之心皆順也

子曰：后稷之祀易富也，其辭恭，其欲儉，其祿及子孫。詩曰：后稷兆祀，庶無罪悔，以迄于今。富備也詩大雅生民之篇兆詩作肇始也以說于今明其祿及子孫也

子曰：大人之器威敬，天子無筮，諸侯有守（去聲）筮。天子道以

筮諸侯非其國不以筮卜宅寢室天子不卜處大廟龜筮之爲器聖人所以寓神道之教故言人之器也以其威嚴而不敢既褻故大事則用小事則否天子無筮唯用卜也而又云道以筮者謂有道途中則用筮之守筮謂在國居守有事則用筮也龜亦曰守龜左傳國之守龜向事不卜非其國不筮謂出行在他國不欲人疑其吉凶之問也宅居也諸侯出行則必卜其所處之地處卌故也太廟天子所以當處之地故不卜也子曰君子敬則用祭器是以不廢日月不違龜筮以敬事其君長是以上不瀆於民下不褻於上謂其禮故用祭器敬其事故詢龜筮不瀆不褻以其敬故也○疏曰敬事君長謂諸侯朝天子及小國之於大國

緇衣第三十三

子言之曰爲上易事也爲下易知也則刑不煩矣呂氏曰上好信則民莫敢不用情易事者以好信故也易知者以用精誠施於上若上以機心待民則民亦以機心待其上矣

生詐起欲刑之不煩不可得矣子曰好賢如緇衣惡惡如巷伯則爵不瀆而民作愿韻刑不試而民咸服大雅曰儀刑文王萬國作孚緇衣鄭國風首篇美鄭武公之詩小雅巷伯寺人刺幽王之詩大雅文王之篇國詩作邦○呂氏曰好賢必如緇衣之篤則人知上之誠好賢矣不必爵命之數勸而民自趣愿心以敬上故曰爵不瀆而民作愿惡惡必如巷伯之深則人知上之誠惡惡矣不必刑罰之施而民自畏服故曰刑不試而民咸服文王好惡得其正而一出乎誠心故為天下之所儀刑德之所以孚乎下也子曰夫民教之以德齊之以禮則民有格心教之以政齊之以刑則民有遯心故君民者子以愛之則民親之信以結之則民不倍恭以涖之則民有孫去聲心甫刑曰苗民匪用命制以刑惟作五虐之刑曰法是以民有惡德而遂絕其世也遯謂逃遯苟免也○應氏曰命當依書作靈善也○石梁王氏曰緇衣論語為此言意便不足子曰下之

事上也不從其所令從其所行上好是物下必有甚行
矣故上之所好惡不可不慎也是民之表也大學曰其所令反其
所好而民不從子曰禹立三年百姓以仁遂焉豈必盡仁詩云
赫赫師尹民具爾瞻甫刑曰一人有慶兆民賴之大雅
曰成王之孚下土之式豈必盡仁者言不必朝廷盡是仁人而後足以化民也得一仁
人為民之表則天下皆仁矣所謂君仁莫不仁也此所以禹以一仁君立三年而百姓皆以仁遂故引詩書以
明之詩小雅節南山之篇赫赫顯盛皃師尹周太師尹氏也具俱也大雅下武之篇言武王能成王者之德孚
信于民而天下皆法式之子曰上好仁則下之為仁爭先人故長民
者章志貞教尊仁以子愛百姓民致行己以說悅其上
矣詩云有梏覺德行大聲四國順之章志者明吾好惡之所在也貞教者身率
以正也所志所教莫非尊仁之事以此為愛民之道是以民皆感其子愛之心致力於行己之善而悅其上如

子從父母之命也詩大雅抑之篇梏當依詩作覺言有能覺悟人以德行者則四國皆服從之也子曰王言如絲其出如綸王言如綸其出如綍弗故大人不倡游言可言也不可行君子弗言也可行也不可言君子弗行也則民言不危行而行不危言矣詩云淑慎爾止不諐愆于儀綸綬也䟽云如宛轉繩綍引棺大索也危高也詩大雅抑之篇止容止也諐過也○呂氏曰大人王公之謂也游言無根不定之言也易曰誣善之人其辭游爲人上者倡之以誠慤篤實之言天下猶有欺詐以罔上者苟以游言倡之則天下蕩然虛浮之風作矣可不慎乎可言而不可行過言也可行而不可言過行也君子弗言弗行則言行不越乎上民所敬之言不敢高於行而言之必可行也行不敢高於言而必爲可繼之道也子曰君子道人以言而禁人以行去聲故言必慮其所終而行必稽其所敝則民謹於言而慎於行詩云慎爾出話胡快反敬爾威儀大雅曰穆穆文王於烏

緝熙敬止道化誨之也道人以言而必慮其所終恐其行之不能至則爲虛誕也禁謹飭之也禁人以行而必稽其所敝慮其末流之或偏也如是則民皆謹言而慎行矣詩人雅抑之篇大雅文王之篇朱子云穆穆深遠之意於歎美辭緝繼續也熙光明也敬止無不敬而安所止也兩引詩皆以爲謹言行之證○呂氏曰進取於善者夷考其行而不掩猶不免於狂況不在於善者乎故曰言必慮其所終夷惠之清和其末流爲隘與不恭故曰行必稽其所敝文王之德亦不越敬其容止而已子曰長民者衣服不貳從千雍反容有常以齊其民則民德壹詩云彼都人士狐裘黃黃其容不改出言有章行歸于周萬民所望詩小雅都人士之篇周忠信也○馬氏曰狐裘黃黃服其服也其容不改文以君子之容也出言有章遂以君子之辭也行歸於周實以君子之德也子曰爲上可望而知也爲下可述而志也則君不疑於其臣而臣不惑於其君矣尹吉告曰惟尹躬及湯咸有壹德詩云淑人君子其儀不忒君之待臣

表裏如一故曰可望而知臣之事君一由忠誠其職業皆可稱述而記志此所以上下之間不疑不惑也尹告伊尹告太甲之書也今成有一德篇文詩曹風鳲鳩之篇引書以證君臣相得又引詩以證壹德之義子曰有國家者章善癉丁但反惡以示民厚則民情不貳詩云靖共爾位好是正直鄭本作章義今從書作善○呂氏曰章明也癉病也明之斯好之矣病之斯惡之矣善居其厚惡居其薄此所以示民厚也好善惡惡之分定民情所以不貳也詩小雅小明之篇引之以明章善之義子曰上人疑則百姓惑下難知則君長勞故君民者章好以示民俗慎惡以御民之淫則民不惑矣臣儀行去聲不重辭不援其所不及不煩其所不知則君不勞矣詩云上帝板板下民卒癉丁但反小雅曰匪其止共恭維王之卬詩大雅板之篇板板反戾之意卒盡也癉詩作癉病也假上帝以言幽王反其常道使下民盡病也小雅巧言之篇卬病也言此讒人非止於敬徒爲王之卬病耳數詩譏君道之失巧

言詩謗訕道之失也○呂氏曰以君之方所不能及而援其君則君難從以君之智所不能知而煩其君則君難聽從爲難從難聽以勞其君而無益非所以事君也○方氏曰小民不以信則爲上之人可疑可疑則自疑其有不誠者乎事君不以忠則爲下之人難知難知則君長其有不勞者乎章其所好之善故足以示民所成俗愼其所惡之惡故足以御民所不淫若是則上下無可疑者故曰民不惑矣臣有可議之行而所重者不在乎辭則凡有所行皆無隨行矣尚有所言皆無虛辭矣子曰政之不行也教之不成也爵祿不足勸也刑罰不足恥也故上不可以褻刑而輕爵康誥曰敬明乃罰甫刑曰播刑之不迪康誥甫刑皆周書播布也不字所言伯夷布刑以啓迪斯民也○呂氏曰政不行教不成由上之人爵祿刑罰之失當也爵祿非其人則善人不足勸刑罰非其罪則小人不足恥也之謂褻刑輕爵子曰大臣不親百姓不寧則忠敬不足富貴已過也大臣不治而邇臣比毗志反矣故大臣不可不敬也是民之表也邇臣不可

不慎也是民之道也君毋以小謀大毋以遠言近毋以內圖外則大臣不怨邇臣不疾而遠臣不蔽矣葉失涉反公之顧命曰毋以小謀敗大作毋以嬖御人疾莊后毋以嬖御士疾莊士大夫卿士大臣不見親信則民不服從其令故不寧也由畫由臣之忠不足於君君之敬不足於臣貴賤太過而然由是邇臣之黨相訐以傳大臣之惡而使之不得治其事故大臣所以不可不敬者以其爲民所瞻望之儀表也邇臣所以不可不愼者以君之好惡係焉乃民之所從以爲道者也人君不御小臣謀大臣則大臣不至於怨乎不以不使遠臣間近臣則近臣不至於疾其君不使內之寵臣圖四方宣力之士則遠臣之賢無所望蔽而得見知於上葉公楚縣公葉縣尹沈諸梁字子高僭稱公顧命臨死回顧之言也毋以小謀敗大作謂不可用小臣之謀而敗大臣所作之事也疾[illegible]惡之也莊齋正也敬也君[illegible]服正而加敬之謂也子曰大臣不親其所賢而信其所賤民是以親失而教是以煩詩云彼求我則如不我得執

我仇仇亦不我力君陳曰未見聖若己弗克見既見聖亦不克由聖親善遠惡人心所同所謂舉直錯諸枉則民服今君既不親賢故民亦不繼守上教令徒煩無益也詩小雅正月之篇言彼小人初用事求我以爲法則惟恐不得我既得而不合則空執留之視如仇讎然不用力於我矣仇仇者言不仇之無往而不悖其意也君陳周書業引之皆爲不親賢之譖子曰小人溺於水君子溺於口大人溺於民皆在其所褻也夫水近於人而溺人德易狎而難親也易以溺人口費而煩易出難悔易以溺人夫民閉讀爲蔽於人而有鄙心可敬不可慢易以溺人故君子不可以不慎也小人民也溺爲其所陷也水爲柔物人易近之然其德雖可狎而勢不可親忘險而不知戒則溺矣君子士大夫也言行君子之樞機出好興戎皆由於口於己費則於人煩出而召禍不可悔矣大人謂天子諸侯也國以民存亦以民亡蓋惟其蔽於情而不可以理喻故鄙陋而不通書言可畏非民此所以不可慢也褻而不保則離散繼之矣二

者皆在其所褻故曰君子不可不慎也太甲曰毋越厥命以自覆也若虞機張往省括于度則釋兌悅命曰惟口起羞惟甲胄起兵惟衣裳在笥惟干戈省厥躬太甲曰天作孽可違也自作孽不可以逭乎亂反尹吉告曰惟尹躬先舊本作天今從書見于西邑夏自周有終相亦惟終毋書作無伊尹告太甲不可顛越其命以自取覆亡虞虞人也機弩牙也括矢括也度者法度射者之所準望釋發也言如虞人之射弩機既張以往察其括之合於法度然後發之則無不中也傅說告高宗謂言語所以文身然出則有起羞之患甲冑所以衛身輕動則有自起戎之憂衣裳所以命有德必謹於在笥者戒輕與也干戈所以討有罪嚴於省躬者戒輕動也孽災也逭逃也夏都安邑在亳之西故曰西邑夏國語曰忠信爲周言夏之先王以忠信有終故其輔相者亦能有終也凡四引書皆明不可不慎之意子曰民以君爲心君以民爲體心莊則體舒心肅則容敬心好之身必安之君好之民必欲

之心以體全，亦以體傷；君以民存，亦以民亡。詩云：昔吾有先正，其言明且清，國家以寧，都邑以成，庶民以生。誰能秉國成，不自為正，卒勞百姓。君雅牙曰：夏日暑雨，小民惟曰怨；資與咨同冬祈寒，小民亦惟曰怨。此承上文大人溺於民之意而言。昔吾有先正以下五句逸詩也，下三句今見小雅節南山之篇。言今日誰人秉持國家之成法乎？師尹實秉持之，乃不自為政，而信任羣小，終勞苦百姓也。君牙，周書。資，書作咨，此傳寫之誤，而下復缺一咨字。鄭不取書文為定，乃讀資為至，今從書以資字屬上句。○方氏曰：民以君為心者，言好惡從於君也；君以民為躰者，言休戚同於民也。躰雖致用於外，然由於心之所使，故曰心好之，身必安之。心雖為主於內，然資乎躰之所保，故曰心以躰全，亦以躰傷。

子曰：下之事上也，身不正，言不信，則義不壹，行無類也。子曰：言有物而行去聲有格也，是以生則不可奪志，死則不可奪名。故君子多聞，質而守之；多志，質

而親之精知略而行之君陳曰出入自爾師虞庶言同

詩云淑人君子其儀一也義不壹或從或違也行無類或善或否也君陳書言謀政事皆當出入反覆與衆人共虞度其可否而觀庶言之同異也詩曹風鳲鳩之篇引以證義壹行類。○呂氏曰有物則非失實之言有格則無踰非之行歸於一而不可變生乎由是死乎由是故志也名也不可得而奪也多聞所聞博也多志多見而識之者也質正也不敢自信而質正於衆人之所同然後用之也守之者服膺勿失也觀之者問審不厭也雖由多聞多知而得之又當精思以求其至約而行之略者約也此皆義壹行類之道也

子曰唯君子能好去聲其正如字小人毒其正如字故君子之朋友有鄉去聲其惡烏路反有方是故邇者不惑而遠者不疑也詩云君子好如字仇舊讀求爲匹今從呂氏說讀如字蓋君子與君子以同道爲朋小人與小人以同[illegible]爲朋君子固好其同道之朋矣小人亦未嘗不好其同利之朋不當言毒害其匹也小人視君子如仇讎[illegible]有能之之心此所謂毒其正也君子所好不可以非其人故曰朋友有鄉所惡不可以

及善人故曰其惡有方前章言章善癉惡以示民厚則民情不貳今好惡既明民情歸壹故邇者遠者不惑不疑也詩周南關雎之篇言君子有良善之仇匹引以諭同道之朋子曰輕絕貧賤而重絕富貴則好賢不堅而惡惡不著也人雖曰不利吾不信也詩云朋友攸攝攝以威儀詩人雅既醉之篇言朋友所以相檢攝者在威儀以喻不在貧賤富貴也○箋凡賢者宜富貴而富貴者未必皆賢惡者宜貧賤而貧賤者未必皆惡於其貧賤而輕有以絕之則是好賢不堅也於其富貴而重有以絕之則是惡惡不著也是志在於利而不在於道人雖曰不利者吾不信也子曰私惠不歸德君子不自留焉詩云人之好我示我周行如字○此又言好惡皆當循公道故此言人有私惠於我而不合於德義之心君子決不留之於己也詩小雅鹿鳴之篇周行大道也言人之好愛我者示我以大道而已引以明不留私惠之義子曰苟有車必見其軾苟有衣必見其敝人苟或言之必聞其聲苟或行之必見其成葛覃曰服之無射

亦。呂氏曰此言有是物必有是事登車而有所禮則憑軾有軾則有車無車則何所憑而式之乎衣之久必敝有衣然後可敝無衣則何敝之有言必有聲行必有跡亦猶是也蓋誠者物之終始不誠無物引葛覃言實有是服乃可久服而無斁也

子曰言從而行之則言不可飾也行從而言之則行不可飾也故君子寡舊讀爲鮮今如字言而行以成其信則民不得大其美而小其惡詩云白圭之玷尚可磨也斯言之玷不可爲也小雅曰允也君子展也大成君奭曰在昔上帝周割申勸田觀文王之德其集大命于厥躬

從順也謂順於理也言順於理而行之則言爲可用而非文飾之言矣行順於理而言之則行爲可稱而非文飾之行矣言之不怍則爲之也難寡言而行即誠於言而敏於行之意以成其信謂言行皆不妄也大其美若所以要譽小其惡若所以飾非皆言之所爲也君子寡言以示敎故民不得如此詩大雅抑之篇玷缺也小雅車攻之篇允信也展誠也君奭周書言昔者上帝降割罰于殷而申重觀勸文王之德集

天命於其身使有天下與詩謂言不可餘也詩謂行不可謂引書亦言上之實有此德也子曰南人有言曰人而無恒不可以爲卜筮古之遺言與平聲龜筮猶不能知也而况於人乎詩云我龜既厭不我告猶兌命曰爵無及惡德民立而正事純而祭祀是爲不敬事煩則亂事神則難易曰不恒其德或承之羞恒其德偵貞婦人吉夫子凶論語諸言不可以作巫醫是爲巫爲醫此言爲卜筮乃是求占於卜筮龜筮猶不能知言無常之人雖先知如龜筮亦不能定其吉凶不於人乎詩以小旻之篇猶謀此言卜筮非數龜亦厭之不復告以所謂之吉凶也易恒卦三五爻辭或承之羞婦人之德從一而終故吉夫子制義故從婦則凶也○鄭氏曰引兌命有誤當依今書文○馮氏曰此篇多疑聖賢之言而理有不純義有不足者多矣

奔喪第三十四

奔喪之禮始聞親喪以哭答使者盡哀問故又哭盡哀

遂行日行百里不以夜行唯父母之喪見星而行見星而舍若未得行則成服而后行過國至竟境哭盡哀而止哭辟避市朝望其國竟哭始聞親喪哭言凡服之親也不以夜行避患害也不得行若奉君命而使事未竟也辟市朝爲驚衆也至於家入門左升自西階殯東西面坐哭盡哀括髮袒降堂東即位西鄉去聲哭成踊襲絰于序東絞帶反位拜賓成踊送賓反位此言奔父喪之禮爲人子者升降不由阼階今以新死未忍異於生故入自門左升自西階也在家而親殯則笄纚小斂畢乃括髮出自外而至既殯即括髮而袒也鄭云已殯者位有下此奔喪在殯後故自西階降而即其堂下東之位也襲絰者掩其袒而加要絰也序東者在堂下而當堂上序牆之東也不散帶者亦異於在家之節也此絞帶即襲絰之絰麻象革帶之絞帶也絰要象革帶之絞帶輕反於賓先所即之位也凡拜賓者就賓之位而拜之拜竟則反門之位而哭踊也成踊說見前有賓後至者則拜之成踊送賓皆如

初衆主人兄弟皆出門出門哭止闔門相者告就次於又哭括髮袒成踴於三哭猶括髮袒成踴三日成服拜賓送賓皆如初如初謂如初至之拜賓成踴與送賓反位也次倚廬也在中門外又哭明日之朝也三哭又其明日之朝也皆升堂而括髮且袒如始至時三日三哭之明日也奔喪者非主人則主人爲之拜賓送賓奔喪者自齊衰以下入門左中庭北面哭盡哀免問麻于序東即位袒與主人哭成踴於又哭三哭皆免袒有賓則主人拜賓送賓丈夫婦人之待之也皆如朝夕哭位無變也非主人其餘或親或疏之屬也故下云齊衰以下亦入自門之左而不升階但於中庭北面而哭也免麻謂加免于首加絰于要也上文言襲絰于序東此言免麻于序東與前襲絰皆是堂下序牆之東此與襲不同處也待之謂待此奔喪者以其非賓客故不變所哭之位也奔母之喪西面哭盡哀括髮袒降堂東即

位西鄉哭成踊襲免經于序東拜賓送賓皆如奔父之
禮於又哭不括髮父喪襲經于序東此言襲免経于序東即加免輕於父也○疏曰此謂適子敬云拜賓送賓皆如奔父之禮也婦人奔喪升自東階殯東西面坐哭
盡哀東髽側瓜反即位與主人拾其劫反踊婦人謂姑姊妹女子子東階東面階非阼階也婦人入者由闈門闈門是東邊之門東階即雜記所謂側階也髽說見小記東髽髽於東序不
髽於房變於在室者也拾更也主人與之更踊賓客之也奔喪者不及殯先之墓北
面坐哭盡哀主人之待之也即位於墓左婦人墓右成
踊盡哀括髮東即主人位経絞帶哭成踊拜賓反位成
踊相者告事畢不及殯葬後乃至也尸柩既不在家則當先哭墓比奔喪者是適子故其衆主人之待之者與婦人皆往墓所就墓所分左右之位奔者括髮而於東偏即其主人之位禮畢則相者以畢事
告遂冠平聲歸入門左北面哭盡哀括髮袒成踊東即位

奔喪

拜賓成踊賓出主人拜送賓後至者則拜之成踊送賓如初衆主人兄弟皆出門出門哭止相者告就次於又哭括髮成踊於三哭猶括髮成踊三日成服於五哭相者告事畢遂冠而歸者不可以括髮行於道路也冠謂素委貌入門出門皆謂殯宮門也五哭若初至象始死爲一哭明日象小斂爲二哭又明日象大斂爲三哭又明日成服之日爲四哭又明日爲五哭皆數朝哭不數夕哭鄭云既朝而至者則然故相者告事畢若未期則猶朝夕哭不五哭而畢也哭踊五而括髮成踊則止於三下文免成踊亦同爲去聲母所以異於父者壹括髮其餘免問以終事他如奔父之禮疏曰壹括髮謂歸入門哭時也及殯壹括髮不及殯亦括髮齊衰以下不及殯先之墓西面哭盡哀免麻于東方即位與主人哭成踊襲有賓則主人拜賓送賓有後至者拜之如初相者告事畢遂冠歸入門左北面哭

盡哀免袒成踊東即位拜賓成踊賓出主人拜送於又

哭免袒袒衍文成踊於三哭猶免袒袒衍文成踊三日成服

於五哭相者告事畢疏曰齊衰以下有大功小功緦麻月日多少不同若奔在葬後而三月之外大功以上則有免麻東方三日成服若小功緦麻則不得有三日成服小功以下不稅無追服之理若葬後遍葬前未滿五月小功則亦三月成服其緦麻者止疏喪節而來亦得三日成服也東即位拜賓成踊者東即位謂奔喪者於東方就哭位拜賓則是主人代之拜此奔喪者當主人代拜賓時已則成踊也又曰絰直言免袒于東方即位不稱袒而下云成踊襲襲則有袒經若言袒恐齊衰以下皆袒故不得總言袒而稱襲者容齊衰亦得為之襲也又按上文為父不及殯於又哭括髮成踊不言袒今齊衰以下之喪經文於又哭三哭乃更言袒故知二袒字衍文也

聞喪不得奔喪哭盡哀問故又哭盡哀乃為位括髮袒成踊襲絰絞帶即位拜賓反位成踊

賓出主人拜送于門外反位若有賓後至者拜之成踊

送賓如初。於又哭，括髮袒，成踊。於三哭，猶括髮袒，成踊。三日成服，於五哭拜賓，送賓如初。篇首言若未得行則成服而后行，此乃詳言其節次，餘見前章。若除喪而后歸，則之墓哭，成踊，東括髮袒經，拜賓，成踊，送賓，反位，又哭盡哀，遂除。於家不哭。主人之待之也，無變於服，與之哭，不踊。袒絰者袒而襲，襲而加絰，脫遂除，即於墓除之也。已入無變於服，謂在家者但著平常吉服也。顙之哭於墓而不為踊，以服除哀殺也，故云與之哭不踊。自齊衰以下，所以異者，免麻。齊衰大功小功緦之服，其奔喪凡除服之後者，惟首免要絰於墓所哭罷即除，無緦麻等禮也，故云所異者免麻。凡為位非親喪，齊衰以下皆即位哭盡哀，而東免絰，即位袒，成踊，襲，拜賓，反位哭，成踊，送賓，反位，相者告就次。三日五哭，卒，主人出送賓，眾主人兄弟皆出門，哭止，相者告事畢。成服，拜賓若所爲位家遠則成服而往人臣奉君命以出而聞父母之喪則固爲位而哭其餘不得爲位然此言非獨喪而自齊衰以下亦得爲位者必非奉君命以出而爲私事未奔者也此以上言五哭者四前三節言五哭此止計一哭故五日乃畢獨此所言三日五哭卒者謂初聞喪一哭明日朝夕二哭又明日朝夕二哭并計爲五哭者以私事可以早畢而亟謀奔喪故也曰主人出送賓者謂既奔喪至家則喪家之主人爲之出送賓也所謂奔喪者非主人則主人爲之出送賓是也衆主人兄弟亦謂在喪家者成服拜賓者謂三日五哭卒之明日爲成服其後有賓亦與之哭而拜之也前兩節五哭後不言拜賓者省文耳若所爲位者之家道遠則成服而后往亦可蓋外喪緩可容辦集而行也

齊衰望鄉而哭大功望門而哭小功至門而哭緦麻即位而哭疏註云大功望鄉而哭者謂本是齊衰降而服大功也故與此不同

哭父之黨於廟母妻之黨於寢師於廟門外朋友於寢門外所識於野張帷凡爲位不奠檀弓云師吾哭諸寢又云有殯聞遠兄弟之喪哭於側室若無殯則在寢矣舊說異代之禮所以不同不然記者所

闕或誤歟○鄭氏曰不奠以其精神不存乎是也

哭天子九諸侯七卿大夫五士三大夫哭諸侯不敢拜賓諸臣在他國為位而哭不敢拜賓與諸侯為兄弟亦為位而哭凡為位者壹袒

九九哭也七七哭也九九哭者九日七哭者七日餘倣此此以尊卑為日數之差也大夫哭諸侯哭其舊君也不敢拜賓避為主也在他國為位而哭也與諸侯為兄弟亦謂在異國者嘗袒謂為位之日也明日以往不袒矣若父母之喪則必三袒

所識者弔先哭于家而後之墓皆為之成踊

已所知識之人死而往弔之時已在葬後矣必往哭于其家者情雖由於死者而禮則施於生者故也主人墓左西向賓北面向墓而踊因賓主拾之然必主人先而賓從之故曰從主人也言皆者必于家于墓皆踊也

從主人北面而踊

凡喪父在父為主父沒兄弟同居各主其喪親同長者主之不同親者主之

此言父在而子有妻子之喪則父主之統於尊也父沒之後兄弟雖同居各主妻子之喪矣同宮猶然則異宮從可知也親同長者主之謂父

母之喪長子爲主其同父母之兄弟死亦推長者爲主也不同親者主之謂從父父兄弟之喪則彼親者爲之主也

聞遠兄弟之喪既除喪而后聞喪免袒成踊拜賓則尚左手此言小功緦麻之兄弟死而聞訃在本服月日之外雖不稅而初聞之亦必免袒而成其踊者以論屬之親不可不爲之變也但拜賓則從吉拜而左手在上耳

無服而爲位者唯嫂叔及婦人降而無服者麻檀弓云子思之哭嫂也爲位婦人降而無服謂姑姊妹在室者緦麻嫁則降在無服也哭之亦爲位麻者男服不而加緦之環絰也○鄭氏曰正言嫂叔尊嫂也兄公於弟之妻則不能也○疏曰既云無服又云麻故知弔服加麻也

凡奔喪有大夫至袒拜之成踊而后襲於士襲而后拜之此言大夫士來弔此奔喪之人也尊卑禮異

問喪第三十五

親始死雞斯色買反徒跣扱上衽交手哭惻怛之心

痛疾之意，傷腎乾肝焦肺，水漿不入口，三日不舉火，故鄰里為之糜粥以飲（去聲）食（嗣）之。夫悲哀在中，故形變於外也；痛疾在心，故口不甘味，身不安美也。（雞斯讀為笄纚。笄，骨笄也。纚，韜髮之繒也。親始死，孝子先去冠，惟留笄纚也。徒，空也。跣，無屨而空跣也。上衽，深衣前襟也，以扱腰間。屨踐為妨，故扱之於帶也。交手哭，謂兩手交以拊心而哭也。糜粥有厚薄，薄者以飲之，厚者以食之也。）

三日而斂，在牀曰尸，在棺曰柩，動尸舉柩，哭踊無數。惻怛之心，痛疾之意，悲哀志懣（讀本），氣盛，故袒而踊之，所以動體安心下氣也。（哭踊本有節，此言無數者，以在常節之外也。懣，煩也。）婦人不宜袒，故發胸擊心爵踊，殷殷（上聲）田田，如壞（怪）牆然，悲哀痛疾之至也。故曰：辟（婢亦）踊哭泣，哀以送之。送形而往，迎精而反也。（發，開也。爵踊，似爵之跳，足不離地也。殷殷田田，擊之聲也。辟，拊心也。）其往送也望望然汲汲然如有追而弗及也其反哭也皇皇然若有求而弗得也故其往送也如慕其反也如疑求而無所得之也入門而弗見也上（上聲）堂又弗見也入室又弗見也亡矣喪（去聲）矣不可復（扶又反）見已矣故哭泣辟踊盡哀而止矣（望望瞻望之意也汲汲促急之情也皇皇猶彷徨之意盡哀而止若無所寓其情也）心悵焉愴焉惚焉愾（苦代反）焉心絕志悲而已矣祭之宗廟以鬼享之徼幸復反也成壙（上聲）而歸不敢入處室居於倚廬哀親之在外也寢苫枕（去聲）塊哀親之在土也故哭泣無時服勤三年思慕之心孝子之志也人情之實也（此言反哭至終喪之情惚猶恍惚也愾猶歎恨也勤謂憂勞）

或問曰死三日而后斂者何也曰孝子親死悲哀志懣故匍匐而哭之若將

復生然安可得奪而斂之也故曰三日而后斂者以俟其生也三日而不生亦不生矣孝子之心亦益衰矣家室之計衣服之具亦可以成矣親戚之遠者亦可以至矣是故聖人為之斷（丁亂反）決以三日為之禮制也（此記者設問以明三日而斂之義）或問曰冠者不肉袒何也曰冠至尊也不居肉袒之體也故為之免（音問）以代之也然則禿者不免傴（於縷反）者不袒跛（補火反）者不踊非不悲也身有錮疾不可以備禮也故曰喪禮唯哀為主矣女子哭泣悲哀擊胸傷心男子哭泣悲哀稽顙觸地無容哀之至也（免而袒袒而踊先後之次也有一疾則廢一禮女子不踊則惟擊胸男子不踊則惟稽顙觸地皆可以為哀之至也）或問曰免者以何為也曰不冠者之所服也禮曰童子不

緦唯當室緦緦者其免也當室則免而杖矣劉氏曰已冠者為喪變而去冠則必著免蓋雖去冠猶嫌於不冠故加免也童子既未冠則雖為喪亦不免以其未冠故不嫌於不冠也若為孤子而當室則雖童子亦免以其為喪主而當成人之禮也如童子不杖以其不能病也而當室則杖童子不緦幼不能知踈遠之哀也而當室則緦緦者以其當室而為成人之免且杖則亦可為成人之緦矣故曰緦若以其免也

或問曰杖者何也曰竹桐一也故為去聲父苴七須反杖苴杖竹也為母削杖削杖桐也

或問曰杖者以何為也曰孝子喪親哭泣無數服勤三年身病體羸力追反以杖扶病也則父在不敢杖矣尊者在故也堂上不杖辟避尊者之處去聲也堂上不趨示不遽其慮反也此孝子之志也人情之實也禮義之經也非從天降也非從地出也人情而已矣苴杖圓而象天削杖方以象地又以桐為同之義言哀戚同於喪父

也堂上不趨亦謂父在時也急遽則或動父之情故亦以寬假

服問第三十六

傳（去聲）曰有從輕而重公子之妻為其皇姑（有屬從有徒從故皆以從言○疏曰公子諸侯之妾子也皇姑即公子之母也諸侯尊厭妾子使為母練冠諸侯沒妾子得為母大功而妾子之妻則不論諸侯存沒為夫之母期也其夫練冠是輕也而妻為之期是重故云有從輕而重也皇君也此妾既賤若惟云姑則有嫌女君之嫌今加皇字明非女君而此婦尊之與女君同故云皇姑也）有從重而輕為妻之父母（妻為其父母齊衰是重也夫從妻而服之乃緦麻是從重而輕也）有從無服而有服公子之妻為公子之外兄弟（疏曰公子被厭不服己母之外家是無服也妻猶從公子而服公子外祖父母從母緦麻是從無服而有服也經惟云公子外兄弟而知其非公子姑之子者以喪服小記云夫之所為兄弟服妻皆降一等夫為姊之子緦麻妻則無服今公子之妻為之有服故知其為公子外祖父母從母也此等皆小功之服凡小功者謂為兄弟若同宗直稱兄

弟以外族故屬外兄弟也。有從有服而無服，公子為其妻之父母。鄭氏曰凡公子厭於君，降其私親，女君之子不降也。○疏曰雖為公子之妻猶為父母期，是有服也。公子被厭不從妻而服之，是從有服而無服也。傳曰：母出則為繼母之黨服，母死則為其母之黨服。為其母之黨服，則不為繼母之黨服。母死謂繼母死也，其母謂出母也。○鄭氏曰雖外親亦無二統。三年之喪既練矣，有期之喪既葬矣，則帶其故葛帶，絰期之絰，服其功衰。疏曰謂三年之喪練祭之後又當期喪既葬之節也。故葛帶謂三年喪之練葛帶也。今期喪既葬，男子則應著葛帶，此葛帶與三年之葛帶麤細正同，而以父葛為重，故帶其故葛帶也。絰期之絰者，謂三年之喪練後首絰既除，故絰期之葛絰。若婦人練後麻帶除矣，則絰其故葛絰，帶期之麻帶，以婦人不葛帶故也。功衰者，父喪練後之衰也。雜記疏云三年喪練後之衰升數與大功同，故云功衰也。有大功之喪亦如之。小功無變也。疏曰三年喪練後有大功喪，亦既葬則帶其故葛帶，而絰期之葛絰也。故云亦如之。小功無變者，言先有

大功以上喪服今遭小功之喪無變於前服不以輕服減累於重也麻之有本者變三年
之葛疏曰大功以上爲帶者麻之根本并留之合糾爲帶如此者得變三年之練葛小功以下其絰澡麻
斷本不得變三年之葛也言變三年之葛舉其重者其實期之葛有本者亦得變之既練遇麻斷
短本者於免絰之既免去絰每可以絰必絰既絰則去
之疏曰斬衰既練之後遭小功之喪雖不變服得爲之加絰也於免絰之者以練無首絰於此小功喪有事
於免之時則爲之加小功之絰也既免之後則脫去其絰每可以絰之時以爲之加絰既絰則去之自練服也
小功不易喪之練冠如免則絰其緦小功之絰因其初
葛帶緦之麻不變小功之葛小功之麻不變大功之葛
以有本爲稅吐外反○疏曰言小功以下之喪不合變易三年喪之練冠其期之練冠亦不得易
也如當緦小功著免之節則首絰其緦與小功之絰所以爲後喪緦絰者以前喪練冠首絰已除故此要中所
著仍因其初喪練之葛帶輕喪之麻本服既輕初喪之麻不變前重喪之葛也稅謂變易也緦與小功麻絰

既無本不合稅變前喪唯大功以上麻絰有本者得稅變前喪也

殤長中變三年之葛終殤之月筭而反三年之葛是非重麻為其無卒哭之稅下殤則否

疏曰殤長中者謂本服大功今乃降在長中殤男子則為之小功婦人為長殤小功中殤則緦麻如此者得變三年之葛者此殤服之麻終竟此殤月數如小功則五月緦則三月還反服其三年之葛也既服不改又變三年之葛不是重麻也以殤服質略自初死服麻以後無卒哭時稅麻服葛之禮也下殤則否者以大功以下之殤男子婦人俱為之緦麻其精麤不得變三年之葛也按上文麻有本者得變三年之葛則齊衰下殤雖是小功亦是麻之有本者故喪服小記云下殤小功帶澡麻不絕本然齊衰下殤乃變三年之葛今大功長殤麻既無本得變三年之葛者以無虞卒哭之稅故特得變之若成人小功緦麻麻既無本故不得變也

君為天子三年夫人如外宗之為君也世子不為天子服

諸侯為天子服斬衰三年外宗見前篇諸侯外宗之婦為君期夫人為天子亦期故云夫人如外宗之為君也世子有繼世之道不為天子服者遠嫌也

君所主夫人妻大子

適言夫人君之適妻以一云夫人妻大子適子適妻也其妻為適婦二者皆正故君主其喪

大夫之適子為君夫人大子如士服

鄭氏曰士為國君斬小君朞大子君服斬臣從服朞○疏曰大夫無繼世之道其子無爵故得為君與夫人及君之大子著服如士服也

君之母非夫人則羣臣無服唯近臣及僕驂乘從服唯君所服服也

疏曰君母是適夫人則羣臣服朞非夫人則君服緦故羣臣無服唯近臣閽寺之屬僕御車者驂乘車右也隨君所服服者君緦則此等人亦緦也

公為卿大夫錫衰以居出亦如之當事則弁絰大夫相為亦然為其妻往則服之出則否

疏曰君為卿大夫之喪成服之後著錫衰以居也出謂以他事而出非至喪所亦著錫衰首則皮弁也當事君大斂及殯并將葬啓殯等事則首著弁絰身衣錫衰君於士則首服皮弁絰大夫相為亦然者亦如君於卿大夫也君於卿大夫之妻及卿大夫相為其妻而往臨其喪亦服錫衰但不當事者之以居或以他事出則不服也○錫衰之布以緦布而加灰治弁絰制如爵弁素為之加環絰其上

凡見人無免字亦絰雖

朝於君無免經唯公門有稅（脫）齊衰傳曰君子不奪人之喪亦不可奪喪也見人往見於人也經重故不可釋免入公門雖稅齊衰亦不稅經也此謂不杖齊衰若杖齊衰及斬衰雖入公門亦不稅傳曰罪多而刑五喪多而服五上附下附列如字也罪重者附於上刑罪輕者附於下刑此五刑之上附下附也大功以上附於親小功以下附於踈此五服之上附下附也等列比似故云列也

閒傳第三十七鄭氏曰名閒傳者以其記喪服之閒輕重所宜

斬衰何以服苴苴惡（貌）皃也所以首其內而見（現）諸外也斬衰貌若苴齊衰貌若枲大功貌若止小功緦麻容貌可也此哀之發於容體者也斬衰服苴首絰與苴杖也絰之有子者以爲首絰於杖亦曰苴杖熙貌若疏云苴是黎黑色又小記疏云至痛內結從形色以外章所以衰裳絰杖俱備苴色也苴者惡表之義蓋顯示其內心之哀痛於外也枲牡麻也枯黯之色似之大功之喪雖不如齊斬之痛然其容貌亦

（者有所拘止而不得肆 者蓋亦變其常度也）斬衰之哭若往而不反齊衰之哭若往而反大功之哭三曲而偯（於豈反）小功緦麻哀容可也此哀之發於聲音者也（若往而往而不反一舉而 若往而反似不同聲也三曲 一舉聲而三折也偯餘聲之委曲小 功緦麻情輕雖哀聲之從容可也）斬衰唯（上聲）而不對齊衰對而不言大功言而不議小功緦麻議而不及樂此哀之發於言語者也（唯應辭也不對不荅人以言 也不言不先發言於人也不 議不及論 他事也）斬衰三日不食齊衰二日不食大功三不食小功緦麻再不食士與（去聲）斂焉則壹不食故父母之喪既殯食粥朝一溢米莫一溢米齊衰之喪疏食（嗣）水飲不食菜果大功之喪不食醯醬小功緦麻不飲醴酒此哀之發於飲食者也（溢二十四分升之一 也疏食粗飯也）父母之喪既

虞卒哭疏食水飲不食菜果期而小祥食菜果又期而
大祥有醯醬中（如字）月而禫禫而飲醴酒始飲酒者先飲
醴酒始食肉者先食乾肉中月間一月也前篇中一以上亦訓爲間二十五月大祥
二十七月而禫也○疏曰孝子不忍發初御醇厚之味故飲醴酒食乾肉父母之喪居倚廬
寢苫枕塊不稅（說）絰帶齊衰之喪居堊室芐（下）翦不納
大功之喪寢有席小功緦麻牀可也此哀之發於居處
者也倚廬堊室見喪服大記芐蒲之可爲席者但翦之使齊不編納其頭而藏於內也父母之喪
既虞卒哭柱（主）楣翦屏芐（下）翦不納期而小祥居堊室寢
有席又期而大祥居復寢中月而禫禫而牀柱楣謂舉倚廬之木
柱之於楣使稍寬明也翦屏者翦去戶旁兩廂屏之餘草也自上章稚而不斷以下至此有與雜記喪大記喪
服小記之文不同者記者各有所聞之異亦或各有義歟斬衰三升齊衰四升五升六

升大功七升八升九升小功十升十一升十二升緦麻
十五升去其半有事其縷無事其布曰緦此哀之發於
衣服者也每升八十縷斬衰正服三升義服三升半齊衰降服四升正服五升義服六升大功
降服七升正服八升義服九升小功降服十升正服十升義服十二升緦麻降正義同用十五升布去其七
升半之縷蓋十五升若朝服之布其幅之經一千二百縷也今緦布用其半八百縷爲經是去其半也有事其
縷者事謂煑治其紗縷而後織也無事其布者及織成則不洗治其布而即以製緦服也若用爲錫衰則加灰
以洗治之故前緦云加灰錫也然則緦服是熟縷生布其小功以上皆生縷以織矣斬衰三升既
虞卒哭受以成布六升冠七升爲母疏衰四升受以成
布七升冠八升去麻服葛葛帶三重期而小祥練冠縓
七卷反縁去聲要平聲經不除凡服惟斬衰齊衰大功有受者葬後以冠之布升數爲衰服如
斬衰冠六升則葬後以六升布爲衰齊衰冠七升則葬後以七升布爲衰也謂之成布者三升以下之布麄疏

之甚若未成然六升以下則漸精細與吉服之布相近故稱成也去麻服葛者葬後男子去要之麻絰而繫葛絰婦人去首之麻絰而著葛絰也葛帶三重謂男子也葬後以葛絰易要之麻絰差小於前四股糾之積而相重則三重也蓋單糾為一重兩股合為一繩是二重二繩又合為一繩是三重也○疏曰至小祥又以卒哭後冠受其衰而用練易其冠又以練為中衣以縓為領緣也要絰葛絰也又縓緣見檀弓

男子除乎首婦人除乎帶男子何為除乎首也婦人何為除乎帶也男子重首婦人重帶除服者先重者易服者易輕者小祥男子除首絰婦人除要帶此除先重也居重喪而遭輕喪男子則易帶婦人則易首絰此易輕者也

又期而大祥素縞麻衣中月而禫禫而纖無所不佩疏曰二十五月大祥祭此日除服則首服素冠以縞紕之身著朝服而祭祭畢而哀情未除更反服微凶之服首著縞冠以素紕之身著十五升麻深衣未有采緣故云素縞麻衣也大祥之後更間一月而為禫祭禫祭之時玄冠朝服祭訖則首著纖冠身著素端黃裳以至吉祭平常所服之物無不佩○纖息廉反

易服者何

爲易輕者也。斬衰之喪，既虞卒哭，遭齊衰之喪，輕者包，重者特。鄭氏曰：卑可以兩施，而尊者不可貳。○疏曰：斬衰受服之時，而遭齊衰初喪，男子所輕要者，得著齊衰要帶，而兼包斬衰之帶；婦人輕首，得著齊衰首絰，而包斬衰之絰，故云輕者包也。男子重首，特留斬衰之絰；婦人重要，特留斬衰要帶，是重者特也。愚謂特者，單獨而無所兼之義，非謂特留也。既練，遭大功之喪，麻葛重。疏曰：斬衰既練，男子惟有要帶，婦人惟有首絰，是單也。今遭大功之喪，男子首空，著大功麻絰，又以大功麻帶易練之葛帶；婦人要空，著大功麻帶，又以大功麻絰易練之葛絰，是重麻也。至大功既虞卒哭，男子帶以練之故葛帶，首著期之葛絰；婦人絰其練之故葛絰，著期之葛帶，是重葛也。○疏言期之葛絰、期之葛帶，謂麤細與期同，其實是大功葛絰葛帶也。○又按檀弓云婦人不葛帶者，謂斬衰齊衰服也。喪服大功章男女並陳，有即葛九月之文，是大功婦人亦受葛也。又士虞禮餞尸章註云婦人大功小功者葛帶。齊衰之喪，既虞卒哭，遭大功之喪，麻葛兼服之。此據男子言之。以大功麻帶易齊衰之葛帶，而首猶服齊衰葛絰，首有葛，要有麻，是麻葛兼服之也。斬衰之葛與齊衰之麻同齊衰之葛與大功之麻同大功小功之麻同小功之葛與緦之麻同麻同則兼服之兼服之服重者則易輕者也同者前喪既葬之葛與後喪初死之麻纖細無異此兼服者服後麻兼服前葛也服重者即上章重者特之說也易輕者即輕者包是也服問篇云緦之麻不變小功之葛小功之麻不變大功之葛言成人之喪也此言大功以下同則兼服者是據大功之長殤中殤也○疏曰兼服之但施於男子不包婦人今言易輕者則是男子易於要婦人易於首也

三年問第三十八

三年之喪何也曰稱尺證情而立文因以飾羣別親疏貴賤之節而弗可損益也故曰無易之道也創平聲鉅者其日久痛甚者其愈遲三年者稱情而立文所以為至痛極也斬衰苴杖居倚廬食粥寢苫枕塊所以為至痛飾

也三年之喪二十五月而畢哀痛未盡思慕未忘然而服以是斷丁亂反之者豈不以送死有已復生有節也哉人不能無羣羣不可無別立文以飾之則親疏貴賤之等明矣弗可損益者中制不可不及亦不可過其所謂無易之道也治親疏貴賤之節者惟喪服尤以盡其詳而莫重於斷哀時莫久於三年故此篇列言五服之輕重而自重者始○右第王氏曰二十四月再期其月餘日不數爲二十五月中月而禫記謂間一月則所間之月是空一月爲二十六月出月禫祭爲二十七月踰月則樂矣凡生天地之間者有血氣之屬必有知有知之屬莫不知愛其類今是大鳥獸則失喪去聲其羣匹越月踰時焉則必反巡過其故鄉翔回焉鳴號平聲焉蹢直亦反躅直錄反焉踟馳躕廚焉然後乃能去之小者至於燕雀猶有啁周噍啾之頃焉然後乃能去之故有血氣之屬者莫知去聲於人故人於其親也至

死不窮鳥獸知愛其類而不如人之能充守其類說亦以天地之性人為貴也將由夫患邪
淫之人與則彼朝死而夕忘之然而從之則是曾鳥獸
之不若也夫焉能相與羣居而不亂乎患猶害也邪淫之害猶如疾痛
之害身故云患邪淫也不如鳥獸為無禮也無禮則亂矣將由夫脩飾之君子與則
三年之喪二十五月而畢若駟之過隙然而遂之則是
無窮也故先王焉為之立中制節壹使足以成文理則
釋之矣先王制禮蓋欲使過之者俯而就之則送死有已復生有節不至者跂而及之則不至於鳥獸
之不若矣壹使足以成文理謂無分君子小人皆使之遵行禮節以成其飾羣之文理則先王憂世立教之深
遂矣故曰釋之也然則何以至期也曰至親以期斷是何也曰
天地則已易矣四時則已變矣其在天地之中者莫不
更始焉以是象之也疏曰父母本三年何以至期是問其一期應除之義故答云下親以

期斷是明一期可除之節故期而練男子除絰婦人除帶下文云加隆故至三年然則何以三年也曰加隆焉爾也焉使倍之故再期也只問既是以期斷矣何以三年也答謂孝子加隆厚於親故亦此也焉語辭說云所以加也九月以下何也曰焉使弗及也故三年以為隆緦小功以為殺色介反期九月以為閒平聲上取象於天下取法於地中取則於人人之所以羣居和壹之理盡矣故三年之喪人道之至文者也夫是之謂至隆是百王之所同古今之所壹也未有知其所由來者也孔子曰子生三年然後免於父母之懷夫三年之喪天下之達喪也承及恩之殺也三月不及五月五月不及九月九月不及期也期與人功在隆殺之間故云期九月以為閒也取象於天地者三年象閏期象一歲九月象物之三時而成五月象五行三月象一時也取則於人者始生三月而翦髮三年而免父母之懷也承以情言謂

情無不體也。壹以禮言，謂禮無不至也。人之所以相與羣居而情和禮壹，若其理於喪服盡之矣。父母之喪無貴賤，故曰天下之達喪也。達，論語作通。

深衣第三十九

古者深衣蓋有制度，以應規矩繩權衡。短毋見現膚，長毋被土。續衽鉤邊，要平聲縫去聲半下。朝服、祭服、喪服皆衣與裳殊，惟深衣不殊，則其被於體也深邃，故名深衣。制同而名異者有四焉：純之以采曰深衣，純之以素曰長衣，純之以布曰麻衣，著在朝服、祭服之內曰中衣。但大夫以上助祭用冕服，自祭用爵弁服，則以素為中衣；士祭用朝服，則以布為中衣也。皆謂天子之大夫與士也。喪服亦有中衣，檀弓云「練衣黃裏縓緣」是也，但不得續衽深尺耳。○楊氏曰：際衣制度惟續衽鉤邊節難考。鄭註「續衽」二字文義甚明，特疏家亂之耳。鄭註云：「續猶屬也。衽在裳旁者也。屬連之，不殊裳前後也。」鄭意蓋言凡裳前三幅、後四幅，既分前後，則其旁兩幅分開而不相屬。惟深衣裳十二幅交裂裁之，皆名為衽。所謂續衽者，指在裳旁兩幅言之，謂屬連裳旁兩幅，不殊裳之前後也。又衣圖云：既合縫

了又再覆縫方便於著以合縫者爲縫續衽覆縫爲鉤邊
○要縫七尺二寸是比下齊之丈四尺則以爲半之
也玉藻云縫齊倍要是也袼各之高下可以運肘袂之長短反詘屈
之及肘帶下毋厭於甲反髀俾上毋厭脅當無骨者劉氏曰袼
袖與衣接當腋下縫合處也運回轉也玉藻云袂可以
回肘是也肘臂中曲節袂袖也袼之高下與衣身齊一
尺二寸古者布幅亦二尺二寸而深衣裁身用布八尺
八寸中屈而四疊之則正方袖本齊之而漸圓殺以至
袪則廣一尺二寸故下文云袂圓應規也衣四幅而要
縫七尺二寸又除負繩之縫與領旁之屈積各寸則兩
腋之餘前後各二寸許續以二尺二寸之袖則二尺
有五寸也然周尺二尺五寸不滿今舊尺二尺僅足齊
手無餘可反屈也曰反詘及肘則接袖不以一幅爲
拘矣凡經言短毋見膚長毋被土及袼可運肘袂反及
肘皆以人身爲度而不言尺寸者良以尺度有古
今之異而人身亦有大小長短之殊故也朱子云度用
指尺中指中節爲寸則各自與身相稱矣玉藻朝祭服
之帶三分帶下紳居二焉而紳長制士三尺則帶下四
尺五寸矣深衣之帶下不可厭髀骨上不可當脅骨惟
當其間無骨之處則少近下也然此不言帶之制玉藻

云士練帶率下辟等皆言朝祭服之帶也朱子深衣帶盡亦分辨玉藻之文但裨緩異耳制十有二幅以應十有二月袂圜以應規曲袷劫如矩以應方負繩及踝胡瓦反以應直下齊咨如權衡以應平袷交領也衣領既交自有如矩之象踝足跟也衣之背縫及裳之中縫上下相接如繩之直故云負繩也下齊裳末緝處欲其齊如衡之平故規者行舉手以爲容負繩抱方者以直其政方其義也故易曰坤六二之動直以方也下齊如權衡者以安志而平心也五法已施故聖人服之故規矩取其無私繩取其直權衡取其平故先王貴之故可以爲文可以爲武可以擯相可以治軍旅完且弗費善衣之次也疏曰所以袂圜中規者欲使行者舉手揖讓以爲容儀也抱方領之方也以直其政解負繩以方其義解抱方也○呂氏曰深衣之用上下不嫌同名吉凶不嫌同制男女不嫌同服諸侯朝朝服夕深衣大夫士朝玄

端夕深衣庶人吉服深衣而已此上下同也有虞氏深衣而養老將軍文子除喪受弔練冠深衣親迎女在塗而胥之父母死深衣縞總以趨喪以吉凶男女之同也蓋簡便之服非朝祭皆可服之也○方氏曰十二幅應十二月者仰觀於天也直其政方其義者俯察於地也袼之高下可以運肘者近取諸身也應規矩繩權衡者遠取諸物也其制度固已深矣然端冕則有敬色所以為文介冑則有不可辱之色所以為武端冕不可以為武介冑不可以為文兼之者惟深衣而已玉藻曰夕深衣深衣燕居之服也端冕雖所以脩禮容亦有時而燕處則深衣可以為文矣介冑雖所以臨戎事亦有時而燕處則深衣可以為武矣雖可為文非若端冕可以視朝臨祭特可贊禮而為擯相而已雖可為武非若介冑可以臨衡特可運籌以治軍旅而已制有五法故曰完其賞則布其色則白故曰弗費吉服以朝祭寫上燕衣則居其次焉故曰善衣之次也

具父母大泰父母衣純準以繢會具父母衣純以青如孤子衣純以素純袂緣去聲純邊廣去聲各寸半

繢畫文也純緣也衣之緣也袂緣緣袖口也緣邊緣襟旁及下也各廣一寸半袷則廣二寸也○呂氏曰三十以下無父者可以稱孤若三十之上有為人父

之道不言孤也純袂緣純邊三事也謂
袂口裳下衣裳邊皆純也亦見既夕禮

禮記卷第十五

禮記卷第十六

後學東匯澤陳澔集説

投壺第四十

投壺之禮主人奉[上聲]矢司射奉中使人執壺主人請曰某有枉矢哨[七笑反]壺請以樂賓賓曰子有旨酒嘉肴某既賜矣又重以樂[音洛]敢辭主人曰枉矢哨壺不足辭也敢固以請賓曰某既賜矣又重以樂敢固辭主人曰枉矢哨壺不足辭也敢固以請賓曰某固辭不得命敢不敬從[中者盛筭之器或如鹿或如兕或如虎或如閭閭如驢形一角而歧蹄或如皮樹皮樹亦獸名其狀未聞皆刻木為之上有圓圈以盛筭枉材不直也哨口不正也此篇投壺是大夫士之禮左傳晉侯與齊侯燕投壺則諸侯亦有之也]賓再拜受主人般[盤]還[旋]曰辟[避]主人阼

階上拜送賓般旋曰辟方氏曰般旋言不敢直前則辟之容也曰辟則告之使知其不敢當也

已拜受矢進即兩楹間退反位揖賓就筵主人拜送矢之後主人之贊者持矢授主人主人於阼階上受之而進就楹間視投壺之處所復退反阼階之位西向揖賓以就投壺之席也賓上之席皆南向

司射進度徒洛反壺句間以二矢半反位設中東面執八筭興疏曰司射於西階上於執壺之人處受壺來賓主筵前量度而置壺於賓主筵之南間以二矢半者投壺有二處室中堂上及庭中也日中則於室日晚則於堂太晚則於庭中各隨光明故也矢有長短亦隨地之寬狹室中狹矢長五扶堂上稍寬矢長七扶庭中太寬矢長九扶四指曰扶扶廣四寸五扶者二尺也七扶者二尺八寸也九扶者三尺六寸也矢雖有長短而度壺則皆使去賓主之席各二矢半也是室中去席五尺堂上去席七尺庭中則去席九尺也度壺處復還西階上之位而取中以進而設之既設中乃於中之西而東面手執八筭而起

請賓曰順投為入比毗志反

投不釋勝飲去聲不勝者正爵既行請為勝者立馬一馬

八六八

從二馬三馬既立請慶多馬請主人亦如之 蹴曰司射數八筭起而告于賓曰投矢於壺以矢本入者乃名爲入則爲之釋筭若以末入則不名爲入亦不爲之釋筭也比頻也賓主更遞而投不得以前既入而喜不待後人投之而已數投頻投雖入亦不爲之釋筭也若投之勝者則酌酒以飲不勝者正爵此勝飲不勝之爵也以其正禮故謂之正爵既行行爵竟也爲勝者立馬者謂取筭以爲馬表其勝之數也謂筭爲馬者馬是威武之用投壺及射亦是習武故云馬也 馬從二馬者每一勝輒立一馬當以三馬爲成若專三馬則爲一成但勝偶未必專頻得三若勝偶得二劣偶得一既劣於二故徹取劣偶之一以足勝偶之二爲三故云一馬從二馬若頻得三成或取彼足爲三馬是其勝已成以酌酒以慶賀多馬之人也此告賓之詞其告主人亦如此辭也故曰請主人亦如之

命弦者曰請奏貍首間去聲若一大師曰諾 司射命樂工奏詩章以爲投壺之節貍首詩篇名也今亡間若一者詩樂作止所間疏數之節均平如一也大師樂官之長也 左右告矢具請拾其劫反投有入者則司射坐而釋一筭焉賓黨於右主黨於左

主賓席皆南向則主居左賓居右司射告主賓以矢具又請更從而投於是乃投壺也若矢入壺者則司射乃坐而釋一算於地司射東面而立釋算則坐也賓黨於右者在司射之前稍南主黨於左者在司射之前稍北盡司射東面則南為右北為左矣卒投司射執算曰左右卒投請數上聲二算為純全一純以取一算為奇居衣反遂以奇算告曰某賢於某若干純奇則曰奇鈞則曰左右鈞疏曰純全也二算合為一全也上取算之時一純則別而取之一算謂不滿純者奇隻也故云一算為奇以奇算告者奇餘也左右數鈞等之餘算手執之而告曰某賢於某若干純賢謂勝也勝者若有雙數則云若干純假令十算則云五純也奇則曰奇者假令九算則曰九奇也鈞則曰左右鈞者鈞猶等也等則左右各執一算以告命酌曰請行觴酌者曰諾當飲去聲者皆跪奉觴曰賜灌勝者跪曰敬養去聲○司射命酌酒者行罰爵酌者勝黨之弟子也既勝乃於兩楹之上南面設豐洗觶升酌坐而奠於豐之上其當飲者跪取豐上之酒手捧之而言賜灌灌猶飲也謂勝家賜之飲也服善而為尊敬之辭也

其勝者則跪而言敬以此觴爲奉養也跪行罰爵猶爲尊敬之所以答賜灌之辭也正爵既行請
立馬馬各直其筭一馬從二馬以慶慶禮曰三馬既備
請慶多馬賓主皆曰諾正爵既行請徹馬此禮罰酒之爵既行飲畢
司射乃告賓主之請爲勝者樹立其馬直當也所立之馬各當其初釋筭之前投壺與射禮皆三番而止每番勝
則立一馬假令賓黨二番俱勝則立二馬或兩勝而立二馬其主黨但一勝立一馬則舉主之一馬益賓之二
馬所以助勝者爲樂也以慶謂以此慶賀多馬也飲正禮慶爵之後司射即請徹去其馬以投壺禮畢也禮畢
則行無筭爵○鄭氏曰飲慶爵者偶親酌不使弟子無豐○疏曰請立馬者是司射請辭馬各直其筭一馬從
二馬以慶是禮家陳事之言慶禮曰三馬既備請慶多馬者此還是司射請辭筭多少視其坐
籌室中五扶(疇)堂上七扶庭中九扶筭長(去聲)尺二寸壺
頸脩七寸腹脩五寸口徑二寸半容斗五升壺中實小
豆焉爲其矢之躍而出也壺去席二矢半矢以柘若棘

毋去上聲其皮筭之多少視坐上之人數每人四矢亦四筭也籌矢也扶與膚同室中九扶以下三句說見上章○呂氏曰棘柘之心實其材堅且重也毋去其皮質而已矣魯令弟子辭曰毋幠呼毋敖傲毋偝立毋踰言偝立踰言有常爵薛令弟子辭曰毋幠毋敖毋偝立毋踰言若是者浮司射庭長及冠去聲士立者皆屬賓黨樂人及使如字者童子皆屬主黨石梁王氏曰司射至主黨二十四字與上文薛令弟子若是者浮相屬今從之○弟子賓黨主黨之年稚者投壺時立於堂下以其或相褻押故戒令之魯薛之辭意同而文小異故記者並列之幠亦敖也偝立不正所向也踰言遠談他事也有常爵謂有常例罰爵也○疏曰浮亦罰也說謂罰爵之隱諱而辭從也庭長即司正也冠士外人來觀投壺成人加冠之士也樂人國子之能爲樂者非徒樂之瞽人也使者主人所使薦羞者也

鼓○□○○□□○□○○□半○□○□○○○

□□○□○魯鼓○□○○○□□○□○○□□○

□○□□○半○□○○○□□○薛鼓取半以下為投壺禮盡用之為射禮魯鼓○□○□□○半○□○○□○○○○○□□□○薛鼓○□○○○○○□○□○□○○○○□○□□□○半○□○□○○○○□○鄭氏曰圓者擊鼙方者擊鼓○疏曰記者因魯薛擊鼓之異圖而記之但年代久遠無以知其得失用半鼓節為投壺用全鼓節為射禮

儒行第四十一

魯哀公問於孔子曰夫子之服其儒服與孔子對曰丘少居魯衣去聲逢掖之衣長居宋冠去聲章甫之冠丘聞之也君子之學也博其服也鄉丘不知儒服鄭氏曰逢猶大也大掖之衣○疏曰謂肘掖之所寬大故鄭云大袂禪衣也○應氏曰儒之名始見於周官曰儒以道得民未出不充負

道而徒於其服哀公覘孔子之被服儒雅而威儀進趨皆有與俗不同者怪而問之孔子不敢以儒自居也故言不知儒服○鄭特牲云章甫殷道也蓋緇布冠殷世則名章甫章明也所以表明丈夫故謂之章甫耳哀公曰敢問儒行孔子對曰遽數之不能終其物悉數之乃留更僕未可終也哀公命席孔子侍曰儒有席上之珍以待聘夙夜强（强上聲）學以待問懷忠信以待舉力行以待取其自立有如此者卒遽而數之則不能終言其事詳悉數之非久留不可僕臣之擯相者久則疲倦雖更代其僕亦未可得盡言之也公於是命設席使孔子坐侍而言之○呂氏曰席上之珍自貴而待賈者也儒者講學於閒燕從容乎席上而於所以自貴以待天下之用强學以待問懷忠信以待舉力行以待取皆我自立而有待也德之可貴者人必禮之學之博者人必問之忠信可任者人必舉之力行可使者人必取之故君子之用於天下有所待而不求焉儒有衣冠中動作慎其大讓如慢小讓如僞大則如威小則如愧其難進而易退

也粥粥育若無能也其容貌有如此者中猶正也論語曰君子正其衣冠○方氏曰衣冠中者言衣之在身冠之在首皆中於禮也動作慎者言心之所動事之所作皆慎其德也大讓所以自抗故如慢而不敢小讓所以致曲故如偽而不誠方其容貌之大也則有所不可犯故如威及其容貌之小也則有所不敢爲故如愧三揖而後進故曰難進一辭而遂退故曰易退粥粥者柔弱之狀故若無能也是皆禮之所脩道之所與也儒有居處齊齋難去聲其坐起恭敬言必先信行去聲必中正道塗不爭險易之利冬夏不爭陰陽之和愛其死以有待也養其身以有爲也其備豫有如此者鄭氏曰齊難齊莊可畏難也○呂氏曰事豫則立不豫則廢儒者之學皆豫也擬之而後言議之而後動故學有豫則義精義精則用不匱若其始也不敬則身不立不立則道不充仲弓問仁子曰出門如見大賓使民如承大祭己所不欲勿施於人居處齊難坐起恭敬言必先信行必中正所謂如見大賓如承大祭敬也道塗不爭險易之利冬夏不爭陰陽之和所謂己所不欲勿施於人怨也推激與恕則忿懲欲窒身立禮充

可以當天下之變而不避任天下之重而不辭皆備豫容至有如此者也○劉氏曰不爭非特恕也亦以參就養身以有待有為不爭小者近者以害大者遠者也儒有不寶金玉而忠信以為寶不祈土地立義以為土地不祈多積茲四反多文以為富難得而易祿也易祿而難畜許六反也非時不見現不亦難得乎非義不合不亦難畜乎先勞而後祿不亦易祿乎其近人有如此者呂氏曰儒者之於天下所以自為者德而已所以應出者義而已趙孟之所貴趙孟能賤之我之所可貴人不得而奪也此金玉土地多積不如信義多文之貴也難得難畜主於義而所以自貴也雖曰自貴時而行義而合勞而食未始遠於人而自異也儒有委之以貨財淹之以樂五教反好見利不虧其義劫之以眾沮之以兵見死不更其守鷙蟲攫搏不程勇者引重鼎不程其力往者不悔來者不豫過言不再流言不極不斷短

儒行

其威不習其謀其特立有如此者過言出於已之失知過則改故不再流言出於人之毀譖義不譽故不極極猶終也言不終爲所毀也不斷其威者言其威容不可得而挫折也不習其謀者言其謀必可成不待嘗試而後見於用也○鄭氏曰淹謂浸漬之劫脅也沮恐怖之也鷙蟲猛鳥獸也○方氏曰鷙猛之蟲當攫搏之不程量其勇而後往此況儒者勇足以犯難而無顧也引重鼎不程其力又以況儒者材足以任事而有所勝也往者不悔非有所吝而不改也爲其動則當理而未嘗至於悔來者不豫非有所忽而不防也爲其幾足以應變而不必豫耳過言則失其正流言則失其原過言不免乎出然一之爲甚也豈可再而二乎流言不免乎聞必止之以智也詎可極而能乎

儒有可親而不可劫也可近而不可迫也可殺而不可辱也其居處不淫其飲食不溽其過失可微辨而不可面數也其剛毅有如此者呂氏曰儒者之立立於義理而已剛毅而不可奪以義理存焉以義交者雖疏遠必親非義加之雖強禦不畏故有可親可近可殺之理而不可劫迫辱也淫後溢也溽濃厚也後其居處厚其飲食欲勝之也欲勝則

義不得立不淫不濟所以立義也其過失可微辨而不可面數此一句尚氣好勝之言於義理未合所貴於儒者以見義必爲聞過而改者也何謂可微辨不可面數待人可矣自待則不可也子路聞過則喜孔子幸人之知過成湯改過不吝推是心也苟有過失雖怨詈且將受之況面數乎儒有忠信以爲甲冑禮義以爲干櫓戴仁而行抱義而處雖有暴政不更其所其自立有如此者鄭氏曰甲鎧冑兜鍪也干櫓小楯大楯也○呂氏曰忠信則不欺不欺者人亦莫之欺也禮者敬人敬人者人亦莫之侮也忠信禮義所以禦人之欺侮猶甲冑干櫓可以捍患也行則尊仁居則守義所以自信者篤雖暴政加之有所不變也自立之至者也首章言自立論其所信所守足以更天下之變而不易一者皆自立也有本末先後之差焉儒有一畝之宮環堵之室篳門圭窬豆蓬户甕牖易衣而出并日而食上荅之不敢以疑上不荅不敢以諂其仕有如此者疏曰畝謂徑一步長百步也折而方之則東西南北各十步宮牆垣也牆方六丈環周迴也方丈爲堵東西南北各一堵[illegible]

門以荆竹織門也圭窬穿牆為之門方小戶也上鋭下
方狀如圭蓬戶編蓬為戶絶甕牖者牕牖圓如甕口也
又云以敗甕口為牖易衣而出者合家共衣出則更
著之也并日而食者謂不日日得食或二日一日并得
一日之食也○上答之不敢以疑者道合則就即信之
而不疑無患失之心也上不答不敢以諂者不合則去
即安之而不諂
無患得之心也儒有今人與居古人與稽今世行之後
世以為楷適弗逢世上弗援下弗推讒諂之民有比黨
而危之者身可危也而志不可奪也雖危起居竟信申
其志猶將不忘百姓之病也其憂思去聲有如此者楷法式也
上弗援在上者不引我以升也下弗推在下者不舉我
以進也危起居謂因事中傷之也信其志謂志不可奪
也時有否泰道有通塞然其憂思
則未嘗一日而忘生民之患也儒有博學而不窮篤
行而不倦幽居而不淫上通而不困禮之以和為貴忠
信之美優游之法慕賢而容衆毁方而瓦合其寬裕有

如此者博學不窮溫故知新之益也篤行不倦賢人可以之德也幽居不淫窮不失義也上通不困達不離道也禮之體嚴而用貴於和忠信禮之資也故以忠信為美優游用之和也故以優游為法賢雖在所當慕衆亦不可不容況變衆而親仁亦是意也毀方而瓦合者陶瓦之事其初則圓剖而為四其形則方毀其圓以為方合其方而復圓蓋於涵容之中未嘗無分辨之意也故曰其寬裕有如此者儒有內稱不辟音避親外舉不辟怨程功積事推賢而進達之句不望其報君得其志苟利國家不求富貴其舉賢援平聲能有如此者疏曰君得其志謂此賢者輔助其君使君得遂其志也○應氏曰程算其功積累其事不辭為也下不求報於人上不求報於國儒有聞善以相告也見善以相示也爵位相先也患難去聲相死也久相待也遠相致也其任舉有如此者呂氏曰舉賢援能者所以待天下之士也任舉者所以待其朋友而已必同其好惡也故聞善相告見善相示必同其憂樂也故爵位相先患難相死彼雖居下不待之同升則不升彼雖疏遠

不致之同進則不進此行舉朋友之卑於天下之士者義有厚薄故也儒有澡身而浴德陳言而伏靜而正之上弗知也麤而翹之又不急為也不臨深而為高不加少而為多世治不輕世亂不沮同弗與異弗非也其特立獨行有如此者翹與招其君之過招字同舉也舉其過而諫之也○呂氏曰惟大人能格君心之非在我者未正未有能正人者也故澡身浴德者所以正己也陳言而伏者入告嘉謀而順之於外也靜而正之者將順其美匡救其惡常在於未形也故曰上弗知也○方氏曰靜而止之者隱進之也麤而翹之者明告之也辭而正之說不見知然後麤而翹之然亦繼而不失節故曰不急為也其行之高常自然而已不必深以揭形然後顯其為高其文之多常素有而已不必加少以相益然後成其為多世治而德常見重故曰不輕世亂而志常自若故曰不沮與其所可與不必同乎己也非其所可非不必異乎己也○應氏曰治不輕進若伯夷不仕於武王亂不退沮若孔子歷聘於諸國非但勉而特立於身亦出而獨行於世

儒有上不臣天子下不事諸侯慎

靜而尚寬強毅以與人博學以知服近文章砥厲廉隅雖分國如錙銖不臣不仕其規為有如此者慎靜者謹飭而不妄動守身之道也尚寬者寬裕以有容待人之道也強毅以與人不苟諂隨於人也知服知力行之要也博學知服即博文約禮之謂也遠於文則質勝而野近文章則亦不使文掩其質也砥厲廉隅者求切磋琢磨之益不刓方以為圓也筭法十黍為絫十絫為銖二十四銖為兩八兩為錙言人君好賢雖分其國以祿賢者視之如錙銖之輕猶不臣不仕也其所謀度其所作為有如此者儒有合志同方營道同術並立則樂相下不厭久不相見聞流言不信句其行去聲本方立義同而進不同而退其交友有如此者合志以所向言營道以所習言方即術也並立爵位相等也相下以勢位相讓而已厭其下也流言惡聲之傳播也聞之不信不以為實也其行本方立義謂所本者必方正所立者必得其宜也同於義則進而從之不同則退而避之故曰同而進不同而退溫良者仁之本也敬慎者仁之地也寬裕

者仁之作也孫去聲接者仁之能也禮節者仁之貌也言談者仁之文也歌樂者仁之和也分散者仁之施也儒皆兼此而有之猶且不敢言仁也其尊讓有如此者仁之本謂根本於仁也地謂踐履也作謂充廣也能謂能事也八者皆仁之發見哀公問儒行夫子既歷數以告之矣仁者包四德百行之原故於其終申以仁總說焉兼有此仁者之行而不敢自以為仁是尊之而讓善也故曰尊讓有如此者

儒有不隕穫於貧賤不充詘屈於富貴不慁胡困反君王不累去聲長上不閔有司故曰儒今衆人之命儒也妄如字句絕常以儒相詬呼構反病孔子至舍哀公館之聞此言也言加信行加義終沒吾世不敢以儒為戲隕者如有所墜失穫者如有所割充者驕氣之盈詘者吝氣之歉○鄭氏曰隕穫困迫失志之皃充詘喜失節之皃慁猶辱也累猶係也閔病也言不為天子諸侯卿大夫羣吏所困迫而違道孔子自謂也○方氏曰無儒者之行而爲

儒者之服無儒者之實而流儒者之名故曰今衆人之命儒也妄以其妄故常爲人所詬病既至舍矣又曰能之若具食以致其養具官以治其事也言加信則不以儒相詬矣行加義則不以儒相病矣○李氏曰儒行非孔子之言也蓋戰國時豪士所以高世之節耳其徵十有五然与意重複要其歸又、溢三數塗而已、篇之內雖時與聖人合而辭充多溢曰哀公輕儒孔子有爲而言故多自夸大以勝其君此豈所謂孔子者哉

冠義第四十三

疏曰冠禮起早晚書傳無正文世本云黃帝造旒冕是冕起於黃帝也黃帝以前以羽皮爲冠以後乃用布帛其冠之年天子諸侯皆十二○呂氏曰冠昏射鄉燕聘天下之達禮也儀禮所載謂之禮者禮之經也禮記所載謂之義者皆釋其經之節文以述其制作之義也

凡人之所以爲人者禮義也禮義之始在於正容體齊顏色順辭令容體正顏色齊辭令順而后禮義備以正君臣親父子和長幼君臣正父子親長幼和而后禮義

立。故冠而后服備，服備而后容體正、顏色齊、辭令順。故曰：冠者，禮之始也。是故古者聖王重冠。

方氏曰：容體欲其可畏，故曰正；顏色欲其可觀，故曰齊；辭令欲其可從，故曰順。

古者冠禮筮日筮賓，所以敬冠事；敬冠事所以重禮，重禮所以為國本也。

呂氏曰：禮重則人道立，此國之所以為國也，故曰為國本。○方氏曰：筮日所以求夫天之吉，筮賓所以擇夫人之賢。然筮不卜何哉？蓋古者大事用卜，小事用筮。天下之事始為小，終為大。冠為禮之始，聖王之所重者，重其始而已，非大事也，故止用筮焉。至於喪祭之情終則所謂大事也，故於是乎用卜。

故冠於阼，以著代也；醮於客位，三加彌尊，加有成也；已冠而字之，成人之道也。

呂氏曰：主人升立于序端西面，贊者筵于東序少北西面，將冠者即筵而冠，是位與主人同在阼也。父老則傳之子，所以著其傳付之意也。醮而無酬酢曰醮。醮于戶西南面，賓位也。以禮賓之禮禮其子，所以為成人敬也。始加緇布冠，再加皮弁，次加爵弁，三加而服彌尊，亦所以為成人敬也。冠於阼、醮於客位者，適子也。若庶子則冠于

房外南面遂醮焉所以異者不著代也古者童子雖貴名之而已冠而後賓字之以成人之道故敬其名也

見於母母拜之見於兄弟兄弟拜之成人而與爲禮也玄冠玄端奠摯於君遂以摯見於鄉大夫鄉先生以成人見也

母之拜子先儒疑焉疏以爲廟自廟中來故拜其受非拜子也呂氏以爲母有從子之義故屈其尊敬以伸斯須之敬方氏從疏義皆非也此因成人而與爲禮一句似乎凡冠者皆然故啓讀者之疑推石梁王氏云記者不知此禮爲適長子代父承祖者與祖爲正體故禮之異於衆子也斯言盡之矣玄冠齊冠也玄端服也子燕居之服諸侯及卿大夫士之齊服也摯用雉鄉先生鄉之年德俱高者或致仕之人也

成人之者將責成人禮焉也責成人禮焉者將責爲人子爲人弟爲人臣爲人少者之禮行去聲焉將責四者之行於人其禮可不重與故孝弟忠順之行立而后可以爲人可以爲人而后可以治人也平聲故聖王重禮故曰冠者禮

之始也嘉事之重者也是故古者重冠重冠故行之於廟行之於廟者所以尊重事尊重事而不敢擅重事不敢擅重事所以自卑而尊先祖也呂氏曰所謂成人者非謂四體膚革異於童稚也必知人倫之備焉親親貴貴長長不失其序之謂備此所以爲人子爲人弟爲人臣爲人少者之禮行孝弟忠順之行立也有諸己然後可以責諸人故成人然後可以治人也古者重事以行之廟中昏禮納采至親迎皆主人筵几於廟聘禮君親拜迎于大門之外而廟受爵有德祿有功君親策命于廟喪禮既啓則朝廟皆所以示有所尊而不敢專也冠禮者人道之始所不可後也孝子之事親也有大事必告而後行設則行諸廟猶是義也故大孝終身慕父母者非終父母之身終其身之謂也

昏義第四十四

疏曰謂之昏者娶妻之禮以昏爲期因名焉必以昏者取陽往陰來之義。呂氏曰物不可以苟合而已故受之以賁天下之情不合則不成而其所以合也敬則克終苟則易離必受之以致飾者所以敬而不苟也昏禮者其受賁之義乎昏禮者將合二姓之好上以事宗廟而下以繼後世也故君子重之是以昏禮納采問名納吉納徵請期皆主人筵几於廟而拜迎於門外入揖讓而升聽命於廟所以敬慎重正昏禮也方氏曰納采者納鴈以爲采擇之禮也問名者問女生之母名氏也納吉者得吉卜而納之也納徵者納幣以爲昏姻之證也請期者請昏姻之期日也夫采擇自我而名氏在彼故首之以納采而次之以問名此資人謀以達之也謀既達矣則宜貴鬼謀以決之故又次之以納吉焉人謀鬼謀皆協從矣然後納幣以徵之請日以期之故其序如此父親醮子而命之迎去聲男先去聲於女也子承命以迎主人筵几於廟而拜迎于門外壻執鴈入揖讓升堂再拜奠鴈蓋親受之於父母也降出御婦車而壻授綏御輪三周先俟于門外婦至壻揖婦以入共牢而食合巹謹而酳以刃反所以合體同

尊卑以親之也疏曰共牢而食者同食一牲不異牲也合巹而酳者以一瓠分爲兩瓢謂之巹壻與婦各執一片以酳酳演也謂食畢飲酒演安其氣也。程子曰奠鴈取其不再偶。朱子曰取其順陰陽往來之義也。方氏曰筵几於廟者交神以筵之奉神以安之也父必親醮非重子也重禮而已御其婦車所以尊之也授之綏所以安之也以輪三周爲節者取陰陽奇偶之數成也既三周則御者代之矣共牢則不異牲合巹則不異爵合巹有合軆之義共牢有同尊卑之義軆合則尊卑同同尊卑則相親而不相離矣敬慎重正而后親之禮之大體而所以成男女之別而立夫婦之義也男女有別而後夫婦有義夫婦有義而後父子有親父子有親而后君臣有正故曰昏禮者禮之本也夫禮始於冠本於昏重於喪祭尊於朝聘和於射鄉此禮之大體也父子親而后君臣正者資於事父以事君而敬同也夙興婦沐浴以俟見現質明贊見婦於舅姑婦執笲煩棗栗段丁亂

段脩以見贊醴婦婦祭脯醢祭醴成婦禮也舅姑入室
婦以特豚饋明婦順也質明昏禮之次日正明之時也贊相禮之人也笲之為器如筥
以竹或葦為之衣以青繒以盛此棗栗段脩之贄脩脯也加姜桂治之曰腶脩贊醴婦者婦席于戶牖間贊者
酌醴置席前婦於席西東面拜受贊者西階上北面拜送又拜薦脯醢婦升席左執觶右祭脯醢訖以柶祭醴
三是祭脯醢祭醴者所以成其為婦之禮也舅姑入于室婦盥饋特豚合升而分載之左胖載之舅俎右胖載
姑俎無魚腊無稷舅姑並席于奧東面南上饌亦如之此明其為婦之孝順也厥明舅姑共饗
婦以一獻之禮奠酬舅姑先降自西階婦降自阼階以
著代也厥明昏禮之又明日也昏禮注云舅姑共饗婦者舅獻爵姑薦脯醢又云舅洗于南洗洗爵以
獻婦也姑洗于北洗洗爵以酬婦也賈疏云舅獻姑酬共成一獻仍無妨姑薦脯醢此謂是也但婦酢舅更爵
自薦又云奠酬酬酢皆不言處所以例推之舅姑之位當如婦見舅席于阼姑席于房外而婦行更爵自薦及
奠獻之禮放此○疏曰舅酌酒于阼階獻婦婦西階上拜受則席祭薦祭酒畢於西階上北面卒爵婦酢舅舅洗

阼階上受酢飲畢乃酬婦更爵洗自飲畢更酌酒以酬姑姑受爵奠於薦左不舉爵凡禮畢也降階各還燕寢也。方氏曰阼者主人之階子之代父以為主於外婦之代姑將以為主於內故此與鄉禮也言者代也。石梁王氏曰此皆謂冢婦也今按此節難曉儀禮圖亦不詳明闕之以俟知者成婦禮明婦順又申之以著代所以重責婦順焉也婦順者順於舅姑和於室人而後當去聲於夫以成絲麻布帛之事以審守委去聲積恣蓋藏去聲是故婦順備而后內和理內和理而后家可長久也故聖王重之方氏曰於舅姑言順於室人言和者蓋上下相從謂之順順則不逆可否相濟謂之和和則不同舅姑之禮至降也故可順而不可逆室人之禮相敵也故難和而不必同茲其別歟是以古者婦人先去聲嫁三月祖廟未毀教于公宮祖廟既毀教于宗室教以婦德婦言婦容婦功教成祭之牲用魚芼冒之以蘋藻所以成婦順也祖廟未毀者言此女猶於此祖有服也則於君爲親故使女師教之于公宮公宮祖廟也既毀謂無服也則於君爲疏故教之于宗子之家德貞順也言辭令也容則婉娩功則絲麻祭之者祭所出之祖也魚與蘋藻皆水物陰類也芼之爲羹也

古者天子后立六宮三夫人九嬪二十七世婦八十一御妻以聽天下之内治以明章婦順故天下内和而家理天子立六官三公九卿二十七大夫八十一元士以聽天下之外治以明章天下之男教故外和而國治故曰天子聽男教后聽女順天子理陽道后治陰德天子聽外治后聽内職教順成俗外内和順國家理治此之謂盛德方氏曰六官天地四時之官也有六卿而又有九卿者兼三公數之則謂之九卿由公至士其數三而倍之止於九者陽成於三而窮於九以其理陽道故其數如此后治陰德而其數亦鄉之者婦人從夫故也六宮謂大寢一小寢五也先言六宮而后言六官者欲治其國先齊其家之意也是

故男教不脩陽事不得適（責）見（現）於天日爲（去聲）之食婦順不脩陰事不得適見於天月爲之食是故日食則天子素服而脩六官之職蕩天下之陽事月食則后素服而脩六宮之職蕩天下之陰事故天子之與后猶日之與月陰之與陽相須而后成者也天子脩男教父道也后脩女順母道也故曰天子之與后猶父之與母也故爲天王服斬衰服父之義也爲后服齊衰服母之義也

鄭氏曰適之言責也蕩蕩滌其穢惡也○朱子曰王者脩德行政用賢去姦能使陽盛足以勝陰陰衰不能侵陽則日月之行雖或當食不食也若國無政臣子背君父妾婦乘其夫小人陵君子夷狄侵中國則陰盛陽微當食必食雖曰行有常度實爲非常之變矣○葉氏曰日月之食理所常有也反之陰陽之事者躬自孳之道也天子以男教燃天下之爲子者其道猶父也故其卒也天下爲之服斬衰后以女順化天下之爲婦者其道

繼母也故其亡也天下爲之服齊衰父母爲之
服者報其恩也王與后爲之服者報其義也

鄉飲酒義第四十五

呂氏曰鄉飲酒者鄉人以時會聚飲酒之禮也因飲酒而射則謂之鄉射鄭氏謂三年大比興賢者能者鄉老及鄉大夫率其吏與其衆以禮賓之則是禮也三年乃一行諸侯之鄉大夫貢士於其君蓋亦如此黨正每歲國索鬼神而祭祀則以禮屬民而飲酒于序但此禮略而不載則黨正因蜡飲酒亦此禮也先儒謂鄉飲有四一則三年賓賢能二則鄉大夫飲國中賢者三則州長習射四則黨正蜡祭然鄉人凡有會聚當行此禮恐不特四事也論語鄉人飲酒杖者出斯出矣亦指鄉人而言之

鄉飲酒之義主人拜迎賓于庠門之外入三揖而后至階三讓而后升所以致尊讓也盥洗揚觶所以致絜也拜至拜洗拜受拜送拜既所以致敬也尊讓絜敬也者君子之所以相接也君子尊讓則不爭絜敬則不慢

不慢不爭則遠去聲於鬬辨矣不鬬辨則無暴亂之禍矣斯君子所以免於人禍也鄭氏曰庠鄉學也州黨曰序揚舉也○疏曰此謂鄉大夫故迎賓于庠門外若州長黨正則於序門外也盥洗揚觶者主人將獻賓以水盥手而洗爵揚觶也拜至者賓主升堂主人於阼階上北面再拜也拜洗者主人拜至訖洗爵而升賓於西階上北面再拜拜主人之洗也拜受者賓於西階上拜受爵也拜送者主人於阼階上拜送爵也拜既者爵盡也賓飲酒既盡而拜也故聖人制之以道鄉人士君子尊於房戶之間賓主共之也尊有玄酒貴其質也羞出自東房主人共恭之也洗當東榮主人之所以自絜而以事賓也疏曰鄉人謂鄉大夫也士謂州長黨正也君子謂鄉大夫也尊於房戶之間賓主共之者設酒尊於東房之西室戶之東在賓主之間酒雖主人之設而賓亦以之酬主人故云賓主共之也北面設尊玄酒在左是在酒尊之西也地道尊右設玄酒在西者貴其質素故也共之者供於賓也榮屋翼也設洗於庭當屋之翼必在東者示主人以此自絜而事賓也從冠義

以來皆說者疊出儀禮經文於上而陳其義於下以釋之他皆倣此賓主象天地也介僎遵象陰陽也三賓象三光也贊皇陪齋曰立賓以象天所以尊之也立主以象地所以養之也介以輔賓僎以輔主人象陰陽之輔天地也三賓眾賓之長也其以輔賓猶三光之輔于天也三光星之大者有三其名不可得而考先儒謂三大辰心爲大辰伐爲大辰北辰亦爲大辰理或然也讓之三也象月之三日而成魄也劉氏曰以月魄思之望後爲生魄然人未嘗見其魄蓋以明盛則魄不可見月魄之可見惟晦前三日之朝月自東出明將滅而魄可見朔後三日之夕月自西哨隨明將生而魄可見過此則明漸盛而魄不復可見矣蓋明讓魄則魄現明不讓魄則魄隱陰象賓明陽象主主人讓賓至于三象明之讓魄在朔後三日故曰讓之三也象月之三日而成魄也四面之坐象四時也陪齋曰謂賓主介僎之坐象春夏秋冬也或曰介有剛辨之義僎有巽入之義各從其類理或然歟天地嚴凝之氣始於西南而盛於西北此天地之尊嚴氣也此天地之義氣也天地溫厚之氣始於東北

而發於東南此天地之盛德氣也此天地之仁氣也主人者尊賓故坐賓於西北而坐介於西南以輔賓賓者接人以義者也故坐於西北主人者接人以仁以德厚者也故坐於東南而坐僎於東北以輔主人也仁義接賓主有事俎豆有數曰聖聖立而將之以敬曰禮禮以體長幼曰德德也者得於身也故曰古之學術道者將以得身也是故聖人務焉主人者厚其飲食之禮仁之道也爲賓者謹其進退之節義之道也求諸天地之氣以定其主賓之位至於俎豆亦莫不有當然之數焉聖通明也謂禮意所在通貫而顯明也敬其天理之節射夫人倫之序所得者皆吾身之實理也孔子觀於鄉而知王道之易易謂其足以正身而安國也聖人務焉豈無意哉○皓齋曰天下之禮義無所不通而器數皆有合於自然者聖之謂也無所不通無所不敬禮之所由制也禮之行不在乎他在吾長幼之分而已性之德也禮得於身之謂德由學而後

得於身則賓與先得於人心之同然者亦無異矣故曰古之學術道者將以得身也

祭薦祭酒敬禮也嚌才細反肺嘗禮也啐七內反酒成禮也於席末言是席之正非專為去聲飲食也為行禮也此所以貴禮而賤財也卒觶致實於西階上言是席之上非專為飲食也此先禮而後財之義也先禮而後財則民作敬讓而不爭矣

疏曰祭薦者主人獻賓賓即席祭所薦脯醢也祭酒者賓既祭薦又祭酒也此是賓敬重主人之禮也賓既祭酒之後興取俎上之肺嚌齧之所以嘗主人之禮也啐謂飲主人酒而入口所以成主人之禮也末席西頭也按儀禮祭薦祭酒嚌肺皆在席之中唯啐酒在席末又嚌肺在前祭酒在後此先云祭酒者嚌是嘗嚌之名祭酒是未飲之稱故祭酒與祭薦相連表其敬禮之事敬主人之物故祭薦祭酒嚌肺在席中啐酒入於己故在席末於席上謂是貴禮於席末啐酒是賤財也啐纔始入口猶在席末卒觶則盡爵故遠在西階上云卒觶者論其將飲卒觶之事致實則論其盡酒之觶酒為觴中之實今致盡此實也○呂氏曰敬禮也

[食則也人之所以爭者無禮而志於則也如知貴禮而賤財先禮而後財之義則敬讓行矣]鄉飲酒之禮六十者坐五十者立侍以聽政役所以明尊長也六十者三豆七十者四豆八十者五豆九十者六豆所以明養老也民知尊長養老而后乃能入孝弟民入孝弟出尊長養老而后成教成教而后國可安也君子之所謂孝[當作教]者非家至而日見之也合諸鄉射教之鄉飲酒之禮而孝弟之行立矣[坐者坐于堂上立者立于堂下豆當從偶數此但十年而加一豆非正禮也舊說此是黨正屬民飲酒正齒位之禮非賓興賢能之飲也]孔子曰吾觀於鄉而知王道之易易也主人親速賓及介而衆賓自從之至于門外主人拜賓及介而衆賓自入貴賤之義別矣三揖至于階三讓以賓升拜至獻酬辭讓之節繁

及介省壹矣至于衆賓升受坐祭立飲不酢而降隆殺之義辨矣疏曰主人既拜其來至又酌酒獻賓賓酢主人主人又酌而自飲以酬賓介酢主人則止主人不酢介是及介省矣主人獻衆賓于西階上受爵坐祭立飲不酢主人而降於賓禮隆衆賓禮殺是隆殺之義別矣○方氏曰主酌賓爲獻賓答主主又答賓爲酬是禮也三賓則備之至於介則省酬焉至於衆賓則又省酢矣升受坐祭立飲者其升而受爵者惟祭酒得坐飲酒則立也蓋飲酒所以養老以其卑不敢坐而當其養故也此所以殺於三賓工入升歌三終主人獻之笙入三終主人獻之間去聲歌三終合樂三終工告樂備遂出句一人揚觶乃立司正焉知其能和樂洛而不流也工入而升堂歌鹿鳴四牡皇皇者華每一篇而一終三篇三終則主人酌以獻工焉吹笙者入於堂下奏南陔白華華黍亦每一篇而一終三篇終則主人亦酌以獻之也間者代也笙與歌皆畢則堂上與堂下更代而作堂上先歌魚麗則堂下笙由庚此爲一終次則堂上歌南有嘉魚則堂下笙崇丘此爲二終又其次堂上歌南山有臺則堂下笙由儀

爲三終也合樂三終者謂堂上下歌瑟及笙並作也工歌關雎則笙吹鵲巢合之工歌葛覃則笙吹采蘩合之工歌卷耳則笙吹采蘋合之此皆竟工以樂備告樂正樂正告于賓而遂出蓋樂正自此不復升堂矣故云遂出也一人者主人之吏也此人舉觶之後主人使相禮者一人爲司正恐旅酬時有懈惰失節者以董正之也如此則雖和樂而不至於流放矣

賓酬主人主人酬介介酬衆賓少長以齒終於沃洗者焉知其能弟長而無遺矣

晦齋曰前言介之無酬衆賓之無筭爵者蓋示歌之時也此言賓酬主人主人酬介介酬衆賓者既獻之後行旅酬之時也沃洗者滌器之人也雖至賤旅酬之際猶以齒焉則貴者可知矣

自貴及賤無不序齒此所以知其能弟長而無遺矣

降說脫屨升坐脩爵無數飲酒之節朝不廢朝莫不廢夕賓出主人拜送節文終遂焉知其能安燕而不亂也

晦齋曰前此皆立而行禮未徹俎故未說屨至此徹俎之後乃說屨升坐而坐燕也脩舉也脩爵無數無筭爵是也凡皆享習朝以聽政故而辭飲聽政罷方行是朝不廢朝也夕以脩私而辭飲禮畢猶可以治私事是莫不

夜夕也暮鄉飲酒一國君臣則無不醉矣節文終遂者終竟也遂猶申也言禮畢主人猶拜以送賓節文之禮終申遂而無所缺則知其安於燕樂而不至於亂矣貴賤明隆殺辨和樂而不流弟長而無遺安燕而不亂此五行去聲者足以正身安國矣彼國安而天下安故曰吾觀於鄉而知王道之易易也摠結上文五事之目

鄉飲酒之義立賓以象天立主以象地設介僎以象日月立三賓以象三光古之制禮也經之以天地紀之以日月參之以三光政教之本也澔齋曰飲酒之禮莫先於賓主立賓象天立主象地禮之經也其次介僎以輔之者紀也其次立三賓以陰之者參也政教之立必有經有紀有參然後可行故飲酒之禮必有賓主介僎三賓然後可行故曰政教之本也前言介僎陰陽此言象日月者前章言氣故以陰陽象之此章言時故以日月象之也僎在東北象日出也介在西南象日沒出也以三光爲三大辰正義按昭公十七年有星孛于大辰公羊曰大辰者大火也伐爲大辰北辰亦爲大辰

爾雅房心尾大火謂之大辰北極謂之北辰大火與伐天所以示民時早晚天下之所取正是以政教所出也

亨狗於東方，祖陽氣之發於東方也。洗之在阼，其水在洗東，祖天地之左海也。方氏曰海有四而言東者取其水之所歸也水所居坎而其流歸東者由其生於天一行於地中故也天傾西北而不足故水之源自此而生地缺東南而不滿故水之流順出而行天之所傾地之所缺則其形下矣下而善下者水之性也故其理如此然則水所居北者本天位也其流歸東者因地勢也南與北合水位居北而流不歸南者蓋東方之德木也木則水之所生南方之德火火則水之所勝生之為利勝之為害而善利者水之德也故趣其所生焉○浩齋曰亨狗以養賓陽氣以養萬物故祖而法之亨于東方焉海水之委也天地之間海居于東東則左之也故洗之在阼其水在洗東有左海之義焉○天地之位南前而北後故以東為左

尊有玄酒，教民不忘本也。玄古之世無酒以水行禮故後世因謂水為玄酒不忘本者思禮之所由起也

賓必南鄉。東方者春，春之為言蠢也，產萬物者聖也。南方者夏，夏之為言假也，養

之長之假之仁也西方者秋秋之爲言愁揫也愁之以時察守義者也北方者冬冬之爲言中也中者藏也是以天子之立也左聖鄉仁右義偝藏也蠢者物生動之皃天地大德曰生聖人德合天地故曰産萬物者聖也假大也揫斂縮之皃察猶察察嚴肅之意揫之以時察言揫斂之以秋時嚴肅之氣也物之藏必自外而入內故曰中者藏也天子南面而立則左東右西南前北後也介必東鄉介賓主也主人必居東方東方者春春之爲言蠢也産萬物者也主人者造之産萬物者也月者三日則成魄三月則成時是以禮有三讓建國必立三卿三賓者政教之本禮之大參也張子曰坐有門位者禮不於敬主欲以尊賢君賓主相對則是禮主於敬主矣故其位賓主不相對坐介僎於其間以見賓賢之義因而識四時之坐皆有義其賓欲明其尊賢○呂氏曰天子南面而立而坐賓亦南鄉者尊賓之至也介間也坐賓主之間所以間之也○方氏

卜飲食之養則上人之所造也而有産萬物之象所以居東

射義第四十六疏曰繫辭云弦木爲弧剡木爲矢又世本云揮作弓夷牟作矢註云二人黃帝臣書云侯以明之夏殷無文周則具矣

古者諸侯之射也必先行燕禮卿大夫士之射也必先行鄉飲酒之禮故燕禮者所以明君臣之義也鄉飲酒之禮者所以明長幼之序也呂氏曰諸侯之射大射也卿大夫士之射鄉射也射者男子之事必飾之以禮樂者所以養人之德使之周旋中禮也蓋燕與鄉飲因燕以娛賓不可以無禮故有大射鄉射之禮禮不可無義故明君臣之義與長幼之序焉故射者進退周還必中禮內志正外體直然後持弓矢審固持弓矢審固然後可以言中去聲此可以觀德行矣呂氏曰禮射者必先比耦故一耦皆有上耦下耦升就弓而挾矢其進也當階及階當物及物皆揖其退也亦如之其行有左右其升降有先後其射皆拾發

其餘矢下於揖也遂進揖當福揖取矢揖既揖挾揖退與爵進者詩其取矢北有撫弓卻手兼弣順羽拾取之節爲卒射而飲不勝者袒決遂執張弓不勝者襲說決拾卻勝弓升飲揖揖如初則進退周旋必中禮可見矣夫先王制禮豈苟爲繁文末節使人難行哉亦曰以善養人而已蓋君子之於天下必無所不中節然後成德必力行而後有功其四肢欲安佚也苟恭敬之心不勝則怠精微禮之氣生動容周旋不能中乎節射雖佚而心亦爲之不安安其所不安則手足不知其所措故放辟邪修論分犯上將無所不安全天下之亂自此始矣聖人憂之故常謹於繁文末節以養人於無所事之時使其習之而不釋煩則不墜之行亦無自而依至於久而安之則非禮不行無所往而非義矣君子敬以直內義以方外所存乎內者敬則所以形乎外者莊矣內外交脩則發乎事者中矣射藝也容比於禮節比於樂發而不失正隱是必有樂於義理以於敬恭用志不分之心然後可以得之則其所以得之者其爲德可知矣其節天子以騶虞爲節諸侯以貍首爲節卿大夫以采蘋爲節士以采蘩爲節騶虞者樂官備也貍首者樂會時也采蘋者樂循法也采蘩者

樂不失職也是故天子以備官爲節諸侯以時會天子爲節卿大夫以循法爲節士以不失職爲節故明乎其節之志以不失其事則功成而德行立德行立則無暴亂之禍矣功成則國安故曰射者所以觀盛德也節者歌詩以爲發矢之節度也終爲一節周禮射人云騶虞九節貍首七節采蘋采蘩皆五節鄉射之節雖多少不同而四節以盡乘矢則同如騶虞九節則先歌五節以聽餘四節則發四矢也七節者三節先以聽五節者一節先以聽也四詩惟貍首亡騶虞官虞山澤之官此二職官不乏人則官備可知○吕氏曰彼茁者葭則草木遂其生矣一發五豝則鳥獸蕃殖矣吁嗟乎騶虞者所以歸功於二官也天子之射以是爲節者言天子繼天所當推天地好生之德以育萬物此所以樂官備也貍首詩亡記有原壤所歌及此篇所引曾孫侯氏疑皆貍首詩也貍首田之所獲物之至薄者也君子相會不以微薄廢禮諸侯以燕射會其士大夫物薄誠至君臣相與習禮而歡欽奉天子而脩朝事故諸侯之射以是爲節所以樂會時也采蘋之詩言大夫之妻能循在家母儀之

法受習可以承先祖共祭祀猶卿大夫已命能循其素仕所學先王之法乃可以與國政矣故卿大夫之射以是爲節所以樂循法也采蘩之詩言夫人不失職蓋夫人無外事祭祀乃其職也惟敬以從事是爲不失職士之事君但以異此故士之射以此爲節者所以樂不失職也是故古者天子以射選諸侯卿大夫士射者男子之事也因而飾之以禮樂也故事之盡禮樂而可數朔爲以立德行者莫若射故聖王務焉應曰諸侯雖繼世而立卿大夫有功乃升其爵以射而選也但既爲諸侯卿大夫又考其德行使以射辨其材藝之高下非謂直以射選議諸用之也射者男子之事謂生有懸弧之義也是故古者天子之制諸侯歲獻貢士於天子天子試之於射宮其容體比於禮其節比於樂而中多者得與於祭其容體不比於禮其節不比於樂而中少者不得與於祭數與於祭而君有慶數不與於祭而君有讓數有慶而益地

數有讓則削地故曰射者射為諸侯也是以諸侯君臣盡志於射以習禮樂夫君臣習禮樂而以流亡者未之有也鄭氏曰三歲而貢士舊說大國三人次國二人小國一人○疏曰書傳云古者諸侯之於天子也三年一貢士一適謂之好德再適謂之賢賢三適謂之有功不適謂之過再不適謂之傲三不適謂之誣故詩曰曾孫侯氏四正具舉大夫君子凡以庶士小大莫處御於君所以燕以射則燕則譽言君臣相與盡志於射以習禮樂則安則譽也是以天子制之而諸侯務焉此天子之所以養諸侯而兵不用諸侯自為正之具也曾孫侯氏者諸侯推本始封之君故以曾孫言如左傳曾孫蒯聵之類是也四正謂樂正爵以獻賓獻君獻卿獻大夫凡四也具皆也此四獻皆畢然後射此時大夫君子下及衆士無問大小之官無有與其職司而不來者皆御侍于君所也以燕以射言先行燕禮而後射也則燕則譽譽燕安也言君臣上下以射而習禮樂則安

樂而著名譽也天子養諸侯以禮樂則無所事征討矣而此藝諸又諸侯所以自爲正身安國之具也焉詩曾孫侯氏以下八句貍首篇文孔子射於矍矍相去聲之圃蓋觀者如堵牆射至於司馬使子路執弓矢出延射曰賁奮軍之將亡國之大夫與去聲爲人後者不入其餘皆入蓋去者半入者半矍相地名如堵牆言圍繞而觀者衆也鄉飲之禮將旅酬使相者一人爲司正至將射則轉司正爲司馬故云射至於司馬也延進也誓衆選賢而進之其觀欲射之人也賁與僨同覆敗也亡國亡其君之國也與爲人後言人有死而無子者則宗族既爲之立後矣此人復求爲之後也貪重之將無勇亡國之臣不忠求爲人後者忘親而貪利此三等人皆在所當棄故不使之入其餘則皆可與之進也又使公罔之裘序點揚觶而語公罔之裘揚觶而語曰幼壯孝弟耆耋好禮不從流俗脩身以俟死者句不否句在此位也蓋去者半處者半公罔姓裘名之語助也序姓點名也揚舉也射畢則使主人之贊者二人

衆繹于賓與大夫儀禮云古者於旅也語故衆與解曰幼壯而盡孝弟之道老耄而守好禮之心不與俗同其頹靡而守死善道者不言今此衆人之中有如此樣人否當在此賓位也於是先時之入者又半去矣序點又揚觶而語曰好學不倦好禮不變旄耄期稱道不亂者句不句在此位也蓋勸僅有存者八十九十曰旄百年曰期年雖高而言道無所違謬故云稱道不亂也勸有存言盡去者多而留者寡矣子路之延射直指惡者而斥之則無此惡者自入衆點之揚觶但舉善者而留之則非其人者自退衆之言尚疏點之言則愈密矣射之為言者繹也或曰舍去聲也繹者各繹己之志也故心平體正持弓矢審固持弓矢審固則射中矣故曰為人父者以為父鵠工毒反為人子者以為子鵠為人君者以為君鵠為人臣者以為臣鵠故射者各射己之鵠故天子之大射謂之射侯射侯者射為諸侯也射中則得為諸侯

射不中則不得為諸侯繹己之志者各尋其理之所在也射己之鵠者各中其道之當然也舍止也道之所止如君止於仁父止於慈之類○鄭氏曰得為諸侯謂有慶也不得為諸侯謂有讓也又司裘註云侯者其所射也以虎熊豹麋之皮飾其側又方制之以為準謂之鵠著于侯中謂之鵠者取名於鳱鵠鳱鵠小鳥難中是以中之為雋○呂氏曰張皮侯而棲鵠、方制之置侯之中以為的者也天子將祭必先習射於澤澤者所以擇士也已射於澤而后射於射宮射中者得與於祭不中者不得與於祭不得與於祭者有讓削以地得與於祭者有慶益以地進爵絀地是也澤宮名其所在未詳疏云於寬閑之處近水澤而為之射宮即學宮也進爵絀地者謂一云先進則爵輕於地故先進爵而後益以地也退則地輕於爵故先削地而後絀爵也故男子生桑弧蓬矢六以射不天地四方天地四方者男子之所有事也故必先有志於其所有事然後敢用穀也飯上聲食音嗣之謂也宇宙內事皆己分內事此男子之志也人臣所以先盡職事而後敢食君之祿者正以於此之時先射天地四方而後使其母食之也故曰飯食之謂也飯食食子也

正諸己己正而后發發而不中則不怨勝己者反求諸己而已矣爲仁由己射之中否亦由己非他人所能與也故不怨勝己者而惟反求諸其身

孔子曰君子無所爭必也射乎揖讓而升下而飲其爭也君子朱子曰揖讓而升者大射之禮耦進三揖而後升堂也下而飲謂射畢揖降以俟衆耦皆降勝者乃揖不勝者升取觶立飲也言君子恭遜不與人爭惟於射而後有爭然其爭也雍容揖遜乃如此則其爭也君子而非若小人之爭矣○今按揖讓而升未射時也下而復升以飲則射畢矣揖讓而升下五字當從鄭註爲句

孔子曰射者何以射何以聽循聲而發發而不失正鵠者其唯賢者乎若夫不肖之人則彼將安能以中詩云發彼有的以祈爾爵祈求也求中以辭爵也酒者所

以養老也所以養病也求中以辭爵者辭養也郊特牲孔子曰

射之以樂也何以聽何以射謂射者何以能不失射之容節而又能聽樂之音節乎何以能聽樂之音節而使射之容與樂之節相應乎言其難而美之也循聲而發謂射者依循樂聲而發矢也畫布曰正棲皮曰鵠賢者持弓矢審固故能中的不肖者不能也詩小雅賓之初筵發猶射也爵謂罰酒之爵中則免於罰飲云求中以辟爵也酒所以養老病今求免於爵者以已共老者病者不敢當其養禮耳此讓道也

燕義第四十七

此明君臣燕飲之義

古者周天子之官有庶子官庶子官職諸侯卿大夫士之庶子之卒取內反掌其戒令與其教治別其等正其位國有大事則率國子而致於大子唯所用之若有甲兵之事則授之以車甲合其卒子忽反伍置其有司以軍法治之司馬弗正征凡國之政事國子存游卒使之脩德

學道春合諸學秋合諸射以考其藝而進退之庶子卽夏官諸子職也下大夫二人掌其戒令以下皆周禮文卒讀爲倅副貳也此官專主諸侯以下衆庶之子副倅於父之事戒令謂仕之征役也教治謂脩德學道也別其等者分別其貴賤也此屬皆未命以父之爵爲上下也正其位者朝廷之位尚爵學校之位尚齒也大事謂大祭祀大喪紀大賓客大燕享之類也唯所用之隨太子之所役使也百人爲卒伍人爲伍有司領卒五者也司馬弗征者以其繇屬於太子故司馬不得而征役之也凡國之正事非上文所言大事也游卒倅之未仕者也此既小事乃民庶所爲不使國子之未仕者爲之蓋欲存之使脩德學道以成其材也故春則合聚之於大學秋則合聚之於射宮考其藝而爲之進退焉○疏曰庶者衆也適子衆多故總謂之庶子非適子庶弟而稱庶子也以知適子者以其倅是副貳於父之言○呂氏曰燕禮有主人升自西階獻庶子于阼階之上又宵則執燭於阼階上故此篇因陳庶子官之所掌且明所以建官之義也

諸侯燕禮之義君立阼階之東南南鄉爾卿句大夫皆少進句定位也君席阼階之上居主位也君獨升立

席上西面特立莫敢適敵之義也爾與邇同南鄉爾卿句絕大夫皆少進句絕少進稍前也定位者定諸臣之位也適讀為敵自此以下皆記者舉儀禮正文而釋其義也設賓主飲酒之禮也使宰夫為獻主臣莫敢與君亢禮也不以公卿為賓而以大夫為賓為疑也明嫌之義也賓入中庭君降一等而揖之禮之也獻主代主人舉爵獻賓也君尊臣不敢抗行賓主之禮宰夫主膳食之官也卑故抗禮無嫌記曰與卿燕則大夫為賓謂與本國之臣燕則然若鄰國之臣則以上介為賓也公孤也上公之國得置孤一人公卿之尊次上於君復以之為賓則嫌於尊卑無辨且嫌於偪上也大夫位卑雖酌尊之為賓無所嫌疑也○方氏曰既曰為疑而又曰明嫌者蓋疑未至於嫌特明嫌之義而已

君舉旅於賓及君所賜爵皆降再拜稽首升成拜明臣禮也君答拜之禮無不答明君上之禮也臣下竭力盡能以立功於國君必報之以爵祿故臣下皆務竭力盡

能以立功是以國安而君寧禮無不答言上之不虛取於下也上必明正道以道民民道之而有功然後取其什一故上用足而下不匱也是以上下和親而不相怨也和寧禮之用也此君臣上下之大義也故曰燕禮者所以明君臣之義也先是宰夫代主人行爵酬賓之後君命下大夫二人媵爵公取此媵爵以酬賓賓以旅酬於西階上旅序也以次序勸酬大夫飲酒也此之謂君舉旅於賓也君所賜爵則特賜臣下之爵也此二者賓皆降西階下再拜稽首公命小臣辭則賓升而成拜謂復再拜稽首也先時以君辭之於禮未成故云成拜也○楊氏曰機公取媵爵以酬賓此別是一禮與尋常酬賓不同此所謂公為賓舉旅也燕禮君使宰夫為獻主以臣莫敢與君抗禮也今君舉觶於西階之上以酬賓可乎蓋君臣之際其分甚嚴其情甚親使宰夫為獻主所以嚴君臣之分今舉觶以酬賓賓西階下拜小臣辭升成拜公奠觶答再拜公卒觶賓下拜公答再拜略去勢分極其謙卑所以通君臣之情也注云不言君酬賓於西階上及君反位尊君空[illegible][illegible]

也此又所以君臣之分也義席小卿次上卿大夫次小卿士庶子以次就位於下獻君君舉旅行酬而后獻卿卿舉旅行酬而后獻大夫大夫舉旅行酬而后獻士士舉旅行酬而后獻庶子俎豆牲體薦羞皆有等差所以明貴賤也

設席之位上卿在賓席之東小卿在賓席之西皆是南面東上而遙相次也所謂小卿次上卿也大夫在小卿之西是大夫次小卿也士受獻于西階之上退立于阼階下西面北上庶子受獻于阼階上亦退立于阼階下庶子次於士是士庶子以次就位于下也獻君者主人酌以獻也公取媵爵以酬賓賓以旅酬於西階上此所謂獻君君舉旅行酬也而后獻卿者亦主人獻之也公又行一爵亦媵若之爵也若卿若賓惟公所賜爵亦以旅于西階之上禮亦如初此亦是君舉旅而言卿舉者蓋君為卿舉之耳下言大夫舉旅士舉旅其義同而後獻大夫亦主人之獻也公又舉奠觶以賜是為大夫舉旅也主人獻士公復賜之是為士舉旅也公舉旅之禮止於士不及庶子矣而后獻庶子者主人獻之于阼階之上也牲狗也○疏曰公及卿大夫士等牲體薦羞之等差燕

聘義第四十八

呂氏曰天子之與諸侯諸侯之與鄰國皆有朝禮有聘禮朝則相見聘則相問也朝宗覲遇會同時則以保覲省聘問皆聘也故聘禮有天子所以撫諸侯者大行人識稱存三歲徧頫五歲徧省是也有諸侯所以事天子者大行人時聘以結諸侯之好殷頫以除邦國之慝是也有鄰國交脩其好者大行人諸侯之邦交歲相問殷相聘是也儀禮所載鄰國交聘之禮也聘義者釋聘禮之義

聘禮上公七介侯伯五介子男三介所以明貴賤也此言卿出聘之介數上公七介者上公親行則介九人諸侯之卿聘禮下於君二等故七介也以下放此〇呂氏曰古者賓必有介介副也所以輔行斯事致忠於其禮者也

介紹而傳命君子於其所尊弗敢質敬之至也紹繼也其位相承繼也先時上擯入受主君之命出而傳與承擯承擯傳與末擯此是傳而下也賓之末入介受命於末擯而傳與次介次介傳與上介上介傳與賓是傳而上也此

所謂介紹而傳命也質正也於所尊者不敢正自相當敬以介傳命敬之至也賓在大門外西北面介自南向北爲序主君在內迎擯者出大門自此向南爲序三讓而后傳命三讓而后入廟門三揖而后至階三讓而后升所以致尊讓也疏曰三讓而后傳命者謂賓在大門外見主人陳擯以大客之禮待己己不敢當三度辭讓主人不許乃後傳聘賓之命也三讓而后入廟門者謂賓既傳命之後主君延賓而入至廟將欲入廟受賓不敢當之故三讓而後入主君在東賓差退在西相向三讓乃入廟門也三揖而後至階者初入廟門一揖也當涂北面揖二揖也當碑又揖三揖也三讓而後升者謂主君揖賓至階主君讓賓升賓讓主君如此者三主君乃先升賓乃升也君使士迎于竟境大夫郊勞去聲君親拜迎于大門之內而廟受北面拜貺拜君命之辱所以致敬也敬讓也者君子之所以相接也故諸侯相接以敬讓則不相侵陵郊勞勞之于近郊也用束帛北面拜貺亦主君之拜也其拜於阼階受其君命之辱者釋北面拜貺之義也卿爲

上擯大夫為承擯士為紹擯君親禮賓賓私面私覿致饔餼（許既反）還（旋）圭璋賄贈饗食（嗣）燕所以明賓客君臣之義也卿主國之卿也次擯者承上擯也紹擯者紹續承擯也賓行聘事畢主國君親醴以禮賓是君親禮賓也私面謂私以己禮物面見主國之卿大夫也私覿私以己禮物覿見主國之君也牲殺者曰饔生芻曰餼致饔餼者聘享禮畢賓介皆餼主君使卿致饔餼之禮於賓也還圭璋者賓來時執以為信主君既受之矣今將去君使卿送至賓館以還之也還玉畢加以賄贈之禮經云賄用束紡紡絲之繒也饗禮食禮皆在朝燕禮在寢一食再饗燕無常數。呂氏曰擯者主國之君所使接賓者也主之有擯猶賓之有介也擯有三者以多為文也大宗伯作朝覲會同則為上相相即擯也周禮曰推拜接賓曰擯宗伯卿也故曰卿為上擯小行人諸侯入王則為承而擯行人大夫也故曰大夫為承擯士職卑承官之次以繼擯之事故曰士為紹擯也使者之義則致其君臣之敬於所聘之君主君之義則致其賓主之敬於來聘之臣也故天子制諸侯比年小聘三年大聘相厲以禮使者聘而誤主君弗親饗食也，所以愧厲之也。諸侯相厲以禮，則外不相侵，內不相陵。此天子之所以養諸侯，兵不用而諸侯自為正之具也。

天子制諸侯者天子制此禮而使諸侯行之也比年每歲也小聘使大夫大聘使卿設謂禮節諸設也○呂氏曰上下不交則天下無邦隨所以不能舉也故先王之御諸侯使之相交以脩其好必使之相敬以全其交其相交也必求乎隆殺之中故比年小聘三年大聘也其相敬也必相厲以禮故使者之設主君不親饗食以愧厲之然後仁達而禮行外則四鄰相親而不相侵內則君臣有義而不相陵也先王制禮以善養人於無事之際多為升降之文獻酢之節賓主有司有不可屬行之憂先王未之有改者蓋以養其德意使之安於是而不倦也故不安於倫類而安於行禮不恥於謂下而恥於無禮也天子以是養諸侯諸侯以是養其上大夫上下交相養此兵所以不用天下所以平也節文之多雖聘射養人之否者也諸侯自為正於射禮聘禮二禮之義天子養諸侯之意焉際於其義皆曰貨不用為正之具也

以圭璋聘，重禮也；已聘而還圭璋，此輕財而重禮之義也。諸侯相厲以輕財重禮則民作讓矣（聘使之介行禮於君則用圭於夫人則用璋既行享禮於君則束帛加璧於夫人則琮享觴獻以及禮幣則還其圭璋者以圭璋是行禮之器故重之而不敢受也璧琮與幣皆財也財在所輕故受而不還故曰此輕財而重禮之義也。呂氏曰諸侯相厲以輕財而重禮則遠利而有恥所以民作讓）主國待客出入三積（子賜反）餼客於舍五牢之具陳於內米三十車禾三十車芻薪倍禾皆陳於外乘禽日五雙羣介皆有餼牢壹食再饗燕與時賜無數所以厚重禮也古之用財者不能均如此然而用財如此其厚者言盡之於禮也盡之於禮則內君臣不相陵而外不相侵故天子制之而諸侯務焉爾（出既行也入始至也積謂饋之牢禮米禾芻薪之屬具來與去皆三饋之積故云出入三積也餼客於舍謂致饔餼於賓之館舍也三牲備爲一牢五牢之具陳於內謂飪一牢在賓館西階腥二牢在賓館東階餼二牢在賓館門內之西也禾稾實并刈

者也米車設于門東禾車設于門西倍禾倍具數也禮
註云薪從米芻從禾疏云薪以炊爨故從米芻以食馬
故從禾此四物皆在門外乘禽乘行羣匹之禽鴈鶩之
屬也掌客云凡禮賓客國新殺礼凶荒殺礼札喪殺礼禍烖殺礼
在野在外殺禮故曰古之用財者不能均如此言不能
皆如此豐厚也然而於聘禮則用財如此之厚者是欲
極盡之於禮也内則財雖厚盡禮而止不敢加美以没聘
禮故内不相陵外不相侵皆為有禮以制之故也

射之禮至大禮也質明而始行事日幾中而后禮成非强有力者弗能行也故强有力者將以行禮也酒清人渴而不敢飲也肉乾人飢而不敢食也日莫人倦齊莊正齊而不敢解惰以成禮節以正君臣以親父子以和長幼此衆人之所難而君子行之故謂之有行有行之謂有義有義之謂勇敢故所貴於勇敢者貴其能以立義也所貴於立義者貴其有行也所貴於有行者貴其

行禮也故所貴於勇敢者貴其敢行禮義也故勇敢强有力者天下無事則用之於禮義天下有事則用之於戰勝用之於戰勝則無敵用之於禮義則順治外無敵內順治此之謂盛德故聖王之貴勇敢强有力如此也勇敢强有力而不用之於禮義戰勝而用之於爭鬭則謂之亂人刑罰行於國所誅者亂人也如此則民順治而國安也呂氏曰節文之多惟聘射之禮爲然故曰至大禮也君臣父子長幼之義皆形見於節文之中人之所難我之所安人之所難我之所敬故能行之者君子也君子自養其强力勇敢之氣一用之於義禮戰勝而教化行矣此國之所以安也射禮諸侯之射必先行燕禮卿大夫士之射必先行鄉飲酒之禮酬獻之節極爲繁縟故有酒清肉乾而不敢飲食者若聘禮則受聘受享請覿然後酬醴禮賓無酒清肉乾之事特以節文之繁與射禮等皆至日幾中而后禮成故與射禮兼言之也子貢問於孔子曰敢

問君子貴玉而賤碈者何也爲玉之寡而碈之多與孔子曰非爲碈之多故賤之也玉之寡故貴之也夫昔者君子比德於玉焉溫潤而澤仁也縝密以栗知也廉而不劌居衛反義也垂之如隊墜禮也叩之其聲清越以長其終詘屈然樂也瑕不揜瑜瑜不揜瑕忠也孚如字尹如字旁達信也氣如白虹天也精神見于山川地也圭璋特達德也天下莫不貴者道也詩云言念君子溫其如玉故君子貴之也鄭氏曰碈石似玉縝緻也栗堅皃劌傷也義者不茍傷人隊墜也詘絕止皃樂記曰止如槀木瑕玉之病也瑜其中間美者○陸氏曰尹正也孚尹猶言信正○嚴氏曰孚尹當作允孚允皆信也○疏曰圭璋特達謂行聘之時惟執圭璋特得通達不加餘幣也○馬氏曰能柔能剛能抑能揚能斂能彰而能備精粗之美以全天人之道者玉之爲物也能柔則溫潤而澤所以爲仁能剛則廉而不劌所以爲義

能折則垂之如隊所以為禮懸則其聲清越以長其終詘然所以為樂藏斂則縝密以栗所以為智能彰則瑕不揜瑜瑜不揜瑕所以為忠孚尹於中旁達於外所以為信始之以仁而成之以信以上皆粗而為人道也至於氣如白虹所以為天精神見于山川所以為地圭璋特達所以為德天下莫不貴之所以為道凡此皆精而為天道也上皆合而言之皆謂之德君子所貴以此德也溫者德之始言始所以見終論語言孔子之五德則始於溫夔教胄子以四德亦始於溫詩亦曰溫溫恭人惟德之基古人用玉皆象其美若鎮圭以召諸侯以恤凶荒用其仁也齊有食玉用其智也牙璋以起軍旅用其義也國君相見以瑞相享以璧用其禮也樂有鳴球服有減玉用其樂也邦國玉節用其信也琬以結好琰以除慝用其忠也兩圭祀地黃琮禮地用其能達於地也四圭祀天蒼璧禮天用其能達於天也圭璋特達用其能達於德也已聘而還圭璋已朝而班瑞此皆古之為器而用玉之美者也古之善比君子於玉者曰言念君子溫其如玉曰追琢其章金玉其相曰如圭如璧曰有美玉於斯韞匵而藏諸曰玉振終條理曰瑾瑜匿瑕曰如玉如瑩爰變丹青此古人比君子於玉者也○石梁王氏曰因釋禮用玉故論玉之德以結此篇

喪服四制第四十九疏曰以其記喪服之制取於仁義禮智也

凡禮之大體體天地法四時則陰陽順人情故謂之禮訾紫之者是不知禮之所由生也夫禮吉凶異道不得相干取之陰陽也喪有四制變而從宜取之四時也有恩有理有節有權取之人情也恩者仁也理者義也節者禮也權者知也仁義禮知人道具矣躰天地以定尊卑法四時以為往來則陰陽以殊吉凶順人情以為隆殺先王制禮皆本於此不獨喪禮為然也故曰凡禮之大躰吉凶異道以下始專以喪禮言之喪有四制謂以恩制以義制以節制以權制也其恩厚者其服重故為父斬衰三年以恩制者也疏曰父最恩深故特舉父而言之其實門內諸親為之者服皆是恩制也門內之治恩揜義門外之治義斷恩資於事父以事君而敬同貴貴尊尊義之大者也故為君亦

斬衰三年以義制者也（門內上恩故常揜蔽公義門外上義故常斷絕私恩父母之喪三年不從政恩揜義也有君喪服於身不敢私服義斷恩也資猶取也用也用事父之道以事君故貴敬同也人臣為君重服乃貴貴尊尊之大義故曰以義制者也然五服皆有義服亦是以義制此舉重者言之耳）三日而食三月而沐期而練毀不滅性不以死傷生也喪不過三年苴衰不補墳墓不培祥之日鼓素琴告民有終也以節制者也（三日而食始食粥也葬而虞祭始沐不補雖破不補完也不培一成丘壟之後不再加益其上也祥日大祥之日也素琴無漆飾也與素几素俎之素同）資於事父以事母而愛同天無二日土無二王國無二君家無二尊以一治之也故父在為母齊衰期者見無二尊也（齊衰之服期而除之以心喪終三年）杖者何也爵也三日授子杖五日授大夫杖七日授士杖或曰擔（瞻）主或曰輔病婦人童子不杖不

能病也百官備百物具不言而事行者扶而起言而后
事行者杖而起身自執事而后行者面垢而已禿者不
髽傴其縷反者不袒跛者不踊老病不止酒肉凡此八者
以權制者也疏曰杖之所設本爲扶病而以爵者有德其恩必深其病必重故杖爲爵者而設故
云爵也遂歷叙有爵之人故云三日授子杖五日授大
夫杖七日授士杖喪服傳云無爵而杖者何擔主也擔
躬也尊其爲主假之以杖或曰擔病者喪服傳云非主
而杖者何輔病也謂庶子以下皆杖爲輔病故也婦人
未成人之婦人童子幼少之男子百官備謂王侯也委
任百官不假自言而事得行故許子病深雖有扶病之
杖亦不能起故又須人扶乃起也大夫士既無百官百
物須己言而后喪事乃行故不許極病所以杖而起不
用扶也庶人卑無人可使但身自執事不可許病故有
杖不用但使面有塵垢而已子於父母貴賤情同
而病不得一故爲權制禿者無髮女禿不髽故男子禿
亦不免也袒者露膊傴者可憐故不袒也踊是跳躍跛
人脚蹇故不踊躍也老及病者身已羸瘠又使備禮必
至滅性故酒肉養之此八者謂應杖不杖不應杖而具

喪服四制